PRIVATE WEALTH

私人财富管理实务操作

婚姻继承争议解决

贾明军 蓝 艳 主编

法律出版社 LAW PRESS·CHINA
北京

图书在版编目（CIP）数据

私人财富管理实务操作. 婚姻继承争议解决 / 贾明军，蓝艳主编. -- 北京：法律出版社，2022
ISBN 978-7-5197-6237-7

Ⅰ. ①私… Ⅱ. ①贾… ②蓝… Ⅲ. ①财产权－法律保护－基本知识－中国 Ⅳ. ①D923.24

中国版本图书馆 CIP 数据核字(2021)第 251489 号

私人财富管理实务操作
——婚姻继承争议解决
SIREN CAIFU GUANLI SHIWU CAOZUO
—HUNYIN JICHENG ZHENGYI JIEJUE

贾明军　蓝　艳　主编

策划编辑　冯雨春　李沂蔚
责任编辑　李沂蔚
装帧设计　马　帅

出版发行　法律出版社
编辑统筹　法律应用出版分社
责任校对　朱海波
责任印制　刘晓伟
经　　销　新华书店

开本　710 毫米×1000 毫米　1/16
印张　42.25　　**字数**　710 千
版本　2022 年 2 月第 1 版
印次　2022 年 2 月第 1 次印刷
印刷　北京盛通印刷股份有限公司

地址：北京市丰台区莲花池西里 7 号(100073)
网址：www.lawpress.com.cn
投稿邮箱：info@lawpress.com.cn
举报盗版邮箱：jbwq@lawpress.com.cn

销售电话：010-83938349
客服电话：010-83938350
咨询电话：010-63939796

书号：ISBN 978-7-5197-6237-7　　**定价**：168.00 元

凡购买本社图书，如有印装错误，我社负责退换。电话：010-83938349

编 委 会

主编简介

贾明军

贾明军律师是中伦律师事务所合伙人。在加入中伦前，他是上海沪家律师事务所创始人兼管理合伙人。在那之前，他是上海申浩律师事务所联合创始人。贾律师是华东政法大学特聘教授以及中国人民大学律师学院的客座教授。贾律师还曾被评选为第三届上海市优秀青年律师。

贾律师有超过20年向私人客户提供法律服务的经验。因为具有扎实的法律功底和丰富的诉讼实务经验，贾律师能够更好地结合诉讼实务和财富管理需求为客户提供全面的维权策略和防范建议。贾律师2012年—2021年连续十年被钱伯斯评价为亚太地区领先的“私人客户/财富管理”律师，2017年—2019年连续三年获得《中国法律商务》（China Law &Practice，CLP）年度“最佳私人客户律师”称号。

贾律师的著作包括《上市公司股权分割与传承》《大额保单操作实务》《婚姻家庭纠纷案件律师业务》等。贾律师同时也是全国律协《律师执业基本技能》婚姻法律业务撰稿人。贾律师还经常接受著名媒体包括中央电视台、第一财经、新华社和中国企业家杂志的采访。

贾律师经常受邀在国内知名的院校，比如中欧管理学院、清华五道口、交大EMBA等发表演讲或授课。同时，贾律师也经常为全国各地律协的律师进行培训。近两年也受各大金融机构及家族办公室的邀请，为其高净值客户及客户经理演讲或授课。

蓝　艳

蓝艳律师是中伦律师事务所私人财富规划业务团队的合伙人。在加入中伦前，她是中国国内首家婚姻、继承诉讼专业律师事务所的合伙人兼律所副主任。

蓝律师有超过10年以上婚姻、继承诉讼案件的争议解决的经验，对于高净值客人的婚姻、继承及关联案件的争议解决以及私人财富综合规划具有丰富的理论和实践经验。蓝律师擅长处理涉及多部门法交叉、跨境因素等综合性的婚姻、继承案件的争议解决及财富综合规划项目。蓝律师处理了多起境内外上市公司股权分割与继承案件，所服务的客人包括境内外上市公司控股股东、实际控制人、大型国企及跨国企业的高级管理人及知名民营企业家等。

蓝律师著有《上市公司股权分割与传承》《中国私人财富法律管理最前沿》《法院审理股权转让案件观点集成》等专著。蓝律师曾经获得上海市律师协会第一届学术大赛优秀奖，同时也曾担任上海市律师协会公司与商事业务研究会委员以及上海市浦东新区专业人民调解中心调委会特邀调解员。同时，蓝律师还为各类政府机构、金融机构以及各大院校进行法律专业类的授课、演讲。

副主编简介

袁　芳

袁芳律师是中伦律师事务所上海办公室执业律师，贾明军律师团队的成员，执业领域为私人财富管理。

袁芳律师有多年向私人客户提供法律服务的经验，具有扎实的法律功底和丰富的诉讼实务经验，并且能够用中、英双语为客户提供全方位服务，受到国内外客户的一致好评。

袁律师提供的法律服务主要包括婚姻、继承等家事案件的诉讼和非诉讼服务，同时还为私人客户提供财富传承的规划建议。袁律师尤其擅长处理有涉外因素和涉及股权分割的婚姻与继承案件。袁律师的客户多为中国排名前500的高净值人士和超级富豪，上市公司的主要股东、跨国企业及大型国企的高级管理人员、大型私企的股东等。

张心仪

张心仪女士为华东政法大学国际金融法律学院财富管理法律研究中心特聘研究员。

张心仪在私人财富管理领域具有丰富的理论和实践经验。同时为国内诸多金融机构的财富管理部门提供专业支持，如为平安银行、建设银行、诺亚财富、太平保险、汇丰银行等二十余家金融机构提供法商支持并获得良好口碑。

郝丹阳

郝丹阳律师就职于中伦律师事务所，执业领域为私人财富管理。郝律师有多年向私人客户提供法律服务的经验。因为具有扎实的法律功底和丰富的诉讼实务经验，并且能够熟练运用普通话、英文和粤语为客户提供全方位法律服务，受到国内外客户的好评。郝律师的服务范围主要包括婚姻、继承等家事案件的诉讼和非诉讼服务，同时也为私人客户提供财富传承的规划建议。郝律师处理了多起境内外上市公司股权分割与继承案件，客户多为中国境内的高净值人士，包括境内外上市公司实际控制人、大型国企及跨国企业的高级管理人及知名民营企业家。

序言一

中伦律师事务所一直深耕于私人财富法律管理业务领域，也是中国律所中提供私人财富法律管理律师业务的领军律所。本套书的主编贾明军、蓝艳是我们中伦律师事务所的合伙人，同时也是中伦税法与财富规划小组的成员，多年来在私人财富法律管理业务方面积累了深厚的实务经验。

本套书从私人财富法律管理律师业务的三个不同板块切入，将财富管理工具、婚姻继承争议解决以及综合财富规划等内容紧密结合起来。其出版填补了该业务领域缺乏系统性、专业性、实务性书籍的空白。

对于私人财富法律管理有极大需求的民营企业家来说，无论是企业的初创阶段，还是高速发展时期，抑或是向“二代”传承的关键节点，都需要高度关注私人财富法律管理的问题。尤其是涉及私人财富安全、传承等事宜，一旦处理不慎，甚至会牵连整个“企业王国”的命运。

从本套书的体例上看，通过将私人财富法律管理律师业务分割为三个相对独立但又丝丝相扣的部分，从单一的法律管理工具，到具有对抗性的争议解决，再到综合运用的规划方案，深入浅出地剖析私人财富法律管理业务的全部内容，可供有需求的读者，尤其是企业家或致力于从事该业务领域的律师借鉴与参考。

从本套书的内容上看，结合作者们在私人财富法律管理领域多年的“实战”经验，以及真实、公开的案例分析，带领读者们获得沉浸式的阅读体验。在学习完整套书籍后可以将相应的知识进行充分的运用与实践。

希望本套书能够成为私人财富法律管理业务领域教科书级别的著作，也相信本套书能够成为致力于从事该业务领域的律师在为客户提供专业服务时可供参考的重要依据。

中华全国律师协会　副会长
北京市中伦律师事务所　创始合伙人

序言二

改革开放40余年来，中国的经济社会发生了翻天覆地的变化，日臻完善的市场经济机制和日渐成熟的营商环境造就了一大批新时代民营企业家，他们在华夏神州缔造了无数“财富神话”。民营资本的蓬勃发展也促使私人财富管理业务方兴未艾。

私人财富管理是一个非常专业的领域，具有专业化、跨境化和综合化等特点。而法律是私人财富规划的基石，完备的财富管理方案应秉承系统性思维和基于法律逻辑的顶层设计。律师在私人财富法律管理业务中具有天然的优势，其本身拥有丰富的法律专业知识，同时结合各类私人财富法律管理工具以及综合财富规划方案设计，使私人财富法律管理方案更能经受时空的考验。

中国私人财富管理业务也正在步入市场需求扩张、服务面临升级的“黄金”发展阶段。因为，未来20年将有近40万亿的财富规模从中国民企“一代”创始人传承给民企“二代”；同时，新经济和新行业的快速发展亦使新财富群体不断涌现，从而催生新的市场需求。新时代下，企业家在筹备财富法律管理规划时，往往希望兼顾个人、家族、企业和社会公益各个方面，需要更为专业和可靠的综合性解决方案。

然而，目前该业务领域的系统性研究成果仍非常稀缺。华东政法大学财富管理法律研究中心也始终关注财富管理前沿法治问题，深感该领域进行跨部门法、理论结合实务的系统性研究的必要。本套书正是借由这个契机推出问世。本套书凝聚了作者们数十年丰硕的研究成果和卓越的实务经验，其对于各类私人财富法律管理需求提供了系统性的解决方案，囊括了律师从事私人财富法律管理业务所需要掌握的各类技能。因此，本套书将成为私人财富法律管理领域的一个重要引导。

在此，衷心祝贺本套书出版！也希望其能够成为企业家们在私人财富法律管理方面的可靠参考资料，同时也为更多愿意投身于该业务领域的律师们提供有益的指引与帮助。

华东政法大学国际金融法律学院副教授、

财富管理法律研究中心主任

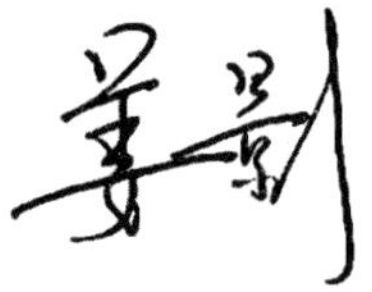

自序

2020 年是财富管理与传承领域面临新风险、新挑战、新契机的一年。一场始料不及的“黑天鹅”事件——新型冠状病毒疫情的暴发，让全球的高净值人群都处于一种非常紧张的状态，“现有资产的安全与传承”成为他们最为关心的话题。

情势的变化发展使高净值人群需要面对的风险越来越多，其中既有“外患”，更有“内忧”。家族财富的安全、家族成员的身份管理、家族财富传承与跨境投资风险的不确定性会更强，这种不确定因素对家族财富的影响是巨大的，容易导致家族财富规划的分崩离析。因为疫情的影响，高净值人群及其家族内部也更加容易达成财富管理的共识。

2021 年是“十四五”规划的开局之年，是开启全面建设社会主义现代化国家新征程的第一个五年，也是中国共产党建党 100 周年的重要时期，更是全球经济逐渐复苏的一年，对高净值人群来说也将会是私人财富继续增长的一年。私人财富的增长对于推动私人财富法律管理律师业务也是重要的时间节点。根据我们在私人财富法律管理领域深耕多年的经验看来，经济的蓬勃发展会使私人财富法律管理律师业务出现一个质的飞跃。

目前，专门针对私人财富法律管理律师业务的专著相对不多。本套书将私人财富法律管理业务按照不同的种类分成三大类，包括财富管理工具、婚姻继承争议解决以及综合财富规划。涵盖了私人财富法律管理业务领域中最常用的五类法律管理工具、个人婚姻继承纠纷的争议解决方案以及各类综合性的财富规划方案。

本套书的所有内容集合了我们团队在私人财富法律管理领域近 20 年的

实践经验，同时汇聚了最高人民法院、各地方法院的司法观点与审判思路，对私人财富法律管理业务领域中可能会出现的各类问题进行了归纳和总结。通过本套书，读者可以在快速了解某一个私人财富法律管理焦点问题的前提下，迅速掌握相对应的解决方案，同时也能够了解到法院的观点和态度，以及裁判的思路。本套书不仅适合从事或打算从事私人财富法律管理业务的律师阅读，也适合所有对私人财富法律管理有需求的高净值人群以及私人银行、信托公司、第三方机构等。

除本套书特别注明外，书中案例均来源于截稿前公开出版物、法律数据库或互联网。考虑到隐私权，书中当事人姓名、案件部分情节在不影响书籍内容的情况下作了必要的改动。书中的部分内容系我们根据实践经验总结而成，如有不足或错漏之处，请予以见谅。

感谢法律出版社的冯雨春女士对于本书出版给予的大力支持与帮助。感谢中伦律师事务所张学兵、赵靖、乔文骏、倪勇军律师等各位领导、同仁以及业界各位良师益友的鼎力支持。感谢团队助手张心仪、秦卓瑜对本书作出的贡献。感谢我们的家人对于我们工作的大力支持。再次衷心感谢在我们发展道路上帮助过我们的所有人！

贾明军　蓝　艳

2021 年 5 月 1 日

缩略语表

本书中法律、行政法规、司法解释名称中的“中华人民共和国”省略，如《中华人民共和国民法典》简称为《民法典》，具体如下：

文件名称	发文日期	简称
《中华人民共和国民法典》	2020.05.28	《民法典》
《最高人民法院关于适用〈中华人民共和国民法典〉婚姻家庭编的解释（一）》	2020.12.29	《〈民法典〉婚姻家庭编解释（一）》
《最高人民法院关于适用〈中华人民共和国民法典〉继承编的解释（一）》	2020.12.29	《〈民法典〉继承编解释（一）》
《最高人民法院关于适用〈中华人民共和国民法典〉物权编的解释（一）》	2020.12.29	《〈民法典〉物权编解释（一）》
《最高人民法院关于适用〈中华人民共和国民法典〉有关担保制度的解释》	2020.12.31	《〈民法典〉担保制度的解释》
《中华人民共和国民事诉讼法》	2021.12.24	《民事诉讼法》
《最高人民法院关于适用〈中华人民共和国民事诉讼法〉的解释》	2020.12.29	《民事诉讼法司法解释》
《中华人民共和国人民调解法》	2010.08.28	《人民调解法》
《中华人民共和国仲裁法》	2017.09.01	《仲裁法》
《中华人民共和国公司法》	2018.10.26	《公司法》
《最高人民法院关于适用〈中华人民共和国公司法〉若干问题的规定（二）》	2020.12.29	《公司法司法解释（二）》
《最高人民法院关于适用〈中华人民共和国公司法〉若干问题的规定（三）》	2020.12.29	《公司法司法解释（三）》

续表

文件名称	发文日期	简称
《最高人民法院关于适用〈中华人民共和国公司法〉若干问题的规定（四）》	2020.12.29	《公司法司法解释（四）》
《中华人民共和国公司登记管理条例》	2016.02.06	《公司登记管理条例》
《中华人民共和国刑法》	2020.12.26	《刑法》
《中华人民共和国刑事诉讼法》	2018.10.26	《刑事诉讼法》
《中华人民共和国律师法》	2017.09.01	《律师法》
《中华人民共和国国籍法》	1980.09.10	《国籍法》
《中华人民共和国户口登记条例》	1958.01.09	《户口登记条例》
《中华人民共和国契税法》	2020.08.11	《契税法》
《中华人民共和国涉外民事关系法律适用法》	2010.10.28	《涉外民事关系法律适用法》
《最高人民法院关于适用〈中华人民共和国涉外民事关系法律适用法〉若干问题的解释（一）》	2020.12.29	《涉外民事关系法律适用法司法解释（一）》
《中华人民共和国证券法》	2019.12.28	《证券法》
《中华人民共和国证券投资基金法》	2015.04.24	《证券投资基金法》
《中华人民共和国信托法》	2001.04.28	《信托法》
《中华人民共和国保险法》	2015.04.24	《保险法》
《最高人民法院关于适用〈中华人民共和国保险法〉若干问题的解释（三）》	2020.12.29	《保险法司法解释（三）》
《中华人民共和国慈善法》	2016.03.16	《慈善法》
《中华人民共和国个人所得税法》	2018.08.31	《个人所得税法》
《中华人民共和国个人所得税法实施条例》	2018.12.18	《个人所得税法实施条例》
《中华人民共和国企业所得税法》	2018.12.29	《企业所得税法》
《中华人民共和国土地增值税暂行条例》	2011.01.08	《土地增值税暂行条例》
《中华人民共和国未成年人保护法》	2020.10.17	《未成年人保护法》

续表

文件名称	发文日期	简称
《中华人民共和国老年人权益保障法》	2018. 12. 29	《老年人权益保障法》
《中华人民共和国母婴保健法》	2017. 11. 04	《母婴保健法》
《中华人民共和国反家庭暴力法》	2015. 12. 27	《反家庭暴力法》
《中华人民共和国收养法》	1998. 11. 04	《收养法》
《中华人民共和国土地管理法》	2019. 08. 26	《土地管理法》
《中华人民共和国城市房地产管理法》	2019. 08. 26	《城市房地产管理法》
《中华人民共和国外汇管理条例》	2008. 08. 05	《外汇管理条例》
《中华人民共和国反洗钱法》	2006. 10. 31	《反洗钱法》
《中华人民共和国会计法》	2017. 11. 04	《会计法》
《中华人民共和国发票管理办法》	2019. 03. 02	《发票管理办法》
《全国法院民商事审判工作会议纪要》	2019. 11. 08	《九民纪要》
《中华人民共和国人民警察法》	2012. 10. 26	《人民警察法》
《中华人民共和国监察法》	2018. 03. 20	《监察法》
《中华人民共和国治安管理处罚法》	2012. 10. 26	《治安管理处罚法》
《中华人民共和国房产税暂行条例》	2011. 01. 08	《房产税暂行条例》
《中华人民共和国企业破产法》	2006. 08. 27	《企业破产法》
《中华人民共和国公务员法》	2018. 12. 29	《公务员法》

简目

第一章 婚恋纠纷

第二章 离婚纠纷

第三章 共同债务

第四章 监护权纠纷

第五章 继承纠纷

详目

第一章 婚恋纠纷

第二章 离婚纠纷

第三章 共同债务

第四章 监护权纠纷

第五章 继承纠纷

第一章 婚恋纠纷

综述

在恋爱期间，出于各种原因和目的，一方可能会为对方购置或赠送财产，或在特殊的节日赠与带有示爱性质的金钱等。一旦双方之间的关系变动，这类财产的性质在司法实践中可能会有不同的认定。如果双方就民间所谓“分手费”“青春损失费”进行了相关约定，则司法实践中对其性质的认定也会有所不同，需要通过对全国各地司法判例的分析探寻法院对这些问题的认定观点与依据。

没有配偶的双方未办理结婚登记手续即以夫妻名义同居生活，可以被定义为同居关系。司法实践中对于同居期间所形成的财产通常按照一般共有的方式处理，同时还会考虑个案的实际情况进行酌情的调整。高净值客户如果遇到此类问题，需要明确相关问题的法律性质、了解亲子鉴定的程序以及司法处理方式、妥善安置非婚生子女等，否则非常容易引发与其他人的婚恋纠纷，甚至可能会触发刑事责任。

本章主要介绍了恋爱及同居期间容易产生的法律纠纷，也包括有配偶者单方赠与财产的效力分析，同时针对非婚生子女、代孕、非法进入第三人住宅等在婚恋纠纷中比较常见、突出的问题进行了阐述。

第一节
恋爱关系中的财产纠纷

一、恋爱期间出资购置资产的性质认定

（一）结合案件证据认定购房款为借款性质

案例 1－1 郭某与易某婚约财产纠纷案

一审法院：江苏省南京市建邺区人民法院（2019）苏 0105 民初 2549 号
二审法院：江苏省南京市中级人民法院（2019）苏 01 民终 8200 号
案例主旨：结合双方“借款还款”的证据认定购房款为借款。

一审法院认为，涉案房产的首付款，郭某大部分是以借款形式筹得，其陈述双方约定由其全款购房，与常理不符。在购房合同签订后不久，易某即向郭某转账并备注“还款”，且郭某在诉状中亦认可易某于 2017 年 3～5 月向郭某“归还”250,000 元，两者可以相互印证。综上，易某购买涉案房屋，郭某的出资行为应认定为借款。郭某主张按照合伙共同投资买房进行处理，因双方并未就出资数额、盈余分配等进行书面约定，故对该意见不予采纳。

二审法院认为，郭某主张双方口头约定由郭某全资购买涉案房屋，借易某名义购买，易某对此不予认可，郭某亦未能就双方出资购买涉案房屋的性质进行举证，郭某主张双方系借名买房，法院对此事实难以认定。一审法院对易某购买涉案房屋，郭某的出资行为认定为借款并无不当，最终维持一审判决。

（二）按行为性质认定为赠与故不予返还

案例 1－2 朱某某、张某民间借贷纠纷案

一审法院：广东省广州市黄埔区人民法院（2020）粤 0112 民初 5037 号
二审法院：广东省广州市中级人民法院（2020）粤 01 民终 25107 号
案例主旨：男女在恋爱期间互相转账或赠与财物的行为非常普遍，双方相

互转账时并未明确约定为借款，双方转账的数额也并未明显超出日常生活所需，宜认定为情侣间的相互经济支持。

法院认为，人民法院在审理民间借贷纠纷案件中，除对借据、收据、欠条等债权凭证及银行流水等款项交付凭证进行审查外，还应结合款项来源、交易习惯、经济能力、财产变化情况、当事人关系以及当事人陈述等因素综合判断借贷的真实情况。

第一，借贷关系的成立需要具备借贷合意及款项实际交付两个要件。张某于2016年4月28日出具的借条，并未载明款项的交付时间、方式。朱某某主张借条的款项是在借条形成之前支付的，但借条出具之前的所有转账并没有备注为借款，也没有具体的转账金额能够与该借款金额相对应，朱某某关于50,000元借款构成的主张也仅属于单方陈述，并没有相应的证据予以证实。第二，张某出具借条的时间为2016年4月28日，当时双方尚处于恋爱期间。从双方的转账情况来看，双方在恋爱期间均存在频繁的相互转账往来，男女在恋爱期间互相转账或赠与财物的行为非常普遍，双方转账的数额也并未明显超出日常生活所需，更像是情侣间的相互经济支持，而且朱某某向张某转账的数额并未超出张某向朱某某转账的数额，故朱某某主张其中几笔转账属于借款，欠缺理据。第三，在双方分手之后，朱某某于2016年9月23日向张某出具一张借条，载明从张某处借得30,000元，其中20,000元于2016年10月15日归还，余款于2017年1月1日还清。在此之后，朱某某于2016年12月9日通过支付宝向张某转账5000元。朱某某关于为取得还款而出具上述借条的主张，明显不合常理，而且也不能合理解释其后又向张某转账的事实。如果张某向朱某某借款属实，在张某未偿还的情况下，朱某某反而向张某借款及还款，明显有违日常生活经验法则。综上，朱某某关于其向张某出借款项的主张，依据并不充分，法院认定朱某某与张某之间实际上并不存在案涉借条项下的借贷关系。

二、“分手费”的法律性质认定

案例1-3 秦某与张某民间借贷纠纷案

一审法院：吉林省扶余市人民法院（2019）吉0781民初1522号

二审法院：吉林省松原市中级人民法院（2019）吉07民终1171号

案例主旨：“分手费”没有法律根据，属于取得不当利益，支付“分手费”

的一方有权请求对方返还不当利益。

2019年1月31日，秦某向张某账户汇款人民币8万元，该事实有秦某出示的中国邮政储蓄银行汇款业务凭单和汇款确认单予以证实，张某无异议。张某称其与秦某有婚外情，秦某为了弥补给张某造成的心灵伤害，秦某受良心谴责，自愿付给张某的补偿。

一审法院认为，本案中，原告秦某对其主张的与被告张某存在借款合同关系负有举证责任，原告提供的证据不足以证明其主张的事实，应当由其承担不利的后果，最终判决驳回原告秦某的诉讼请求。

二审法院认为，本案张某承认收到秦某的8万元但辩称其与秦某有婚外情，秦某为了弥补给张某造成的心灵伤害，秦某受良心谴责，自愿付给张某的补偿。张某取得8万元，秦某因此受到损失，张某取得的8万元没有法律依据，因此，张某应当承担返还秦某8万元的义务。最终撤销一审判决，改判被告张某返还原告秦某8万元。

三、恋爱期间共养宠物的处理

案例1－4 陈某、陆某返还原物纠纷案

一审法院：广东省佛山市高明区人民法院（2018）粤0608民初3309号

案例主旨：一方只要证明宠物系其出资购买即可获得该宠物。

原告陈某与被告陆某于2017年4月认识，后来双方发展为男女朋友关系，并于2018年3月起共同居住。原告于2017年6月购买newmacbook 2016款12寸苹果笔记本电脑一台，后交由被告使用。原告于2017年6月6日购买苹果二代蓝牙无线鼠标一个，后交由被告使用。原告与被告于2018年2月6日一同前往欧丰移动，由原告出资购买iphoneX黑色64G手机一台，于当日交由被告使用，该手机的配件及购买凭证均由被告持有。原告于2018年2月7日购买耳机一个交由被告使用。被告于2018年3月8日购买宠物猫一只，由被告饲养。

法院认为，原告于2017年6月购买的newmacbook 2016款12寸苹果笔记本电脑一台及购买苹果二代蓝牙无限鼠标一个，原告交由被告使用，但被告提供的图片不足以证明原告将该笔记本电脑及鼠标赠与给被告，被告应予返还；关于iphoneX黑色64G手机及耳机，该手机及耳机虽然是原告购买并支付款项，但购买当天原告已交予被告使用，且被告持有该手机的配件及购买凭证原件，

基于此时原、被告是男女朋友关系，且购买手机时原、被告一同前往，手机及耳机一直由被告持有使用，故法院对被告陈述原告将手机及耳机赠与被告的主张予以采信，原告请求返还手机及耳机，法院不予支持；关于宠物猫，被告提供的与DC宠物店的微信聊天记录能够证明被告付款购买宠物猫及饲养宠物猫的配套用品，虽然原告提供的微信转账记录、支付宝转账记录反映原告于2017年11月至2018年7月曾多次向被告转账款项，但被告亦提供微信转账记录反映被告于2017年12月至2018年3月多次向原告转账款项，故原告提供的证据不足以证明该宠物猫是原告出资购买的，原告请求被告返还宠物猫一只，没有事实和法律依据，不予支持。

四、恋爱期间微信转账的性质认定

（一）认定为附条件赠与的视情况返还

案例1-5 陈某某与刘某某、曾某某等婚约财产纠纷案

一审法院：重庆市巫山县人民法院（2019）渝0237民初1520号

二审法院：重庆市第二中级人民法院（2019）渝02民终2180号

案例主旨：恋爱期间赠与金钱系以结婚为目的的附条件赠与，解除婚约后应无条件返还。

2017年农历正月初六，曾某某与陈某某经媒人介绍后按当地农村习俗举行订婚仪式，曾某某向陈某某支付彩礼19,998元。2017年3月25日曾某某通过微信给陈某某支付520元，4月20日支付1000元，5月19日支付520元，5月25日支付1500元，6月3日支付1500元。曾某某与陈某某交往半年后便分手了，曾某某及其家人因要求陈某某、陈方某、刘某某返还婚约期间的财物未果，向法院提起诉讼。

一审法院认为，彩礼是婚约关系中一方对另一方以结婚为目的的附条件赠与，包括一方在婚前赠送给另一方的金钱等贵重物品及生产生活资料。曾某某与陈某某在订婚时向陈某某给付的彩礼19,998元，以及在平时的交往中通过微信给陈某某转账支付的现金5040元均是一种附条件的赠与，曾某某与陈某某解除婚约后，接受对方的财物均应无条件地予以返还。

二审法院认为，本案争议的焦点在于，通过微信转账的5040元是否应当纳入彩礼范畴，由陈某某返还给曾某某。本案中，曾某某与陈某某相识后只交往了半年即分手，双方接触时间较短。其间，曾某某按照当地风俗在订婚时给付陈某某彩礼19,998元，同时以微信红包方式向陈某某支付5040元属实。现陈某某主张该5040元系曾某某在恋爱过程中的无偿赠与，因曾某某对此予以否认，且陈某某亦无充分证据证明其主张，故一审法院综合本案实际情况，将该5040元与订婚彩礼19,998元一并判决予以返还并无明显不当，最终维持一审判决。

（二）认定为一般赠与的不予返还

案例1-6 陈某与熊某婚约财产纠纷案

一审法院：四川省遂宁市船山区人民法院（2019）川0903民初1851号

二审法院：四川省遂宁市中级人民法院（2019）川09民终686号

案例主旨：款项给付方式和金额大小不符合民间给付彩礼的习俗，应认定该款项属于赠与性质，依法不予返还。

陈某、熊某于2017年4月经人介绍相识后，陈某开始追求熊某。在双方的相处过程中，陈某先后24次通过微信向熊某转账共计16,600元，每次转账金额从100元到3000元不等，其中包括在特殊日期里转的520元、610元等数额。另外在此期间内，陈某先后7次通过微信为熊某手机充值共2097.9元，每次充值金额均为299.7元。2017年10月，陈某、熊某感情破裂，陈某起诉要求熊某退还陈某婚约财产20,000元。

法院认为，本案争议焦点为：2017年4月至2017年10月陈某向熊某转账和充值话费的款项是否属于彩礼，熊某是否应当返还案涉款项。彩礼是在缔结婚姻时男方家向女方家赠送的聘金、礼金，彩礼具有严格的针对性，必须基于当地的风俗习惯，为了最终缔结婚姻关系而给付，具有明显的风俗性，如见面礼、定亲、过礼等表示愿意与对方缔结婚姻的直接目的行为。本案中，陈某与熊某并无缔结婚约合意，陈某转给熊某的钱款及充值的话费，属于取悦熊某，向熊某表露情感的行为，且陈某向熊某转账和充值话费的款项给付方式和金额大小也不符合民间给付彩礼的习俗。故陈某主张其给付熊某的款项系彩礼，熊某应予返还的请求与审理查明的事实不符，亦与法律规定相悖，不予支持。

（三）特殊或者大额转账认定有争议

处于恋爱关系中的男女双方经常会以“520”“1314”等可能有特殊含义的数额进行转账，或者是以较大数额进行转账。对于这些情形中转账行为性质的认定，往往需要结合案件的具体情况进行具体分析，目前司法实践中尚存在争议。

北京市第三中级人民法院于2019年11月27日召开“恋爱期间财产纠纷典型案例”新闻通报会，对于恋爱期间的财产问题裁判规则进行说明。北京市第三中级人民法院指出，对于数额较大超出日常消费范畴的转账，法院可以结合双方的消费习惯、生活需求等因素综合予以判断；对于额度不大的转账，如无明确约定，或者是具有特殊含义的“520”“1314”等数额，则存在不被认定为借贷的可能性。对此，如果恋爱期间的转账系基于借贷，最好是形成书面协议或者留存其他证据，以避免无法实现债权或者重复偿还的风险。①

但是，对于恋爱期间特殊数额或者大额转账的性质认定，司法实践中尚存在争议。

案例1-7 蒋某某、王某赠与合同纠纷案

一审法院：广东省广州市白云区人民法院（2016）粤0111民初6391号

二审法院：广东省广州市中级人民法院（2017）粤01民终8560号

案例主旨：特殊数额或者大额转账具有联络感情和表达爱意的目的，并非以结婚为条件而转账。虽然转账的款项总额较高，但结合当事人的经济条件，并未超出合理范围。

蒋某某、王某双方在2015年3月初确立恋爱关系。同年4月18日，双方在广州举办了订婚宴席。同年4月中旬，蒋某某、王某开始同居直至2015年11月，同居期间，蒋某某、王某因性格不合经常发生争吵，双方于同年11月分手。2015年6月8日至2016年4月29日，蒋某某多次通过其卡号为62×××48的账户向王某转账合计1,147,999.28元。另外，蒋某某于2016年5月31日

---

① “北京三中法院风景线”微信公众号：《恋爱期间赠送的财物能要的回来吗？北京三中院这场发布会让你看个明明白白》，载https：//mp. weixin. qq. com/s/koJqcs1Yk2stsImnEfhX4w，最后访问时间：2021年2月6日。

在提起（2016）粤0111民初6390号诉讼，要求王某返还彩礼3,108,880元（含300万元彩礼、价值11.6万元的钻戒、给长辈彩礼108,880元，不含本案涉案金额），该院经审理后判决王某向蒋某某返还彩礼2,908,880元。

一审法院认为，蒋某某、王某确认双方形成赠与关系的事实。根据双方的诉辩意见，本案的争议焦点为王某是否应返还上述款项。就本案而言，双方当事人系恋爱关系，男女双方在恋爱期间为增进彼此感情互赠财物本属人之常情，但双方交往不到一年，蒋某某赠与王某财物高达1,147,999.28元，明显不合常理。从社会的普遍认知来看，也不符合恋人之间的日常消费水平。王某于2015年4月18日订婚的事实以及转账金额“52000”“8888.88”“88888.88”数字的寓意，可以表明蒋某某大量给付王某财物，是为了与王某缔结婚姻，也即其行为是附条件的赠与。附条件的赠与只有在所附条件成就时生效，如果双方因任何一方拒绝未能登记结婚，即赠与所附条件没有成就，赠与则不发生法律效力。现蒋某某期待的结婚目的并未实现，王某占有赠与财产的行为则属不当得利。现蒋某某请求王某返还其给付财产，王某应负有返还义务。

二审法院撤销一审判决。二审法院认为，蒋某某并未举出充分证据证明上述款项的赠与以结婚为条件，应属于一般赠与，王某无须向蒋某某返还。理由如下：第一，上述款项为近一年内不定期、不定额的转账，数额有大有小。无论是通过银行转账还是微信红包给付的款项，未有证据显示蒋某某明确说明所转款项以双方未来缔结婚姻为条件。第二，蒋某某就本案起诉时主张案涉款项为借款，后变更其诉请为附条件的赠与。由此反映，蒋某某在转款时，并未明确以结婚为条件。第三，上述款项赠与期间，双方曾同居生活，结合转账时间及数额的不确定性，不排除部分款项用于双方的共同生活。双方在分手后，蒋某某仍曾向王某转账。从蒋某某多笔转账金额数字“52000”“8888.88”等寓意表明，蒋某某转账应属为联络感情和表达爱意，挽回王某心意，并不能反映以结婚为条件而转账。第四，上述款项总额虽较高，但现有证据表明，蒋某某个人经济条件较好，上述款项的给付并未超出合理范围。最后，（2016）粤0111民初6390号民事判决中已对双方的婚约财产进行处理，认定蒋某某于2015年4月1日向王某转账的300万元属于彩礼，王某应返还部分款项。故蒋某某为与王某缔结婚姻，已另行支付彩礼。在本案中，蒋某某也未主张案涉款项属彩礼。最终撤销一审判决，并驳回蒋某某的全部诉讼请求。

五、“青春损失费”的法律性质认定

（一）恋爱期间对“青春损失费”的约定无效

案例1-8 古某某与吴某同居关系析产纠纷案

一审法院：广东省深圳市福田区人民法院（2014）深福法民一初字第3148号

二审法院：广东省深圳市中级人民法院（2015）深中法民终字第81号

案例主旨：“青春损失费”系以金钱方式弥补女性的青春时光，这与社会道德相违背，故约定无效。

古某某与吴某曾是男女恋人关系，于2013年11月分手。双方分手时先后签订一份《私人协议书》和一份《协议书》，其中约定：“双方共同购买的房产归古某某所有，古某某返还吴某支付的首期款325,398元，同时古某某补偿吴某青春损失费294,602元，合计62万元。”

法院认为，双方在解除同居关系后签订协议书，对同居关系期间的共同财产的分割和处分达成一致意见，该协议属于双方真实意思表示，对双方有约束力；但协议中关于青春损失费的约定内容，是以金钱方式弥补同居期间女方的青春时光，与社会道德相违背，不利于建立良好的社会风尚和价值体系。法院最终判决双方2014年3月13日签订的《私人协议书》和14日签订的《协议书》中关于补偿青春损失费294,602元的约定无效。

（二）同居期间的“青春损失费”不被支持

广东省深圳市中级人民法院在2014年修订的《关于婚姻家庭纠纷案件的裁判指引》中对于“青春损失费”进行了规定。

第十六条规定，一方以同居为由请求对方支付“青春损失费”的，人民法院不予支持，但女方在同居期间怀孕需要做中止妊娠手术请求男方分担部分因此产生的医疗费、营养费等合理费用的，人民法院应予支持。

第十六条后附有“说明”指出，第十六条是对同居期间“青春损失费”及有关费用主张能否支持的裁判指引。同居是双方当事人自愿选择的一种生活方式，如果没有侵权行为发生，单纯以同居为由请求法院判令对方支付“青春损失费”没有法律依据。但对于同居期间女方还需要做中止妊娠手术的情形，基于公平原则，可以要求男方分担一些由此产生的医疗费、营养费等必要费用。

最高人民法院吴晓芳法官在《婚姻家庭纠纷审理热点、难点问答（二）》一文中亦持该观点，[①] 她指出：“‘青春损失费’并不是法律术语，在我国现有的法律规范中，没有确切含义。同居生活是双方当事人自愿选择的一种生活方式，如果没有民法中侵犯人身权、财产权的具体行为，单纯以同居为由请求法院判令对方支付‘青春损失费’的，一般无法得到支持，因为这种请求没有任何法律依据。如果双方在同居期间女方怀孕需要做中止妊娠的手术，基于公平的原则，男方应分担一些手术费用；如果一方当事人在同居期间侵犯另一方的人身权、财产权、健康权、名誉权、财产所有权等，则应当承担相应的侵权责任，不能因为双方当事人之间是同居关系而予以豁免。”

案例 1-9 邢某某与吴某某同居关系财产纠纷案

一审法院：河南省沈丘县人民法院（2011）沈民初字第 994 号

二审法院：河南省周口市中级人法院（2012）周民终字第 216 号

再审法院：河南省周口市中级人法院（2013）周民再字第 46 号

案例主旨：青春损失费和精神损失费因没有法律依据而无法支持。

2007 年正月，原告邢某某（女方）与被告吴某某（男方）经人介绍相识，同年农历 2 月 12 日，双方按农村习俗举行婚礼，开始共同生活，2008 年 3 月 11 日生育一子。婚后原、被告经常为生活琐事生气。孩子出生后，原告带孩子在其娘家居住生活。这一案件经历了一审、二审和再审程序。在再审中，原告要求被告赔偿其青春损失费和精神损失费。

再审法院认为，申请人邢某某要求赔偿青春损失费和精神损失费，于法无据，再审不予支持，最终驳回原审原告（女方）关于青春损失费的请求。

（三）“性权利”主张获法院支持

在媒体报道的一起案例中，[②] 大龄未婚女丁玉（化名）通过百合网结识了自称“离异”的某公司董事长李某，在与其同居、怀孕并流产后，才知李某并

---

① 吴晓芳：《婚姻家庭纠纷审理热点、难点问答（二）》，载《民事法律文件解读》第 89 辑。

② 参见腾讯新闻：《已婚老总网上假称离异，骗漂亮女编导同居怀孕》，载 https：//news. qq. com/a/20130121/001071. htm，最后访问时间：2021 年 2 月 6 日。

未离婚，于是丁玉将李某告上法庭。

2013 年 1 月，这起北京市首例“性权利”赔偿案在北京市朝阳区人民法院宣判，被告李某被判赔 15 万元。法院审理后认为，丁玉提交的聊天记录、照片、流产病历等证据，可以形成证据链，证明李某主动结识丁玉，且多次邀约促成双方同居生活。李某通过自我承诺及亲友协同方式，恶意长期隐瞒其已婚事实，原告得知实情后精神上备受打击。因此，法院对于原告所述事实予以采信。

法院认为，李某的行为明显有悖于社会公德及公序良俗，亦有失诚实信用及道德准则，应当认定存在主观过错。李某的行为侵害丁玉人格权下的性权利，应当承担侵权责任。主审法官认为：“被告行为过错，直接误导原告对其性权利进行的处分。”

最终，法院判决李某赔偿丁玉精神损害抚慰金 15 万元，并向其书面赔礼道歉，道歉内容需经法院审核。如逾期不履行，法院将在有关报刊上刊登判决书主要内容，刊登费用由李某承担。

第二节
同居关系中的法律纠纷

一、同居关系终止后的财产处理

（一）同居期间的财产按一般共有处理

对于同居期间所得财产的处理，最高人民法院民事审判第一庭有相关意见：[①]“在审理同居关系纠纷时，对当事人同居期间所得的工资、奖金和生产、经营的收益以及因继承、赠与等途径所得的合法收入，原则上认定归其本人所有；如果双方在同居期间有共同购置的财产或有共同经营所得的收入，应当按照双方的出资份额、所做贡献等公平合理地予以分割。”

---

① 吴晓芳：《同居期间所得财产的处理规则》，载《民事审判指导与参考》第 67 辑。

最高人民法院于2015年12月4日公布的49起婚姻家庭纠纷典型案例中，王某诉张某同居析产案便是其中的一个典型案例。[①]

在这个案例中，原告王某与被告张某于2001年起以夫妻名义同居生活，无子女。2002年1月24日，被告张某以个人名义用3万元的价格购得房屋1处。原、被告为购置该房屋在耿某处借款13,000元，上述借款已由原、被告偿还完毕。另查，原、被告用于同居生活在耿某处借款2000元、在赵某处借款8000元。

辽宁省辽阳市弓长岭区人民法院经审理认为，同居关系是指男女双方未经结婚登记而具有较稳定的长期共同生活关系。原、被告未办理结婚登记而以夫妻名义同居生活，同居期间双方共同所得的收入和购置的财产，按一般共有财产处理；解除同居关系时，同居期间为共同生产生活而形成的债权、债务，可按共同债权、债务处理。

（二）“陪嫁”财产应为个人财产

在广西壮族自治区百色地区（市）中级人民法院审理的（2013）百中民一终字第51号案例[②]中，法院认为，依照相关司法解释的规定，双方未办理结婚登记手续的，其同居时女方带来的“陪嫁”应视为女方的个人财产，双方解除同居关系时男方应予返还；男方请求返还彩礼的，应予以支持。

（三）对获得财产有贡献的可按共同所有处理

在江苏省高级人民法院审理的（2012）苏民再提字第0124号案例[③]中，法院认为，男女双方以夫妻名义同居生活，但未办理结婚登记，在同居期间取得的财产，虽登记在一方名下，但双方对财产的取得均有贡献，对该财产应认定为双方共同所有。另一方要求分割的，人民法院应根据照顾妇女、儿童的原则，并结合财产的实际情况予以合理分配。上海市第一中级人民法院审理的（2013）沪一中民一（民）终字第676号案例[④]也持同样的观点。

---

① 参见《王某诉张某同居析产案》，载人民法院网，https：//www. chinacourt. org/article/detail/2015/12/id/1763574. shtml，最后访问时间：2021年2月6日。

② 案例来源于《人民法院报》2013年8月1日，第6版。

③ 案例来源于《江苏省高级人民法院公报》2013年第3辑（总第27辑）。

④ 参见陈立斌主编：《2013年上海市第一中级人民法院案例精选》，人民法院出版社2014年版。

（四）结合过错程度酌情分配财产

在海南省高级人民法院审理的（2012）琼民三终字第41号案例[①]中，法院认为，本案的争议焦点为解除甘某和符某某的同居关系后如何分配财产。主张同居期间的财产按一般共有财产处理的当事人，必须提供证据证明该财产系“同居生活期间”为“双方共同所得的收入”或用共同所得“购置的财产”。

（五）父母出资视为对各自子女的贡献

在河南省洛阳市中级人民法院审理的（2019）豫03民终6576号案例中，法院认定，双方在同居期间购置的房屋，其中父母的出资也视为各自子女对于该房屋的贡献。法院查明：“购房及装修资金的来源主要有，原告母亲李某芳转账给原告的54万元，被告母亲马某丽转账给原告的5万元，以及原被告双方各自的收入。”故法院认为：“双方同居期间感情出现矛盾，上诉人搬离涉案房产后分居至今，现上诉人对涉案房产提起诉求，可以对该房产进行分割处理。根据法律规定，按份共有人对共有的不动产或动产享有的份额，没有约定或约定不明确的，按照各自出资份额、贡献大小等进行分割。本案中，双方均没有提交有力证据证明对涉案房产明确约定各自享有的份额，虽涉案房产的购买及装修资金大部分来源于男方，但鉴于女方亦有部分出资，并对房产的装修付出较多，本院酌定被上诉人对涉案房产占有30%的份额，上诉人占有70%的份额。”

二、同居关系中的“继承权”

《〈民法典〉婚姻家庭编解释（一）》第七条规定：“未依据民法典第一千零四十九条规定办理结婚登记而以夫妻名义共同生活的男女，提起诉讼要求离婚的，应当区别对待：

（一）1994年2月1日民政部《婚姻登记管理条例》公布实施以前，男女双方已经符合结婚实质要件的，按事实婚姻处理。

（二）1994年2月1日民政部《婚姻登记管理条例》公布实施以后，男女双方符合结婚实质要件的，人民法院应当告知其补办结婚登记。未补办结婚登

---

① 法信精选，载 https://mp.weixin.qq.com/s/uSqpG4U0U4SfuuJhgeQiPg，最后访问时间：2021年2月6日。

记的，依据本解释第三条规定处理。”

第八条规定：“未依据民法典第一千零四十九条规定办理结婚登记而以夫妻名义共同生活的男女，一方死亡，另一方以配偶身份主张享有继承权的，依据本解释第七条的原则处理。”

（一）未经婚姻登记不可继承另一方遗产

案例1－10 陶某某与朱某某继承纠纷案

一审法院：云南省会泽县人民法院（2015）会民初字第1682号

二审法院：云南省曲靖市中级人民法院（2015）曲中民终字第1331号

案例主旨：同居关系不属于事实婚姻，故无法以配偶身份继承遗产。

一审法院认为，陶某某与被继承人彭某某于2008年11月10日办理离婚登记手续，陶某某对被继承人彭某某的遗产已没有继承权。虽其代理人主张陶某某与彭某某离婚后仍然在一起共同生活，但未提供相应证据证实被告陶某某与被继承人彭某某离婚后又形成同居关系，其主张法院不予支持。

二审法院认为，陶某某和死者彭某某2008年办理离婚登记手续时，民政部新的《婚姻登记管理条例》已经施行，陶某某和死者彭某某未经合法登记结婚，属于同居关系，不属于事实婚姻。陶某某无权以配偶身份继承遗产。陶某某也不符合按法律规定酌情继承遗产的情形，故维持一审判决。

（二）以被继承人为生活来源的可酌情继承

案例1－11 戎某某与王某某法定继承纠纷案

一审法院：上海市虹口区人民法院（2017）沪0109民初33379号

案例主旨：同居者需以被继承人为生活来源且需要依靠其扶养或证明对被继承人进行了较多扶养才能酌情继承遗产。

法院认为，根据有关法律规定，同居关系解除时，同居生活期间双方共同所得的收入和购置的财产，按一般共有财产处理。本案系争款项来源于张某1出售同居前个人所有的房屋后所获的价款。尽管取得价款时，被告王某某与张某1处于同居期间，但被告辩称其与张某1长期共同生活，则张某1同居前的财产已混同为两人的同居共同财产，缺乏法律依据，法院依法不予采纳。被告如想获得继承权益，则必须符合法定条件。然而，被告本身并非缺乏劳动能力，没有生活来源而需要依靠张某1进行扶养的人。被告亦未举证证明自身对张某1进行较多的扶养，故其无权分得张某1的遗产。

三、同居关系中的子女抚养权归属

案例1-12 郑某甲与刘某、陈某甲、林某同居关系子女抚养纠纷案

一审法院：福建省福州市鼓楼区人民法院（2014）鼓民初字第3475号

二审法院：福建省福州市中级人民法院（2015）榕民终字第1624号

案例主旨：同居一方擅自将非婚生子女送给他人收养，收养人既未办理收养手续且不符合收养条件的，收养不成立。同居另一方以此要求获得子女抚养权的，更有利于子女的健康成长，依法应予支持。

郑某甲与刘某因同居怀孕。2008年6月28日，郑某甲在香港浸会医院产下一非婚生子，取名郑某乙。2009年4月11日上午，郑某甲在未经刘某同意的情况下，通过案外人陈某乙介绍，将非婚生子郑某乙送给陈某甲、林某非法收养。陈某甲、林某当天也通过陈某乙将5万元人民币放在郑某甲住处，将郑某乙抱走，并私自将郑某乙改名为陈某丙。但陈某甲、林某至今未办理合法有效的收养郑某乙的登记手续。

一审法院认为，首先，本案的原、被告均系中华人民共和国公民，原告刘某住所地为福建省福州市；被告郑某甲已自行确认其住所地为福建省；被告陈某甲、林某住所地为福州市，即使本案涉及的非婚生子女郑某乙（又名陈某丙）出生在香港，系香港居民，但其出生后至今的经常居所地均为中华人民共和国福州地区，故本案适用当事人经常居所地法律，即本案适用中华人民共和国法律。

其次，收养人陈某甲、林某在2009年4月11日收养郑某乙时，均系无配偶者，且与被收养人郑某乙的年龄相差未达40周岁以上，并已有非婚生育的女儿陈某丁，故陈某甲、林某不具备作为收养人的条件；送养人郑某甲在明知原告刘某为郑某乙的生父且不同意将郑某乙送养的情况下，擅自将郑某乙送养，陈某甲、林某、郑某甲均不符合法律所规定的送养人和收养人条件，且亦未依法办理收养登记，故被告陈某甲、林某与被收养人郑某乙之间的收养关系依法不成立。

最后，现有未成年人郑某乙的亲生父母（原告刘某、被告郑某甲）均在世，且未出现没有监护能力的情形，故原告刘某和被告郑某甲是未成年人郑某乙的

法定监护人。但鉴于被告郑某甲在其子郑某乙出生仅9个月、不存在无力抚养的情形下，未征得生父刘某同意将其子郑某乙非法送给被告陈某甲、林某抚养，且在2012年8月23日福州市公安局鼓楼分局将郑某乙交给被告郑某甲，并明确嘱咐郑某甲要自己抚养后，郑某甲又将郑某乙交给被告陈某甲、林某抚养至今，被告郑某甲的行为可视为不履行监护职责，被告郑某甲的行为既违背中华人民共和国的相关法律规定，又有悖于我国的传统道德规范。原告刘某作为未成年人郑某乙的生父、法定监护人之一，在被告郑某甲私自将郑某乙送人后，经多方查找获得郑某乙下落，现自愿要求抚养其子郑某乙，符合法律规定，且也更有利于郑某乙的健康成长，故对原告刘某要求将郑某乙判归其监护和抚养的请求，原判予以支持。据此，被告陈某甲、林某亦应将郑某乙的香港出生证明、更名为陈某丙的护照、回港证、港澳居民来往通行证原件交还原告刘某保管。二审法院最终维持了一审法院的判决结果。

四、违反公序良俗的同居协议无效

案例1－13 徐某某与王某某同居关系纠纷案

一审法院：山东省商河县人民法院（2019）鲁0126民初2708号

二审法院：山东省济南市中级人民法院（2020）鲁01民终71号

案例主旨：同居协议因违反公序良俗而归于无效。

徐某某与王某某相识，因担心登记结婚会取消徐某某的低保资格，故双方未办理结婚登记。为同居关系稳定，双方于2016年4月22日签订协议书一份，确定“双方为终生聘用关系”。协议签订后，徐某某与王某某开始同居。2017年8月，双方分开。徐某某于2017年12月在协议书上手写添加“如一方违约，赔偿受损失一方违约金50万元”的内容，并由王某某捺指印。现王某某已终止对上述协议的履行，徐某某向法院起诉。

一审法院认为，徐某某与王某某未办理结婚登记而同居生活，其同居关系不受法律保护。二人为稳定同居感情，维持同居关系，确定男女双方同居期间各自的权利义务而签订的案涉协议，虽系双方之间的真实意思表示，但该协议约定的内容违反公序良俗的民法基本原则，与普遍民众的道德理念背道而驰，应属无效。故徐某某要求王某某继续履行协议约定的诉讼请求，一审法院依法不予支持。最终，二审法院维持了一审法院的判决。

第三节
配偶单方赠与财产的效力

一、配偶婚内单方赠与财产原则上无效

（一）法律依据

根据《民法典》和《〈民法典〉婚姻家庭编解释（一）》的相关规定，夫妻双方未就婚姻关系存续期间所得财产的所有进行约定的情况下，夫妻在婚姻关系存续期间所得的财产原则上属于夫妻共同财产。夫妻对共同财产，有平等的处理权。

《民法典》总则编第六章第三节规定民事法律行为的效力，其中第一百五十三条和第一百五十四条明确规定，违反法律、行政法规的强制性规定，或违背公序良俗，或行为人与相对人恶意串通，损害他人合法权益的民事法律行为均无效。但强制性规定不导致该民事法律行为无效的除外。

（二）司法观点

最高人民法院民事审判第一庭的观点：[①] “在婚姻关系存续期间，夫妻双方对共同财产不分份额地共同享有所有权，夫或妻非因日常生活需要处分夫妻共同财产时，应当协商一致，任何一方无权单独处分夫妻共同财产；如果夫妻一方超出日常生活需要擅自将共同财产赠与他人，这种赠与行为应认定为无效；夫妻中的另一方以侵犯共有财产权为由请求返还的，人民法院应予支持。”在最高人民法院审理的（2013）民一他字第5号案例中，最高人民法院最终认定：“程某某擅自处分夫妻共同财产的赠与行为无效，冯某某应返还当时购买车辆和房屋的对价730,500元以及其索取的资金3,049,928元，张某应对其收到的290

---

① 最高人民法院民事审判第一庭：《夫妻一方擅自将共同财产赠与他人的纠纷应如何处理》，载最高人民法院民事审判第一庭编：《民事审判指导与参考》（总第54辑），人民法院出版社2013年版，第119～124页。

万元承担连带返还责任。”

最高人民法院在原婚姻法司法解释（三）对外征求意见稿中，曾经有这样的条款，即“有配偶者与他人同居，为解除同居关系约定了财产性补偿，一方要求支付该补偿或支付补偿后反悔主张返还的，人民法院不予支持；但合法婚姻当事人以侵犯夫妻共同财产权为由起诉主张返还的，人民法院应当受理并根据具体情况作出处理”。虽然由于种种原因，这一条款最终并未被采纳，但无论是该条款体现的立法者的本意，还是从现有的司法实践来看，这种类型的案件，若仅由财产赠与人本人向受赠人索要钱款，其诉讼请求被法院支持的可能性相对较低。但若赠与人的配偶以受赠人获得该财产系侵犯夫妻共同财产权利为由，要求受赠人返还巨额财产的，获得法院支持的可能性相对较高。

二、配偶婚内单方赠与财产的处理规则

最高人民法院吴晓芳法官的观点认为，[①] 夫妻一方在已有配偶的情况下与其他异性婚外同居，其行为违反法律的禁止性规定，这种同居关系属于违法关系，不受法律保护。

夫妻共同财产是基于法律的规定，因夫妻关系的存在而产生的。在夫妻双方未选择其他财产制的情形下，夫妻对共同财产形成共同共有关系，而非按份共有关系。根据共同共有的一般原理，在婚姻关系存续期间，夫妻共同财产应作为一个不可分割的整体，夫妻对全部共同财产不分份额地共同享有所有权，夫妻双方无法对共同财产划分个人份额，在没有重大理由时也无权于共有期间请求分割共同财产。夫妻对共同财产享有平等的处理权，并不意味着夫妻对共同财产各自享有一半的处分权。只有在共同共有关系终止时，才可对共同财产确定各自份额并依法进行分割。因此，夫妻一方擅自将共同财产赠与他人的赠与行为应属全部无效，而非部分无效。

关于“夫或妻对夫妻共同所有的财产，有平等的处理权”的规定，应当理解为：“（一）夫或妻在处理夫妻共同财产上的权利是平等的。因日常生活需要而处理夫妻共同财产的，任何一方均有权决定。（二）夫或妻非因日常生活需要对夫妻共同财产做重要处理决定，夫妻双方应当平等协商，取得一致意见。他

---

① 参见吴晓芳：《〈婚姻法〉司法解释（三）适用中的疑难问题》，载《法律适用》2014 年第 1 期。

人有理由相信其为夫妻双方共同意思表示的，另一方不得以不同意或不知道为由对抗善意第三人。”

超出日常生活需要对夫妻共同财产进行处分，双方应当协商一致。一方单独将大额夫妻共同财产赠与他人，也是一种无权处分行为。在夫妻另一方事先不知情、事后未追认的情况下，根据《民法典》第三百一十一条的规定，“无处分权人将不动产或者动产转让给受让人的，所有权人有权追回”。当财产被他人无合法依据占有时，所有权人有权根据物权的追及效力要求非法占有人返还财产，夫妻中的受害方可以行使物上请求权，以配偶和婚外同居者为共同被告，请求法院判令其返还财产。

涉及具体处理问题，比如夫妻一方赠与婚外情人房产，究竟是返还房屋还是返还相应的购房款。我们认为，一般可分为两种情况：如果赠与人给受赠人钱款让其购房、购车等且登记在受赠人名下，赠与行为被确认无效后，受赠人应返还相应的钱款；如果赠与人是把原来登记在自己名下的房屋、车辆等变更登记为受赠人，受赠人应返还原房屋或车辆等。

有观点认为，实际生活中一方不知道对方有配偶而“被第三人”的情况也不鲜见，此种情况应区别处理，“被第三人”一方的利益该也应得到保护。但审判实践中对一方是否属于“被第三人”的事实，认定难度比较大。另外，感情问题不是商业行为，有付出未必一定有收获，在当事人双方均为成年人的情况下，其应当明确预知自己行为的法律后果。

有人提出这样的问题，即夫妻一方擅自赠与婚外情人大额财产，是否属于“转移夫妻共同财产”的情形？从辞典的解释来看，“转移”一词是指改换位置，从一方移到另一方；另外还有“改变”之意。我们认为，一方擅自赠与婚外情人大额夫妻共同财产的行为与“转移”夫妻共同财产的概念有重合之处，应当认定构成分割夫妻共同财产的“重大理由”，另一方可以要求在婚姻关系存续期间分割夫妻共同财产。

三、配偶婚内单方赠与财产的行为性质

夫妻一方将大额的夫妻共同财产擅自赠与他人，显然侵害了另一方的财产权益。但有种观点认为，该赠与行为应认定部分无效，而非全部无效。理由是夫妻共同财产中既包含丈夫的份额也包含妻子的份额，他人所获赠财产中有一半为夫妻一方的份额，一方处分自身份额的意思表示应为真实，他人可取得一

半的财产权利。[①]

最高人民法院民事审判第一庭的观点认为,[②] 在婚姻关系存续期间，夫妻双方对共同财产具有平等的权利，因日常生活需要而处理共同财产的，任何一方均有权决定，非因日常生活需要对夫妻共同财产做重要处理决定的，夫妻双方应当平等协商，取得一致意见。夫妻一方非因日常生活需要而将共同财产无偿赠与他人，严重损害另一方的财产权益，有违民法上的公平原则，这种赠与行为应属无效。

夫妻共同财产是基于法律的规定，因夫妻关系的存在而产生的。在夫妻双方未选择其他财产制的情形下，夫妻对共同财产形成共同共有关系，而非按份共有关系。根据共同共有的一般原理，在婚姻关系存续期间，夫妻共同财产应作为一个不可分割的整体，夫妻对全部共同财产不分份额地共同享有所有权，夫妻双方无法对共同财产划分个人份额，也无权在共有期间请求分割共同财产。夫妻对共同财产享有平等的处理权，并不意味着夫妻各自对共同财产享有半数的份额。只有在共同共有关系终止时，才可对共同财产进行分割，确定各自的份额。因此，夫妻一方擅自将共同财产赠与他人的赠与行为应为全部无效，而非部分无效。

四、恶意串通损害第三人利益的认定

（一）关于恶意串通的认定标准

关于恶意串通的规定，在一定意义上，是以民法中诚实信用、公序良俗等基本原则的规定限制当事人的意思自治。合同双方恶意串通的意思表示，隐藏于双方当事人的内心，一般需要对合同双方当事人履行合同的客观行为进行分析认定。具体而言，民法上的“恶意”有两种含义：一是观念主义的恶意，指明知某种情形的存在，侧重于行为人对事实的认知；二是意思主义的恶意，指动机不良，即以损害他人利益为目的，侧重于行为人主观意志上的应受谴责性。从司法实践来看，一方要以另一方与第三人恶意通谋损害其利益为由而主张无效，其主要障碍是举证问题，因为恶意串通的法律后果比一般无效合同的法律

---

① 《一方将夫妻共同财产擅自赠与他人的行为无效》，载最高人民法院民事审判第一庭编：《民事审判指导与参考》（总第38集），法律出版社2009年版，第315页。

② 《最高人民法院司法观点集成（新编版）·民事卷Ⅴ》第3108页。

后果更为严重，法院或仲裁机关对当事人的举证责任要求也十分严格。首先，提出主张的一方应当证明恶意串通的双方在主观上有损害债权人的意图；其次，应当证明恶意串通的双方必须有相互勾结和串通的行为。

（二）关于请求合同无效的主体问题

一般情况下，原则上应当由合同当事人主张合同无效，这主要是基于两个理由：一是合同的相对性原则。无效合同尽管不具有法律约束力，但在法院或仲裁机关宣告其无效之前，仍需适用合同相对性规则，由一方当事人向另一方当事人提出主张。二是保护交易的稳定性，促进经济的发展。如果在合同尚未被确定无效之前，允许合同之外的第三人基于合同无效向法院或仲裁机关进行主张，可能会使合同当事人被牵涉到诉讼中来，花费大量的时间、精力应诉，使并非无效的合同因该诉讼而无法得到履行，阻碍交易的顺利进行。

在当事人恶意串通订立的合同损害国家、集体和第三人利益的情况下，国家、集体和第三人均有权主张合同无效。值得注意的是，这里应当区分国家、集体利益受损和特定第三人利益受损的情形，前者为合同绝对无效，即无论国家、集体是否提出合同无效的主张，法院都应主动认定合同无效；后者则为合同相对无效，应由特定的第三人主张合同无效。因为只有特定的第三人才是受害人，如果受害人不主张无效，就无法确定有第三人遭受损害或必然遭受损害，如果不能确定第三人已经或将要遭受损害，就不能满足合同损害第三人利益的条件，就无法宣告合同无效。除该特定第三人以外的其他人，包括恶意串通的合同当事人自身均不能主张合同无效。

（三）合同责任与侵权责任的竞合

在恶意串通损害特定第三人利益的情况下，常常发生合同责任与侵权责任的竞合，即恶意串通的行为因为损害第三人的利益，构成对第三人的侵权，第三人有权请求恶意串通的行为人承担侵权责任。合同因为损害第三人利益，第三人也可以根据无效合同的规定，主张宣告合同无效。①

---

① 参见万鄂湘主编，最高人民法院民事审判第四庭编著：《最高人民法院关于审理外商投资企业纠纷案件若干问题的规定（一）条文理解与适用》，中国法制出版社2011年版，第198～200页。

五、配偶婚内单方赠与财产的案例

（一）单方赠与行为无效且财产应完全返还

案例1－14　丈夫与异性签署“百万合同”，妻子维权起诉避免家产被分案

A先生在某酒会上认识了B小姐，两人“一见如故”。随后双方便发展为婚外情人关系。后两人在相处的过程中因意见不合闹分手。为顺利分手，A先生与B小姐达成一项“秘密合约”：双方表面上签署一份“信息咨询”合同，每年由A先生向B小姐支付服务费用百余万元，共需支付3年。但实际上B小姐从未向A先生提供过任何有价值的“信息”。这百余万元就是A先生支付给B小姐的“分手”费用。A先生的妻子发现后，一纸诉状将A先生及B小姐告上法庭，要求B小姐返还相关费用。经审理，法院最终判决B小姐返还原告已经收取的百余万元钱款。

A先生为了解决其与B小姐之间的不正当男女关系，擅自将夫妻共同财产赠与B小姐，其行为已经严重损害A先生妻子的利益，属于滥用家事代理权的无权处分行为，A先生的行为应当归于无效。另外，B小姐明知A先生与他人有夫妻关系，且A先生赠与其的钱款系夫妻共同财产并接受，主观上为恶意，亦非善意第三人。据此，A先生与B小姐之间形成的钱款赠与关系实际侵害了A先生妻子的合法权益。

综上，异性之间的赠与，根据财产赠与人主观情况或客观身份的不同，所呈现的赠与结果都可能是截然不同的。已婚异性对外赠与，不能损害配偶另一方的合法权益；而单身异性之间的赠与，要求返还需有证据证明当初的馈赠“附有条件”，否则，赠与一旦交付完成，索回于法无据。

同样的案例还有上海市闵行区人民法院审理的（2014）闵民一（民）初字第6974号案件。

案例1－15　丈夫支付代孕款侵犯配偶权益被判代孕支付无效案①

彭某家境殷实，但膝下只有一个女儿。由于迫切想要一个儿子，故通过代孕得到一对双胞胎儿子。彭某在未经妻子同意的情况下，支付给代孕女子1100

---

① 新浪湖南：《长沙男子为生儿子送代孕女1100万元　妻子起诉全额索回》，载http：//hunan.sina.com.cn/news/s/2018－10－13/detail－ifxeuwws3796106.shtml，最后访问时间：2021年2月6日。

万元，并且写下《条据》。事情很快被彭某的妻子知晓，她将丈夫和代孕女子起诉至长沙市天心区法院，要求对方全额返还1100万元。2018年10月12日，根据湖南省长沙市天心区人民法院的通报，法院一审支持了彭某妻子的诉求。

天心区人民法院审理认为："我国《人类辅助生殖技术管理办法》明确禁止医疗机构和医务人员实施任何形式的代孕技术。被告彭某与原告陈某已育有婚生女，仅因想生育儿子，通过试管婴儿技术合成受精卵，由被告曾某进行生育的行为有违道德和伦理，被告彭某基于前述生育行为给付被告曾某巨额款项违背公序良俗原则。在夫妻关系存续期间，夫妻共有财产应作为一个不可分割的整体，夫妻对全部共同财产不分份额地共同享有所有权和平等的处理权。被告彭某在未与原告陈某协商、取得一致意见的情况下，擅自向被告曾某转账，并向被告曾某出具《条据》，其行为严重损害原告陈某的财产权益。被告曾某辩称涉案款项用于购买的不动产系替两个小孩保管，但因相关财产并未登记在小孩名下而是登记在自己名下，辩称理由不成立。"

最终法院一审判决确认被告彭某支付给被告曾某1100万元的处分行为无效；限被告曾某于判决书生效之日起10日内返还原告陈某1100万元。

审判该案件的法官在接受媒体采访时提醒大众："夫妻处分共同财产时应遵循共同财产处理规定。根据法律规定，夫妻共同财产是基于婚姻关系而存在的一种财产制度，夫妻双方平时应当平等协商取得一致意见，不能擅自进行非日常生活所需的大额财产处分。夫妻共同财产属于共同共有，而非按份共有，夫妻对全部共同财产不分份额地共同享有所有权。所以，夫或妻在婚姻期间不得以只对自己份额部分财产处理的名义进行处分。民事主体之间违背公序良俗的民事法律行为无效。本案中彭、曾两人在彭已有合法婚姻关系情况下协议代孕，显然违背公序良俗原则，彭的处分行为无效，曾理应返还财产。"

案例1-16 妻子提起撤销权诉讼收回丈夫赠与情人的钱款案①

2007年10月，田某出资为情人刘某购买一套房产，并登记在刘某一人名下。2011年12月，田某的妻子于某得知后，便向辽宁省大连市中级人民法院提起诉讼，要求确认两被告之间的赠与行为无效。就在该案件审理过程中，田某

① 《得知丈夫为情人买房，她两次处理方式都十分理智》，载搜狐新闻，https：//www.sohu.com/a/252390643_698864，最后访问时间：2021年2月6日。

将情人刘某起诉至上海某区人民法院，要求确认其对该房屋享有60%的所有权。田某和刘某在诉讼中一方面隐瞒双方关系及刘某已婚的情况，还隐瞒于某已另案诉讼的事实。于是，上海某区人民法院于2012年8月作出判决，确认田某在该房屋上拥有60%的所有权份额。

2013年7月，辽宁省大连市中级人民法院作出判决，确认田某赠与刘某房屋的行为无效。刘某不服这一判决，上诉至辽宁省高级人民法院。在上诉期间，刘某拿出上海某区人民法院的一审法院判决，根据这一判决，辽宁省高级人民法院作出裁定，撤销辽宁省大连市中级人民法院判决并驳回于某的起诉。

在得知这种情况之后，于某便以上海某区人民法院的民事判决损害其合法权益为由，向该法院提起第三人撤销之诉，要求撤销该判决。法院审理后判决，撤销该民事判决，驳回田某于2012年5月提起的诉讼请求。刘某对此不服，上诉至上海市第二中级人民法院。

上海市第二中级人民法院经审理认为，系争房屋是田某在与于某夫妻关系存续期间购买，田某对该房屋的处置未征得于某的同意，影响于某对该房屋的民事权益。于某请求撤销民事判决的诉请，依法应予支持。

案例1－17 周某某与喻某某、胡某某确认赠与行为无效纠纷案

一审法院：四川省泸州市合江县人民法院（2017）川0522民初2279号

二审法院：四川省泸州市中级人民法院（2017）川05民终1232号

案件主旨：夫妻一方擅自将共同财产赠与他人无效。

周某某与喻某某系夫妻关系。胡某某与周某某于2014年5月开始同居、2017年5月分手。在此期间，2015年5月21日胡某某取现1万元、5月28日刷卡消费9万元，均用于周某某支付购房首付款；2016年8月10日、10月9日、11月9日胡某某替周某某缴存6000元按揭款。

一审法院认为，对于胡某某与周某某不正当男女关系的性质，原告喻某某法庭上出示的手机短信截图载明，被告周某某表白“只要你（第三人）离了婚，我会给你生个孩子好好过日子”，而被告周某某在庭前会议记录上亦承认与第三人胡某某的婚外情关系，故对被告法庭上抗辩双方系恋爱关系的理由不予采纳。至于胡某某的赠与行为是否有效，法院认为，胡某某与喻某某系合法夫妻，其夫妻财产依法应当予以保护。胡某某违背夫妻之间相互忠贞的义务，从2014年

5月起便与周某某同居，并以夫妻共同财产为周某某支付购房款，其行为严重伤害夫妻感情，损害配偶一方的财产权益，亦严重损害社会公共利益和公序良俗。因此，依法认定胡某某的赠与行为无效。二审法院对一审法院的判决予以维持。

（二）单方赠与行为无效但判决酌情返还

案例1-18 谌某、高某、徐某赠与合同纠纷案

一审法院： 江西省宜春市袁州区人民法院（2018）赣0902民初5557号

二审法院： 江西省宜春市中级人民法院（2019）赣09民终854号

案例主旨： 发生婚外情的双方均存在严重过错，从公平公正原则出发，可以酌情返还财产。

谌某与徐某于1990年12月10日办理结婚登记，婚后双方生育小孩。2007年三四月，徐某与高某经人介绍在宜春城区某按摩店相识，经过几次交往，徐某与高某即发展成为情人关系，之后一直保持婚外情关系。高某本身当时与案外人也存在婚姻关系。

2015年4月，徐某花费162,900元（含首付款、装修费、上牌费、购置税、保险费等，应付162,979元，实付162,900元）购买奥迪车辆并登记在高某某名下，车贷15万元，贷款期限3年。

2018年6月，谌某发现徐某与高某的婚外情关系，谌某与徐某发生争执。同年9月18日，谌某诉至法院。

一审法院认为，徐某与高某在各自均已结婚的情况下发展不正当婚外情关系，尔后双方还生育小孩，违反对各自配偶相互忠诚的义务，其行为极端错误；从本案查明的事实看，徐某在谌某不知情的情况下为高某购买的奥迪车辆支付首付款等费用共计162,900元，该赠与行为既非因日常生活需要，又未经作为财产共有人的谌某同意，严重损害谌某的财产权益，且徐某的赠与行为是基于其与高某的不正当婚外情关系，有悖公序良俗，有违社会公平正义，故该赠与行为无效，作为共有财产权利人的谌某有权要求高某返还徐某赠与的共有财产；本案婚外情的发生，徐某与高某均存在严重过错，根据本案的具体情况，从公平公正原则出发，该院酌定由高某返还谌某120,000元。

二审法院认为，一审法院根据徐某与高某的过错程度，酌定高某返还财产的金额并无不当。

案例 1－19 赵某、何某、杨某赠与合同纠纷案

一审法院：河南省郑州市二七区人民法院（2018）豫0103民初982号

二审法院：河南省郑州市中级人民法院（2019）豫01民终3160号

再审法院：河南省郑州市中级人民法院（2019）豫01民申1360号

案例主旨：赠与婚外情人的财产并非均违反善良风俗，不宜一概认定无效。

何某与杨某原系夫妻关系。杨某与赵某存在不正当关系并生育一名非婚生子女。被何某发现后，2016年3月6日，杨某向何某出具保证书一份，载明“……2013年赵某要买房，她说钱不够向我要了150,000元……我于2014年10月（大约），我和朋友一起（朋友在场）给赵某100,000元……由于婚内出轨和以前约定，若离婚，家里所有财产归妻子所有……”2016年8月12日，何某与杨某办理离婚登记手续。在杨某与赵某交往期间，杨某赠与赵某25万元。

一审法院认为，赵某从杨某处取得的25万元系发生在何某与杨某夫妻关系存续期间，应属于何某与杨某的夫妻共同财产，杨某基于男女关系而赠与赵某，显然不属于行使夫妻任何一方因日常生活需要处理夫妻共同财产的处理权，故何某起诉主张确认赠与无效并返还25万元的请求理由正当，依法予以支持，并判决赵某全额返还25万元。

二审法院认为，婚外同居行为与赠与行为是两个独立的行为，婚外同居行为违反法律禁止性规定，当属无效，当事人应当依法承担相应的法律责任。本案中，杨某在婚姻关系存续期间，与赵某非法同居，并生有一子，既违反法律的禁止性规定，又与社会主义核心价值观相悖，且不符合传统社会道德要求，其行为不仅应受到道义上的谴责，而且应依法承担相应的法律责任。从查明的案件事实来看，何某与赵某产生隔阂、矛盾激化并进而发展到相互辱骂、滋扰等极端不理性行为，并不止于杨某的上述受道义谴责及否定性法律评价行为，更深层次的原因在于，杨某在事发后，羞于正视问题，不敢直面矛盾，不担当、不理性，杨某对此应承担主要过错责任。

就本案何某的诉请，在前述情形下，评价杨某基于婚外同居而产生的财产给付，并非无一例外地均违反善良风俗，故也不宜一概认定无效。理由如下。

首先，虽然杨某在婚姻存续期间私自处分财产的行为，应予以否定性评价，即对杨某赠与赵某的款项之民事法律行为应认定为无效，赵某据此取得的财产应当返还。但同时不能忽略杨某该赠与行为系基于“不法原因给付”，而依照

“不法原因给付不得请求返还”的民法理论，夫妻一方赠与财产给“第三者”，违反公序良俗，由此产生的财产给付，原则上不予返还。如此，将制裁不法原因给付者作为裁判考虑的重要因素，方能契合立法的宗旨和目的。

其次，判定婚外同居当事人赠与效力时，在以公序良俗为主要考量的同时，还应当具体关注当事人的主观心态、涉及财产的性质和价值大小等因素。本案中，杨某与赵某在非法同居期间于2014年生有一子，此事实发生后，杨某于2014年10月15日取现金99,900元交付给赵某。从杨某2014年6月28日23时至6月29日0时之间与赵某互发短信的内容可知，杨某赞同并强烈坚持赵某生育孩子，同时，结合杨某在二审中也认可该10万元系和赵某协商给付分手费(30万元)并起草协议，最终因数额未达成一致未签订、赵某拿走10万元的事实，法院认定，该10万元赠与应是杨某以解除婚外同居关系为目的而为，不应简单认定为无效。

再次，杨某在生效裁判认定其应承担非婚生子扶养责任后，于2015年10月25日殴打赵某，在2016年3月6日向何某出具保证书，明确表示“若离婚，家里所有财产归妻子所有”，于2016年8月12日与何某在河南某律师事务所签订《离婚协议书》，约定所有财产归女方，“婚后共同债权归女方享有；共同债务由男方承担”，“净身出户”，明显致自己于不利地位，且事后又有逃避履行生效裁判法律责任和义务，主观心态可见一斑，上述处分行为也显有避害趋利之嫌。

最后，何某于2017年1月4日起诉主张杨某的赠与行为无效，系基于对婚姻关系存续期间杨某无权处分行为的确认之诉，其起诉时因夫妻关系解除，财产已分割完毕，故从法律性质上讲，何某主张的款项应为共有债权，该共有债权因基础关系的消灭而应按照共有原则予以分割。

综合全案案情，依照法理及相关法律规定，杨某赠与赵某12万元的行为无效，赠与赵某10万元的行为有效。据此，对于何某主张赵某返还其25万元，法院仅支持6万元，剩余6万元，何某可另行向杨某主张。一审法院适用法律虽无不当，但其忽略民法基本理论及立法目的，忽视存在赵某生育有非婚生子的客观事实，实体裁判处理不当，应予纠正。

再审法院经审查认为，二审依据查明的事实判决被申请人赵某返还申请人何某6万元正确，予以支持。

（三）配偶主张权利但法院仍判决不予返还

案例 1－20 万某与包 A、王某离婚后财产纠纷案

一审法院：上海市长宁区人民法院（2014）长民四（民）初字第 1484 号

案例主旨：赠与钱款事实无法证明，法院判决原告追索房屋败诉。

原告万某与被告包 A 原系夫妻关系，于 1982 年 4 月结婚。2003 年被告包 A 与被告王某发生婚外情，原告万某与被告包 A 于 2006 年 4 月 26 日协议离婚。在婚姻关系存续期间，被告包 A 用与原告的夫妻共同财产出资购买沪闵路、黄金城道房屋并登记在被告王某名下。原告认为，被告包 A 在与原告婚姻关系存续期间隐瞒原告出资购买上述房产，系无权处分，登记在被告王某的产权份额于法无据，上述房屋均应认定为原告与被告包 A 的共同财产，故起诉要求确认所有房屋均系原告与被告包 A 离婚时的共同财产。

法院认为，关于沪闵路房屋，产权登记在被告王某（第三者）名下且已出售处分，虽被告包 A（丈夫）亦称该房屋系自己出资购买，但被告王某予以否认，原告（妻子）未能提供证据证明该房屋系原告与被告包 A 夫妻共同财产出资或转让取得，故对于原告的该项诉讼请求，不予支持。关于黄金城道房屋，该房屋的出资来源，已经由另案生效判决确认为被告包 A 的个人债务，故原告主张该房屋系原告与包 A 以共同财产购买，并无事实依据，对其该项诉请，不予支持。

案例 1－21 仇某与符某、陆某赠与合同纠纷案

一审法院：上海市长宁区人民法院（2008）长民一（民）初字第 3793 号

案例主旨：不能证明赠与关系，法院判决原告追索败诉。

原告仇某与被告符某于 1998 年 11 月 10 日登记结婚。被告符某、陆某自 2001 年起关系密切。被告符某向陆某累计支付人民币 1,800,000 元用于购买房产。后，被告符某另案向法院起诉陆某房屋买卖合同无效之诉以及合伙协议纠纷，并在起诉过程中表明其出资人民币 1,850,000 元系与被告陆某共同合伙炒房（某房屋），约定增值后利益各得 50%，两被告间系合伙关系，并非赠与关系，亦非为结婚而购房。但最终两个案件因被告符某证据不足而被法院驳回。这两个案件中被告符某的委托代理人宋某即为本案原告仇某的委托代理人。

法院认为，原告诉称两被告之间存在赠与关系，但第二被告予以否认。根据第二被告提供的证据，两被告之间存在合伙炒房的法律关系，故法院对原告主张两被告之间就系争款项存在赠与合同关系不予认定。被告陆某从被告符某处实际取得系争款项的原因有待另案查明。鉴于本案证据不足以证明赠与行为成立，故现原告以被告符某赠与行为未经其同意为由而要求宣告赠与行为无效及返还的诉讼请求缺乏前提和基础，法院难以支持。

案例 1－22 曹某、古某与王某确认赠与无效纠纷案

一审法院：天津市南开区人民法院（2017）津 0104 民初 11390 号

二审法院：天津市第一中级人民法院（2018）津 01 民终 6968 号

案例主旨：根据中国香港特别行政区法律确认配偶一方单方在婚姻关系存续期间对外赠与的财产并非夫妻共同财产，故单方赠与行为有效。

古某与王某于 1963 年在杭州结婚，1974 年到中国香港并于 1982 年取得中国香港永久性居民身份。王某于 1979 年在泰国打工后设厂，1998 年二人拿到美国绿卡，后王某在美国与泰国之间往返，古某长期在美国居住并于 2008 年 6 月加入美国国籍。入籍后，古某主要在美国居住，有时在中国香港和泰国居住。古某主张其与王某的共同经常居住地在美国加利福尼亚州，但未提供王某在该地连续居住一年以上的相关证据。

古某主张王某赠与曹某钱款大部分发生在泰国，部分在天津，其所列清单中包括 2008 年、2009 年、2010 年、2012 年、2014 年的赠与地点均在泰国，王某向一审法院确认的邮寄送达地址位于泰国。古某在本案一审诉状中记载的住址为中华人民共和国香港特别行政区某小区，其在经公证的授权委托书中记载的现住址亦为上述地址，古某自认该房屋为其与王某在香港特别行政区共同申请的居屋。

曹某在庭审中向法院提交关于中国香港特别行政区《已婚者地位条例》第四条规定，已婚女性的财产：（1）除本条例另有规定外，凡（a）于紧接 1936 年 3 月 20 日以前，属已婚女性的专有财产或根据衡平法代其持有作其专用的财产；或（b）于该日以后结婚的女性，在结婚时已拥有或者正拥有的财产；或（c）于该日以后，已婚女性已取得或正取得的财产，或已转予或正转予该已婚女性的财产，须全归该女性所拥有，犹如未婚时一样，该财产并可据此而予以

处置。(2) 不论在本条例生效日期之前或之后，女性在享有财产方面的预用权或让与权如受到限制，而该等限制不可能加诸男性对该财产的享有者，则该等限制无效力。第十条规定，免除丈夫负起妻子在侵权行为、合约、债务及义务上的责任，除本条例另有规定外，某女性的丈夫无须纯粹因身为该女性的丈夫而就以下事宜负责：(a) 该女性婚前或婚后所犯的侵权行为，或其婚前所订立的合约，或所负的债务或义务；(b) 在上述侵权行为、合约、债务或义务的法律程序中被起诉或成为法律程序的一方。

法院认为，《最高人民法院关于适用〈中华人民共和国涉外民事关系法律适用法〉若干问题的解释（一)》第十二条规定，涉外民事争议的解决须以另一涉外民事关系的确认为前提时，人民法院应当根据该先决问题自身的性质确定其应当适用的法律。本案中，古某以王某未经其同意擅自处分二人夫妻共同财产为由请求确认赠与无效，并要求曹某返还相应财产，故王某赠与的财产是否属于古某、王某的夫妻共同财产为解决本案民事争议的先决问题。

根据《涉外民事关系法律适用法》第二十四条的规定，夫妻财产关系，当事人可以协议选择适用一方当事人经常居所地法律、国籍国法律或者主要财产所在地法律。当事人没有选择的，适用共同经常居所地法律；没有共同经常居所地的，适用共同国籍国法律。根据两审查明的案件事实，古某与王某之间对夫妻财产关系并无明确约定，因此双方财产关系应当适用共同经常居住地或共同国籍国法律。

按照古某及曹某的陈述，案涉赠与行为发生在2002~2015年，古某自认在2008年取得美国国籍之前长期居住在美国，取得美国国籍后主要在美国居住，有时在香港和泰国居住，而王某长期在泰国经营工厂，且案涉赠与地点以及王某确认的送达地址也能够证明其经常居住地一直在泰国，双方并无共同的经常居所地，古某也没有提交存在共同经常居所地的证据，因此2002~2008年，由于古某与王某均系中国香港特别行政区永久性居民且不具有其他国家国籍，双方夫妻财产关系应当适用共同国籍国法律，具体到本案中，双方夫妻财产关系应当适用中国香港特别行政区法律确定。

古某于2008年加入美国国籍后，其与王某不再具有共同国籍国，王某仍为中国香港特别行政区永久居民，持有中国香港特别行政区护照，古某自述经常回中国香港居住，且在本案诉讼中，古某在诉状及授权委托书中自认的住址也在中国香港特别行政区，根据《涉外民事关系法律适用法》第二条第二款的规定，本法和其他法律对涉外民事关系法律适用没有规定的，适用与该涉外民事关系有最密切联系的法律。据此，2008～2015年有关古某与王某的夫妻财产关系，仍应认定中国香港特别行政区法律与之有最密切联系。

综上，本案有关双方夫妻财产关系应当适用中国香港特别行政区法律予以确定。古某与王某夫妻财产关系是案涉赠与效力纠纷的先决问题，该问题的性质与曹某并无关系，一审法院以曹某的户籍及经常居住地在天津，赠与的财产所在地在天津为由，认定中国内地的法律为确认古某与王某夫妻财产关系最密切联系的法律不当。

曹某一审中提供的证据显示，根据中国香港特别行政区《已婚者地位条例》的规定，中国香港夫妻财产以实行分别财产制为原则，即已婚男女有权自行处置其名下财产，无须征得对方同意。古某主张其与王某实行共同财产制，但对此并未提供充足的证据予以证明，因此古某提出王某处置的财产属于两人夫妻共同财产的主张，依据不足。由于王某处置案涉财产的行为与古某不具有直接利害关系，其并非本案的适格主体，古某以原告身份提起本案诉讼，缺乏事实和法律依据。王某若认为其给予曹某的财物导致其合法权益受损，有权以自己的名义另行提起诉讼。古某若认为其在婚姻关系中的合法权益因王某的行为受损，可另行依法向王某主张。

案例1－23 毛某、丁某与周某赠与合同纠纷案

一审法院：浙江省义乌市人民法院（2017）浙0782民初18429号

二审法院：浙江省金华市中级人民法院（2018）浙07民终544号

案例主旨：第三者（女方）在同居期间怀孕需要做中止妊娠手术请求男方分担部分因此产生的医疗费、营养费等合理费用的，钱款赠与后不予返还。

毛某与周某于2009年2月5日登记结婚，于2017年10月19日登记离婚。2015年8月，周某与丁某相识，嗣后发展为情人关系。2017年7月，丁某怀孕。后因周某要求，丁某前往医院做人流手术。为此，周某与丁某签订协议书一份，其中第一条约定："甲（周某）乙（丁某）双方自2015年相识，后双方发生两性关系。2016年2月22日，周某曾汇款65,000元给丁某。2017年7月20日乙方意外怀孕，现应甲方的要求要把孩子打掉，但由于打胎会给乙方的身体健康造成很大影响，根据医生的意见是打胎后会造成乙方以后很难怀孕，而且打胎

需要相关费用，身体后续保养也需要一定费用，故打胎也给乙方的身体造成很大的影响，现甲方决定支付乙方 10 万元作为对乙方的各项补偿，甲方已经于 2017 年 8 月 6 日支付过壹万元，另外甲方于 2017 年 8 月 15 日前支付乙方壹万元，自 2017 年 9 月开始每月的 20 日支付乙方 5000 元直到款项付清为止。”2017 年 9 月 4 日，周某通过银行转账给丁某 30,000 元补偿款。

法院认为，丁某与周某之间的婚外情行为应受谴责，但从丁某与周某于 2017 年 8 月 7 日签订的协议书的内容来看，该协议书系周某因造成丁某身体伤害而作出的补偿约定，并非一般意义上的赠与，且也未履行完毕，毛某以该协议无效请求返还协议项下财产依据不足，不予支持。

（四）“婚外情”不是恶意串通的要件事实

案例 1－24 王某琴与雷某某、陈某确认合同无效纠纷案

一审法院：北京市丰台区人民法院（2018）京 0106 民初 25692 号

二审法院：北京市第二中级人民法院（2020）京 02 民终 2299 号

案例主旨：恶意串通的证明标准系民事诉讼中提高的证明标准，在认定时尤其应注意证明责任分担及证据的审核。

法院认为，本案争议焦点可归纳为：陈某与雷某某就讼争房屋签订的买卖合同是否构成恶意串通损害王某琴利益。

恶意串通的证明标准系民事诉讼中提高的证明标准，在认定时尤其应注意证明责任分担及证据的审核。本案认定是否构成恶意串通损害第三人利益，还需注意下列事实：陈某、雷某某于 2015 年 7 月签订讼争房屋买卖合同；雷某某确有在买卖合同签订前后向陈某转款的行为；王某琴知晓讼争房屋交付给雷某某控制后，并未向雷某某提出异议；2016 年 8 月王某琴与陈某离婚时，离婚协议中仅约定位于康泽园房屋的归属，未涉及讼争房屋及三河房屋；三河房屋产权过户手续系王某琴协助雷某某办理。

对于主张存在恶意串通事实而言，证明责任首先应由主张一方承担，但相对方亦有提供证据证明其不构成恶意串通的义务。本案中，王某琴、雷某某分别提出证据并对合理性进行解释。经审核，虽对于讼争房屋买卖真实性存在一定疑问，但根据房款构成及支付过程、王某琴知晓交房后未提出异议、离婚时未约定分割讼争房屋、王某琴将名下三河房屋协助过户等事实，无法排除王某

琴在讼争房屋交易时知情且未提异议、其利益并未受到损害的合理怀疑。因此，王某琴对待证事实提交的证据未达到法定证明标准。

另需指出，对陈某与雷某某间是否存在婚外情关系，虽陈某认可王某琴的陈述，但雷某某坚决否认。对此，陈某与雷某某间的个人关系，不是以恶意串通损害第三人利益为由确认合同无效案件的要件事实，不在本案讨论范围之内，法院无权作出认定。同时，退一步而言，即使存在王某琴所主张的关系，也并不能使待证事实达到排除合理怀疑的证明标准。

（五）“第三者”收取钱款可能不构成不当得利

案例 1－25 雷某霞与张某梅、吴某均不当得利纠纷案

一审法院：贵州省雷山县人民法院（2019）黔 2634 民初 398 号

二审法院：贵州省黔东南苗族侗族自治州中级人民法院（2020）黔 26 民终 2 号

案例主旨：配偶通过手机微信转款给“第三者”完全是其内心的意思，配偶另一方认为属于不当得利，不符合法律对取得不当得利的定义。

一审法院认为，原告雷某霞与被告吴某均系夫妻关系，雷某霞与吴某均还没有离婚，但吴某均违背夫妻忠实、尊重原则，与单身张某梅认识后主动追求被告张某梅，以致张某梅、吴某均发展为男女朋友的情人关系；张某梅开始不知道吴某均已婚，但在得知吴某均已婚还未离婚的情况下仍然与吴某均保持情人关系，其间张某梅、吴某均还在雷山县起居住生活，张某梅、吴某均的行为违反公序良俗，因此，在整个事件中吴某均起主要作用，张某梅起次要作用。在张某梅、吴某均处情人期间，吴某均转账给张某梅，其转账行为属赠与行为，但其所转的账属雷某霞与吴某均在婚姻关系存续期间的共同财产，雷某霞主张全额返还，于法有据，应予支持。但是结合本案，张某梅、吴某均从认识到在一起租房居住生活已达 6 年之久，双方生活花销在一起，且根据前述双方在情人关系中的作用，足额返还对张某梅不公平，吴某均一点责任没有，易助长已婚男人婚外情的现象不断发生，社会效果不好，因此，吴某均转账给张某梅的赠与行为，应当认为部分有效，部分无效，共同财产中属于雷某霞的部分应当予以返还，同时应当在吴某均转账总额中扣除张某梅转账给吴某均的部分。吴某均提出其转账均系张某梅向其索要的主张，没有事实依据，不予采纳。雷某

霞提出返还购买手机款4000元的主张，吴某均辩称应为6000元，张某梅在答辩时也认可吴某均购买一部手机给其的事实，只是其提出吴某均损坏其手机而赔偿其的答辩意见，因其没有提供这方面证据予以证实，不予采纳，因此，法院对雷某霞该返还手机款的主张予以支持，同时也按属于雷某霞的部分进行返还。

二审法院撤销一审法院的判决结果并认为，关于张某梅是否构成不当得利的问题雷某霞不服提起上诉。上诉人雷某霞一审的起诉请求以及上诉请求，均坚持张某梅与其丈夫吴某均保持不正当的男女关系，有违公序良俗。雷某霞认为吴某均通过微信转给张某梅的钱没有经过自己同意，属私自处分夫妻的共同财产，吴某均将夫妻的共有财产处分给张某梅，已经损害雷某霞的利益。张某梅取得吴某均通过手机微信的转款，没有合法依据，为保护自己的民事权益，雷某霞认为张某梅构成不当得利，并根据诉请定性为不当得利法律关系，并无不当。对张某梅是否构成不当得利，相关证据显示，2013年张某梅系单身女性，与吴某均进行交往，张某梅没有隐瞒自己的未婚事实，并不再外出务工，而是选择留下来开理发店，与吴某均建立恋爱关系；相反，吴某均明知自己有家庭，隐瞒自己已婚事实，并出钱为张某梅租房一起居住保持来往。2017年年底在张某梅得知吴某均系有妇之夫之后（从雷某霞提供吴某均的微信转款记录中，2017年11月30日至2018年4月21日），吴某均与张某梅没有转款事实，可以证明张某梅有明确表示不再与吴某均继续来往。2018年3月吴某均为达到让张某梅谅解的目的，将自己与妻雷某霞同协商签订的《离婚协议书》转发给张某梅，事实上并未办理离婚手续，又再采取欺骗手段，取得张某梅的信任，直至2019年年初张某梅再次发现自己受骗，因另找男友，才引发本案诉讼。况且，张某梅与吴某均建立关系，2017年11月至2018年12月，张某梅通过手机微信向吴某均转款21笔，金额达17,245元。因此，吴某均通过手机微信转款给张某梅，完全是吴某均内心的意思，雷某霞上诉认为张某梅收取吴某均的手机微信转款，属于不当得利，事实依据不足，不符合法律对取得不当得利的定义，理由不充分，法院不予采纳。张某梅上诉认为自己不构成不当得利，事实和法律依据充分，法院予以采纳。

关于雷某霞主张返还是否符合事实和法律规定的问题。吴某均通过手机微信向张某梅转款的数额，以及张某梅向吴某均转款，各方均无异议，应予确认。雷某霞主张吴某均给张某梅现金10,000元，购买手机4000元，吴某均虽然认可是事实，但是，吴某均是雷某霞之夫，与本案有直接的利害关系，雷某霞仅有吴某均自己的陈述，未能提供其他相关证据佐证，应承担主张该事实成立举证不能的不利后果，对两笔款的主张缺乏事实依据，法院不予采信。吴某均与张某梅交往期间故意隐瞒已婚事实，在已婚事实暴露后，又向张某梅传递与雷某霞离婚的事实，其责任完全在吴某均方，吴某均在本案中辩解，其转款给张某梅是受张某梅欺诈行为造成，没有事实依据支撑，法院不予采纳。从雷某霞提供的吴某均手机微信记录来看，吴某均转账共计86,738.89元，2016年12月至2018年3月为12,400元，2018年4月至年底为58,153.69元，2019年之后为16,185.20元；从转款时间上分析，有用于两人一起居住时的生活开支，从转账示意上分析，有吴某均表示赠与的性质，况且，张某梅也有向吴某均转款，说明两人存在有共同开销的情况；再则，吴某均向张某梅转款，均是在雷某霞与吴某均签订《离婚协议书》至结婚证遗失补办期间。从以上事实来看，在长达两年多的时间里，张某梅收取吴某均的69笔手机微信转款86,738.89元，均不符合构成不当得利的条件，雷某霞上诉认为张某梅收取自己丈夫吴某均的手机微信转款以及现金，属不当得利，要求改判支持其全部诉讼请求，事实依据不足，不符合法律规定，理由不充分，法院不予支持。

（六）夫妻财产未分割前不可擅自赠与

案例1－26 王某某与张某某1、刘某某赠与合同纠纷案

一审法院：河北省承德市双桥区人民法院（2019）冀0802民初1949号

二审法院：河北省承德市中级人民法院（2019）冀08民终2339号

案例主旨：夫妻对共同财产形成共同共有关系，而非按份共有关系，夫妻双方无权对共同财产划分个人份额。

一审法院认为，夫妻在婚姻关系存续期间所得的财产归夫妻共同共有，夫或妻在处理夫妻共同财产时享有平等的处理权，因日常生活需要而处理夫妻共同财产的，任何一方均有权处理，非因日常生活需要对夫妻共同财产做重要处理决定，夫妻双方应当平等协商，取得一致意见。夫妻共同财产是基于法律的规定，因夫妻关系的存在而产生的，在夫妻双方未选择其他财产制的情形下，夫妻对共同财产形成共同共有，而非按份共有，夫妻双方无权对共同财产划分个人份额。虽夫妻对共同财产享有平等的处理权，但并不意味着夫妻各自对共同财产享有半数的份额。本案中，原告张某某1将与刘某某共同所有财产

63,225元擅自转账赠与被告王某某的行为，显然侵害了原告刘某某的合法权益，违反公序良俗原则，应属无效。故对被告主张原告张某某1有权处分夫妻之间一半财产的抗辩理由法院不予支持。因原告不能证明张某某1在2018年5月25日通过ATM机取款6000元及通过POS机消费3000元系赠与被告，应承担举证不能的不利后果，故对此部分诉讼请求，法院不予支持。鉴于原告张某某1转账给被告王某某的款项大部分均为小额转账，被告王某某也辩称此款系在交往期间的共同消费，此辩解理由符合当地生活消费水平和生活常理，结合原告张某某1转账金额的实际情况，被告王某某应酌情返还赠与金额63,225的70%即44,257.5元。

二审法院认为，夫妻在婚姻关系存续期间所得的财产归夫妻共同所有，非因日常生活需要对夫妻共同财产做重要处理决定，夫妻双方应当平等协商，取得一致意见。张某某1本人只有工资和奖金收入，其与王某某基于同学关系产生婚外情，并将与妻子刘某某共同所有财产总计63,225元通过转账方式赠与王某某，侵害了刘某某的合法权益，违反公序良俗，应属无效。二审法院维持一审法院的判决结果。

第四节 其他婚恋纠纷

一、非婚生子女亲子关系的认定

现代社会中，随着生育政策的开放和人们思想观念的解放，诸如未婚生子、同居生子的情况屡见不鲜，而且越来越被社会所接受。我国法律明确规定，非婚生子女与婚生子女享有同等的地位。但是在司法实践中，由于法律证明要求不一样，非婚生子女的权益保护仍然面临诸多障碍。对于这一问题，我们专门对北京、上海、深圳三个地区的司法实践情况进行检索和分析，针对司法实践中非婚生子女的亲子关系认定，总结归纳若干裁判规则和实务要点。

（一）非婚生子女的法律地位和认定方式

所谓非婚生子女，是指没有合法婚姻关系的男女双方所生育的子女，这一概念和“婚生子女”相对应。

1. 非婚生子女的法律地位

对于非婚生子女的法律地位，《民法典》第一千零七十一条第一款明确规定：“非婚生子女享有与婚生子女同等的权利，任何组织或者个人不得加以危害和歧视。”由此可见，我国法律下非婚生子女的法律地位和婚生子女相同，也即，我国法律中关于婚生子女的规定同样适用于非婚生子女，非婚生子女同样享有民法典婚姻家庭编和继承编下的所有权利。

2. 非婚生子女亲子关系的认定方式

虽然我国法律对于非婚生子女的法律地位进行明确的规定，非婚生子女具有和婚生子女同等的法律地位。但是在司法实践中，非婚生子女的权益保护仍然是一个突出的问题，其中的一个主要原因便是非婚生子女的亲子关系认定存在难度。

我国的婚生子女实行推定制度，也即在合法婚姻关系存续期间受胎或者出生的子女，推定为夫妻双方的婚生子女。婚生子女自出生之日起便享有民法典婚姻家庭编和继承编规定的权利，无须举证证明亲子关系。

但对于非婚生子女来说，想要主张合法的权利，必须先证明亲子关系。例如，非婚生子女和婚生子女依法享有平等的继承权，但是在司法实践中，非婚生子女要主张继承权，就必须证明其与被继承人之间的亲子关系。如果没有进行亲子鉴定，未办理出生证明或者出生证明中未载明父亲信息，一旦生父过世，那么非婚生子女想要证明亲子关系的难度就非常大。

在司法实践中，非婚生子女亲子关系的认定方式主要有以下两种：

第一种是运用技术手段，进行亲子关系鉴定。亲子关系鉴定，是由专业的司法鉴定中心，对于两名或者多名自然人之间的亲缘关系进行鉴定，从而得出是否具有亲缘关系的结论。

第二种是适用法律规则，进行亲子关系推定。在有些情况下，亲子鉴定无法进行，例如父亲不配合，导致主观上无法进行；或者父亲已经去世火化，不再有 DNA 样本，导致客观上无法进行。对此，我国法律和司法解释规定了亲子关系推定规则，在无法通过亲子鉴定进行直接认定的情况下，法院可以根据法律规则推定亲子关系是否成立。

但无论是运用技术手段进行亲子关系鉴定，还是适用法律规则进行亲子关系推定，非婚生子女想要证明亲子关系，通常存在诸多障碍。

（二）亲子关系鉴定的对象和方式

亲子关系鉴定是目前司法实践中证明亲子关系最直接、也是最有效的一种方式。实践中，进行亲子关系鉴定的对象和方式有以下几种：

在生父在世的情况下，亲子关系的双方可亲自前往医院直接进行鉴定。如果其中一方不愿意配合进行亲子关系鉴定，另一方可以起诉向法院提出亲子关系鉴定的申请。如果亲子关系的父亲在世，鉴定是比较方便的，一般 15 个工作日即可出结果。

如果父亲已经过世，进行亲子鉴定的难度非常大，但也有以下三种方式可以尝试：

第一种方式，由孩子、爷爷、奶奶这三人同时进行鉴定，从而得出孩子和已过世的父亲之间的亲子关系。在爷爷、奶奶两人健在的情况下，如果能够同时获得爷爷和奶奶两人的同意进行鉴定，这无疑是一种比较理想的方式。如果仅有爷爷一人，奶奶无法参与鉴定，那么准确性将大打折扣。

第二种方式，由父亲的其他子女（婚生子女或者其他已确定身份的非婚生子女）和孩子同时进行亲子鉴定，可以证明亲子关系，但是其他子女的人数最好要在 3 个以上，如果人数过少，则无法推导。事实上，这种方式在现实中的可行性较低。首先，婚生子女和非婚生子女之间，一般有天然的利益冲突，愿意配合的情况很少；其次，这种方式对于其他子女的人数还有一定的要求，实践中可能难以满足。

第三种方式，如果非婚生子女为男孩，那么可以由家族中的任一男性，例如由父亲的兄弟、爷爷、爷爷的兄弟等男性，通过基因中 Y 染色体的检验，推断出被鉴定人是否属于同一父系。但是，这一种方式无法直接证明亲子关系，只能证明属于同一父系。

（三）司法亲子鉴定的流程与内容

在不同情况下，亲子鉴定分为个人亲子鉴定和司法亲子鉴定，司法亲子鉴定具有司法效力，可以用来办理户籍登记、移民、留学、法院诉讼、办理公证等；个人亲子鉴定只能作为个人参考使用，一般情况下没有强制的法律效力。

1. 司法亲子鉴定的办理流程

（1）咨询申请

需要到司法鉴定中心进行咨询，然后进行申请。

（2）现场采样

进行 DNA 检测，通常可以是口腔试子、血痕、带毛囊的毛发等，成年男人还可以是精斑等。司法亲子鉴定必须现场采集样本，要提供能证明自身身份的有效证件以及相关机构出具的委托书，并且现场要拍照留证，进行身份认证等。

（3）支付费用

做司法亲子鉴定需在现场支付费用。支付的方式可以选择现金或者也可以刷卡。

（4）实验鉴定

实验员收到样本和委托书后，就会开始实验。

（5）等待结果

一般情况下在 7 个工作日内可以得到结果，遇休息日时间顺延。鉴定中心的工作人员会以客人要求的方式告知鉴定结果，鉴定报告可以由委托人自行领取，也可以由工作人员邮寄。

2. 司法亲子鉴定报告的基本内容

（1）报告名称

亲子鉴定报告根据报告的性质不同，分为法医物证鉴定报告和遗传检验报告。

（2）报告绪言

报告绪言部分包括委托方（委托单位或个人）；委托事由即鉴定需求，包括同一认定、亲子鉴定，或亲缘鉴定等；委托日期即鉴定中心接受委托的日期；鉴定日期即出具报告的日期。

（3）报告正文

①被鉴定人或者检材情况：根据报告的性质不同，正式鉴定报告提供的就是被鉴定人的信息，姓名、身份证、出生证号码等。

②检材处理和检验方法：主要介绍使用的检验方法，试剂盒和主要的检测仪器等。

③检验结果：检验结果就是原始结果的反映。

④分析说明：是分析论述检验原理和试验结果的部分，对于认定亲子关系的鉴定报告，一定要包括关于亲权指数，父权相对机会这样一些必须的计算数据。

⑤检验结论：根据委托方的要求对被委托事由给出最终结论。

（4）报告附件

报告附件包括委托书、个人身份证明、指纹、照片等的复印件。

（5）鉴定人签名

鉴定人签名包括检测人、复核人、授权签字人、鉴定单位、鉴定时间等。

（6）报告声明

为了维护当事人和鉴定中心的权益，在鉴定书的封二或其他合适的地方，鉴定中心会有如下声明：

①本鉴定只对样本负责；

②本中心不负责送检样本的保管。

（四）亲子鉴定的司法裁判规则

1. 婚生子女无义务配合亲子鉴定

在江苏省人民法院公布的2018年婚姻家庭典型案例之八、2019年度婚姻家庭十大典型案例之六中，法院认为，婚生子女无义务配合非婚生子女进行亲子鉴定。这两则案例都是非婚生子女主张继承权的典型案例，非婚生子女要求被继承人的婚生子女配合进行亲子鉴定，否则应当推定亲子关系成立。对此，两则案例中的法院一致认为，亲子关系推定规则应当将适用主体范围严格限定在父母子女之间，并不适用于兄弟姐妹之间，婚生子女并无配合非婚生子女进行亲子鉴定的义务，更不应适用亲子关系推定规则。身份关系具有鲜明的道德性和伦理性，又与财产紧密相连，随意扩大亲子关系推定规则适用主体的范围，不符合法律及司法解释的精神。[①]

2. 法院对亲子鉴定持审慎态度

在《人民司法·案例》2017年第14期的一个典型案例中，法院认为，本案继承权是否存在并不以亲子关系鉴定为依据，最终不同意亲子关系鉴定。

在这一案例中，刘某某于2010年8月15日死亡，遗留房屋、汽车等遗产共计1900余万元，未留遗嘱。刘某某于1989年8月与藏某红结婚，生育一女藏某

---

① 参见《非婚生子欲继承遗产 婚生子女没义务配合做亲子鉴定》，载中国江苏网，http：//js-news. jschina. com. cn/shms/201803/t20180308_ 1453813. shtml，最后访问时间：2021年2月6日。

某。1995 年 2 月，刘某某与藏某红协议离婚，约定：藏某某由藏某红抚养，刘某某每月负担抚养费 1000 元，藏某某为双方当事人今后各自拥有财产的合法继承人之一。1997 年 12 月刘某某又与姚某某结婚，生育子女刘甲、刘乙。刘某某死后，藏某某主张继承遗产。姚某某私自采集藏某某的头发与刘某某生前使用牙刷中的遗留物，隐名送鉴定机构进行 DNA 检测，结论排除二人有亲子关系，遂拒绝分配遗产给藏某某。藏某某起诉请求继承刘某某的遗产，被告姚某某等人提出对藏某某与刘某某之间是否存在亲子关系进行鉴定。但藏某某不同意进行鉴定。

重庆市第五中级人民法院再审后认为，亲子鉴定具有很强的伦理性，涉及父母、子女的隐私权，因此，主张亲子鉴定应当严格限定于父母与成年子女本人。被继承人刘某某生前并未提起否认亲子关系的诉讼，而是依离婚协议履行对藏某某的抚养义务。另外，子女与父母有自然的血亲关系，不是享有继承权的必备条件，形成抚养关系的继子女、养子女，没有自然血亲关系也可享有继承权。因此，一、二审不支持姚某某等人亲子鉴定的主张，是依法对藏某某及其母亲名誉权、隐私权的保护，也是对逝者刘某某名誉的尊重，是正确的。遗产分配优先尊重死者生前的意思表示，刘某某在与藏某红的离婚协议中明确表示：藏某某为双方当事人今后各自拥有财产的合法继承人之一。刘某某一直未予以改变，藏某某依此约定享有继承权。

北京市第一中级人民法院在（2014）一中少民终字第 00010 号案例中驳回隔代采样的亲子鉴定申请。

在这一案件中，王某 2 的《居民户口簿》显示，王某 1（无其他曾用名）系王某 2 次子，2010 年出生，出生地北京。王某 2 另有一长子名叫王某 3（曾用名袁某），2004 年出生，出生地黑龙江省绥化市。陈某 1 与龙某确有一婚生之子陈某 2，陈某 2 成年后一直未婚，并于 2011 年 3 月 30 日因病去世。王某 1 起诉主张继承权，并要求进行亲子鉴定，但是遭到陈某 1 和龙某的反对。

法院认为，虽然我国法律对于继承人资格的规定，并未区分非婚生子女与婚生子女，但就本案而言，由于王某 2 在王某 1 出生前与陈某 2 无夫妻关系，因此王某 1 是否能够依法继承陈某 2 遗产，首先需要王某 1 证明陈某 2 系自己的亲生父亲，在此基础上，王某 1 才可能依据继承法主张相关权益。本案中王某 1 的法定代理人提交的各种证据材料，首先没有证据证明王某 2 与陈某 2 之间存在男女关系甚至亲密关系。其次，王某 1 的出生医学证明，根据陈某 1、龙某一方的质证情况和法院的调查核实情况亦不能作为确认王某1父亲信息的依据。虽然，王某1在本案中，提出书面申请，要求进行亲子鉴定，但由于陈某2已经去世，鉴定采样只能隔代取样，亲子鉴定本身存在一定的风险。同时，由于亲子鉴定的进行，关系到更为重大的伦理、道德、当事人声誉等重大问题，在王某1未能提供基本证据材料证明其与陈某2存在血缘关系可能性的前提下，在陈某1、龙某坚决拒绝的情况下，法院对于王某1提出的亲子鉴定申请不予批准。

由此可见，亲子鉴定具有强烈的伦理性和人身性，涉及当事人的隐私权、名誉权，在继承案件中还应当考虑对逝者的尊重。因此，法院对于亲子鉴定一般持有谨慎态度，亲子鉴定的申请和亲子关系的推定必须严格遵循法律规则。

3. 父亲不配合可否进行亲子鉴定

司法鉴定中心一般要求所有被鉴定人亲自到场进行鉴定，但是根据我们的检索，司法实践中也存在一些特别的案例，在父亲不配合的情况下，当事人通过其他方式进行亲子鉴定，且亲子鉴定的结论最终被法院采纳。

在上海市浦东新区人民法院审理的（2016）沪0115民初6514号同居关系子女抚养案件中，法院确认以下事实："2016年4月29日庭审结束后，被告将当庭饮用过的'百岁山'矿泉水瓶丢弃在法庭垃圾桶中，当日原告向法院申请以该弃置水瓶为送检样本用以鉴定亲子关系，法院准许后委托司法鉴定科学技术研究所司法鉴定中心对张某丙血样与送检的'百岁山'牌饮用水瓶口的唾液斑进行DNA分型与比对，检验结果为：经过Amelogenin、DYS391和21个STR基因座进行检验，张某丙在每个基因座的等位基因可从所检瓶口的唾液斑的基因型中找到来源，该唾液斑身源者的基因型符合作为张某丙亲生父亲的遗传基因条件。"

被告对本案DNA检验报告持有异议，认为法院准许原告以庭审中被告饮用后丢弃的矿泉水瓶进行鉴定违反中立性并属强制鉴定。对此，法院认为，被告将庭审中饮用后的水瓶丢弃在法庭垃圾桶中系其自身意愿及自由处分行为，该事实有庭审录像等予以证明，并与鉴定检材一致，被告虽曾提出对送检水瓶上的指纹进行鉴定，但此后又撤回该申请，故该送检材料来源及鉴定程序合法。另外，民事诉讼中，法院平等保障当事人行使诉讼权利，被告拒绝配合亲子鉴定虽然导致查明亲子关系中丧失一条最为便捷有效的途径，但并不意味着法律事实不应或不能查明。事实上，明确亲子关系不仅关乎身份关系的稳定及家庭和睦，更对未成年子女的成长具有至关重要的作用。一旦出现差错或悬而未决的情况，势必扰乱家庭乃至社会关系的稳定和谐。因此，本案启动 DNA 检验符合民事诉讼审理原则。

在上海市杨浦区人民法院审理的（2015）杨少民初字第 65 号抚养纠纷案件中，原告为证明其主张，提供广东华曦法医物证司法鉴定所《亲子鉴定意见书》一份，系原告提取被告使用过的水杯作为检材，证明依据 DNA 结果分析，被告与李某乙存在亲子关系。

对此，法院认为，本案中，原告提供一系列证据，已形成完整的证据链，足以证明被告与李某乙存在亲子关系的可能性，并申请就被告与李某乙的亲子关系进行鉴定，被告虽然对此予以否认，但未能提供足以反驳原告的相反证据，且拒绝做亲子鉴定，无法从证据上推翻原告的主张。

在上海市第一中级人民法院审理的（2013）沪一中民一（民）终字第 821 号所有权纠纷案件中，2012 年 5 月，李某通过向复旦大学上海医学院司法鉴定中心提供陆某的烟蒂进行亲子鉴定，结论为陆某与吴某有亲子关系。陆某对该司法鉴定意见书不予认可，李某遂向法院提出对陆某与吴某之间有无亲生血缘关系进行重新鉴定，但遭陆某拒绝。经法院释明，陆某仍坚持己见。

对此，一审法院认为，现李某提供《亲子关系鉴定书》证明陆某与吴某具有亲子关系，陆某对该鉴定书不予认可。经法院释明后仍拒绝进行亲子鉴定，由此产生的不利后果应由其自行承担，故依法推定李某的主张成立，确认吴某为李某与陆某的非婚生儿子。二审法院认为，李某提供的《司法鉴定意见书》仅作为一种咨询报告而非法定鉴定报告，因而在没有其他证据相佐证的情形下，该意见书不宜作为司法鉴定结论从而直接认定陆某与吴某具有亲子关系。但即便如此，该检验报告也足以使法院对陆某与吴某之间是否存在亲子关系产生合理怀疑。从案件审理情况看，陆某对该意见书并不认可，但李某亦已穷尽所有的举证方式，故要确定陆某与吴某之间是否存在亲子关系，在目前情况下，重新进行鉴定是唯一证明方式。然而陆某经原审法院及法院的一再释明，在可以进行重新鉴定的情形下仍拒绝进行亲子鉴定，使得负有举证责任的李某不可能再提供证据，从而导致陆某与吴某之间是否存在亲子关系无证据可以证明，最终维持了一审判决，确认亲子关系。

（五）亲子关系推定的司法裁判规则

在无法进行亲子鉴定的情况下，法院可以根据《〈民法典〉婚姻家庭编解释（一）》的规定，结合民事诉讼证据规则和案件事实，推定亲子关系成立。第三十九条规定："父或者母向人民法院起诉请求否认亲子关系，并已提供必要证据予以证明，另一方没有相反证据又拒绝做亲子鉴定的，人民法院可以认定否认亲子关系一方的主张成立。

父或者母以及成年子女起诉请求确认亲子关系，并提供必要证据予以证明，另一方没有相反证据又拒绝做亲子鉴定的，人民法院可以认定确认亲子关系一方的主张成立。"

根据《民法典》的相关规定，成年子女也拥有独立的诉权主张亲子关系。因此，适用亲子关系推定规则的关键在于，前述法律规定中的"必要证据"应当如何理解。根据我们检索的案例，司法实践中的主流裁判规则一般有以下几种。

1. 出生证明可以作为必要证据

在北京和上海地区的多个案例中，法院认为，出生证明中的父亲信息可以作为"必要证据"，适用亲子关系推定规则。

在上海市闵行区人民法院审理的（2015）闵少民初字第 184 号抚养费纠纷案例中，法院认为，本案中，原告的法定代理人明某与被告未依法登记结婚，2008 年 4 月 4 日，原告的法定代理人明某生育一女，即本案原告，出生医学证明所记载的父亲为被告姓名及被告的身份证编号，而被告经法院合法传唤，未到庭应诉，也未配合进行亲子鉴定，故法院根据原告提供的证据推定被告与明某系本案原告的父母。在北京市海淀区人民法院审理的（2015）海少民初字第 262 号同居关系子女抚养纠纷案例中，法院认为，本案中，崔某和朱某为同居关系，崔某提供的出生医学证明、新生儿乙肝疫苗接种管理三联单、住院病案、保证书等证据，可互相印证，证明朱某 1 与朱某存在父子关系；同时，崔某亦申请进行亲子鉴定，但朱某在未提供相反证据的情况下，无故拒绝进行亲子鉴定。综上，法院推定朱某为朱某 1 的亲生父亲。

另外，在北京市通州区人民法院审理的（2014）通少民初字第 7165 号同居关系子女抚养纠纷案例中，法院认为，杜某 1 提供杜某 2 的出生证明显示，杜某 2 接生地址为某某乡某某村，加盖公章为“河北省出生医学证明妇幼保健院”，而河北省某某县某某营某某庄村恰为刘某的户籍地。本案审理过程中，刘某委托代理人参加诉讼并同意进行亲子鉴定，在确定鉴定机构后，刘某又拒绝参与亲子鉴定，故法院认为杜某 1 提供必要的证据，刘某在委托代理人参与诉讼的情况下，仍然拒绝进行亲子鉴定，按照法律规定可推定杜某 2 与刘某存在亲子关系。

由此可见，出生证明对于证明亲子关系意义重大，如果孩子在出生时由于客观原因没有办理出生证明的，最好也要在事后进行补办，且出生证明中应当载明父亲的信息。

2. 亲子鉴定结论优于出生证明

出生证明和亲子鉴定都可以作为认定亲子关系的必要证据，但如果出生证明中的父亲信息和亲子鉴定的结果不一致，就应当以亲子鉴定结论为准。

在上海市青浦区人民法院审理的（2017）沪 0118 民初 4625 号案中，法院就认为应当以亲子鉴定的结论为依据来认定亲子关系。在这一案例中，原告母亲胡某于 2003 年 9 月左右与被告相识相恋，后于 2005 年左右分手。原告于 2005 年 11 月 30 日出生，出生医学证明记载母亲为胡某、父亲为陆某。2016 年 11 月，原告法定代理人委托上海博星法医物证司法鉴定所对原告与被告及案外人陆某之间有无亲生血缘关系予以鉴定。2016 年 11 月 26 日，该鉴定机构出具鉴定意见：依据现有资料和 DNA 分析结果，在不考虑多胞胎、近亲及外缘干扰的前提下，支持王某某为胡某某的生物学父亲；排除陆某为胡某某的生物学父亲。法院认为，DNA 亲子鉴定是判断亲子关系是否存在的重要依据。虽然原告的出生医学证明记载的是其法定代理人与案外人陆某，但经 DNA 亲子鉴定，支持被告为原告的生物学父亲。DNA 亲子鉴定由具有鉴定资质的鉴定机构通过合法程序作出，符合法律规定，被告亦予以认可，法院予以采信。

3. 无确切证据可根据高度盖然性推定

在既没有出生证明又无法进行亲子鉴定的情况下，当事人还是可以对亲子关系进行主张，法院一般会结合当事人的举证，根据是否已经达到法定的举证责任，也即是否达到高度盖然性的标准，推定亲子关系。

上海市第一中级人民法院审理的（2015）沪一中少民终字第 17 号抚养纠纷

案例，是一起适用民事诉讼证据规则进行亲子关系推定的典型案例。在这一案件中，法院认为，本案系一起亲权案件，尽管王甲无法提供亲子鉴定的科学报告，但是从其所提供的证据来看，其已经尽到法定的举证责任，并已经基本达到高度盖然性的标准，客观上是由于小张某某原因未能通过科学鉴定予以证实，并且小张某某拒绝鉴定没有合理和充分理由，应当由小张某某承担结果意义上的举证责任。

那么，法院是如何认定原告已经尽到法定的举证责任，基本达到高度盖然性的标准呢？在判决中，法院从以下七个方面进行详细的说理。

第一，王甲提供的小张某某写给王甲的表示爱意的字条，可以反映出双方的关系极其亲密。

第二，不能排除王甲的受孕发生在双方保持密切关系期间。根据出生医学证明、王甲的生育和医院检查资料以及医学常识，王甲的受孕时间应为 2013 年 1 月中旬。小张某某在庭审中表示双方关系密切，长期保持性关系，同时通过小张某某书写的字条可以反映此时双方关系密切。

第三，银行汇款可以证明小张某某知晓王甲怀孕的事实。王甲所述该钱款是小张某某知道王甲怀孕后给予王甲的生活费和孕检费，从 2013 年 3 月起给付的时间点以及王甲怀孕的时间判断，王甲所述较为合理。

第四，双方多次出国旅游旅游以及相关照片证明双方关系密切。

第五，小张某某与王某某（孩子）的照片可以反映小张某某对孩子较为关爱。

第六，关于王甲的职业问题。法院认为，根据现有证据可以证明王甲原系 KTV 工作人员，小张某某未提供相应证据证明王甲与其他异性保持同居或者性关系，因此，对其主张不予采信。

第七，亲子鉴定的问题。小张某某曾经委托律师与王甲交涉希望做亲子鉴定，诉讼期间，其本人亲自到法庭递交承诺书，愿意做亲子鉴定，法院以及鉴定单位多次通知小张某某到鉴定单位进行鉴定，但小张某某都没有去做鉴定。

除了上述案例外，在上海和北京的多个典型案例中如（2016）沪 0105 民初 357 号、（2014）徐少民初字第 68 号、（2011）奉少民初字第 3 号、（2015）朝民初字第 17258 号、（2015）一中少民终字第 1877 号、（2016）京 03 民终 2002 号，法院结合原告提供的手机短信、照片、协议、公证书等证据，通过认定男女双方之间存在亲密关系和受孕的可能性、父亲关爱孩子等各项事实，认为原告已经尽到法定的举证责任，达到高度盖然性的要求，从而推定亲子关系成立。

虽然我国法律明确规定了非婚生子女与婚生子女享有同样的法律地位，但是在司法实践中，非婚生子女的权利保护仍然面临许多问题，尤其是在生父过世后，非婚生子女想要主张继承权通常会面临较大的困难。不管是生父生母，还是孩子，都有必要了解法律知识，提前做好必要的准备，以便更好地维护自己的合法权利。

二、非婚生子女问题的筹划方案

（一）子女抚养协议

非婚生育子女是较为常见的一种婚恋纠纷，可能发生在恋人之间，也可能会发生在配偶与第三者之间。但根据我国法律的规定，非婚生子女享有与婚生子女同等的权利，任何人不得加以危害和歧视。不直接抚养非婚生子女的生父或生母，应当负担子女的生活费和教育费，直至子女能独立生活为止。因此，在涉事各方均可以友好协商的情况下，可以通过子女抚养协议对非婚生子女抚养方的确认、支付抚养费、探视权等相关内容进行约定，以便妥善处理非婚生子女的抚养事宜，切实保护未成年人的合法权益。以下是一个抚养协议范本，供协商非婚生子女抚养谈判时参考。

子女抚养协议

甲方：______，性别：男，出生日期：________年____月____日，

身份证件类型：__________，证件号码：______________

住址：____________________

乙方：______，性别：女，出生日期：________年____月____日，

身份证件类型：__________，证件号码：______________

住址：____________________

鉴于乙方于________年____月____日生育子女________（身份证件类型：__________，证件号码：____________________），甲方作为该子女的生父，且经甲乙双方充分协商，就该子女的抚养事宜自愿达成本子女抚养协议（以下简称“协议”），双方愿意共同遵照执行。

一、双方一致同意该子女的抚养权归甲方，并与甲方共同居住。乙方在此

确认，乙方不得向甲方主张该子女的抚养权和监护权或要求该子女随乙方共同生活。

二、该子女户籍随甲方落入甲方名下，姓氏由甲方自行决定，乙方应协助配合办理该子女的户籍变更以及姓氏更改等手续，乙方不得以任何形式干涉。

三、乙方每月支付该子女基本生活费、医疗费、教育费共计人民币______元。该子女年满18周岁之前所产生的其他任何与抚养该子女相关的费用由甲乙双方共同承担。

四、甲、乙双方同意对该子女在未成年期间造成第三人人身或财产损害的赔偿，由双方共同承担赔偿责任。

五、乙方对该子女享有探望权，探视时间为每____周/月____次/天，具体方式，由乙方提前与甲方协商。若乙方需要与该子女短期生活，则需要得到甲方的同意。

六、本协议签订后，该子女上报户口等程序及产生的相应费用由双方共同承担，乙方在接到甲方通知后应及时协助甲方办理相关手续。

七、为该子女的健康成长，甲乙双方对本协议的一切内容负有保密义务，任何一方不得公开和泄露本协议的所有内容。

八、本协议自双方签字和有资质的亲子鉴定中心出具甲乙双方为该子女的生物学父母的有效鉴定报告之日起生效。

九、双方在履行本协议过程中产生的任何分歧和争议，应先努力通过协商和调解的方式解决。双方一致确认，本协议及争议解决适用中华人民共和国大陆地区现行有效的法律法规进行解释，与本协议相关的任何争议均由中华人民共和国大陆地区有管辖权的法院管辖。

十、本协议一式贰份，甲乙方各自留存壹份，每份均具有同等效力。

（以下无正文，仅为双方签字）

甲方：（签名）　　　　　　　　乙方：（签名）

日期：________年____月____日　　　日期：________年____月____日

（二）子女抚养费用

如前所述，非婚生子女与婚生子女拥有同等的权利，非婚生子女的生父或生母应当根据自身的经济状况，先由父母双方协商确定，协商不成，非婚生子女的生父拒绝履行抚养义务的，非婚生子女可诉请法院以判决的形式强制非婚生子女的生父依法履行抚养义务。根据相关法律规定，抚养费至少应包括以下几个方面[①]。

1. 基本生活费

基本生活费主要指子女在生活中为维持其生存而必需之费用，如伙食支出、衣物、居住费用、出行费用等。

2. 基本教育费

基本教育费主要指子女在18周岁之前接受教育期间必须支出的费用，如学费、书本费、文具费、住宿费。根据《〈民法典〉婚姻家庭编解释（一）》第四十一条的规定，尚在校接受高中及其以下学历教育，或者丧失、部分丧失劳动能力等非因主观原因而无法维持正常生活的成年子女，可以认定为《民法典》第一千零六十七条规定的“不能独立生活的成年子女”。因此，基本教育费的范围一般应为子女接受高中及以下学历教育中所需的费用。

3. 基本医疗费

基本医疗费主要指为保障子女身体健康所需的必要费用，如门诊费、住院费、手术费、医药费。

（三）其他筹划方案

1. 妥善保障非婚生子女的合法权益

作为非婚生子女生父或生母的高净值客户来说，其毕竟与孩子之间有血缘关系，父母与子女之间的连接是永远无法完全隔断的。因此，高净值客户应当在非婚生子女出生以后就制订妥善的安置计划，以免未来非婚生子女带着恨意来争夺财产。

非婚生子女的安置计划主要可以从法定的抚养义务以及考虑子女长远发展两个角度来考虑。

---

① 参见陈雪萍、杨仲姬：《我国非婚生子女准正与认领制度探究》，载《中南民族大学学报（人文社会科学版）》2004年第3期。

第一，根据《民法典》第一千零七十一条的规定，不直接抚养非婚生子女的生父或者生母，应当负担未成年子女或者不能独立生活的成年子女的抚养费。因此，高净值客户至少要承担最基本的抚养费。

第二，在条件允许的情况下，尽量为非婚生子女提供良好的生活环境。如在自己经济能力允许的范围内保障稳定的居住环境、保障其衣食住行；如果需要为其购置房产的，则应当直接登记在该子女名下，同时考虑自己占有房产的小比例产权，防止该子女或其法定监护人任意处分房产。

第三，有计划地向非婚生子女提供抚养费用。如果高净值客户由于各种原因无法与非婚生子女共同生活，则抚养费用的支付需要制订妥善的计划，否则可能会被非婚生子女的法定监护人私自挥霍或占用。如采取年金保险的方式，以该子女的法定监护人作为投保人，该子女作为被保险人，由高净值客户定期缴纳保费，该子女在规定的时间领取年金以保障其生活以及其他所需；当然也可以采取家族信托的方式，将该子女设立为受益人，让受托人按照信托合同的规定，在特定条件满足的情况下，支付相应的钱款。

第四，在非婚生子女成长的过程中医疗和教育费用可能是较为重要的部分，高净值客户通常也需要对这部分情况进行妥善的规划。如为该子女购置重大疾病保险与医疗险用来保障医疗资源；为该子女购置高现金价值的年金险或专项教育金保险或通过家族信托的方式进行合理规划。

第五，如果非婚生子女已经成年，则还可以适当考虑其婚嫁以及创业方面的保障内容，如果高净值客户对该子女的整个成长过程都有比较妥善的规划，就能降低非婚生子女争夺财产的想法。

2. 提前对非婚生子女的生父或生母适当安排

非婚生子女尚未成年以前，其父母都是其法定的监护人，可以代表该子女行使相关的民事权利。因此，也需要对其进行合理的安排，防止其利用该子女的身份与其他婚生子女、合法配偶等人一同争夺高净值客户的财产。安排方案可以视具体的情况进行选择。如购置不动产，但产权登记证上必须同时增加非婚生子女以及高净值客户的名字，这样既可以保障各方的居住权，也能够避免房屋被轻易出售。当然，这部分房屋最好有单独的遗嘱做出安排。如果高净值客户希望通过金钱支付的方式，则可以考虑利用保险、信托等财富规划工具，分批、分条件地支付钱款，以免对方获得大笔财富后挥霍无度，待钱款用尽后，又以非婚生子女的名义索要钱财。

3. 对家族资产进行提前筹划防止争产

对于高净值客户来说，用来保障非婚生子女及其生母或生父的资产，可能仅占其家族资产的很小一部分。其大部分的家族资产还是希望在配偶以及婚生子女之间传承的。因此，如果高净值客户存在非婚生子女的，应当立刻开展对于家族资产的筹划计划，避免非婚生子女及其生母或生父将来通过继承介入家族资产的争夺中。

以所有家族企业中最重要的公司股权为例。首先，应当在公司章程中修改股东资格继承的认定规则，同时高净值客户还需要配合订立遗嘱。其次，当婚生子女已经可以继承股权的时候，有计划地逐步将公司股权转让到婚生子女手上，也方便其慢慢地接管家族企业。最后，如果是境外的公司股权可以考虑直接设立家族信托予以传承，国内的家族信托也在不断完善，立法也在不断进步，待公司股权类信托成熟之后，也可以考虑将股权转入信托。由于信托财产不属于高净值客户的遗产，也不会涉及任何继承的问题，这样就彻底地阻断了其他人争夺该股权的机会。

三、冷冻卵或胚胎或代孕与亲子关系

（一）辅助生育技术生育子女的法律地位

实施人类辅助生育技术生育的子女法律地位一般分为以下三种：

1. 精子与卵子属于夫妻双方所生育的子女

这种方式只是采用科学技术辅助使父母的精子、卵子结合怀孕并生育子女的，该子女与父母双方均有血缘上的关系，是夫妻双方的亲生子女，属于婚生子女。其法律地位适用《民法典》中关于父母子女关系的规定。

2. 精子来源于第三方且丈夫认可所生育的子女

如果在婚姻关系存续期间，事先经过丈夫同意或事后丈夫明确表示无异议，妻子采用人工授孕技术怀孕，精子不是生育妇女丈夫提供的，尽管子女与生育母亲的丈夫无血缘联系，但该子女仍应认为生育母亲的丈夫的婚生子女，生育母亲的丈夫应视为该子女法律上的父亲。

3. 精子来源于第三方但丈夫不同意所生育的子女

在婚姻关系存续期间，如果妻子未经丈夫同意，采用他人精子人工授精生育子女，则所生子女与生育母亲的丈夫无法律意义上的父母子女关系。

（二）辅助生育技术生育子女的争议案例

1. 合意采用辅助技术生育不侵犯生育权

案例1－27 郑某与徐某1婚姻家庭纠纷案

二审法院：湖北省荆州市中级人民法院（2017）鄂10民终45号

再审法院：湖北省高级人民法院（2017）鄂民申2456号

案例主旨：夫妻双方在婚姻关系存续期间自愿选择体外受精胚胎移植生育，系双方真实意思表示，不存在一方侵犯另一方生育权问题。

法院认为，关于徐某1进行胚胎移植生育是否侵犯郑某生育权的问题。郑某与徐某1婚后因不能正常生育，双方自愿同意到上海集爱遗传与不育诊疗中心进行体外受精胚胎移植。2012年2月，徐某1通过体外受精胚胎移植手术后怀孕，某年某月某日，双方生育一女，取名徐某2。2013年6月3日，郑某与徐某1在湖北省江陵县民政局协议离婚。一审法院依双方当事人的申请，从上海集爱遗传与不育诊疗中心调取体外受精胚胎移植（IVF－ET）知情同意书、留存遗传标本知情同意书、胚胎冷冻、解冻及移植知情同意书、废弃无用卵子、剩余精子及胚胎处理知情同意书、授权胚胎复苏志愿书及郑某向徐某1出具的多份授权委托书等相关材料。上述证据材料中均有郑某、徐某1的亲笔签名，且郑某向徐某1出具的委托书中明确载明“本人委托妻子徐某1全权处理胚胎的安置”。郑某在冷冻胚胎移植注意事项下签名，承诺如郑某因工作安排无法前来签字，可由郑某写好委托书，委托女方全权代理。

二审庭审中，郑某陈述其在胚胎移植过程中，曾有3～4次陪同徐某1赴上海集爱遗传与不育诊疗中心配合完成受精胚胎移植的相关事项。后郑某、徐某1因家庭琐事发生矛盾，但在提取精液、胚胎冷冻至胚胎移植受孕成功的过程中，郑某并未向上海集爱遗传与不育诊疗中心撤销其对徐某1的委托，亦没有书面通知或亲自到该中心销毁精液样本。徐某1持郑某出具的授权委托书及相关身份文件到上海集爱遗传与不育诊疗中心进行体外受精－胚胎移植手术，并于2012年4月怀孕。郑某作为完全民事行为能力人，应当预见其出具授权委托书的后果。且郑某与徐某1在协议离婚时，郑某自愿承担婚生女徐某2的抚养费用，并未提出任何异议。上述证据和事实充分表明，双方在婚姻关系存续期间自愿选择体外受精胚胎移植生育，系双方真实意思表示。

2. 单方采用辅助技术生育子女的亲子关系

案例1－28 王某与张某抚养关系纠纷案①

一审法院：广东省广州市天河区人民法院（2011）穗天法少民初字第129号

二审法院：广东省广州市中级人民法院（2012）穗中法少民终字第168号

再审法院：广东省广州市中级人民法院（2013）穗中法民申字第247号

案例主旨：未经一方知情同意并签署知情同意书的情形下，夫妻另一方启动冷冻胚胎，实施胚胎移植手术，违背不知情方的意愿，可视不知情方为一个单纯的精（卵）捐献者，不知情方与出生的后代不构成法律上的父母与子女的关系，也不承担任何责任。

一审法院认为，王某与张某于2004年已解除分居关系，王某未提供证据证实代孕某金的行为是经张某同意，且王某提供深圳市人民医院出具某金的《出生医学证明》《中山大学法医鉴定中心司法鉴定意见书》仅能证明某金与王某之间存在亲子关系，不能证明某金与张某之间存在亲子关系。

二审法院认为，上诉人王某称“某金”系其与被上诉人张某通过体外受精－胚胎移植技术生育，应有医疗机构保存的“某金”的体外受精记录、胚胎移植手术、分娩等病历资料予以证实。因为根据国家相关规定，通过体外受精－胚胎移植技术生育小孩，应在医疗机构进行并征得父母的知情同意，体外受精－胚胎移植的相关病历应当保存。上诉人还称“某金”的胚胎系与某亿、某嬴的胚胎同时在2001～2002年形成，则“某金”的胚胎在形成后和移植之前的数年间应处于冷冻保管状态，上诉人应对“某金”的胚胎在何处冷冻保管、谁支付保管费等问题予以说明，并提供该胚胎的冷冻保管记录、胚胎复苏记录资料予以证实。上述证据材料，上诉人均未能提供。

---

① 参见《人类辅助生殖技术生育子女的抚养责任认定》，载广州审判网，http：//www.gzcourt.org.cn/cpws/ckal/2014/12/13151039780.html，最后访问时间：2021年1月30日。

生育选择权是我国公民享有的一项基本权利，其中包括生育或不生育子女的权利，这项原则同样适用于人类辅助生殖领域。被上诉人应享有的生育选择权，在本案中具体体现为胚胎处置权。《人类辅助生殖技术和人类精子库伦理原则》第一条第一项第3目规定：不育夫妇对实施人类辅助生殖技术过程中获得的配子、胚胎拥有其选择处理方式的权利，技术服务机构必须对此有详细的记录，并获得夫、妇或双方的书面知情同意。第4目规定：患者的配子和胚胎在未征得其知情同意情况下，不得进行任何处理，更不得进行买卖。第一条第二项第1目规定：人类辅助生殖技术必须在夫妇双方自愿同意并签署书面知情同意书后方可实施。

可见，如被上诉人是“某金”的遗传学父亲，则被上诉人与上诉人共同拥有“某金”胚胎的处置权，“某金”之出生应取得被上诉人的知情同意，并签署书面知情同意书。本案中，由于没有任何证据显示“某金”之出生征得被上诉人的同意，此举违背被上诉人的意愿，因此，其无须为此负责；换言之，被上诉人拥有“不能被迫成为父亲”的基本权利。诚如被上诉人所言，如果某一方私自把一二十个胚胎都孕育出来，并要求被上诉人抚养这一二十个小孩，对被上诉人是不公平的。“某金”之出生，侵犯被上诉人的生育选择权，违背我国的计划生育政策和生育伦理原则。在这种情况下，被上诉人可视为一个单纯的捐赠精子者，根据《人类辅助生殖技术和人类精子库伦理原则》第二条第三项第1目的规定，其对出生的后代既没有任何权利，也不承担任何责任。

再审法院认为，王某无法证明张某是某金的遗传学父亲，也不能证明张某是某金法律上的父亲。依法驳回申诉人的再审申请。

3. 生育合同不因一方下落不明而终止履行

案例1－29 杨某诉舟山市妇幼保健院医疗服务合同纠纷案

一审法院：浙江省舟山市定海区人民法院（2016）浙0902民初3598号

案例主旨：当事人夫妇与妇幼保健院签订辅助生殖医疗合同要求体外受精的，当事人一方下落不明后，利害关系人未申请宣告失踪、死亡的，法律上不能确定其死亡与否。夫妻另一方要求继续履行“体外受精－胚胎移植”手术并不违背伦理道德，医疗保健院应当继续履行生殖医疗合同。

法院认为，首先，被告舟山市妇幼保健院继续为原告杨某实施人类辅助生殖技术是否违反“医务人员必须严格贯彻国家人口和计划生育法律法规，不得对不符合国家人口和计划生育法规和条例规定的夫妇和单身妇女实施人类辅助生殖技术”这一社会公益原则。原告夫妇之前未生育，未收养子女，进行生育不违反计划生育法律法规。原告的丈夫周某虽因海难事故下落不明，但目前从法律上讲尚不能认定其死亡，故原告系已婚妇女，而非单身妇女。即使周某死亡，原告作为丧偶妇女，要求以其夫妇通过实施人类辅助生殖技术获得的冷冻胚胎继续孕育子女，亦有别于该社会公益原则中所指称的单身妇女要求实施人类辅助生殖技术的情形。故法院认为，被告继续为原告实施人类辅助生殖技术不违反前述社会公益原则。

其次，被告继续为原告实施人类辅助生殖技术是否违反“如果有证据表明实施人类辅助生殖技术将会对后代产生严重的生理、心理和社会损害，医务人员有义务停止该技术的实施”这一保护后代原则。物质能力，或者说经济负担能力，不应作为公民行使生育权利的约束条件，何况现无证据证明原告缺乏抚养子女的能力。孩子可能出生于单亲家庭，是一合理推断，但不能就此断言孩子会因此遭受严重的生理、心理和社会损害。另外，通过人类辅助生殖技术出生的后代与自然受孕分娩的后代享有同样的法律权利和义务，包括后代的继承权等，因此，原告继续实施人类辅助生殖技术有必要取得周某父母的同意，而周某父母已表明态度，支持原告实施人类辅助生殖技术。又，目前并无证据证明存在医学上、亲权上或其他方面的于后代不利的情形。故法院认为，被告继续为原告实施人类辅助生殖技术不违反前述保护后代原则。

最后，被告继续为原告实施人类辅助生殖技术是否违反“人类辅助生殖技术必须在夫妇双方自愿同意并签署书面知情同意书后方可实施”这一知情同意的原则。原、被告之间约定实施的人类辅助生殖技术，下一步待实施的是胚胎移植术。由于周某目前下落不明，确实无法就胚胎移植术签署知情同意书。但周某之前已签署《体外受精－胚胎移植（IVF－ET）知情同意书》《取卵－胚胎移植手术知情同意书》《胚胎冷冻知情同意书》《全胚冷冻知情书》，从中可知周某对于通过人类辅助生殖技术包括实施胚胎移植术生育子女，已表达明确的意愿。结合周某之前的意思表示、具体行为和本地群众普遍认同的传统观念以及人之常情来判断，法院有理由相信原告实施胚胎移植术不违反周某的意愿。故法院认为，基于本案所涉的实际情形，不应拘泥于周某不能签署新的知情同意书这一形式问题，被告继续为原告实施人类辅助生殖技术，有利于保障原告和周某的生育权，并不违反前述知情同意原则。

4. 夫妻身故后要求监管处置冷冻胚胎的主体

案例1－30 沈某南、邵某妹与刘某法、胡某仙等监管权和处置权纠纷案

一审法院：江苏省宜兴市人民法院（2013）宜民初字第2729号

二审法院：江苏省无锡市中级人民法院（2014）锡民终字第01235号

案例主旨：夫妻死亡后，由于双方父母与胚胎之间在生命和伦理上均有密切的关联性等特点，故双方父母应享有涉案胚胎的监管权和处置权。

法院认为，公民合法的民事权益受法律保护。基于以下理由，上诉人沈某南、邵某妹和被上诉人刘某法、胡某仙对涉案胚胎共同享有监管权和处置权：

第一，沈某、刘某生前与南京鼓楼医院签订相关知情同意书，约定胚胎冷冻保存期为一年，超过保存期同意将胚胎丢弃，现沈某、刘某意外死亡，合同因发生当事人不可预见且非其所愿的情况而不能继续履行，南京鼓楼医院不能根据知情同意书中的相关条款单方面处置涉案胚胎。

第二，在我国现行法律对胚胎的法律属性没有明确规定的情况下，结合本案实际，应考虑以下因素以确定涉案胚胎的相关权利归属：一是伦理。施行体外受精－胚胎移植手术过程中产生的受精胚胎，具有潜在的生命特质，不仅含有沈某、刘某的DNA等遗传物质，而且含有双方父母两个家族的遗传信息，双方父母与涉案胚胎亦具有生命伦理上的密切关联性。二是情感。白发人送黑发人，乃人生至悲之事，更何况暮年遽丧独子、独女！沈某、刘某意外死亡，其父母承欢膝下、纵享天伦之乐不再，“失独”之痛，非常人所能体味。而沈某、刘某遗留下来的胚胎，则成为双方家族血脉的唯一载体，承载着哀思寄托、精神慰藉、情感抚慰等人格利益。涉案胚胎由双方父母监管和处置，既合乎人伦，亦可适度减轻其丧子失女之痛楚。三是特殊利益保护。胚胎是介于人与物之间的过渡存在，具有孕育成生命的潜质，比非生命体具有更高的道德地位，应受到特殊尊重与保护。在沈某、刘某意外死亡后，其父母不但是世界上唯一关心胚胎命运的主体，而且亦应当是胚胎之最近最大和最密切倾向性利益的享有者。综上，判决沈某、刘某父母享有涉案胚胎的监管权和处置权于情于理是恰当的。

当然，权利主体在行使监管权和处置权时，应当遵守法律且不得违背公序良俗和损害他人之利益。

第三，至于南京鼓楼医院在诉讼中提出，根据卫生部的相关规定，胚胎不能买卖、赠送和禁止实施代孕，但并未否定权利人对胚胎享有的相关权利，且这些规定是卫生行政管理部门对相关医疗机构和人员在从事人工生殖辅助技术时的管理规定，南京鼓楼医院不得基于部门规章的行政管理规定对抗当事人基于私法所享有的正当权利。

5. 同性伴侣以辅助技术生育子女的亲子关系

案例 1-31 福建省厦门市湖里区人民法院首起同性伴侣抚养权纠纷案[①]

案例主旨：不能仅以双方确认或仅因子女具有一方的基因信息就认定其与该子女存在法律上的亲子关系。

福建省厦门市湖里区人民法院经审理确认小伊与小爱原系同性伴侣关系。双方恋爱期间，小爱于2019年12月在厦门某医院生育一女丫丫，丫丫出生医学证明上载明母亲为小爱，未记载父亲信息。根据小伊与小爱之间的微信聊天内容可以确定，丫丫的孕育方式系双方在恋爱期间经过协商并达成一致意见后决定，小伊亦无证据证明其与小爱存在代孕协议。

根据媒体记者的核实，原被告双方均确认形成丫丫胚胎的卵子是小伊的，精子是购买的；丫丫系双方通过辅助生殖技术将上述卵子和精子结合后由小爱孕育分娩。而且丫丫自出生至2020年2月26日由双方共同照顾，之后由小爱带离住处并与小爱共同生活至今。

2020年5月9日，小伊曾向湖里法院申请对其与丫丫之间是否存在亲子血缘关系进行鉴定，但是遭到小爱的拒绝。对此，小爱表示双方已对丫丫的出生方式进行了确认，其亦认可形成丫丫胚胎的卵子系小伊提供，没有进行鉴定的必要；孩子尚且年幼并与丫丫共同居住在外地，亦无法配合进行鉴定。

最终，厦门市湖里区人民法院经过审理后认为，本案中，被告小伊并无证据证明其系丫丫的母亲，其要求丫丫由其抚养，既无事实和法律依据，亦不利于保护未成年人的身心健康，故对其诉讼请求，法院均不予支持。最终，法院

---

① 参见《我省首起同性伴侣抚养权纠纷案在厦宣判》，载潇湘晨报，https：//baijiahao. baidu. com/s? id = 1677366155662018833&wfr = spider&for = pc，最后访问时间：2021 年 1 月 30 日。

一审判决驳回小伊的诉讼请求。

本案主审法官表示，小伊与小爱作为同性伴侣，购买精子、通过辅助生殖技术孕育生命的行为既非我国法律所允许，亦违反我国社会一般性的伦理要求和公序良俗原则。

虽双方均确认丫丫系以小伊的卵子与购买的精子培育成受精卵后，由小爱孕育分娩。但是法官认为，在无明确法律规定的情况下，不能仅以双方确认或仅因丫丫具有小伊的基因信息就认定其与小伊存在法律上的亲子关系。丫丫之出生医学证明载明其母亲为小爱，小伊诉求确认其与丫丫存在亲子关系，于理不合且于法无据，法院不予支持。因为丫丫系由小爱孕育分娩，出生医学证明载明小爱系其母亲，出生后亦一直由小爱照顾，现未满周岁仍需母乳喂养，法庭判决由小爱抚养符合法律规定且有利于丫丫的健康成长。

6. 应为通过辅助生育技术生育的胎儿保留继承权

案例 1－32　李某、郭某阳诉郭某和、童某某继承纠纷案

案例来源：最高人民法院指导案例50号

案例主旨：婚内双方均同意利用人工授精的方式生育子女且女方怀孕的，该子女应当被视为双方的婚生子女。夫妻一方订立遗嘱时未给胎儿预留份额的将导致该遗嘱部分无效，处理遗产时应当为胎儿保留继承份额。

法院认为，郭某顺因无生育能力，签字同意医院为其妻子即原告李某施行人工授精手术，该行为表明郭某顺具有通过人工授精方法获得其与李某共同子女的意思表示。只要在夫妻关系存续期间，夫妻双方同意通过人工授精生育子女，所生子女均应视为夫妻双方的婚生子女。郭某顺在遗嘱中否认其与李某所怀胎儿的亲子关系，是无效民事行为，应当认定郭某阳是郭某顺和李某的婚生子女。

郭某顺在立遗嘱时，明知其妻子腹中的胎儿而没有在遗嘱中为胎儿保留必要的遗产份额，该部分遗嘱内容无效。因此，在分割遗产时，应当为该胎儿保留继承份额。综上，在扣除应当归李某所有的财产和应当为胎儿保留的继承份额之后，郭某顺遗产的剩余部分才可以按遗嘱确定的分配原则处理。

（三）因代孕导致的亲子关系认定纠纷

1. 代孕所生育子女的生母应认定为代孕者

案例1-33 罗某甲、谢某某与陈某监护权纠纷案

一审法院：上海市闵行区人民法院（2015）闵少民初字第2号

二审法院：上海市第一中级人民法院（2015）沪一中少民终字第56号

案例主旨：法院以“分娩者为母”原则认定代孕者为法律上的生母。

罗某甲、谢某某系夫妻，婚生二女一子，长女罗A、次女罗丙、儿子罗乙。罗乙与陈某于2007年4月28日登记结婚，双方均系再婚。再婚前，罗乙已育有一子一女，陈某未曾生育。婚后，罗乙与陈某通过购买他人卵子，并由罗乙提供精子，通过体外授精联合胚胎移植技术，出资委托其他女性代孕，于××××年××月××日生育一对异卵双胞胎即罗某丁（男）、罗某戊（女），两个孩子出生后随罗乙、陈某共同生活。2014年2月7日罗乙因病经抢救无效死亡，嗣后，陈某携罗某丁、罗某戊共同生活至今。2014年12月29日，罗某甲、谢某某提起本案监护权之诉。

法院认为，关于代孕所生子女的亲生父母认定问题。代孕行为在我国尚不合法，但由于潜在的社会需求，且人工生殖技术已发展至可实现代孕的程度，代孕情况在现实中依然存在。法律可以对违法行为本身进行制裁，但因此出生的孩子并不经由制裁而消失，无论代孕这一社会现象合法与否，都必然涉及因代孕而出生之子女的法律地位认定，对其法律地位作出认定，进而解决代孕子女的监护、抚养、财产继承等问题，是保护代孕所生子女合法权益之必须。本案中作为代孕所生子女的罗某丁、罗某戊，其法律上的亲生母亲应根据“分娩者为母”原则认定为代孕者；关于生父的认定，罗乙与两个孩子之间具有血缘关系，故法律上的亲生父亲应为罗乙。由于罗乙与代孕者之间不具有合法的婚姻关系，故所生子女当属非婚生子女。根据法律关于“有抚养关系的继父母子女关系”这一条款之立法目的及立法意图，其子女范围可扩大解释为包括夫妻一方婚前婚后的非婚生子女，以同时具备以父母子女相待的主观意愿和抚养教育的事实行为为形成要件，故与子女生父有合法婚姻关系的养育母亲，可基于其抚养丈夫之非婚生子女的事实行为及以父母子女相待的主观意愿而与代孕所生子女形成有抚养关系的继父母子女关系。

2. 代孕生育的子女与无血缘关系一方无亲子关系

案例 1-34 孙某诉来某甲婚姻家庭纠纷案

一审法院：浙江省杭州市拱墅区人民法院（2015）杭拱民初字第666号

案例主旨：代孕合同无效，所生子女与无血缘关系方不存在亲子关系。

原告孙某与被告法定代理人来某乙系夫妻关系。2008年2月21日，双方到拱墅区米市巷街道办理生殖服务证。2008年8月22日，被告来某甲在北京市仁和医院出生，系剖宫产出生，产妇登记姓名为“孙某”，产妇体格检查血型为“O型”。2008年11月3日，来某甲因出生申报进行户口登记，户口簿记载：孙某为户主，来某乙系户主之夫，来某甲系户主之子。2011年7月22日，孙某与来某乙协议离婚，来某甲由来某乙抚养，随来某乙生活。2015年4月6日，浙江省中医院出具证明书，诊断孙某腹部无剖宫产切口疤痕。2015年4月7日，浙江省新华医院出具诊断证明书，诊断孙某血型为“A型”。2015年4月17日，孙某诉至法院，要求确认其与来某甲之间不存在亲子关系。本案审理过程中，孙某申请对其与来某甲之间是否存在亲子关系进行司法鉴定。来某乙拒绝进行司法鉴定，并承认来某甲与孙某之间没有血缘关系，庭审中进一步明确来某甲据以出生的卵子不是来源于孙某。

法院认为，原告孙某请求确认其与被告来某甲之间不存在亲子关系，并提供相关证据予以证明，本案审理过程中申请对其与来某甲之间是否存在亲子关系进行司法鉴定。被告法定代理人来某乙拒绝进行司法鉴定，并承认来某甲与孙某之间没有血缘关系，庭审中进一步明确来某甲据以出生的卵子不是来源于孙某。因此，法院推定原告孙某与被告来某甲之间不存在亲子关系。被告法定代理人来某乙辩称，被告系其与孙某双方协商一致同意雇人通过试管代孕所生，即使被告与原告没有血缘关系，但原告与被告也存在法定的亲子关系，被告应视为原告的婚生子女。对此，法院认为，即使被告系原告与被告法定代理人雇人代孕所生，根据《人类辅助生殖技术管理办法》第三条“人类辅助生殖技术的应用应当在医疗机构中进行，以医疗为目的，并符合国家计划生育政策、伦理原则和有关法律规定。禁止以任何形式买卖配子、合子、胚胎。医疗机构和医务人员不得实施任何形式的代孕技术”的规定，雇人代孕产子违反伦理道德，法律予以禁止，故对被告法定代理人上述的辩称不予支持。

3. 代孕各方均应对违法代孕行为承担责任

案例1－35 尹某某2、欧某某与BRY公司、罗某某等合同纠纷案

一审法院：广东省广州市天河区人民法院（2019）粤0106民初22644号

二审法院：广东省广州市中级人民法院（2020）粤01民终17976号

案例主旨：代孕合同因违反公序良俗、损害公共利益而无效，代孕合同的双方均应当承担因代孕合同无效所造成的损失责任。

一审法院认为，代孕行为涉及代孕者的人格权益，也涉及代孕孕母和委托代孕的父母与代孕所生的子女之间亲属关系确立、抚养等法律、伦理难题。从事代孕有关的行为与我国传统的社会伦理、道德以及公序良俗的基本原则相违背。本案中，BRY公司并不具备医疗资质，《广州BRY三代试管标准代孕协议》约定欧某某、BRY公司为尹某某2提供×××及代孕服务，还约定需胚胎性别检测为男孩，且双方确认与案涉×××卵子由BRY公司提供尹某某2选择，该合同违背公序良俗，损害社会公共利益，故一审法院依法认定《广州BRY三代试管标准代孕协议》无效。尹某某2及欧某某、BRY公司在签订案涉合同之时均应知晓该合同系无效合同，但仍继续签订并实际履行，双方都存在过错，鉴于欧某某、BRY公司作为合同乙方系案涉×××及代孕服务的提供者，对于案涉无效合同的签订及履行存在较大的过错，一审法院认定欧某某、BRY公司的过错比例为70%，尹某某2的过错比例为30%。

二审法院认为，各方签订的《广州BRY三代试管标准代孕协议》将代孕方的子宫作为“物”来出租使用，将胎儿作为交易对象，且约定胚胎性别需检测为男孩，无疑将人格权益作为商品进行交易，违背我国公序良俗和社会公德。因此，各方当事人签订的《广州BRY三代试管标准代孕协议》无效。但是对于一审法院认定的各方的过错比例有不同的意见。

二审法院认为，本案中，第一，尹某某2与欧某某、BRY公司签订的代孕协议违背公序良俗，依法被认定为无效，签订协议的尹某某2、欧某某、BRY公司作为完全民事行为能力人和普通商事主体，明知代孕行为与我国传统社会伦理道德、婚姻家庭及公序良俗相违背，仍违法签订和积极履行代孕协议，对协议的无效存在同等过错，应当承担同等责任。一审法院认定欧某某、BRY公司存在较大过错依据不充分。鉴于尹某某2与欧某某、BRY公司均已实际履行

协议，故对尹某某2已支付代孕服务费的损失应根据各方当事人的过错程度予以赔偿，二审法院认定由尹某某2自行承担50%的责任，欧某某、BRY公司共同承担50%的责任。一审法院认定欧某某、BRY公司承担70%的责任欠妥，二审法院予以纠正。第二，因《广州BRY三代试管标准代孕协议》约定BRY公司应向尹某某2提供健康的婴儿且婴儿母亲的生产费用由尹某某2承担。因此，尹某某2为代孕母亲支付的治疗费以及为被诊断为高危婴儿、新生高胆红素血症支付的救治费，均属于尹某某2为履行双方合同约定而产生的费用。虽然该治疗费用不是支付给欧某某、BRY公司的，但因双方的过错致涉案协议被认定无效，据此，尹某某2为履行协议而产生的损失亦应由合同的各方根据过错程度依法承担损害赔偿责任。一审法院认定涉案婴儿及母亲的生产治疗费用由尹某某2自行承担，理由欠妥，二审法院予以纠正。第三，关于尹某某2损失的具体数额。首先，尹某某2对一审法院认定其支付代孕价款为527,000元没有异议，欧某某主张其无须承担返还款项的责任，其他当事人均对原审判决无意见，二审法院予以确认。根据上文论述，对尹某某2支付代孕服务费的损失由欧某某、BRY公司承担50%的责任，共同赔偿263,500元（527,000元×50%）给尹某某2；其次，尹某某2主张其为代孕母亲的生产及婴儿的治疗支付医药费总额为121,125.36元，提交医疗收费票据及住院费用明细清单予以证明，欧某某、BRY公司虽不予确认，主张与本案无关，但未提供证据予以反驳，对此，二审法院采信上述证据并计得费用为120,820.46元（7571.9元+6296.13元+4794.07元+35,617.46元+66,540.9元）。亦根据双方的过错责任比例，由欧某某、BRY公司共同赔偿60,410.23元（120,820.46元×50%）给尹某某2。两项合计为323,910.23元。综上，尹某某2主张欧某某、BRY公司共同承担赔偿涉案婴儿及母亲生产治疗费用的理由成立，二审法院应予采纳，但要求其承担70%的赔偿责任不能成立，二审法院不予采纳。经审查，一审法院判决对医疗费损失的认定存在不当，二审法院予以纠正。

四、其他婚恋纠纷

（一）私自进入情人家构成非法入侵

案例1-36 沈阳市公安局和平分局与曾某行政处罚案

一审法院：辽宁省沈阳市沈河区人民法院（2018）辽0103行初420号

二审法院：辽宁省沈阳市中级人民法院（2019）辽01行终978号

案例主旨： 拿钥匙私自进入情人家，构成非法侵入住宅。

2016年12月23日7时30分许，原告曾强未经房屋实际居住人张某、李某许可，用钥匙打开位于沈阳市和平区玉屏一路××房屋入户门，见张某在家后，迅速离开。被告沈阳市公安局和平分局于2018年5月23日作出沈公和（治）行罚决字（2018）第709号行政处罚决定，对原告处以拘留15日并罚款1000元的行政处罚。原告不服，向被告沈阳市公安局申请行政复议，被告沈阳市公安局于2018年8月28日作出沈公复字（2018）46号行政复议决定书，决定维持上述行政处罚决定。原告不服，诉至法院。

法院认为，根据沈阳市公安局和平分局提供的证据，可以证明李某在本案事发前，已经要求和曾某停止婚外情，在事发当日系曾某到李某家要求继续婚外情。结合李某的陈述，在其已经停止与曾某婚外情，并知道自己丈夫在家的情况下，显然不能让曾某进入住宅，故李某的陈述与客观事实更为相符。曾某无论是否自行配置的钥匙，均不影响其在未经得住宅所有权人同意的情况下，私自进入住宅的事实。沈阳市公安局和平分局认定曾某构成非法进入住宅的事实正确。

（二）配偶调查另一方的消费情况不违法

案例1-37 周某某、淮南某妇产医院与邹某某一般人格权纠纷案

一审法院： 安徽省淮南市田家庵区人民法院（2017）皖0403民初3052号

二审法院： 安徽省淮南市中级人民法院（2018）皖04民终133号

案例主旨： 配偶对丈夫在夫妻关系存续期间的消费情况享有知情权且向医院调取证据系依法自行收集证据，行为不违反法律规定。

邹某某与董某原系夫妻关系，双方2005年9月26日结婚，2007年2月6日生育一子。2011年起，董某先后4次起诉邹某某要求离婚。2015年2月6日，邹某某向淮南某妇产医院申请调取周某某2013年8月27~30日在该医院的住院病历，并于同年3月26日在离婚案件中进行了举证。随后，离婚案件的判决结果中载明，经法院查明"淮南某妇产医院的住院病历显示，2013年8月27日，案外人周某某生育一女婴，该住院病历显示周某某的联系人为董某，双方关系登记为夫妻"，最终法院认定董某在与邹某某婚姻关系存续期间与案外女子长期保持关系存在过错，判决其向邹某某支付赔偿款10万元。

法院认为，周某某的病历资料含有其身体隐秘部位信息，属于其个人隐私。

邹某某在向淮南某妇产医院申请调取材料时，并不符合上述规定的淮南某妇产医院应当受理并提供病历复印件的身份条件，淮南某妇产医院违反规定向邹某某提供周某某的病历资料，泄露周某某的隐私，给周某某精神上造成一定的损害，侵犯周某某的隐私权，应依法承担侵权责任。

邹某某对其前夫董某在夫妻关系存续期间的消费情况享有知情权，其为了了解董某在淮南某妇产医院的消费情况而申请调取材料于法有据，符合情理。且邹某某作为申请人，其对自己的身份是否符合法定申请调取的条件并无审查义务，能否取得申请调取的材料，依法应由淮南某妇产医院审查决定，邹某某本人并无决定权。同时，邹某某系为了依法维权而自行收集证据，其行为并不违反法律规定。邹某某调取病历资料后也仅是用于诉讼，并未对外公开宣扬、传播。周某某上诉称邹某某对其进行辱骂、大肆宣扬、传播等，也并未提供充分证据加以证明。因此，周某某认为邹某某侵犯其隐私权、名誉权的上诉理由依据不足，法院不予采纳。周某某的病历资料不仅含有其身体隐私部位的相关信息，更有周某某不愿为外人所知的生理疾病信息，淮南某妇产医院依法负有保密义务，不得随意对外泄露。然而，淮南某妇产医院在邹某某不具备调取周某某病历资料的法定身份条件下，未尽到法定审查义务，向邹某某提供了周某某的病历资料，违法泄露了周某某的隐私，无疑会给周某某的精神上带来痛苦，生活上带来影响。最终法院判决淮南某妇产医院向周某某赔礼道歉并赔偿精神损害赔偿金。

（三）不能直接向“第三者”主张损害赔偿

案例 1－38 韦某精与苏法某离婚后损害赔偿纠纷案

一审法院：广西壮族自治区都安瑶族自治县人民法院（2010）都民初字第180号

案例主旨：婚姻无过错方无法向婚姻第三者主张离婚损害赔偿。

法院认为，离婚损害赔偿是基于夫妻权利义务产生的，离婚损害赔偿的权利主体和义务主体只能是离婚当事人。第三者不是离婚损害赔偿的责任主体，无过错方不能向第三者索赔。因此，韦某精要求作为第三者的韦某敏承担损害赔偿责任，法院不予支持。夫妻之间负有互相忠实，互相尊重的义务。夫妻一方发生婚外情，与他人同居，即违反了该义务，从侵权的角度来说，另一方可请求赔偿。但因该损害赔偿是基于夫妻权利义务产生的，故离婚损害赔偿的权利主体和义务主体只能是离婚当事人，即夫妻双方。婚外情的第三者不属于离婚损害赔偿的责任主体，无过错的夫妻另一方只能向夫妻一方主张赔偿，而无权主张第三者承担赔偿责任。

（四）与“第三者”共有财产分割需考虑配偶权益

案例1-39 魏某与白某、王某第三人撤销之诉纠纷案

一审法院：北京市怀柔区人民法院（2013）怀民初字第3435号

二审法院：北京市第三中级人民法院（2014）三中民终字第02978号

再审法院：北京市第三中级人民法院（2016）京03民再55号

案例主旨：对婚内与不知其婚姻状况的第三人同居购买的房产处理，首先要考虑合法配偶的权益。

白某与王某原系夫妻关系。双方于1979年12月登记结婚，于1994年8月在北京市某区人民政府婚姻登记机关协议离婚。1995年5月25日，白某与王某登记复婚。1999年11月17日，白某与王某经北京市某区人民法院调解解除双方婚姻关系。

王某与魏某于1994年9月开始同居生活，1995年4月21日经北京市某区某某法律事务所调解，双方协议解除同居关系。之后双方仍继续同居，并于1997年9月生育一子。2000年7月，经法院民事判决解除双方的同居关系，双方同居期间共同购置的财产，其中1996年12月11日王某购买楼房一套并登记在自己名下，现法院判决该楼房归魏某所有。

白某要求撤销法院关于楼房一套归魏某所有的判决，并要求法院判令该楼房归白某所有。魏某表示不同意白某的诉讼请求。王某表示同意白某的诉讼请求。

法院认为，夫妻在婚姻关系存续期间用生产、经营的收益所购置的财产，归夫妻共同所有。1996年12月11日，王某购置的楼房属在白某与王某婚姻关系存续期间，应视为双方的共同财产。2000年，王某与魏某解除同居关系时，法院将楼房判归魏某所有，未能考虑白某系该房屋共同所有人的事实。另外，魏某在主张该套房屋权益时，并未向法庭提供翔实的证据证明。故白某要求撤销民事判决书中第三项关于楼房一套归魏某所有的诉讼请求，法院应当准许。

合法的婚姻关系以及夫妻共同财产权利应当受到法律的保护，与有配偶者

同居系违背公序良俗的行为，不应受到法律的保障。虽然在实践中，会出现一些被动成为“第三人”的情况，即一方可能在不知情的情况下与有配偶者同居，但这种情况确实很难认定“第三人”是否存在主观恶意。因此，无论“第三人”是否系故意与有配偶者同居，其行为客观上已经损害合法婚姻关系的一方。如果“第三人”获得有配偶者的财产赠与，则该行为也客观上侵害了夫妻共同财产，除“第三人”能证明夫妻双方之间确实存在财产分别制约定等特殊情况以外，所谓“第三人”的利益是不能受到任何保护的。

第二章

离婚纠纷

综述

高净值客户在发生婚姻纠纷时一定要妥善处理，否则对整个家族财富都会产生巨大的影响。如果双方可以通过协商的方式解决，则需要特别注意离婚协议的生效要件、订立内容以及注意事项等问题，否则可能会影响离婚协议的效力，最终导致纠纷的发生。如果双方确实需要通过诉讼的方式解决，则需要注意证据的收集问题。在夫妻共同财产分割的过程中，常见的财产类型包括不动产、动产、无形资产、知识产权、公司股权、上市公司股票、股票期权等，高净值客户应当针对不同的财产制定不同的应对策略。另外，离婚纠纷也会引发子女抚养、一方过错行为的损害赔偿等方面的问题，需要提前就相关的法律规定、司法观点进行适当的了解。此外，离婚案件与其他民事案件不同，有专门的管辖规定，在具体案件的处理方式上也与其他案件有较大的区别。只有采用了正确的方法，才能事半功倍。随着全球国际化大趋势的到来，高净值客户缔结涉外婚姻的情况也是屡见不鲜，涉外婚姻的处理往往要比一般国内婚姻纠纷更加复杂和困难，涉外离婚财产的分割、涉外离婚判决在国内的承认执行程序等都是存在跨国婚姻关系的高净值客户特别需要予以关注的要点。

本章主要介绍了协议离婚、诉讼离婚以及涉外离婚中较为重要且需要高净值客户特别关注的问题，希望能够帮助高净值人群从容应对离婚纠纷的各种状况。

第一节 离婚协议及效力认定

一、协议离婚概述

（一）协议离婚的概念

协议离婚主要是指双方当事人对子女抚养、财产分割以及债务承担等没有争议的情况下，双方当事人到婚姻登记机关申请自愿解除婚姻关系。

（二）协议离婚的依据

（1）《民法典》第一千零七十六条规定："夫妻双方自愿离婚的，应当签订书面离婚协议，并亲自到婚姻登记机关申请离婚登记。离婚协议应当载明双方自愿离婚的意思表示和对子女抚养、财产以及债务处理等事项协商一致的意见。"第一千零七十八条规定："婚姻登记机关查明双方确实是自愿离婚，并已经对子女抚养、财产以及债务处理等事项协商一致的，予以登记，发给离婚证。"

（2）《民法典》第一千零七十七条还首次规定"离婚冷静期"，即"自婚姻登记机关收到离婚登记申请之日起三十日内，任何一方不愿意离婚的，可以向婚姻登记机关撤回离婚登记申请"。

根据该规定，自 2021 年 1 月 1 日《民法典》正式生效后，夫妻双方因自愿离婚而前往婚姻登记机关申请离婚的，即使符合离婚条件，婚姻登记机关也不会立刻颁发离婚证，双方也不能立刻解除婚姻关系。根据《民法典》所设置的 30 日的"离婚冷静期"，婚姻登记机关在收到离婚申请登记之日起 30 日内，只要任何一方不愿意离婚，都可以在此期间向婚姻登记机关撤回离婚登记申请。如果 30 日后，双方仍然愿意离婚的，则必须在 30 日内再次亲自前往婚姻登记机关申请发给离婚证，此时婚姻登记机关必须发给双方离婚证，即双方婚姻关系立刻解除。如果当事人未及时前往，则视为撤回离婚登记申请，所有流程需要重新再来一遍。

二、离婚协议概述

（一）离婚协议的生效要件

双方当事人签订离婚协议，是通过对自己利益作出处分，达到协议离婚的目的。如果婚姻关系未解除，当事人签订离婚协议的目的就无法实现。因此，夫妻双方解除婚姻关系是离婚协议生效的要件。

1. 离婚协议成立但不生效的情形

《〈民法典〉婚姻家庭编解释（一）》第六十九条第一款规定："当事人达成的以协议离婚或者到人民法院调解离婚为条件的财产以及债务处理协议，如果双方离婚未成，一方在离婚诉讼中反悔的，人民法院应当认定该财产以及债务处理协议没有生效，并根据实际情况依照民法典第一千零八十七条和第一千零八十九条的规定判决。"这就意味着，只要双方未解除婚姻关系，双方对于离婚财产分割所达成的协议就不会实际产生法律效力，而且法院也不会依据该协议分割财产，而是根据实际情况依法对夫妻共同财产进行分割。

从尊重当事人签订离婚协议的真实意思表示出发，应将完全解除婚姻关系作为离婚协议生效的条件。也就是说，这里的离婚协议在法律上应被看作附生效条件的协议。附生效条件的协议，本质上是附停止条件的民事法律行为。附停止条件的民事法律行为，是指以未来的不确定的事实的发生，作为法律行为发生效力的限制性条件的法律行为。如果条件不发生，则法律行为将不会发生效力。① 如果婚姻关系不解除，则离婚协议自然不会发生效力。进而离婚协议中有关夫妻共同财产分割、个人财产处分、子女抚养权归属、抚养费给付、夫妻共同债务甚至夫妻个人债务承担、损害赔偿数额等条款原则上均不发生法律效力。

2. 非财产条款成立不生效的情形

离婚协议中常见的非财产分割条款主要包括子女抚养权归属条款。对离婚

---

① 肖峰：《离婚协议中非财产分割条款的效力》，载 http：//www. 360doc. com/content/15/0905/09/22513831_ 496983804. shtml，最后访问时间：2021 年 4 月 19 日。

协议签署的当事人来说，财产条款和非财产条款是一个整体。一方对于财产方面的让步或协调，往往是综合考量了子女抚养归属等因素，从而能在办理离婚手续之前，达成一致意见。这些都是建立在所有条款均应有效且履行的前提下。

因此，在离婚协议中不能割裂财产部分和非财产部分，而单独认可某一部分在未解除婚姻关系之前的效力。如果离婚协议中非财产条款涉及当事人自身利益的处分且当事人在诉讼中明确表示对该非财产分割条款反悔时，一般应认定该非财产条款没有生效。[①]

（二）签署离婚协议的注意事项

1. 户籍迁移的处理

如果夫妻双方在协议离婚的过程中，涉及一方或子女户口的迁移，则应当在离婚协议中明确写明不迁出户口或者不配合办理手续时的法律责任并设定相应的违约责任。

《户口登记条例》第十条第一款规定："公民迁出本户口管辖区，由本人或者户主在迁出前向户口登记机关申报迁出登记，领取迁移证件，注销户口。"如果需要迁出户口的一方拒绝配合办理手续，另一方无法直接要求公安机关迁出原房屋户口，公安机关则无权迁出原房屋户口。因此，一般情况下当事人只能依据在离婚协议中约定违约金或其他违约责任，约束对方履行约定。

有一种情况例外，《上海市常住户口管理规定》（沪公行规〔2018〕1号）规定："房屋所有权或者公有居住房屋承租权因交易已发生转移，现权利人或者承租人申请将房屋内原有户口迁出的，房屋所在地公安派出所应当通知原有户口人员迁出，对拒不迁出或者无法通知的，可以直接将其户口迁至社区公共户。"因此，如果一方通过离婚协议获得了房屋的所有权并对外出售的，则公安机关可以强制将该房屋内的户口全部迁至社区公共户。

2. 子女姓氏的处理

离婚后若一方更改子女的姓氏，很容易引起对方的不满。法律对一方擅自更改子女姓氏的做法也持否定的态度。《〈民法典〉婚姻家庭编解释（一）》第

---

① 肖峰：《离婚协议中非财产分割条款的效力》，载 http：//www. 360doc. com/content/15/0905/09/22513831_ 496983804. shtml，最后访问时间：2021 年 4 月 19 日。

五十九条规定，“父或者母擅自将子女姓氏改为继母或继父姓氏而引起纠纷的，应当责令恢复原姓氏”。

若双方协商一致更改孩子的姓氏，则应当在离婚协议中予以明确。如果未来一方反悔并向法院起诉责令恢复姓氏，则另一方可以对此进行抗辩。

如果一方担心对方擅自更改孩子姓氏的，也可以尝试在离婚协议中约定违约金或其他违约责任。

3. 夫妻间借贷的处理

《〈民法典〉婚姻家庭编解释（一）》第八十二条规定：“夫妻之间订立借款协议，以夫妻共同财产出借给一方从事个人经营活动或者用于其他个人事务的，应视为双方约定处分夫妻共同财产的行为，离婚时可以按照借款协议的约定处理。”

4. 离婚补偿款的处理

《民法典》第一千零八十八条在原《婚姻法》条款基础上删除了“夫妻财产各自所有”的前提，直接规定：“夫妻一方因抚育子女、照料老年人、协助另一方工作等负担较多义务的，离婚时有权向另一方请求补偿，另一方应当给予补偿。具体办法由双方协议；协议不成的，由人民法院判决。”

根据上述法律规定，一方在家庭生活中付出较多义务，即在婚姻关系存续期间，夫妻一方比另一方付出的抚育子女、照料老人、协助另一方工作等义务更多的，对家庭的建设贡献较大的，可以向另一方提出进行经济补偿的请求。但发生经济补偿责任的必要条件是双方婚姻关系已经解除，如果双方并未离婚，则不可以要求经济补偿。

关于经济补偿的数额，通常情况下应当由双方协商解决。协商不成的，可以向法院起诉，由人民法院判决。人民法院判决时，通常会考虑请求权人实际付出义务的大小，以及请求权人因此受到的损失和另一方从中受益情况，进行综合判断。

5. 离婚经济帮助的处理

《民法典》第一千零九十条在原《婚姻法》的基础上删除了“另一方应从其住房等个人财产中给予适当帮助”，修订为“有负担能力的另一方应当给予适当帮助”。也就是将提供离婚经济帮助的条件设定为一方“有负担能力”的情况下，同时将经济帮助的具体内容留给当事人去协商确定。双方协议不成的，则还是可以由人民法院判决。

6. 离婚过错损害赔偿的处理

离婚过错损害赔偿是指夫妻一方因过错发生法律规定的违法行为，妨碍婚姻关系、家庭和睦，最终导致夫妻离婚的，过错方应当承担的损害赔偿责任。

（1）赔偿的适用条件

《民法典》第一千零九十一条规定，“有下列情形之一，导致离婚的，无过错方有权请求损害赔偿：（一）重婚；（二）与他人同居；（三）实施家庭暴力；（四）虐待、遗弃家庭成员”，同时还在此基础上增加了“（五）有其他重大过错”的适用情形。这样的修订无形中扩大了原《婚姻法》关于离婚损害赔偿的适用范围。在以往的司法实践中，如果一方并未与他人重婚或同居，但与他人生育了非婚生子女，在原《婚姻法》中并未将该种情况作为离婚损害赔偿的法定条件，这对于合法配偶来说是一项致命的打击。根据《民法典》的修订，相信未来法院在适用离婚损害赔偿条款时将拥有更多的自由裁量空间，以保护无过错方的合法权益。

（2）赔偿的范围与数额

《〈民法典〉婚姻家庭编解释（一）》第八十六条规定：“民法典第一千零九十一条规定的‘损害赔偿’，包括物质损害赔偿和精神损害赔偿。涉及精神损害赔偿的，适用《最高人民法院关于确定民事侵权精神损害赔偿责任若干问题的解释》的有关规定。”但前述法律并未明确精神损害抚慰金的计算方式和赔偿限额，因此，各地法院在司法实践中的认定标准都不相同。如 1999 年上海市高级人民法院印发的《几类民事案件的处理意见（沪高法〔1999〕528 号）》中明确“精神损害赔偿额以一般最高不超过人民币 5 万元为宜（当时上海人均 GDP 的二倍）”。

（3）赔偿的申请与受理

根据《〈民法典〉婚姻家庭编解释（一）》第八十七条的规定：“承担民法典第一千零九十一条规定的损害赔偿责任的主体，为离婚诉讼当事人中无过错方的配偶。

人民法院判决不准离婚的案件，对于当事人基于民法典第一千零九十一条提出的损害赔偿请求，不予支持。

在婚姻关系存续期间，当事人不起诉离婚而单独依据民法典第一千零九十一条提起损害赔偿请求的，人民法院不予受理。”

人民法院在受理离婚案件时，应当同时将与离婚损害赔偿相关的权利义务书面告知当事人，并根据以下不同情况分别适用《民法典》第一千零九十一条的规定：

①符合《民法典》第一千零九十一条规定的无过错方作为原告基于该条规定向人民法院提起损害赔偿请求的，必须在离婚诉讼的同时提出。

②符合《民法典》第一千零九十一条规定的无过错方作为被告的离婚诉讼案件，如果被告不同意离婚也不基于该条规定提起损害赔偿请求的，可以就此单独提起诉讼。

③无过错方作为被告的离婚诉讼案件，一审时被告未基于《民法典》第一千零九十一条规定提出损害赔偿请求，二审期间提出的，人民法院应当进行调解；调解不成的，告知当事人另行起诉。双方当事人同意由第二审人民法院一并审理的，第二审人民法院可以一并裁判。

7. 擅自处分房产的赔偿

根据《〈民法典〉婚姻家庭编解释（一）》第二十八条第二款的规定：“夫妻一方擅自处分共同所有的房屋造成另一方损失，离婚时另一方请求赔偿损失的，人民法院应予支持。”

8. 子女抚养费的约定

《民法典》第一千零八十五条规定：“离婚后，子女由一方直接抚养的，另一方应当负担部分或者全部抚养费。负担费用的多少和期限的长短，由双方协议；协议不成的，由人民法院判决。”《〈民法典〉婚姻家庭编解释（一）》第四十二条进一步规定，“抚养费”包括子女生活费、教育费、医疗费等费用。

9. 财产“不分割”的约定

（1）即使双方在离婚协议中有“没有共同财产分割”的表述，但离婚后，一方仍可能起诉要求分割共同财产。

《〈民法典〉婚姻家庭编解释（一）》第八十三条规定：“离婚后，一方以尚有夫妻共同财产未处理为由向人民法院起诉请求分割的，经审查该财产确属离婚时未涉及的夫妻共同财产，人民法院应当依法予以分割。”第八十四条还进一步规定：“……请求再次分割夫妻共同财产的诉讼时效期间为三年，从当事人发现之日起计算。”

但要求分割共同财产的一方原则上应当证明该财产属于“离婚时未涉及的夫妻共同财产”，这样人民法院才会依法予以分割。因此，在离婚协议中对此类条款的约定应当非常谨慎，否则很容易引发不必要的麻烦。

（2）如果双方在离婚协议中约定“各自名下的财产归各自所有”的，则离婚后一般不能再向法院要求分割夫妻共同财产。如果双方客观上对彼此的财产较为清楚，则可以采用此种方式描述；如果一方不清楚配偶真正的财产状况，这种写法可能导致丧失了离婚后要求分割遗漏财产的权利。

10. 离婚协议的公证效力

由于离婚协议是以解除婚姻关系为生效要件，所以实践中并不需要办理公证手续。但如果离婚协议中涉及一方将个人财产赠与另一方的条款，则公证之后就不可以撤销赠与。根据《民法典》第六百五十八条的规定，经过公证的赠与合同，赠与人不能享有任意撤销权。如果赠与协议进行了公证，则受赠人可以在赠与人不交付赠与财产的情况下，请求交付赠与财产。

三、离婚协议中违约条款的效力

根据《民法典》的规定，夫妻双方自愿离婚的，应当签订书面的离婚协议，并亲自到婚姻登记机关申请离婚登记。离婚协议应当载明双方自愿离婚的意思表示和对子女抚养、财产以及债务处理等事项协商一致的意见，自双方登记离婚之日起生效。如果日后一方违约，则另一方有权提起离婚后财产纠纷、抚养费纠纷等相关诉讼主张权利，但守约方维权往往费时费力。因此，在《离婚协议》中约定违约条款便成了实践中的一种常见现象，其中，通常以违约金的形式约定违约责任。

虽然法律原则上规定离婚协议自双方办理离婚登记之日起即生效，但是，离婚协议中的违约金条款的效力如何？法院究竟是按照《民法典》婚姻家庭编的相关规定一律认定为有效，还是有权依据《民法典》合同编的规定予以酌情调整或者是认定为无效。对这个问题司法实践中并没有统一的认定。

（一）法院认定离婚协议可以适用违约金条款

1. 一方应按照离婚协议的约定支付违约金

案例2－1 黄某1与黄某2婚姻家庭纠纷案

一审法院：福建省福州市鼓楼区人民法院（2016）闽0102民初8715号

二审法院：福建省福州市中级人民法院（2017）闽01民终4020号

案例主旨：离婚协议属于有关身份关系的协议，其中针对抚养费和精神赔偿费的违约金条款不适用合同关系中关于违约金的相关规定，不需要进行人为的调整，应当按照离婚协议的约定履行。

一审法院认为，《离婚协议书》中关于抚养费的条款系原、被告双方真实意思表示，对双方均有约束力，双方应按照约定履行自己的义务，被告未能按期支付抚养费，应按照《离婚协议书》约定的违约条款承担违约责任，故原告黄某1诉请被告黄某2支付违约金10万元，应予以支持。

二审中，黄某2认为其尚未支付的抚养费仅为14万元，而违约金却高达10万元。黄某2认为原审法院在违约金畸高且黄某1未提供任何证据证明实际损失的情况下，无视黄某2的调整请求，径行裁判黄某2向黄某1支付违约金10万元，明显不当。

二审法院则认为，本案《离婚协议书》属于有关身份关系的协议，其中针对抚养费和精神赔偿费的违约金条款不适用一般合同关系中关于违约金的相关规定，不需要进行人为的调整，应当按照离婚协议的约定履行。

北京市朝阳区人民法院在（2019）京0105民初9735号案件中也持同样的观点：“《离婚协议书》约定逾期支付抚养费时，李某2需就逾期款项按同期中国人民银行贷款基准利率计算利息。《离婚协议书》系李某2与曲某真实意思表示，合法有效，本院不持异议。”

但是，四川省成都市中级人民法院在（2019）川01民终1516号案件中认为：“关于在离婚案件中是否适用违约金的问题。本案双方当事人虽然签订的是离婚协议，但协议所涉及的违约金条款与身份关系无关。”因此，该法院认为仍然可以适用合同关系的有关法律规定处理。

因此，如果双方在离婚协议中约定了违约金，部分法院会尊重双方的意思表示，只是在违约金的法律适用以及是否应当调整等问题上，可能存在不一样的认定。

2. 法院通常会酌情调低违约金标准

我们以近三年上海地区的案例为例，[1] 在法院酌情调低违约金标准的案件中，调低的幅度往往较大（见表2－1）。

表2－1

序号	审理法院与案号	当事人依据离婚协议的主张	法院支持
1	（2020）沪0104民初5065号	40万元	1万元
2	（2020）沪0112民初24358号	每日1万元	央行同期同档次贷款基准利率4.35%的4倍
3	（2020）沪0115民初7463号	100万元	5万元
4	（2020）沪0118民初793号	20万元	以20万元为基数，按同期全国银行间同业拆借中心公布的贷款市场报价利率2倍计付，以不超过4万元为限
5	（2020）沪0110民初20694号	未付金额的200%	未付金额的30%
6	（2019）沪0115民初42647号	10万元	3万元
7	（2018）沪0109民初2197号	每日1000元，21万元（共计210日）	4万元
8	（2018）沪0104民初83号	每日2‰	年利率20%
9	（2018）沪0104民初18476号	每日5‰	央行同期贷款利率
10	（2018）沪0113民初16951号	20万元	1万元

（二）法院认定离婚协议不可适用违约金条款

案例2－2 王某1与梁某抚养费纠纷案

一审法院：江苏省金湖县人民法院在（2019）苏0831民初1788号

案例主旨：抚养费的法理基础来源于身份关系非一般平等主体间的财产关

---

① 我们通过“威科先行”数据库，在上海法院近三年来审理的离婚后财产纠纷案例中，以“离婚协议”“违约金”为关键词进行搜索，检索到相关判决书、裁定书共计60余份。

系，不可以约定违约金。

法院认为，关于原告王某1要求被告梁某按离婚协议约定支付抚养费违约金的诉讼请求，因离婚协议属于有身份关系的协议，不属于普通的民商事合同，当事人按照离婚协议约定主张违约金的不应支持，故法院对原告的该诉讼请求不予支持。

广东省广州市中级人民法院在（2017）粤01民终1852号案件中也认为，“抚养费的给付是父母的法定义务，不因父母协议而免除，义务的法理基础来源于父母、子女的身份关系而非平等主体之间的财产关系”，[①] 因此，该院认为抚养费的给付不应适用合同关系。

根据上述案例，即使离婚协议中约定了关于抚养费支付的违约责任，部分法院还是认为离婚协议因涉及人身关系而不能适用合同关系中的违约金制度。

另外，江苏省高级人民法院民一庭在2019年7月发布的《家事纠纷案件审理指南（婚姻家庭部分）》指出：“离婚协议属于有关身份关系的协议，不属于普通民商事合同。离婚后夫妻一方以夫妻另一方未履行离婚协议为由主张按照离婚协议约定支付违约金的，不予支持。”

（三）订立离婚协议违约金条款的注意事项

1. 离婚协议中明确约定双方不得对违约金进行调整是否有效

在上海市浦东新区人民法院审理的（2020）沪0115民初605号案例中，当事人在离婚协议中约定：“经原告通知仍不配合迁出户口的，每逾期一日向原告支付以152万元为基数按照日万分之五计算的违约金，该违约金具有赔偿性质，双方不得主张调整。”

法院认为：“原、被告双方于2018年3月31日签订《协议书》，对被告在上海市浦东新区高青路×××弄×××号×××室房屋内的户口迁出时间以及逾期迁出的处理方案和违约责任等进行了约定。被告未按照约定履行，经原告催促后，又历时四五个月才迁出户口，原告现要求被告支付违约金及律师费符合法律规定及双方约定，本院予以支持。”

---

① 参见《合肥家事法苑离婚协议书中违约条款的法律适用——谢某媛诉凌某峰抚养费纠纷案》，载https：//www. sohu. com/a/260257145_ 261363，最后访问时间：2020年12月1日。

2. 离婚协议中未约定违约责任应如何处理

在上海市宝山区人民法院审理的（2020）沪0113民初6994号案例中，原、被告因夫妻感情不和，于2019年3月4日签订自愿离婚协议书，办理离婚登记。离婚协议中对于房产分割和债务承担问题进行了约定，但是未约定违约责任。

法院认为："被告违反双方离婚协议有关财产分割的约定，应承担违约责任，又因双方未对违约责任予以约定，故本院酌情支持从2019年10月29日（原、被告与张某某确认的办出不动产权证书之日）起至实际还款之日，以离婚协议中约定的逾期未支付的售房款作为基数，按照全国银行间同业拆借中心公布的贷款市场报价利率计算违约金。"

3. "假离婚"情形下离婚协议中的违约金和精神损害费能否获得支持

在上海市徐汇区人民法院审理的（2018）沪0104民初16196号案例中，当事人双方在《离婚协议书》中约定："……六、鉴于男方要求离婚的原因，男方应一次性补偿女方精神损害费5万元，上述男方应支付的款项，均应于2013年12月31日前支付完毕。七、任何一方不按本协议约定期限履行支付义务的，应付违约金10万元给对方……"

法院认为："杨某某与俞某某原系夫妻关系，双方于2013年7月24日在民政局登记离婚，并签订了子女抚养、财产分割的离婚协议书，该约定系双方真实意思表示，对双方均有法律约束力。因俞某某未能按约履行支付义务，现杨某某要求俞某某按约支付尚欠的1,415,600元、精神损失费5万元及违约金10万元符合法律规定，本院予以支持。"

4. 一并主张违约金和逾期利息能否获得法院支持

在上海市宝山区人民法院审理的（2020）沪0113民初2549号案例中，双方当事人在《离婚协议书》中约定：原告放弃淞南九村房屋的产权，被告补偿原告100万元，此款在2017年10月30日前付清，任何一方违反本协议，均自愿赔偿对方5万元等。此后，被告共计向原告转账75元，另有25万元逾期未支付。

法院认为："原、被告于2017年4月13日订立的离婚协议系双方当事人自愿订立，并经民政部门确认，该离婚协议对双方当事人具有法律约束力，双方应当按照离婚协议的约定履行各自义务。被告逾期未能付款，原告要求以 25 万元为基数，按照银行同期贷款利率支付自 2017 年 10 月 31 日起计算至实际付款之日止的利息，于法有据，本院予以支持，因自 2019 年 8 月 20 日起，中国人民银行授权全国银行间同业拆借中心每月公布贷款市场报价利率（LPR），中国人民银行不再公布贷款基准利率，故 2019 年 8 月 20 日之后按同期全国银行间同业拆借中心公布的贷款市场报价利率（LPR）计付。再者，原、被告约定如一方违反离婚协议需赔偿 5 万元，属于违约金性质，现原告一并主张逾期利息和违约金，其利率并未超过法律规定，故本院亦予以支持。”

在上海市浦东新区人民法院审理的（2018）沪 0115 民初 34878 号案例中，法院也一并支持了当事人对于违约金和逾期利息的主张。法院认为：“关于原告主张的逾期违约金，按约定应每半年给付 5 万元，现被告仅支付了 5 万元，故原告主张逾期违约金符合协议约定，但违约金再计算利息于法无据，本院不予支持。因被告未支付剩余款项，原告要求按银行同期贷款利率计算逾期利息亦符合法律规定，且违约金与逾期利息之和并未超过法律规定的年利率，故本院均予以支持。”

5. 离婚当日出具的欠条中约定了违约责任是否有效

在上海市虹口区人民法院审理的（2019）沪 0109 民初 28481 号案例中，原、被告于 2017 年登记结婚，2018 年 2 月 7 日协议离婚，离婚协议中关于财产分割方面约定：“我们双方婚后共同财产已自行分割完毕，无纠葛。”同日，被告向原告出具欠条一份，称其欠原告 105, 380 元，2019 年 2 月 6 日前全额还清。如违约未付，则每月支付违约金 10, 530 元等。之后，因被告未还款，原告遂诉至法院。

法院认为：“首先，原、被告对签署欠条和自愿离婚协议书的先后顺序虽各执一词，但欠条与自愿离婚协议书系同日签署，被告亦认可出具欠条的目的是离婚，故虽然自愿离婚协议书中未记载欠条的内容，但被告认可该 10 余万元债务，承诺一年后归还，是双方因离婚就财产分割所达成的协议。本案中，被告未提供证据证明被告在出具欠条时存在欺诈、胁迫等情形，故被告应依约履行。其次，离婚协议包含夫妻双方就离婚以及财产分割等诸多事项所达成的协议，其内容具有多重复合性，包括了数个法律行为的混合，既有解除夫妻关系的协议，也有财产分割的协议等。财产分割协议的法律效力应从属于离婚协议。一旦离婚协议生效，附随的财产协议亦一并生效，对协议当事人产生拘束力。最后，被告具有完全民事行为能力，应当知道自己向原告出具欠条的法律后果。即使如被告所称，出具欠条的目的是离婚，现双方已离婚，基于诚实信用原则，被告应当按约归还欠款，而不应拖欠不付，否则即是对当事人合意的破坏，亦是对当事人人身权益和财产权益的不当侵害。因此，原告依据欠条要求被告归还欠款本息，并无不当，本院依法应当支持。”

6. 离婚协议约定了违约方须承担维权产生的律师费能否获得支持

在上海市徐汇区人民法院审理的（2019）沪0104民初22361号案例中，当事人双方在离婚协议中约定，任何一方不按本协议约定期限履行支付款项、变更登记等义务的，应在15日内支付违约金人民币30万元整给对方，同时违约方需承担对方为实现合法权益而付出的合理费用（包括但不限于律师费、诉讼费、差旅费、文印费等）。

法院认为：“原、被告签订的离婚协议书系双方真实意思表示，对双方具有约束力，双方均应自觉、全面履行。原告要求按照离婚协议约定由被告支付原告补偿款、违约金、律师费，被告认为原告对罗秀路房屋没有贡献、没有将户口迁出罗秀路房屋、律师费系原告产生，故不同意支付，没有事实和法律依据，亦不属于离婚协议书中约定的条款，故对于被告的意见，本院不予采纳，原告的上述请求，并无不当，本院予以支持。”最终，法院判决违约方应当向另一方支付违约金30万元、律师费9万元。

7. 违约方以疫情等不可抗力抗辩能否获得法院支持

在上海市普陀区人民法院审理的（2020）沪0107民初4384号案例中，原、被告于2019年10月8日签订离婚协议，其中载明“……男方购买了上海市普陀区武威东路×××弄×××号×××室的房地产，婚后由夫妻双方共同还贷……双方确认女方个人拥有该房屋中100万元的份额。双方约定将该房产于2020年2月29日前进行出售处理，若延期未处理男方多支某5万元给女方……男方应于收到售房首付款当日先支某给女方60万元……如果男方未按期支付或未支付给女方该60万元的，双方确认上述房产中男女双方各占一半的份额（300万元），后女方可以按照该协议向法院起诉要求分割上述房产并要求男方支付300万元。男方按期向女方支付60万元的，男方应于2023年10月1日前向女方支付剩余40万元，具体支付方案如下：（1）男方应于房屋出售之日起每月向女方支付1万元，共计48期，共计40万元……任何一方违反本协议约定的，违约方应向守约方支付违约金30万元……”。

法院另查明，被告于2019年10月18日同案外人签订房地产买卖合同，将武威东路房屋出售，确定转让价共计590万元，并于2019年11月取得首期房款120万元。同时，被告与案外人签订新村路房屋买卖合同，购房金额合计465万元。

法院又查明，被告于2019年10月17日、11月27日、12月30日、12月31日分别向原告支付5000元、8.5万元、5万元、1万元；于2020年1月4日、2020年3月21日分别给付原告5万元。其间，双方就首期60万元中剩余款项的支付问题保持短信沟通至2020年4月，原告一直在向被告确认给付时间，而被告因为房屋交易、购买新房、疫情等情况向原告要求延期，双方协商无果。2020年4月原告向本院提起诉讼并申请财产保全，查封、冻结了被告名下的银行账户。

法院认为：“原、被告在离婚时就上海市普陀区武威东路×××弄×××号×××室房屋的处理等事宜达成协议，系双方各自真实意思表示。虽然被告在出售武威东路房屋并取得案外人付首付款后，未按照离婚协议将60万元首期款全部支付给原告，但在双方的短信聊天中可以看出，被告由于买房卖房、契税、抵押贷款、疫情等原因致使交付延迟。之后，在双方不断沟通中，给付期限也随之发生了变化，故双方离婚协议中约定的给付期限已丧失约束力，处于不确定状态，无法认定违约责任。后因新冠肺炎疫情暴发，举国上下受到重大冲击，许多企业停工停产，严重影响到人们的生活秩序，被告发生给付困难，系不可抗力因素所致。疫情缓解后，被告已将离婚协议约定的应当给付原告的首期钱款履行完毕，并于2020年6月开始如约履行后续40万元款项，表明被告主观上并无违反离婚协议的故意。现原告要求被告按照离婚协议支付240万元及违约金30万元的诉讼请求，缺乏事实和法律依据，本院不予支持。”最终，法院驳回了原告要求被告支付人民币240万元及违约金人民币30万元的诉讼请求。

离婚协议是一种复合型协议，通常包括了多个法律行为，其中既包括解除婚姻关系这一形成行为，也包括夫妻财产分割及子女抚养等附随行为，财产分割等协议内容的法律效力应从属于离婚协议。同时，离婚协议具有“一揽子”处理离婚、子女抚养、财产分割等事项的整体性，一般情况下不可随意否认协议中部分内容的效力，离婚协议中对财产分割的约定自双方当事人办理离婚登记之后便依法产生法律效力。

但是，从上述司法案例可以看出，实务中离婚协议的违约金条款被法院予以调整的案例不在少数，也存在直接被法院否认的案例。因此，在离婚协议中设置合法有效的违约金条款，维护当事人的合法利益，是一个值得关注的问题，事先咨询专业律师的法律意见非常重要。

四、离婚协议的财产约定与债权保护

（一）非为逃避债务达成离婚协议可对抗债权人

案例2-3 武某平、张某怡申请执行人执行异议之诉案

二审法院：河南省高级人民法院（2017）豫民终1009号

再审法院：最高人民法院（2018）最高法民申613号

案例主旨：离婚协议中关于财产分割的内容并非为逃避偿还债务所订立，该内容可以对抗债权人的执行异议。

最高人民法院认为，原审已查明，本案所涉执行标的即登记于张某怡名下的车位，系张某怡与张某兵在夫妻关系存续期间购买的财产，原属于夫妻共同财产。但张某怡与张某兵离婚时对上述财产进行了分割，根据双方签订的离婚协议第二条第三项关于“双方各自名下的其他财产（包括机动车）归各自所有”的约定，上述财产归张某怡个人所有。从权利属性上来讲，张某怡对上述财产享有直接支配之物权。而武某平对上述财产申请执行，系基于其与张某兵之间的债权债务关系，该权利并非源于对上述财产的直接交易关系，而是源于对张某兵财产的债权请求权。从两种权利取得的时间来看，张某怡与张某兵签订离婚协议在前，武某平起诉张某兵在后。另外，现有证据也不能推定张某怡与张某兵存在利用离婚逃避债务的情形。因此，两种权利相比较，张某怡对执行标的享有的物权应当优先于武某平的普通债权受到保护。

（二）离婚分割房产后未过户不得对抗债权人

案例2-4 周某珠与青岛WB贸易有限公司、周某海案外人执行异议之诉案

二审法院：山东省高级人民法院（2017）鲁民终717号

再审法院：最高人民法院（2017）最高法民申3915号

案例主旨：离婚协议中约定涉案房产归一方所有，但未进行不动产物权的转让登记，物权的转让不发生效力，涉案房产仍属于夫妻共同所有，不具有足以排除强制执行的民事权益。

最高人民法院认为，本案再审审查的核心问题是，周某珠对于作为执行标的物的涉案房产，是否具有足以排除强制执行的民事权益。

周某珠与周某海于1991年9月27日结婚，于2015年7月28日自愿离婚；2012年10月，周某海购买位于上海市的房产。该房产购买于周某珠与周某海夫妻关系存续期间，虽然只登记在周某海一人名下，但是在周某珠、周某海未举证证明归个人所有的情况下，应为夫妻共同财产。

虽然周某珠与周某海于2015年7月28日签订《自愿离婚协议书》，约定涉案房产归周某珠所有，但是双方未进行不动产物权的转让登记，物权的转让不发生效力，涉案房产仍属于周某珠与周某海夫妻共同所有。

《最高人民法院关于人民法院民事执行中查封、扣押、冻结财产的规定》第十四条规定，对被执行人与其他人共有的财产，人民法院可以查封、扣押、冻结。本案涉案债务虽然属于周某海个人债务，但是涉案房产属于周某珠与周某海夫妻共同所有，人民法院可以执行。

（三）离婚约定赠与房产未过户不得对抗债权人

案例2-5 河南TY公司与职某娟、职某明案外人执行异议案

一审法院：河南省郑州高新技术产业开发区人民法院（2019）豫0191民初27249号

二审法院：河南省郑州市中级人民法院（2020）豫01民终2528号

案例主旨：夫妻一方在离婚时名下存在个人债务或夫妻共同债务未清偿完毕，在此情况下，该方将其名下婚前个人财产通过离婚协议约定归另一方但未办理房产过户手续的，不能对抗第三人。

一审法院认为，案外人或者申请执行人提起执行异议之诉的，案外人应当就其对执行标的享有足以排除强制执行的民事权益承担举证证明责任。本案中，涉案房屋虽登记在被告职某明名下，但原告职某娟向法院提供的证据证明，其与职某明于2017年3月17日协议离婚，离婚协议系双方真实意思表示，合法有效。离婚协议中已约定涉案房屋归原告所有，且职某娟在庭审中称涉案房屋系经济适用房，占用的土地系划拨土地，不能办理变更登记手续。职某娟虽未取得涉案房屋所有权，但其享有对涉案房屋变更登记的请求权，且该请求权是基

于2017年其与职某明签订的离婚协议产生的，而河南TY公司与职某明之间的债权形成时间在2018年9月之后，职某娟的请求权成立在前，在时间上具有优先性，且客观上不存在职某娟与职某明通过离婚协议逃避债务的可能性。另一方面，从两种请求权的性质和内容来看，职某娟享有的是对涉案房屋要求变更登记为所有人的请求权，而河南TY公司享有的是针对职某明的一般金钱债权，该金钱债权并非基于对涉案房屋的公示的信赖而产生，具体而言，职某明与河南TY公司合同纠纷案件中，职某明未将涉案房屋设定为抵押担保物，因此，河南TY公司的金钱债权请求权与职某娟的所有权变更登记请求权相比，在性质和内容上亦不具有优先性。故原告主张确认其为涉案房屋的所有权人并停止对涉案房屋强制执行的诉讼请求应予以支持。

二审法院却认为，虽然上诉人河南TY公司与被上诉人职某明之间的债权债务形成于二被上诉人离婚之后，且二被上诉人在离婚协议中约定涉案房屋归被上诉人职某娟。但涉案房屋非被上诉人职某娟与被上诉人职某明的夫妻共同财产，双方通过离婚协议约定涉案房屋归被上诉人职某娟系赠与性质，该房屋未办理产权变更登记不发生所有权的转移。根据上诉人的举证及被上诉人职某娟的陈述可知，离婚时或被上诉人职某明名下存在个人债务或二被上诉人存在夫妻共同债务，且均未清偿完毕。在此情况下被上诉人职某明将其名下的婚前个人财产通过离婚协议约定归被上诉人职某娟，不能对抗第三人。离婚时虽然约定某家属院房产一处归被上诉人职某娟，但该房屋并未实际归属于被上诉人职某娟，而是由被上诉人职某明予以处分并收益，且被上诉人职某明与上诉人发生债权债务纠纷后，被上诉人职某娟亦代被上诉人职某明向上诉人清偿了部分款项，以上情况显示二被上诉人在离婚后仍有经济往来且相关财产并未按离婚协议约定的内容进行处置。二审法院最终认定河南TY公司的上诉请求成立，并撤销一审判决并予以改判。

（四）法院调解书约定赠与房产未过户可对抗债权人

案例2-6 赵1与赵2、赵某胜执行异议之诉案

一审法院：江苏省徐州市沛县人民法院（2018）苏0322民初3682号

二审法院：江苏省徐州市中级人民法院（2019）苏03民终1627号

案例主旨：基于房屋被查封前作出的另案生效的法律文书确认当事人享有房屋的所有权，在没有证据证实当事人与被执行人恶意串通，以逃避债务或规避执行的，又或者取得的另案生效法律文书认定的事实及其裁决结果损害申请执行人或其他债权人权利的，应予支持。

一审法院认为，赵1请求法院确认涉案房屋归其所有，并停止对涉案房屋的执行，不应得到支持。首先，关于赵1对涉案房屋是否享有所有权的问题。本案中，从形式上可以认定房屋所有权人为赵某胜。赵1对涉案房屋据以主张权利的依据是2015年7月24日法院出具的民事调解书中韩某某与赵某胜两人关于涉案房屋的约定，该约定属于赠与合同，赠与合同属于实践性合同，故涉案房屋所有权的变更应当办理登记手续，未办理登记手续的，不发生不动产所有权的转移效力，故赵1对涉案房屋不享有所有权。其次，关于赵1对涉案房屋享有的权利能否排除本案执行问题。赵1基于离婚协议书中关于涉案房屋的赠与约定而对涉案房屋主张的权利，不属于《最高人民法院关于人民法院办理执行异议和复议案件若干问题的规定》第二十八条等规定的物权期待权的保护范围，且赵1在赠与合同签订后，消极不行使涉案房屋的登记权利，故不能排除本案执行。因此，一审法院认为涉案房屋系韩某某与赵某胜的夫妻共同财产。赵2申请保全该房屋中赵某胜享有的份额，亦不违反法律规定。

但二审法院认为，赵1对涉案房屋享有足以排除执行的实体权利。理由如下：

1. 赵1提出排除本案执行依据的是（2015）沛民初字第01104号民事调解书，该调解书在涉案房屋查封前即已经生效。该调解书第二条确认“夫妻共同财产，位于沛县某房屋归婚生子赵1所有，剩余房贷由韩某某负责偿还……”上述调解书中对于涉案房屋的权属作出了明确约定，产生了物权变动的效力，虽然赵1尚未办理过户登记手续，但不能以此否认涉案房屋已经由（2015）沛民初字第01104号民事调解书确认归其所有的事实。赵2的债权为金钱债权，并未指向特定的财产，涉案房屋只是作为赵某胜的责任财产成为赵2的债权的一般担保。涉案房屋现由韩某某、赵1占有使用，具有为韩某某、赵1提供生活保障的功能，与赵2的金钱债权相比，更具有优先性。

2. 关于涉案房屋的赠与行为是否完成的问题。在韩某某与赵某胜起诉离婚时已经约定涉案房屋归上诉人赵1所有，该约定属于赠与行为，且该赠与行为已经生效的民事调解书确认，具有对外公示的法律效力。涉案房屋在（2015）沛民初字第01104号民事调解书生效时已归赵1所有。因此法院认定涉案房屋因未办理登记手续，不发生不动产所有权的转移效力不当，依法应予以纠正。

3. 现有证据不能证明赵1母亲韩某某与赵某胜之间存在恶意串通逃避债务的主观故意。从本案的执行依据（2016）苏0322民初6474号民事判决中也可以看出，从2012年开始赵某胜因与蒋某相识，而不再过问其正常家庭生活，导致韩某某于2015年起诉离婚。在离婚诉讼中，韩某某与赵某胜解除双方婚姻关系以及有关财产约定的意思表示真实，且（2015）沛民初字第01104号民事调解书已经确认，不存在恶意串通逃避债务的主观故意。

综上，赵1基于涉案房屋被查封前，作出的另案生效的法律文书，主张其享有所有权，因此提起执行异议之诉，请求排除对该执行标的执行，在没有证据证实赵1根据伪造的证据取得另案生效法律文书的或者与被执行人恶意串通，以逃避债务或规避执行的，又或者取得的另案生效法律文书认定的事实及其裁决结果损害申请执行人或其他债权人权利的，应予支持。最终二审法院撤销了一审法院的判决结果。

（五）法院调解书直接产生物权变动效力可以对抗债权人

案例2-7 某银行与刘某阳、刘某军、赵某案外人执行异议之诉案

一审法院：山东省泰安市东平县人民法院（2019）鲁0923民初3703号

二审法院：山东省泰安市中级人民法院（2019）鲁09民终3767号

案例主旨：依据生效的法院调解书进行的物权变动，无须再进行一般的物权公示而直接发生效力，不以登记等公示方法为生效要件，可以直接阻却法院强制执行房产。

法院认为，人民法院的调解书本身，具有与登记等公示方法相同的形成力，因而依据此类调解书进行的物权变动，无须再进行一般的物权公示而直接发生效力，不以登记等公示方法为生效要件。本案中，东平县人民法院（2012）东民初字第1681号民事调解书第三条约定，“刘某军、赵某共同财产位于东平县的房产归婚生子刘某阳所有，刘某军、赵某负责办理相关产权手续”，该条约定涉案房屋归刘某阳所有，具体明确，具有形成物权的效力，自该调解书生效时，涉案房屋的所有权即归刘某阳所有，赵某将涉案房屋登记在自己名下不能改变该房屋属于刘某阳所有的事实，刘某阳享有足以阻却法院强制执行涉案房产的民事权益。

（六）房屋赠与子女不办理过户不可对抗执行

案例2-8 刘某邑与RYSJ公司等案外人执行异议之诉案

一审法院：辽宁省高级人民法院（2019）辽民初159号

二审法院：最高人民法院（2020）最高法民终1226号

案例主旨：房产未经登记，不发生物权变动效力，不足以排除强制执行的民事权益且涉案房产也不属于最基本生活居住条件用途。

最高人民法院认为，本案的争议焦点是刘某邑对案涉房屋是否享有足以排除强制执行的民事权益。

根据一审法院查明的事实，刘某邑提交案涉房产档案、离婚协议书、林某军证人证言等证据，用以证明案涉房产在刘某邑父母离婚时约定归刘某邑所有，案涉房产一直未办理过户登记手续，后其委托亲属对案涉房产进行实际管理。案涉房产未经登记，不发生物权变动的效力。刘某邑主张通过父母离婚协议书约定的受赠方式取得案涉房产，但其由于自身原因一直未办理过户登记，并未取得案涉房产所有权。刘某邑主张依据离婚协议书已取得案涉房产的所有权，但其仅依据夫妻内部处分行为排斥对外法定公示物权效力，并无依据。另外，案涉房产用途为商用，并非住宅，总面积达1340平方米，不属于为保障刘某邑最基本生活居住条件用途。因此，刘某邑对案涉房产不享有足以排除强制执行的民事权益，一审法院鉴于案涉房产仍然登记在刘某发名下，对作为登记的权利人财产予以执行并无不当，刘某邑的上诉请求缺乏事实和法律依据，法院不予支持。

五、离婚协议中“兜底条款”的效力

在离婚协议中，经常会出现类似于“双方各自名下财产归各自所有”“各自经手的债务由各自承担”等概括性表述的兜底性条款，主要是用来处理离婚协议中未明确列举的财产或债务。如果离婚之后，一方提出要求分割另一方所掌控的、在离婚协议中未明确提及的财产，或一方要求另一方承担离婚协议中未列举的婚内债务时，该兜底性条款是否具有法律效力？另一方是否能够以该兜底性条款进行抗辩？各地法院对此问题的审判观点各异。

（一）“兜底条款”有效不支持再分割财产

1. 离婚协议约定财产归各自所有的有效

案例 2－9 阎某与吴某离婚后财产纠纷案

一审法院：北京市顺义区人民法院（2018）京 0113 民初 4732 号

二审法院：北京市第三中级人民法院（2019）京 03 民终 4820 号

案例主旨：离婚协议中对于各自名下夫妻共同财产归各自所有的约定有效。

法院认为，人民法院的民事调解书是人民法院审理民事案件的过程中，根据自愿、合法的原则，对双方当事人达成调解协议的确认。离婚协议中关于财产分割的条款或者当事人因离婚就财产分割达成的协议，对男女双方具有法律约束力。北京市朝阳区人民法院于 2017 年 7 月 14 日出具（2017）京 0105 民初 51102 号民事调解书，对吴某与阎某达成的离婚协议进行确认。吴某与阎某关于离婚纠纷达成的民事调解协议对双方具有法律约束力。

该协议第九条约定：“其他双方各自名下财产归各自所有。”阎某主张，在双方订立该协议时，阎某对吴某名下的股权并不知情，吴某对涉诉股权存在隐藏的行为，吴某名下的股票属于漏分的夫妻共同财产。吴某对此不予认可。

法院认为，首先，阎某与吴某结婚十余年，阎某对吴某的职业、职位、工作状况、收入水平应当知晓，其所述对吴某持有股票并不知情与常理不符。其次，吴某持有股票的情况已经过 JS 公司官网公告，阎某主张吴某隐瞒该股票缺乏事实依据。最后，阎某陈述其知识能力不足以认识到诉争股票的行权、确权、变现的专业知识，但是其对股票是否存在价值应具有基本认知，吴某提交的录音证据中表明，阎某对股票作为一种财产形式的存在清晰知晓，且其在与吴某就夫妻共同财产分配过程中，对吴某所持股票表明了意见。

综上，阎某关于对吴某持有股票的情况并不知晓的主张，依据不足。在双方离婚时，吴某持有的股票应属其名下财产范围。阎某未提供充分有效证据证明其所主张的吴某名下股票并非属于吴某名下财产范围，亦不能证实该财产属于双方离婚达成调解协议时所遗漏之财产。阎某与吴某达成的离婚协议中关于“其他双方各自名下财产归各自所有”的约定是对双方名下财产归属的明确约定，双方均应遵照履行。故阎某主张吴某持有的 JS 公司的股票属于离婚时未涉及的夫妻共同财产，该股票属于未分割财产，缺乏依据。

2. 在已知彼此财产状况下的分配约定有效

案例 2-10 刘某 1 与刘某 2 离婚后财产纠纷案

一审法院： 北京市海淀区人民法院（2018）京 0108 民初 57218 号

二审法院： 北京市第一中级人民法院（2020）京 01 民终 2648 号

案例主旨： 离婚协议约定的“各自名下的存款和理财产品归各自所有，保持不变”的内容，说明双方是在已经知道彼此财产状况下对既有的财产进行了分配，该约定应当有效。

法院认为，本案的争议焦点是刘某 1 对刘某 2 持有本案诉争财产是否知晓以及该财产是否在离婚协议时已经处分完毕。

根据本案现有证据，已经生效的（2017）京 0107 民初 18580 号民事判决就刘某 1 所主张的 50 万元（本案中该财产演化为诉争的 34 万元期货价值）财产已经进行了认定，法院认为刘某 1 对该财产的转让以及去向属于明知，最终驳回刘某 1 在该案中的诉讼请求。因该事实属于 18580 号案件裁判依据的核心事实，故在处理本案中的 34 万元期货价值时应该予以尊重。同时，从 18580 号案件的庭审记录来看，刘某 1 不仅知道上述钱款的去向，而且对购买项目而没有购买完成的事实也是明知的。刘某 1 在本案中认为，刘某 2 为隐匿财产在离婚前给其造成理财已经全部亏损的假象，故而其认为已经没有其他财产可分。对此法院认为，因该财产数额巨大，从刘某 1 账户转给刘某 2 的时间距其离婚时间亦很短暂，双方离婚时未见任何证据而仅凭一方陈述就相信理财已经完全亏损，显然与常理不符。综合刘某 2 在本案中陈述的购房贷款情况、还款情况、财产投资情况以及刘某 1 对投资意向的知晓，法院对刘某 2 的陈述予以采信，刘某 2 的陈述亦可进一步佐证刘某 1 对钱款的主观认知情况。故而法院认为，刘某 1 在协议离婚时知道存在 110 余万元的夫妻共同财产具有高度可能性，该事实依据民事证据的证明标准可以予以认定。

根据双方离婚协议约定的“各自名下的存款和理财产品归各自所有，保持不变”的内容，说明双方在已经知道财产状况下对既有的财产进行了分配。当然，该财产可能是存款，也可能演变为其他理财形式，但此属于刘某 2 对财产的支配范围，法律上无可厚非。因此，刘某 1 主张刘某 2 存在隐匿财产进而要求分配的事实和理由不能成立，法院不予支持。

3. 盘点共同财产后作出的合意表示有效

案例2－11 关某与郭某离婚后财产纠纷案

一审法院：北京市海淀区人民法院（2019）京0108民初59829号

二审法院：北京市第一中级人民法院（2020）京01民终2670号

再审法院：北京市高级人民法院（2020）京民申5194号

案例主旨：双方在离婚协议中写明“其他财产已分割完毕，双方无争议”，应视为双方在盘点共同财产之后作出的合意表示，不应在双方已将其他财产分割完毕的基础上重复分割，亦不应以个人的认知和判断作为再次分割夫妻共同财产的理由。

法院认为，婚姻关系存续期间，男女双方实际取得或者应当取得的住房公积金，应当归夫妻共同所有。离婚协议中关于财产分割的条款或者当事人因离婚就财产分割达成的协议，对男女双方具有法律约束力。本案中，关某与郭某的离婚协议书中，在房产分割之后，明确约定“其他财产已分割完毕，双方无争议”。应视为双方在盘点共同财产之后作出的合意表示，不应在双方已将其他财产分割完毕的基础上重复分割，亦不应以个人的认知和判断作为再次分割夫妻共同财产的理由。根据关某与郭某的聊天记录可知，关某在与郭某签署离婚协议时，对郭某个人持有公积金知晓。关某主张因郭某隐匿住房公积金，请求法院判令全部归其所有，无事实和法律依据，二审法院改判驳回关某的诉讼请求，并无不当。

4. 对“其他财产无争议”条款的认定

案例2－12 钱某与严某离婚后财产纠纷案

二审法院：浙江省杭州市中级人民法院（2018）浙01民终4124号

再审法院：浙江省高级人民法院（2019）浙民再406号

案例主旨：双方在离婚时所作“其他财产无争议”的约定应当结合在案证据和双方当事人的陈述进行综合判断。

二审法院认为，本案争议焦点在于讼争房屋是否为钱某与严某的夫妻共同财产，以及双方在离婚时所作“其他财产无争议”的约定，作何种理解。对于案涉房屋是否夫妻共同财产的争议。该房屋产权虽登记在钱某名下，但系钱某与严某夫妻关系存续期间，通过享受夫妻二人的工龄折扣等房改优惠政策取得的产权，应属于钱某与严某的夫妻共同财产。钱某以严某在房改购房时未出资，房屋产权登记在其个人名下，即认为属其个人财产的理由，缺乏事实及法律依据，法院不予采信。关于“其他财产无争议”的理解，究竟是对该房屋的权利归属已作明确约定，还是属于离婚时未作处分的夫妻共同财产。对此，二审法院认为，案涉房屋系钱某与严某在夫妻关系存续期间参加房改取得产权，对其权利状态，双方均是明知的。尤其房产作为家庭的大宗财产标的，在离婚当时是否分割、如何分割更应有明确的约定。在无明确约定的情况下，不能以离婚案件中作出“其他财产无争议”的约定即认为对财产已作分割。结合钱某与严某在离婚纠纷案件调解时所作“财产不需要法院处理”的一致陈述，应认为讼争房屋在离婚案件中未进行分割处理。

再审法院却认为，综合分析在案证据和双方当事人的陈述，钱某所主张的离婚时双方已约定讼争房产归其所有的事实，具有高度可能性，法院予以采信。理由如下。

首先，钱某在离婚案件调解笔录中陈述“财产我们自己已经商量好，无须法院处理”，钱某也陈述“财产不需要法院处理”，结合双方当事人一致认可离婚后15年多的时间里该房屋一直由钱某占有使用及严某从未向钱某提出分割房产的事实，可以证实钱某主张的离婚时双方已经对讼争房产进行处理即双方约定该房产由钱某所有的事实；其次，讼争房产原系杭州某厂在80年代分配给钱某父亲居住，后房改时才登记于钱某名下。虽然房改时使用了严某的工龄，但显然严某对该套房屋产权的取得贡献较小，加之产权登记之初，严某就认同产权登记于钱某一人名下，故离婚时双方决定房产归钱某所有，符合常情；最后，严某确认其在离婚后至提起本案诉讼的15年多的时间里，双方曾多次接触，但从未向钱某提出过分割讼争房产。最终再审法院撤销了二审法院的判决结果。

5. 约定无财产争议后无法要求返还彩礼

案例2-13 田某、郎某离婚后财产纠纷案

一审法院：黑龙江省齐齐哈尔市龙江县人民法院（2017）黑0221民初3417号

二审法院：黑龙江省齐齐哈尔市中级人民法院（2018）黑02民终230号

案例主旨：双方在离婚协议中关于财产债务处理、其他事项均表示无争议的，对双方均具有拘束力。

法院认为，对于田某主张离婚前郎某承诺返还1万元的情况，因双方签订的离婚协议中并没有离婚后郎某将返还田某彩礼款的约定内容，协议中关于财产债务处理、其他事项均填写“无”，郎某又当庭否认存在该约定内容，且田某在法院起诉立案时有条件申请调取银行监控的情况下却未及时申请证据保全，错失相关间接证据的佐证，而孙某某的证言仅证明田某、郎某双方离婚后因彩礼问题发生过争议，但不足以证明郎某在离婚前曾承诺返还彩礼款的事实，故对田某主张的事实，法院难以确认。由于离婚具有不可逆性，所以协议离婚时签订的离婚协议内容应为双方对解除夫妻身份关系，以及对子女、财产、债务和其他涉及婚姻的全部事项一并处理解决的合意。给付彩礼款具有赠与性质，虽不属夫妻共同财产，但如对彩礼款存有争议，亦属婚姻财产处理事项，应当在离婚时一并进行处理。由于双方系自愿离婚，按常理，田某在离婚前如对返还彩礼款有所要求，应在签订离婚协议时予以考虑并加以明确约定，既然田某称郎某在签订协议前已予以承诺，那么在协议中对承诺内容进行明确自然在情理之中；但是，在签订离婚协议时，田某在知晓协议内容的情况下，未提出任何异议，仍签字确认，由此，应视为协议对其他事项的约定内容中包含了彩礼款的处理。否则，如作相反认定则与处理离婚纠纷的法律原则相悖。由于本案争议不属离婚时隐匿转移夫妻共同财产的情况，在双方离婚后，田某要求返还彩礼款的诉讼请求，与离婚协议约定内容不符，法院不予支持。

（二）“兜底条款”范围之外的财产可再分割

案例2－14 李某某与汤某某离婚后财产纠纷案

一审法院：四川省乐山市市中区人民法院（2014）乐中民初字第1983号

二审法院：四川省乐山市中级人民法院（2015）乐民终字第391号

案例主旨：双方均无证据证明签订离婚协议时知晓各自名下具体的财产范围，一方再次主张分割自己不知晓的财产，应当予以支持。

法院认为，对于财产所有权的放弃，需由所有权人作出明白无误的意思表示，如果不知晓该财产的存在，则所有权人无法作出放弃该财产的意思表示。在正确理解双方自愿达成的离婚协议中关于“男女双方各自名下的财产归各自所有”的表述时，首先要确定当时双方达成共识的具体财产范围。

现双方均无证据证明当时各自名下具体的财产范围，汤某某主张双方协议离婚时自己不知晓购房事实，提交了录音资料证明双方在离婚后因为李某某隐瞒乐山市房屋的权属及登记情况发生争议，该证据虽不足以证明汤某某在协议离婚时不知晓购房及登记事实，但结合李某某在庭审中的自认，汤某某提供证据的证明力明显高于李某某提供证据的证明力。李某某表示从2007年10月开始，李某某与汤某某搬入该房居住。李某某向汤某某告知，该房为其二姐购买的房屋，租赁该房居住，每年的租金为1800元。2008年年初，李某某以代其二姐收取全年房租的名义收取了汤某某支付的全年租金1800元。

因此，法院认定双方离婚协议所约定分割的夫妻共同财产中不包括讼争房屋。

（三）与他人共有财产不可适用“兜底条款”

案例2－15 郎某、何某离婚后财产纠纷案

一审法院：浙江省杭州市上城区人民法院（2017）浙0102民初2798号

二审法院：浙江省杭州市中级人民法院（2018）浙01民终2255号

案例主旨：登记在案外人名下的财产因不属于任何一方名下的财产，应当视为没有分割过的夫妻共同财产。

法院认为，案涉房屋购买于2010年，处于郎某和何某婚姻关系存续期间，前述房屋权利份额依法应属于郎某和何某的夫妻共同财产。关于郎某是否有权要求分割该房产权利份额的问题，在杭州上城区人民法院（2015）杭上民初字第2177号离婚案件中，双方当事人均未提出要求分割案涉房屋权利份额的主张。基于房屋具有大额财产的属性，结合双方当事人均为退休人员，财务状况尚属一般的实际，以及离婚当时案涉房屋仍登记于案外人何某岚名下的事实，不应认定离婚调解协议第六条确定的“双方其他各自名下的财产归各自所有”已经包括了案涉房屋。

在两人离婚后发生的杭州上城区人民法院（2016）浙0102民初2218号离婚后财产纠纷案件中，郎某对何某频繁转钱给案外人何某琴、何某岚一事提出质疑，何某辩称系为何某琴垫付房款。根据以上内容也可认定，郎某在离婚之时并不知晓（2014）杭下民初字第1549号生效民事判决的结果，更遑论在离婚

调解协议中处理了案涉房屋的权利份额。因此，法院最终认定涉案房产应属于郎某、何某的夫妻共同财产，现两人已经离婚，共有基础丧失，郎某有权要求分割。何某关于郎某无权分割的意见不能成立，法院不予采纳。何某在离婚之时没有主动披露案涉财产情况，属于“隐藏夫妻共同财产”情形。法院根据本案的实际情况，酌情确定由郎某享有该房产30%权利份额中的16%份额，何某享有剩余的14%份额。

（四）离婚协议约定“无共同财产”可再主张

案例2－16 夏某与朱某甲、陆某等分家析产纠纷案

一审法院：浙江省海盐县人民法院（2015）嘉盐民初字第2132号

二审法院：浙江省嘉兴市中级人民法院（2016）浙04民终642号

案例主旨：即使一方在离婚时承诺过无婚姻共同财产，但若双方实际存在共同财产的，也应进行分割。

一审法院认为，关于原告夏某在与被告朱某甲于2014年2月21日签订的《离婚协议书》中已明确双方无共同财产，是否视为原告对系争房屋的所有权已予以了放弃。一方面，由于涉案房屋为原告与四被告之间系原基于家庭关系的家庭共有财产，不属于夫妻共同财产，原告也明确其并未放弃该财产的所有权；另一方面，即使原告在离婚时承诺过无夫妻共同财产，但若双方实际存在共同财产的，也应进行分割。最终二审法院维持了一审判决。

六、离婚协议可撤销或变更的情形

（一）法院酌情认定离婚协议有违公平

案例2－17 吴某1与葛某婚姻家庭纠纷案

一审法院：浙江省义乌市人民法院（2018）浙0782民初14642号

二审法院：浙江省金华市中级人民法院（2019）浙07民终20号

案例主旨：在违背一方真实意思表示的前提下订立离婚协议，属于订立协议时的其他特殊情形，可以进行变更或撤销。

法院认为，登记离婚时，双方自愿签订的财产分割协议，对双方均有约束力，一方反悔以协议显失公平为由诉请法院变更或撤销该财产分割协议，法院审查未发现订立协议时存在欺诈、胁迫等情形的，一般应予以驳回。但综合本案情况看，双方共同生活长期不睦，促使葛某内心产生不稳定状态，尤其是2017年12月4日，葛某刚签署完离婚协议，次日即入住东阳市某酒店后吃安眠药和写遗书欲轻生。2018年4月7日，葛某又曾在义乌市区余层楼上有轻生念头，在多方劝解和公安机关介入后才得以解脱。次日，葛某又用水果刀欲割腕自杀，被急送医院救治。以上种种迹象表明，葛某面对较为恶劣的生存环境，其判断力受到一定的障碍，作出不真实的意思表示，应认定遭受一定的“冷暴力”和“软胁”行为。且葛某并无固定工作，如按照离婚协议书，还需抚养儿子吴某3，而位于义乌市总建筑面积699.91平方米的垂直房全部归男方所有，势必造成女方居无其所，无法维持当地生活水平，属生活困难，如双方仍按该协议履行，实乃有悖常理和有违公平正义法则。故吴某1在葛某违背真实意思表示的前提下，双方订立离婚协议，属订立协议时的其他特殊情形，可以进行变更或撤销。

（二）证明子女非亲生可撤销离婚协议

案例2-18 李某与冯某1离婚后财产纠纷案

一审法院： 重庆市南岸区人民法院（2017）渝0108民初9220号

二审法院： 重庆市第五中级人民法院（2019）渝05民终4413号

案例主旨： 一方故意隐瞒子女生父的真实情况导致另一方陷入错误判断而签署的离婚协议中有关财产分配的内容并非真实意思表示，可以依法撤销。

法院认为，本案中，李某未举示充分证据证明冯某1签订离婚协议前已明知冯某1与冯某2之间无亲子关系，也未举示充分证据证明其在结婚前及双方婚姻关系存续期间，向冯某1告知了其受孕前后，同冯某1以外的其他异性发生过性行为的事实，故李某的行为属于消极的不作为行为，应认定为故意隐瞒真实情况的行为。且这一行为也导致冯某1陷入错误判断，认为其就是冯某2的亲生父亲，从而在签订离婚协议时，基于上述错误判断和为了给予冯某2更好的学习、生活环境，在分割财产时作出了让步。因此，双方签订的离婚协议中有关财产分配的约定不是冯某1的真实意思表示，冯某1关于撤销该协议中有关财产分配部分的请求，符合相关法律规定，法院予以支持。

河南省开封市中级人民法院在（2021）豫02民终347号案例中也认为：

“本案中胡某某与王某某于2019年2月3日签订的离婚协议虽然系双方当事人当时的真实意思表示，但王某某隐瞒了胡某馨不是胡某某亲生女的事实，导致胡某某在分割财产时因重大误解作出了一定的让步，其双方签订的离婚协议中有关财产分配的约定不是胡某某的真实意思表示，现胡某某请求撤销该协议中有关财产分配的部分，于法有据，法院予以支持。”

（三）离婚协议确属显失公平的可以撤销

1. 一方只享受权利的离婚协议显失公平可以撤销

案例2－19 协议离婚分财产显失公平被撤销案①

慕某（女）与张某于婚后生育两个女儿，2012年1月20日双方协议离婚，约定两个女儿由慕某自行抚养，包括房产在内的所有夫妻共同财产归张某所有。同年8月6日，原告慕某以被骗离婚及离婚协议显失公平为由起诉至法院，要求撤销离婚协议中对共同财产分割的约定，重新分割夫妻共同财产。

法院审理后认为，上述离婚协议中被告张某只享有权利，不承担义务，显失公平。原告慕某以派出所出警记录证明被告张某曾对其进行殴打，且庭审中原、被告11岁的大女儿作证证明是被告张某欺骗、胁迫慕某签订离婚协议，但是这两份证据不能形成完整的证据链，无法直接证明离婚协议是原告在受欺诈、胁迫的情形下签订的。经调查了解，在签订离婚协议后，原告带着两个女儿离开家，目前确实居无定所，无稳定收入。法院综合全案考虑，遵循照顾女方及弱势方利益的原则，判决撤销了离婚协议中显失公平的内容，并重新分割了房产使用权。

2. 无法证明离婚协议显失公平的不可撤销

案例2－20 何某诉徐某1离婚后财产纠纷案

一审法院： 浙江省嘉兴市秀洲区人民法院（2017）浙0411民初1326号

再审法院： 浙江省嘉兴市中级人民法院（2018）浙04民申19号

---

① 载安徽省亳州市谯城区人民法院网，http：//qcqfy. chinacourt. gov. cn/article/detail/2012/12/id/807984. shtml，最后访问时间：2021年4月21日。

案例主旨： 签订离婚协议时知晓协议内容，且未能提供充分证据证明在订立时受到欺诈或胁迫，应承担举证不能的不利后果。

法院认为，原、被告在离婚协议书中约定涉案房屋及财产归属情况系双方真实意思的表示，依法有效，对双方均具有法律约束力。男女双方协议离婚后一年内就财产分割问题反悔，请求变更或者撤销财产分割协议的，人民法院审理后，未发现订立财产分割协议时存在欺诈、胁迫等情形的，应当依法驳回当事人的诉讼请求。本案中，原告在签订离婚协议时知晓协议内容，且其未能提供充分证据证明其在订立时受到欺诈或胁迫，应承担举证不能的不利后果，故法院对原告要求撤销离婚协议中财产部分并重新分割夫妻共同财产的诉讼请求不予支持。

七、离婚协议内容相互冲突的效力

（一）离婚前达成的财产分割协议有效

案例 2－21 张某某与唐某某离婚纠纷案

一审法院： 重庆市江津区人民法院（2016）渝 0116 民初 6325 号

案例主旨： 双方在办理离婚手续之前已另行就财产问题达成协议，应以该协议内容为准。

法院认为，离婚协议中关于财产分割的条款或者当事人因离婚就财产分割达成的协议，对男女双方具有法律约束力。原告张某某与被告唐某某因离婚问题于 2014 年 3 月 22 日达成的《离婚协议》明确约定该协议的生效条件为原、被告在民政部门登记离婚，原、被告于 2014 年 3 月 24 日在民政部门登记离婚，原、被告于 2014 年 3 月 22 日签订的《离婚协议》发生法律效力，对原、被告具有约束力。被告应当按照《离婚协议》的约定给付原告 25 万元，扣除被告已经给付的 13 万元，被告还应当给付原告 12 万元。

关于被告提出的《离婚协议》中有 9 万元的债务如果发生在婚姻关系存续期间，该债务不能成立的问题。夫妻之间的借款本质仍然属于自然人之间的借款合同，双方之间的夫妻关系并不影响合同的有效性，即使在未约定分别财产制的夫妻之间订立的借款合同也具备履行的基础，夫妻双方在离婚时亦可以对婚内的借款予以处理。现原、被告双方在《离婚协议》中对该债务予以处理并不违反法律规定，被告的该项答辩意见不能成立，法院不予采纳。关于被告提出的存在两份离婚协议书，应当以在民政部门签订的《自愿离婚协议书》为准，原、被告无共同财产的问题。因原、被告系在离婚之前已另行就财产问题达成协议，原、被告关于财产的处分应当以原、被告2014年3月22日签订的《离婚协议》为准，被告的该项答辩意见不能成立，法院不予采纳。关于原告主张利息的问题，因原、被告并未就利息问题进行约定，法院不予支持。

（二）未经民政部门确认的离婚协议无效

案例2－22 张某某与崔某某婚后财产纠纷案

一审法院：河南省南阳市卧龙区人民法院（2008）宛龙靳民初字第169号

二审法院：河南省南阳市中级人民法院（2009）南民二终字第263号

案例主旨：未经民政主管部门确认的离婚协议不能作为离婚时对夫妻共同财产归属进行确认的依据。

法院认为，双方在民政部门离婚时签有离婚协议，协议对双方的共同财产、债权债务及子女抚养问题作了明确约定，该协议对双方均具有约束力。一方称该协议中关于房产的约定系单方篡改没有充分证据，法院不予采信。关于一方手中持有的离婚协议虽然与双方提交民政部门备案协议的落款时间相同，但因未经民政主管部门予以确认，故不能作为离婚时对共同房产归属进行确认的依据。

（三）离婚登记时达成不同协议的效力

案例2－23 陈某与侯某离婚后财产纠纷案

一审法院：广东省深圳市南山区人民法院（2019）粤0305民初16876号

二审法院：广东省深圳市中级人民法院（2020）粤03民终14604号

案例主旨：法律并不禁止双方当事人在离婚登记后再行对双方的权利义务进行约定。此种约定不以离婚登记为前提，故不属于附延缓条件的民事法律行为，即只要此种约定是双方的真实意思表示且不违反法律、行政法规的强制性规定，即在双方合意成立时发生法律效力。

法院认为，双方当事人对共同在2018年3月5日签署《离婚协议》、在2018年7月18日签署《离婚协议书》和《补充协议》的事实均无异议，法院予以确认。双方达成的以离婚为条件的财产分割协议属于附延缓条件的民事法律行为，双方签署离婚协议后，协议仅成立，并未生效。双方按照协议约定办理离婚手续后，该协议对双方才发生法律效力。据此，陈某与侯某于2018年3月5日签署的《离婚协议》因与双方在2018年7月18日据以办理离婚登记手续的《离婚协议书》内容存在冲突而不发生法律效力。双方因离婚产生的权利义务关系应当以《离婚协议书》的内容为准。侯某主张《离婚协议》有效，法律依据不充分，法院不予支持。

法律并不禁止双方当事人在离婚登记后再行对双方的权利义务进行约定。此种约定不以离婚登记为前提，故不属于附延缓条件的民事法律行为，即只要此种约定是双方的真实意思表示且不违反法律、行政法规的强制性规定，即在双方合意成立时发生法律效力。双方在2018年7月18日签署了两份协议即《离婚协议书》和《补充协议》，对于两者形成的先后顺序，双方各执一词。而两份协议上均未注明签署的具体时间，故难以直接判断两者形成的先后顺序，应当从两份协议的内容，运用一般理性思维和逻辑分析方法进行综合判断。两者最大的不同点在于《补充协议》约定了陈某尚需向侯某支付32万元的补偿金。从该条约定的形成过程看，补偿金条款首先约定在双方2018年3月5日的《离婚协议》中，根据双方的聊天记录，该补偿意见是陈某在2018年7月10日建议修改后确定的方案，陈某对此并无异议。至2018年7月18日上午11时45分，陈某提出了修改补充协议的方案，经侯某同意后，由其委托诉讼代理人进行修改，后形成了书面意见。至下午13时35分，双方经再次协商后确定了最终方案，补偿数额确定为尚需支付32万元。可见，该补偿方案是双方经过充分协商后达成的一致意见。现有证据从未体现出双方要求再次降低补偿数额或取消补偿方案的内容，且陈某最后称“不论你我再婚，都作废。只要我提前支付完”“我希望（希望）努力，提前支付，让我们都能过好”，进一步表达了愿意积极履行协议的意愿。此时距离双方办理离婚登记手续仅有一个小时左右。即使如陈某所称，该补充协议是在办理离婚登记手续前向民政工作人员提交而被其不予接纳，从一般人的理性思维分析，在民政工作人员仅是对协议形式而非内容提出要求的情况下，双方在此后形成符合形式要求的《离婚协议书》时，理应将该补充条款予以列明，以保证此前达成的合意发生法律约束力。而现有的《离婚协议书》并没有列明该条款，发生此种与应然状态不符的情况无外乎有两个原因：一是双方在办理离婚登记手续前合意取消了补偿条款，将《离婚协议书》中约定的“双方没有债权债务”确定为最终条款；二是双方在该《离婚协议书》之后另行签署了新的书面协议。陈某在本案中并未提交双方在短短一小时的时间内合意取消补偿方案的具体证据，也没有提出侯某愿意主动放弃经双方充分协商的补偿方案的符合情理的意见，其作为前者原因事实发生的积极主张方，应承担举证不能的不利后果，而后者原因事实即为侯某要求陈某履行补偿义务的主要依据。同时结合双方办理离婚手续后近一年时间内侯某要求陈某履行该协议，陈某仅是以其没有能力履行，而未否定该协议已经取消的意思表示来看，双方在办理离婚登记手续后另行签署《补充协议》具有高度盖然性和客观合理性。且与《离婚协议》不同的是，《补充协议》亦未注明以双方办理离婚登记手续为条件，一定程度上能够佐证该协议并非签署于双方办理离婚登记手续之前。从以上事实综合来看，该《补充协议》是双方在离婚后另行签署的协议，对双方均具有法律约束力。

（四）离婚协议未载明财产真实情况的可重新分割

案例2－24 叶某、陈某1离婚后财产纠纷案

二审法院：湖北省武汉市中级人民法院（2018）鄂01民终2623号

再审法院：湖北省武汉市中级人民法院（2019）鄂01民再39号

案例主旨：对夫妻共同财产是否知晓应以签订离婚协议的时间作为时间点判断。

再审法院认为，叶某与陈某1协议离婚时，双方在明知各自占有50%股份的欣四通公司及家庭均对外负有债务的情况下，仍签署“双方婚姻关系存续期间无债权债务”的离婚协议条款。结合一审庭审中叶某的陈述及陈某3的证言，不排除叶某与陈某1在签署离婚协议时具有一定的利益交换的情形。公房改造政策与遗产继承制度是众所周知的一般性常识，叶某作为一个具有民事行为能力的成年公民对该一般性常识应该知晓。双方离婚前陈某1的父、母亲已去世，即使叶某对陈某1是否购买、享有讼争房屋的所有权不知情，但协议离婚时亦不主张诉争房屋的相关继承权利，不符合一般的日常生活经验法则。根据《最高人民法院关于适用〈中华人民共和国婚姻法〉若干问题的解释（二）》第八条“离婚协议中关于财产分割的条款或者当事人因离婚就财产分割达成的协议，对男女双方具有法律约束力。当事人因履行上述财产分割协议发生纠纷提起诉讼的，人民法院应当受理”的规定，双方在婚姻登记机关订立的离婚协议中关

于“双方婚姻存续期间无共同房产、财产分割”的约定，对双方具有法律约束力，叶某主张改判其享有位于武汉市武昌区荆南街81号1层2号房屋1/4份额的主张不能成立，对叶某的再审请求，本院不予支持。

（五）离婚协议部分修订不改变未修订部分的效力

案例2-25 朱某与赵某华离婚后财产纠纷案

二审法院： 云南省昆明市中级人民法院（2012）昆民二终字第324号

再审法院： 云南省高级人民法院（2013）云高民申字第363号

案例主旨： 当事人对离婚协议变更内容约定不明确的，推定为未变更。

法院认为，本案的两份离婚协议均是双方协商后自愿签订，是双方的真实意思表示，且不违反法律的相关规定，同时两份离婚协议均交由婚姻登记机关存档备案，故两份离婚协议均合法有效，对双方具有法律约束力。双方在修订后的离婚协议第三条中主要是对房屋的归属进行了变更，并明确约定由朱某支付赵某华20万元的房屋补偿款，但在修订后的离婚协议中没有对红塔证券账户内的资产进行重新约定。法院认为红塔证券账户资产的归属应推定为未变更，即红塔证券账户资产已经分割，其归属应当按照双方第一份离婚协议的约定履行。

八、离婚协议的参考范本

离婚协议书

（范本仅供参考）

男方：××，××××年××月××日出生，住××市×××路×××号，身份证号码：××××××××××××××××××。

女方：××，××××年××月××日出生，住××市×××路×××号，身份证号码：××××××××××××××××××。

男女双方于××××年××月××日在××民政局办理结婚登记手续。××××年××月××日生育一子××。因协议双方性格不合，夫妻感情破裂，无法继续共同生活，已无和好可能。现双方就自愿离婚一事达成如下协议。

一、男女双方自愿离婚。现女方并未怀孕。双方均知晓自婚姻登记机关收到离婚登记申请之日起30日内（以下简称离婚冷静期），任何一方不愿意离婚的，可以申请撤回离婚登记申请。在离婚冷静期结束后的30日内，双方应当亲自前往婚姻登记机关办理离婚登记手续。双方均确认不存在如家庭暴力等不适宜离婚冷静期的情形，并自主、自愿地选择离婚。双方均确认在婚前已经履行了如实告知义务，不存在如婚前隐瞒重大疾病等导致婚姻关系无效或可撤销的情形。

二、婚生子女××由女方抚养，由男方每月给付抚养费×××元，在每月××日前付清，付到18周岁时为止。（注：如要求其支付至18周岁以后，需明确约定，否则18周岁以后原则上就无须支付抚养费。）

在不影响子女学习、生活的情况下，男方可随时探望女方抚养的子女。但应当提前通知女方，并协商具体的接送地点和方式。若子女超过8周岁，则需要征求子女本人的意愿。（可根据自身实际情况更改）

三、双方婚姻关系存续期间共同财产的分割

1. 双方共同拥有在××路××小区××室的房产一套，价值人民币××万元，系夫妻共同财产。现双方确认该房产归女方所有，女方在本协议生效后的7日内向男方支付折价款××万元，男方在收到折价款后的15日内协助女方办理房产的变更登记手续，因房产变更所产生的费用由女方承担。该房产内的家用电器及家具等均归女方所有（注：家具清单可另行签订附件，清点现有的家具和数量）。男方应在本协议生效后的30日内将户口从该房产中迁出。

2. 其他财产类型与分割方案……

四、双方婚姻关系存续期间无共同债权、债务纠纷。各自名下的债务均由各自承担，若因男方/女方对外借款导致男方/女方承担责任的，可向对方全额追偿。（注：该条款可能只对内部有效，不能对抗债权人，但依据本条款，承担责任后可以向对方追偿。）

五、本协议书财产分割上列财产为基础。任何一方不得隐瞒、虚报、转移婚内共同财产或婚前财产。如任何一方有隐瞒、虚报除上述所列财产外的财产，或在签订本协议之前二年内有转移、抽逃财产的，另一方发现后有权取得对方所隐瞒、虚报、转移的财产的全部份额，并追究其隐瞒、虚报、转移财产的法律责任，虚报、转移、隐瞒方无权分割该财产。

六、因女方生活困难，男方同意一次性支付补偿经济帮助金×××元给女方。上述男方应支付的款项，均应于年月日前支付完毕。

七、任何一方不按本协议约定期限履行支付款项义务的，应向对方支付违约金×××元。

八、如本协议生效后在执行中发生争议的，双方应协商解决，协商不成，任何一方均可向×××人民法院起诉。

九、本协议一式三份，自婚姻登记机关颁发《离婚证》之日起生效，双方各执一份，一份交婚姻登记处备案。

男方：

女方：

××××年××月××日

九、《民法典》生效后婚姻登记的新规定

2020年11月24日，民政部发布《关于贯彻落实〈中华人民共和国民法典〉中有关婚姻登记规定的通知》（民发〔2020〕116号）。鉴于《民法典》于2021年1月1日起施行，根据《民法典》的规定，民政部对婚姻登记有关程序等进行了调整。

（一）不再受理因胁迫结婚请求撤销业务

《民法典》第一千零五十二条第一款规定："因胁迫结婚的，受胁迫的一方可以向人民法院请求撤销婚姻。"因此，婚姻登记机关不再受理因胁迫结婚的撤销婚姻申请，《婚姻登记工作规范》第四条第三项、第五章废止，删除第十四条第五项中"及可撤销婚姻"、第二十五条第二项中"撤销受胁迫婚姻"及第七十二条第二项中"撤销婚姻"的表述。

（二）婚姻登记机关将调整离婚登记程序

根据《民法典》第一千零七十六条、第一千零七十七条和第一千零七十八条规定，离婚登记按如下程序办理。

1. 申请

夫妻双方自愿离婚的，应当签订书面离婚协议，共同到有管辖权的婚姻登记机关提出申请，并提供以下证件和证明材料。

（1）内地婚姻登记机关或者中国驻外使（领）馆颁发的结婚证；

（2）符合《婚姻登记工作规范》第二十九条至第三十五条规定的有效身份证件；

（3）在婚姻登记机关现场填写的《离婚登记申请书》（附件1）。

附件 1

离婚登记申请书

（受理编号：区划代码+六位流水号）

男方姓名：----------------国籍：------- 身份证件号码：-------------------------常住户口所在地：------------------------------手机号码：-----------

女方姓名：----------------国籍：------- 身份证件号码：-------------------------常住户口所在地：------------------------------手机号码：-----------

我们于-----年---月---日，在-----------登记结婚，结婚证字号------------现因---------------------申请离婚。

我们双方自愿离婚，并已经对子女抚养、财产以及债务处理等事项达成协商一致的意见，双方均具备完全民事行为能力。

上述申请内容完全真实，如有虚假，愿承担法律责任。

申请人（签名并按指纹）：-------- -----年---月---日

申请人（签名并按指纹）：-------- -----年---月---日

受理人（签　名）：-------- -----年---月---日

2. 受理

婚姻登记员按照《婚姻登记工作规范》有关规定对当事人提交的上述材料进行初审。

如果申请办理离婚登记的当事人中有一本结婚证丢失的，当事人应当书面声明遗失，婚姻登记员可以根据另一本结婚证受理离婚登记申请；如果申请办理离婚登记的当事人两本结婚证都丢失的，当事人应当书面声明结婚证遗失并提供加盖查档专用章的结婚登记档案复印件，婚姻登记员可根据当事人提供的上述材料受理离婚登记申请。

婚姻登记员对当事人提交的证件和证明材料初审无误后，发给《离婚登记申请受理回执单》（附件2）。

附件2

离婚登记申请受理回执单

（存根联）　　NO：区划代码+六位流水号

男方姓名-----身份证件号码---------手机号码-----------；女方姓名-----身份证件号码-----------手机号码-----------。双方于-----年---月---日在本登记机关申请协议离婚。按照《民法典》相关规定，如无撤回离婚登记申请的情形，双方应于-----年---月---日至-----年---月---日期间到婚姻登记机关申请发给离婚证。未申请的，视为撤回离婚登记申请。

XXX婚姻登记处

-----年---月---日

婚姻登记工作业务专用印章

离婚登记申请受理回执单

（NO：区划代码+六位流水号）

（男女双方姓名）：

你们于-----年---月---日，向在本婚姻登记机关提出的离婚登记申请事项已受理。

自离婚登记申请受理之日起三十日内，任何一方不愿离婚的，可以向本登记机关撤回离婚登记申请。

自-----年---月---日至-----年---月---日，双方应当持有效证件（原件）、离婚协议及相关材料共同到本婚姻登记机关申请发给离婚证；未申请的，视为撤回离婚登记申请。

咨询电话：

XXX婚姻登记处

-----年---月---日

离婚登记申请受理回执单

（NO：区划代码+六位流水号）

（男女双方姓名）：

你们于-----年---月---日，向本婚姻登记机关提出的离婚登记申请事项已受理。

自离婚登记申请受理之日起三十日内，任何一方不愿离婚的，可以向登记机关撤回离婚登记申请。

自-----年---月---日至-----年---月---日，双方应当持有效证件（原件）、离婚协议及相关材料共同到本婚姻登记机关申请发给离婚证；未申请的，视为撤回离婚登记申请。

咨询电话：

XXX婚姻登记处

-----年---月---日

不符合离婚登记申请条件的，不予受理。当事人要求出具《不予受理离婚登记申请告知书》（附件3）的，应当出具。

附件3

不予受理离婚登记申请告知书

______________、______________：

你们于--------年------月------日向本婚姻登记机关提出离婚登记申请，因欠缺下列□中划✓的要件，根据相关法律法规的规定，不予受理离婚登记申请。

□非双方自愿；

□未对子女抚养、财产以及债务处理等事项达成协商一致的意见；

□双方未共同到婚姻登记机关提出离婚登记申请；

□男/女方属于无民事行为能力或者限制民事行为能力人；

□结婚登记不是在中国内地或者中国驻外使（领）馆办理的；

□本婚姻登记机关不具有管辖权；

□缺男/女方户口簿；

□缺男/女方身份证；

□缺男/女方结婚证或者相关证明材料；

□男/女方身份证不在有效期内；

□男/女方常住户口迁出后未重新落户；

□男/女方身份证与户口簿上的姓名、出生日期不一致；

□其他（注明原因）。

婚姻登记机关（印章）

------年---月---日

3. 冷静期

自婚姻登记机关收到离婚登记申请并向当事人发放《离婚登记申请受理回执单)》之日起30日内，任何一方不愿意离婚的，可以持本人有效身份证件和

《离婚登记申请受理回执单》（遗失的可不提供，但需书面说明情况），向受理离婚登记申请的婚姻登记机关撤回离婚登记申请，并亲自填写《撤回离婚登记申请书》（附件4）。

附件4

撤回离婚登记申请书

（NO：区划代码+六位流水号）

申请人姓名:----------------国籍:-------身份证件号码:
-------------------------手机号码: -----------
常住户口所在地: -------------------------------------

对方姓名:-----------------国籍:-------身份证件号码:
-------------------------手机号码: -----------
常住户口所在地: -------------------------------------

我们于-----年---月---日向-----婚姻登记处提出离婚登记申请，现因下列□中划✓的原因撤回离婚登记申请。

□对子女抚养、财产及债务处理等事项未协商一致;

□男女双方自愿维持婚姻关系;

□本人/对方不愿离婚;

□其他（需注明具体原因）。

申请人: --------
（签名并按指纹）
------年---月---日

受理人: --------
（签名）
------年---月---日

经婚姻登记机关核实无误后，发给《撤回离婚登记申请确认单》（附件5），并将《离婚登记申请书》、《撤回离婚登记申请书》与《撤回离婚登记申请确认单（存根联）》一并存档。

附件 5

撤回离婚登记申请确认单

（存根联）　　NO：区划代码+六位流水号

申请人（姓名）　身份证件号码---------，向本婚姻登记机关提出撤回与另一方（姓名）　身份证件号码-----------的离婚登记申请（NO：区划代码+六位流水号）。按照《中华人民共和国民法典》第 1077 条规定，申请人符合撤回离婚登记申请的条件，其于-----年---月---日提出的离婚登记申请正式撤回，离婚登记程序自此终止。

XXX 婚姻登记处

婚姻登记工作业务专用印章

-----年---月---日

撤回离婚登记申请确认单

NO：区划代码+六位流水号

申请人（姓名）____身份证件号码---------，向本婚姻登记机关提出撤回与另一方（姓名）____身份证件号码-----------的离婚登记申请（NO：区划代码+六位流水号）。按照《中华人民共和国民法典》第 1077 条规定，申请人符合撤回离婚登记申请的条件，其于-----年---月---日提出的离婚登记申请正式撤回，离婚登记程序自此终止。

XXX 婚姻登记处

-----年---月---日

自离婚冷静期届满后 30 日内，双方未共同到婚姻登记机关申请发给离婚证的，视为撤回离婚登记申请。

4. 审查

在离婚冷静期届满后 30 日内（期间届满的最后一日是节假日的，以节假日后的第一日为期限届满的日期)，双方当事人应当持《婚姻登记工作规范》第五十五条第四项至第七项规定的证件和材料，共同到婚姻登记机关申请发给离婚证。双方自愿离婚且对子女抚养、财产及债务处理等事项协商一致的，双方填写《申请离婚登记声明书》(附件6)

附件 6

离婚登记声明书

我们双方自愿离婚，谨此声明：

男方姓名：------------------国籍：---------------

出生日期：----年---月---日 民族：------职业：--------

文化程度：--------身份证件号码：--------------------

常住户口所在地：------------------------------------

女方姓名：-----------------国籍：---------------

出生日期：----年---月---日 民族：------职业：--------

文化程度：--------身份证件号码：--------------------

常住户口所在地：------------------------------------

我们于----年----月----日登记结婚，结婚证字号：

----------------，离婚原因是-----------------------。

我们于_____年___月___日提出离婚登记申请，现离婚冷静期届满，我们对子女抚养、财产以及债务处理等事项协商一致且共同签订了离婚协议书。

上述声明完全真实，如有虚假，愿承担法律责任。

声明人：---------- ----年----月----日

(签名并按指纹)--------- ----年----月----日

监誓人：---------- ----年----月----日

(注：声明人签名须在监誓人面前完成)

婚姻登记机关按照《婚姻登记工作规范》第五十六条和第五十七条规定的程序和条件执行和审查。婚姻登记机关对不符合离婚登记条件的，不予办理。当事人要求出具《不予办理离婚登记告知书》(附件7)的，应当出具。

附件 7

不予办理离婚登记告知书

____________、____________:

你们于_____年___月___日到本婚姻登记机关正式办理离婚登记，因欠缺下列□中划✓的要件，根据《婚姻登记条例》的规定，不予办理离婚登记。

□ 非双方自愿;
□ 双方未共同到婚姻登记机关申请办理离婚登记;
□ 对子女抚养/财产及债务处理等未达成书面协议;
□ 男/女方属于无民事行为能力或限制民事行为能力人;
□ 结婚登记不是在中国内地或者中国驻外使（领）馆办理的;
□ 本婚姻登记机关不具有管辖权;
□ 缺男/女方户口簿;
□ 缺男/女方身份证;
□ 缺男/女方结婚证;
□ 缺男/女 2 寸单人近期半身免冠照片____张;
□ 男/女方身份证不在有效期内;
□ 男/女常住户口迁出后未重新落户;
□ 男/女方身份证与户口簿上的姓名、出生日期不一致;
□ 其他(注明原因)。

婚姻登记机关（印章）
______年___月___日

5. 登记（发证）

婚姻登记机关按照《婚姻登记工作规范》第五十八条至第六十条规定，予以登记，发给离婚证。

离婚协议书一式三份，男女双方各一份并自行保存，婚姻登记处存档一份。婚姻登记员在当事人持有的两份离婚协议书上加盖“此件与存档件一致，涂改无效。××××婚姻登记处××××年××月××日”的长方形红色印章并填写日期。多页离婚协议书同时在骑缝处加盖此印章，骑缝处不填写日期。当事人亲自签订的离婚协议书原件存档。婚姻登记处在存档的离婚协议书上加盖“×××登记处存档件××××年××月××日”的长方形红色印章并填写日期。

（三）婚姻登记机关应对离婚登记档案进行归档

婚姻登记机关应当按照《婚姻登记档案管理办法》的规定建立离婚登记档案、形成电子档案。

归档材料应当增加离婚登记申请环节的所有材料（含附件1、4、5）。

第二节 离婚纠纷中的证据调查

一、户籍信息的查询

根据《民事诉讼法》第二十一条的规定，对公民提起的民事诉讼，由被告住所地人民法院管辖；被告住所地与经常居住地不一致的，由经常居住地人民法院管辖。如果一方需要提起离婚诉讼，但并没有掌握另一方的身份证复印件等身份信息，则可以委托律师调查相关的户籍信息。

以上海地区为例，律师可以通过微信搜索“上海公安人口管理”的微信公众号，通过网上查询的方式获取诉讼主体的户籍信息，具体操作如下。

（1）打开“上海公安人口管理”微信公众号并点击底部菜单中“业务办理”的选项；

图 2－1

（2）页面跳转后，会出现“律师户籍（居住）信息查询”的入口，点击进入；

图 2－2

（3）律师可以根据自己的需要选择“本市户籍人口信息查询”、“全国户籍人口信息查询”以及“来沪人员居住证信息查询”，点击进入；

图 2－3

（4）律师需要上传律所介绍信并填写被查询人信息，包括姓名和公民身份证号码。如果不能提供公民身份证号码，则需要律师亲自前往公安派出所户籍窗口查询。

图 2－4

二、微信账户的调查

律师可以通过向人民法院申请法院调查令的方式前往财付通支付科技有限公司进行调查。可以查询的内容包括微信账户信息、账户的开户信息、余额信息、微信账户明细、微信账户资金流水（支付流水可以查到最近5年左右，需列明具体的调查期间）。具体的调查流程详见本书第三编第二章的相关内容。

三、支付宝账户的调查

律师可以通过向人民法院申请法院调查令的方式前往支付宝公司申请调查，调查结果一般会直接邮寄给案件承办法官。如果仅就支付宝资金的查询、冻结、划扣、解冻进行查询的，可以直接联系蚂蚁金服进行协查。具体的调查流程详见本书第三编第二章的相关内容。

四、部分地区可查综合信息

2019年7月16日起，江苏省高级人民法院、省人民检察院、省发展和改革委员会、省公安厅、省民政厅、省司法厅、省人力资源和社会保障厅、省自然资源厅、省住房和城乡建设厅、省交通运输厅、省卫生健康委员会、省市场监督管理局、国家税务总局江苏省税务局、中国人民银行南京分行、中国证券监督管理委员会江苏监管局、江苏省律师协会联合制定了《关于依法保障律师调查取证权的若干规定（试行）》。[①] 其中第五条规定，律师接受委托承办民事诉讼、行政诉讼、仲裁和非诉讼法律事务时，可以依法自行向有关单位收集、调取的信息，包括但不限于以下内容。

（1）自然人婚姻登记、配偶基本信息、收养登记等信息，社会团体、基金会、社会服务机构等社会组织登记、行政处罚等信息；

（2）自然人签订劳动合同、缴纳社会保险、住房公积金等信息，企业缴纳社会保险等信息，自然人人身、财产等险种的投保信息；

（3）企业股权结构、经营资质、公司章程、股东会决议、董事会决议、股东名单、出资情况、行政许可、行政处罚，个体工商户等信息；

---

① 参见《关于依法保障律师调查取证权的若干规定（试行）》（索引号：014000422/2019-00310），载江苏省司法厅江苏政府法制网，http://sft.jiangsu.gov.cn/module/download/downfile.jsp?classid=0&filename=fb86858aab394075856ff2b1a0871858.pdf，最后访问时间：2021年1月24日。

（4）自然人或者单位名下不动产及不动产交易、登记、抵押、查封等信息，自然人或者单位名下船舶、航空器等财产权属登记、抵押权登记、查封等信息，自然人或者单位名下机动车登记信息，机动车交通事故责任强制保险和商业保险等信息；

（5）自然人或者企业公共信用信息；

（6）A 级纳税人名单及相关信息，重大税收违法案件信息；

（7）城乡建设规划、建筑企业资质等信息，项目立项、备案等信息，项目规划许可、用地性质规划及审查意见等信息，项目竣工、验收等信息，涉案标的物的规划许可等信息；

（8）集体土地征收、流转等信息，国有土地性质变更等信息；

（9）医疗机构设置审批、医师执业许可、行政处罚等信息；

（10）其他与承办的法律事务具有关联性或者有调取收集必要性的信息。

律师接受委托承办民事诉讼、行政诉讼、仲裁法律事务时，可以依法自行向公安机关调取自然人户籍地址信息。

五、证据保全公证

证据保全公证是公证机构根据申请，对与申请人权益有关的、日后可能灭失或者难以提取的证据加以验证提取，以保持它的真实性和证明力的活动。证据保全公证一般以解决纠纷或预防日后发生纠纷为目的。

（一）证据保全公证的分类

保全证据公证业务的分类标准有很多种，较常使用的是根据行为、事实、文书等证明对象进行分类。

根据这类标准，一般分为：行为保全；物证、书证保全；证人证言与当事人陈述保全；电子数据保全。邮寄送达、现场送达、公证购买（消费）一般归入行为保全；网络购买、网络图文、微信聊天记录、影视、手机短信、电子邮件则归入电子数据保全；现场现状类的，一般归入物证保全。

（二）证据保全公证的材料

保全证据公证，由申请人的户籍所在地或法人的注册地和申请保全的证据所在地的公证处管辖。同时还应填写公证申请表，并提供以下证明材料。

（1）法人单位须提交法人资格证明，法定代表人身份证明，公民须提交居民身份证、户口簿等，代理人代为申请的，须提交授权委托书及本人身份证明；

（2）需要保全的证据以及能够证明该证据可能灭失或不易保存的证明；

（3）保全证据的目的和用途，以及申请人和证据事实有关联的证明或材料；

（4）如申请保全的证据是证人证言，证人应亲自到公证处，或由公证员亲自到场。证人还应向公证处提交有关身份证明；

（5）如申请保全的证据是物证，应提交有关物品样品、说明、所有权证明等证明材料；

（6）公证处认为应当提交的其他证明材料。

（三）微信聊天记录的公证

办理微信聊天记录公证，除了要按照上述要求准备材料外，还需要在办理公证前，前往手机运营商营业部，打印通话记录、缴费单或者发票等能够体现手机号码和号码所有人姓名、身份证号码等信息的材料，证明微信所有人和手机号码所有人是同一人。

第一步：打开手机，屏幕显示手机桌面，点击“设置”图标，屏幕显示为“设置”界面，点击“通用”，屏幕显示“通用”界面，点击“关于手机”，可以查看该手机的型号、序列号等信息，对上述操作过程中所显示的界面进行全屏截图。

以 iPhone 手机为例：

图 2－5

图 2－6

图 2－7

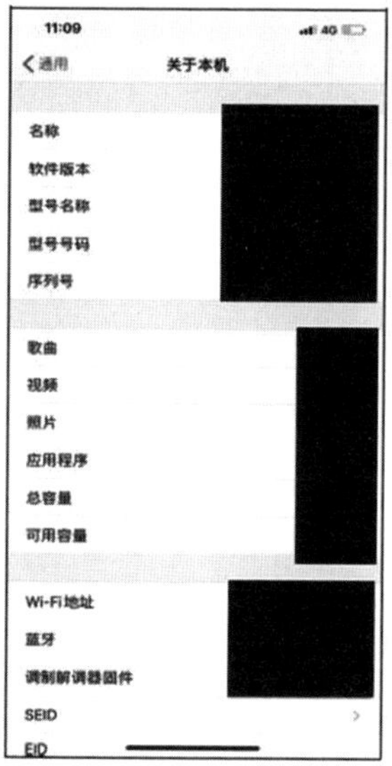

图 2－8

第二步：返回手机桌面，点击“微信”图标，屏幕显示为“微信”登录界面，微信账号显示为“+86＊＊＊＊＊＊＊＊＊＊＊”，输入密码后点击“登录”按键，对上述操作过程中所显示的界面进行全屏截图。

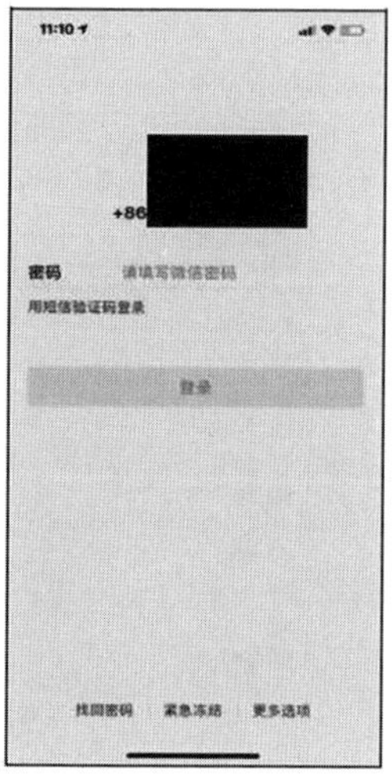

图 2－9

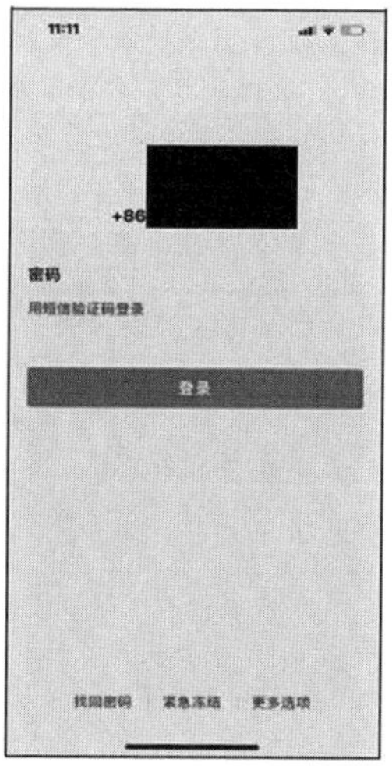

图 2－10

第三步：进入微信界面后，点击屏幕右下角的“我”图标，随后点击“设置”，进入“设置”界面，随后点击“帐号与安全”，查看本机的微信号和手机号，对上述操作过程中所显示的界面全屏截图。

图 2－11

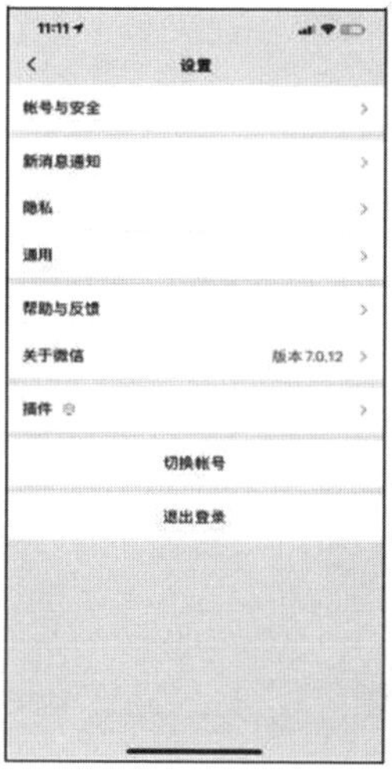

图 2－12

第四步：退出上述界面，进入“通讯录”搜索界面，在搜索栏中输入需要保全聊天记录人员的名字，屏幕显示搜索结果界面，点击搜索结果中指定的联系人，进入与该联系人的聊天界面，点击头像图片，屏幕显示该联系人的详细资料界面，对该界面进行保存，后返回到聊天界面，对需要保全的聊天界面全屏截图。

图 2－13

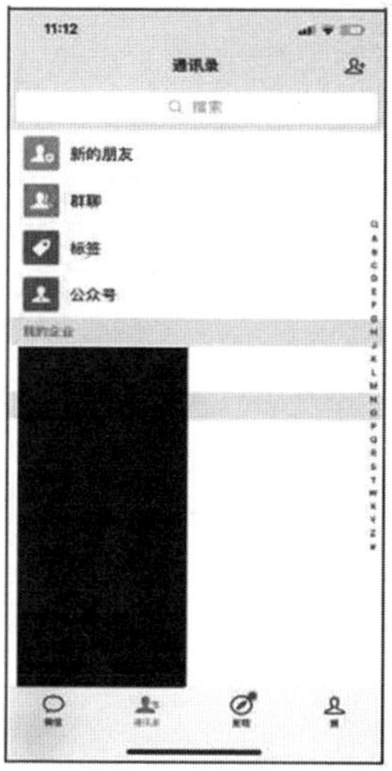

图 2－14

第五步：从手机中导出上述截图至公证处电脑上并打印。

第六步：公证人员依照程序制作公证文书。

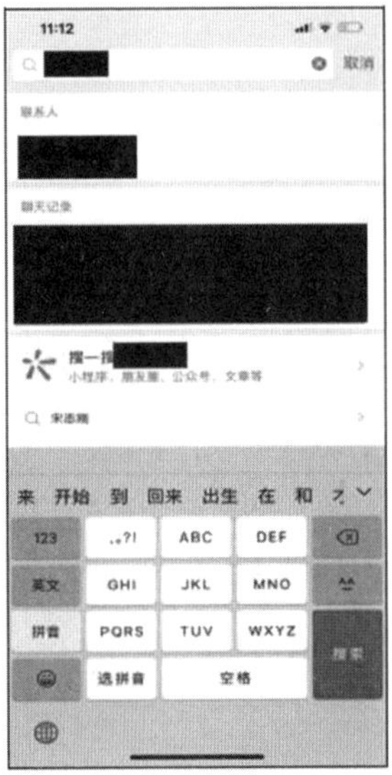

图 2－15

图 2－16

（四）网页内容的公证

第一步：在桌面上建立一个名称为“＊＊＊＊网页保全”的 Word 文档，将该页面截屏保存在名称为“＊＊＊＊网页保全”的 Word 文档中。

第二步：在桌面上点击某浏览器，进入该页面，将该页面截屏保存在名称为“＊＊＊＊网页保全”的 Word 文档中。

第三步：在上述页面中，在页面上方的浏览器地址栏中输入信息搜索网站，如“baidu. com”，将该页面截屏保存在名称为“＊＊＊＊网页保全”的 Word 文档中。

第四步：在上述页面中，在百度检索框中输入要搜寻的内容如“中国证券监督管理委员会北京局网站”，进入该页面，将该页面截屏保存在名称为“＊＊＊＊网页保全”的 Word 文档中。

第五步：在上述页面中，点击页面上方的“中国证券监督管理委员会－－北京局网站_ 中国证券监督管理委员会”，进入该页面，将该页面截屏保存在名称为“＊＊＊＊网页保全”的 Word 文档中。

第六步：在网页中点击需要截屏的页面，按上述步骤操作。全部完成后，公证人员依照程序制作公证文书。

六、录音证据的取证

（一）录音证据取证的要点

1. 录音方式

《民事诉讼法司法解释》第一百零六条规定：“对以严重侵害他人合法权益、违反法律禁止性规定或者严重违背公序良俗的方法形成或者获取的证据，不得作为认定案件事实的根据。”因此，录音证据取得的方式应当要符合法律的规定，不能以非法的方式获取录音，否则可能会导致录音证据无效并无法被法院采纳。

2. 内容表达

录音文件的内容应当完整记录相关的事实，且录音证据应当没有经过剪辑、剪接、伪造，内容不能进行任何的改动，必须具有真实性、连贯性。录音的音质应当清晰可辨，对于相关事实的陈述应当准确、完整，且应当是陈述人的真实意思表示，不能有任何威胁或胁迫的情况。

3. 时机选择

录音取证应当在相关事项发生时或发生后尽早进行。因为短时间内对方，尚未产生防备心理。双方交谈的内容更多的是在还原事实，也不会掺杂过多的个人主观意识，有利于取得客观、有效的录音证据。

4. 录音环境

录音的环境应当尽量保证安静，这样既方便交谈也有利于获取高质量的录音证据。

5. 录音方式

如果采取的是电话录音方式，拨打的对方的电话号码最好是其实名注册的号码，这样将来在展示证据时可以提供实名认证证明，以此证明自己以及对方的身份情况。如果是现场录音，需要选取良好的录音设备，有条件的应当准备 2

个以上的录音设备，以免录音设备故障导致无法完成录音取证。

6. 录音保存

《最高人民法院关于民事诉讼证据的若干规定》第十五条第一款规定：“当事人以视听资料作为证据的，应当提供存储该视听资料的原始载体。”因此，即使已经将录音由录音设备拷贝到其他载体上，原始的录音资料及录音载体仍需要妥善保存，不能直接删除或者丢弃。

（二）录音证据取证的效力

案例2－26 张某华与赵某国等民间借贷纠纷案

二审法院： 吉林省高级人民法院（2013）吉民二终字第98号

再审法院： 最高人民法院（2014）民申字第551号

案例主旨： 录音录像属于视听资料，如果录音录像虽未经过被摄录人员许可，但该录音录像的方法未侵害他人合法权益，其内容未侵犯他人隐私、人身、人格等权利，也未违反法律禁止性的规定，则该份证据就具有相应的证明力。

最高人民法院认为，录音是赵某国在与张某华谈话过程中私录形成的，录音过程并未侵害他人合法权益，亦未违反社会公共利益和社会公德，其取证方式不违反法律禁止性规定，因此，应认定该证据为合法证据。赵某国提供的几份证据相互佐证，能够形成证据链，达到证明的高度盖然性。二审判决对录音证据内容进行质证、认定后认为，从录音效果上看，可听清基本内容，并无明显的疑点，虽然是私录形成，但录音过程并未侵害他人合法权益，亦未违反社会公共利益和社会公德，其取证方式不违反法律禁止性规定。

最高人民法院在（2015）民提字第212号也持同样的观点：“张某某提交的录音证据并非以侵害他人合法权益或者违反法律禁止性规定的方法取得，故该录音证据可以作为认定本案相关事实的依据。该录音证据系张某某与陈某某就《合作协议》产生争议后双方协商的谈话过程，能够客观反映双方合作的相关事宜，与本案的基本事实密切相关，应当采纳。广东省高级人民法院再审审查时认为，该录音证据是在未取得陈某某同意的情况下单方录制，该院根据《最高人民法院关于未经对方当事人同意私自录音取得的资料能否作为证据使用问题的批复》（法复〔1995〕2号）关于‘证据的取得首先要合法，只有经过合法途径取得的证据才能作为定案的根据。未经对方当事人同意私自录制其谈话，系不合法行为，以这种手段取得的录音资料，不能作为证据使用’的规定，认定该录音证据不具有证明力。本院认为，根据2002年4月1日实施的《最高人民法院关于民事诉讼证据的若干规定》第六十八条关于‘以侵害他人合法权益或者违反法律禁止性规定的方法取得的证据，不能作为认定案件事实的依据’的规定，法复〔1995〕2号批复所指的‘未经对方当事人同意私自录制其谈话，系不合法行为’应当理解为系对涉及对方当事人的隐私场所进行的偷录并侵犯对方当事人或其他人合法权益的行为。民事诉讼法解释第一百零六条关于对‘以严重侵害他人合法权益、违反法律禁止性规定或者严重违背公序良俗的方法形成或者获取的证据，不得作为认定案件事实的根据’的规定明确了该司法精神。本案中，张某某与陈某某的谈话系在宾馆大厅的公共场所进行，录音系在该公共场所录制，除张某某的女儿外也未有其他人在场，并未侵犯任何人的合法权益，故对该录音证据应予采纳，并作为认定本案相关事实的依据。”

七、企业工商档案的查询

如果要查询一家企业的工商档案，通常需要前往该企业注册地的工商局才能查询。有些公司注册在较为偏远的郊区，为了查询工商档案，可能要耗费一整天的时间，极为不便利。但现在全国不少省市均普及了网上查阅系统，以上海为例：

2019年12月26日上海市市场监督管理局为进一步贯彻落实国务院关于优化营商环境的部署，提高企业登记档案管理的工作效能，特为查阅企业登记档案，开通了上海市企业登记档案网上查阅系统。查档用户可以登录上海市市场监督管理局门户网站（http：//scjgj. sh. gov. cn），在“便民服务”栏下“企业登记档案查询”选项，查阅企业登记档案。上海市市场监督管理局还在官方网站上发布了如下使用须知。

“1. 机读档案（基本信息）查阅：所有社会公众可通过‘一网通办’网站进行身份验证后查阅本市企业登记机读档案（基本信息）。

2. 本企业查阅：本企业可使用本企业电子营业执照或企业法人一证通进行身份认证查阅本企业登记电子档案。

3. 律师事务所查阅：律师事务所查档人员可使用所属律师事务所的上海市数字证书认证中心核发的法人一证通进行身份认证查阅本市企业登记电子档案。

如以律师个人资格身份查阅本市企业登记电子档案的，可由其所属律师事务所向上海市市场监督管理局档案室提出申请，经档案室同意授权后，可查阅本市企业登记电子档案。

4. 公、检、法、监察委查阅，其他组织机构查阅：国家机关、组织机构查档人员（包括：公、检、法、监察委员会等机构）可使用本单位国家机关、组织机构的上海市数字证书认证中心核发的法人一证通进行身份认证查阅本市企业登记电子档案。

5. 密码查阅：适用于经上海市市场监督管理局档案室同意授权后查阅本市企业登记电子档案。

6. 根据《中华人民共和国档案法》和《上海市档案条例》等国家法律的相关规定，查档人对查阅所获的信息仅限于工作上的正常利用，不得违反国家法律法规等有关规定，以其他不正当方式利用或谋取利益。

7. 在查阅后所获知或获取的档案信息中，对发现有错误或缺漏的情况，有义务向上海市市场监督管理局档案室告知并不得擅自利用，对可能涉及国家、商业秘密或个人隐私的内容承担法定保密义务。

8. 如有通过非法和不正当方式利用档案及其相关信息谋取利益的，以及造成国家、商业秘密和个人隐私泄密的，查档者承担因此引起的一切相应的法律责任。”

八、单位证明材料的效力

案例2-27 梁某某与翁某某民间借贷纠纷案

二审法院：福建省高级人民法院（2018）闽民终661号

再审法院：最高人民法院（2020）最高法民申138号

案例主旨：公司的证明仅加盖单位印章，单位负责人及制作证明材料的人员未在证明上签名或者盖章，证据不符合法律规定的形式，不应予以采纳。

最高人民法院认为，梁某某虽然提交DD公司的证明及DD公司兴业银行深圳分行账户的交易明细，用以证明案涉人民币705万元已回流至HZT公司，但《民事诉讼法司法解释》第一百一十五条第一款规定：“单位向人民法院提出的证明材料，应当由单位负责人及制作证明材料的人员签名或者盖章，并加盖单位印章。人民法院就单位出具的证明材料，可以向单位及制作证明材料的人员进行调查核实。必要时，可以要求制作证明材料的人员出庭作证。”DD 公司的证明仅加盖单位印章，单位负责人及制作证明材料的人员未在证明上签名或者盖章，DD 公司的证据不符合法律规定的形式，原判决未采信该证明并无不当。

第三节 离婚纠纷中的房产分割

一、父母出资为子女购房的情形处理

（一）父母未明确出资性质的情形

子女结婚后，父母在出资为子女购房时没有明确出资款性质，或者在子女产生离婚纠纷时，没有证据明确证明父母当初出资的意思表示的，在司法实践中通常区分以下不同情况进行处理。

1. 可能视为对自己子女赠与的情形

（1）法律依据及司法观点

原《婚姻法司法解释（三）》（现已失效）第七条第一款曾规定：“婚后由一方父母出资为子女购买的不动产，产权登记在出资人子女名下的，可按照婚姻法第十八条第（三）项的规定，视为只对自己子女一方的赠与，该不动产应认定为夫妻一方的个人财产。”但《〈民法典〉婚姻家庭编解释（一）》中并没有继续保留该规定，鉴于《民法典》与《〈民法典〉婚姻家庭编解释（一）》正式实施之后，婚姻法与相关的司法解释都已失效，我们认为，在没有新的司法解释沿用该条规定之前，还是应当比照《民法典》第一千零六十二条、第一千零六十三条的规定，即夫妻在婚姻关系存续期间受赠的财产，除了赠与合同中确定只归一方的财产以外，均属于夫妻共同财产。鉴于赠与合同的形式并未规定为书面协议，如果一方父母主张自己出资为子女购买的不动产，且产权登记在出资人子女名下时双方达成了口头赠与合意，同时该行为也可以间接显示父母和自己子女之间的合意，是否法院会沿用原来的审判思路，继续认定在此情

形下，该房产属于该子女的个人财产，还需要等待具体司法实践的检验或后续司法解释的明确。

另外，最高人民法院杜万华法官指出：[①]“虽然没有所有权，但是儿媳或女婿依法享有对该房屋的居住权。任何房屋所有人的配偶或家庭成员对于其房屋都享有受法律保护的居住权。比如，媳妇没有出资，住在男方父母全额出资购买的房子里，由于夫妻吵架，男方要赶走女方及其同住的岳父母，是侵犯居住权的行为。”但《民法典》颁布后已经明确了“居住权”需要进行登记，所以在引用该观点时也需要与时俱进了。

（2）部分出资且还贷也视为对自己子女的赠与

案例2－28 王某某诉吴某离婚纠纷案

一审法院：黑龙江省大庆市龙凤区人民法院（2011）龙民初字第472号[②]

案例主旨：婚前一方父母以该方名义签订房屋买卖合同、交付定金及首付款，结婚后办理房屋产权登记，且登记在该方个人名下。同时该方父母一直偿还房贷。离婚时双方对该房屋产权归属不能达成协议的，人民法院可以判决该房屋产权归登记一方。

法院认为，婚姻期间双方共同居住的房屋购买于2007年8月20日，被告的父母以被告名义交付定金、首付均发生在双方结婚登记之前，且被告父母一直为该房屋偿还房贷。虽房屋登记办理发生在原、被告结婚登记之后，但登记在被告吴某个人名下，且原告王某某未提供相关证据证实房贷系原、被告共同偿还的主张，故涉案房屋为被告吴某婚前个人财产，原告要求按共同财产分割的诉讼请求于法无据，法院不予支持。

2. 推定父母出资性质为借贷的情形

案例2－29 袁某慧与蒋某明、蒋某冕民间借贷纠纷案

一审法院：浙江省诸暨市人民法院（2016）浙0681民初3666号

二审法院：浙江省绍兴市中级人民法院（2016）浙06民终2248号

再审法院：浙江省高级人民法院（2017）浙民申361号

---

① 杜万华：《杜万华大法官民事商事审判实务演讲录》，人民法院出版社2016年版。

② 案例来源于《人民法院案例选》2012年第2辑（总第80辑）。

案例主旨：父母出资时未明确表示赠与，应认定为对子女的临时性资金出借。

再审法院认为，关于案涉汇款凭证项下款项性质为赠与款还是借款的问题。袁某慧主张案涉汇款凭证项下款项系蒋某明赠与夫妻双方，案涉借条均是伪造。对此，虽然原《婚姻法解释二》规定，当事人结婚后，父母为双方购置房屋出资的，该出资应当认定为对夫妻双方的赠与。但前提应首先尊重父母子女间对出资行为性质的约定，只有在没有约定或约定不明时，才涉及父母出资行为性质认定为赠与的问题。本案蒋某明提供了所涉借条及相应的借款交付凭证，蒋某冕对借条及交付凭证均予以认可。且依据现有检验、鉴定方法，借条形成时间尚不具备司法鉴定条件，故对袁某慧就案涉借条提出的鉴定可行性以及蒋某明、蒋某冕母子伪造借条的主张难以支持。此外，袁某慧一审中提供了录音资料，证明蒋某明与案外人对话时讲“两夫妻债也没有”，但蒋某明解释指的是“外债”具有生活意义上的合理性，且该录音中蒋某明并未有将出资款赠与给蒋某冕、袁某慧的明确意思表示。因此，原审法院认定本案借贷关系成立有相应依据，驳回了袁某慧的再审申请。

案例2－30　李某与刘某塔、黄某华等民间借贷纠纷案

二审法院：北京市第二中级人民法院（2018）京02民终12046号

再审法院：北京市高级人民法院（2019）京民申2635号

案例主旨：子女买房是父母出资，除明确表示赠与外，应当视因帮助子女而发生的临时性资金出借，子女负有偿还义务。

再审法院认为，结合刘某塔与黄某华夫妻二人对赠与意思表示的否认，刘某河对借贷关系的认可，虽借条系刘某河一人出具，没有李某的签名，但各方当事人均认可涉案款项用于为刘某河与李某夫妻二人购买房屋，可以认定刘某塔与黄某华夫妻二人对借贷关系成立的举证证明责任已完成。李某否认上述借条或主张涉案款项系赠与，需提供足以反驳的证据予以证明，但李某并未提供足以反驳的相应证据如赠与合同或者协议。

一审法院在判决理由中所称，“虽然在当前高房价背景下，部分子女经济条件有限，父母在其购房时给予资助属于常态，但不能将此视为理所当然，也绝非法律所倡导，否则严重违背法律公平正义之理念。子女成年后，父母已经尽到了抚养义务，并无继续提供供养的义务。子女买房是父母出资，除明确表示

赠与外，应当视为以帮助为目的的临时性资金出借，子女负有偿还义务”的观点，再审法院对此不持异议。

具体到本案，购买涉案房屋的137万余元均系刘某塔与黄某华夫妻二人出资，刘某塔与黄某华称上述款项中有其二人的存款80余万元，剩余的款项均系其二人向亲戚朋友所借，刘某塔与黄某华二人经济能力有限。如果将刘某塔与黄某华二人支付的137万余元购房款，认定为对刘某河与李某二人的赠与，二位长辈不仅积蓄全无，可能还会背负巨额债务。考虑到涉案房屋的增值部分尚由刘某河与李某二人享有，从利益衡平的角度，一、二审法院支持二位长辈要求二小辈返还借款及利息损失的处理结果，再审法院认为并无不妥。

关于李某提出的有与本案相似案例，却结果相悖的申请再审理由问题，因案情不同，则判决有别，属于依法处理案件的结果，并非相似案例处理结果必然具有一致性。

3. 子女认为父母出资为赠与的应提供证据

案例2-31 尹某生与尹某民间借贷纠纷案

一审法院：江苏省镇江市中级人民法院（2015）镇民初字第20号

二审法院：江苏省高级人民法院（2016）苏民终1241号

再审法院：最高人民法院（2017）最高法民申4942号

案例主旨：子女主张父母的汇款系赠与的需提供证据予以证实，否则在父母不认可的情况下，应当认定为父母与子女之间的借款关系。

最高人民法院认为，关于尹某生（父亲）支付给尹某（儿子）的款项是否为借款问题。尹某生主张案涉款项系其出借给尹某的款项，有银行汇款凭证、尹某发给尹某生的关于尹某确认尹某生为其名下2500万元资产的唯一债权人的短信、常州XHXD房地产开发有限公司销售部出具的证明及清单等证据予以证实。尹某虽主张上述款项均系其父尹某生对其的赠与，但未能提供证据证实。二审法院综合本案证据情况，认定案涉款项系尹某向尹某生的借款，并无不当。尹某生于2013年4月15日、2013年8月27日分别向尹某汇付的395万元、40万元款项，虽注明汇款用途为还款，但尹某并无证据证明其曾向尹某生出借过该款项，且根据尹某生提供的由常州XHXD房地产开发有限公司销售部出具的证明及清单，尹某在收到尹某生的汇款395万元后，即向常州XHXD房地产开发有限公司支付了395万元购房款，与尹某生关于尹某收到该借款后用于偿还购房款的主张相符。故二审法院对尹某关于上述395万元、40万元系尹某生向其偿还的款项的主张不予支持，亦无不当。二审判决认定上述两笔款项为尹某向尹某生的借款，并非依据尹某在二审庭前进行调解时同意支付尹某生1130万元的事实作出，尹某关于二审判决违反了《最高人民法院关于民事诉讼证据的若干规定》第六十七条规定的理由，不能成立。

（二）为子女出资不认为借款的情形

1. 子女离婚后再主张借款的不予支持

案例2－32 任某与陶某1、翁某民间借贷纠纷案

一审法院：上海市徐汇区人民法院（2018）沪0104民初14256号

二审法院：上海市第一中级人民法院（2019）沪01民终3153号

案例主旨：子女在离婚时已分割房产，且法院在房产分割时已考虑贡献大小。如果欠条只有自己子女一人签字，则法院不支持父母的欠款主张。

法院认为，任某主张与陶某1、翁某之间形成70万元之借款关系，但综观在案情况，首先，任某提供的《借款协议》上仅有陶某1的签名，并无翁某的签名，故仅凭该《借款协议》无法得出翁某于婚前和陶某1有共同向任某一方借款之合意。其次，任某虽提供了相应的银行卡交易明细，但从中并无法证明相关资金流向，亦无法证明任某一方曾经向陶某1交付过70万元之钱款，该钱款后续又为陶某1、翁某购买婚房所用或用于其他夫妻共同生活，进而转化为夫妻共同债务。最后，退一步讲，即便上述钱款有交付并实际用于后续购买婚房，但在陶某1与翁某的离婚诉讼中，法院亦考虑到男女双方对于房屋的贡献大小等因素，对房屋进行了相应分割。因此，综合上述情况，现任某以70万元系陶某1、翁某的夫妻共同债务为由，要求两人共同偿还，依据有欠充分，法院难予支持。

2. 子女单方出具借条视为单方自愿还款

案例2－33 孙1与孙2、高某民间借贷纠纷案

一审法院：江苏省常州市天宁区人民法院（2018）苏0402民初2362号

二审法院：江苏省常州市中级人民法院（2019）苏04民终796号

案例主旨：父母为双方购房出资未明确仅赠与一方的，则视为对夫妻双方的赠与。子女一方向其父母出具的借条，仅视为其个人自愿归还该借款。

法院认为，由于父母与子女不和、子女离婚时父母为保全自己的出资等原因经常会出现父母请求返还出资的情形。父母请求返还出资所主张的基础法律关系往往为借贷而非赠与。基于父母子女之间密切的人身财产关系，父母出资时很少留下证据证明自己出资的性质。一旦涉诉，双方的主要证据均为当事人陈述，依此很难判断出资的性质。对父母出资为子女购买房屋行为法律性质的认定，应着重把握以下几方面；第一，应尊重双方的意思自治。对父母出资行为的认定原则上应以父母明确表示为标准。父母出资赠与的真实意思表示，一般应发生在出资的当时或在出资后。一旦父母在出资时或出资后作出赠与的意思表示，则意味着赠与关系已经成立并生效。父母日后再主张借贷关系则不能得到支持。这是防止当子女婚姻有变或父母子女间关系恶化，父母违反诚信原则以所谓的借贷关系为由要求返还出资。第二，对借贷关系是否成立应严格遵循“谁主张，谁举证”的原则。在现实生活中，基于彼此间密切的人身财产关系，父母的借贷往往没有借条，父母的赠与也往往没有明确的表示。此时应严格执行“谁主张，谁举证”的原则。

具体到父母出资情形中，在出资行为的性质处于真伪不明状态时，将出资为借贷这一事实的证明责任分配给父母一方比将出资为赠与的证明责任分配给子女一方更符合证明责任分配原则。首先，赠与的单务行为属性决定了子女只需被动消极接受赠与财产，无须做出其他积极行为。而借贷的双务行为属性，决定了借贷人要承担返还标的物的积极行为义务。因此，相对于证明借贷关系，赠与关系更难以被证明。其次，借贷关系中一般都立字为据，以借款人出具借条的形式作为出借人请求返还的依据。故正常情况下，出借人都会妥善保管借条。而赠与关系中，赠与人是通过赠与方式放弃了赠与物的所有权，一般不存在事后受赠物的返还问题，故赠与人没有必要保留相关证据用以证明赠与关系的存在。因此，主张借贷关系的父母应比主张赠与关系的子女更接近证据并更容易保留证据。最后，父母子女间的亲缘关系决定了父母出资为赠与的可能性高于借贷。从中国的现实国情来看，子女刚参加工作缺乏经济能力，无力独自负担买房费用。而父母基于对子女的亲情，往往自愿出资为子女购置房屋。绝大多数父母出资的目的是解决或改善子女的居住条件，希望子女生活得更加幸福，而不是日后要回这笔出资。因此，父母出资借贷给子女买房的概率远低于父母将出资赠与子女买房。进而，由主张借贷关系这一低概率事件存在的父母来承担证明责任也与一般人日常生活经验感知保持一致。综上，在父母一方不能就出资为借贷提供充分证据的情形下，一般都应认定该出资为对子女的赠与。

本案中，孙2、高某于2009年登记结婚。2014年，孙2、高某购房时，孙2的父亲孙1先后出资288,787.43元。目前，无任何证据可以证明在出资的当时或在出资后，孙1曾明确表示其出资性质是赠与抑或借贷。孙1现在提供的唯一的证据，即孙2出具的借条形成于2018年5月3日，此时高某已向法院提起了要求与孙2离婚的诉讼，且高某并未在涉案借条上签名，故不能据此认定孙1曾明确表示其出资性质是借贷。孙1主张其出资系借贷，应对此负举证义务。孙1未能提供充分证据证明其出资为借贷，应当承担对其不利的法律后果。

3. 子女单方补写借条不构成借款关系

案例2-34 刘某环与马某庆、马某晨民间借贷纠纷案

一审法院：安徽省安庆市宜秀区人民法院（2018）皖0811民初2252号

二审法院：安徽省安庆市中级人民法院（2019）皖08民终997号

再审法院：安徽省高级人民法院（2019）皖民申2255号

案例主旨：在父母与子女借款纠纷中，应赋予父母相较于一般民间借贷之债权人更高的证明责任。自己子女事后单方补写的借条不足以认定夫妻与父母之间形成借款关系。

二审法院认为，本案当事人之间与一般民间借贷中当事人之间的关系不同，马某庆与马某晨为父子关系，马某晨、刘某环为夫妻关系，马某庆与刘某环为翁媳关系，各方当事人存在法律上的利害关系；马某庆起诉要求马某晨、刘某环共同归还借款的时间点存在特殊性，为马某晨、刘某环夫妻感情不和，刘某环提起离婚诉讼之后。综合考虑上述区别于一般民间借贷案件的特殊情况，法院认为就马某庆关于涉案款项为借款之主张，应赋予其相较于一般民间借贷中之债权人更高的证明责任。

本案中借条是马某晨事后补写的，刘某环未签名且不认可借贷关系的存在。通常情况下，涉案款项在用于购房时如确系借贷性质，理应要求刘某环同时在借条中予以签字确认，避免将来可能产生的风险和争议。马某庆为马某晨、刘某环购置房屋而转款的行为，应当根据马某晨、刘某环结婚登记时间，认定为

对马某晨个人或者马某晨、刘某环夫妻双方的赠与。综上分析，法院认定仅凭马某晨单方出具的借条及自认不足以证明涉案款项形成借贷关系，对于马某庆要求马某晨、刘某环共同偿还借款之主张，法院不予支持。

考虑到本案诉讼请求权的基础为要求马某晨、刘某环承担共同还款责任，如马某晨今后愿意归还上述款项，由其自行履行，法院对此不予理涉。

需要说明的是，马某庆确实在购房中存在大量的出资行为，如马某晨、刘某环夫妻关系不能改善导致离婚，从衡平家庭成员各方利益的角度出发，应将一方父母出资情况作为离婚双方当事人分割夫妻共同财产份额的重要考量因素。

再审法院认为，本案的争议焦点在于马某庆在马某晨与刘某环婚姻关系存续期间，为二人支付的购房款是借贷还是赠与。关于此种法律关系的认定，司法实务中存在争议，多有不同判例，应具体案件具体分析。就本案而言，马某庆提交的借条是马某晨个人出具的，并无刘某环的签字。马某晨也承认借条系后补，出具时间为 2017 年 11 月，而非 2015 年的实际用款时间及两张借条上所载明的时间。马某庆提起本案诉讼的时间亦存在特殊性，为马某晨、刘某环夫妻感情不和，刘某环已提起离婚诉讼之后。鉴于马某庆与马某晨系父子关系，仅凭该后补的借条及马某晨的自认，不能认定马某庆支付相关款项时其真实意思表示为借贷。

4. 为子女出资购房并不当然认定为借款

案例 2-35 高某、缪某某、高某翔与庄某某民间借贷纠纷案

一审法院：上海市杨浦区人民法院（2019）沪 0110 民初 8284 号

二审法院：上海市第二中级人民法院（2019）沪 02 民终 10513 号

案例主旨：民间借贷法律关系的成立，不仅包括款项的实际支付，还需要双方存在借贷合意。

法院认为，民间借贷法律关系的成立，不仅包括款项的实际支付，还需要双方存在借贷合意。对于是否构成夫妻的共同债务，当然需要考虑夫妻双方是否均具有向出借人借款的合意。本案中，高某、缪某某系高某翔的父母，他们向高某翔交付钱款，除了借款关系外还存在其他可能性。而本案借条却系高某翔单方出具，高某翔与庄某某又进行过多次离婚诉讼。因此，本案有别于普通的民间借贷案件，对本案借贷合意的审查，应当从借条出具过程、转账背景、

当事人陈述等多方面审慎分析。从借条出具过程看，高某、缪某某持有的《借款协议书》系其儿子高某翔一方签字，其效力并不等同于高某翔、庄某某共同签具的借条，不能据此得出高某、缪某某与庄某某之间存在借贷合意。从转账背景看，高某、缪某某向高某翔交付钱款的时间跨越婚前、婚后共同生活期间和分居之后，用于购房、购车以及日常生活等花销，但其转账后长期未催讨或起诉要求还款，高某、缪某某起诉时亦称如果高某翔、庄某某没有离婚，这些钱可以不要求归还。从当事人的陈述看，在宝山法院离婚诉讼中，高某翔并未陈述过与父母之间存在债务，并以父母出资系对自己个人的支持为由要求在夫妻共同财产分割中多分。因此，综合本案在案证据和具体案情，难以认定高某、缪某某与庄某某之间存在借贷合意，高某翔认可借款的意思表示之效力不应及于庄某某，涉案钱款不构成高某翔、庄某某的夫妻共同债务。

5. 不能仅以子女出具借条认定借贷关系

案例 2－36 石某与季某生、徐某华、季某梁民间借贷纠纷案

一审法院：上海市黄浦区人民法院（2019）沪0101民初6513号

二审法院：上海市第二中级人民法院（2019）沪02民终10891号

案例主旨：父母为子女购房出资，应综合考虑当事人之间的关系、父母对子女缔结婚姻关系的通常出资状况、当事人财产变动情况以及当事人在另案中的陈述等各种因素，在没有证据证明出资一方父母和子女将涉案债务向另一方披露的前提下，不宜认定为夫妻共同债务。

一审法院认为，合法的借贷关系受法律保护。季某生、徐某华借款给季某梁的事实，有季某生、徐某华提供的借条、银行凭证等予以证实，双方的借贷关系成立，法院予以确认。季某生、徐某华交付的涉案款项，均用于石某、季某梁婚后共同购买的房屋及该房屋的装修等，故对季某生、徐某华关于本案所涉借款系两被告的夫妻共同债务的主张，法院依法予以采信，对其要求石某、季某梁共同还款及支付相应利息的主张，依法予以准许。

二审法院却认为，季某生、徐某华系以季某梁出具的借条作为依据主张季某梁、石某还款。石某对于季某生、徐某华主张的借贷关系，从借条的形式、提起诉讼的时机、季某梁在离婚案中的抗辩理由等方面提出诸多疑点，认为不能排除季某梁事后补签借条的可能性。季某梁出具借条，并且确认借贷关系，

由于石某未在借条上签字，且否认知晓借款一事，由此引发的争议是该笔债务是否可纳入夫妻共同债务。关于夫妻共同债务，由于涉案借条只有季某梁一人签字，且无证据证明石某追认或知晓借贷一事。本案的特殊性在于季某生、徐某华并非普通债权人，债权人与季某梁存在血缘关系；且涉及的款项是直接用于购置季某梁与石某的婚房，季某梁与石某又处于离婚纠纷诉讼期间，季某梁在诉讼中的表述明显倾向其父母而背离石某。现实社会中，父母基于亲情考虑，出资为子女购置房屋的情况并不罕见。在获得季某生、徐某华提供的款项后，石某作为主贷人贷款90万元，该种模式完全符合父母出资支付首付款，小夫妻婚后归还贷款的特征。也正是基于对父母出资的理解，石某对所获利益不会发生债务认识。石某在离婚案中的表述稳定，始终称首付是男方父母支付的，其意识中是认为该笔首付款是男方父母的赠与。对于赠与，如果不考量房产的登记行为，受赠人难以举证证明男方父母的出资为赠与。而季某梁的表述则明显不稳定，首次谈话中称没有债务。第二次谈话中称首付款是向父母借的。在离婚案上诉程序中，又以支付首付款为由主张房屋所有权。其几次表述，对于季某生、徐某华的250万元系出资还是借款，存在矛盾点。债权人主张夫妻共同债务，如果该债权人与夫妻一方存在血缘关系，如父母与子女之间出具借条，对于该笔债务是否可纳入夫妻共同债务，对债权人应该有更高的证明要求，不能简单以子女出具的借条认定借贷关系，进而主张夫妻共同债务。如果认同原审判决，对债权人不作分类区分，那么在父母为子女购房出资的婚姻体中，将始终存在债务隐患。因为在婚姻遭遇解体危机时，出资的父母与自己的子女补签借据，或者是子女确认借贷关系，均非难事。由于在婚姻关系缔结之际，出资一方父母及子女并未披露相应出资为借款，相对方的配偶从社会风俗及自身阅历考量，会产生所获利益来源于对方父母赠与的认识，无从知晓相应债务的存在，更不能从源头上防范该类债务风险。一旦遭遇婚姻解体危机，自身认识中的对方父母的赠与可能演变为债务。

本案的事实是季某梁先以父母出资为由主张获得房屋。在徐汇法院未支持的情况下，季某生、徐某华起诉主张归还借款。综合考虑到当事人之间的关系、父母对子女缔结婚姻关系的通常出资状况、当事人财产变动情况以及当事人在另案中的陈述等各种因素，在没有证据证明季某生、徐某华抑或是季某梁将涉案债务向石某披露的前提下，法院认为涉案债务不宜认定为夫妻共同债务。季某梁自认与季某生、徐某华存在借贷关系，且出具借条，同意季某生、徐某华的诉讼主张，系季某梁对自身权利的处分，原审法院判决其承担相应责任并无不当。石某未在借据上具名，也无证据证明其知晓季某生、徐某华提供的款项为季某梁的借款，不能认定为夫妻共同债务。原审法院判令石某与季某梁共同承担还款责任有误，二审法院予以纠正。

6. 不能根据子女出具的承诺书认定成立借贷关系

案例2-37 梁某冬、俞某丽与梁某、曹某玲民间借贷纠纷案

一审法院：江苏省启东市人民法院（2019）苏0681民初3719号

二审法院：江苏省南通市中级人民法院（2019）苏06民终4630号

案例主旨：承诺书仅有夫妻一方签字，其无权代理另一方作出承诺，故无论该承诺书是否真实，对未签字一方都不产生法律效力。

法院认为，首先，案涉承诺书的落款时间为2016年3月29日，仅有梁某本人的签字，并无证据证明曹某玲对该承诺书知晓并同意。承诺书中的多处表述与事实和情理严重不符，如“我马上要与女朋友曹某玲结婚了”“预计在以后登记时房本上名字是我和曹某玲两个人”“承认房子实际是我父母所有的，房屋产权证上登记的人我和曹某玲只是名义上的”“发生离婚时，父母可以收回房子的”等，实际上，梁某与曹某玲2015年3月31日进行房产登记、2015年6月30日登记结婚，2016年3月29日结婚已有9个月之久，但承诺书的内容表述为梁某与曹某玲即将结婚且房屋尚未登记到梁某与曹某玲名下。同时，梁某与曹某玲在他人介绍后恋爱结婚，双方一致确认感情发生问题的时间为曹某玲患脑肿瘤之后，2016年两人并无感情问题，梁某新婚不久即在书面承诺书中明确如果离婚房屋可以由父母收回，明显不符人之常情。梁某陈述，其在非常生气时写了承诺书，所以出现表述错误，该陈述严重违背常理，显非诚信。从梁某个人出具的承诺书的内容可以看出，其一方面承诺在经济条件允许时将购房的费用归还其父母梁某冬、俞某丽，另一方面认为房屋实际上属于梁某冬、俞某丽所有，梁某、曹某玲只是名义登记人，自相矛盾。该承诺书仅有梁某签字，其无权代理曹某玲作出承诺，无论该承诺书是否真实，对曹某玲都不产生法律效力。

其次，在我国，子女结婚时，父母出资为子女购买房屋较为常见，难以推定父母的出资为借款，如父母出资购买房屋系借款，应当在出资时明确约定。

而案涉房屋无论首付款21万元为曹某玲方支付还是梁某冬、俞某丽支付，均与双方是否存在借贷合意无关。梁某冬先陈述该21万元中大部分系从亲戚中借款，之后又陈述该21万元中的14万元系所返还彩礼，而该14万元彩礼源自梁某冬在工地上的打工收入，梁某冬的陈述前后矛盾，有违诚信。案涉房屋在梁某和曹某玲登记结婚前已登记在双方名下，如有梁某冬、俞某丽出资亦应推定为对梁某和曹某玲的赠与，现梁某冬、俞某丽主张并非赠与而是借贷，应就存在借贷合意的事实承担相应的举证责任，但梁某冬、俞某丽未能就此举证，应承担举证不能的法律后果。

（三）向子女出资被认定为借款的情形

1. 父母出资属于暂时资助性质应偿还

案例2－38 郝某水、古某娟与黄某霞民间借贷纠纷案

一审法院： 天津市滨海新区人民法院（2019）津0116民初62928号

二审法院： 天津市第三中级人民法院（2019）津03民终1602号

案例主旨： 父母提供购房款的行为，更多带有暂时资助的性质，没有明确还款时间不代表即为无偿赠与。

法院认为，根据查明的案件事实，案外人郝某某通过银行账户支付了购房款，就该笔款项双方均无书面证据直接证明款项性质。法律意义上，父母没有义务出资给子女买房，因为子女成家立业已经不属于父母履行抚养义务阶段。父母提供购房款的行为，更多带有暂时资助的性质，没有明确还款时间不代表为无偿赠与。

郝某水主张，考虑中国父母为子女买房的社会习俗、其身体有残疾的实际情况等，认为系父亲郝某某主动为其买房，属于赠与性质，但未能提供证据证明其父母有明确的赠与的意思表示。综合分析该笔款项支付的背景、家庭经济状况，结合曾经已经对郝小某（郝某某次子）、郝某水兄弟进行过分家产等情形，在无证据证明郝某某系基于赠与支付购房款的情形下，涉案购房款应认定为借款而不是赠与。

2. 非出资方子女出具的收条可认定为借款

案例 2－39 胡某萌与王某、张某民间借贷纠纷案

一审法院：山东省青岛市市北区人民法院（2018）鲁 0203 民初 7004 号

二审法院：山东省青岛市中级人民法院（2019）鲁 02 民终 6291 号

案例主旨：夫妻一方向另一方母亲出具的收条可以证明借款事实。

法院认为，王某系张某之母，胡某萌与张某原系夫妻关系。2013 年 6 月 17 日王某向张某的银行账户转款 10 万元，结合 2014 年 5 月底胡某萌向王某出具的收条内容，且张某对收到上述款项均予以认可，因此能够认定王某主张的 70 万元款项实际支付的事实。胡某萌主张未收到涉案 70 万元款项与事实不符，法院不予采信。

王某主张涉案 70 万元系其向张某、胡某萌出借的款项，且借款发生在张某、胡某萌婚姻存续期间，请求张某、胡某萌承担共同还款责任，符合法律规定，应予以支持。胡某萌还主张，涉案款项系王某对其和张某的赠与，但王某对赠与的事实不予认可，且胡某萌也未提交相应的证据予以证实，故法院不予支持。

3. 描述出资情况的协议不视为赠与协议

案例 2－40 何某某与唐某某、李某某民间借贷纠纷案

一审法院：辽宁省沈阳市铁西区人民法院（2018）辽 0106 民初 12964 号

二审法院：辽宁省沈阳市中级人民法院（2019）辽 01 民终 10996 号

案例主旨：父母作为房产出资人并未表示将出资赠与夫妻，则不能认定赠与成立。

法院认为，唐某某、李某某系夫妻关系，何某某系唐某某、李某某的儿媳，何某某与唐某某、李某某的儿子李某于 2012 年 10 月 8 日登记结婚。因案外人李某有不良信用记录，无法办理购房贷款，故以何某某的名义购买婚房。2012 年 8 月 6 日，何某某交纳房屋首付款，唐某某、李某某将 175,000 元通过银行转账至开发商账户，同日何某某出具“协议”一份，载明：“首付款 175,000 元由唐某某、李某某支付。”协议尾部有何某某的签名及日期。

唐某某、李某某将 175,000 元汇入开发商账户，何某某将该款用于购买房

屋的首付款，何某某自认该房屋登记为其个人所有，且已将该房屋出售，所得价款亦由何某某取得。唐某某、李某某完成了基本的举证责任。就该款的性质，何某某抗辩为赠与的彩礼钱，何某某对此应承担举证责任。何某某称“协议”能证明双方是赠与关系，但该“协议”的内容中并未体现出赠与的意思，何某某亦无其他证据证明唐某某、李某某明确做出过将该款赠与的意思表示，故何某某的主张不能成立。

4. 出具放弃产权承诺不能证明赠与成立

案例2-41 华某露与荆某生、荆某民间借贷纠纷案

一审法院：江苏省丹阳市人民法院（2018）苏1181民初8794号

二审法院：江苏省镇江市中级人民法院（2019）苏11民终976号

案例主旨：父母系为帮助子女办理贷款事宜而向银行出具承诺书放弃房产首付款权益及房产权益，不能证明其自愿赠与该钱款。

法院认为，荆某生为帮助荆某、华某露购买婚房，帮助支付了125万元的购房款，后由荆某向荆某生出具借条，应当认定荆某生与荆某形成借款合意，并且荆某生已经履行了款项出借义务。该债务系荆某与华某露婚姻存续期间，由荆某以个人名义借款，用于购买婚房，根据法律规定，应认定为荆某与华某露的夫妻共同债务，由荆某与华某露共同承担还款责任。

华某露认为通过荆某生出具的放弃产权承诺书，涉案125万元应视为荆某生对华某露与荆某的婚后赠与。该份承诺书系荆某生为帮助荆某、华某露办理贷款事宜而向贷款银行出具，并且承诺放弃的系首付款权益及房产权益，该承诺书并不能证明荆某生将涉案125万元赠与荆某、华某露，华某露也没有提供其他证据证明荆某生作出过赠与的意思表示，故华某露主张涉案125万元为赠与款项的理由不能成立，法院不予支持。

5. 非出资方子女同为产权人的认定为借贷

案例2-42 黄某与余某虹、毛某兰、余某莎民间借贷纠纷案

一审法院：四川省成都高新技术产业开发区人民法院（2016）川0191民初10102号

二审法院：四川省成都市中级人民法院（2017）川01民终4796号

再审法院：四川省高级人民法院（2017）川民申4120号

案例主旨：子女买房时父母出资，除明确表示赠与的以外，应视为以帮助为目的的临时性资金出借，子女负有偿还义务。

一审法院认为，黄某、余某莎于2009年9月16日登记结婚。黄某、余某莎因购买房屋于2013年3月向余某莎的父母毛某兰、余某虹借款70万元，双方购买的房屋登记为黄某、余某莎共同共有。结合双方的陈述及本案当事人之间的亲属关系来看，黄某、余某莎在购房之时存在较为迫切的购房需要，其自身没有经济实力满足购房需求而由女方父母出资购房与社会民众一般生活经验并不相悖，但据此不能当然推演出父母在此时为其购房所出的款项就是赠与黄某、余某莎的结论。更何况，法律意义上，父母没有义务出资给子女买房，因为子女成家立业生子之时已经不属于父母履行抚养义务阶段，恰恰相反，此时的子女应当向父母履行赡养义务，而以近段时间的房价而言，父母在子女购房时的资助往往都是几十万元，这可能是他们一辈子的心血，在本案中毛某兰更是通过先行向银行贷款取得绝大部分款项后再行支付给黄某、余某莎，在这种情况下，父母提供购房款的行为更多的带有暂时资助的性质，没有明确约定还款时间不代表即为无偿的赠与。

二审法院认为，黄某提交的证据不足以证明案涉70万元款项系余某虹、毛某兰对其和余某莎的赠与。黄某以其与余某莎的工资收入无法购买多处房产、黄某的父母亦出资给黄某和余某莎购买房屋，以及余某虹、毛某兰已经归还完毕银行贷款等述称意见来支持其主张。二审法院认为，黄某的上述意见并不能推断出余某虹、毛某兰有赠与案涉70万元款项的意思表示，并且黄某、余某莎是具有完全民事行为能力并已成家立业的成年人，余某虹、毛某兰作为父母已尽到其抚养义务，余某虹、毛某兰并无义务为黄某、余某莎出资购买房屋，故二审法院对黄某的主张不予支持，一审法院认定案涉70万元款项系借款正确。

再审法院认为，在父母有赠与意思表示的前提下，赠与对象不明确时的认定依据，并不适用于本案的情况。在当前高房价背景下，部分子女的经济条件有限，父母在其购房时给予资助属于常态，但不能将此视为理所当然，也绝非法律所倡导。子女成年后，父母已尽到抚养义务，并无继续供养的义务。子女买房时父母出资，除明确表示赠与的以外，应视为以帮助为目的的临时性资金出借，子女负有偿还义务。

6. 部分汇款凭证中备注借款可作为借贷成立的证据

案例2－43 郁某与金某等民间借贷纠纷案

一审法院： 上海市浦东新区人民法院（2018）沪0115民初89005号

二审法院： 上海市第一中级人民法院（2019）沪01民终12920号

案例主旨： 父母作为借贷一方已经提供了借条、汇款凭证等证据，且涉案三笔款项中有一笔备注借款可初步确认双方之间存在借贷关系，即使借条系事后补签，仍不影响借贷关系的成立，亦不足以证明涉案款项系赠与。

一审法院认为，从我国的民风习俗来看，父母为子女出资时，若其具体意见表明不清楚，在通常情况下应推定该出资行为是对子女的赠与。但本案中，金某提交了相应的借条、转账记录用以证明双方借贷关系成立，且其中750,000元一笔转账时就已经在备注中注明“借款”。一审法院认为在转账之初，金某已经作出了争议钱款系借款的意思表示。再结合乔某、郁某在购买浦东房屋过程中虽然没有向郁某亲属出具借条，但依然归还借款的行为，一审法院认为金某和乔某陈述的出售房屋得款后转账给乔某、郁某用于购房、还贷证明在双方之间形成借贷关系的说法更为可信。

二审法院认为，本案涉案共计2,060,000元款项，由三笔款项组成，为证明借款关系之成立，金某提供了三笔款项的转账凭证等证据材料，其中，750,000元款项的银行客户回单备注中亦载明“借款”，结合一审查明的事实，金某已经初步完成了涉案款项系借款的证明责任。关于涉案钱款系金某赠与以及750,000元银行回单涉嫌造假的事实，郁某未能提供充分证据证明，关于郁某对涉案借条形成时间的异议，即使涉案借条系事后补签，仍不影响本案借贷关系的成立，亦不足以证明涉案款项系金某的赠与，根据优势证据原则，郁某主张双方之间就涉案款项存在赠与关系的观点，缺乏事实与法律依据。

（四）子女名下房产婚后加名的性质

案例2－44 许某勇、黎某英诉许某健、林某雯所有权确认纠纷案

一审法院： 广东省佛山市顺德区人民法院（2018）粤0606民初2240号

二审法院： 广东省佛山市中级人民法院（2018）粤06民终8640号

案例主旨：父母出资且产权登记在自己子女名下，而子女在结婚后将配偶登记为产权人。如果子女面临离婚，父母主张该房产系借子女名义购买，从而认定房产不属于夫妻共有的，法院不予支持。

一审法院认为，首先，案涉房屋现登记在被告许某健、林某雯名下。本案中，两原告许某勇、黎某英陈述在购买案涉房屋时，两原告名下已经有两套房，由于当时限购政策及两原告的年龄不符合房贷申请条件而将案涉房屋登记在被告许某健名下，案涉的房屋实际所有权应当为两原告所有。

一个政策法规的出台，是经过充分论证并且经过法定程序制定的，具有强制性，而非可选择性，其目的就是维护相应的社会秩序，维护公共利益，保障公民的合法权益。本案中两原告陈述因限购和不符合房贷申请为了购买第三套即案涉房产，而暂时性地将房产登记在被告许某健的名下，其行为就是规避国家相应的政策法规，与出台的政策法规所规范的行为相违背，这种行为是不准许的，也不受法律保护，两原告应当承担相应的法律后果。

其次，两原告没有提交证据证明两原告与被告许某健对案涉房屋的实际产权进行了约定，且案涉房屋在取得产权证并注销抵押后，也没有证据显示两原告要求将案涉房屋的产权变更登记到其名下。

最后，本案的被告许某健是两原告的唯一孩子，且购买案涉房屋时，两原告称其名下已经有两套房产，当时被告许某健还未结婚，两原告主张因限购和不符合房贷申请条件而借用其儿子许某健名义购房和申请房贷，该行为不符合当前的国人习俗及中国家庭伦理观念，应当视为其父母对子女的赠与，即该房产是在被告许某健婚前由其父母即两原告的赠与而取得，房产为被告许某健所有。

被告许某健确认与被告林某雯领取结婚证后，双方到房产登记部门对案涉房产的产权进行了加名登记，案涉房产的产权由被告许某健变更为被告许某健与林某雯共同共有，两被告对案涉房产的加名行为发生在夫妻关系存续期间，且被告许某健也确认是自愿的行为，是其真实的意思表示，结合双方的行为及上述法律规定，案涉房产的加名行为视为被告许某健对被告林某雯的赠与行为，现房产所有权变更为被告许某健与林某雯共同共有，其赠与行为已经完成，故案涉房产为被告许某健与被告林某雯共同所有。二审法院维持了一审判决。

（五）父母向子女无对价出售房屋的认定

案例 2－45 孟某与夏某生、夏某权房屋买卖合同纠纷案

一审法院：上海市浦东新区人民法院（2018）沪 0115 民初 68451 号

二审法院：上海市第一中级人民法院（2019）沪 01 民终 8251 号

再审法院：上海市高级人民法院（2020）沪民申 1624 号

案例主旨：父母无对价向子女出售房屋过程中不存在真实的对价支付关系，不符合买卖的实质要件，是以虚假买卖合同隐藏了真实赠与合同。

二审法院认为，关于系争房屋处分行为的法律性质与法律后果的问题。孟某虽然与夏某生、夏某权签订了《上海市房地产买卖合同》，但夏某生、夏某权曾经在前案诉讼中主张该买卖的实质为赠与行为，且两人也没有提供证据证明其实际支付过房款。行为人与相对人以虚假的意思表示实施的民事法律行为无效。以虚假的意思表示隐藏的民事法律行为的效力，依照有关法律规定处理。

系争房屋处分过程中不存在真实的对价支付关系，不符合买卖的实质要件，是以虚假买卖合同隐藏了真实赠与合同。因此，系争房屋买卖合同虽为虚假行为，应认定为无效，但其隐藏的真实赠与行为并不当然无效，而且已经完成了过户登记，发生了物权变动的实际效果。

孟某的法定代理人夏某伟以孟某不具有民事行为能力为由提起再审，再审法院经审理后驳回了孟某的再审申请。

（六）父母部分出资为子女购房的情形

在司法实践中，还经常发生的一种情形是父母只为子女购买房产支付了部分价款（往往是首付款）。此时，根据房产买卖合同中购买人的身份不同，可细分为两种情形。

1. 父母购房后登记在子女名下的情形

（1）父母先以自己名义签订房产买卖合同，在子女结婚以前将房产的所有权变更登记到子女一方名下的，则该房产显然属于该子女的婚前个人财产。

（2）如果上述变更房产所有权的行为发生在子女结婚之后，则需要父母与自己子女一方之间形成指定赠与合同关系，即指定赠与子女一人的，则该房产才能认定为夫妻一方的个人财产。

（3）如果上述变更房产所有权的行为发生在子女结婚之后，且该房产登记在夫妻双方或非出资父母一方的子女名下的，同时还利用夫妻共同财产偿还该房产的贷款，则该房产应认定为夫妻双方的共同财产。离婚时，得到房产所有权登记的一方应给予另一方相应房产价值的补偿。

2. 父母出资但房产登记子女名下的情形

（1）如果父母的出资行为发生在子女结婚前，则根据《〈民法典〉婚姻家庭编解释（一）》第二十九条的规定，父母在子女结婚前为双方购置房屋出资的，该出资应当认定为对自己子女个人的赠与，但父母明确表示赠与双方的除外。

（2）如果父母的出资行为发生在子女结婚后，则根据上述法律的规定，父母在子女结婚后为双方购置房屋出资的，如果双方之间有约定的，依照约定处理；没有约定或者约定不明确的，则除非父母指定赠与自己的子女，否则视为对双方的赠与，即属于夫妻共同财产。

（七）父母为子女出资购房的注意事项

1. 父母为子女婚前出资购房的情形

（1）婚前首付以及婚后还贷均由父母出资

婚前首付由父母支付（如直接汇入开发商指定的账户）、婚后银行按揭还贷也由父母汇入银行按揭账户（注明指定赠与自己的子女支付贷款）；或者由父母将钱款（注明指定赠与自己的子女）先汇入子女指定专用还贷账户。

这样安排可能会让房产首付、还贷及增值部分被法院视为父母对子女的指定赠与，相关钱款与房产避免被认定为夫妻共同财产而在离婚时予以分割。

（2）婚前首付父母出资但婚后夫妻还贷

《〈民法典〉婚姻家庭编解释（一）》第七十八条规定："夫妻一方婚前签订不动产买卖合同，以个人财产支付首付款并在银行贷款，婚后用夫妻共同财产还贷，不动产登记于首付款支付方名下的，离婚时该不动产由双方协议处理。

依前款规定不能达成协议的，人民法院可以判决该不动产归登记一方，尚未归还的贷款为不动产登记一方的个人债务。双方婚后共同还贷支付的款项及其相对应财产增值部分，离婚时应根据民法典第一千零八十七条第一款规定的原则，由不动产登记一方对另一方进行补偿。”

2. 父母为子女婚后出资购房的情形

父母在子女婚后为其出资购房，一定要明确该出资是对自己子女的指定赠与。为证明“指定赠与”的目的，宜由父母与自己子女书面约定。如果没有约定，以往的司法实践中，在没有约定的情况下，若房产只登记在自己子女名下，则也有将父母出资的首付部分，直接判定为对自己子女赠与的案例。但各地司法审判实践认定不一，如果不明确约定，则存在一定的不确定性。同时，由于《〈民法典〉婚姻家庭编解释（一）》第二十九条明确指出，如果父母和自己子女没有约定或约定不明的，即父母没有明确是指定赠与自己子女的，则推定为赠与双方，即属于双方的夫妻共同财产。

（八）父母借子女名义购房的情形

在这种情形下，父母应与子女签订“房产代持协议”，但该协议只能证明父母与子女有“代持”的合议。在钱款支付上，也需要明确、清晰。如父母需要提供钱款从自己账户支付到子女支付房款的汇款账户的汇款凭证，或者由父母直接汇入房屋出售方账户的汇款凭证等，这些证据都需要保留好。这样，既有协议证明“合意”，又有钱款往来凭证，原则上可以证明代持关系。当然，父母与子女之间也可以建立房产抵押关系，确保相关债权与房产权益。需要注意的是，《民法典》第四百零六条第一款规定：“抵押期间，抵押人可以转让抵押财产。当事人另有约定的，按照其约定。抵押财产转让的，抵押权不受影响。”因此，为了起到禁止子女转让的作用，应当在抵押合同中特别约定限制、禁止子女转让房产的权利。

案例 2－46 乔某与刘某某及某银行河南省分行物权确认纠纷案

一审法院： 河南省郑州市管城回族区人民法院（2019）豫0104民初13944号

二审法院： 河南省郑州市中级人民法院（2020）豫01民终233号

案例主旨： 共同签署的房产转让协议可作为明确房屋权属归属于一方的书面约定。

法院认为，本案争议房屋权属证书载明的房屋所有权人虽为乔某，但从庭审查明的事实看，房屋的定金支付、购房首付款、自乔某办理该房屋至今的银行按揭还款及其他水、电、燃气费用的交纳均主要由刘某某直接支付，该事实亦由双方签署的《房产转让协议》予以确认；从房屋的现状看，刘某某装修房屋并已实际占有、使用至今，且该房的《房屋买卖合同》《个人住房（商业用房）借款合同》《购房发票》、房屋维修基金及完税凭证等原件及偿还贷款的银行卡均由刘某某持有。2018 年 10 月 12 日，刘某某、乔某共同签署的《房产转让协议书》对系争房屋的权属已明确作出书面约定，该份协议系当事人的真实意思表示且与法不悖，具有法律效力，当事人应当按照约定履行自己的义务。现刘某某要求乔某按协议内容履行，主张系争房屋归其所有，并无不当，法院予以支持。

关于乔某辩称刘某某支付相关费用系亲情赠与的意见，法院认为赠与合同是赠与人将自己的财产给予受赠人，受赠人表示接受的合同，但乔某未能提供证据证明双方存在赠与关系，且刘某某对此不予认可，故乔某的该项主张证据不足，不予支持。

（九）父母和子女共同购房的情形

（1）父母与子女的产权均登记在产证上，可约定按份共有。这样，父母与子女的权益均可由房产登记约定。

（2）产权仅登记在子女，甚至子女与配偶名下，但仍与父母有内部约定产权份额的，根据《〈民法典〉物权编解释（一）》第二条的规定，当事人有证据证明不动产登记簿的记载与真实权利状态不符、其为该不动产物权的真实权利人，请求确认其享有物权的，应予支持。

二、离婚协议中涉及房产问题的处理

（一）约定“房产无纠纷”不能证明房产已处理

案例 2－47 谢某与游某离婚后财产纠纷案

一审法院： 北京市海淀区人民法院（2017）京 0108 民初 47065 号

二审法院： 北京市第一中级人民法院（2019）京 01 民终 3170 号

案例主旨： 房屋作为家庭的大额财产，就其分割问题，夫妻双方自离婚至今都没有形成明确的、具体的约定，虽然离婚协议中对住房的分割意见为“无纠纷”，但不足以认为双方已对共有房屋的分割问题处理完毕。

法院认为，本案的争议焦点是1302号房屋和1303号房屋在谢某与游某此前的离婚纠纷中是否已经处理。根据查明的事实，1302号房屋和1303号房屋是在谢某与游某婚姻关系存续期间购买，应属夫妻共同财产。该两套房屋作为家庭的大额财产，就其分割问题，双方自离婚至今都没有形成明确的、具体的约定，虽然《离婚诉讼登记表》对住房的分割意见为“无纠纷”，《民事调解书》载明的“三、无其他纠纷”，但不足以认为双方已对上述房屋的分割问题处理完毕。此外，谢某在离婚后仍居住使用过1302号房屋，且双方均认可谢某离婚后曾对该房屋进行了改造装修。

综合上述情况，法院认为，谢某和游某在2000年离婚时并未对1302号房屋和1303号房屋的归属进行处理。

（二）未及时按离婚协议办理房产变更的处理

1. 离婚协议约定房产未变更能否对抗执行

（1）离婚协议不能对抗案外人的执行

案例2-48 陈某某、范小某与武某某等案外人执行异议之诉案

一审法院：上海市静安区人民法院（2017）沪0106民初11131号

二审法院：上海市第二中级人民法院（2018）沪02民终4158号

案例主旨：在离婚协议中约定房产归另一方以及子女所有，但未及时办理变更登记的，协议关于涉案房产归属的约定仅在协议当事人之间产生约束力，不能对抗协议之外的第三人。

二审法院认为，陈某某与范某恩在离婚协议中约定涉案房产在双方离婚后归陈某某、范小某共同共有，但未至不动产登记机关办理变更登记手续，该协议关于涉案房产归属的约定仅在协议当事人之间产生约束力，不能对抗协议之外的第三人。考虑到陈某某、范小某在2015年4月25日申请补发涉案房产的房地产权证书时，仍未将涉案房产变更登记至其两人名下，范某恩仍为涉案房产的权利人之一，故武某某作为债权人请求法院查封范某恩名下的财产以实现其债权符合法律规定。

（2）离婚协议可以对抗案外人的执行

案例 2－49 张某英与万某辉等案外人执行异议之诉案

一审法院：江西省高级人民法院（2016）赣民初 18 号

二审法院：最高人民法院（2017）最高法民终 42 号

案例主旨：对房产享有变更登记为所有权人的请求权可以排除人民法院根据执行人申请对房产的强制执行。

最高人民法院认为，综合本案具体情况，张某英虽不能直接被确认为案涉房产的所有权人，但其对该房产享有变更登记为所有权人的请求权，该请求权可以排除人民法院根据万某辉的申请对案涉房产的强制执行。理由是：一方面，从两种请求权产生的时间来看，张某英对案涉房产享有的请求权是基于 2008 年其与成某波签订的离婚协议产生，而万某辉享有的请求权是基于 2011 年成某波出具的担保《承诺书》产生。张某英的请求权成立在前，其与成某波不存在通过离婚协议预定转移、逃废此后成某波可能发生的担保债务。万某辉的请求权与张某英的请求权相比，在时间上不具有优先性。另一方面，从两种请求权的性质和内容来看，张某英享有的是针对案涉房产要求变更登记为所有权人的请求权，而万某辉享有的是针对成某波的一般金钱债权，该金钱债权并非基于对案涉房产公示的信赖而产生。具体而言，成某波为 FY 贸易公司向万某辉借款提供连带责任担保时，未将案涉房产设定为抵押担保物，万某辉亦并非基于成某波名下登记有案涉房产而同意其为借款人 FY 贸易公司提供保证担保。因而，万某辉的金钱债权请求权与张某英的所有权变更登记请求权相比，在性质和内容上亦不具有优先性。

最高人民法院在上述案例中，阐述离婚协议能对抗案外人执行的理由从以下三个方面展开：其一，离婚协议在前、案外人债权的产生在后；其二，离婚协议人之间享有的是基于房产的物权请求权，而案外债权人享有的是一般的债权；其三，该债权的取得不是在涉案房产公示之上。

对于案外人执行异议纠纷，最高人民法院在（2015）民一终字第 150 号案件中则认为，由于执行程序需要贯彻已生效判决的执行力，因此，在对执行异议是否成立的判断标准上，应坚持较高的、外观化的判断标准。这一判断标准，要高于执行异议之诉中原告能否排除执行的判断标准。应根据案件的具体情况和异议人所主张的权利、申请执行人债权实现的效力以及被执行人对执行标的的权利进行比较并综合判断，从而确定异议人的权利是否能够排除执行。

案例2－50 赵某齐与刘某、李某强案外人执行异议之诉纠纷案

一审法院：江苏省南京市鼓楼区人民法院（2016）0106民初8973号

二审法院：江苏省南京市中级人民法院（2017）苏01民终4482号

案例主旨：对房产所享有的权利是否可以阻却强制执行，主要应从债权产生的时间、内容、性质以及根源等方面来综合判断。

法院认为，关于刘某对涉案房屋的请求权是否足以阻止赵某齐与李某强民间借贷纠纷一案生效判决的执行问题。首先，从成立时间上看，刘某对涉案房屋的请求权要远远早于赵某齐与李某强民间借贷纠纷所形成的债权。

其次，从内容上看，刘某的请求权系针对涉案房屋的请求权，而赵某齐的债权为金钱债权，并未指向特定的财产。刘某要求将涉案房屋的所有权变更登记至其名下的请求权，应当优于赵某齐的金钱债权。

再次，从性质上看，赵某齐与李某强之间的金钱债权，系李某强与刘某的婚姻关系解除后发生的，属于李某强的个人债务。在该债权债务发生之时，涉案房屋实质上已经因刘某与李某强之间的约定而不再成为李某强的责任财产。因此，在赵某齐与李某强之间形成金钱债权的过程中，诉争房产并未影响到李某强的责任财产。在此意义上，刘某的请求权即使排除赵某齐债权的执行，也不会对赵某齐债权的实现形成不利影响。

最后，从发生的根源上看，涉案房屋系刘某与李某强婚姻关系存续期间的夫妻共同财产，在刘某与李某强婚姻关系解除之时约定涉案房屋归刘某所有。与赵某齐的金钱债权相比，刘某享有的请求权具有优先性。

综上，刘某有权请求将涉案房屋的所有权变更登记至其名下，且从刘某与赵某齐各自债权产生的时间、内容、性质以及根源等方面来看，刘某对诉争房产所享有的权利应当能够阻却对本案涉案房屋的执行。

2. 婚内协议约定共有房屋分割的性质认定

案例 2－51 马某与张某甲离婚纠纷案

一审法院： 山东省青岛市城阳区人民法院（2014）城民初字第4103号

二审法院： 山东省青岛市中级人民法院（2015）青民五终字第1307号

案例主旨： 对夫妻财产的规定属于特别规定，双方在婚姻关系存续期间对房产作出了约定，按照约定该房产应为双方的共同共有财产。

一审法院认为，因涉案房屋系被告婚前购买，且登记在被告名下，应视为被告婚前的个人财产，对于双方签订的协议书，应视为双方签订了房屋赠与合同。原、被告在签订协议书后，并没有到相关部门办理房地产权利转移登记手续，被告依法享有撤销赠与的权利，故对原告要求享有涉案房屋50%份额的主张，法院不予支持，因此，该房屋应归被告所有，相应的房屋贷款亦应由被告负责偿还。

但二审法院却认为，本案中双方在婚姻关系存续期间对房产作出了约定，按照约定该房产应为双方的共同共有财产。考虑到该房产是由被上诉人张某婚前家人投入和借亲戚款项购买，对该房产来源贡献度大，应适当多分。该房屋登记在被上诉人名下，故该房屋归被上诉人所有更有利于房屋的使用，由被上诉人给付上诉人马某1/3的房屋折价款为宜。最终，二审法院撤销了一审法院的判决并予以改判。

（三）离婚协议未生效不改变房产共有的性质

案例 2－52 莫某飞诉李某兴离婚纠纷案

审理法院： 广东省怀集县人民法院

案例来源：《最高人民法院公报》2011年第12期（总第182期）

案例主旨： 婚内离婚协议无效，按该协议进行的履行行为也可视为无效。

法院认为，关于双方当事人在离婚前作出的财产处理问题。本案离婚协议属于婚内离婚协议，所谓婚内离婚协议，是指男女双方在婚姻关系存续期间，以解除婚姻关系为基本目的，并就财产分割及子女抚养问题达成的协议。婚内离婚协议是以双方协议离婚为前提，一方或者双方为了达到离婚的目的，可能在子女抚养、财产分割等方面作出有条件的让步。在双方未能在婚姻登记机关登记离婚的情况下，该协议没有生效，对双方当事人均不产生法律约束力，其中关于子女抚养、财产分割的约定，不能当然作为人民法院处理离婚案件的直接依据。

原告莫某飞与被告李某兴在协议离婚过程中经双方协商对财产进行分割处理，是双方真实意思表示，并且已经进行了变更登记，但由于李某兴并未在离婚协议上签名，达不到离婚协议的成立要件，因此，该婚内离婚协议无效，即按该协议进行的履行行为也可视为无效。虽然（2006）第0036号《土地使用证》范围内的土地使用权变更在李某兴名下，但该土地使用权还是莫某飞和李某兴婚姻存续期间的共同财产，与原来登记在莫某飞名下的性质是一样的。

（四）离婚协议约定房产赠与子女的法律效力

对于离婚协议中约定房产赠与子女的效力问题，最高人民法院民事审判第一庭指导意见认为，[①] 子女抚养、房产赠与等与协议解除婚姻关系是一个整体问题，在双方离婚已成事实的情况下，父母一方又对赠与房产问题反悔，其主张缺乏事实和法律依据。

最高人民法院民事审判第一庭吴晓芳法官认为，[②] 当事人在民政部门登记离婚时，离婚协议中的房产赠与条款与整个离婚协议是一个整体，不能单独行使任意撤销权。有的当事人是在综合考虑各种因素的前提下才同意登记离婚的，也许附加的条件就是把房产无偿赠与子女。男女双方基于离婚事由将夫妻共同财产处分给子女的行为，可视为一种附协议离婚条件的赠与行为，在双方婚姻关系已经解除的前提下，基于诚信原则，也不能允许任意撤销赠与。有的当事人恶意利用赠与的撤销达到既离婚又占有财产的目的，不仅给子女或原配偶造成了经济损失和新的精神伤害，也给社会带来了不诚信反而受益的负面影响。

根据上述最高人民法院的观点，双方在离婚协议中约定房产归子女所有，这一内容往往是和双方解除婚姻关系、夫妻共同财产分割、子女抚养权及抚养费等问题紧密相连的，甚至其中一方正是因为这一因素而放弃了依法分割夫妻

---

① 参见最高人民法院民事审判第一庭：《离婚协议中房产赠与条款的撤销问题》，载最高人民法院民事审判第一庭编：《民事审判指导与参考》（总第55辑），人民法院出版社2014年版，第101～104页。

② 参见吴晓芳：《〈婚姻法〉司法解释（三）适用中的疑难问题》，载《法律适用》2014年第1期。

共同财产的权利，因此该种约定不能简单地认定为父母对于子女的无偿赠与，更不能与离婚协议的其他内容割裂开来。

从赠与合同的法律规定来看，赠与合同是赠与人将自己的财产无偿给予受赠人，受赠人表示接受赠与的合同。但夫妻在离婚协议中约定房产归子女所有时，由于子女并不是离婚协议的相对人，该种约定是不需要子女同意的，因此该种约定并不符合赠与合同的法律规定。夫妻的任何一方当然也不应当将赠与合同中的任意撤销权作为依据，进而单方撤销该内容。

如果夫妻在离婚协议中约定房产归子女的，该约定从本质上来说还是具有人身属性的财产分割协议的一部分，则应当按照离婚协议一样适用《民法典》的婚姻家庭编的相关规定。同时，根据《〈民法典〉婚姻家庭编解释（一）》第六十九条和第七十条的规定，离婚协议中关于财产以及债务处理的条款，对男女双方具有法律约束力。如果订立财产分割协议时不存在欺诈、胁迫等情形的，即使一方在协议离婚后一年内对财产分割问题反悔的，法院也不予支持。因此，任何一方都不能任意撤销该约定。如果一方坚决不配合履行，则另一方原则上可以依据该离婚协议要求其配合办理相关的房产变更登记手续。

如果双方在签署了离婚协议后，任何一方均不要求履行将房产变更至子女名下的手续，那么子女是否可以直接要求办理房产变更？针对该问题，上海市第一中级人民法院的杨法官认为，[①] 当事人约定由债务人向第三人履行债务的，如果债务人没有向第三人履行或者履行不符合约定，那么债务人是要向债权人承担违约责任的。也就是说，在原来的法律规范当中，似乎找不到第三人直接向债务人进行主张的法律依据。但是，随着《民法典》的正式实施，其中第五百二十二条做出了一个重要的补充。这个重要的补充内容就是，法律规定或者当事人约定第三人可以直接向债务人请求履行债务的，第三人在合理期限内没有明确表示拒绝，而债务人又没有向第三人履行的，那么此时，第三人可以要求债务人承担违约责任。违约责任的其中一种表现形式就是继续履行。所以，《民法典》的这条规定实际上已经对合同相对性进行了突破，成为法理上所说的利他契约或者真正的第三人利益合同，也就是说，随着《民法典》的施行，未成年子女也可以在一定的条件下直接向做出承诺的父母一方主张要求履行合同。

---

① 参见《离婚协议中对不动产权属约定的效力探究》，载上海市第一中级人民法院官方澎湃号，https：//www. thepaper. cn/newsDetail_ forward_ 9653519，最后访问时间：2021 年 1 月 24 日。

实践中各地的法院在处理上述相关问题时存在不同的观点，甚至有不同的判决结果。

1. 父母赠与子女房产后再处分的效力

（1）利用假离婚协议出售赠与子女的房产的效力

案例 2－53 马某锋与李某琦、李某峰确认合同无效纠纷案

二审法院： 湖北省襄阳市中级人民法院（2018）鄂06民终457号

再审法院： 湖北省襄阳市中级人民法院（2019）鄂06民再56号

案例主旨： 父母通过离婚协议约定共有房屋归子女所有的，若未办理房产过户，则赠与关系并未成立，子女对涉案房产不享有所有权。若父母一方伪造离婚协议将房产卖给第三人，属于无权处分，但第三人是善意的，房屋买卖合同应当有效。

一审法院认为，本案诉争房屋属枣阳市司法局在划拨土地上由单位承建的单元房，未办理土地及房屋所有权登记。李某峰、马某锋先后订立协议、购房补充协议，将房屋转让给马某锋，由于该房屋未依法登记领取权属证书属于《城市房地产管理法》第三十八条规定的不得转让的情形，并且李某峰与刘某菊签订的离婚协议明确约定房屋的产权归李某琦所有，李某峰有两年的居住权，但李某峰与刘某菊均不得变卖。李某琦虽在购房补充协议上签名，但其当时属限制行为能力人，对房屋拆迁、转让的意思应由其法定代理人刘某菊代理或征得刘某菊同意，房屋的拆迁、买卖均与李某琦年龄、智力判断作出的决定不相适应，也未得到监护人与法定代理人刘某菊同意，故李某琦在购房补充协议甲方处签名属无效民事行为。关于本案诉争房屋的所有权，李某峰与刘某菊于2011年11月14日协议离婚已约定单元房产权为李某琦所有，系双方真实意思表示且不违反法律规定，应予确认。

二审法院也认为，根据李某峰自认虚构离婚协议内容、骗取李某琦签名的事实，李某峰未经监护人刘某菊同意与追认出售李某琦的房屋，已损害了被监护人李某琦的财产权利，原审判决认定基于前过理由李某峰与马某锋签订的购房协议与补充协议无效。

但再审法院却撤销了一审、二审的判决并认为，关于李某琦是否取得了涉案房屋所有权问题。本案中，李某峰、刘某菊仅在《离婚协议书》中对赠与房

产作出了意思表示，协议虽然为李某琦设定了利益，但该利益是否实现取决于李某峰、刘某菊是否履行赠与房产的产权过户手续。《离婚协议书》签订后，李某峰、刘某菊未将房屋过户至李某琦名下，赠与关系并未成立，故李某琦对涉案房产不享有所有权。

本案中，李某峰与马某锋双方自愿签订了《购房协议》《购房补充协议》，并依合同约定各自履行了交付购房款及房屋的义务。双方签订的协议未违反法律法规的强制性规定，合法有效。原审认定双方签订的协议因违反《城市房地产管理法》第三十八条的规定而无效错误。该项规定在性质上属于管理性强制性规定，而非效力性强制性规定，不能以该项规定确认双方签订的协议无效。虽然本案诉争房产未办理过户登记手续，但不能因此确认合同无效。李某峰与刘某菊婚姻关系存续期间购买诉争房产，属李某峰与刘某菊的共有财产。李某峰将该共有房产出售并交付给马某锋，构成无权处分。马某锋签订《购房协议》《购房补充协议》时对此并不知情，并依双方签订的购房协议支付了合理的对价，且实际占有使用诉争房屋多年。双方签订的购房协议是物权变动的原因行为，所有权转移是物权变动之结果。出卖人在缔约时对标的物没有物权或处分权，并不影响作为原因行为的买卖合同的效力，故李俊锋与马某锋签订的《购房协议》《购房补充协议》不应因李某峰无权处分而无效。

（2）利用赠与子女的房产订立抵押合同的效力

案例2－54 某银行深圳福田支行、刘某、谷某杰等排除妨害纠纷案

一审法院：广东省深圳市福田区人民法院（2018）粤0304民初33856号

二审法院：广东省深圳市中级人民法院（2019）粤03民终14886号

再审法院：广东省高级人民法院（2020）粤民申1121号

案例主旨：担保行为并未损害未成年子女的利益，且未成年子女未提供证据证实其利益受损的情形。即便监护人签订抵押合同的行为损害了未成年子女的利益，法律也仅规定由监护人承担相应的责任，而非由此否定抵押合同效力并由抵押权人承担责任。

二审法院认为，涉案抵押合同签订时，谷某系限制民事行为能力人，刘某作为谷某的监护人，将涉案房产抵押给某银行深圳福田支行并签订《个人抵押贷款合同》并未违反法律以及行政法规的强制性规定。谷某虽为涉案房产的所

有权人，但该房产系谷某父母刘某与谷某杰出资购买，谷某亦由其父母抚养。谷某的母亲刘某以该房产进行融资抵押担保，从本案借款发生直至目前二审期间仍处于正常履行状态，故不能当然认定该担保行为损害了谷某的利益，且谷某亦未提供证据证实其利益受损的情形。即便监护人刘某、谷某杰代谷某签订抵押合同的行为损害了谷某的利益，法律也仅规定由监护人承担相应的责任，而非由此否定抵押合同效力并由抵押权人承担责任。

再审法院认为，从谷某申请再审的理由分析，本案争议的焦点在于某银行福田支行、刘某、谷某杰是否对谷某的涉案房产构成侵权。

经查明，涉案抵押合同签订时，谷某系限制民事行为能力人，刘某作为谷某的监护人，将涉案房产抵押给某银行福田支行并签订《个人抵押贷款合同》，并未违反法律以及行政法规的强制性规定。谷某虽为涉案房产的所有权人，但该房产系谷某父母刘某与谷某杰出资购买，谷某亦由其父母抚养。谷某的母亲刘某以该房产进行融资抵押担保，从本案借款发生直至目前二审期间仍处于正常履行状态，故不能当然认定该担保行为损害了谷某的利益，且谷某亦未提供证据证实其利益受损的情形。《民法总则》（现已失效）第三十四条第三款规定：监护人不履行监护职责或者侵害被监护人合法权益的，应当承担法律责任。即便监护人刘某、谷某杰代谷某签订抵押合同的行为损害了谷某的利益，法律也仅规定由监护人承担相应的责任，而非由此否定抵押合同效力并由抵押权人承担责任。故谷某申请再审主张刘某、谷某杰停止侵权、撤销设立在涉案房产上的抵押权并要求李某、谷某杰赔偿其损失68万元，缺乏法律依据，本院不予支持。

2. 约定房产归子女但未过户的仍有效

（1）房产未办理变更登记也可对抗债权人

案例2-55 李某青与李某华、丁某萍等执行异议之诉案

一审法院： 河南省郑州市金水区人民法院（2016）豫0105民初9957号民事判决

二审法院： 郑州市中级人民法院（2017）豫01民终13494号

再审法院： 河南省高级人民法院（2018）豫民再1338号

案例主旨： 离婚协议中对子女赠与的条款，与解除婚姻关系密不可分，应

当适用专门调整婚姻家庭关系的法律及其司法解释的相关规定。

一审、二审法院均认为，受赠房屋依法应当办理产权变更登记手续，否则受赠房屋的产权不发生转移。涉案房屋未办理产权变更登记手续，李某青亦未提交有力证据证明涉案房屋未过户至其名下并非由于其自身原因。李某华仍是涉案房屋的登记所有权人，李某青对涉案房屋不享有足以排除强制执行的民事权益。

但再审法院撤销了一审、二审的判决。再审法院认为，李某青享有排除执行的权利。双方因离婚而对于不动产的处分区别于一般的物权变动，离婚协议中对赠与的条款，与解除婚姻关系密不可分，应当适用专门调整婚姻家庭关系的法律及其司法解释的相关规定。

本案中，2006 年丁某萍与李某华在离婚协议中约定涉案房屋归女儿李某青所有，对另外两套房屋也明确了权属，双方对房屋权属的约定明确。2012 年，李某华为他人的债务提供担保，系个人债务。丁某萍与李某华将案涉房产赠与李某青，虽没有变更房屋产权归属，李某华仍是房屋登记产权人，但李某青根据离婚协议已经占有、使用该房屋，不存在恶意串通逃避债务、规避执行的情形，理应保障李某青居住等基本生活条件。

需要指出的是，本案尚有实现债权人权益的替代性方案。李某华、丁某萍离婚时约定，位于郑州市住房归李某华所有，位于开封市房屋丁某萍所有。相关债权人的合法权益可以通过执行李某华拥有的份额等途径予以实现。

（2）夫妻一方无权单方撤销赠与

案例 2－56 范某顺与范某艺赠与合同纠纷案

一审法院：山东省武城县人民法院（2013）武民初字第 736 号

案例主旨：离婚时一方将其财产“赠与”给另一方或子女，这是建立在原有婚姻关系这种特定的人身关系基础之上的，具有道德义务的性质，可视作对对方的一种帮助、一种经济补偿，或是对财产酌情处理的方式，是区别于一般赠与行为，一方不可任意撤销。

法院认为，本案争议焦点为原告范某顺能否撤销对被告范某艺房产的赠与。离婚时一方将其财产“赠与”给另一方或子女，这是建立在原有婚姻关系这种特定的人身关系基础之上的，具有道德义务的性质，可视作对对方的一种帮助、一种经济补偿，或是对财产酌情处理的方式。范某顺与郭某菊在离婚时约定将房屋赠与女儿范某艺，应视为双方为达成离婚而对其财产协商处分的约定，故不能单独将该条款分离出来，简单地认定成范某顺与范某艺之间形成了一种赠与合同关系，这与普通的赠与合同的性质截然不同。本案中，范某顺未提供证据证明在协议订立过程中存在欺诈、胁迫等情形，应由其承担举证不能的法律后果。

（3）离婚协议约定将共同房产赠与子女有效

案例2-57 汪1与汪2、章某某赠与合同纠纷案

一审法院：安徽省青阳县人民法院（2019）皖1723民初1140号

二审法院：安徽省池州市中级人民法院（2019）皖17民终726号

案例主旨：夫妻在签订的离婚协议书中约定，自愿将共同所有的房屋赠与女儿，该约定真实意思表示，对双方具有法律约束力。

法院认为，本案中，汪1与章某某在签订的离婚协议书中约定，自愿将共同所有的位于青阳县的房屋赠与女儿汪2，该约定系汪1、章某某真实意思表示，对双方具有法律约束力。汪1认为双方离婚协议中关于涉案房屋处置的约定无效，因汪1未能提供证据证明离婚协议存在胁迫、欺诈的行为，法院不予采信。

（4）子女可要求父母按离婚协议过户房产

案例2-58 陆某甲与陆某乙赠与合同纠纷案

一审法院：上海市闵行区人民法院（2016）沪0112民初字第1999号

二审法院：上海市第一中级人民法院（2016）沪01民终6114号

案例主旨：离婚时将共有房产分割给子女的约定不能背离离婚协议的实质。

法院认为，陆某甲与范某丙在《离婚协议书》中所涉的对系争房屋的处理，表象上似乎是陆某甲将自己名下的房产无偿赠与婚生子陆某乙，而实质上是陆某甲与范某丙以解除婚姻关系为目的，综合考虑离婚原因、子女生活等诸多原因而签订的财产分割、分配协议；其中既有亲属身份关系的考量，也有尽早达到离婚目的的因素。故陆某甲与范某丙离婚时将共有房产分割给婚生子陆某乙的约定不能背离协议的实质。

在无证据证明该协议存有无效或可变更、撤销的情形之时，陆某甲、范某丙均应当依约履行。现陆某甲在协议目的已成就的情况下拒绝配合陆某乙进行系争房产的过户，实系拒绝履行业已合法生效的《离婚协议书》，显属缺乏依据。

（5）离婚协议约定拆迁房产赠与子女有效

案例2－59 付某与范某离婚后财产纠纷案

一审法院：北京市大兴区人民法院（2016）京0115民初6470号

案例主旨：离婚协议中约定了共同房产分割及共同房产赠与子女的约定，属于双方的真实意思表示，对双方具有拘束力。

法院认为，夫妻双方以离婚为目的，经过慎重考虑最终达成解除婚姻关系、共同房产分割及共同房产赠与子女的约定协议，该协议达成的过程包含了夫妻双方的各种利益考量和让步。原告付某与被告范某登记离婚时，协议中约定了共同房产分割及共同房产赠与子女的约定协议，应是原告付某与被告范某真实意思的表示。原告付某与被告范某应按离婚协议履行，依据离婚协议双方各赠与婚生子范小某正房4间，故对原告付某诉讼请求中其违反双方离婚协议约定的部分，法院不予支持。最终法院判决，系争10间房屋中南侧房屋6间归原告付某所有，北侧房屋4间拆迁前归原告付某所有。

（6）离婚协议以再婚为条件赠与子女房产有效

案例2－60 陈某与庄某甲、庄某乙离婚后财产纠纷案

一审法院：福建省厦门市思明区人民法院（2014）思民初字第16803号

案例主旨：离婚协议约定如果离婚后一方再婚则财产重新分配或归第三人所有这一条款并非对当事人的再婚予以限制，而是当事人附条件地自由处分其财产的行为，只要是双方真实意思表示，当属有效。

法院认为，陈某与庄某甲在《离婚协议书》中就婚后共有的房产的分割达成一致，并约定如庄某甲再婚或再生育，庄某甲所得的财产全归双方的女儿庄某乙所有。据查明之事实，庄某甲现已再婚，并搬离该房屋，故依照该约定，庄某甲所分得的房产的一半应归庄某乙所有，故陈某诉求庄某甲将房产过户给陈某及庄某乙所有（各占50%产权），符合法律规定，法院予以支持。

庄某甲抗辩《离婚协议书》中关于共有房产的约定由于剥夺了庄某甲的婚姻自主权或财产权不具法律效力，并且该房屋系其唯一房源，因无事实和法律依据，法院不予采纳；庄某甲还辩称该条款显失公平，应予撤销，但其并未于协议离婚后一年内主张变更或撤销该财产分割协议，故对其相应抗辩，法院不予采纳。

另外，广东省广州市中级人民法院在（2018）粤01民终1670号离婚后财产纠纷中也认为，离婚协议约定如果离婚后一方再婚则财产重新分配或归第三人所有这一条款并非对当事人的再婚予以限制，而是当事人附条件地自由处分其财产的行为，只要是双方真实意思表示，当属有效。

3. 约定房产归子女但未过户即物权未发生变动

案例2－61 刘某驰与王某珠等案外人执行异议之诉案

二审法院：河北省高级人民法院（2018）冀民终527号

再审法院：最高人民法院（2018）最高法民申6053号

案例主旨：夫妻在离婚协议中约定房产归子女所有，应视为夫妻将房产赠与子女。房产赠与必须办理过户手续，否则赠与关系不成立。

最高人民法院认为，刘某与其妻刘某云签订的《离婚协议书》中约定案涉房产归儿子、女儿所有，各一个单元，该约定应视为刘某与其妻刘某云将房产赠与儿子、女儿的意思表示。赠与关系的成立，必须以赠与物的交付为准，对于房屋则必须办理过户手续，否则赠与关系不成立。

本案中，刘某、刘某云仅是在《离婚协议书》中对赠与房产作出了意思表示，协议虽然对刘某驰设定了利益，但该利益是否实现取决于刘某、刘某云是否现实履行赠与房产的产权过户义务。《离婚协议书》作出后，刘某、刘某云并未将房产办理至其子女名下，而是办理至刘某名下。对于本案中的房产赠与而言，在刘某将房产过户至刘某驰之前，赠与关系并未成立，刘某驰对于房产不享有所有权。即使刘某已将房屋的产权证书交与刘某驰，但因《离婚协议书》是刘某、刘某云之间对于离婚财产如何处理的安排，而并非刘某与其子女之间签订的书面赠与合同，无法认定赠与有效。

至于刘某驰认为刘某未在离婚后一年内撤销赠与因而赠与有效的问题，因本案中赠与关系并未成立，不存在撤销的必要，刘某是否作出撤销的意思表示都不能使房产所有权发生变化。案涉房产所有权并未发生转移，刘某驰不享有足以排除强制执行的民事权益。

4. 约定房产归子女但未过户的可撤销

案例2-62 黄某1与杨某离婚后财产纠纷案

一审法院：福建省福清市人民法院（2018）闽0181民初3807号

二审法院：福建省福州市中级人民法院（2019）闽01民终3381号

案例主旨：房屋并未办理过户登记手续，赠与关系并未成立。

法院认为，赠与关系的成立，必须以赠与物的交付为准，对于不动产则必须办理过户手续，否则赠与关系不成立。本案中，黄某1与杨某在离婚诉讼中达成一致意见，约定在次女成年之后2017年10月之前，将夫妻共同财产即本案诉争房屋过户给次女，该约定应视为黄某1与杨某将诉争房屋赠与次女的意思表示。因诉争房屋并未办理过户登记手续，本案赠与关系并未成立，诉争房屋仍属于黄某1与杨某的夫妻共同财产，故杨某诉请分割诉争房屋，于法有据。

5. 约定房产归子女但未过户不得对抗第三人

案例2-63 朱某莲、肖某浩、肖某俊与肖某禄、刘某成确认合同无效纠纷案

一审法院：海南省海口市美兰区人民法院（2018）琼0108民初15613号

二审法院：海南省海口市中级人民法院（2019）琼01民终3652号

案例主旨：离婚协议是夫妻之间达成的协议，仅对夫妻双方具有约束力，第三人不知晓其内容，对第三人没有法律约束力。房屋没有办理过户手续，对外不具有不动产物权公示的效力，依法不能对抗善意第三人。

法院认为，本案中，虽然朱某莲和肖某禄在离婚时签订的离婚协议约定案涉房屋归朱某莲、肖某浩、肖某俊所有，但由于离婚协议是夫妻之间达成的协议，仅对夫妻双方具有约束力，第三人不知晓其内容，对第三人没有法律约束力。因案涉房屋没有办理过户手续，对外不具有不动产物权公示的效力，依法不能对抗善意第三人。肖某禄将仍登记在其名下的房产向刘某成抵押借款，借贷双方对抵押借款合同的真实性、合法性并无争议，亦无证据证明刘某成明知涉案房产不属于肖某禄，而与肖某禄恶意串通，将涉案房产办理了抵押借款。因此，朱某莲等人主张房产抵押合同无效，不符合法律规定的合同无效的情形。

6. 离婚协议约定死亡后房产归子女的无效

案例 2－64 高某与孙某、嬴某法定继承纠纷案

一审法院： 北京市丰台区人民法院（2018）京 0106 民初 27144 号

二审法院： 北京市第二中级人民法院（2019）京 02 民终 12850 号

再审法院： 北京市高级人民法院（2020）京民申 1286 号

案例主旨： 离婚协议形式上不符合自书遗嘱、代书遗嘱等遗嘱的形式要件。

再审法院认为，继承从被继承人死亡时开始。遗产是公民死亡时遗留的个人合法财产。继承开始后，按照法定继承办理。有遗嘱的，按照遗嘱继承或者遗赠办理。本案中，高某主张嬴某提交的《离婚协议》系高某 2 的遗嘱。但，该协议名为《离婚协议》，故形式上不符合自书遗嘱、代书遗嘱等遗嘱的形式要件。该协议的内容系双方为解除婚姻关系而订立，但是双方并未履行解除婚姻关系的手续。此外，根据嬴某所述，该协议形成于其与高某 2 离婚诉讼之前，但双方在离婚诉讼时并未就协议约定进行陈述，且双方在该案审理中均对 × 号房屋的分割问题进行了陈述，均表示同意分割。因此，一、二审法院对高某主张上述《离婚协议》系遗嘱的意见不予采纳，并无不当。

7. 子女不能根据离婚协议直接要求房屋确权

案例 2－65 张某与张某朋、宫某霞所有权确认纠纷案

一审法院： 山东省德州市临邑县人民法院（2018）鲁 1424 民初 2679 号

二审法院： 山东省德州市中级人民法院（2020）鲁 14 民终 310 号

案例主旨： 夫妻在离婚时将共有房产赠与子女是转移该房产物权的意思表示，双方需积极履行变更登记等后续的过户行为才能实现物权的变动。子女不能要求确认房屋直接归其所有，但可以要求父母协助过户。

一审法院认为，被告张某朋与第三人宫某霞离婚时将共有房屋进行了处分，赠与了女儿张某，在无证据证明当时的协议系在非自愿签订的情况下，现有证据无法证明该协议存在无效的法定情形，故法院认定该协议合法有效。被告与第三人赠与原告的房屋至今未过户，在涉案房屋未办理转让登记前，该房屋的产权不发生变化，故原告要求涉案房屋归原告张某所有的诉讼请求法院不予支持。

二审法院却认为，张某朋和宫某霞在离婚协议中明确约定，涉案房产归张某

所有，该协议系双方真实意思表示，无欺诈、胁迫等可撤销情形，双方均应自觉遵守，积极履行协议内容。我国对于不动产物权采取登记取得的方式，原则上未经登记不发生物权变动的效力。张某朋与宫某霞之间关于离婚后财产处理的协议，是转移涉案不动产物权的意思表示，双方仍需积极履行变更登记等后续过户手续才能实现物权的变动，因此，张某的确认房屋直接归其所有的主张不能成立，但要求张某朋和宫某霞协助过户的主张成立，法院予以支持。最终二审法院撤销了一审法院的判决并予以改判。

8. 夫妻通过行为可撤销离婚协议的房产赠与

案例2－66 徐大某与杨某合同纠纷案

二审法院： 山东省济南市中级人民法院（2019）鲁01民终3586号

再审法院： 山东省济南市中级人民法院（2020）鲁01民申71号

案例主旨： 夫妻在离婚协议中约定共有房产赠与子女但未办理物权登记变更手续，故房产的财产权利未发生转移。夫妻双方又达成其他关于房产赠与的约定，应视为双方共同撤销赠与子女房产的意思表示。

法院认为，徐大某与杨某在2018年4月24日离婚协议中约定将案涉房屋共同赠与婚生子徐某；2018年9月7日双方复婚后再次离婚，又协议约定将案涉房屋归杨某所有，并口头约定由杨某支付给徐大某50万元的房屋补偿款。上述期间徐大某与杨某并未将案涉房屋物权登记变更至徐某名下，案涉房屋的财产权利未发生转移，2018年9月7日协议变更了2018年4月24日协议中关于房屋赠与的约定，应视为双方当事人共同撤销赠与的意思表示。

9. 房屋赠与子女但约定女方居住权的效力

案例2－67 陈某1与宋某离婚后财产纠纷案

一审法院： 浙江省仙居县人民法院（2020）浙1024民初3550号

二审法院： 浙江省台州市中级人民法院（2020）浙10民终3133号

案例主旨： 一方将婚前房产赠与子女并为前妻设立居住权的，由于未约定限制条件及期限，且居住权的设立人在一年内未行使法定的撤销权，前妻应合法享有居住权。每个人都具有一定的社会关系，一方要求另一方不得带他人入住的概念过于抽象、概括，与法律不符。

一审法院认为，本案的争议焦点为原告（反诉被告）宋某是否享有涉案房屋的居住权及被告（反诉原告）陈某1是否有权撤销宋某的居住权。原告宋某、被告陈某1二人离婚时签订的离婚协议书系双方真实意思表示，并不违反法律规定，应属合法有效，对双方均具有法律约束力，双方均应恪守履行。离婚协议约定：现登记在陈某1名下的位于杭州经济技术开发区的房屋，为陈某1婚前财产，自离婚生效之日起赠与儿子陈某2，供女方和孩子居住使用。协议约定，宋某享有涉案房屋的居住权。因双方在协议中对宋某的居住权未约定限制条件及期限，且陈某1并未在一年内行使法定的撤销权，故其提出的撤销宋某的居住权于法有悖，不予支持。由于其无权撤销宋某的居住权，故应恢复宋某对涉案房屋单元楼的门禁使用资格，并不得作出任何妨害宋某使用涉案房屋的行为。陈某1关于居住权期限不得超过两年等抗辩理由不能成立，不予采信。陈某1提出的宋某不得带他人入住涉案房屋的反诉请求，双方在离婚协议中未有明确约定，且每个人都具有一定的社会关系，不得带他人入住的概念过于抽象、概括，与法律规定不符，不予支持。陈某1提出的恢复房屋入户门锁的反诉请求，因宋某已拆除门锁，根据实际情况已不可能恢复，只能更换。关于陈某1提出的房屋使用问题，因双方已协议离婚，陈某1也已在南浔购买公寓，为避免引发纠纷，从不影响儿子陈某2健康成长等角度出发，该项反诉请求不予支持。

二审法院同意一审法院的观点也认为，根据离婚协议的约定，并结合日常经验法则，一审法院以“每个人都具有一定的社会关系，不得带他人入住的概念过于抽象、概括”为由，对陈某1请求未经允许不得带他人入住房屋的主张不予支持并无不当。由于离婚协议已经约定涉案房屋自离婚生效之日赠与婚生儿子，故从婚生儿子的健康成长角度出发，并结合陈某1的工作地点、已在他处购买公寓的情节等因素综合考虑，一审法院对涉案房屋使用的认定并无不妥。

鉴于上述案例发生在2021年《民法典》生效之前，当时的法律尚未对房屋“居住权”的设立有具体的法律规定。但是在《民法典》生效之后，如果当事人希望在房屋设立居住权时，必须按照《民法典》中关于居住权的相关规定。第一，居住权的设立形式为“采用书面形式订立居住权合同”。书面形式既包括居住权合同，也包括遗嘱。第二，在当事人没有特别约定的情况下，居住权一般会被法律推定为无偿设立。第三，设立居住权必须向登记机构申请居住权登记，且居住权自登记时设立。第四，居住权既不能转让，也不能继承。一旦居住权期限届满或者居住权人死亡，则居住权自然消灭，应当及时办理注销登记。第五，已经设立居住权的住宅原则上不得出租，但是当事人也可以另行约定，有约定从约定。

（五）离婚协议无法产生房屋物权变动效力

案例2-68 陈某萍与王某新、NC公司等案外人执行异议之诉案

二审法院： 青海省高级人民法院（2018）青民终201号

再审法院： 最高人民法院（2019）最高法民申2322号

案例主旨：《离婚协议书》虽然经过民政部门的婚姻登记机关备案，但该备案行为无法发生物权变动效力。

最高人民法院认为，我国不动产的物权变动一般应以登记为生效要件。本案案涉房屋并未登记在陈某萍名下，其基于《离婚协议书》对案涉房屋的约定主张案涉房屋所有权，虽然该《离婚协议书》经过民政部门的婚姻登记机关备案，但该备案行为无法发生物权变动效力，故本案仅凭该《离婚协议书》无法发生案涉房屋的物权变动效力。

依据《公司法》的规定，公司的法人财产具有独立性，公司股东不能因为股东身份当然取得公司财产，法律也禁止股东的个人财产与公司财产混同。因此即使购买案涉房屋的实际出资人是某矿产公司，也不能因某矿产公司系王某新一人全资成立，王某新就取得该公司的法人财产，况且某矿产公司仅是NC公司的股东之一。陈某萍据此主张案涉房屋是王某新和陈某萍夫妻共同财产的理由不能成立。根据案涉房屋买卖合同，结合案涉房屋登记在NC公司名下的事实，案涉房屋系NC公司的法人财产，不是王某新的个人财产，陈某萍作为NC公司的财务人员主张离婚后一直占有该财产的申请再审理由与事实不符，不能成立，王某新作为某矿产公司股东在《离婚协议书》中对NC公司的法人财产不具有处分权，因此陈某萍基于《离婚协议书》对案涉房屋不享有民事权益。陈某萍作为抵押物共有人在抵押合同上签字的行为不能发生案涉房屋的物权变动效力，该抵押合同也不足以证明陈某萍对案涉房屋享有足以排除强制执行的民事权益。

（六）查封房产后签订离婚协议不能对抗执行

案例2-69 刘某萍与郭某斌、王某华案外人执行异议之诉案

二审法院：黑龙江省高级人民法院（2018）黑民终318号

再审法院：最高人民法院（2019）最高法民申1813号

案例主旨：离婚协议关于房产归属的约定不具有对外效力，亦不能对抗人民法院的强制执行。

最高人民法院认为，本案系刘某萍提起的案外人执行异议之诉，刘某萍是否对案涉房屋享有足以排除强制执行的民事权益是本案的焦点问题。根据原审法院查明的事实，因王某华与郭某斌之间的民间借贷纠纷，案涉房屋于2014年6月被人民法院查封，其中位于某市第五小学南边市政府住宅楼三号楼一楼（以下简称五小房屋）登记的产权人为王某华。虽然王某华与刘某萍于2014年12月1日协议离婚时约定五小房屋归刘某萍所有，但当时五小房屋已处于人民法院查封状态。根据《城市房地产管理法》第三十八条关于“下列房地产，不得转让：……（二）司法机关和行政机关依法裁定、决定查封或者以其他形式限制房地产权利的”的规定，王某华不能对已查封的五小房屋进行处分。离婚协议关于五小房屋归属的约定不具有对外效力，亦不能对抗人民法院的强制执行。原审法院基于上述事实认定刘某萍对案涉房屋不享有足以排除强制执行的民事权益，并无不当。

（七）单方持离婚协议可直接办理房产过户

根据《民法典》第二百二十九条的规定，因人民法院、仲裁机构的法律文书或者人民政府的征收决定等，导致物权设立、变更、转让或者消灭的，自法律文书或者征收决定等生效时发生效力。因此，当事人可以持人民法院、仲裁委员会的生效法律文书或者人民政府的征收决定单方申请不动产登记。那么当事人可否直接持离婚协议书办理房产的过户呢？山东省高级人民法院给出了支持的答案。

案例2-70 于某洪诉J州市人民政府、台某梅房屋行政登记案

一审法院：山东省青岛市黄岛区人民法院（2008）黄行初字第33号

二审法院：山东省青岛市中级人民法院（2009）青行终字第89号

再审法院： 山东省高级人民法院（2017）鲁行再35号

案例主旨： 双方在离婚协议中约定条件具备时可以单方进行转移登记，而《城市房屋权属登记管理办法》亦未规定该种情形下登记机关办理转移登记必须要求双方到场，故单方办理房产变更登记有效。

再审法院同意一审、二审的判决并认为，根据于某洪与台某梅离婚协议中关于财产处理的约定，在于某洪偿还完房屋贷款后，台某梅就可以到被告处将房屋所有权证变更到自己名下。于某洪对涉案房产的产权证在偿还完贷款后变更到台某梅名下已经签字确认，可视为其对附条件的变更房产证持认可态度。

根据原审查明的事实，于某洪在2002年3月就已经将涉案房屋的贷款偿还完毕，在条件成就以后，台某梅于2002年6月，持于某洪的房屋所有权证原件等材料，申请将涉案房屋变更到台某梅名下。

《城市房屋权属登记管理办法》第三条第二款、第三款规定："本办法所称房屋权利人（以下简称权利人），是指依法享有房屋所有权和该房屋占用范围的土地使用权、房地产他项权利的法人、其他组织和自然人。本办法所称房屋权利申请人（以下简称申请人），是指已获得了房屋并提出房屋登记申请，但尚未取得房屋所有权证书的法人、其他组织和自然人。"

该规定是规范房屋登记申请人的资格，指尚未取得房屋所有权证书的法人、其他组织和自然人，据此无法得出申请人应当包括原房屋登记的权利人于某洪的推论。鉴于于某洪与台某梅有离婚协议关于财产处理的约定在先，约定条件具备时可以进行转移登记这一主要基础事实清楚，《城市房屋权属登记管理办法》亦未规定该种情形下登记机关办理转移登记必须要求双方到场，J州市人民政府经审查予以登记，没有违反法律强制性规定。

（八）伪造离婚协议向善意第三人抵押房产有效

案例2－71 BZ市自规局与段某某、于某某房屋行政登记纠纷案

一审法院： 山东省滨州市滨城区人民法院（2018）鲁1602行初47号

二审法院： 山东省滨州市中级人民法院（2020）鲁16行终12号

案例主旨： 当事人伪造离婚协议造成房屋登记行为违法，但判决撤销将给公共利益造成重大损失或者房屋已为第三人善意取得的，法院仅判决确认被诉

行为违法，不撤销登记行为。

法院认为，根据《房屋登记办法》第十一条、第三十三条的规定，申请房屋转移登记，应当提供符合相关法律规定的申请材料。申请人应当对申请登记材料的真实性、合法性、有效性负责，不得隐瞒真实情况或者提供虚假材料申请房屋登记。本案中，办理房产转移登记的申请人于某某提交的转移登记申请书、离婚协议书等已查明属虚假，BZ市自规局依据不具有真实性的材料作出涉案转移登记便失去了合法性基础，被诉行政行为的作出系认定事实不清，主要证据不足，本应予以撤销。

他物权包括抵押权亦可以适用善意取得制度。根据已查明的事实，某区人民法院已生效的（2017）鲁1602民初4693号民事判决认定：于某某与某银行某小微支行签订的《个人借款/担保合同》《最高额抵押合同》真实有效，某银行某小微支行已向于某某发放贷款17万元。涉案房屋在房产管理部门依法进行了登记，抵押权已设立，某银行某小微支行有权对涉案房屋以折价或变卖、拍卖价款优先受偿。基于此，某银行某小微支行取得的抵押权属于善意取得，应受法律保护。其善意取得构成对房屋登记机构撤销抵押登记的法定阻却事由。《最高人民法院关于审理房屋登记案件若干问题的规定》第十一条第三款规定“被诉房屋登记行为违法，但判决撤销将给公共利益造成重大损失或者房屋已为第三人善意取得的，判决确认被诉行为违法，不撤销登记行为”，故法院最终仅判决涉案房屋转移登记违法，并未直接撤销涉案房产的转移登记。

三、婚姻关系存续期间房产加名的处理

对于婚内房产加名的法律性质，实践中仍然存在争议。一种观点认为，房产加名属于夫妻财产约定，应当受《民法典》婚姻家庭编的规范；另一种观点则认为，房产加名属于夫妻间的赠与，应当受到《民法典》合同编的约束。对这一问题，由于缺乏明确的立法和法律适用规则，目前在理论上仍然存在争议，在司法实践中也尚未形成统一的裁判规则。

（一）夫妻财产约定和赠与的区别

夫妻双方具有特殊的人身关系，但是夫妻之间仍然可以进行赠与。所谓夫妻间的赠与，是指夫妻一方将属于个人的财产赠与对方的行为。夫妻间的赠与，应当属于一种赠与合同关系。司法实践中，根据财产的权利是否已经发生转移，

夫妻间赠与纠纷可以分为两类，第一类发生在财产的权利转移之前，另一类则发生在财产的权利转移之后。对于第一类情形，《〈民法典〉婚姻家庭编解释(一)》第三十二条明确规定："婚前或者婚姻关系存续期间，当事人约定将一方所有的房产赠与另一方或者共有，赠与方在赠与房产变更登记之前撤销赠与，另一方请求判令继续履行的，人民法院可以按照民法典第六百五十八条的规定处理。"赠与方可以依法行使任意撤销权。但是对于第二类情形，由于缺乏明确的法律规范指引，司法实践中存在不同的裁判观点。

夫妻财产约定，是指夫妻双方对于婚内以及婚前所得的财产适用何种财产制度做出的约定。《民法典》第一千零六十五条第一款、第二款规定："男女双方可以约定婚姻关系存续期间所得的财产以及婚前财产归各自所有、共同所有或者部分各自所有、部分共同所有。约定应当采用书面形式。……夫妻对婚姻关系存续期间所得的财产以及婚前财产的约定，对双方具有法律约束力。"根据这一条规定，夫妻可以约定适用的财产制度包括"分别财产制"、"一般共同所有制"和"限制性共同所有制"这三类，且夫妻财产约定应当采用书面形式。

我们认为，要区分夫妻财产约定和夫妻间赠与，关键在于两点：

第一，两者覆盖的财产范围不同。夫妻财产约定应当是对夫妻双方在婚姻关系存续期间获得的财产的归属进行统一的约定，一般来说覆盖全部的夫妻财产，夫妻财产约定的目的在于排除法定财产制的适用；而夫妻间的赠与则不同，一般是仅对某项特定的财产作出，覆盖的财产往往具有特定性且范围有限，不涉及夫妻财产制度的选择适用。

第二，两者的形式要件不同。《民法典》第一千零六十五条明确规定，夫妻财产约定应当采用书面的形式；而赠与则强调双方应当有赠与和受赠的明确意思表示，书面形式并非法定要件。

结合上述两点，我们认为，婚前房产在婚后加名，由于是对特定的一套房产做出的处分，并未覆盖夫妻双方的所有婚内财产，因此在性质上宜认定属于夫妻间赠与，而不宜认定为夫妻财产约定。另外，一方同意在婚后加上另一方的名字，双方并未采取书面的形式，也不符合夫妻财产约定的形式要件。

（二）夫妻间赠与的法律性质

夫妻之间存在特殊的身份关系，故做出的赠与行为也应当有别于一般主体之间的赠与。男女双方缔结婚姻关系的背后，是双方对于长久生活以及维持美好婚姻关系的期望；房屋作为夫妻双方共同生活的居所，本身具有特殊的意义，寄托了夫妻双方对于长久相伴共同生活的愿景，且现实生活中的房产往往价值巨大。因此，夫妻之间的房产赠与自然也带有长久共同生活的初衷。如果没有长久共同生活的期望和初衷，可以想象的是，夫妻一方也不会就房产做出赠与的行为。

我们认为，夫妻间的房产赠与原则上应当属于附条件的赠与，此处的条件，一般应当解读为以双方长久持续的婚姻为条件。夫妻之间的赠与行为有别于一般主体之间的赠与，并非纯粹慷慨，而属于实质有价。

对此，北京市第三中级人民法院的法官也持同样的观点：① “将夫妻间赠与定性为以婚姻为条件的赠与，其特性在于规范特定财产权属之外，更注重维系和处理婚姻家庭关系。”

（三）夫妻间赠与的撤销条件

由于夫妻间的赠与实质上属于附条件的赠与，应当受到《民法典》合同编的约束。《民法典》第六百六十三条第一款规定：“受赠人有下列情形之一的，赠与人可以撤销赠与：（一）严重侵害赠与人或者赠与人近亲属的合法权益；（二）对赠与人有扶养义务而不履行；（三）不履行赠与合同约定的义务。”

婚前房产加名后不久，夫妻双方感情迅速恶化，导致婚姻关系存续时间过短，在这样的情形下，既可以说是“严重侵害赠与人的合法权益”，也可以说是“不履行赠与合同约定的义务”，因此，赠与人原则上有权依据《民法典》的第六百六十三条行使法定撤销权。

夫妻之间对于价值巨大的房产做出的赠与，可以理解为附条件的赠与。赠与人希望与受赠人携手共创美好婚姻生活、巩固感情、相伴彼此终身，这是赠与行为背后的应有之义。但是受赠人在房产加名后并未实现赠与人的美好初衷，实际上导致赠与人的期望落空，也就是导致赠与行为所附的条件并未成就，赠与人有权要求撤销。在这个基础上，如果受赠人还存在家暴、虐待，甚至是重婚、与他人同居等严重背离夫妻义务的行为，赠与人更是可以要求行使法定撤销权。

---

① 陈锦新、吴强兵：《夫妻间赠与相关问题研究》，载北京法院网，http：//bjgy. chinacourt. gov. cn/article/detail/2015/06/id/1642596. shtml，最后访问时间：2021 年 1 月 24 日。

北京市第三中级人民法院审理的（2014）三中民终字第10860号案例，就是当事人行使法定撤销权的典型案例。在这起案例中，男方在2009年作为买受人，由其父母出资全款购买商品房一套，登记在男方个人名下。2012年，男女双方登记结婚，婚后居住在该房屋内。2013年1月，男女双方达成协议，约定将房屋登记为男女双方共同共有，并办理了房屋所有权变更手续；2013年7月，男女双方再次达成协议，约定将房屋登记到女方一人名下，产权归其单独所有，并办理了房屋所有权变更手续。

北京市朝阳区人民法院在一审中认为，男女双方两次协议变更房屋产权的行为，从法律属性上看应有所区别：第一次变更至夫妻共同名下，并未排除男方本人对房屋的所有权，应属夫妻约定财产属性；第二次变更至女方个人名下，系男方将个人享有的份额赠与女方，应属赠与行为。结合案件的具体情形，对于第二次房屋产权的变更，考虑到房屋系男方父母为其出资购买，且男方将个人享有的房屋份额赠与女方系以双方维系健康婚姻关系为初衷，男方有权行使法定撤销权，因此，房屋应重新登记在男女双方的名下，为共同共有状态；但男方无权撤销双方于2013年1月达成的第一次房屋产权变更约定。

北京市第三中级人民法院在二审中持有不同观点，并最终进行了改判，撤销男女双方在2013年1月和2013年7月达成的关于房屋权属变更的登记行为，判决女方协助男方将上述房屋变更登记为男方个人所有。

北京市第三中级人民法院在二审中认为，第一，两次变更登记行为均属于赠与行为。本案中的房屋系男方婚前购买，且登记在男方名下，原本属于男方的婚前个人财产。2013年的两次变更登记均属于男方将自己的房产赠与女方的行为。

第二，两次赠与行为均可以依据合同关系予以调整。婚姻家庭领域有关身份关系的协议不能适用合同关系，但涉及财产权属的条款，并不排斥《民法典》合同编的适用。本案中，两次赠与行为与身份关系无关，可以适用《民法典》合同编的相关规定。原判认为第一次变更登记行为属于夫妻财产约定调整的范畴，具有约束力，男方不得主张撤销。二审法院认为，夫妻对婚姻关系存续期间所得的财产以及婚前财产的约定对双方具有约束力，明确了夫妻约定的财产关系受法律保护，夫妻双方应当按照诚实信用原则认真履行。但是，该夫妻财产约定并不能完全排除《民法典》合同编的适用。就夫妻之间的赠与而言，一方赠与另一方动产并且已经交付的，依照《民法典》合同编的相关规定，当然不能随便撤销。依据《〈民法典〉婚姻家庭编解释（一）》第三十二条之规定，夫妻之间赠与的房产在变更登记之前可以撤销赠与，赠与人在法定条件下享有任意撤销的权利。同理，如果赠与的房产已经登记过户，但受赠的夫妻一方对另一方有扶养义务而不履行、严重侵害赠与人或者赠与人近亲属的合法权益、不履行赠与合同约定的义务等，赠与人可以行使法定撤销权。因此，原判认定第一次变更登记行为受婚姻关系的约束而不得适用合同关系的规定予以撤销，属适用法律错误，二审法院予以纠正。

第三，赠与合同是单务合同，赠与人无偿地将赠与物交付给受赠人，受赠人是纯获利益者，故为适度平衡双方利益，法律在一定条件下赋予赠与人撤销权。根据上述认定，女方存在严重侵害男方的行为，男方主张法定撤销权，具有事实与法律依据，二审法院予以支持。

（四）上海法院的审判意见

关于婚姻关系存续期间在一方婚前房产中加名的问题，各地法院有不同的审判意见和司法判例。以我们执业所在的上海市为例，针对此类问题，上海法院一般会有以下审判意见以及判决结果。

1. 上海市高级人民法院的审判意见

就婚后房产加名的问题，上海市高级人民法院发布《关于审理婚姻家庭纠纷若干问题的意见》（沪高法民一〔2007〕5 号），其中第十三条指出：“夫妻一方婚前出资购买的房屋，权利登记在双方名下，离婚时该房产的处理：夫妻一方婚前出资购置房屋，权利登记在双方名下的，为夫妻双方共有财产。如未约定按份共有，可认定共同共有，但在离婚分割该房产时，出资一方可适当多分。”

另外，上海市高级人民法院发布《关于审理分家析产案件若干问题的意见》（沪高法民一〔2007〕20 号），其中第五条指出：“恋爱期间共同购房，一方未出资但产权登记为两人共有，析产分割的处理：从不动产登记的角度分析，房屋已经确定为恋爱双方共有。双方终止恋爱关系后分割共有财产，符合重大理由需要分割的情形。共有关系终止时，对共有财产的分割，有协议的按协议处理；没有协议的，应当考虑共有人对共有财产的贡献大小，适当照顾共有人生产、生活的实际需要等情况，合理确定未出资方的份额，一般以 10% 到 30% 的份额为宜。”

根据上述规定，结合审判实践，在房产加名的情形下，法院在分割时应当遵循公平原则，综合考虑共有人对房屋的贡献、婚姻时间长短、照顾生产生活等因素酌情分割房产，并非严格按照房产登记的情况直接进行分割。在法院酌情分割时，各方的出资情况是其中重要的考量因素。

2. 上海各地区法院的司法案例

针对上海地区“婚前房产在婚后加名”的离婚案件，我们进行检索后发现，从法院的处理结果来看，大致有两种裁判方式：第一种裁判方式是严格按照房屋的产权登记情况进行分割，第二种裁判方式则是法院在参照产权登记的基础上进行酌情调整。

（1）“闪婚”后离婚 87 万元房产酌情判决折价款 20 万元

在上海市浦东新区法院审理的（2017）沪 0115 民初 95368 号案例中，女方系云南人，男方系上海人，双方通过网络相识并于 2012 年建立恋爱关系，在 2013 年 1 月登记结婚，同年 7 月举办婚礼后开始共同生活。2013 年 10 月，双方到国外度蜜月，其间双方有所不睦。2014 年 1 月，女方因男方让其自行提行李而心中不悦，此后开始冷战并分居，后起诉离婚。在离婚诉讼中，双方对于房产的分割产生纠纷。该房产系男方在 2012 年 5 月，也就是在婚前购买，登记在男方一人名下，房价款 60 余万元全部由男方支付。2013 年 10 月，也就是在婚后，双方一同至房地产交易中心，将房屋的产权变更登记在男女双方的名下。在诉讼中，双方认可房屋现值约 87 万元。

法院审理后认为，对于双方争议的房屋的分割问题，该房屋系男方婚前全额出资购买，婚后在产权证上加了女方的名字，故该房屋依法属于男女双方共同所有。现双方一致同意离婚后该房屋归男方所有，故法院判决男方给付女方相应的房屋折价款，具体折价款的金额，法院综合考虑房款出资情况、结婚时间长短、房屋现价等因素酌情确定，最终，法院判决男方向女方支付 20 万元房屋折价款，相当于房屋现值的 1/4 左右。

（2）结婚 4 年后离婚 1600 万元房产酌情判决折价款 300 万元

同样是上海市浦东新区人民法院审理的（2018）沪 0115 民初 95083 号案例，男女双方于 2014 年 6 月登记结婚，在婚后的共同生活中发生矛盾。男方在 2013 年购买了房屋一套，登记在自己一人名下。2015 年 9 月，该房屋的产权人变更登记为男女双方。在诉讼中，系争房屋经评估，市场价值约为 1600 万元。

法院审理后认为，男方婚前全资购买了房屋一套，其于婚后将女方变更登记为该房地产权利共有人，男方的该行为应视为对女方的房地产赠与，考虑该房地产市场评估价值、男方全额出资、双方对房地产所做的贡献、双方结婚时间、房屋居住情况、双方对房屋分割意见等因素，法院确定上述房屋归男方所有，并酌情确定男方补偿女方房屋折价补偿款300万元。

（3）结婚3年后离婚1100万元房产酌情判决折价款200万元

在上海市长宁区人民法院审理的（2018）沪0105民初15645号案例中，男女双方于2014年3月登记结婚，后于2017年经法院判决离婚。系争房产原登记在男方和男方与前妻所生女儿两人的名下，在双方婚后，于2014年4月将房屋变更登记为三人按份共有，其中，男方与前妻所生女儿占50%，男方和女方各自占25%。在诉讼中，系争房屋的市场价值经评估约为1100万元。

法院审理后认为，系争的房产权益以双方约定登记的份额为分割依据。然而在本案中，从男女双方结婚持续时间以及对房产贡献角度考虑，完全按照按份共有的登记情况给予女方1/4房产份额的折价款，显然有失公平。鉴于此，法院综合考虑房产当前的登记状况、双方对房产的贡献程度情况以及居住使用状况，并从保护他人的合法权益和公平原则考量，依法酌定男方给予女方系争房产折价款200万元。

（4）结婚15年后离婚850万元房产酌情判决折价款250万元

在上海市虹口区人民法院审理的（2016）沪0109民初21964号案例中，男女双方于2000年登记结婚，2015年经法院调解离婚。上海市某房屋系男方于1999年9月出资购买，登记在男方一人名下。2008年，房屋产权人变更登记为男女双方。诉讼中，该房屋的价值经评估约为850万元。

法院审理后认为，上海市的该房屋系男方婚前出资购买，且房屋产权登记在男方名下，男方在与女方的婚姻关系存续期间办理了房屋部分产权份额过户给女方的手续，可以表明男方将婚前财产转化为夫妻共同财产的意愿，系男方对自己权利的处分，该房屋应作为夫妻共同财产进行分割。法院将综合考虑房屋的来源、双方对房屋的贡献大小，酌情确定双方在房屋中所占产权份额。结合房屋历史使用状况，房屋产权归属男方，由男方给付女方房屋折价款更加合情合理。最终，法院判决男方支付女方房屋折价款250万元。

（5）结婚2年后离婚150万元房产酌情判决折价款46万元

在上海市闵行区人民法院审理的（2011）闵民一（民）初字第8794号案例

中，男女双方于2008 年相识，在 2009 年 3 月登记结婚。结婚后初期两人感情尚好，但随后因婆媳相处等问题发生激烈争吵，导致感情破裂。上海市某房屋原系男方与案外人共同购买，2007 年 9 月，男方又购买了案外人名下的份额，并将剩余的贷款全部还清。在 2010 年 4 月，也就是男女双方婚后，该房屋的权利人变更登记为男女双方各享有 50% 的份额，但是女方对于房屋没有出资。婚后，男女双方对于该房屋进行了装修。诉讼中，该房屋的价值经评估约为 150 万元。

法院经审理后认为，该房屋系男方婚前出资购买，虽登记为男女双方各按 50% 的份额按份共有，但对该房屋，女方既未出资，亦未参与还贷，仅在婚后进行了添名，且男女双方结婚至今时间不长，添名后共同生活的时间较短。法院综合男女双方对该房屋的购房及装修的出资情况等因素，确定上述房屋的产权归男方所有，上述房屋内的夫妻共同财产亦归男方所有，男方支付女方财产折价款 46 万元。

从上述案例，我们可以发现，在现实生活中，能够在婚前为子女出资购房的家庭，往往倾尽了父母的大部分积蓄。在婚后，年轻夫妻中的一方同意在房产上加上伴侣的名字，往往也是出于浓浓爱意，体现了双方对于长久共同生活的美好期许。但是，生活并非总是如人所愿，如果有一天缘分走到尽头，曾经的亲密伴侣也应当理性看待物质财富的分割，切莫忘记初心、只看金钱。夫妻双方在做出房产加名决定时，应当了解相关的法律规则，谨慎作出决定。作为婚前财产的持有方，在决定为伴侣加名时，应当明确房产加名背后的法律意义；作为被加名的一方，在获得大额财产保障的同时，也应当理解伴侣为自己加名的爱意和背后的初衷。

在亲密关系期间，双方对于财产的话题或许并不习惯于进行明确约定，但是，随着经济社会的发展和法律意识的提高，步入婚姻关系的双方也应当了解相应的法律规则，采取一些必要的法律措施，为维护自己的合法权益做好准备。

（五）婚内约定按份共有房产的性质

在上海市第一中级人民法院审理的一起离婚案件中，由于当事人双方在婚姻存续期间对于共同购置并登记在双方名下的房产进行了明确的份额约定，最终法院判决按照该约定份额分割房产。

2015 年，男女双方在婚后购置一处房产作为婚房。当时房屋总价为 170 余万元，其中由女方母亲支付首付款 100 万元，剩余 70 余万元由男女双方共同申请公积金贷款支付。在办理房产登记时，双方约定了按份共有，即女方占99%，男方占1%的份额。后双方夫妻感情破裂，法院依法判决双方离婚，女方要求按照房产登记的份额获得99%的房产。

一审法院审理后认为，这套房屋是男女双方婚后购买的，且作了按份共有的产权登记，由此可见，二人对这套房屋的产权归属达成了按各自比例共同共有的协议。上述房产登记是双方真实意思表示，符合有关夫妻财产分别制的规定，对双方均具有约束力，应按照此项约定执行。因此，对这套房屋的分割，不应当违背二人产权登记时自愿达成的共同协议，应当以按份共有比例依法进行分割。

四、离婚后房产增值部分的处理规则

（一）最高人民法院民事审判第一庭的审判意见

最高人民法院民事审判第一庭吴晓芳法官认为，[①] 夫妻共同还贷款项及其相对应增值部分的数额等于以夫妻共同还贷部分乘以不动产升值率。所称不动产升值率，是用不动产现价格除以不动产成本，不动产成本包括购买时不动产价格+共同还贷的利息部分+其他费用（如契税、印花税、营业税、评估费等）。同时她提出了如下观点。

1. 婚后共同还贷增值部分的计算

对婚内共同还贷增值部分的计算，各地法院做法不一，计算结果也存在较大差异。对于一方婚前贷款购买不动产、婚后夫妻共同还贷的情形，离婚时如何计算共同还贷的增值部分，有法官提出分步计算的方法。

第一步是计算不动产升值率。不动产升值率＝不动产现价格除以不动产成本，这里的不动产成本等于购买时不动产价格＋共同已还利息＋其他费用。在计算不动产升值率时，必须考虑利息成本，不能简单地用不动产现价格除以结婚时价格直接得出升值率。“其他费用”是指交易涉及的成本，属于购房的必要支出，如契税、印花税、营业税、评估费、中介费等，但不包括公共维修基金和物业费，因为其费用产生的基础并非交易，而是不动产长期使用中产生的费用。

---

① 参见吴晓芳：《最高人民法院民一庭：不动产婚内共同还贷，增值部分如何计算?》，载 https://www.sohu.com/a/196861815_809973，最后访问时间：2021年1月24日。

第二步是计算非产权登记一方所得补偿，即共同还贷部分乘以不动产升值率，该数额的一半即为应补偿的数额。

吴法官认为，上述分步计算法简明易懂好操作，为审判实践中审理相关的案件提供了可借鉴的方法。

2. 计算补偿数额的修正问题

计算具体补偿数额时，应注意确定计算时点，这里的增值是指婚后增值，不包括婚前增值，后者属于一方的个人财产。同时还应考虑两种情形下的修正问题。

一是离婚时贷款尚未清偿完毕，只能将夫妻共同已经偿还的利息计入不动产成本，而不能将长达 20 年或者 30 年的尚未还贷的利息都纳入成本，否则会出现非产权登记一方既未享受后续可能产生的升值收益，却要现实承担因计入所有利息导致补偿额降低的不公平结果；

二是一方购买不动产后经过一段时间才结婚的情形，计算不动产升值率时，应以结婚时的不动产价格作为计算依据，不能以购买时的不动产价格作为依据，因为购买不动产至结婚前这段时间不动产的增值收益属于一方的婚前个人财产。

3. 法官对补偿数额有自由裁量权

另外需要指出的是，在离婚分割争议房产时，法官不仅要明了“双方婚后共同还贷支付的款项及其相对应财产增值部分”，同时要根据财产的具体情况，按照照顾子女和女方权益的原则作出公平裁判。不同案件计算的补偿数额不是绝对的，法官可以根据案件的实际情况行使一定的自由裁量权，据此相对公平合理地解决纠纷，平衡保护离婚双方当事人的利益。

4. 房产无增值时需补偿还贷本息

审判实践中，有时也会遇到房价下跌的情况，比如购买房产时房价在一个比较高的点位，婚后夫妻共同还贷若干年后，离婚时房产的现值反而比当初购买时下跌了。针对这种房产没有增值甚至出现负增长的情况，吴法官认为，产权登记一方至少要给另一方共同还贷本息一半的补偿。原因有二：

一是一方婚前已经签订房产买卖合同，购买什么地理位置、什么楼层、什么朝向的房产是购买方自己的选择，另一方婚后只是共同参与还贷，购买方自然应当承担房价下跌的风险；

二是离婚时房产判归产权登记一方，如果只是用于居住而非投资，房价暂时下跌并不会对其造成实质性损失。

（二）为婚前房产还贷不改变财产性质

案例2－72 钱某某与沈某离婚纠纷案

一审法院：上海市普陀区人民法院（2010）普民一（民）初字第525号

二审法院：上海市第二中级人民法院（2010）沪二中民一（民）终字第1283号

案例主旨：夫妻婚后共同为一方婚前房产还贷不改变该房产属于产权登记一方个人财产的性质，但应考虑离婚时房屋的市场价值及共同还贷款项所占全部购房款的比例等因素向另一方予以补偿。

一审法院认为，就夫妻共同财产的分割，应依照有利于生产、方便生活的原则，适当照顾女方及子女的权益，合情合理地予以解决。上海市房产系钱某某婚前以自己的名义签订购房合同及抵押借款合同，并以个人财产支付了购房首付款，房屋登记受理日期亦在婚前，且婚后房产登记于钱某某名下，离婚时宜将该房屋视为钱某某的个人财产，尚未归还的部分贷款认定为钱某某的个人债务。在婚姻关系存续期间偿还的房贷，应视为沈某帮助钱某某归还债务。由于这部分财产已包含在房屋的实际价值中，且产生增值，故应考虑离婚时房屋的市场价值及共同还贷款项所占全部购房款的比例等因素，由钱某某对沈某予以补偿。后，沈某向上海市第二中级人民法院提出上诉后，自行撤回上诉。

上述案例判决时，法律尚未对该情形进行具体的规定，《〈民法典〉婚姻家庭编解释（一）》对上述情形作了具体规定："夫妻一方婚前签订不动产买卖合同，以个人财产支付首付款并在银行贷款，婚后用夫妻共同财产还贷，不动产登记于首付款支付方名下的，离婚时该不动产由双方协议处理。依前款规定不能达成协议的，人民法院可以判决该不动产归产权登记一方，尚未归还的贷款为产权登记一方的个人债务。双方婚后共同还贷支付的款项及其相对应财产增值部分，离婚时应根据民法典第一千零八十七条第一款规定的原则，由不动产登记一方对另一方进行补偿。"

（三）配偶单方处分共有房产的效力

《〈民法典〉婚姻家庭编解释（一）》第二十八条第一款规定："一方未经另一方同意出售夫妻共同所有的房屋，第三人善意购买、支付合理对价并已办理不动产登记，另一方主张追回该房屋的，人民法院不予支持。"最高人民法院民事审判第一庭认为，[①] 对于此问题应当按善意取得制度来处理，有以下几个条件：

第一，第三人属于善意购买，而非与配偶一方恶意串通损害另一方的利益；

第二，买受人支付了合理对价；

第三，买受人已经办理了产权登记手续。

在这三个条件均已具备的情况下，不能认定房屋买卖合同无效。

案例 2－73 陈某东与刘某南、狄某群等房屋买卖合同纠纷案

二审法院： 江西省吉安市中级人民法院（2018）赣 08 民终 2002 号

再审法院： 江西省高级人民法院（2019）赣民申 943 号

案例主旨： 房产仅登记在夫妻一方名下的，不能以另一方未同意来对抗善意第三人。

法院认为，涉案房屋是陈某东与狄某群婚后购买，房屋所有权登记在陈某东个人名下，房屋属夫妻共同财产。陈某东称出售房屋没有取得狄某群的同意，但根据《房地产居间买卖合同》第六条的约定，陈某东须保证对上述物业拥有完整的所有权，能完全支配及处理。如是受产权人或共有人委托，在签订本合同时，陈某东必须保证房屋所有权人及共有人的一致同意。本案房屋虽登记在陈某东名下，狄某群对该房屋的共有并未办理产权登记，陈某东在《房地产居间买卖合同》上签字表明其对涉案房屋有支配及处理权，陈某东不能以狄某群未同意来对抗购买人刘某南。

对于陈某东提出的出售房屋没有经过狄某群同意一事，根据签订合同时陈某东向江南公司交付的房屋所有权证、交纳维修基金票据、契税证、住宅使用说明书、住宅质量保证书、《商品房买卖合同》及某公司提供的与陈某东 22 份

---

① 参见杜万华：《杜万华大法官民事商事审判实务演讲录》，人民法院出版社 2016 年版。

聊天记录，可以证实陈某东当时出售房屋的意思表示是真实的，否则陈某东不可能从家中拿出所有有关出售房屋所需证照材料。只是到了2018年4月，陈某东认为房价低了才不同意出售涉案房屋。陈某东称狄某群平时不在家，陈某东与刘某南在2018年1月31日签订《房地产居间买卖合同》，紧接着是2月15日的春节长假，在签订完《房地产居间买卖合同》长达近三个月的时间内包括春节假期，陈某东称未与狄某群商量出售住房这一家庭大事，不能让人信服。

江苏省高级人民法院民事审判第一庭在《家事纠纷案件审理指南（婚姻家庭部分)》中指出，如果受让人能够举证证明“有理由相信其为夫妻双方共同意思表示”的，受让人主张继续履行合同的，亦应予以支持。

对“登记在夫妻双方名下、夫妻一方处分”以及“登记在夫妻一方名下，夫妻另一方处分”的情形，如果受让人能够举证证明“有理由相信其为夫妻双方共同意思表示”的，受让人主张继续履行合同的，应予支持。

对于“有理由相信其为夫妻双方共同意思表示”，可以通过审查当事人先前行为是否足以造成确信（在场未表示反对）、是否从公开场所取得（通过中介）、手续是否齐备（本人在场、证件原件、授权委托书）等予以综合判断。

（四）个人房产在婚后所得租金的性质

最高人民法院民事审判第一庭认为，[①] 一方婚后用个人财产购买房屋，离婚时该房屋属于“个人财产的替代物”，应认定为个人财产，其自然增值也属于个人财产；一方个人所有的房屋婚后用于出租，其租金收入属于经营性收入，应认定为夫妻共同财产。

由于购买房屋具有投资和自住两种功能，对一方用婚前财产婚后购买房产所带来的收益，需要区分是投资购房还是家庭居住。在将婚前房产用于非自住的投资用途时，另一方有权主张其投资收益。比如，夫妻一方用婚前个人存款婚后购买反租式酒店公寓，其间获取的租金收益，虽然房产的所有权是一方个人的，但租金收益归属夫妻双方。有的炒房客用自己的个人财产在婚后不断买进卖出房产，花费大量的时间和精力，所获收益认定为夫妻共同财产比较公平。因此，将婚前房产用于非自住的投资用途时，夫妻另一方有权主张分割投资收益。

① 参见最高人民法院民事审判第一庭：《个人所有房屋的婚后收益认定及其处理》，载《民事审判指导与参考》（总第56辑），人民法院出版社2013年版。

案例 2－74　杨某与吴某甲离婚纠纷案

一审法院： 浙江省杭州市下城区人民法院（2012）杭下民初字第 198 号

二审法院： 浙江省杭州市中级人民法院（2013）浙杭民终字第 784 号

案例主旨： 一方婚前个人所有的房屋在婚姻存续期间产生的租金属于婚后夫妻共同财产。

法院认为，关于杨某主张分割吴某甲名下在本市某路房屋婚后租金 40 万元的一半，计 20 万元，以及某小区房屋婚后租金收益 40 万元问题。鉴于该两处房屋系吴某甲在婚前购买，属于吴某甲的婚前个人财产。杨某主张分割婚后租金收益部分，应提供证据证明上述房屋的出租情况。但杨某在举证期限内不能提供证据证明其主张自 2008 年 1 月起至今出租的事实，其申请对租金收益进行评估，后又撤回申请。根据法庭调查情况，吴某甲在庭审中自认某小区房屋自 2010 年 11 月起出租，年租金为 6 万元，法院予以确认。因此，该房屋的租金收益按照吴某甲自认的出租时间开始计算至判决确定的当月（2012 年 12 月）为止，计 13 万元，该部分收益属于婚后夫妻共同财产，杨某主张分割一半，计 6.5 万元的请求，予以支持。

（五）一方个人财产出资对应房产增值的归属

案例 2－75　温某 1、孙某离婚后财产纠纷案

一审法院： 天津市和平区人民法院（2020）津 0101 民初 5750 号

二审法院： 天津市第一中级人民法院（2021）津 01 民终 454 号

案例主旨： 房屋首付款中以一方个人财产出资的部分以及所对应的房屋升值部分应归该方所有。

法院认为，孙某名下的房屋，首付款中有 40 万元系用温某 1 婚前个人房产抵押贷款，因此该 40 万元出资应为原告的个人财产。该部分出资对应的房屋升值部分应归原告所有，但在离婚协议中对此未予分割。因售房款 205 万元在被告处，虽然双方约定谁名下存款归谁所有，但该笔存款系婚后房屋卖房款，原告个人财产部分应该给付原告。故被告应给付原告补偿款 68.06 万元（205 × 33.2%）。

由于现行《民法典》以及相关司法解释均未对该问题进行明确的规定，且司法实践尚没有统一的裁判规则。实践中，也有部分法院认为，一方在明知系

争房产系共有的情况下，仍然以个人财产进行出资或还贷，属于自愿行为，其出资或还贷行为属于对另一方的赠与，进而认定该部分出资或还贷所对应的房产增值部分也应当进行分割。

（六）离婚后夫妻共有房产不宜按份共有

最高人民法院民事审判第一庭认为，① 在不具备分别登记产权的条件下，在一个物上判决两个所有权存在，明显违反法律规定。既然房屋的性质为夫妻共同财产，如果在离婚诉讼中不作分割，实际上双方仍然处于共同共有状态。

夫妻共有是共同共有的一种典型状态，一般情况下，分割夫妻共同财产是一人一半，因此，如果判决一人一半实际上只是判决确定从夫妻共同共有到按份共有，并不能解决夫妻离婚后实际面临的居住问题。因为对于按份共有人来说，仍然存在由谁实际控制、使用该房屋的问题，如果当事人自己能够协商解决这一问题，就没有必要由人民法院作出判决；如果不能协商解决问题，在当事人明显失去共有基础的条件下，人民法院强行判决按份共有，有可能造成新的矛盾。

所以，最高人民法院民事审判第一庭认为在上述情况下，判决当事人离婚后对夫妻共同所有的房屋产权按份共有不是离婚案件中分割夫妻共同财产的好办法，一般不宜采用。

第四节
非上市公司的股权分割

一、婚内取得公司股权的性质认定

（一）夫妻婚内取得股权的法律规定

根据《民法典》第一百二十五条的规定，民事主体依法享有股权和其他投

① 最高人民法院民事审判第一庭：《离婚诉讼的当事人只有一套性质为夫妻共同财产的房屋居住，又均无能力补偿对方，法院能否判令双方离婚后对该房屋各占二分之一产权》，载《民事审判指导与参考》（总第52辑），人民法院出版社2013年版，第248页。

资性权利。《公司法》第三条第二款规定："有限责任公司的股东以其认缴的出资额为限对公司承担责任；股份有限公司的股东以其认购的股份为限对公司承担责任。"第四条规定："公司股东依法享有资产收益、参与重大决策和选择管理者等权利。"因此，股权是指民事主体因向公司认缴出资额或认购股份从而成为公司股东而享有的权利。其他投资性权利是指民事主体通过购买证券、基金、保险等进行投资，而享有的民事权利。因此，有些论点认为，夫妻一方所拥有的有限责任公司的"股权"并不是夫妻共同财产，只有一方所拥有的"出资额"才属于共同财产。我们认为，这样的观点是有待商榷的。从《公司法》的规定来看，有限责任公司并没有"股权"的概念，而仅有"有限责任公司出资额"的概念。所以从公司法的角度来说，股东就是在履行了"认缴出资额"的义务后，才享有股东的权利，这其中既包括股东的财产权即"资产收益"等权利，同时也包括股东的身份权即"参与重大决策和选择管理者"等权利。由于股东身份权不存在分割的可能性，所以该种权利通常应当由直接持股的一方享有并行使，但股东的财产权是可以处分、分割的，因此，配偶方也可以享有该部分权利。如果将"出资额"等同于股东的财产权，而"股权"等同于股东的身份权，从而将"出资额"从股东权利中单独割裂出来，我们认为，这是没有法律基础的。

如果夫妻一方系利用其个人财产向公司认缴出资额或认购股份从而获得的股权，则其因该股权在婚姻存续期间所获得的收益可依照《〈民法典〉婚姻家庭编解释（一）》第二十五条的规定，认定为"一方以个人财产投资取得的收益"，进而属于《民法典》第一千零六十二条规定的"其他应当归共同所有的财产"。

《〈民法典〉婚姻家庭编解释（一）》第七十二条规定："夫妻双方分割共同财产中的股票、债券、投资基金份额等有价证券以及未上市股份有限公司的股份时，协商不成或者按市价分配有困难的，人民法院可以根据数量按比例分配。"

《〈民法典〉婚姻家庭编解释（一）》第七十三条规定："人民法院审理离婚案件，涉及分割夫妻共同财产中以一方名义在有限责任公司的出资额，另一方不是该公司股东的，按以下情形分别处理：

（一）夫妻双方协商一致将出资额部分或者全部转让给该股东的配偶，其他股东过半数同意，并且其他股东均明确表示放弃优先购买权的，该股东的配偶可以成为该公司股东；

（二）夫妻双方就出资额转让份额和转让价格等事项协商一致后，其他股东半数以上不同意转让，但愿意以同等条件购买该出资额的，人民法院可以对转让出资所得财产进行分割。其他股东半数以上不同意转让，也不愿意以同等条件购买该出资额的，视为其同意转让，该股东的配偶可以成为该公司股东。

用于证明前款规定的股东同意的证据，可以是股东会议材料，也可以是当事人通过其他合法途径取得的股东的书面声明材料。”

（二）婚内股权性质认定的司法观点

1. 未登记一方仅能主张股权的财产权利

北京市第三中级人民法院民事审判第二庭认为，[①] 夫妻一方持股、另一方不能行使身份权，仅能主张财产权。以夫妻共同财产出资而取得股权，登记在夫妻一方名下，未登记一方有权就股权的财产价值主张权利。但是，作为夫妻共同财产的只能是股权代表的价值利益和所带来的收益，未登记一方不能行使知情权、表决权等股东权利。

特别要注意的是，北京市第三中级人民法院民事审判第二庭对于在处理离婚纠纷中涉及公司股权分割时，是“民法典婚姻家庭编优先”还是“公司法优先”的问题有了定论。北京市第三中级人民法院民事审判第二庭认为，在此类纠纷中，两者均应是重要的裁判依据。由此可见，至少北京市第三中级人民法院认为，并不存在哪个法律优先适用的问题，而是应一并考虑的审理思路。但在具体处理中，非记名股东的配偶一方一般不享有股东特有的“身份权”。

在最高人民法院出具的（2014）民二终字第48号艾某、张某某与刘某某股权转让纠纷上诉一案判决书中，最高人民法院认为，股权作为一项特殊的财产权，除其具有的财产权益内容外，还具有与股东个人的社会属性及其特质、品格密不可分的人格权、身份权等内容。如无特别约定，对于自然人股东而言，股权仍属于商法规范内的私权范畴，其各项具体权能应由股东本人独立行使，不受他人干涉。在股权流转方面，我国《公司法》确认的合法转让主体也是股东本人，而不是其所在的家庭。本案中，张某某因转让其持有的工贸公司的股

---

① 参见北京市第三中级人民法院民事审判第二庭：《以夫妻共同财产出资、登记在一方名下的股权的处理思路》，来源北京审判。

权事宜，与刘某某签订了股权转让协议，双方从事该项民事交易活动，其民事主体适格，意思表示真实、明确，协议内容不违反我国法律的强制性规定，该股权转让协议应认定有效。故对本案的处理应当适用我国公司法的相关调整股权转让交易的法律规范，而不应适用调整婚姻及其财产关系的法律规定。

有人据此得出“有限公司股权即使婚后取得也是个人财产”的观点，这是有待商榷的，这割裂了最高人民法院的上下文论述。

最高人民法院认为：①“不论采用何种公司资本制度，各国立法例都未在股东出资和股东身份之间搭建直接因果关系；实际出资仅是股东对公司的义务而非其取得股东身份的条件，从逻辑上是先有股东身份后有出资义务，而非相反。”最高人民法院在最高法院（2017）最高法民申1010号案例中指出：“根据《公司法》及其相关司法解释的规定，股东应当按公司法的规定出资，出资瑕疵应当进行补救，股东出资不适用诉讼时效；未按约定或法律法规定出资仅应承担相应的民事责任，但未明确规定股东不出资即不具有股东资格；也未将股东参与公司管理或参加公司会议作为认定股东资格的必要条件。”

2. 婚内一方名下股权属于夫妻共同财产

四川省绵阳市中级人民法院在（2013）绵民终字第1432号案件中认为：“杨某某出资及获得某公司相应股权的时间均在其与蒋某某夫妻关系存续期间，该部分股权依法应当认定为夫妻共同财产。”

最高人民法院在（2013）民四终字第40号中认为：“夫妻一方个人财产在婚后产生的收益，除孳息和自然增值外，应认定为夫妻共同财产。夫妻一方在婚姻关系存续期间，利用婚前个人财产投资产生的收益，应属于夫妻共同财产，通过股权置换方式实现企业境外上市，属于投资经营行为，由此产生的收益不属于自然增值或孳息。因此，男方婚前持有的国内股权在借壳上市过程中取得的溢价与上市后的增值均属于夫妻共同财产，即妻子对诉争股票享有相应的收益权。”

当然，对此案例也有观点认为，法院认定是“对诉争股票享有相应收益权”并不能得出“股权”就是共有的认定结果。

---

① 杜万华、最高人民法院民事审判第二庭：《最高人民法院公司法司法解释（四）理解与适用》，人民法院出版社2017年版，第211～212页。

（三）公司财产不属于夫妻共同财产

公司依法设立后，具有独立的法人人格，拥有法人财产权。夫妻双方或一方作为股东的股权在离婚时可以作为夫妻共同财产进行分割，但对于公司名下的财产，因其非夫妻共同财产，不能进行分割。

案例2－76 王某与仇某离婚后财产纠纷案

二审法院：重庆市第四中级人民法院（2017）渝04民终607号

再审法院：重庆市第四中级人民法院（2018）渝04民再13号

案例主旨：公司资产属于公司，不能直接认定为夫妻共同财产。

法院认为，本案双方主张分割的款项为：FQ市国有资本营运有限责任公司于2016年6月28日支付贵州BC啤酒有限公司的拆迁补偿款；2016年8月5日FQ市国有资本营运有限责任公司支付贵州BC啤酒有限公司的拆迁补偿款；2016年7月30日，王某领取的贵州BC啤酒有限公司处置啤酒设备以及剩余物资款。从现有证据看，上述款项均为贵州BC啤酒有限公司所有的资产，不能认定为仇某与王某生产、经营的收益或者夫妻共同财产，仇某要求将上述款项作为夫妻共同财产分割，与本案事实不符，损害了他人的合法权益，其诉讼请求依法应当不予支持。

（四）婚前股权在婚后确有收益方能分割

案例2－77 徐某某与伍某某离婚后财产纠纷案

二审法院：重庆市高级人民法院（2013）渝高法民终字第00171号

再审法院：最高人民法院（2015）民申字第79号

案例主旨：离婚时一方要求分割另一方婚前取得的股权的收益，需先证明婚姻存续期间确实存在股权收益。

最高人民法院认为，首先，徐某某主张的“某工程”，属于CL公司财产，不属于伍某某个人财产。公司财产与股东财产相互独立，股东只能以出资额分取红利。徐某某并未提供证据证明在双方婚姻关系存续期间CL公司存在盈利的事实，亦未能提供证据证明在婚姻关系存续期间伍某某从CL公司分得红利。其次，根据《结婚协议》，夫妻共同财产只能是双方婚后共同创造的财产部分，案涉工程在婚前已经立项、投资，伍某某亦在婚前取得公司股权，徐某某未能提供证据证明婚姻关系存续期间，双方就夫妻共同财产有过相应的投资和经营行为。因此，其主张分割伍某某对CL公司的股权收益，无事实依据。

二、未持股配偶要求成为股东的处理

（一）坚持分股且不同意折价的可驳回诉求

有限责任公司股权的分割中，若未持股一方坚持要求分割股权，既不同意折价补偿，也不同意评估股价，则法院基于有限责任公司人合性，应对未持股一方进行折价补偿。根据《〈民法典〉婚姻家庭编解释（一）》第七十三条的规定，股权分割至未持股一方的前提条件，是夫妻双方协商一致。因此，最高人民法院认为，在不能协商一致的情况下，应对未持股一方进行金钱补偿。但鉴于未持股一方坚持要分股不要钱的意愿，与《〈民法典〉婚姻家庭编解释（一）》第七十三条违背，因此，可以驳回未持股一方坚持分割股权的诉讼请求。

案例2-78 刘某与王某卿等离婚后财产纠纷案

二审法院： 新疆维吾尔自治区高级人民法院（2017）新民终343号

再审法院： 最高人民法院（2018）最高法民申796号

案例主旨： 非持股配偶仅要求分割股权，既不同意股权评估又不同意获得股权折价款的，法院可驳回其诉讼请求。

最高人民法院认为，该《离婚协议书》有双方的签字和按指印，是双方自愿达成的，故一、二审判决认定该《离婚协议书》有效，并无不当。ZH公司成立于2004年，是在刘某、王某卿夫妻关系存续期间由王某卿出资设立的有限责任公司，应认定为夫妻共同财产。因二人离婚时签订的《离婚协议书》中未就该公司股权分割问题进行处理，二审判决认定该公司股权属于离婚时未处理的夫妻共同财产，并无不当。

人民法院审理离婚案件时，涉及分割夫妻共同财产中以一方名义在有限责任公司的出资额，另一方不是该公司股东的，若夫妻双方不能就股权分割问题达成一致意见，为了保证公司的人合性，应对另一方请求分割的股份进行折价补偿。

因在本案二审审理过程中，刘某坚持要求分割股权，不同意折价补偿，也不同意评估股权价值，二审判决对刘某要求分割股权的诉讼请求不予支持，并无不当。刘某主张二审判决遗漏诉讼请求、认定事实错误、适用法律错误的申请再审理由，不能成立，法院不予支持。其关于诉讼费用负担不公的申请再审理由，不属于申请再审的审查范围，法院不予审查。

（二）需要满足股东资格或合伙人资格

在夫妻一方名义下但属于夫妻共同财产的公司股权合伙份额，在离婚分割时约定全部或部分归非持股一方所有的，该方并不能直接基于离婚财产分割约定取得股东或合伙人身份，其仍需要在满足公司法关于股权转让以及合伙企业法关于入伙的相关规定后，方能取得股东或合伙人的身份。

案例2－79 杨某妹与梁某荣、JR实业公司等侵害股东权益纠纷案

二审法院：广东省高级人民法院（2014）粤高法民四终字第6号

再审法院：最高人民法院（2014）民申字第2195号

案例主旨：在夫妻共同财产分割过程中，如果另一方希望取代持股一方成为股东或合伙人，仍需要满足公司法关于股权转让以及合伙企业法关于入伙的相关规定。

最高人民法院认为，根据原审查明的事实，JR实业公司是在香港注册的无限责任公司，梁某荣在与杨某妹婚姻关系存续期间成为JR实业公司合伙人之一。杨某妹据此主张其与梁某荣共同享有后者在JR实业公司的相应股权。夫妻在婚姻关系存续期间所得的生产、经营的收益，归夫妻共同所有。但一方以个人名义投资有限责任公司或合伙企业的，另一方仅对投资份额所代表的财产享有权利，并非当然成为股东或合伙人，不能直接行使股东或合伙人的权利。在夫妻共同财产分割过程中，如果另一方希望取代投资一方成为股东或合伙人，仍需要满足公司法关于股权转让或者合伙企业法关于入伙的相关规定。在杨某妹与梁某荣的离婚诉讼中，广东省高级人民法院（2004）粤高法民一终字第183号民事判决，仅认定梁某荣的投资属于夫妻共同财产，尚未对夫妻共同财产进行分割，杨某妹不能以此主张其已经成为JR实业公司的股东或合伙人。一、二审判决不支持其享有JR实业公司股权的主张，并无不当。

三、“夫妻公司”的股权处理

（一）工商登记比例与夫妻财产约定

夫妻公司系指全部股东仅有夫妻二人的有限责任公司。在实际案例中，夫妻二人共同注册设立有限责任公司，通常不会按照各自的注册比例认定各自所有的财产，夫妻不同的持股比例通常也不等同于财产分配的比例约定，而是将公司股权作为夫妻共同财产予以认定。

1. 最高人民法院的司法观点

最高人民法院认为,[①] 工商登记中载明的夫妻投资比例并不能绝对等同于夫妻之间的财产约定，如果有证据证明工商登记所载明的事项只是设立公司时形式上的需要，则应按夫妻双方真实的意思表示处理。在离婚案件中处理有关“夫妻公司”的问题时，既要以婚姻相关法律为依据，又要兼顾公司法中的规定。在婚姻关系存续期间，无论是用一方婚前的个人财产还是用夫妻共同财产投资设立“夫妻公司”，公司经营所产生的收益均应属于夫妻共同财产。

2. 其他地方法院的司法观点

浙江省高级人民法院在《浙江省高级人民法院民一庭关于审理婚姻家庭案件若干问题的解答》（高法民一〔2016〕2 号）中也认为工商注册比例不等于夫妻财产约定。如无其他证据证明夫妻双方对公司股权进行过夫妻财产约定的，该登记比例不能视为夫妻财产约定。一方当事人仅凭工商行政部门登记的股东持股比例要求据此分割的，不予支持。法院应根据实际情况依法对股权进行分割。

---

① 参见吴晓芳：《离婚案件中对“夫妻公司”如何处理》，载最高人民法院民事审判第一庭编：《中国民事审判前沿》（2005 年第 1 集），法律出版社 2005 年版，第 241 ~ 242 页。

(二)“夫妻公司”股权的处理

1. 股权应按双方的真实意思表示处理

案例2-80 颜某某诉黄某某离婚后财产纠纷案

一审法院： 湖南省桂阳县人民法院(2016)湘1021民初1224号

二审法院： 湖南省郴州市中级人民法院(2017)湘10民终435号

再审法院： 湖南省郴州市中级人民法院(2019)湘10民再65号

案例主旨： 在婚姻关系存续期间，无论是用一方婚前的个人财产还是用夫妻共同财产投资，“夫妻公司”在经营过程中所产生的收益均应属于共同财产。

法院认为，黄某某享有该公司33.33%的股权，颜某某享有13.33%的股权，双方享有的股权共计46.66%，也就意味通过该公司股权享有对某村民小组房产的所有权为46.66%份额，这部分所有权的份额可作为夫妻共同财产进行分割。依据最高人民法院关于离婚案件如何处理“夫妻公司”及夫妻对公司享有的股权的有关规定，工商登记中载明的夫妻投资比例并不能绝对等同于夫妻之间的财产约定，如果有证据证明工商登记所载明的事项只是约定公司形式上的需要，则应按夫妻双方真实的意思表示处理。在婚姻关系存续期间，无论是用一方婚前的个人财产还是用夫妻共同财产投资“夫妻公司”，该公司经营所产生的收益应属于共同财产，故法院认定双方共同享有的某村民小组房产46.66%产权份额，作为夫妻共同财产，应当共同分割。

2. 无法证明个人财产独立于公司财产的应共同承担债务

案例2-81 高某某与JTJ公司、张某等合同纠纷案

二审法院： 宁夏回族自治区高级人民法院(2019)宁民终487号

再审法院： 最高人民法院(2020)最高法民申1515号

案例主旨： 夫妻股东在设立公司时未能向工商登记部门提交分割财产的证明，不能证明其个人财产独立于公司，即不能证明公司财产独立于股东自己的财产，故夫妻应当对公司在婚姻存续期间发生的债务承担共同付款的责任。

最高人民法院认为，本案高某某与张某于2003年9月25日登记结婚，JTJ公司成立于2010年3月12日，股东系张某与高某某。高某某与张某在设立有限

责任公司时，并未能向工商登记部门提交分割财产的证明。鉴于案涉债务纠纷发生在2014年，虽然张某与高某某于2015年12月1日协议离婚，但股东高某某不能证明其个人财产独立于JTJ公司，即不能证明公司财产独立于股东自己的财产，故原审判决以“高某某系张某妻子，涉案债务发生于双方婚姻存续期间”为由，判决高某某承担共同付款责任并无不当。

四、股权分割基准日与股权价值

（一）离婚后分割股权基准日的确定

案例2-82 崔某与孙某离婚后财产纠纷案

一审法院：河南省新乡市中级人民法院（2014）新中民四初字第1号

二审法院：河南省高级人民法院（2015）豫法民一终字第70号

案例主旨：在离婚后提起公司股权的分割应当以起诉之日作为折价补偿的计算标准基准日，并以当日公司的净资产数额作为基数确定股权份额折价款数额。

法院认为，本案双方的分歧在于折价补偿时以何时为基准日确定股权价值。根据本案情况，应以孙某提起本案诉讼之日即2014年5月为基准日。理由如下：

第一，在2014年4月终审判决离婚时，分割夫妻共同财产的条件已经成就。婚姻关系与夫妻共同财产分割在一案中一并处理时，终审判决离婚时共同财产也同时分割完毕。

第二，在婚姻关系和共同财产分割分成两个案件起诉时，如果原告一方在判决离婚后较长时间内未起诉要求分割财产，那么，在此期间内，由于经济环境变化、产业政策调整等不可归责于被告的原因导致公司净资产减少，此时仍以判决离婚的时间点作为基准日确定补偿价格，则对被告明显不公平。

第三，原告提起本案诉讼明确要求分割共同财产时，由于案件审理周期及何时作出判决并非双方当事人能够控制和决定的，以分割财产案件的判决作出之时为基准日具有不确定性。

具体到本案，由于TL公司是一家完全的家族型公司，孙某并不参与公司经营，不了解公司的运营情况。如果不以本案起诉日为基准日，客观上有可能加大另一方利用自身便利地位损害对方利益的道德风险。

在确定基准日后，关于如何确定股权价值问题。虽然通过鉴定评估能够更准确地确定股权价值，但崔某二审申请鉴定评估后，因未按期缴纳鉴定费用导致本案未能进行鉴定。

崔某提交了2014年1～12月TL公司向新乡市地方税务局化学与物理电源产业园税务分局申报纳税的资料，其中附有TL公司同期1～12月的资产负债表。其内容与法院向新乡市地方税务局化学与物理电源产业园税务分局调取的材料内容一致。因为该组证据系TL公司向税务机关纳税时自行申报的，以正常理性判断，一个公司向税务机关报税时虚增公司资产的可能性较低，而且孙某对该组证据的真实性表示认可。故以该组证据中TL公司的资产负债表为依据认定股权补偿价款不会损害崔某的利益。因此，应以此认定TL公司2014年5月的净资产并以此为基数确定孙某应得股权份额折价款。

（二）股权转让应由双方协商价格

案例2－83 王某森、井某明与位某荣、谢某芳股权转让纠纷案

一审法院：山东省济南市中级人民法院（2013）济商初字第118号

二审法院：山东省高级人民法院（2013）鲁商终字第249号

案例主旨：双方协商的股权转让价格，在未经对方当事人同意或经第三方审计形成评估报告的情况下，一方凭借单方委托形成的评估报告不足以认定该股权转让价格显失公平。

法院认为，本案所涉股权转让协议的双方当事人均长期从事驾校经营工作，系该行业专业人士，不存在一方利用优势或者利用对方没有经验的情形，故该案所涉合同不具备构成显失公平的主观要件。王某森、井某明据以主张显失公平的证据系其单方委托，且据以评估的财务报表等资料也系其单方提供，未经对方当事人同意，或第三方审计，故该报告不足以作为认定显失公平的依据。

五、夫妻单方转让股权的效力

（一）法院认定单方转让公司股权无效

1. 单方擅自赠与境外上市公司股票的无效

案例2－84 首例境外上市公司因离婚导致股权转让无效案

审理法院：J省高级人民法院（2012）J民二初字第X号

案例主旨：未经配偶同意将夫妻共有股票赠与弟弟构成无权处分，受赠人获得股票未支付对价不属于善意第三人。

J省高级人民法院审理后认为，本案的股票转让实际包括赠与行为、在美国的股票过户行为两个部分。原告起诉的理由是认为诉争股票是在夫妻关系存续期间取得，属于夫妻共同财产，被告刘某建未经原告同意将股票赠与刘某国，构成无权处分，因而主张无效。虽然原告诉请的是确认股权转让行为无效，但实际诉请的是要求确认本案股票赠与合同无效。

系争公司股票取得时间以及之前的股权转让时间均是原被告夫妻关系存续期间，被告依据现有的证据尚不足以证明争议股票全部系婚前取得，因此被告关于700万股股票系其婚前财产的抗辩理由不能成立，法院不予认可。

夫妻对共同所有的财产，有平等的处理权。本案中，刘某建未经张某的同意，将诉争股票赠与弟弟刘某国构成无权处分，受赠人刘某国获得诉争股票未支付对价，不属于善意第三人。

2. 签订股权转让合同且支付价款但非善意的仍无效

案例2－85 中国知名网络公司因离婚导致股权转让无效案

审理法院： B市H区人民法院（2012）H民初字第X号

案例主旨： 一方擅自处分共有股权，且受让人知晓夫妻婚姻状况的变化，其受让行为不构成善意取得。

B市H区人民法院认为，刘A出让的股权是在张某与刘A夫妻关系存续期间取得，在此期间，刘A在W公司持有的股权属于与张某的夫妻共同财产。对于本案中《出资转让协议书》效力的认定不会导致W公司实际财产的变化，本案实际上是家庭财产纠纷。

刘A与刘Z签署《出资转让协议书》的时间是在刘A与张某离婚诉讼期间，刘A向刘Z出让股权，既非出于日常生活需要又未与张某协商，该行为显然属于擅自处分共有财产的行为，刘A主观上存在恶意。另外，刘Z作为刘A的亲弟弟又与刘A是同事关系，对刘A和张某的婚姻状况、夫妻感情变化应当有一定的了解，其受让诉争股权的行为不构成善意取得。所以，刘A与刘Z签订《出资转让协议书》的行为符合“恶意串通，损害第三人利益”之情形。

3. 无权处分且不符合善意受让的应予返还

案例 2－86 陈某云、陈某阳与罗某等确认合同无效纠纷案

一审法院：湖北省洪湖市人民法院（2018）鄂 1083 民初 1473 号

二审法院：湖北省荆州市中级人民法院（2019）鄂 10 民终 247 号

案例主旨：股权转让系无权处分，且受让人非善意取得，应当返还股权。

法院认为，关于陈某阳与陈某云签订的《股权转让协议》的效力问题，陈某阳未经共有人罗某的同意，单独与陈某云签订《股权转让协议》的行为属于无权处分行为。关于陈某云是否应当返还股权的问题，由于陈某阳转让涉案股权系无权处分，需判断陈某云的行为是否属于善意取得。受让人成立善意取得需满足三个必要条件，即受让人主观善意、支付了合理对价、办理了登记手续或已交付。本案中，首先，陈某云作为陈某阳的近亲属，应当知道该公司股权系陈某阳与罗某婚姻关系存续期间取得，不符合主观善意的条件；其次，陈某云取得股权系以承担 H 市某开发有限公司的债务作为对价，陈某云承担债务行为的直接受益人是 H 市某开发有限公司，间接受益人是该公司股东即陈某云本人，陈某阳并未从中受益，故不能视为陈某云向陈某阳支付了合理对价。综合以上两点，陈某云受让 H 市某开发有限公司的股权不构成善意取得，应当予以返还。

4. 有权转让但受让人非善意可酌定股权转让无效

案例 2－87 罗某、李某与姜某确认合同效力纠纷案

一审法院：吉林省吉林市船营区人民法院（2019）吉 0204 民初 2029 号

二审法院：吉林省吉林市中级人民法院（2019）吉 02 民终 1677 号

案例主旨：从股权交易双方身份关系、交易背景等因素判断受让人是否为善意第三人。

法院认为，关于罗某转让股权的行为是否为有权处分问题。罗某作为 DL 公司的股东，向李某转让部分股权，双方之间形成的是股权转让的法律关系，应适用我国公司法等相关规定。姜某主张股权转让未经其同意，股权转让协议无效。股权作为一项特殊的财产权，除其具有的财产权益内容外，还具有与股东个人的社会属性及其特质、品格密不可分的人格权、身份权等内容。如无特别约定，对于自然人股东而言，股权仍属于商法规范内的私权范畴，其各项具体权能应由股东本人独立行使，不受他人干涉。在股权流转方面，合法转让主体是股东本人，而不是其所在的家庭，且股东转让股权须经其他过半数股东同意，而非必须征得其配偶的同意。本案中，股权转让之前，DL 公司系一人有限责任公司，罗某享有 100% 股权，有权转让其在 DL 公司的股权。

关于罗某与李某是否存在恶意串通的问题。本案中，罗某在与姜某婚姻关系恶化期间与李某签订《转让协议》，将 DL 公司 2% 的股权转让给李某，并于当年提起离婚诉讼。李某系罗某同学，其在二审庭审中表示对罗某与姜某之间的婚姻关系恶化事实明知。此外，罗某与李某在《转让协议》中约定李某受让的 37 万元股权系固定价值及价格，不随公司资产增加或减少而变化，难以达到李某与罗某主张的对职业经理人进行股权激励的效果。综上，结合交易双方特殊的身份关系、交易背景，以及 DL 公司系一人有限责任公司在人合性和企业管理上存在特殊性的情况，罗某转让股权、李某受让股权难谓善意，损害了姜某的合法权益，故姜某有权提出本案诉讼。由于罗某与李某之间就股权转让存在恶意串通的行为，故应当依法确认双方签订的《转让协议》无效。

5. 近亲属在夫妻感情恶化时受让股权有更高的注意义务

案例 2－88 徐某、董某与李某等股权转让纠纷案

一审法院：天津市南开区人民法院（2018）津 0104 民初 9230 号

二审法院：天津市第一中级人民法院（2019）津 01 民终 2338 号

案例主旨：受让人明知股权转让方夫妻感情恶化的事实，对非持股配偶是否同意转让不但有注意义务，而且有实质审查义务。

法院认为，徐某与李某于 1992 年 8 月登记结婚，BC 钢管公司成立于 2007 年，系在李某与徐某婚姻关系存续期间。虽然徐某及董某主张涉案股权并非夫妻共同财产的标的，并提供了银行业务凭证等证据以证明涉案股权的出资来源，但是徐某及董某提供的证据显示的资金流向并不清晰，现有证据尚不足以证明其事实主张。

现徐某在未征得李某同意的前提下处分涉案股权，构成无权处分。根据法律规定，无处分权的人处分他人财产，经权利人追认或者无处分权的人订立合同后取得处分权的，该合同有效。徐某在未取得李某同意情况下处分涉案股权，

则涉案股权转让合同的效力，取决于李某是否追认以及董某的受让行为是否构成善意取得。

李某不仅未追认涉案转让协议，反而诉至法院，要求确认协议无效，并提出徐某与董某恶意串通损害其利益、股权对价不合理等主张；而涉案股权受让人董某系徐某的母亲，其没有理由不知晓涉案股权转让期间徐某与李某夫妻感情恶化的事实，再通过董某曾于受让股权前，就登记在李某名下证券账户中的资产向李某主张过权利的情况，也可以看出其知晓李某与徐某夫妻感情恶化的事实。在此情况下，其对李某是否同意转让不但有注意义务，而且有实质审查义务，应当询问李某本人对股权转让的意见，而其不尽此注意审查义务，且未支付对价，不应当认定其构成善意取得。

6. 离婚纠纷中亲属受让股权视为恶意串通

案例2－89 吕某、狄某与李某玲等合同纠纷案

一审法院：浙江省台州市椒江区人民法院（2019）浙1002民初734号

二审法院：浙江省台州市中级人民法院（2019）浙10民终2284号

再审法院：浙江省高级人民法院（2020）浙民申1765号

案例主旨：结合交易双方特殊的身份关系及交易时正在进行离婚诉讼的特殊背景，可以认定股权转让存在恶意串通的行为。

法院认为，吕某持有的案涉XL公司35%的股权应属吕某与李某玲夫妻共同财产。吕某在其与李某玲离婚纠纷案开庭后第三日，未经李某玲同意，即与狄某签订股权转让协议，将其持有的XL公司35%的股权无偿转让给狄某，狄某作为吕某的母亲，不可能不知晓在其与吕某签订转让协议之时，吕某与李某玲正在进行离婚诉讼。结合交易双方特殊的身份关系及交易时吕某正与李某玲进行离婚诉讼的特殊背景，可以认定吕某与狄某芬之间就股权转让存在恶意串通的行为，显然侵害了作为财产共有人李某玲的利益。

7. 受赠人明知受赠股权有争议仍受赠的即构成恶意

案例2－90 马某与付某言、付某确认合同无效纠纷案

一审法院：湖北省京山县人民法院（2014）鄂京山民二初字第00276号

二审法院：湖北省荆门市中级人民法院（2015）鄂荆门中民二终字第00106号

再审法院：湖北省高级人民法院（2016）鄂民申517号

案例主旨：持股一方与受赠人明知赠与的股权中所包含的新增出资额存在权属争议，且非持股一方已经提出权利要求，在此情形下，股权赠与的双方依然将全部股权订立赠与协议，并实际履行，主观上都并非善意。

一审法院认为，付某言在与马某结婚前通过出资取得QJ控股公司1%的股权，该股权属于付某言的婚前个人财产。在QJ控股公司增加注册资本金时，付某言基于股东身份享有的优先购买公司新增的注册资本的股东权利，认购了公司48.88万元的注册资本，但对其认购的注册资本金直至将其持有的公司股权赠与其子付某时并未实际缴纳。因付某言未以与马某夫妻共同财产出资取得公司股权，马某主张付某言持有的QJ控股公司1%的股权属于夫妻共同财产，缺乏事实依据。本案股权转让合同的内容和形式并不违反法律法规的强制性规定，转让标的财产属于付某言个人财产，不损害第三人利益，股权转让已经实际履行，并办理了公司变更登记手续，应当认定股权转让合同合法有效。马某主张付某言私自赠与属于夫妻共同财产的公司股权给其子付某，两人属恶意串通，损害其财产利益，应认定为无效的理由不成立，不予支持。当然，夫妻一方婚前取得的股权，婚后形成的收益，属于夫妻共同财产，对于付某言基于讼争股权在双方婚后形成的收益，马某可另行主张权利。

但二审法院认为，恶意串通，行为人主观上应为恶意，且有通谋，即意思联络；对于行为人主观心态的推定，应依相关事实作出判断。从股权赠与协议中表述的内容看，对于付某言在与马某婚姻关系存续期间，取得在QJ控股公司的新增出资额48.88万元一事，付某言及付某应当是清楚的。付某言、付某应当意识到，该新增出资额可能属于付某言、马某的共有财产。在股权赠与协议签署前，马某先后对付某言提出离婚诉讼及婚内分割财产诉讼，其中，对于新增出资额提出财产权利要求，对此，付某言是知道的。根据（2013）鄂荆门民一终字第00161号民事判决确认的事实，马某与付某言产生矛盾的原因，包括夫妻双方为收入开支发生分歧，以及马某与儿媳及儿女亲家之间产生矛盾。可见，马某与付某言的矛盾并非仅为二人之间的感情纠纷，而是涉及双方及与亲家的关系及财产开支，波及面较广，知情人也会较多。同时，考虑到付某作为儿子，也在京山生活，对其父亲家庭事务，依常理也应该是知道的。因此，对于马某提出离婚及财产分割诉讼，付某应该是知道的。

在此背景下，可以判断付某言、付某明知赠与的股权中所包含的新增出资额存在权属争议，且马某已经提出权利要求。在此情形下，其仍就付某言在QJ控股公司的全部股权订立赠与协议，并实际履行，其主观上不可谓善意。且其要完成协议的订立与履行，必然有意思联络。因此，就增资部分的股权赠与，可以判断付某言、付某主观上存在恶意串通的行为。最终二审法院撤销了一审法院的判决结果。

再审法院认为，本案争议股权系付某言持有的QJ控股公司1%的股权。湖北省京山县人民法院于2013年8月6日在受理马某与付某言离婚纠纷一案中，对该股权及股权收益进行了冻结，2014年9月29日，付某言与其子付某签订《股权赠与协议》，约定付某言将其持有QJ控股公司1%股权赠与付某，该股权于2014年10月11日解除冻结。《股权赠与协议》虽然签订在查封冻结期间，查封冻结是禁止该股权进行转移变更登记，该期间并不限制股权持有人对该股权进行处分。本案所涉股权的出资由QJ控股公司增加注册资本前的48.88万元和增加资本金后的48.88万元两部分组成。在公司增加注册资本前，付某言出资48.88万元取得公司股权，是在与前妻熊某夫妻关系存续期间形成，属付某言的婚前财产，付某言依法享有处分权。2012年12月18日，HS公司（2013年5月24日变更为QJ控股公司）召开2012年第二次股东会，付某言于2012年12月18日签署股东会同意增资的决议，2012年12月19日向QJ控股公司转账48.88万元，并注明为投资款，2012年12月26日办理了公司注册资本及各股东出资额变更登记，其中，付某言的出资额由48.88万元变更为97.76万元，该48.88万元增资是付某言在与马某婚姻关系存续期间，应属付某言与马某婚姻关系存续期间的共同财产。虽然付某言与付某签订的《股权赠与协议》包括1%的全部股权，但付某言对其婚前持有的一半股权依法享有处分权，该赠与部分应为有效。二审法院认为付某言与付某签订《股权赠与协议》中就其婚前持有的0.5%股权的赠与，未损害马某利益，应属有效。

（二）法院认定单方转让公司股权有效

1. 依法转让无须征求股东配偶的同意

案例2-91 某知名企业股权转让纠纷案

一审法院： J省N市G区人民法院（2012）商初字第87X号

案例主旨： 法律没有赋予非股东配偶对股权的共同处分权，股东有权按照公司法的规定自行转让股权。

N 市 G 区法院首先对原告的诉讼资格予以认可，认为原告张某有权提起本案诉讼。

对于诉争股权转让协议的效力问题，N 市 G 区法院认为，股权是一种综合性权利，是以身份权、管理权、财产权为主要内容，刘某有权处分其名下股权。股权不能等同于一般的财产，非股东配偶仅能对因股权所得的财产收益按约或按法律规定享有共有权利，而不能与股东配偶共同行使股权。法律也没有赋予非股东配偶对股权的共同处分权，股东有权按照《公司法》的规定自行转让股权，受让人也无须审查股权转让是否取得了股东配偶的同意，所以不支持原告张某的主张。

对于原告张某主张的刘某与宋某枝存在恶意串通的情形，N 市 G 区法院也予以否认。首先，N 市 G 区法院认为诉争股权转让之时，张某与刘某夫妻关系正常；其次，根据《公司法》的规定，有限责任公司股东享有股权的同时，也要承担法定义务以及股东之间的契约义务，并以出资额为限承担风险；最后，刘某以出资额为对价转让股权，小 S 公司其他股东没有提出异议，放弃了优先购买权。

综上，N 市 G 区法院认为，原告张某要求确认《出资额转让协议》无效，无事实和法律依据，法院不予采纳。

2. 股权转让应当优先适用《公司法》

案例 2－92 艾某、张某田与刘某平等股权转让纠纷案

一审法院：陕西省高级人民法院（2013）陕民二初字第 00006 号

二审法院：最高人民法院（2014）民二终字第 48 号

案例主旨：股权转让协议只要不违反我国《公司法》等强制性规定，应认定有效。

最高人民法院认为，本案二审的争议焦点是关于张某田与刘某平签订的股权转让协议的效力认定问题。

艾某、张某田提起本案诉讼，所依据的是张某田与刘某平签订的两份股权转让协议，并提出确认协议无效、返还股权的诉讼请求。因此，在双方当事人之间形成的是股权转让合同法律关系，本案案由亦确定为股权转让纠纷。故对

本案的处理应当适用我国《公司法》等相关调整股权转让交易的法律规范，而不应适用调整婚姻及其财产关系的法律规定。

股权作为一项特殊的财产权，除其具有的财产权益内容外，还具有与股东个人的社会属性及其特质、品格密不可分的人格权、身份权等内容。如无特别约定，对于自然人股东而言，股权仍属于商法规范内的私权范畴，其各项具体权能应由股东本人独立行使，不受他人干涉。在股权流转方面，我国《公司法》确认的合法转让主体也是股东本人，而不是其所在的家庭。本案中，张某田因转让其持有的公司股权事宜，与刘某平签订了股权转让协议，双方从事该项民事交易活动，其民事主体适格，意思表示真实、明确，协议内容不违反我国《公司法》等强制性规定，该股权转让协议应认定有效。

3. 出资转化为股权后转让无须配偶同意

案例 2-93 谷某与赵某娟股权转让纠纷案

一审法院： 辽宁省沈阳市中级人民法院（2013）沈中民三初字第100号

二审法院： 辽宁省高级人民法院（2015）辽民二终字第00341号

案例主旨： 在夫妻间没有特别约定的情况下，出资款项应属夫妻共同财产，但在出资转化为股权形态后，现行法律没有规定股权为夫妻共同财产。

一审法院认为，首先，股票持有者所具有的与其拥有的股票比例相应的权益及承担一定责任的权利，简称股权。故从股权定义及适用的范围可以看出股权是调整财产关系的民事权利。虽然股权是股东自身的权利，但这并不意味着股权即属于人身权利，因人身权利与财产权利的本质区别在于该项权利是否具有转让、交易等财产属性，而股权是完全可以转让、交易的民事权利，因此，股权应当属于财产权利。

其次，尽管《公司法》没有明文规定股权转让要同配偶商议，但也没有明文规定股权转让不需要同共有人协商，因此就本案而言，谷某元生前签订的股权转让协议有效需符合两个条件：一是夫妻两人协商一致，二是购买人善意且支付合理对价。股权转让协议系买卖合同的一种，其应该具备买卖合同成立的基本要件，即买受人、出卖人、买卖标的、价格等，而在本案所涉及的股权转让协议中，只有买受人、出卖人、买卖标的，却没有对转让标的——HY公司1150万元股权的约定转让价格，这与常理不符。而且，谷某始终也无法提供其交付股权转让款的证据。即使谷某向TY公司支付1,993,940元现金为真，也没有证据证明该支付行为系受谷某元指令及该款项为本案股权转让价款，故对于谷某主张其已支付转让对价的事实，一审法院不予采信。

因此，依据现有证据无法认定谷某取得HY公司的股份是有偿、善意的民事行为，其基于一份存有瑕疵的股权转让协议而无偿受让了HY公司的1150万元的股权，严重侵害了该股权的财产权益共享人，即谷某元的配偶赵某娟的合法权益，而且赵某娟对上述股权转让行为一直持否定态度。谷某元与赵某娟作为夫妻，共同生活了20多年，而且谷某元注册成立HY公司时，也是在二人夫妻关系存续期间，谷某元在没有与赵某娟协商的情况下，将HY公司1150万元的股权无偿转让给谷某，应属于非善意地转移夫妻共同财产的行为，而且谷某元与谷某又是父女关系，据此可以认定谷某元生前与谷某存在恶意串通转让财产的行为，且该行为确实侵害了赵某娟的合法权益，因此，该股权转让协议应无效。

但二审法院撤销了一审判决，二审法院认为，赵某娟与谷某元系1989年1月16日结婚，谷某元设立HY公司系2007年7月，谷某元当时实缴注册资本240万元。谷某元出资240万元，系谷某元与赵某娟婚姻关系存续期间发生，在夫妻间没有特别约定的情况下，该出资款项应属夫妻共同财产，但在出资行为转化为股权形态后，现行法律没有规定股权为夫妻共同财产，其也不具有“夫妻对共同所有的财产，有平等的处理权”这样的属性。

本案HY公司股东谷某元、TY公司均同意向谷某及另一股权受让人陶某某转让其持有的股权并已经股东会决议确定。而现行法没有规定股东转让股权需经股东配偶的同意，所以，谷某元转让其持有的HY公司股权，即使未经其配偶赵某娟同意，也没有法律依据确认其转让无效。故对谷某关于“一审法院认为谷某元生前签订股权转让协议有效需符合夫妻协商一致的观点不正确”的上诉理由，二审法院予以支持。

（三）夫妻单方转让股权的效力分析

1. 构成单方股权转让无效的三大因素

结合上述案例，我们可以综合法院判决股权转让一般裁决的理由主要有以下三点：

第一，诉争股权中有无属于夫妻共同财产的财产权益；

第二，股权转让方是否属于无权处分；

第三，股权受让方受让股权能否构成善意取得。

（1）等价有偿与善意的结合判断

上述三个条件应该成为该类案件中股权转让有效与否的主要参考。或许有人会指出，股权转让要有效，必须等价有偿，否则不能认定为有效，那么是否应该将等价有偿列为要件之一呢？我们认为，尽管涉案股权转让的实际价值如何衡量在司法实践中并没有确定的依据，但是“等价有偿”对衡量涉案股权转让是否有效具有重要参考意义。当然也没有必要将其专门作为判断股权转让是否有效的条件，因为“等价有偿”已经被“股权受让方是否善意”这一条件涵盖了。

（2）股权本身是否属于共同财产的分歧

以上案例中对于诉争股权是否属于夫妻共同财产是存在争议的。有的法院认为，没有明确法律规定股权可以是共同财产；有的法院认为，股权是一种综合性权利，是以身份权、管理权、财产权为主要内容，但股权不能等同于一般的财产，非股东配偶仅能对因股权所得的财产权按约定或按法律规定享有共有权利，而不能共同行使股权中属于股东享有的人身权利。

（3）对于股权转让方是否无权处分的判断

有法院认为，未持股配偶不能与持股配偶共同行使股权，即使是无权处分，也不能直接认定股权转让合同无效，即无权处分不等于股权转让合同必然无效。

（4）对于股权受让方是否善意的判断

以J省N市G区人民法院的观点为例，法院在该案中认为不存在恶意串通的情形，理由是诉争股权转让之时，夫妻关系正常，同时，根据《公司法》的规定，有限责任公司股东享有股权的同时，也要承担法定义务以及股东之间的契约义务，并以出资额为限承担风险。所以，法院最终认为，原告要求确认《出资额转让协议》无效，无事实和法律依据。辽宁省高级人民法院（2015）辽民二终字第00341号判决也持此观点。而吉林市中级人民法院（2019）吉02民终1677号判决，则是认定股权转让协议有效，但受让人不符合善意条件而需要将股权返还；台州市中级人民法院（2019）浙10民终2284号判决，则以“恶意串通”条款来判断股权转让协议是否有效。

2. 夫妻单独处分股权效力的学理分析

股权就其财产属性而言，为夫妻双方共有。虽然夫妻双方在婚姻存续期间共有的对象仅包含股权中的财产价值，但一方对股权进行处分必然涉及对股权中以“自益权”为核心的财产价值进行处分。夫妻双方既为共同共有关系，自应共担义务，共享权利。

根据《民法典》第一千零六十条的规定，夫妻一方处分日常生活需要之外的财产应当取得另一方的同意。如果一方未征得夫妻另一方的同意擅自处分其名下的股权，实际上构成无权处分。但从合同层面来说，既然股东名册和工商登记材料中均无非股东配偶的记载，善意第三人因对该股权登记状况信赖而进行的交易法律应当给予保护。

尽管在内部关系上，夫妻双方之间共同共有，非股东一方配偶的权利应受保护，但在外部关系上，夫妻之间的共有关系以及对处分的同意与否一般并不构成对善意第三人权利的法律限制。

有观点认为，此类案件应该比照“隐名股东”的规定进行处理较为妥当。虽然股权登记于夫妻一方名下，但另一方对此享有类似于“隐名股东”的权利。原则上应当保护作为真实权利人的非登记配偶的权利，但应受到善意取得制度的限制。受让人信赖的只是股权登记情况，如果将调查转让人婚姻状况的义务强加于受让人，不但有失公允，还会现实妨碍股权的自由流通。因而，此等情形下参照善意取得的规定无疑较为合理。①

六、法院处理离婚股权分割的审判观点

（一）一方获得股权另一方获得折价款

案例 2-94 章某与陈某甲离婚后财产纠纷案

二审法院： 江苏省常州市中级人民法院（2013）常民再终字第 0008 号

再审法院： 江苏省高级人民法院（2015）苏民再提字第 00064 号

案例主旨： 法院可判决股权归出资方所有，另一方取得相应的折价补偿。

章某与陈某甲离婚后财产纠纷一案，一审原告章某请求法院依法分割陈某

---

① 参见虞政平：《公司法案例教学》（第 2 版），人民法院出版社 2018 年版。

甲名下夫妻共同财产 YD 公司 100% 的股权。一审被告陈某甲同意分割 YD 公司股权价值，考虑到有限公司的人合性，请求将该公司股权折价款的一半判归章某。

二审法院认为，章某可以申请分割该股权。鉴于陈某甲有虚假借款的行为，可以适当将股权多分给章某。考虑股权的人合因素，以判决金钱方式支付为宜。双方商定该股权现值为 450 万元，按照照顾妇女合法权益的原则，考虑陈某甲伪造债务的情况，确定该股权归陈某甲所有，其应向章某支付该公司股权款 350 万元。该案后经江苏省高级人民法院再审。

再审法院认为，由于章某在一审中明确要求分割陈某甲在 YD 公司的股权，而陈某甲则要求直接按股权价值分割现金，双方当事人未能就股权分割达成一致。此情况下，法院可判决股权归出资方所有，另一方取得相应折价补偿。且判令折价补偿章某 350 万元已充分照顾章某权益，故该判决并无不当。

（二）一人有限责任公司的股权分割

2006 年《公司法》顺应市场经济发展，以法律明文规定的形式对一人有限责任公司给予了肯定。原《婚姻法司法解释（二）》出台时，我国尚未有一人有限责任公司的组织形式，而原《婚姻法司法解释（三）》也没有对一人有限责任公司分割作出明确规定。现在已经生效实施的《〈民法典〉婚姻家庭编解释（一）》中依然没有关于该类型公司分割的规定。

目前，对于夫妻以共同财产投资设立一人有限责任公司的股权进行分割视以下不同情况予以区别对待。

（1）夫妻双方协商一致按比例分割股权的，可以根据离婚协议及时向公司登记机关申请变更登记主体即可。

（2）双方协商一致由一方获得全部公司股权，另一方获得股权折价款。

（3）双方均要求分得股权的，则实践中法院也可按比例分割。

（4）双方均放弃取得股权、只要求分得相应价款时，可对一人有限责任公司进行清算或者拍卖，对价款进行分割。若双方达不成清算或拍卖程序，也可先按比例分割之后，依法进行公司清算程序。

（三）财务资料不全时的股权价值认定

案例2-95 蔡某丽与肖某鹏夫妻离婚后财产分割纠纷案

一审法院：广东省高级人民法院（2010）粤高法民一终字第159号

二审法院：最高人民法院（2013）民申字第838号

案例主旨：在法院采取必要的司法调查、司法审计等措施但当事人提供公司财务资料不全的情况下，可以按照离婚案件中已有的审计报告确定股权价值。

最高人民法院认为，二审法院在采取必要的司法调查、司法审计等措施但肖某鹏提供FT公司财务资料不全的情况下，依据2003年蔡某丽与肖某鹏离婚一案中的《审计报告》认定诉争股权价值为7,516,661.45元，并根据肖某鹏在婚姻关系存续期间恶意转移和隐匿夫妻共同财产的重大过错情节，判决将该股权价值全部归蔡某丽所有，并无不当。

（四）股份有限公司的股份分割

股份有限公司是典型的资合公司，注重的是公司的资本，其不同于有限责任公司要求股东之间具有强烈的人身依赖关系，原则上股份有限公司的股份可以依法自由转让。

《〈民法典〉婚姻家庭编解释（一）》第七十二条对股票或未上市公司股份的分割方法已作出明确规定，有三种：协商分配、按市价分配、按数量比例分配。

首先，应根据当事人的意愿经过双方协商，如果能协商达成一致最好，若协商不成，则按市价分配。但有的观点认为，采用按市价分配的方式会存在不合理的问题。因为股票的价值本身具有波动性，随时处于不断变化之中，市价是很难确定的。相比之下，按数量比例分割比较合理，不论股票持有人怎样处分股票，最后只要依据判决将剩余的股票和资金按比例分配就可以了。如果协商不成，且可以按市价分割的，也可以将股权给予持股一方、另一方获得股权折价款。但适用前提是，可以按市场价确定股权的价值。而在实践中，什么是“市场价”、如何进行确定，存在很大的不确定性。因此，我们认为实践中的情况比较复杂，应当根据个案不同的情况去判断分割的方式。

其次，在分割股份有限公司的股份时，还应兼顾《公司法》的限制性规定。

如离婚当事人为股份有限公司的发起人，且离婚发生在公司成立一年内，其所持股份不可转让，只能由持股方继续享有。夫妻之间离婚是否仍受此规则限制，目前仍有争议。当然，法院通过调解，可以采取补偿对方相应股份价值的方式解决纠纷。

相关内容我们还将在下一节具体展开论述。

第五节 上市公司的股份分割

一、上市公司股份婚后收益的性质认定

（一）最高人民法院认为属于夫妻共同财产

最高人民法院民事审判第四庭在（2013）民四终字第40号案例中认为，夫妻一方在婚姻关系存续期间，利用婚前个人财产投资产生的收益，应属于夫妻共同财产，通过股权置换方式实现企业境外上市，属于投资经营行为，由此产生的收益不属于自然增值或孳息。因此，一方婚前持有的国内股权在借壳上市过程中取得的溢价与上市后的增值均属于夫妻共同财产，即另一方对诉争股票享有相应的收益权。

（二）部分法院认为婚后收益不属于夫妻共同财产

2018 年 11 月 1 日江苏省高级人民法院公众微信号发布了一则离婚纠纷案件。[①] 结婚前，男方坐拥家族企业部分股权；结婚后，公司终于上市。离婚时女方主张股权增值部分及分红作为夫妻共同财产予以分割，江苏省苏州市虎丘区人民法院依法判决不予支持。女方提起上诉后，江苏省苏州市中级人民法院作出二审判决，驳回上诉、维持原判。

---

① 参见《“富二代”婚前拿股权婚后企业上市，如今离婚，股权增值及分红算不算夫妻共同财产?》，载新浪新闻，http：//news. sina. com. cn/o/2018 - 11 - 07/doc - ihnprhzv8230273. shtml，最后访问时间：2021 年 1 月 24 日。

法院认为，婚姻关系存续期间，一方以个人财产投资取得的收益，属于夫妻共同财产。一方个人财产婚后取得的孳息和自然增值归一方所有。本案中，由于原告在A公司持有的股份系其婚前取得，属于原告婚前个人财产；考虑到原告在庭审中主张未参与公司实际经营，在公司担任的职务仅为挂名，结合公司招股说明书中对持股情况的说明，其所持上述股份的增值部分及分红，可能属于其个人财产的孳息或自然增值，而被告又未能提供证据证明上述股份增值部分及分红属于原告张男以个人财产投资并通过劳动付出所取得的收益，且公司股权的增值主要取决于市场因素。因此，刘女认为张男持有的A公司股份婚后增值部分及分红属于夫妻共同财产，依据不足，故一审、二审法院均不予支持。

（三）股权增值应根据不同来源确认性质

关于上述苏州法院的案例，有观点认为，一方当事人婚前取得的上市公司股份属于婚前个人财产。该案例的承办法官指出：“本案中，张男婚后在公司上市所需的相关文件上的签字行为是履行公司股东的一般配合义务，刘女提供的证据尚不足以证明张男实际参与公司的经营管理。公司股权的增值也主要取决于市场因素，如果另一方当事人提供的证据不足以证明对方实际参与公司的经营管理以及对公司上市进程起着积极推动，并付出其在婚姻存续期间的主要时间和精力，那么主张将公司股份婚后增值部分及公司分红作为夫妻共同财产予以分割的，法院不予支持。”

但也有观点认为，股权价值增长基于“市场因素”是不正确的，公司股权价值，是需要经营者投入精力才能维护正常秩序和产生利润，张男在上市文件签字的行为，包括书面审阅各类会议文件的行为，都应该是参与经营和行使权力的行为。因此，认为苏州法院的上述判决值得商榷。

我们认为，关于上述案件中的股权增值是否系夫妻共同财产，主要看是自然增值还是人工增值或投资收益。自然增值是指财产所有人因所有人以外之变化因素而导致的财产价值增长状态，所有人在这一状态发生过程中未起到积极推动作用。如购入的房产因房地产市场整体繁荣而增加之价值即应属于自然增值范围。投资收益则强调对财产之经营管理等人力因素介入而使财产价值之增长。我国法律将投资收益视为夫妻共同财产即在于其凝结了夫妻共同劳动。因此，自然增值收益归个人所有，而投资收益属于夫妻共同财产。

（四）关于投资收益性质认定的审判观点

1. 广东省高级人民法院的审判观点

根据《广东省高级人民法院关于审理婚姻纠纷案件若干问题的指导意见》（粤高法发〔2006〕39号）第八条的规定，双方对婚前财产的归属没有约定的，该财产不因婚姻关系的存续或因财产存在形态的变化而转化为夫妻共同财产。但在婚姻关系存续期间，一方以个人财产投资取得的收益属于夫妻共同财产。该投资收益主要有四大类，具体内容如下：

（1）一方用婚前财产投资而成为有限责任公司股东或持有股票、债券、证券投资基金份额等有价证券，在婚姻关系存续期间取得的红利或利息；

（2）一方将婚前财产存入金融机构或出租给他人，在婚姻关系存续期间产生的利息或租金；

（3）一方在婚姻关系存续期间因转让其个人所有的股份、有价证券等投资性资产而取得的增值部分；

（4）一方用婚前财产在婚姻关系存续期间进行其他生产、经营活动而取得的增值部分。

2. 上海市高级人民法院的审判观点

上海市高级人民法院关于夫妻一方个人财产在婚姻关系存续期间取得的收益中“应当归夫妻双方共同所有的投资收益”的问题认为，由于法律对“投资收益”的概念并无明确界定，在诉讼中，对于当事人主张的所谓“投资收益”，应根据不同财产形态的性质区别认定。其中关于当事人以个人财产投资于公司或企业，若基于该投资所享有的收益是在婚姻关系存续期间取得的，则该公司或企业生产经营产生的利润分配部分如股权分红等，应为夫妻双方共同所有。

具体实践中，在判断个人财产在婚姻关系存续期间取得的收益是否属于夫妻共同所有时，人民法院可根据案件的实际情况，对各种形式的个人财产的婚后收益，根据是基于原个人财产的自然增值还是基于夫妻共同经营行为所产生进行判断，前者原则为个人所有，后者原则为共同所有。此外，若收益是基于个人财产与共同财产混同后进行投资行为所产生，无证据证明具体比例的，推定为共同财产投资收益，归夫妻共同所有。

二、上市公司股权增值收益的鉴定流程

如果需要对婚前取得的上市公司股权在婚后的收益进行鉴定工作，以某人民法院出具的司法鉴定委托书（2020）12345 法鉴委字第678 号为例，具体包括以下工作。

（一）确定鉴定期间

法院委托某会计师事务所对原告张某男与被告王某女离婚纠纷一案中，所涉及的 A 上市公司 X 万股票在婚后（2008 年 1 月 1 日至今）的增值收益进行鉴定。

（二）鉴定项目现状

即双方的身份、住所、受理法院及委托鉴定情况。

（三）项目目标及服务

1. 鉴证目的

对原告王某女与被告张某男离婚纠纷一案中，所涉及的 A 上市公司 X 万股股票在婚后至今的股票价值的增值金额以及增值收益金额进行测算鉴定。

2. 鉴证期间

原告王某女与被告张某男自结婚登记之日起至双方确认的时间节点。

3. 鉴证依据

财政部制定的《企业会计准则》以及相关应用指南及解释、全国人民代表大会制定的《公司法》。

4. 鉴证评估方法

主要根据项目标的的情况选择合适的鉴定评估方法。

5. 计算步骤

A 上市公司 X 万股票在婚后（2008 年 1 月 1 日至今）的增值收益计算的详

细情况。

（四）鉴证工作步骤

（1）就案件与法官沟通，了解案件发展以及司法鉴定需求。

（2）与项目组成员讨论工作计划，书写工作计划、设计核算工作底稿。

（3）提交工作计划书与资料需求，就需确认事项与法官进行商讨，形成书面会议记录。

（4）确定工作方案。

（5）实施工作方案。

（6）根据讨论结果进行修正。

（7）提交终稿。

（五）鉴证所需资料

主要指所需资料以及所需要的相关财务数据，如公司财务报表，财务审计报告等。

（六）其他相关事项

在鉴证的过程中，鉴定机构会根据鉴定事项的具体情况询问其他有关事项，一般会有如下问题：

（1）由于一般企业以月、季度、年为单位进行会计核算，在核算过程中，核算起点、终点具体应当如何确定。

（2）婚姻期间是否有处置所持股份的行为，是否产生了股票处置收益。

（3）所引用的财务报表是否均已经过审计；未经审计的财务报表数据，是否需要审计。

（4）在测算经营收益方案中，是否依然以张某男所持有的 X 万股为核算基础，是否需要考虑张某男的所有股票数；如需要，司法鉴定委托书是否需要出具变更通知。

（5）根据企业会计准则，按照账面历史成本进行核算，是否需要按照各个关键核算时点的公允价值补充核算。

（6）根据公司法要求，被投资单位应当按照一定比例计算可供分配的净损益并向投资者分配，被投资单位实现的其他综合收益不纳入分配范畴；在计算增值收益时是否需要考虑其他综合收益，并将其纳入分配范畴。

三、上市公司股权分割的审判实务

（一）上市公司股权的分割处理

1. 协商处理

一般处理方式为双方约定按比例分割，但约定表决权归属一方。例如，国内“公关第一股”LSGB 公司，因离婚财产分割，男方需将名下 4.59% 的股票通过非交易过户方式分割给女方，但最终男方保留了女方所持股票对应的表决权，股票价值近 2 亿元。①

2. 诉讼处理

由法院判决股票的分割比例。如果是判决结案，则各自的投票权由各自行使；如果是协商结案，则一方可将投票权委托另一方行使。

（二）上市公司证券非交易业务办理

非交易过户是离婚的上市公司股东与配偶进行股权分割的主要方式。除此之外，因上市公司股东、实际控制人遭遇各类意外事故过世而需要通过证券非交易过户方式解决遗产分割的案例也有很多。因此，相关主体对于非交易过户需了解掌握。

1. 证券非交易业务的法律依据

2020 年 4 月 30 日，为适应法律法规和业务的发展变化，进一步简化证券非交易过户业务要求，中国证券登记结算有限责任公司（以下简称中登公司）根据《证券法》《公司法》《证券登记结算管理办法》《证券期货经营机构私募资产管理业务管理办法》等法律法规、部门规章的规定，以及中登公司《证券登记规则》等有关业务规则发布并实施了《证券非交易过户业务实施细则（适用于继承、捐赠等情形）》（2020 年修订）。该实施细则的再次修订是为进一步规

---

① 载腾讯财经，https：//finance. qq. com/a/20110517/004054. htm，最后访问时间：2021 年 1 月 24 日。

范继承、捐赠、依法进行的财产分割、法人资格丧失、私募资产管理等情形涉及的证券非交易过户业务，保护投资者的合法权益。

该实施细则第三条明确规定证券非交易过户业务包括“依法进行的财产分割所涉证券过户，暂仅指离婚情形”。

2. 证券非交易业务的业务流程

该实施细则第七条规定了由于离婚原因申请证券非交易过户时需要提交的证明文件。根据《民法典》婚姻家庭编以及相关司法解释的规定，男女双方自愿离婚的，可以到婚姻登记机关申请离婚，即通过民政局办法离婚证的方式解除婚姻关系；男女一方要求离婚的，可由有关部门进行调解或直接向人民法院提出离婚诉讼，即通过法院出具调解书、判决书的方式解除婚姻关系。因此，通过不同途径办理的离婚手续，其获得的法律文件也不同，在申请证券非交易过户时，应特别注意两种不同方式需要提交的文件。

其中特别需要提请注意的是，本次修订后的实施细则，对于通过民政局办理离婚的申请人，已不再强制要求提供“经公证的离婚财产分割协议”，而是可以直接提交“就财产分割作出明确约定且经婚姻登记机关确认的生效离婚协议”，进一步简化了文件提交的内容。

如果是通过法院出具调解书、判决书的方式离婚的，则离婚判决书、调解书原则上应该说明股票分割的情况。如果需要通过公证机构公证的，则需提交确认证券权属变更的公证文书。

3. 持股5%以上股东的特别流程

很多上市公司的离婚方或被继承人是该企业的控股股东或实际控制人，其所持有并需要分割的股票远远超过了该公司股票总发行数量的5%以上。根据实施细则第十三条的规定，申请人申请办理过户业务时，如《公司法》和其他法律对其申请过户证券转让期限有限制性规定的，从其规定。如过出方为上市公司持有5%以上股份的股东、实际控制人、董事、监事、高级管理人员，以及其他持有发行人首次公开发行前发行的股份或者上市公司向特定对象发行的股份的股东，过户证券为其持有的本公司股份的，不得违反法律、行政法规和国务院证券监督管理机构关于持有期限、卖出时间、卖出数量、卖出方式等的规定。

结合我们实际操作并办理的证券非交易业务，持股5%以上的股东办理该业务时可能还会涉及股票限售承诺及相关的信息披露事宜。

（1）上市公司需要发布关于股票权益变动提示性公告

上市公司大股东因离婚财产分割而需要通过证券非交易过户的方式向配偶分割上市公司股票。这些证券非交易过户所涉及的股票数量一般都超过了5%，有的甚至超过了30%。查看这些上市公司的公告可以看到，无一例外地都就该股票变动发布了《关于权益变动提示性公告》，其中需要明确载明本次权益变动详细原因、所涉及股票分割的数量及对象、股票分割后的持股情况，对相关的股票变动是否会导致公司控股股东或实际控制人发生变化，也需要进行特别说明。

同时，该公告还需要附上相关的被查文件，包括判决书或调解书或财产分割公证书、简式权益变动书以及详式权益变动书等。

（2）信息披露义务人需签署权益变动报告书

上市公司应依据《证券法》、《上市公司收购管理办法》（2020年修正）、《公开发行证券的公司信息披露内容与格式准则第15号——权益变动报告书》（2020年修正）、《公开发行证券的公司信息披露内容与格式准则第16号——上市公司收购报告书》（2020年修正）等法律、法规和规范性文件的规定，进行相关的信息披露，信息披露义务人通常为因离婚财产分割或继承而获得股票的一方。信息披露义务人（包括投资者及其一致行动人）应在《详式/简式权益变动报告书》中披露其在该上市公司所拥有权益的股份的情况。

（3）上市公司应在公司留存备查文件

上市公司应将上述报告中提到的备查文件留存在公司，一般会存放于上市公司董事会办公室供有关部门或人员进行查询。

（4）限售承诺或一致行动协议等

如果所涉及的上市公司股票是处于限售期的股票或股票减持人在减持股票前对于股票有相关的承诺或与其他人签署了一致行动协议的，受让股票的一方还可能需要就股票原本所受的锁定承诺出具相关的承诺书或遵守原有的一致行动协议书。

如上市公司股东的前配偶在获得相关股票后，应与该股东一样承诺遵守首发限售，遵守一致行动协议，表决权委托前夫行使；如果公司股东在公司担任高管，则前配偶在获得股票后不但要承诺遵守该股票首发限售，同时还可能需要受到高管限售股票的限制；上市公司的继承人都需要对外承诺继续履行被继承人在持有股票阶段所做的相关承诺。

4. 过户后股票限售承诺的延续

《公司法》第一百四十一条规定，“公司董事、监事、高级管理人员应当向公司申报所持有的本公司的股份及其变动情况，在任职期间每年转让的股份不得超过其所持有本公司股份总数的百分之二十五”。但目前尚没有法律法规或者操作指南进行明确规定，如果限售条件是针对在职董监高的，受让人若不是在职董监高，是否需要受此约束。

在非交易过户中，虽然没有法律法规作出明确的限制性规定，但深交所《上市公司规范运作指引》（2020 年修订）第 6.6.11 条规定：“承诺人作出股份限售等承诺的，其所持股份因司法强制执行、继承、遗赠、依法分割财产等原因发生非交易过户的，受让方应当遵守原股东作出的相关承诺。”

虽然受让方都需要作出承诺，但承诺内容不同也会导致义务的不同。如上市公司 NC 股份中的张某某，其承诺内容是“在公司担任董事、监事、高级管理人员期间每年转让的股份不超过所持有公司股份总数的 25%”，所以在首发限售解禁后，张某某并未担任董监高，故不受前述承诺限制；但如上市公司 SZTY 的安某，其承诺内容是“在王某任职公司董事、监事或高管期间，每年可减持份额为其所持股份余额的 25%”，所以尽管安某并未在公司任职，但由于其前配偶仍在公司任职，因此安某也仍然受董监高限售的限制。

上市公司 WH 股份最初披露的权益变动报告书中显示，因刘某为公司董事，李某某从其母亲刘某处继承的股份为高管限售股。但隔了几天又刊发更正公告，表示与中登公司深圳分公司核实后，李某某从其母亲处继承的股份全部为无限售流通股。

除了首发限售股以及特殊的限售承诺外，通过非交易过户取得的股票应当为无限售流通股。

5. 过户所需缴纳的相关税费

根据《财政部、国家税务总局、证监会关于个人转让上市公司限售股所得征收个人所得税有关问题的通知》（财税〔2009〕167 号）和《财政部、国家税务总局、证监会关于个人转让上市公司限售股所得征收个人所得税有关问题的补充通知》（财税〔2010〕70 号）的规定，个人因依法继承或家庭财产分割让渡限售股所有权的，应当按照规定缴纳个人所得税。如《中国结算深圳分公司证券非交易过户业务指南》中规定："申请人应自行向主管税务机关申报纳税并取得完税证明，该证明以及经主管税务机关确认的《限售股转让所得个人所得税清算申报表》原件是办理过户手续的必备材料之一。"

为此我们研究了上述通知和补充通知的相关规定，并咨询了相关税务专家。通知中第三条规定了转让限售股的个人所得税计算方法："个人转让限售股，以每次限售股转让收入，减除股票原值和合理税费后的余额，为应纳税所得额。即：应纳税所得额 = 限售股转让收入 - 成本（限售股原值 + 合理税费）；应纳税额 = 应纳税所得额 ×20%。"因依法继承或家庭财产依法分割取得的限售股的，转让收入以转让方取得该股时支付的成本计算。转让收入为取得该股时支付的成本，成本仍为限售股原值 + 合理税费，所以应纳税所得额为零，故应纳税额为零。所以只需前往其托管证券机构所在地的主管税务机关获取零纳税证明，即可作为其完税凭证。

上市公司证券非交易业务通过"和平"的方式解决了上市公司股东因离婚或继承问题引发的股票转让问题，该种方式交易手续简便、不引发相关的税务问题且操作过程也不复杂，是上市公司股票分割的一种重要的手段。但其中涉及的相关法律适用、业务流程操作及注意事项则需要申请者特别留意，也需要获得上市公司的积极配合。上市公司股票的非交易过户手续，虽然似乎只是流程问题，但办理环节复杂、涉及时间跨度相对较长，相关政策变化频繁。同时，当事人的情绪起伏变化、相关社会舆论压力等也都会对进程造成一定影响，承办律师应综合掌握、及时学习。

（三）上市公司权益变动报告书

根据上述分析，因离婚财产分割或继承所涉及的股票的减持人及增持人都需要按照规定就其减持、增持的股权情况进行披露并形成权益变动报告书。我们以某上市公司股东因协议离婚而产生的上市股票分割为例，详细介绍一下权益变动报告书的具体内容。

1. 信息披露义务人介绍

该部分内容主要介绍信息披露义务人的基本情况，包括姓名、性别、年龄、国籍、证件号码、住所及通信地址、是否取得其他国家或者地区的居留权、最近5年的任职经历、受到的处罚及诉讼、仲裁情况。另外，还需要介绍是否有控制的核心企业和关联企业，在境内、境外其他上市公司拥有权益的股份达到或超过该公司已发行股份5%的情况。

2. 权益变动的目的

该部分内容是权益变动报告书中较为核心的内容，主要是披露本次权益变动的目的。如某上市公司股东因协议离婚而披露的权益变动报告书所述："信息披露义务人与杜某某先生解除婚姻关系并进行财产分割。为保持某某生物的正常生产经营不受影响，继续保持杜某某先生对某某生物的实际控制权，信息披露义务人与杜某某先生签署了《一致行动人与表决权委托协议》。"

另外，还需要披露未来12个月内的持股计划。

3. 权益变动的方式

首先，披露义务人需要对权益变动的情况进行陈述，如因解除婚姻关系并进行财产分割。同时还需要披露具体分割的股票数量以及本次权益变动前后的持股情况。其次，如果披露义务人与公司股东达成一致行动协议的，还需要进行相关的披露。另外，披露义务人还需要就所获股票是否存在质押、尚未了结的诉讼、仲裁、争议或者被司法冻结等情形进行披露。

4. 资金来源

如果由于解除婚姻关系或发生继承等原因进行的财产分割，不涉及资金支付，不涉及资金来源。

5. 后续计划

信息披露义务人需要对持股后的发展计划进行适当的披露。例如，未来12个月内是否有调整上市公司主营业务的计划；未来12个月内是否会对上市公司或其子公司的资产和业务进行处置及购买或置换；是否有对上市公司现任董事、监事及高级管理人员的调整计划；是否有对可能阻碍收购上市公司控制权的公司章程条款进行修改的计划；是否有对上市公司现有员工聘用计划作重大变动的计划；是否有对上市公司分红政策进行重大调整的计划；是否有其他对上市公司业务和组织结构有重大影响的计划。

6. 对上市公司的影响分析

该部分主要是本次权益变动后是否会对上市公司产生影响的内容进行分析。例如，本次权益变动对上市公司的人员独立、资产完整、财务独立是否会产生影响；信息披露义务人及其关联方与上市公司是否存在关联交易，信息披露义务人可就不占用公司资金及减少关联交易出具《关于不占用公司资金及减少关联交易的承诺函》；信息披露义务人及其关联方与上市公司之间是否存在同业竞争情形，信息披露义务人可就避免同业竞争出具《关于避免同业竞争的承诺函》。

7. 与上市公司之间的重大交易

披露义务人需要陈述截至报告书签署日前24个月内是否存在重大交易的情形。

8. 前6个月买卖上市公司股份的情况

披露义务人需要陈述截至报告书签署日前6个月内是否存在通过证券交易系统交易该上市公司股票的情况。

9. 其他重大事项

披露义务人需要陈述截至报告书签署日，已按有关规定对本次权益变动的相关信息进行了如实披露，不存在根据法律及相关规定信息披露义务人应当披露而未披露的其他重大信息。

10. 信息披露义务人声明

披露义务人需要承诺报告书不存在虚假记载、误导性陈述或重大遗漏，并对其真实性、准确性、完整性承担个别和连带的法律责任。同时还需要签字确认。

11. 备查文件

披露义务人的身份证明文件、签署的报告书以及报告书中提及的由披露义务人承诺并签署的所有文件，如《一致行动人与表决权委托协议》、各类承诺书，以及中国证监会或深圳证券交易所要求报送的其他备查文件，均应当作为备查文件留存在该上市公司证券事务部办公室，供股东及其他有权人员查阅。

（四）上市公司一致行动协议

以某上市公司披露的一致行动协议内容为例，一致行动协议通常应当包括以下内容：

1. 一致行动的安排

1.1 一致行动

1.1.1 信息披露义务人同意自本协议生效之日起，在上市公司股东大会和/或董事会进行表决时与A某采取一致行动，并保持投票结果的一致性，具体事项包括但不限于：

（1）行使向董事会、股东大会提交各类议案的提案权；

（2）行使向股东大会推荐董事、监事候选人的提名权；

（3）行使股东大会/董事会审议各项议案的表决权；

（4）法律、法规、行政规章、规范性文件及依据上市公司章程规定的其他需要由股东大会/董事会审议批准的事项。

1.1.2 双方应保证在参加上市公司股东大会时按照事先双方协商一致的意见或者A某的意见行使表决权。

1.2 事项沟通与一致表决

1.2.1 在本协议有效期内，协议任何一方拟向公司董事会和股东大会提出议案时，应当事先就议案内容与另一方进行充分的沟通与交流，意见一致的，由A某以双方共同的名义向上市公司董事会和股东大会提出相关议案，并对议案做出相同的表决意见；如果双方意见不一致，信息披露义务人应充分尊重A某的意愿，按A某的意见提出议案和进行表决。该A某的意见为最终意见，对双方均有约束力，双方应据此就有关一致行动事项做出一致的行动决定。

1.2.2 对于非由双方向公司董事会和股东大会提出的议案，在上市公司董事会和股东大会召开前，双方应当就待审议的议案进行充分的沟通和交流，意见一致的，由A某以双方共同的名义按照一致意见在公司董事会和股东大会上做出相同的表决意见；如果双方意见不一致，信息披露义务人应充分尊重A某的意愿，按A某的意见进行表决。该A某的意见为最终意见，对双方均有约束力，双方应据此就有关一致行动事项做出一致的行动决定。

1.3 委托他人代为参会的表决

如信息披露义务人不参加公司股东大会的，应按本协议中第二条表决权等股东权利委托的安排委托A某（或A某代表）参加会议并行使投票表决权。

2. 股东权利委托的安排

2.1 表决权等股东权利委托

2.1.1 自本协议生效之日起，信息披露义务人同意在第一条之1.3款的情况下无条件且不可撤销地将其持有某上市公司的X万股股份（占某上市公司现有总股本的X%；如上述股份因配股、送股、转增股等而增加的，新增股份同样适用本协议关于表决权委托及一致行动的约定，以下称为“标的股份”）所对应的表决权、提名和提案权、监督建议权等相关权利（以下称为“委托权利”）委托A某行使，并与A某保持一致意见，包括但不限于：

（1）依法请求、召集、召开和出席某上市公司董事会会议、股东大会会议；

（2）所有根据相关法律、法规、行政规章、规范性文件或上市公司章程需要股东大会讨论、决议的事项行使表决权、提案权，包括但不限于选举上市公司董事、监事；

（3）相关法律、法规、行政规章、规范性文件、上市公司章程规定的股东所应享有的其他权利（分红权、收益权等财产性权利除外）；

（4）在表决权委托期限内，信息披露义务人不再以股东身份行使标的股份对应的表决权，不得再委托第三方行使标的股份对应的表决权，不得撤销或单方解除上述表决权委托。

2.1.2 在委托期限内，法律、法规、行政规章、规范性文件及上市公司章程规定信息披露义务人作为标的股份的所有权人需要履行的信息披露义务仍由信息披露义务人承担并履行。

2.1.3 经双方事先沟通，A某依据A某自身意愿行使或委托其他方行使信息披露义务人所持标的股份对应的表决权，如双方有不一致意见应以A某意见为准，信息披露义务人对A某行使投票表决权的投票事项结果予以认可并同意，确保A某对某上市公司的实际控制权。

2.2 委托权利的行使

2.2.1 信息披露义务人不再就上述具体表决事项向A某分别出具委托书，但如因监管机关或上市公司等相关主体需要，信息披露义务人应根据A某行使表决权的要求配合出具相关文件，信息披露义务人应就A某行使前述委托权利提供充分的协助，包括在必要时（如为满足政府部门审批、登记、备案所需报送文件之要求）及时签署相关法律文档，信息披露义务人应当在收到A某通知后2日内完成相关工作。

2.2.2 A某应在本协议规定的授权范围内谨慎勤勉地依法行使委托权利，维护信息披露义务人及上市公司利益。A某不得从事损害上市公司及股东利益的行为，不得从事违反法律法规及上市公司章程的行为。

2.2.3 在本协议期限内的任何时候，本协议项下委托权利的授予或行使由于任何原因无法实现，双方应立即寻求与无法实现的约定最相近的替代方案，并在必要时签署补充协议修改或调整本协议条款，以确保可继续实现本协议之目的。

3. 效力和期限的规定

本协议自双方签字之日起生效，协议期限的终止日自下列情形中孰早发生之日为准：(1) 双方对解除或终止表决权委托/一致行动协商一致并书面签署终止协议；或 (2) 经双方协商同意，信息披露义务人将持有上市公司股份进行转让且该等股份不再登记至其名下之日（信息披露义务人转让部分上市公司股份，则转让后剩余持有的上市公司股份依然适用本协议关于表决权委托和一致行动的约定）；或 (3) 因司法执行，全部或部分标的股份不再为信息披露义务人持有上市公司股份的（如发生该情形，则信息披露义务人在司法执行后持有的股份依然适用本协议关于表决权委托和一致行动的约定）；或 (4) 在A某出现限制民事行为能力、丧失民事行为能力等不能行使实际控制人权利的情形时。本协议约定的权利委托与一致行动的安排在信息披露义务人持有某上市公司股票期间不可撤销或变更。”

四、公司股票期权分割审判实务

（一）股票期权概述

1. 股票期权的概念

期权是一种能在未来特定时间以特定价格买进或卖出一定数量的特定资产的权利。股票期权作为企业管理中的一种激励手段，最早产生于19世纪50年代的美国。据研究，20世纪50年代美国企业的员工需要缴纳高额的个人所得税，这对于大公司的高收入员工来说，是一笔不小的税负。为了避免当时高额的个人所得税对公司经理人员薪酬的侵蚀，影响员工的工作积极性，美国辉瑞制药公司率先于1952年推出了世界上第一个股票期权激励计划。资料显示，1974年全球前500强大型工业企业中有52%的公司实行了股票期权制度；20世纪90年代，《财富》排名前1000家的美国公司中，已有89%以上推行了股票期权制度；到2001年年底，90%的美国大公司发送了股票期权，并成为上市公司高管人员薪酬的重要部分。[①]

我国最早有关经营者股票期权激励的实践见于1993年深圳万科的“职员股份计划”，[②] 万科在1993年就聘请香港专业律师协助起草并制定严密规范的《职员股份计划规则》，计划为期9年（1993～2001年），分三个阶段实施。由于历史原因，该计划仅实施第一阶段后便停止了。1999年10月，中国证监会前主席周正庆发表关于“在高科技上市公司中可以试行股票认股权”的讲话，成为官方推动股票期权制度建设的标志。

2005年中国证监会颁布的《上市公司股权激励管理办法》（试行），标志着股份期权制度正式在我国建立。2006年《公司法》《证券法》修订，规定公司可以回购本公司的股票用于奖励职工和高管人员，其所持有的股票在任职期间可以按规定的条件出让。至此，股票期权制度在我国正式确立。关于股票期权的官方定义，我们可以参阅以下几个法规文件。

（1）《上市公司股权激励管理办法》

2005年《上市公司股权激励管理办法》（试行）第十九条规定：“本办法所称股票期权是指上市公司授予激励对象在未来一定期限内以预先确定的价格和条件购买本公司一定数量股份的权利。激励对象可以其获授的股票期权在规定的期间内以预先确定的价格和条件购买上市公司一定数量的股份，也可以放弃该种权利。”

该管理办法几经修订，根据《上市公司股权激励管理办法》2018年最新版的第二十八条规定，股票期权是指上市公司授予激励对象在未来一定期限内以预先确定的条件购买本公司一定数量股份的权利，激励对象获授的股票期权不得转让、用于担保或偿还债务。

---

① 参见张佩玉：《我国股票期权激励制度的法律问题研究》，载《法学杂志》2012年第2期。

② 参见毕芳：《股权激励计划：机制、问题与对策》，载《技术经济与管理研究》2006年第5期。

（2）《财政部、国家税务总局关于个人股票期权所得征收个人所得税问题的通知》

该通知第一条即规定：企业员工股票期权是指上市公司按照规定的程序授予本公司及其控股企业员工的一项权利，该权利允许被授权员工在未来时间内以某一特定价格购买本公司一定数量的股票。

从上述两个法规可以看出，股权期权是一种较为灵活的权利，发生于未来，并且员工具有选择执行或不执行的权利。

（3）司法实践中的法院观点

在司法实践中，也有法院对股票期权的概念进行了阐明。

上海市浦东新区人民法院在审理的（2016）沪0115民初14217号离婚后财产纠纷案件中也对股票期权的概念作了解释：“股票期权，是指在未来一定时期可以买卖的权利，是买方向卖方支付一定数量的金额（指权利金）后拥有的在未来一段时间内（指美式期权）或未来某一特定日期（指欧式期权）以事先规定好的价格（指履约价格）向卖方购买或出售一定数量的特定标的物的权利，但不负有必须买进或卖出的义务。买方有执行的权利也有不执行的权利，完全可以灵活选择。而行权是指权证持有人要求发行人按照约定时间、价格和方式履行权证约定的义务。”

2. 股票期权的特点

从上述股票期权的定义和实践中的分析来看，股票期权具有以下特点。

（1）期权具有人身属性

授予股票期权是一种针对企业员工的特定激励行为，授予的对象一般具有严格限制。受激励的员工往往需要在工作岗位上投入大量的时间和精力，为企业的发展做出贡献，公司授予的股票期权是对特定员工的激励，具有明显的人身属性。

《上市公司股权激励管理办法》第二十八条亦明文规定：激励对象获授的股票期权不得转让、用于担保或偿还债务。

（2）期权一般是附条件的契约权利

员工获得股票期权激励仅仅是获得了持有股票的可能性，仅是一种“持股资格”，而非实际持有。只有达到合同约定条件后方能行权，转成实实在在的股票。行权的条件通常是和员工的服务年限、业绩的考核、经营目标、股票价值的上升等情况挂钩，是企业经过精密计算之后的结果。这些行权条件能够实现，一方面和员工本人的努力相关，另一方面也和企业的盈利相关，因此才能达到激励员工的目的。期权行权无法成就的可能性也是存在的，并非一定能够达成。值得注意的是，几乎所有的股票期权都和员工的服务年限挂钩。

（3）期权实现具有不确定性和可选择性

期权存在不确定性，即使达到行权条件，但授权方基于各种原因不履行约定，导致权利无法实现的可能性也是存在的。同时，员工还有选择的权利。期权是一种双向选择，如果员工认为行权并不“划算”，比如行权时的股票价值在高位，则员工也拥有拒绝行权的权利。

因此，基于股票期权的上述特点，股票期权在婚姻家庭领域的性质为何、离婚时如何分割、继承时有无特殊规则，特别具有研究的意义。股票期权本身并非一种可分割的有形财产，所以在离婚或继承时，对于股票期权，配偶或继承人即使知悉，也往往可能是“可望不可及”。

3. 股票期权的性质

我国法律并未以明文方式将股票期权规定为夫妻共同财产的类型之一，那么，股票期权是否属于夫妻共同财产，属于哪种具体类型的夫妻共同财产？这就要从股票期权的性质说起。

（1）从法理角度认为股票期权符合共同财产的本质

股票期权具有人身依赖性和人身专属性，且人身性与收益的不确定性紧密联系。受激励员工从获得股票期权，到行权后获得股票这一实际的财产性收益，往往需要在工作中投入大量的时间和精力，为企业发展做出贡献，这也是企业实施股权激励的初衷。在这一过程中，在受激励的员工一方为企业发展辛勤工作的同时，其配偶往往需要牺牲自己的时间或工作机会，为双方的家庭付出更多，为辛勤工作的一方提供支持。也就是说，受激励员工为企业做出的贡献事实上也离不开配偶一方的付出。这便是法定夫妻财产共同所有制的内在本质，对于夫或妻一方创造出的物质价值，乃至社会效益，夫妻双方都有不同程度的贡献。

有学者指出，夫妻一方负担大部分或全部的家务而另一方接受教育或培训或专心工作，却在毕业、获得学位或事业有成之时提出离婚的，付出较少家务劳动的一方的所得虽然并未转化为实在的有形财产，但是已经转化为获得更高收入的能力、机会或资格。[①]。股票期权体现了法定夫妻财产共同所有制的内在本质：对于夫妻一方行权后取得股票期权的收益，实际上是离不开配偶一方的支持和付出，双方均有贡献。

（2）从法律规定角度认为股票期权属于劳务报酬

我国《婚姻法》制定于1980年，仅在2001年修订过一次，股票期权这一财产形式在当时尚未普及。而《民法典》第一千零六十二条对夫妻共同财产类型的依然采用了列举式规定。其中并未明确规定股票期权属于夫妻共同财产的一种类型。虽然部分法院认定股票期权属于财产性权益或夫妻共同财产，但是并未就股票期权属于哪一种夫妻共同财产类型进行明确，说理在一定程度上存在缺陷。

相关行政部门的规定可以为股票期权在夫妻财产类型中的分类提供参考。《财政部、国家税务总局关于个人股票期权所得征收个人所得税问题的通知》在第二条中规定，员工行权时，其从企业取得股票的实际购买价（施权价）低于购买日公平市场价（指该股票当日的收盘价）的差额，是因员工在企业的表现和业绩情况而取得的与任职、受雇有关的所得，应按“工资、薪金所得”适用的规定计算缴纳个人所得税。但是，有学者认为，由于股票期权所能带来的实际收益不符合《劳动法》第五十条规定的“工资的特征”，因此显然不属于“工资、奖金”。[②]

另外，股票期权明显不属于法律规定应当归属于夫妻共有的“知识产权的收益”或“因继承或赠与所得的财产”。根据《〈民法典〉婚姻家庭编解释（一）》第二十五条的规定，该条通过穷尽式列举的方式，将“其他应当归共同所有的财产”解释为夫或妻一方在婚姻存续期间以个人财产投资的收益限定在“住房补贴、住房公积金，养老保险金、破产安置补偿费”这三种类型。该条文并没有设置兜底性规定，由此可见，股票期权也不属于法律规定的“其他应当归共同所有的财产”。

有学者认为，股票期权可以解释为属于法律规定的应当属于夫妻共有的

① 参见高留志：《家务补偿制度的立法完善》，载《河北法学》2004年第2期；康娜：《我国离婚财产分割规则之法经济学反思》，载《社会科学家》2009年第6期。

② 参见范围：《公司股票期权激励争议处理研究》，载《当代法学》2016年第2期。

"生产、经营的收益"中的"经营收益"。[①] 所谓经营，通常是指从事商业活动，经营过程中往往包含了体力和精力的投入，这与股票期权的特征相符合。股票期权可以为"经营收益"所涵盖。

值得注意的是，《民法典》在婚姻家庭编第一千零六十二条进行了修订，增加了"劳务报酬""投资的收益"，扩大了夫妻共同财产的范围。应当说，这一修改顺应了时代的发展和进步，符合目前经济社会中人民日益多元化的财产形式。《民法典》新增"劳务报酬"作为夫妻共同财产的类型，为股票期权在夫妻共同财产类型中的归类进一步提供了法律依据。

（3）从法院审判观点认为股票期权属于夫妻共同财产

在司法实践中，早从10年前开始，就已经出现典型案例，法院认为股票期权属于财产性权益，应当作为夫妻共同财产予以分割。

上海市黄浦区人民法院在（2011）黄民一（民）初字第1260号离婚后财产纠纷中认为："关于被告在离婚之时所取得的可以行权的股权期权，为双方离婚之时确定可得的财产，属于双方的夫妻共同财产，虽然该笔股权的实际收益在双方婚后取得，但仍应作为双方的夫妻共同财产进行分割。"

浙江省玉环县人民法院在（2016）浙1021民初3650号离婚后财产纠纷中认为："被告系某股份有限公司职工，该公司分别于2006年和2012年授予被告股票期权300,000股和30,000股，已于婚姻关系存续期间进入被告股票账户，应当属于夫妻共同财产，该股票是否被限制转让，不影响共同财产的性质。"

（二）股票期权的分割处理

1. 婚内形成的股票期权为夫妻共同财产

配偶一方的股票期权主要是通过企业的股权激励制度获得，一般模式为企业将预期的股票差价赋予员工，企业希望通过利益激励，提升企业经营效益、奖励并长期留住员工。从实质上看，员工股票期权实际构成了企业对员工劳动付出的一项报酬，应属法律规定的共同财产范围。

2009年7月20日《广东省高级人民法院关于婚前取得的股票期权，离婚后行权所得能否确认为夫妻共同财产问题的批复》（粤高法民一复字〔2009〕5

---

① 参见李展豪、黄丹琳：《离婚后行权的股票期权收益归属及其分割规则探析——以"马某与朱某离婚后财产纠纷一案"为例》，载《研究生法学》2017年第6期。

号）。该批复的具体内容如下：

“B 市中级人民法院：

你院《关于婚前取得的股票期权，离婚后行权所得能否确认为夫妻共同财产问题的请示》收悉。经研究，答复如下：

基本同意你院审判委员会的多数意见。LF 婚前取得的股票期权，是 XT 科技公司作为一种激励机制而赋予员工有条件地购买本企业股票的资格，并非具有确定价值的财产性权益。该期权要转化为可实际取得财产权益的股票，必须以员工在公司工作时间的积累为前提条件。在 LF 与 SHS 二人婚姻关系存续期间，LF 的部分股票期权可行权并获得财产权益。虽然 LF 是在离婚后才行使股票期权，但无法改变其在婚姻关系存续期间可以行使部分期权并获得实际财产权益的事实。LF 在婚姻关系存续期间可通过行使股票期权获得的该部分股票财产权益，属于在婚姻关系存续期间明确可以取得的财产性收益，宜认定为夫妻共同财产。”

从上述批复意见看，股权激励计划授予的期权以员工在公司工作时间的积累为前提条件，即使离婚后行权，亦“无法改变其在婚姻关系存续期间可以行使部分期权并获得实际财产权益的事实”，故宜认定为夫妻共同财产。

股票期权属于财产性权益，应当属于夫妻共同财产类型中的一种，与股票期权授予对象的身份、工作能力、工作年限、工作业绩等密切相关。但是在离婚分割时，首先要判断股票期权属于夫妻共同财产还是个人财产，然后才能根据不同的情形进行分割。

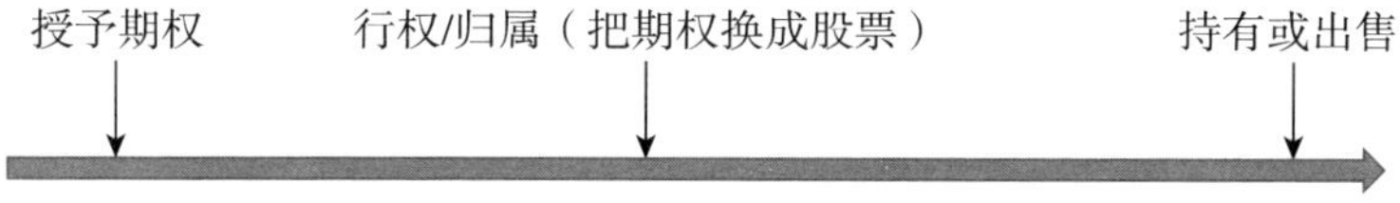

图 2－17

一般来说，实践中的股票期权和婚姻存续关系，可能有以下几种情形，[①] 我们结合法院的审判观点总结的倾向性意见如表 2－2 所示。

① 参见许多曦：《离婚时，股票期权如何分割?》，载微信公众号“馨泽家族办公室”，2020 年 9 月 18 日。

表 2－2

不同情形	倾向性意见①
婚前获得、婚前行权	已行权部分属于婚前个人财产
婚前获得、婚内行权	部分法院认为是个人财产
婚内获得、婚内行权	属于夫妻共同财产
婚内获得、离婚后行权	可根据实际行权条件计算共同财产的比例
离婚后获得	属于个人财产

2. 因工作而获得的股票期权为共同财产

案例 2－96 王某与张某甲离婚纠纷案

一审法院：浙江省杭州市西湖区人民法院（2014）杭西民初字第 910 号

二审法院：浙江省杭州市中级人民法院（2015）浙杭民终字第 392 号

案例主旨：一方因工作而获得的股票期权应属于夫妻共同财产，但可以给贡献大的一方多分。

一审法院查明，2011 年 3 月 22 日，公司因年度奖励授予张某甲 800 股 AAAA 集团限制性股份单位 RSU，分 4 年以 25% 归属，其中 2012 年 1 月 1 日归属 200 股，2013 年 1 月 1 日归属 200 股，2014 年 1 月 1 日归属 200 股，下一期预计归属日期为 2015 年 1 月 1 日，归属 200 股；2012 年 5 月 11 日，公司因年度奖励又授予张某甲 3000 股 AAAA 集团限制性股份单位 RSU，分 4 年以 25% 归属，其中 2013 年 1 月 1 日归属 750 股，2014 年 1 月 1 日归属 750 股，下两期预计归属日期为 2015 年 1 月 1 日归属 750 股，2016 年 1 月 1 日归属 750 股；2013 年 6 月 26 日，公司因年度奖励又授予张某甲 1400 股 AAAA 集团限制性股份单位 RSU，分 4 年以 25% 归属，其中 2014 年 4 月 1 日归属 350 股，下三期预计归属日期为 2015 年 4 月 1 日归属 350 股，2016 年 4 月 1 日归属 350 股，2017 年 4 月 1 日归属 350 股。2014 年 6 月，公司发出集团期权行权计税公允市场价格调整通知，自 2014 年 6 月 28 日起，行使集团期权限制性股份单位归属用于计算个人所得税的公允市场价格调整为 56 美元。公司规定，如在归属前离职、在期间事

① 我们经过案例检索发现，司法实践中对于股票期权在离婚时的分割并未形成完全统一的裁判规则，表中的裁判规则仅为裁判的倾向性意见，个案中可能存在与之相反的判例。

假、病假等累计假期超过90天（适用于每年归属25%）或180天（适用于满两年归属50%），则归属日按日历日相应往后延迟或被取消（如员工被因特定事由解雇等）。

2014年9月，张某甲在IPO出售项目中以68美元/股的价格出售1000股，目前持有1450股。诉讼中，双方一致确认股权出售款为67,164美元，并以6.1427的汇率（美元与人民币汇率）计算，结果为412,568元人民币。

一审法院就RSU性质、授予、归属的具体政策、有无禁售规定等向某（中国）软件有限公司发函作了调查，某（中国）软件有限公司向一审法院回函，函称：RSU的全称是Restricted Share Unit，中文可以翻译为“限制性股份单位”。因AAAA集团（注册于开曼群岛）已于2014年9月16日在美国纽约证券交易所上市，AAAA集团RSU在性质上可以理解为是作为境外上市公司的AAAA集团根据其相关股权激励计划以及AAAA集团和员工签署的相关协议约定，在相关员工满足为其旗下公司或关联公司提供服务满一定年限及其他条件后授予员工一定数量的AAAA集团股票的一种员工激励机制。

我们理解其具有一定的人身属性。AAAA集团在财务年度年终时根据员工未来发展前景及员工年度表现等因素授予一些员工一定数量的年度RSU（“年度RSU”）。AAAA集团RSU在归属并由员工缴纳相关税款后，员工即取得AAAA集团股票。因AAAA集团已公开上市，员工可在遵守禁售期规定的前提下在证券市场自由转让其归属权后取得AAAA集团的股票，员工通过开立美股账户的证券公司账户进行操作。AAAA集团RSU本身不可自由交易，没有可参考价格。AAAA集团股票价格可参考美国纽约证券交易所AAAA集团股票（代码：AAAA）的市场行情确定。

相关禁售期规定如下：根据AAAA集团相关股权激励计划以及AAAA集团和员工签署的相关协议约定，截至IPO当天所持的AAAA集团股权（含股票、期权、RSU）全部禁售，禁售期为1年，首次解禁为IPO满180天后（IPO当天持股权总数的40%解禁，但仅已归属部分可交易），满1年后全部解禁（全部解禁，但仅已归属部分可交易）（注：不含已在IPO出售项目中申请出售的股数）。

一审法院认为，AAAA集团RSU在归属并由员工缴纳相关税款后，员工即取得AAAA集团股票。根据当事人的一致确认，一审法院以截至第二次开庭时RSU已归属后取得的AAAA集团股票为本案的处理对象。婚后至本案第二次开庭时，张某甲共归属取得AAAA集团股票2450股，应为夫妻共同财产。张某甲主张2450股均为个人财产，以及2011年3月婚前授予、婚后归属的股票为个人婚前财产的意见，一审法院不予采信。

但考虑到上述股票取得与张某甲的年度工作表现等密切相关，张某甲贡献大的实际情况，一审法院确定2011年3月婚前授予、婚后已归属的股票600股，张某甲可得367股，王某可得233股，其他婚后授予婚后归属的，应对半享有。诉讼期间，张某甲于2014年9月通过IPO出售项目出售1000股，即（2011年3月婚前授予婚后归属的600股加上其他婚后归属的400股）对出售款可进行分割。

基于以上考虑，一审法院确定张某甲分得567/1000×412,568元（张某甲可多分的367股加上和王某均分的200股），为233,926元，王某分得433/1000×412,568元（王某分得的233股加上和张某甲均分的200股），为178,642元。王某目前持有的1450股，因仍处禁售期，解禁会对股票价格产生重大影响，经一审法院释明后双方也未向一审法院提供折价分割应扣除相应税金的具体计算方法，为公平合理地保障双方当事人的权益，目前不宜进行简单分割，双方待符合转让条件后可另行分割处理。

二审法院认可一审法院的判决并认为，案涉股票的取得确实与张某甲的年度工作表现等直接相关，一审法院考虑到张某甲贡献大的实际情况，将2011年3月婚前授予而婚后归属的600股酌情确定张某甲367股，王某233股；其他婚后授予婚后归属的股票对半享有，并无不当，二审法院予以确认。同时，考虑到目前张某甲持有的员工股票仍处于禁售期，解禁会对股票价格产生重大影响，而双方在一、二审中均未提供折价分割应扣除相应税金的具体计算方法，故一审从公平合理地保障双方当事人权益的角度，对张某甲目前持有的1450股未实际分割并无不妥，双方可待符合转让条件后另行处理。

3. 婚内获得并行权的属于夫妻共同财产

案例2-97 佘某某与陶某某离婚后财产纠纷案

一审法院：上海市徐汇区人民法院（2015）徐民一（民）初字第4474号

案例主旨：一方婚内获得股票期权并已计入该方名下的可以作为夫妻共同财产直接进行分割；未计入名下的无法分割。

法院认为，TX公司授予被告的“TX控股”限制性股票3500股的时间为双方婚姻关系存续期间，故该3500股限制性股票为双方原夫妻共同财产。被告认为该股票具有特定的人身性质，为被告的个人财产，因于法无据，法院不予采纳。该股票授予的方式为分批计入被告名下，被告取得相应的股票权益与其是否被TX公司聘用及其他事宜等相关，原告能主张的权益也仅仅是已计入被告名下的股票数额。

北京市朝阳区人民法院在（2018）京0105民初81177号案件中也认为："关于汪某名下ALBB公司股票，其中275股于刘某某去世后行权，但ALBB公司授予汪某股票的时间为2017年5月22日，发生于二人婚姻关系存续期间，应属夫妻共同财产，故应当按照法定继承原则进行分割，汪某继承后支付原告和李某折价款。剩余825股尚未行权，且最终利益是否完全获得与汪某是否在职、工作年限、工作业绩等密切相关，故本院对该剩余部分股票不予处理，原告可待条件成就时另行主张。"

4. 以离婚后业绩行权所得股票非夫妻共有

案例2－98 高某与刘某离婚后财产纠纷案

一审法院：北京市海淀区人民法院（2016）京0108民初34393号

案例主旨：股票期权是公司赋予员工有条件购买股票的资格。而将该期权转化为股票必须以员工在公司的业绩考核为依据，一方所获得的股票期权行权资格的考核依据是离婚后的业绩，且行权出资并非夫妻共同财产，故该方最终获得的公司股票并非夫妻共同财产。

法院认为，首先，股票期权是刘某所在公司作为激励机制而赋予员工有条件地购买本企业股票的资格，是一种期待权，并不具有确定价值的财产性权益。因此，股票期权因其期待权的特性，而不能确定将来是否获得财产权利，及获得财产权利的多少。其次，刘某持有的期权转化为可实际取得财产权益的股票，必须以员工在公司工作时间的积累为前提条件，具有一定的人身特性。刘某要将其期权行权需要公司考核其在2012年、2013年、2014年的业绩，并支付一定的对价。最后，刘某所持有的期权分别三次行权，其中2012年，即婚姻存续期间，因考核不合格而被注销。此后的行权资格考核的是双方离婚后刘某的业绩，且行权的出资亦由刘某婚后个人财产予以支付。综上，刘某现持有的某某传媒股票有限公司的股票不属于夫妻共同财产。

5. 符合解锁条件并流通的才能直接分割

案例2－99 李某诉郑某甲离婚纠纷案

一审法院：浙江省杭州市西湖区人民法院（2014）杭西民初字第1929号

案例主旨：限制性股票尚不符合解锁条件，不能行权流通，法院可暂不处理。

根据原告的申请，法院依法向HKY公司调查被告在该公司的收入及持股情况。该公司函复本院：被告作为HKY公司员工持有公司股票期权数为16,000股，该部分股票为限制性股票，需符合解锁条件才可行权流通。目前被告尚未获得可流通股权。

法院认为，关于被告持有HKY公司的股票，双方对该部分财产属于夫妻共同财产无争议。HKY公司的函件内容可以证实，目前被告持有的该部分股票属于限制性股票，尚不符合解锁条件，不能行权流通，故法院对该部分股票暂不处理，原告此后可就股票另行主张权利。对于股票回购款56,800元，被告同意支付一半给原告，法院予以准许。

6. 一方未接受股票期权的法院不予分割

案例2－100 吴某与董某离婚纠纷案

一审法院：北京市大兴区人民法院（2014）大民初字第3736号

二审法院：北京市第二中级人民法院（2014）二中民终字第09388号

案例主旨：一方未接受股权期权的，法院暂不予处理。

法院查明吴某所主张的董某的股票期权（以指定价格购买股票的权利），ZX国际公司一共授予员工董某43,200股期权（港股），分别为2004年4月25日，授予32,000股期权，价格2.15元，2010年2月23日，授予11,200股，价格0.77元，目前ZX国际公司的股票价格为0.65元，董某未接受前述期权授予。法院认为，关于吴某主张分割的期权，因现董某尚未接受该期权，故法院暂不予处理。

7. 主动放弃股票期权系损害夫妻共同财产

案例2-101 马某诉朱某离婚后财产纠纷案

一审法院：上海市浦东新区人民法院（2012）浦民一（民）初字第17439号

案例主旨：在离婚判决已明确认定股票期权存在的情况下，一方未经另一方配偶同意，将取得的股票期权以“个人原因”申请全部撤销，是故意损害夫妻共同利益的行为。放弃股票期权一方有过错，即使该股票期权已被公司“依规处理”，过错方也应赔偿另一方的损失。

法院认为，原、被告已离婚，原告以尚有夫妻共同财产未处理为由向人民法院起诉请求分割的，经审查该财产确属离婚时未处理的夫妻共同财产，人民法院应当依法予以分割；离婚后，一方对尚未分割的夫妻共同财产及其收益造成损害的应赔偿受损方相应的损失。原、被告争议的第一、二批股票期权的数量明确，但第三、四批股票期权的数量不明，故第一、二批股票期权及对应的收益可在本案中处理，第三、四批股票期权及可带来的收益在本案中不作处理，但今后如有证据能证实第三、四批股票期权的数量，原告可对应享有的利益另行主张。现对本案的争议焦点分析如下：

争议焦点之一：股票期权是否为财产性权益。原、被告诉争的股票期权是某公司授予员工在一定时期内按约定的价格购买本公司股票的权利，是一种有财产性权益的债权。虽然，在未行权或注销回购时其价值难以确定，但价值的高低或暂时的不确定性不能否定其财产性权益的属性，因此股票期权及其带来的收益可以作为离婚时夫妻共同财产分割的标的。

争议焦点之二：因股票期权可获取的收益中，原、被告共同财产的析出。首先，股票期权在未行权，被授予人未获得股票的情况下是难以确定其价值的，其价值体现在股票价值中，但股票期权的价值又不等同于股票价值，其只是组成股票价值的一部分。根据二份期权授予计划及被告系某公司高级管理人员的身份，可确定诉争股票期权如按约定的可行权日行权，产生的股票价值应由三部分组成：股票期权价值、被告从期权授予日到可行权日继续在某公司工作的忠诚价值（以行权条件条款表现，以下简称忠诚工作价值）、行权价格成本。其中，行权价格成本是固定的，某公司授予员工股票期权的目的是“吸引、激励、挽留和奖励当选的董事、员工”，因此，在扣除行权价格成本后的股票价值中，股票期权价值、忠诚工作价值应有同等的贡献度。其次，在离婚判决已明确认定第一、二批股票期权的情况下，被告未经原告同意，将取得的股票期权以“个人原因”申请全部撤销，是故意损害原告利益的行为，对此，被告有过错，故无论某公司作出何种“依规处理”，被告均应赔偿原告的损失。最后，2012年2月14日某公司终止上市，其全部股票期权已转化为取得统一价值标准的现金的权利，该现金标准对应的是扣除行权成本后的股票收购价值。由于诉争股票期权中可行权部分未曾行权，全部股票期权约定的行权终止日在回购日后，被告放弃股票期权的行为又在回购日前，故作为受损害方，原告有权利选择2012年2月14日的现金标准计算可得的股票期权价值、忠诚工作价值，并主张赔偿权。

综上，第一、二批股票期权的价值可分别酌定为37,938美元、30,750美元，总计68,688美元，此款可参照分割夫妻共同财产的原则析出原告应得部分后由被告赔偿原告；与股票期权批次对应的第一批忠诚工作价值可酌定为37,938美元，第二批忠诚工作价值可酌定为30,750美元，由于一部分股票期权取得日到可行权日的时间跨越了原、被告离婚日，故第一、二批忠诚工作价值中包含有原、被告可得的夫妻共同财产及被告离婚后可得的个人财产。

争议焦点之三：忠诚工作价值中夫妻共同财产部分的认定。某公司的股票期权行权条件表明，某公司希望被告在行权等待期（股票期权授予日到可行权日）内为公司做出有价值的贡献，但并不以贡献的大小为行权的条件，而仅要求在行权等待期内继续为公司工作。故忠诚工作价值中夫妻共同财产的析出应以授权日至婚姻关系存续日在授权日至可行权日中所占的时间比例为依据。第一批忠诚工作价值37,938美元中属原、被告夫妻共同财产部分可酌定为35,159美元，第二批忠诚工作价值30,750美元中属原、被告夫妻共同财产部分可酌定为24,848美元。

综合上述分析，考虑美元与人民币的汇率变动等因素，被告应补偿原告第一、二批股票期权价值及忠诚工作价值中应归属原告的394,346元，此款中，如含有被告应缴纳的工资、薪金所得税，可由相应的税务机关根据应税范围、应税税种、税率、免征事项等规定，核定税款额后，由原告交纳。

（三）分割股票期权的难点

1. 需举证配偶可获得期权的具体信息

如果当事人仅提供某一批股票期权的总数，无法证明配偶个人可获得的期权数额，法院一般不予采信。

上海市黄浦区人民法院在（2016）沪 0101 民初 12448 号离婚纠纷中认为："关于 HYJX 公司股票期权激励。原告提供了 HYJX 公司 A 股股票期权激励计划（2015 年度）授予对象名单，公告日期为 2015 年 12 月 30 日，原告认为根据该计划，HYJX 公司将对包括被告在内的'其他核心岗位员工'462 人，合计拟授予股票期权 1295.806 万份，据此，每人将获得约 2.8 万股，以每股 10 元计，被告可获得 28 万元，应各半分割。被告认为期权取决于被告的工作表现，尚未发放，不同意分割。法院认为原告提供的公告名单仅载明合计授予股票期权数，未明确被告个人可获得的期权数额，而且股权激励计划与员工绩效考核相挂钩，公告本身不能证明被告已经获得股权，法院对此不予采信。因此，对于 HYJX 公司股票期权，由于原告对此无证据证明已经实际发放以及发放的具体金额，法院无法支持该请求。"

2. 境外上市公司股票期权或不作处理

由于境外上市公司的上市地点在境外，相关的股票期权情况我国法院无法亲自核实，故实践中部分法院会采取不作处理的方式。

上海市第二中级人民法院在（2010）沪二中民一（民）终字第 1804 号离婚纠纷案件中认为："张甲持有单位授予在美国证券市场交易的期权股票，由于这些股票系境外上市，相关事实无法查明，且秦某未举证证明上述股票已变现，故对该股票，法院不作处理。"

3. 未证明已行权的股票期权不作处理

如果股票期权尚未行权或者没有证据证明已经实际行权，通常法院不会在离婚财产分割中一并处理。但法院同时会告知当事人，待有相关证据之后可以另行启动离婚后财产纠纷诉讼进行维权。

上海市第二中级人民法院在（2012）沪二中民一（民）终字第 696 号离婚

纠纷中认为："关于瞿某某要求分割的姚甲名下HY信息技术有限公司期权，因瞿某某未能提供证据证实姚甲就上述期权进行行权，故法院对瞿某某的该项主张不予支持。"

上海市徐汇区人民法院在（2014）徐民一（民）初字第7286号离婚纠纷中认为："关于原告持有的WR公司的员工股，虽然被告提供证据证明了原告持有股票的总份额，但根据原告提供的《股票相关流程》看，该公司股票操作存在特殊性，仅55%的股票可以自由操作，另45%的股票需要纳税，且抛售股票后的资金需要3～5个月才能到原告的中国账户，而在案证据无法确定原告目前的股票余额及实际获得的资金余额，故本案不予处理，被告可以在原告股票份额及资金确定后另行主张权利。"

北京市朝阳区人民法院在（2012）朝民初字第04632号离婚纠纷中认为："原告要求分割被告名下期权，鉴于期权具有不确定性，仅凭持有期权不能确认此系双方实有财产，故对于原告的主张本院不予支持，原告可于被告实际行权后另行提起请求。"

从上述的法院案例可以看出，受激励员工的配偶作为弱势一方，对于受激励员工一方何时行权、是否行权很难知晓，这就导致受激励员工的配偶事实上很难维护自己的合法权益，并且给某些当事人恶意逃避、拖延夫妻共同财产分割留下了一定的空间。

4. 股票期权具有人身性通常折价分割

在司法实践中，由于股票期权具有人身属性，一般法院不支持直接分割股票，而是采取折价分割的方式。

上海市徐汇区人民法院在（2013）徐民一（民）初字第3657号离婚纠纷中认为："目前TX科技（上海）有限公司授予原告的1171股TX控股限制性股票，已可以按现时股价行权，该部分财产应当予以分割，鉴于原告以TX科技（上海）有限公司员工身份取得上述股权，本院无法对上述股权份额予以分割，故本院参考TX控股现行市值，判令原告一次性支付被告股权折价款20万元。"

5. 受期权激励员工一方可以酌情多分

由于股票期权是企业激励员工的一种手段，因此，在实践中，法院通常在考虑双方贡献的基础上，对受激励员工一方酌情予以多分。

在（2015）沪一中民一（民）终字第624号离婚后财产纠纷中，陶某某拥有某公司3500股激励股权，其中462股属于婚内夫妻共同财产。双方一直同意按照124.5元计算股票价值。一审法院上海市徐汇区人民法院判决按照50%的比例分割，而二审法院上海市第一中级人民法院则认为："因陶某某与公司之间的聘用关系尚在继续中，且最终利益可以完全获得尚有赖于其之后的辛勤劳作，虽双方当事人婚姻关系解体于2014年4月，但对该部分利益的分割应当考虑各自的贡献程度，原审法院依平均分割的原则处理该部分财产内容确有不当之处。"最终，二审法院判决陶某某给付佘某某B有限公司股权折价款17,255.70元，这相当于30%。

在（2015）虹民一（民）初字第3893号离婚纠纷中，原告自2001年3月入职上海XC商务有限公司，2010年1月，原告因工作满8年获得公司股票期权奖励，原告名下在美国某证券账户内在2013年6月28日的净资产价值为10,510.79美元，后出售。上海市虹口区人民法院认为："原告获得的公司股票期权奖励，系婚姻关系存续期间取得，考虑股票期权奖励的来源、取得的条件，酌情予以分割。原告给付被告分割款人民币6000元。"从该判决结果来看，根据2013年的汇率换算，这相当于分割到10%。

在（2018）冀0227民初617号离婚后财产纠纷中，被告侯某系河北JX钢铁集团股份有限公司员工，于2009年12月获得中国DF集团授予的购股权共130,000股，2018年1月31日被告获得该期股权收益款176,852.12元。河北省迁西县人民法院认为："被告侯某在与原告李某1婚姻关系存续期间即2009年12月获得的中国DF集团授予的购股权共130,000股，其性质为股票期权，属于夫妻共同财产。被告应按照取得股票期权的实际收益款，向原告支付相应价款。综合考虑婚姻关系存续期间双方对于股票期权及权益取得的贡献程度、股票期权收益获得的不确定性的风险承担等因素，确认原告可分得130,000股的股票期权收益款55,000元。"这相当于分割到30%。

五、境外上市公司股份的分割处理

（一）法律适用的专家意见

在处理境外上市公司股票分割相关纠纷时，首先要注意法律适用的问题，即在处理争议时，适用何国法律。比如，我们在一起因离婚而涉及的股权转让效力纠纷案件中，中国律师委托美国内达华州律师出具适用美国法律的专业意见。该专业意见包括如下主要内容：

（1）内华达州共有财产法是否有权管辖妻子在丈夫转让给其兄弟的 A 集团股份中的婚姻财产权。

（2）美国联邦法律是否有权管辖妻子在丈夫转让给其兄弟的 A 集团股份中的婚姻财产权。

（3）如果假定内华达州共有财产法适用于本案，那么，在丈夫转让给其兄弟的 A 集团股份一事中，内华达州法律能够给予妻子何种婚姻财产权或法律救助。

（4）如果美国联邦法律适用于本案，那么，在丈夫转让给其兄弟的 A 集团股份一事中，美国联邦法律能够给予妻子何种婚姻财产权或法律救助。

（5）内华达州以外的其他各州的法律是否有权管辖妻子在丈夫转让给兄弟的 A 集团股份中的婚姻财产权。

（二）美国证监会对于异议函的回复（节选）

Thank you for contacting the SEC.

Please contact our experts in the Division of Corporation Finance. You can reach the Division at X or by submitting a Request Form for Interpretive and Other Assistance, which is located at：https：//tts. sec. gov/. Please remember to provide a telephone number so that a staff member can respond by phone to your inquiry.

感谢您联系美国证监会。

请联系我们公司财务部的专家。您可以通过 X 接洽该部门，也可以通过 https：//tts. sec. gov/填写表格提交请求解释和其他协助的表格。请务必提供电话号码，以便工作人员可以通过电话回复您的询问。

（三）认定境外股票单方赠与行为无效

最高人民法院（2013）民四终字第 40 号判决书认定，夫妻一方在婚姻关系存续期间，利用婚前个人财产投资产生的收益，应属于夫妻共同财产。因此，丈夫婚前持有的国内股权在借壳上市过程中取得的溢价与上市后的增值均属于夫妻共同财产，即妻子对诉争股票享有相应的收益权。丈夫单方转让无效。

通过在国内诉讼，先认定男方境外上市公司股票赠与行为无效，可以再在国内提起损害赔偿之诉，间接解决国内法院不能直接分割美国上市公司股票的问题。

（四）BVI 公司股权和账户的冻结令

对于由 BVI 公司持有的境外上市公司股权，可以向东加勒比海高等法院申请，对相关 BVI 公司进行冻结令的申请，以我们曾经代理过的一起涉及 BVI 公司股权的离婚案件为例，我们所申请的冻结令包括以下内容。

1. 根据《民事诉讼条例》第 7.3（2）（b）条（禁制令申请）和/或第 7.3（6）条（有关境内财产的诉求）和/或第 7.3（7）条（与公司有关的诉求）和/或第 7.3（9）条（产权复原诉求）的规定，准予原告向第一被告域外送达诉求表格、起诉状和本申请。

2. 根据《民事诉讼条例》第 11 章，判令：

（1）第一被告人（张男），包括其员工或代理人，在法庭进一步颁令之前，不得：

①采取任何步骤转让、变卖或以其他任何形式处理其拥有的第二被告（E 公司）的股份以及就这些股份派发或支付的任何股息、收入或者其他权益分配和权利；

②在不影响以上综述的前提下，转让上述股份的名义或实际产权，或者质押、抵押、处置或者采取任何步骤意图降低这些股份的价值。

（2）第二被告人（E 公司），包括其董事、管理人员和员工，在法庭进一步颁令之前，不得：

①采取任何步骤转让、变卖或以其他任何形式处理其拥有的 X Co Ltd 的股份以及就这些股份派发或支付的任何股息、收入或者其他权益分配和权利；

②在不影响以上综述的前提下，转让上述股份的名义或实际产权，或者质押、抵押、处置或者采取任何步骤意图降低这些股份的价值。

随着企业在香港、美国等境外上市，通过搭建香港公司、开曼公司、BVI 公司等持有夫妻共有权益的情景越来越普遍。不掌握财产权益的一方，如果直接在国内起诉，则可能由于中国法院不直接管辖和处理境外公司权益而陷入尴尬境地。此种情况下，可以和相关国家、地区的律师联手，共同进行境外上市公司股权（含持股架构公司）的境外诉讼、调解维权工作，可以取得较好的效果。

第六节 其他类型财产的分割

一、离婚后财产纠纷的处理

（一）离婚协议约定支付补偿金不能视为赠与

案例 2－102 李某与王某离婚后财产纠纷案

二审法院：黑龙江省哈尔滨市中级人民法院（2019）黑01民终943号

再审法院：黑龙江省哈尔滨市中级人民法院（2019）黑01民再161号

案例主旨：离婚协议中约定支付补偿金的财产给付行为不应认定为赠与行为。

法院认为，离婚协议是婚姻关系双方当事人自愿离婚的意思表示以及对子女抚养、财产及债务处理等事项协商一致而达成的书面协议或意见。离婚财产分割协议有不同于一般民事合同的地方，由于离婚双方毕竟有过夫妻名分，共同生活过一段时间，在订立财产分割协议时，除了纯粹的利益考虑外，还包括感情因素。一方在感情支配下，可能答应将夫妻共同财产或者是一方将来取得的收入的大部分给予对方。衡量这些协议是否公平，不能像对待其他民事合同一样。

本案中，双方当事人在婚姻登记机关申请协议离婚、签署离婚协议书，并获准登记准许协议离婚。该离婚协议书经婚姻登记机关确认，系双方当事人的真实意思表示，既包括解除婚姻关系的形成行为，也包括夫妻财产分割的附随行为。离婚协议中关于财产分割的条款或者因离婚就财产分割达成的协议，对男女双方具有法律约束力。本案中，离婚协议中约定支付补偿金的财产给付行为不应认定为赠与行为的理由如下。

首先，离婚协议的内容通常具有复合性，是数个法律行为的混合。一般情况下，夫妻离婚协议主要包括两部分内容：一是解除夫妻关系的内容；二是分割夫妻财产的内容。部分协议还会包括夫妻之间的财产补偿、损害赔偿等方面的内容以及未成年子女抚养方面的内容。鉴于法律行为以意思表示为要素，而离婚协议通常是数个行为的混合，故应依据其包含的效果意思是一个还是数个进行判断。本案中离婚协议中包含的效果意思分别有解除夫妻关系、分割夫妻财产等，这些效果意思分别产生不同的法律后果。据此，将本案离婚协议视为数个行为的混合更为恰当。

其次，离婚协议中的数个行为均为身份法律行为，他们在效力上具有关联性。身份法律行为是指以身份以及身份引起的人身关系和财产关系的产生、变更和消灭为目的的法律行为，包括形成行为和附随行为两类。所谓形成行为是指直接以一定亲属身份的发生、变更或消灭为目的的法律行为，如结婚、离婚、收养等行为。所谓附随行为是指以形成行为为前提，附随此等行为而为的法律行为，如有关夫妻财产制的约定、离婚时有关子女抚养和财产分割的协议等。本案中，离婚协议书中既有形成行为，即解除夫妻关系的协议，也有附随行为，即关于财产分割的协议。在法律适用方面，身份法律行为应当适用民事法律行为的一般理论，如主体适格、意思表示真实、内容合法等有效条件，但不能认为其中的附随行为可以当然地适用普通合同关系的法律规定。离婚时的财产分割协议虽然以财产关系为内容，但其在效力上具有特殊性，即附随于形成行为而发生效力，附随行为即使符合了民事法律行为的一般生效要件，但如果“离婚”这一形成行为不生效，财产分割协议也不能生效。从这一效力规则来看，形成行为和附随行为的效力关系与主、从法律行为的效力关系非常类似。

最后，离婚协议书中财产分割条款具有附属性。离婚协议中对财产问题的处理往往依附于人身属性，协议中的财产问题和人身属性不可割裂、互相依赖，在民政部门登记离婚时达成的具有财产分割内容的离婚协议与解除婚姻关系密不可分，当事人通常是在综合考虑各种因素的前提下才同意登记离婚的。男女双方基于离婚事由对财产的处分，可视为一种附着于形成行为的附随行为，是“一揽子”解决方案中的一部分。该行为与一般的民事权益处分有很大的不同，系在双方婚姻关系已经解除的前提下，或者基于夫妻双方曾经共度过美好时光、或者基于夫妻、父母子女关系具有很强的伦理性，或者基于负疚心理对对方给予补偿，或者对未成年子女补偿照顾等复杂的心理而作出的。本案中，王某作为完全民事行为能力人，对自己签署离婚协议书应该有一个客观的判断。该协议书是双方发自内心的真实意愿，也反映了夫妻双方对财产处分的合意。在该协议书经婚姻登记机关确认并备案，不存在欺诈、胁迫等情形下，对男女双方具有法律拘束力，王某应依约诚信履行该协议。

（二）一方隐藏或转移财产的应少分甚至不分

案例2－103 文某1与冯某离婚后财产纠纷案

一审法院：广东省广宁县人民法院（2018）粤1223民初591号

二审法院：广东省肇庆市中级人民法院（2019）粤12民终761号

案例主旨：一方具有转移夫妻共同财产的行为，应当根据案件的实际情况确定需分割的夫妻共同财产范围并予以分割。

法院认为，文某1于2015年提起离婚诉讼时，广州市荔湾区人民法院及广州市中级人民法院仅判决准予双方离婚和对子女的抚养权作出处理，均未涉及离婚后夫妻共同财产的处理，故冯某在离婚后有权以尚有共同财产未处理为由请求分割共同财产。

双方从2011年起经济状况得到很大的改善，至2012年9月止工资加上公司分红的总收入为57.279万元，且期间文某1未再有投资支出，即使采信文某1所言每月支付生活费8000元给冯某，或又再扣除文某1本人的日常生活开支，仍会有大量现金结余，从文某1多年来指示合伙人向冯某隐瞒其真实收入的事实来看，确实也会有结余。由于文某1自2011年9月起已与婚外异性以夫妻名义同居，不能排除文某1将部分夫妻共同财产转移给婚外异性的可能，在收入与家庭日常支出相距巨大的情况下，应当对于文某1在此期间取得的夫妻共同财产的去向赋予更重的举证责任，否则就会损害配偶的财产权。

但文某1对此期间的收入未提供证据证明仍有其他合理的支出，在按照双方生活地的生活消费标准扣除必要生活消费支出（分别以2011年度和2012年度广东省一般地区城镇居民人均消费性支出标准按照当年的家庭成员人数计算）外，考虑到文某1投资与收入之间的差额，结合其有关从2009年分红中扣除了购买某针织厂投资的陈述，可酌情扣除10万元作为填补投资之用，剩余的应当按夫妻共同财产予以分割，该部分财产数额为357,910.03元。

对于分居期间取得的财产，由于当时双方已经在闹离婚，文某1要处分夫妻重大的共同财产应当取得冯某的同意，未取得冯某同意的，应当充分举证证明处分行为的必要性和紧迫性。由于文某1不仅没有提供充分证据证明处分行为的必要性和紧迫性，而且无法对收到款项后立即取款或转账的行为给出合理的解释，参照最高人民法院66号指导案例确定的裁判要旨，即一方在离婚诉讼期间或离婚诉讼前，隐藏、转移、变卖、毁损夫妻共同财产，或伪造债务企图侵占另一方财产的，离婚分割共同财产时，可以少分或不分财产，文某1在夫妻闹离婚分居期间擅自将大量金钱予以处分以及将退股时折价所得的小汽车转户至其胞弟名下，应认定文某1在离婚时转移了夫妻共同财产，在离婚时应当对该部分夫妻共同财产予以分割。

文某1自分居时（2012年10月）起至2013年3月止取得的工资9万元，由于文某1未举证证明存在用于家庭日常生活所需的投资或其他必要性、紧迫性的支出，应扣除每月支付给冯某的生活费1000元及文某1个人生活消费后，剩余72,374.51元应作为夫妻共同财产予以分割。

自2013年1月31日起至2014年2月17日止，由李某转给文某1的款项中，除了20万元退股款外仍有33.5万元的其他款项，而文某1未举证证明与李某之间除了合伙关系外还有其他的债权债务关系，基于上述相同的理由，则该部分款项应作为夫妻共同财产予以分割。

综上，法院认为对于文某1主张只平均分割现存的夫妻共同财产的诉讼请求，由于文某1具有转移夫妻共同财产的行为，应当根据案件的实际情况确定需分割的夫妻共同财产范围并予以分割。

（三）北京法院关于离婚后财产纠纷的审判观点

2017年5月3日，北京市第三中级人民法院召开新闻通报会，介绍了该院离婚后财产纠纷案件审判工作的总体情况、成因及涉诉案件的典型法律样态，对离婚后财产纠纷的4个典型法律样态做了归纳总结并提出了裁判观点。①

（1）离婚时漏分的夫妻共同财产，起诉离婚后财产纠纷时应当予以分割。

（2）离婚协议中关于财产分割的内容，具有民事合同性质，对双方均有约束力。但当事人在一年内就财产分割问题反悔的，有权申请法院变更或撤销［《〈民法典〉婚姻家庭编解释（一）第七十条已经删除“一年”的限制》］。

（3）协议离婚的，双方当事人均应当按离婚协议的约定履行各自的义务。

（4）因一方在离婚时隐藏、转移夫妻共同财产，另一方发现后起诉请求再

---

① 参见《三中院召开离婚后财产纠纷案件审理情况新闻通报会》，载北京市第三中级人民法院网，http：//bj3zy.chinacourt.gov.cn/article/detail/2017/05/id/2840032.shtml，最后访问时间：2021年1月24日。

次分割夫妻共同财产，隐藏、转移方的过错在分割时应作为考量的因素，可以对其少分或不分财产。

（四）产生离婚后财产纠纷的各类原因分析

1. 由于主观原因在离婚时遗漏财产未分割

当事人在办理协议离婚或进行诉讼离婚时，主要会把关注焦点放在婚姻关系的解除、子女抚养权的归属以及房产等大额财产的分割上，往往会遗漏部分相对不重要的财产。于是在领取离婚证或拿到法院判决后才“恍然大悟”，进而导致其在离婚案件后又因财产分割问题发生争议并诉至法院。

2. 共同财产在离婚时不具备分割条件

（1）尚未取得或尚未取得完全所有权的房产

根据《〈民法典〉婚姻家庭编解释（一）》第七十七条的规定，离婚时双方对尚未取得所有权或者尚未取得完全所有权的房屋有争议且协商不成的，人民法院不宜判决房屋所有权的归属，应当根据实际情况判决由当事人使用。如果之后当事人取得了该房屋的完全所有权后，有争议的，可以另行向人民法院提起诉讼。

（2）涉及案外人利益的财产

由于离婚案件的当事人一般为夫妻，案外人可能无法直接参与进来。如果夫妻共同财产确实涉及案外人利益的，法院通常情况下会要求当事人通过离婚后财产纠纷的方式进行另案处理，以便案外人可以加入诉讼并就自己的权益充分发表意见，维护案外人的合法权益。

3. 因隐匿财产等行为导致财产未分割

有些当事人（一般为控制家庭经济的一方）为了达到让自己在离婚纠纷中多分配共同财产，或企图让对方少分配共同财产的目的，可能会通过隐藏、转移、变卖、毁损、挥霍夫妻共同财产的方式或伪造债务侵占另一方财产。在离婚后，另一方如果发现了这些行为，则可以向法院提起离婚后财产纠纷诉讼并要求再次分割这些财产。

4. 对离婚协议反悔或履行中存在争议

根据《〈民法典〉婚姻家庭编解释（一）》第七十条的规定，夫妻双方协议离婚后就财产分割问题反悔，请求撤销财产分割协议的，人民法院应当受理。人民法院审理后，未发现订立财产分割协议时存在欺诈、胁迫等情形的，应当依法驳回当事人的诉讼请求。

另外，由于离婚协议并不存在强制执行力，一旦任何一方不按照离婚协议履行相关的义务，则守约方只能通过提起离婚后财产纠纷的方式，要求法院确认离婚协议的内容，并形成具有强制执行力的民事判决书或调解书。

（五）离婚后财产纠纷案件不适用不动产专属管辖

案例 2－104 任某与汪某离婚后财产纠纷案

一审法院：贵州省赫章县人民法院（2019）黔0527民初1272号

二审法院：最高人民法院（2020）最高法民辖14号

案例主旨：离婚后财产纠纷属于婚姻家庭纠纷的范畴，应按照婚姻家庭纠纷管辖原则确定管辖法院。

最高人民法院认为，本案系双方当事人协议离婚时达成财产分割协议，离婚后因履行财产分割协议发生的纠纷，属于因离婚这一人身关系事项而引发的财产分配事宜的纠纷，为离婚后财产纠纷，属于婚姻家庭纠纷的范畴，应按照婚姻家庭纠纷管辖原则确定管辖法院，即依照《民事诉讼法》第二十一条一般地域管辖的规定处理，对公民提起的民事诉讼。我国《民事诉讼法》第三十三条规定的不动产纠纷是指因不动产的权利确认、分割、相邻关系等引起的物权纠纷。即使离婚后财产分配涉及不动产，由于离婚后财产纠纷不属于物权纠纷，也不应适用不动产专属管辖。

（六）解除劳动合同的补偿金属于夫妻共同财产

案例 2－105 严某与陈某离婚后财产纠纷案

一审法院：广东省广州市白云区人民法院（2018）粤0111民初16009号

二审法院：广东省广州市中级人民法院（2019）粤01民终21098号

案例主旨：解除劳动合同补偿金、拖欠的安家费和未休年休假工资因具有保障家庭、安置家庭的性质，所以应当属于夫妻共同财产。

法院认为，关于严某获得的解除劳动合同补偿金、拖欠的安家费和未休年休假工资是否属于夫妻共同财产及利息计付情况问题。首先，经济补偿金是用人单位与劳动者在解除或者终止劳动合同时，依法一次性支付给劳动者的费用，目的是保障劳动者离职后一段时间内的生活，对于劳动者而言，这不仅仅是其个人的生活保障，同时也是家庭的生活保障。解除劳动合同的经济补偿金与人身具有可分性，与婚姻关系存续期间相对应时段的39,810.17元经济补偿金属于夫妻共同财产。涉案的安家费虽然是针对引进高端人才而设置，但顾名思义用于家庭安置，研究所每月向严某支付3000元安家费，且344号民事判决书判决研究所需按严某的工作年限，依据合同的约定支付拖欠的安家费43,200元，严某在研究所工作的年限存在于夫妻关系存续期间，故此上述款项亦属于夫妻共同财产。严某基于应休未休的年休假而取得的带薪工资14,642.82元属于工资收入，依法属于夫妻共同财产。鉴于上述款项是严某在离婚后通过诉讼的方式取得，未有证据证明严某存在隐瞒及恶意转移的情况，且双方对上述款项的性质存在争议；此外，严某逾期支付应分割款项，客观上造成了陈某的利息损失，现陈某主张严某支付逾期付款利息合理合法，但计付利息时间应在严某实际取得款项后起算。本案为家事纠纷而非民间借贷纠纷，严某应支付的款项非借款性质，故不应按照中国人民银行同期贷款利率计付利息，应当按中国人民银行同期活期存款利率计付利息。

（七）离婚后超过一年不可再主张过错损害赔偿

案例2-106 赵某与刘某离婚后损害责任纠纷案

一审法院：北京市海淀区人民法院（2019）京0108民初30624号

二审法院：北京市第一中级人民法院（2020）京01民终1010号

案例主旨：签订离婚协议超过一年提出损害赔偿请求，法院不予支持。

一审法院认为，夫妻应当互相忠实，互相尊重。对一方因存在法定过错情形导致离婚的，法律规定了无过错方有权请求损害赔偿的情形，其中关于维护一夫一妻制及夫妻忠诚义务相关的情形含重婚、与他人同居。上述情形，既破坏了我国基本的婚姻制度，也对夫妻关系的存在及夫妻感情的维护造成了严重的损害，亦系对配偶一方的精神损害。赵某抗辩的离婚后一年内单独提起，针对的系双方通过诉讼离婚，在本案中双方系协议离婚，不受一年期限的限制，故对赵某关于刘某诉请已过诉讼时效的抗辩不予采信。本案，赵某在与刘某婚姻关系存续期间存在婚外情，且在双方协议离婚仅5个月后与再婚配偶生育一子，赵某的上述行为违背了夫妻双方应相互忠实的义务。就刘某是否已就此得到补偿一事，双方主张不一，刘某主张离婚后方才知晓，赵某则主张商议离婚时其已告知，且在分割夫妻共同财时就此对刘某予以补偿。根据本案赵某提交的证据，结合双方夫妻共同财产分割及孩子抚养情况，赵某的主张存在一定的合理性。在刘某就损害赔偿请求未明确放弃且提起本案诉讼的情况下，结合赵某在婚姻中的过错情形、程度，刘某取得财产的情况，对本案刘某的诉请，法院酌情予以判定。

二审法院却认为，根据本案查明的事实，赵某在与刘某婚姻关系存续期间，与婚姻外异性存在不当行为，系婚姻关系中存在过错的一方。对赵某的过错行为，应予以训诫。赵某与刘某于2018年2月24日签订离婚协议，双方在此前协议离婚时，曾提及赵某发生婚外情，导致夫妻感情破裂。双方在签订离婚协议时，刘某虽未明确表示放弃损害赔偿的请求，但刘某就损害赔偿提出诉讼请求时，距双方办理离婚登记手续已超出一年，故按照相关司法解释，对刘某的诉讼请求不应予以支持。最终二审法院认为一审法院认定赵某应向刘某支付精神损害赔偿金不当，直接予以改判。

但《〈民法典〉婚姻家庭编解释（一）》第八十九条已经删除了“办理离婚登记手续一年后”这个条件。即当事人在婚姻登记机关办理离婚登记手续后，以《民法典》第一千零九十一条规定为由向人民法院提出损害赔偿请求的，人民法院应当受理。只有当事人在办理离婚登记时已经明确表示放弃该项请求的，人民法院才不予支持。

（八）具有使用价值的房产可依法分割使用权

案例2－107 牛某与张某离婚后财产纠纷案

二审法院：湖北省武汉市中级人民法院（2017）鄂01民终3217号

再审法院：湖北省高级人民法院（2017）鄂民申3335号

案例主旨：房屋虽未取得所有权，但具有使用、收益价值的，应当判决当事人享有使用权。

再审法院认为，本案诉争房屋虽并未取得所有权，但已由相关部门进行了勘测建档，存在拆迁补偿的可能性，具有使用、收益的价值，应当判决由当事人使用，二审判决以诉争房屋至今未办理建设审批手续及物权登记手续为由驳回牛某提出的对诉争房屋中的部分编号房屋享有使用、收益权的诉讼请求属于适用法律错误。最终再审法院将该案发回重审。

（九）无过错方因子女非亲生仅可要求返还抚养费用

案例2－108 姚某与李某离婚后损害责任纠纷案

一审法院：重庆市涪陵区人民法院（2020）渝0102民初4459号

二审法院：重庆市第三中级人民法院（2020）渝03民终1649号

案例主旨：因配偶违反夫妻忠实义务导致另一方对与自己不存在亲子关系的子女承担了抚育义务，可以要求返还抚养费。但是给该子女办理百日宴、周岁宴及子女出生的医疗费用以及双方办理婚宴的费用，均与抚养子女费用无直接的关联性，不应纳入返还范围。

一审法院认为，夫妻间有相互忠诚的义务。姚某在与李某恋爱、结婚、生活过程中，隐瞒其与他人已有身孕的事实，违背公序良俗，导致李某对李某1抚养两年半后方知其与李某1不存在亲子关系，该事实的出现给李某物质上和精神上均造成了严重损害，该损害结果系姚某的过错行为所致，依法应当予以赔偿。

李某提供的司法鉴定意见书，证明李某与李某1无亲子关系，姚某予以认可，故确认李某与李某1无亲子关系。

关于抚养费的赔偿问题。李某1的正常抚养费，是指自李某1出生之日起至李某知晓其与李某1无亲子关系时止期间产生的抚养费。李某1的正常抚养费应当从以下几方面进行综合考量：第一，李某1出生后即交由姚某母亲代养的事实；第二，李某不时跟随其岳母生活并交纳部分抚养费或自身生活费用的事实；第三，双方在婚姻关系存续期间交纳的费用依法不分彼此的事实；第四，离婚后李某独自支付了部分抚养费的事实等。根据本案的这些客观实际，再结合李某1的实际生活需要，李某、姚某双方的负担能力和当地的实际生活水平等因素综合考量，对姚某赔偿李某正常的抚养费损失酌定4万元为宜。另外，因生产李某1产生的医疗费4611.72元（总计医疗费5011.72元－医保报销400

元）、百日宴餐费24,744元（根据票据）、周岁宴餐费酌定2000元（午餐票据不清晰酌定1500元+晚餐票据500元），合计31,355.72元，这些费用应视为特殊的抚养费，应纳入本案的赔偿范畴。因姚某在生育李某1和双方在为李某1举办百日宴、周岁宴时，姚某已明知其所怀身孕李某1与李某无亲子关系却故意隐瞒，不予阻却。因此，这些费用与姚某的过错行为具有因果关系，故均应纳入本案的特殊抚养费范畴由姚某赔偿。但由于双方均无充分证据证明这些费用系谁方交纳，故应当推定系双方在婚姻关系存续期间共同交纳，由姚某赔偿李某15,677.86元（31,355.72元÷2）。同理，对婚宴餐费96,043元（根据涪陵饭店票据）由姚某赔偿李某48,021.50元（96,043元÷2）。

李某申请司法鉴定系姚某过错行为所致，由姚某赔偿李某鉴定费2400元；因姚某的过错行为给李某精神上造成了严重伤害，酌定由姚某赔偿李某精神抚慰金2.5万元。姚某辩解李某与李某1无亲身血缘关系双方均有过错，但其无证据证明，不予采信。

但二审法院却认为，被上诉人李某原基于与上诉人姚某系夫妻关系且生育子女的事实，对与自己不存在亲子关系的子女承担了抚育义务，系姚某违反夫妻忠实义务所致，李某要求返还抚养费的请求符合法律规定，应予支持。本案中，李某母亲直接抚养费的数额2.78万元，李某在婚姻关系存续期间支付的2.32万元，离婚后支付的抚养费2.5万元。对于李某母亲系帮李某支付的，属赠与李某的个人财产，应全额返还。李某在离婚后直接支付的2.5万元，属个人财产，亦应当全额返还。李某在婚姻存续期间支付的2.32万元，属夫妻共同财产，应返还一半，计1.16万元。以上共计返还2.78+2.5+1.16=6.44万元。对其他给孩子办理百日宴、周岁宴及孩子出生的医疗费用以及双方办理婚宴费用96,043元，均与抚养孩子费用无直接的关联性，不应纳入返还范围。司法鉴定费用2400元应由姚某负担。最终二审法院撤销了一审法院关于该部分钱款的判决内容。

（十）因结婚发生户口变更不涉及补偿安置

案例2-109 娄某、娄某华诉浙江省T市H区人民政府拆迁行政协议案

二审法院：浙江省高级人民法院（2019）浙行终1699号

再审法院：最高人民法院（2020）最高法行申10701号

案例主旨： 因结婚导致的户口变更登记仅是户籍管理层面的措施，不涉及补偿安置问题。

最高人民法院认为，本案的核心问题是征收部门未将娄某华及其子娄某确定为安置人口是否妥当。

首先，根据《户口登记条例》第十九条的规定，公民因结婚、分户等事由引起户口变动的时候，由户主或者本人向户口登记机关申报变更登记。考虑到该条例制定于1958年，故户口变更登记仅是户籍管理层面的措施，不涉及补偿安置问题，娄某华不能仅依据其结婚后将户口迁入妻子家而要求补偿安置。

其次，虽然《家庭房产分割协议》分配给娄某华的妻子蔡某某一处房屋，但集体土地使用权系家庭共有，并非其独立享有，故征收部门未对其独立安置并无不当。从补偿安置协议的内容看，共计补偿5套房屋，娄某华的妻子蔡某某属于被安置人之一，蔡某某的权益已经得到保障。从蔡某某兄妹4人的人口结构看，蔡某某可分得一套房屋，其家的实体权益亦得到了保障。

最后，从原《土地管理法》第四十七条和新《土地管理法》第四十八条的规定看，补偿安置的基础是征收土地，其中房屋安置有一定的宅基地（宅基地资格）置换性质。原《土地管理法》第六十二条规定，农村村民一户只能拥有一处宅基地。农村村民住宅用地，经乡（镇）人民政府审核，由县级人民政府批准。娄某华在本案中没有土地被征收，亦未证明其在原籍是否享有宅基地，且即便其在原籍未享有宅基地，在新户口地能否享有宅基地，也属于村民自治范围内的事情，并非可通过行政诉讼径行解决，故征收部门在保障蔡某某安置权益的前提下，未将娄某华及其子娄某确定为被安置人口并无不当。

（十一）婚内多次出轨为过错方可少分配财产

案例2－110 蒋某1与陆某某离婚后财产纠纷案

一审法院： 上海市浦东新区人民法院（2020）沪0115民初60117号

案例主旨： 因一方在婚内多次出轨，故作为过错方，该方仅被判决获得三成左右的房屋折价款。

法院认为，离婚时，夫妻的共同财产由双方协议处理；协议不成的，由人民法院根据财产的具体情况，按照照顾子女、女方和无过错方权益的原则判决。本案中，根据被告陆某某提供的《承诺书》、微信转账记录等证据，可以认定原告蒋某1系离婚中的过错方。原告称《承诺书》均系被告逼迫原告所写，但未提供证据予以证明，法院不予采信。301室房屋虽登记在被告一人名下，但系双方婚姻关系存续期间所购买，应属于夫妻共同财产。现原、被告已离婚，对该房屋应予分割。原、被告确认该房屋现价值1080万元，法院予以确认。综合考虑该房屋产权登记情况、现价值、离婚时剩余银行贷款情况，并按照照顾女方和无过错方权益的原则，法院酌定该房屋产权归被告所有，剩余银行贷款由被告偿还，被告支付原告房屋折价款3,386,000元。

二、夫妻婚内借款的处理

（一）夫妻间借款用于个人的按借款处理

案例2－111 刘某与杨某民间借贷纠纷案

一审法院：安徽省合肥市包河区人民法院（2017）皖0111民初1135号

二审法院：安徽省合肥市中级人民法院（2017）皖01民终5296号

案例主旨：夫妻间借款且有证据证明借款用于个人经营活动的，按借款处理。

一审法院认为，刘某诉称杨某于2014年向其借款，杨某于同年9月2日经结算确认欠刘某借款166,000元的事实，其虽提供杨某于当日分别出具载明上述借款的三张借条为证，但杨某对此事实不予认可，刘某就此提供直接证据证明上述款项的交付，由于刘某诉称的借款事实发生于刘某、杨某夫妻关系存续期间，即使双方在夫妻关系存续期间发生款项交付，在刘某未能提供证据证明双方存在婚姻关系存续期间以书面形式约定各自所得的财产归各自所有的情形下，该款项应认定为夫妻共同财产；刘某提供的江苏省南京市六合区人民法院于2015年4月24日作出的《民事调解书》发生于案涉借条出具日之后，该调解书在双方离婚纠纷财产分割处理中亦未载明刘某与杨某间存有借款纠纷；综上，对刘某上述诉称借款事实不予认定。安徽某司法鉴定中心作出的司法鉴定意见虽载明案涉三张借条中借款人“杨某”签名系杨某本人书写，但因借条中载明的借款事实并未实际发生，故对上述三张借条的证明效力不予认定。

二审法院撤销了一审法院的判决并认为，首先，关于婚姻关系存续期间刘某与杨某是否订立了借款协议问题。一审期间，刘某提供了三份《借条》，但杨某否认三份《借条》上“杨某”的签名系其本人书写。经当事人申请，一审委托安徽某司法鉴定中心对案涉三份《借条》上“杨某”签名的真实性进行笔迹鉴定。安徽某司法鉴定中心出具鉴定意见书：案涉三份《借条》上“杨某”的签名笔迹与杨某提供的样本上“杨某”的签名笔迹是同一人书写。故法院对刘某提供的三份《借条》的真实性予以认定，即刘某与杨某在婚姻关系存续期间订立的借款协议，但离婚时未对此进行处理。

其次，关于案涉借款的款项来源问题。刘某称案涉借款源自其个人婚前财产，但未提供充分证据加以佐证，法院对此不予采信。鉴于刘某提供的取款记录、贷款凭证均发生在婚姻关系存续期间，故案涉借款的款项应属于夫妻共同财产。

最后，案涉三份《借条》均载明借款用途为“杨某在水库投资”，需查明杨某投资的水库是否属于杨某个人的经营活动。根据刘某、杨某在离婚诉讼中的陈述和自认，杨某投资水库养殖属于个人经营，与刘某无关。杨某在本案中虽然予以否认，但未提供充分证据加以佐证，法院对此不予采信。故法院认定案涉借款用于杨某的个人经营活动。

因此，刘某要求杨某按照《借条》的约定偿还借款及自起诉之日起按照银行同期贷款利率计算逾期利息，符合法律规定。

（二）夫妻间借款用于共同生活不属于借贷关系

案例2-112 王某与赵某离婚纠纷案

一审法院：甘肃省酒泉市肃州区人民法院（2018）甘0902民初3867号

案例主旨：夫妻间借款用于共同生活的不构成借贷关系。

法院认为，本案中，被告向原告借款3000元，虽缔结了形式上的借款合同，但标的物为夫妻共同财产，且系用于家庭共同事务，因此双方间的借款合同不具备履行的基础，即双方的借贷关系无法认定。

三、人身保险的分割处理

（一）保单受益人变化时的处理

《保险法司法解释（三）》第九条规定，投保人指定受益人未经被保险人同意的，人民法院应认定指定行为无效。当事人对保险合同约定的受益人存在争议，除投保人、被保险人在保险合同之外另有约定外，按照以下情形分别处理：

（1）受益人约定为“法定”或者“法定继承人”的，以《民法典》规定的法定继承人为受益人。

（2）受益人仅约定为身份关系，投保人与被保险人为同一主体的，根据保险事故发生时与被保险人的身份关系确定受益人；投保人与被保险人为不同主体的，根据保险合同成立时与被保险人的身份关系确定受益人。

（3）约定的受益人包括姓名和身份关系，保险事故发生时身份关系发生变化的，认定为未指定受益人。

（二）养老保险属于夫妻共同财产

根据《〈民法典〉婚姻家庭编解释（一）》第八十条的规定，离婚时夫妻一方尚未退休、不符合领取基本养老金条件，另一方请求按照夫妻共同财产分割基本养老金的，人民法院不予支持；婚后以夫妻共同财产缴纳基本养老保险费，离婚时一方主张将养老金账户中婚姻关系存续期间个人实际缴纳部分及利息作为夫妻共同财产分割的，人民法院应予支持。

（三）最高人民法院对于保险分割的司法观点

2015 年 12 月 23～24 日，最高人民法院在北京召开第八次全国法院民事商事审判工作会议，其中针对婚姻关系存续期间如何分割各种类型保险的司法观点予以了明确。

1. 以夫妻共同财产投保的保险分割

婚姻关系存续期间以夫妻共同财产投保，投保人和被保险人同为夫或妻一方的，离婚时处于保险期内，投保人不愿意继续投保的，保险人退还的保险单现金价值部分应按照夫妻共同财产处理；离婚时投保人选择继续投保的，投保人应当支付保险单现金价值的一半给另一方。

2. 具有人身性质的保险金的分割

婚姻关系存续期间，夫妻一方作为被保险人依据意外伤害保险合同、健康保险合同获得的具有人身性质的保险金，或者夫妻一方作为受益人依据以死亡为给付条件的人寿保险合同获得的保险金，宜认定为个人财产，但双方另有约定的除外。

3. 以生存年龄为给付条件的保险金的分割

婚姻关系存续期间，夫妻一方依据以生存到一定年龄为给付条件的具有现金价值的保险合同获得的保险金，宜认定为夫妻共同财产，但双方另有约定的除外。

（四）地方法院对于保险分割的司法观点

江苏省高级人民法院民事审判第一庭在《家事纠纷案件审理指南（婚姻家庭部分）》中针对离婚案件中对于人身保险合同的处理问题指出，人身保险分为人寿保险、意外伤害保险和健康保险。离婚案件中对于人身保险合同，除当事人另有约定外，可以按以下情形分别处理。

1. 已获得保险金的情形

婚姻关系存续期间，夫妻一方作为被保险人依据意外伤害保险合同、健康保险合同获得的保险金，主要用于受害人的治疗、生活等特定用途，具有人身性质，应当认定为个人财产。

夫妻一方作为受益人依据以死亡为给付条件的人寿保险合同获得的保险金，该保险合同中受益人的指定本身就表明了投保人与受益人之间的特定关系，体现了保险金的专属性，应当认定为个人财产。

婚姻关系存续期间，夫妻一方依据以生存到一定年龄为给付条件的具有现金价值的保险合同获得的保险金，该保险具有一定的投资属性，由此获得的投资收益，应当认定为夫妻共同财产。

2. 尚未获得保险金的情形

婚姻关系存续期间以夫妻共同财产投保，离婚时仍处于保险有效期内的人身保险合同，夫妻双方主张分割保险单现金价值的，应予支持。

如果投保人和被保险人同为夫或妻一方，离婚时夫妻双方可以协议退保或者继续履行保险合同。投保人不愿意继续履行的，保险人退还的保险单现金价值应当作为夫妻共同财产进行分割；投保人愿意继续履行的，投保人应当支付保险单现金价值的一半给另一方。

如果夫妻一方为投保人，夫妻另一方为被保险人，离婚时夫妻双方可以协议退保或者继续履行保险合同。协商一致退保的，保险人退还的保险单现金价值应当作为夫妻共同财产进行分割；协商一致愿意继续履行的，获得保险合同利益一方应当支付保险单现金价值的一半给另一方。如果投保人要求退保，而被保险人要求继续履行的，保险合同应当继续履行，获得保险合同利益一方应当支付保险单现金价值的一半给另一方。

3. 为未成年子女购买人身保险的处理

婚姻关系存续期间，夫妻一方或者双方为未成年子女购买的人身保险获得的保险金，如果未成年子女未死亡，应当专属于未成年子女所有。

离婚时，如果为未成年子女购买的人身保险合同尚处于保险有效期的，因保险的最终利益归属于未成年子女，该保险应当视为对未成年子女的赠与，不再作为夫妻共同财产分割。

（五）用共同财产购买的保险可选择分割保费

案例2－113 牛某与张某离婚后财产纠纷案

一审法院：北京市朝阳区人民法院（2019）京0105民初31316号

二审法院：北京市第三中级人民法院（2020）京03民终2127号

案例主旨：一方用夫妻共同财产购买的保险，另一方有权要求分割投保费用。

法院认为，本案中，（2015）朝民初字第61615号民事判决中确认牛某购买平安金玉满堂两全保险的40万元为牛某与张某的夫妻共同财产，该判决现已生效。故牛某用夫妻共同财产购买保险，张某有权要求其给付投保费用的一半。关于保险投保金额的增值部分，根据有关保险条款的约定，PA保险公司每年会向被保险人寄送保单年度报告，告知保单账户价值的具体情况，故法院认定牛某本人掌握该保险合同的收益情况而拒不提供，张某依据保险条款关于保证利率的约定主张保险增值部分的诉讼请求予以支持，同时应扣除初始费用、保障成本、保单管理费等。

四、离婚经济帮助的处理

根据《民法典》第一千零九十条的规定，在离婚时，如一方生活困难，依靠个人财产和离婚时分得的财产无法维持当地基本生活水平，另一方有给予适当帮助的义务，该义务实质上是夫妻之间扶养义务的延续。

（一）一方缺乏必要经济来源另一方应酌情补助

案例2-114 张某某与任某离婚纠纷案

一审法院：内蒙古自治区乌拉特前旗人民法院（2014）乌前民初字第2490号

二审法院：内蒙古自治区巴彦淖尔市中级人民法院（2016）内08民终264号

案例主旨：一方离婚后缺乏必要的经济收入用以维持其生活及治疗，另一方应当履行法律所规定的必要的帮助义务。

法院认为，因任某现仍患有精神分裂症且无民事行为能力，其与张某某离婚后缺乏必要的经济收入用以维持其生活及治疗，张某某应当履行法律所规定的必要的帮助义务，参照内蒙古自治区近三年的农牧区居民人均年生活消费支出数据，法院酌定由张某某给付任某离婚后生活补助费。

（二）为家庭付出较多义务的一方应获经济帮助

案例2-115 岳某诉曹某离婚纠纷案

案例来源：[①] 最高人民法院2015年发布婚姻家庭纠纷典型案例（河南）

案例主旨：一方确实对家庭付出较多义务，没有固定收入来源，离婚后将导致生活困难的，另一方应给予一定的经济帮助。

法院观点，夫妻感情确已破裂的，人民法院应准许离婚。对于确实对家庭付出较多义务，没有固定收入来源，离婚将导致生活困难的女方，应判决男方给予一定的经济帮助。

在婚姻关系中，女方往往处于弱势地位。一方面她们出于照顾家庭的考虑，往往以牺牲自己的工作甚至事业为代价；另一方面，在发生婚姻纠纷时，女方往往由于没有为家庭带来直接经济收入导致其合法权益得不到保障。在审理此类案件时，要查明案件事实，对于确实对家庭付出较多义务的女方应判决男方给予一定的经济帮助，使其合法权益能够得到保障。在这一点上《民法典》第

---

① 载河南省范县人民法院网，http：//hnfxfy. hncourt. gov. cn/public/detail. php？ id = 1241，最后访问时间：2021年1月24日。

一千零八十八条中也规定因抚育子女、照料老年人、协助另一方工作等负担较多义务的一方，可在离婚时向另一方请求补偿。

随着《民法典》于2021年1月1日的正式生效，各地法院争相就“家务补偿”问题作出了生效判决。如北京市房山区人民法院于2021年2月根据《民法典》第一千零八十八条的规定，判决支持了女方因在抚育子女等方面负担了较多义务而要求男方支付的补偿款的要求。至于补偿款的数额，法院在综合考虑双方结婚时间、双方所述的生活情况等予以酌定为5万元。[①] 山东省烟台市芝罘区人民法院结合一方家务补偿以及财产分割等因素判决一方获得93万元的补偿款。该法院工作人员告诉记者，93万元的补偿款中，有一部分是财产的补偿，另外一部分确实是“家务补偿”。[②]

（三）离婚经济帮助形式可以是房屋居住权

案例2－116 刘某与薛某某离婚纠纷案

案例来源[③]：山东省青岛市中级人民法院（2014）青民五终字第106号

案例主旨：离婚后对于生活困难一方的帮助形式可以是居住权。

法院认为，一方当事人为家庭付出较多，离婚后，没有经济收入，没有住所，仍需抚养未成年人子女的，属于生活困难者。离婚时，一方以个人财产中的住房对生活困难者进行帮助的形式，可以是房屋的居住权；关于房屋的居住期限，应结合案情具体情况具体分析。在不影响另一方生活的情况下，生活困难者可以居住至再婚时。

---

① 法制现场公证号：《全职太太离婚要求家务劳动补偿，法院判决男方给付5万元》，载https：//baijiahao. baidu. com/s？ id＝1690661741165110737&wfr＝spider&for＝pc，最后访问时间：2021年4月13日。

② 参见《山东一全职太太离婚获93万“家务补偿”，法院回应：有一部分是财产的补偿》，载山东商报，https：//baijiahao. baidu. com/s？ id＝1696396882884577417&wfr＝spider&for＝pc，最后访问时间：2021年4月13日。

③ 《人民法院案例选》2016年第6辑（总第100辑），人民法院出版社2016年版，第149～153页。

五、无形财产的分割处理

（一）网络虚拟财产

1. 虚拟财产可在离婚时进行分割

《民法典》第一百二十七条规定："法律对数据、网络虚拟财产的保护有规定的，依照其规定。"这标志着我国法律对于网络虚拟财产保护的认可。网络虚拟财产作为一种新兴的财产，具有不同于现有财产类型的特点。

最高人民法院民一庭的倾向性意见认为，① 虽然虚拟财产以数据形式存在，但由于其具有一定价值，虚拟财产的主体可以在一定条件下使用、处分该财产，甚至可以因交易行为而给虚拟财产主体带来经济利益，故而因其在一定条件下具有财产的属性应予法律保护。在网络游戏的虚拟环境中产生的虚拟财产，虽然以数据形式存在于特定空间，但由于其具有一定价值，能够满足人们的需求，具有合法性，能够为人所掌控，属于在一定条件下可以进行交易的特殊财产，故而其具有财产利益的属性，既然虚拟财产属于民事利益的一种，那么法律对该利益就应予以保护。

2. 网店不能分割但可在夫妻间进行分配

案例 2－117 王某青诉吴某离婚后财产纠纷案

一审法院： 北京市朝阳区人民法院（2012）朝民初字第 12039 号

二审法院： 北京市第二中级人民法院（2012）二中民终字第 11050 号

案例主旨： 网店客观上无法分割，只能在夫妻双方之间进行分配，此行为属于共有财产的分割，不属于网店的转让。

法院认为，某宝网店系某宝用户根据某宝网规则取得的网络空间使用、经营的权益，其法律属性与合同之债最为相似，店主在某宝网的规则范围内对外经营，同时还需承担法律义务和某宝网确定的合同义务。某宝网店的另一显著特点是其与某宝网制定的信用度、好评率密切联系，信用度和好评率系网店长期经营的积累，为某宝买家提供甄别卖家的参考标准。

---

① 参见马军、姚宝华：《网络游戏中虚拟财产的认定与保护》，载《民事审判指导与参考》（总第 42 辑），人民法院出版社 2010 年版。

现查明“飞来飞去”网店系王某青与吴某夫妻关系存续期间开办的某宝网店，故无论登记何人为店主，相关权益都属于夫妻共同所有，经营收益归夫妻共同所有，发生的债务也由夫妻共同偿还。现王某青与吴某的婚姻关系解除，网店不能分割为两个，只能在双方之间进行分配，此行为属于共有财产的分割，不属于网店的转让。

同时，因经营者仍为原经营者中的一人，不发生信用度标准与网店的经营积累相分离的情况，对不特定的某宝买家也不会产生误导。因此，王某青和吴某的协议不违反某宝网的网店实名和店铺不得转让的有关规则，可以在某宝网内进行操作。同时，王某青还必须履行某宝网有关规则进行实名认证操作。法院最终判决某宝网“飞来飞去”网店归原告王某青使用、经营。

3. 没有经营收益的网店不予分割

案例2-118 张某甲与张某乙离婚纠纷案

一审法院：广东省龙川县人民法院（2015）河龙法民一重字第1号

二审法院：广东省河源市中级人民法院（2015）河中法民一终字第620号

案例主旨：网店在婚姻存续期间没有产生经营收益，故法院无法分割。

法院认为，法院查明张某乙和张某甲结婚后共有两个某宝网店，一个在张某乙名下，另一个在张某甲名下。张某甲认为自己名下的某宝网店没有经营，也没有收益，而张某乙名下的某宝网店有经营，有收益，要求平均分配张某乙名下的某宝网店的经营收益。张某乙认为其名下的某宝网店虽有交易，但都是请朋友帮忙刷单的虚拟交易，所有没有收益。因婚后两人名下各有一个某宝网店，双方均不向法院提供各自名下某宝网店的经营或收益的证据，根据现有证据无法认定某宝网店的经营收益。如张某甲认为某宝网店有收益没有分割，可在离婚后再向人民法院起诉请求分割。

4. 网店涉及第三人利益的应另案处理

案例2-119 杨某某与赵某某离婚纠纷案

一审法院：北京市昌平区人民法院（2014）昌民初字第03130号

案例主旨：网店因涉及第三人利益不宜在离婚纠纷中处理，应另案处理。

法院认为，对于双方争议的某宝网店，现原告杨某某主张已转让给案外人商某国经营，因可能涉及他人的财产权利，故本案对此不宜处理，双方可另行解决。被告赵某某主张原告名下的中国农业银行及兴业银行的账户系与某宝网店的支付宝账户绑定，故对该银行账户内的款项，本案亦不予处理。

5. 微信公众号的属性和价值认定

案例2－120 尹某某与赵某某、袁某某、张某合伙协议纠纷案

一审法院：上海市静安区人民法院（2018）沪0106民初17926号

二审法院：上海市第二中级人民法院（2019）沪02民终7631号

再审法院：上海市高级人民法院（2020）沪民申1319号

案例主旨：微信公众号作为新型盈利模式的载体，其合作方式应构成合伙关系，应按照个人合伙的属性认定。微信公众号是具有独立性、支配性、价值性的网络虚拟财产。

一审法院认为，借助互联网共享化、智能化的特点，微信公众号从发布信息的传统自媒体形式，发展至如今成为一种新型电子商务模式，利用粉丝流量，为品牌发表软文或撰写好物笔记宣传商品，集广告收入、导流收入等多种盈利模式于一体。本案中，原、被告以“某某意见”微信公众号作为上述新型盈利模式的载体，其合作方式是否构成合伙关系，涉案微信公众号的属性和价值怎样认定，涉案微信公众号取得的收入应如何分配，是本案的主要争议焦点。

第一个争议焦点，原、被告之间是否构成合伙关系？

尹某某、袁某某、张某认为涉案微信公众号由原告方与被告赵某某共同经营，是双方合伙的载体；被告则认为，涉案微信公众号由被告申请，应归属于被告，原告方仅是撰写投稿文章。法院认为，个人合伙是指两个以上公民按照协议，各自提供资金、实物、技术等，合伙经营、共同劳动。其特点是共同商定、共同投资、共同经营、共享收益。微信公众号作为一种新型的电子商务运营模式，虽在出资种类、经营方式、收入结构等方面存在特殊性，但究其实质，原告方与被告仍符合个人合伙的基本特征，具体理由如下：

1. 共同商定。通常情况下，书面合伙协议是各合伙人共同商定权利义务的载体。虽然原告方与被告之间并未就合伙事项订立一份书面协议，但在涉案微信公众号筹备期间，原告方与被告共同商定公众号的重要事项，如公众号的logo设计、收入分配方式等，同时也以文字形式对外宣称公众号的归属，如涉

案微信公众号发布的第一篇文章中提到“这个公众号不是我一个人的，至少是四个人的……我们四个人就是赵总裁、袁美丽、天才张和我”。上述均表明，无论是对内还是对外，原告方、被告已经共同确定合伙的意思表示。

2. 共同出资。个人合伙以共同出资作为合伙组织的价值形态表现。出资种类既可以是资金、房屋、设备等实物形式，也可以是劳务、技术等无形资产。在本案中，因微信公众号的特殊经营模式，无须以资金等实物出资作为物质前提，而是以公众号为平台，通过撰写软文、发表好物笔记等劳务方式出资，不断为公众号积攒人气、吸引粉丝，以获取商机。从涉案微信公众号的排版内容来看，分别以原、被告各自名字命名专栏，原、被告独自或者以合体文的方式发表软文、好物笔记；从合作过程来看，原、被告的发文数量相当，带来的广告收入相当，原、被告均对涉案微信公众号进行了劳务出资。

3. 共同管理。个人合伙的经营活动，由合伙人共同决定，合伙人有执行和监督的权力。涉案微信公众号从设立之初，原、被告 4 人就公众号的 logo 事宜进行了详细的讨论和沟通。在公众号上发表的首篇合体文《开篇的话》、被告的个人简介，以及公众号一周年之际发表的合体文《因为历历在目，每个刻度都隽永》中，都提到涉案微信公众号是由原、被告 4 个人共同运营。在发生争议之前，涉案微信公众号的收入均进入招商银行的专用账户，原、被告 4 人均知晓银行账号、开户行、密码和查询密码等，对公众号的收入有查看、监督的权力。涉案微信公众号的文章发布审核、广告业务洽谈等主要通过公共邮箱，邮箱密码由原、被告共同掌握。可见，涉案微信公众号的经营活动由各方共同参与、决定。

4. 共享收益。个人合伙在合伙经营期间积累的财产属于全体合伙人共有，合伙人按照约定的份额或出资比例对合伙财产分别享有所有权，共享收益。涉案微信公众号主要通过撰写软文或好物笔记的方式与广告商合作，以获取广告收入。原、被告在微信群中就涉案微信公众号收入是否全部进入公账、如何分配进行了讨论，且已经对 2016 年 7 月至 2016 年 9 月的广告收入和截至 2017 年 2 月 3 日的广告收入进行了汇总和部分分配。审理中，原、被告就既往收入的分配方式和标准已确认一致，并明确涉案微信公众号对外没有债务。因此，在原、被告合作期间，各方已经按照约定的方式对涉案微信公众号的部分盈余进行了分配。

综上所述，原、被告以劳务形式出资，合伙经营涉案微信公众号，对经营活动共同商定、执行和监督，对合伙财产按约分配，共负盈亏，已具备个人合伙的实质要件，因此原、被告之间构成合伙关系。现原、被告均表示合伙关系于2018年6月13日终止，法院予以确认。

第二个争议焦点，涉案微信公众号的属性如何认定?

原告方认为涉案微信公众号有众多粉丝，是有较大价值的财产，被告则认为涉案微信公众号是免费申请的，其本身依托于微信平台，不具有商业属性。法院认为，首先，微信公众号是个人或企业在微信公众平台上申请的应用账号。设立之初，微信公众号仅是一数据代号，后因设置微信号名称，确立账号主体，其具有区别于其他网络资源或现实财产的独立性。本案中“某某意见”微信公众号有自己的标识，有自己的栏目架构以及运营理念、文化，既区别于网络运营商提供的运行环境、微信公众平台提供的运营平台，也与其他网络用户的资源相区别，具有独立性。

其次，微信公众号虽然存在于网络空间中，具有虚拟性，但可通过对账号设置密码来控制微信公众号的运营，防止他人对公众号上的资料进行修改、增删。本案中的微信公众号也是如此，原告方与被告通过密码进入公众号后台，发表文章，回复评论，对公众号进行管理，具有支配性。

最后，微信公众号作为一种新型的电子商务模式，其已不再是简单地通过流量渠道直接提供产品或服务获取费用，而是作为与用户沟通互动的桥梁，为品牌与用户之间构建深度联系的平台，具有较高的价值。从微信公众号的运营来看，原告方与被告在涉案微信公众号运营中投入大量的时间、精力，有一定的劳动价值。从微信公众号的经营方式来看，通过发布引人关注的内容，吸引了一定数量的粉丝关注而具有传播力、影响力，进而为广告商带来购买力和宣传力，有广告投放价值。从微信公众号的盈利模式来看，随着微信公众平台功能的深入开发，微信公众号不再局限于单一承载、发布信息的传统自媒体形式，其功能得以不断拓展，逐步发展成为一种新型的电子商务模式，即通过发表软文或撰写好物笔记宣传商品，获取广告收入、导流收入，或通过小程序商店直接提供产品或服务获取费用，集多种盈利模式于一体，有商业盈利价值。

因此，微信公众号是具有独立性、支配性、价值性的网络虚拟财产。

第三个争议焦点，涉案微信公众号的价值如何确认?

涉案微信公众号系原、被告合伙运营的对象，原、被告在合伙期间通过撰写软文、好物笔记、宣传推广等方式，共同为涉案微信公众号吸引了数万粉丝，带来了诸多广告商机。自2016年7月盈利以来公众号的年收入达300余万元。涉案微信公众号的价值是原、被告各方合伙经营期间累计的资产，属于合伙财产的范畴。现原、被告之间的合伙关系于2018年6月13日终止，涉案微信公众号的价值作为合伙财产应在原、被告之间予以分割。

微信公众号的价值确认需综合考量多项因素。一方面，从涉案微信公众号的概况和发展历程来看，自2016年1月起由原、被告4人共同运营，2016年7月左右开始盈利至2017年7月收入300余万元。2017年7月原、被告之间发生争议，2017年7月12日左右被告自行修改了银行账号、公共邮箱等密码，自此原告方未再参与涉案微信公众号的运营。2017年11月6日涉讼，后经原告方申请，青岛市市北区人民法院裁定被告停止对涉案微信公众号的全部修改、删除、发布信息、迁移等使用权限。2018年6月29日，TX公司对涉案微信公众号进行了封号。2018年7月5日，青岛市市北区人民法院裁定解除对被告有关微信公众号的保全措施，TX公司收到裁定书后将涉案微信公众号解封。涉案微信公众号自2017年7月13日发布好物长图片后停止更新，直至2017年12月24日恢复。另一方面，从涉案微信公众号的影响力和传播力来看，截至2017年7月13日涉案微信公众号的粉丝数量为94,700，截至2018年6月13日涉案微信公众号的粉丝数量为83,790。再者，从涉案微信公众号的预期收益来看，立信公司采用收益法，即通过估测微信公众号未来预期收益的现值来判断资产价值的方法，对涉案微信公众号进行价值分析，认为在2017年7月13日涉案微信公众号的市场价值为4,000,000元。此外，需注意微信公众号与一般资产不同，其价值除取决于客观因素外，一定程度上还依赖于运营方投入的智力和劳动成本。

因此，法院综合考虑以上因素后，酌定涉案微信公众号至各方合伙关系终止时的价值为3,400,000元。鉴于该微信公众号之后由被告继续运营，被告应相应地折价补偿原告方三人各850,000元。

第四个争议焦点，涉案微信公众号的剩余款项应如何分配?

原告方主张按照以往分配方式予以分配，被告则认为应考虑贡献大小，其应按照贡献大小分得70%。鉴于被告就新的分配方式并未提供相应的依据，且其所称的贡献度已通过撰稿费、招商费或导流费的形式予以考虑，在各方未协商一致变更的情况下，法院认为仍应以之前双方约定的方式进行分配。涉案微信公众号的待分配收入包括招商银行余额、工商银行余额以及两个平台的收入三部分，同时，需加上被告自行转出但缺乏依据或不应由原告方承担的款项。

法院按照经审查确定的分配方式，并结合审理中原、被告认可的事实，确认原告尹某某应分得软文撰稿费24,000元，原告袁某某应分得软文撰稿费51,900元、软文招商费11,000元、好物笔记导流费46,386.51元（含多麦网导流费33,098.51元）；原告张某应分得软文撰稿费104,400元、好物笔记导流费9000元、好物笔记招商费6000元；原告方各取得7500元例外购物券。被告赵某某应分得软文撰稿费82,500元，好物笔记导流费141,541.83元、6000英镑，好物笔记招商费16,327.26元。

对于2017年第一季度分红款，原告尹某某和被告均已取得，现被告赵某某以原告袁某某和原告张某撰写稿件数量不足为由拒绝支付，而各方之前对于应撰写稿件数量并无明确约定，且撰稿人的劳动成果在前述单独提取的撰稿费中已有体现，故对于被告的抗辩意见法院不予采信。原告袁某某和原告张某应取得2017年第一季度分红款各47,500元。对于其他分红款，在扣除原、被告应各自分得的撰稿费、导流费、招商费以及编辑费后，软文收入在原、被告4人之间平均分配，各自应取得171,382元，好物笔记收入在原告袁某某、原告张某和被告3人之间平均分配，各自应取得88,569.57元、27,977.35港元、1668.43英镑。

另有两个平台的收入，扣除已计算在招商银行余额中的平台提现，剩余款项在原告袁某某、原告张某和被告3人之间平均分配，各自应取得3196.69元。

鉴于涉案微信公众号未分配款项均在被告处，因此原告方应取得的上述款项均应由被告给付原告方。后，被告赵某某不服提出了上诉。

二审法院认同一审法院的观点并进一步认为，本案的争议焦点为：上诉人赵某某与尹某某、袁某某、张某之间是否存在合伙关系；若成立合伙关系，各方就涉案公众号价值分割及收益分配如何确定。

一、上诉人与被上诉人是否成立口头合伙关系

个人合伙关系的成立，原则上以订立书面合伙协议为前提。在当事人之间没有书面合伙协议，又未经工商行政管理部门核准登记的情况下，具备合伙的其他条件，又有两个以上无利害关系人证明有口头合伙协议的，可以认定为合伙关系。法院认为，无论是书面合伙协议，抑或证人证言，均为判定个人合伙成立与否的证据形式，其证明目的在于判定是否符合合伙“共同出资、共同经营、共享收益、共担风险”的实质要件，由此，不排除在既无书面合伙协议，又无两个以上无利害关系人证明有口头合伙协议的情形下，根据其他证据并结

合有关事实，认定存在合伙关系的可能。本案中，上诉人与被上诉人协商筹备设立涉案公众号，共同或分别撰写文章发表于涉案公众号，共享涉案公众号专用账户密码，共商收入分配方式并将部分收入进行实际分配，包括以涉案公众号收入支出编辑费用等事实，足以证实上诉人与被上诉人之间存在共同以劳务形式出资、共同经营、共享收益、共担风险的意思表示，具备个人合伙的实质要件，一审法院认定上诉人与被上诉人成立合伙关系，合法有据，二审法院予以确认。

二、合伙终止时的财产分配问题

在上诉人与被上诉人成立合伙的前提下，各方同意合伙关系于2018年6月13日解除，故应就合伙财产予以分配。

首先，关于合伙财产价值，本案中，合伙财产由涉案公众号本身价值和已盈利款项两部分组成。二审审理中，各方对此部分的争议焦点为涉案公众号本身有无价值及价值数额。上诉人认为，涉案公众号因违反《微信公众号平台服务协议》关于不得发布广告的规定，其本身无合法商业价值。对此，法院认为，微信公众号作为信息发布平台，依靠其粉丝基础，已成为各类市场主体发布商业广告的重要载体。一审法院从涉案公众号运营的独立性、支配性、价值性三个方面详细论证了微信公众号的虚拟财产法律属性，合法有据，二审法院予以认可。《微信公众平台服务协议》第6.1.2.4条就不得发布扰乱微信公众平台正常运营的广告信息的规定，系TX公司就公众号平台运营的管理规范，并未禁止公众号发布合法的商业广告信息，亦不影响公众号的法律属性。客观上，涉案公众号亦通过发布软文、好物笔记等形式取得了收入并进行了部分收入的分配，具有财产价值。

就涉案公众号的价值评估问题，上诉人对立信公司以2017年7月13日为基准日就涉案公众号作出的《资产价值分析报告》提出评估方式及评估时点的异议，并主张应以2018年6月为基准日进行重新鉴定。对此，法院认为，一审法院通过上海市高级人民法院以电脑配对确定由立信公司进行价值评估，程序合法。在评估方法方面，上诉人虽提出异议，但其并未提出其他可得采取且更为合理的评估方法。立信公司作为专业评估机构，根据本案的具体情况，采取市场法、收益法、资产基础法对涉案公众号市场价值作出的评估，客观有据。在评估时点方面，一审法院在参考2017年7月13日为基准日的评估报告基础上，综合评估基准日后涉案公众号的实际运营状况，酌情将公众号价值从400万元调整至340万元，已经充分考量了公众号运营状况对价值变动的影响，合法合理。故上诉人要求重新鉴定，缺乏依据，二审法院不予采纳。

其次，关于分配比例，本案中，上诉人与被上诉人在一审中确认已分配部分收入的分配方式为，在扣除一定比例招商费、稿费、编辑费的基础上，软文收入剩余部分款项在上诉人与被上诉人4人之间进行平均分配，好物笔记剩余部分款项在上诉人与袁某某、张某之间进行平均分配。前述实际分配的比例，应视为各方对合伙收入分配方式的约定。上诉人虽称实际支付的47,500元的款项系季度稿件奖金，但从各方对款项分配的协商、确认过程看，该部分款项在性质上应属分红，而非上诉人单方给予供稿方的奖金。关于上诉人所称其系4人中唯一脱产运营公众号者，投入较多，应就剩余部分财产至少分得70%比例的主张，法院认为，上诉人主张其对涉案公众号贡献较多，表现为上诉人承担了大量业务联络、财务管理等日常工作，在文章撰写数量上也远超被上诉人，但在本案中，各方在业务联络、供稿方面的投入已经通过招商费、稿费形式予以体现，业务联络、供稿较多者相应获得较高的前期分配收入，不存在各方贡献多少的区分。现上诉人以业务联络、供稿较多为由要求就后期剩余部分款项获得倾斜性分配优势，缺乏事实和法律依据，且有悖于各方确认的实际分配方式和操作，二审法院亦不予采信。

最后，关于具体的分配数额异议，第一，英镑的分配，招商银行账户余额为10,005.29英镑，扣除上诉人的招商费、稿费6000英镑，余下4005.29英镑；工商银行账户余额为5000英镑，扣除上诉人的招商费、稿费4000英镑，余下1000英镑。故上诉人、袁某某、张某3人各分得1668.43英镑。第二，好物笔记导流费的分配，一审法院系在考量各方对涉案公众号实际招商、供稿的基础上，按照各方确认的比例，计算具体的分配金额，合法合理。被上诉人以分配数额超过上诉人自行提交的汇总数据为由，主张分配金额有误，二审法院不予采信。后，上诉人赵某某仍不服并申请了再审。

再审法院认为，本案的争议焦点为：第一，本案系争法律关系的性质问题；第二，涉案公众号是否应认定具有商业价值；第三，涉案公众号的价值评估方式是否公允。

对于争议焦点一，本案系争法律关系的认定问题，涉案微信公众号作为新型电子商务运营模式有别于传统合伙经营模式，但结合合伙法律关系的共同参与、共同劳动、共同经营、共享收益等要件事实来看，涉案公众号仍具备一般个人合伙的法律特征。原《民通意见》（现已失效）第五十条规定的“两个以上无利害关系人证明有口头协议”并非判断合伙关系的唯一标准，一、二审法院在综合分析涉案公众号的经营模式后，认定赵某某、尹某某、袁某某、张某4人构成实质上的合伙法律关系于法有据。

对于争议焦点二，涉案公众号是否应认定具有商业价值问题，本院认为赵某某根据《微信公众平台服务协议》的约定，主张广告收入不应认定属合法保护范围，从而否定系争公众号具有商业价值的观点不能成立。“重要意见”微信公众号通过发布有价值的信息、吸引并不断扩大用户群体，具有广告投放价值，可以获取广告收入、导流收入或通过小程序商店直接提供产品或服务获取费用，集多种盈利模式于一体，具有商业价值。赵某某等人也通过上述经营方式获取了可以以商业标准衡量的相应的收入、酬劳及利润，现合伙关系予以终止，涉及对4人合伙财产的分割及分配，认定该涉案公众号具有商业价值系进行财产分割的前提要件，广告收入是否符合《微信公众平台服务协议》的约定并非认定该微信公众号具有商业价值的前提，亦未有强制性法律规定禁止微信平台发布广告性质的信息，赵某某的该项主张本院不予支持。

对于争议焦点三，涉案公众号的价值评估方式是否公允问题，经审查，2017年7月13日公众号发布好物长图片后停止更新，直至2017年12月24日恢复，立信公司采取收益法来评估确定涉案公众号的价值，认为在2017年7月13日涉案公众号的市场价值为400万元。原审法院依据涉案公众号运营发展历程及价值考量要素将2017年7月13日作为评估基准日并无不当。赵某某主张2017年7月后公众号价值存在贬损，评估未考虑到该种情况，本院认为2017年7月12日后尹某某、袁某某、张某均未再参与涉案微信公众号的运营，将2017年7月13日作为评估合伙财产的基准日公允适当，赵某某单独运营公众号即便出现价值贬损的情况亦与合伙财产价值无关，一审法院充分考虑到运营时间、粉丝数量以及预期收益等涉案微信公众号的价值等因素，并已经酌情降低了合伙财产分配的价值认定，兼顾了各合伙人的利益，故对赵某某的该项再审理由法院不予支持。一、二审法院对本案事实认定清楚，法律适用准确，应予维持。最终，驳回了赵某某的再审申请。

（二）知识产权收益

根据《民法典》第一千零六十二条的规定，夫妻在婚姻关系存续期间所得的“知识产权的收益”归夫妻共同所有。《〈民法典〉婚姻家庭编解释（一）》第二十四条规定，《民法典》第一千零六十二条第一款第三项规定的“知识产权的收益”，是指婚姻关系存续期间，实际取得或者已经明确可以取得的财产性收益。以著作权为例，夫妻一方婚前拥有一本书的著作权，即使其与他人缔结了婚姻关系，但他仍然是该书的著作权人。但如果在婚姻存续期间，该书再版获得的版权收益，按照上述法律的规定属于实际取得的财产性收益，应该归夫妻共同所有。

案例 2－121 邱某与程某离婚后财产纠纷案

一审法院： 河南省开封市金明区人民法院（2017）豫 0211 民初 379 号

二审法院： 河南省开封市中级人民法院（2017）豫 02 民终 3508 号

案例主旨： 知识产权是夫妻一方的个人财产，知识产权的收益为夫妻共同财产。

程某与邱某共同以“某某米线”为品牌发展加盟店并收取加盟费，某某米线店在餐饮业享有较高知名度，多次获得“中华名吃”“河南名吃”等荣誉称号。“某某米线”商标注册于双方婚姻关系存续期间，商标权人为丈夫程某。离婚后，妻子邱某向法院起诉，要求分割“某某米线”商标。

法院认为，知识产权是指民事主体对其创造性的智力劳动成果依法所享有的专有权利，知识产权包括专利权、著作权和商标权等，它既是一种财产权，也是一种人身权，具有很强的人身性、专属性。根据法律规定，夫妻在婚姻关系存续期间所得的知识产权收益，属于夫妻共同财产。知识产权的收益，是指婚姻关系存续期间，实际取得或者已经明确可以取得的财产性收益。因此，婚后夫妻一方取得的知识产权本身归一方专有，不属于夫妻共同财产，但由其取得的经济利益，属于夫妻共同财产，即知识产权是夫妻一方的个人财产，知识产权的收益为夫妻共同财产。本案中“某某米线”是注册商标，属于知识产权的一种，邱某要求分割“某某米线”注册商标没有法律依据，法院不予支持。邱某要求分割“某某米线”注册商标的收益，因邱某未能提供证据证明该注册商标在婚姻关系存续期间存在收益，法院不予支持。

六、婚内大额支出的分割

婚姻存续期间夫妻各自通过名下银行账户获得的财产，除法定归属于夫妻一方的个人财产以外，原则上都应当属于双方共同所有。但是实践中，各自名下的银行账户一般由本人保管。一旦发生离婚纠纷，任何一方银行账户中的大额支出也应当成为财产分割的一部分。夫妻任何一方在婚姻关系存续期间的消费支出是否合理应结合双方的经济收入、家庭背景、消费习惯、生活习惯等因素确定。

法院通常会将单笔在一定金额（如5万元以上）以上的支出定义为大额支出，如果支出一方无法说明或证明这笔支出的合理性，则法院可能不认可该笔支出是合法的，仍然会将其认定为夫妻共同财产要求支出一方对一另一方进行补偿。大额支出的形式通常包括各类消费、支取现金、转账制第三方账户等，合理支出包括个人同一或不同账户内的相互转账及重复支取、合理的信用卡等日常消费等。

案例2-122 高某与许1离婚纠纷案

一审法院：上海市浦东新区人民法院（2017）沪0115民初96676号

案例主旨：应根据夫妻双方的实际情况酌情确认大额支出的用途，对没有合理解释和去向的大额支出应当予以分割。

法院认为，关于大额支出部分，原告高某共计主张被告许1名下大额支出97笔。其中部分系被告与案外人之间的往来款，且基本已平账，部分系被告转入本人的信用卡，部分系用于房屋装修等，对于上述部分款项原告要求分割，法院难以支持。对于王某与被告高某的款项往来，因被告除了提供王某的情况说明外，未有其他证据证明具体用途，故应当予以分割。另外，被告有约900余万元的大额支出，未能具体一一说明去向，但认为主要用于原告的生活费、公司支付员工的奖金、补贴等的运营支出、厂房和设备的维修、赡养老人、儿子教育，购买家具等物品及被告个人旅游和每月的日常消费生活等。法院认为，被告为上述用途势必会产生一定的支出，扣除其上述合理支出部分，可予以分割。据此，法院综合本案的实际情况，酌定被告支付原告160万元。

被告许1共计主张原告高某6笔大额支出，原告认为上述款项系用于儿子许某2的教育生活、离婚案件的诉讼费、担保费、评估费及律师费等。法院认为，许某2的生活教育确会发生部分费用，为离婚案件的诉讼，原告也确需支付相关的诉讼等费用。法院根据本案的实际情况，酌情确认原告支付被告大额支出的折价款10万元。

七、已查明的共同财产分割

在离婚纠纷中，如果法院已经查明了财产属于夫妻共同财产，则不能以当事人之间未对财产价值达成一致而拒绝进行处理或要求当事人另案处理。当事人对夫妻共同财产的价值无法达成一致时，应当由当事人通过竞价或申请鉴定评估的方式确定价值。对于价值较小或价值比较明确的财产，法院也可以酌情折价判决。

案例 2－123 何某与张某荣离婚纠纷案

一审法院： 重庆市秀山土家族苗族自治县人民法院（2018）渝 0241 民初 3402 号

二审法院： 重庆市第四中级人民法院（2018）渝 04 民终 833 号

案例主旨： 法院已查明的夫妻共同财产应当在离婚时一并处理。

二审法院认为，已查明渝 HOB×××号车辆属于何某与张某荣的夫妻共同财产，夫妻双方各享有一半份额的财产权益，应当依法予以分割。一审以未协商一致、车辆价值不明为由，释明待车辆价值明确后另行通过诉讼解决，属于适用法律错误，二审法院予以纠正。根据车辆的使用、还按揭款、折旧等情况，酌情认定由张某荣享有汽车的所有权并补偿何某车价款 3 万元。①

八、限制离婚自由的赠与合同效力

案例 2－124 贾某某、吴某某与金某某赠与合同纠纷案

一审法院： 浙江省绍兴市越城区人民法院（2019）浙 0602 民初 6467 号

二审法院： 浙江省绍兴市中级人民法院（2019）浙 06 民终 4161 号

再审法院： 浙江省高级人民法院（2020）浙民申 1101 号

案例主旨： 赠与所附限制婚姻自由的条件无效，该条件不具有独立性，该条件的有效与否是当事人作出赠与意思表示时的重要考量因素，直接影响当事人是否作出赠与的意思表示，故该部分无效会导致整个赠与合同的无效。

---

① 参见刘文玉、雷书彦：《已查明的夫妻共同财产应在离婚判决时一并处理》，载《案例参考与研究》2018 年第 4 期（总第 28 期）。

一审法院认为，根据两原告贾某某、吴某某与贾某凯、金某某签订的《要求书》，可以证实两原告自愿将其位于绍兴市越城区房屋所得的售房款全部赠与自己的儿子贾某凯及其妻子金某某，该赠与系两原告真实意愿的体现，应属合法有效，且赠与的财产已经交付完毕，原告不能行使任意撤销权，即基于自己的意思而撤销赠与。依照两原告与贾某凯、金某某共同签署的《要求书》的约定，虽两原告主张涉案赠与合同为附条件的赠与，现受赠人已经离婚，撤销赠与的条件已经具备，故要求撤销与被告金某某的赠与关系并由被告返还赠与款项46万元及相应利息，但根据《要求书》的约定，两原告要求贾某凯、金某某"要做到白头到老，永不分开，如有分离不是一家人，本人一定要收回这90万元"，应认定该赠与为附义务的赠与合同，贾某凯、金某某受赠所附义务为贾某凯、金某某要"白头到老，永不分开"，即将维系婚姻、不得离婚作为赠与合同的附属义务。婚姻自由是我国法律制度确立的基本原则之一，婚姻关系当事人在结婚、离婚问题上享有充分的权利，任何人不得强制或干涉，作为受赠人无须负有需始终维系婚姻、不得离婚的义务，而将不得离婚作为赠与的附属义务显然违反了法律强制性规定，该约定也应属无效，故两原告以被告金某某已与贾某凯离婚为由要求撤销与被告金某某的赠与关系，要求被告金某某返还赠与款项46万元及相应利息的诉讼请求，于法无据，法院不予支持。

但二审法院却认为，上诉人贾某某、吴某某与被上诉人金某某及贾某凯于2017年6月4日签订的《要求书》中约定：本人贾某某所住房产出卖，所得人民币85万元整，本人要求儿子、儿媳用于再购房之需，而且要做到白头到老，永不分开，如有分离不是一家人，本人一定要收回这90万元。该约定中"要做到白头到老，永不分开，如有分离不是一家人，本人一定要收回这90万元"是以维持贾某凯、金某某婚姻关系作为赠与的条件，实质是以财产性契约约束身份关系，该约定违背婚姻自由原则及公序良俗应属无效。本案赠与所附条件无效，而该条件不具有独立性，该条件有效与否是当事人作出赠与意思表示时的重要考量因素，直接影响当事人是否作出赠与的意思表示，故该部分无效会导致整个赠与合同的无效。合同无效后，因该合同取得的财产应予返还。本案中，上诉人主张赠与款为92万元，然该房屋出售款中包含了家电款，鉴于上诉人在《要求书》中明确其出售房产所得仅为85万元，且上诉人在庭审中也认可部分家电是由被上诉人购买，虽其主张部分家电由其购买，但并未对此举证证明，故法院根据在案证据认定上诉人赠与贾某凯、金某某的款项金额为85万元。现赠与合同无效，且经原审法院释明，两上诉人要求对另一受赠人贾某凯的赠与关系另案主张，故金某某应返还上述赠与款的一半，即42.5万元。关于上诉人诉请的利息损失问题，考虑到赠与合同系单务合同，上诉人对赠与设定的条件违反了公序良俗，其对于合同无效存有过错，故法院对其诉请的利息损失不予支持。原审认定案涉赠与合同所附条件无效正确，但对合同无效后的法律后果处理不当，二审法院依法予以纠正。

再审法院审查后认为，原审生效判决认定事实清楚，适用法律正确，审理程序及实体处理均无不当，驳回了金某某的再审申请。

九、未尽夫妻扶养义务可撤销赠与

案例2－125 张某某与祁某某附义务赠与合同纠纷案

一审法院：安徽省肥西县人民法院（2019）皖0123民初936号

二审法院：安徽省合肥市中级人民法院（2019）皖01民终4801号

案例主旨：夫妻一方约定因另一方对自己尽到扶养义务而将房屋赠与的合同系附义务的赠与合同。受赠人对赠与人有扶养义务而不履行，或者不履行赠与合同约定的义务的，赠与人可以撤销赠与。

法院认为，祁某某与张某某在结婚时签订协议，约定双方自愿结婚，结婚10年后，如果张某某不提出离婚，则案涉房屋归张某某所有。祁某某作为残疾人，且年事已高，平时生活需要他人照顾，而张某某年龄较轻，两人结婚系为了祁某某晚年生活由张某某照料，祁某某为此给予张某某一定的经济补偿，因此双方在结婚时签订了上述协议，祁某某将案涉房屋赠与张某某，同时张某某需对祁某某尽到扶养义务，该协议系附义务的赠与合同。根据法律规定，受赠人对赠与人有扶养义务而不履行，或者不履行赠与合同约定的义务的，赠与人可以撤销赠与。本案中，根据当地社居会出具的证明材料及上门调解照片，可以确定张某某在2018年年底时常外出并未经常在家照料祁某某。同时根据案外人解某出具的赠与承诺书可知，张某某在婚后仍对解某进行照顾，解某为此愿意将其个人房产赠与张某某，由此可知，张某某在婚后对解某进行的照料是较为细致全面的，这样的精心照料势必将付出大量的时间精力，从而导致对祁某某的照料不足，尤其在2018年年底之后，张某某甚少在家照料祁某某，因此，张某某在后期未完全尽到扶养祁某某的义务。现祁某某要求撤销房产赠与，符合法律规定，应予支持。张某某主张其与祁某某于2014年5月20日签订协议，将案涉房屋约定为夫妻共同财产，但附义务的赠与合同在所附义务履行完毕前，可以交付赠与财产，故上述约定及2017年双方将房产过户至张某某名下，均是双方履行2014年3月8日赠与协议的内容，并不改变2014年3月8日赠与协议的效力。张某某另主张其一直在积极履行扶养祁某某的义务，但其所提供证据的证明效力远远低于祁某某所提供的社居会出具的证明及媒体对张某某与祁某某纠纷所作的调查，不足以否定祁某某所提供证据的证明力，故法院对其该主张不予采信。

十、婚内分割夫妻共同财产的条件

原《婚姻法司法解释（三）》首次规定了夫妻可以在特定的条件下，不解除婚姻关系而直接分割财产。当时最高人民法院民事审判第一庭负责人就原《婚姻法司法解释（三）》答记者问时表示：[①]"一方能否在不解除婚姻关系的情况下主张对夫妻共同财产进行分割，审判实践中存在较大争议。一种观点认为，夫妻共同财产这种共有关系是最典型的共同共有关系，共同共有人在共有关系存续期间，一般不得请求分割共同财产，只要共有关系存在，共有人对共有财产就无法划分各自的份额，无法确定哪个部分属于哪个共有人所有。只有在共有关系终止，共有财产分割以后，才能确定各共有人的份额。因此，在婚姻关系存续期间，一方请求分割夫妻共同财产的，人民法院不应受理。还有一种观点认为，在某些情形下，法律应当提供夫妻一方在婚姻关系存续期间保护自己财产权利的救济途径。如持有或控制夫妻共同财产的一方，私自对夫妻共同财产进行转移、变卖，为了赌博、吸毒而单独处分共同财产等，而另一方因种种复杂的因素不想离婚，或者在起诉离婚后被法院判决不准离婚，如果绝对不允许婚姻关系存续期间分割夫妻共同财产，只能眼看着对方随意处分夫妻共同财产而无可奈何，其结果有悖公平原则。""但是，在不解除婚姻关系的前提下对夫妻共同财产予以分割只能是一种例外，必须具有'重大理由'，否则其负面效应不可低估。另外，在夫妻一方需要履行法定扶养义务（如一方父母患重病住院急需医疗费），而另一方不同意给付时，在不解除婚姻关系的情况下，为保障

---

① 中华人民共和国国务院新闻办公室：《最高人民法院民一庭负责人就〈婚姻法解释（三）〉相关问题答记者问》，载 http：//www. scio. gov. cn/ztk/xwfb/jjfyr/24/wqfbh/Document/1458028/1458028. htm，最后访问时间：2021年4月13日。

一方有能力履行其法定义务，应准许分割夫妻共同财产。我们经过反复比较论证，同时借鉴国外相关的法律规定，最后采纳了后一种意见，即规定：婚姻关系存续期间，夫妻一方请求分割共同财产的，人民法院不予支持，但有下列重大理由且不损害债权人利益的除外：（一）一方有隐藏、转移、变卖、毁损、挥霍夫妻共同财产或者伪造夫妻共同债务等严重损害夫妻共同财产利益行为的；（二）一方负有法定扶养义务的人患重大疾病需要医治，另一方不同意支付相关医疗费用的。”《民法典》第一千零六十六条也继续将该条款纳入正式的法律规定中。

（一）一方擅自出售房产可直接分房款

案例 2－126 刘某与白某婚姻家庭纠纷案

一审法院：北京市丰台区人民法院（2013）丰民初字第 08826 号

二审法院：北京市第二中级人民法院（2013）二中民终字第 17133 号

案例主旨：一方擅自变卖夫妻共同财产的行为严重侵害了另一方的夫妻共同财产的所有权，另一方要求分割这部分夫妻共同财产符合法律的规定。

法院认为，夫妻关系存续期间所取得的财产，除约定的外，均属于夫妻共同财产。位于北京市的某房屋系白某、刘某夫妻关系存续期间取得，故应属于夫妻共同财产。白某、刘某对该房屋有平等的处理权。刘某在与白某夫妻存续期间，对该房屋进行了处分，但该处分行为未征得白某同意。其行为属于擅自变卖夫妻共同财产的行为，严重侵害了白某对夫妻共同财产的所有权。现白某起诉要求分割诉争这部分夫妻共同财产于法有据，法院对于白某的诉讼请求予以支持。

（二）因医疗需要可要求婚内分割财产

案例 2－127 张某 1 诉赵某共有物分割纠纷案

一审法院：湖南省郴州市北湖区人民法院（2014）郴北民一初字第 337 号

案例主旨：一方拒绝为患有重大疾病的另一方支付医疗费用时，另一方有权在不离婚的情况下请求分割夫妻共同财产。

法院认为，关于原告在婚姻关系存续期间是否有权起诉请求分割夫妻共同财产的问题。原告患有重大疾病需要医治，属有重大理由需要分割夫妻共同财产。虽然本案是原告本人患重大疾病，不属于法律明文规定的一方可要求婚内分割共同财产的情形，但“举轻以明重”，在发生被告拒绝为原告负有法定扶养义务且患有重大疾病的近亲属支付医疗费时，原告尚且可以在不离婚的情况下请求分割夫妻共同财产；在被告拒绝为患有重大疾病的原告支付医疗费用时，原告有权在不离婚的情况下请求分割夫妻共同财产，就更属当然。但是，原告在婚姻关系存续期间请求分割夫妻共同财产，必须是在原告能够辨认自己的行为，具有判断能力和自我保护能力，能做出正确的主客观一致的行为并能预见自己行为后果的情况下才能提起诉讼。原告现为无民事行为能力人，其民事活动包括诉讼活动依法应由其监护人代为行使。原告的母亲张某在没有经过法定程序变更监护人的情况下，就以原告张某1的法定代理人即监护人的身份代为提起诉讼，并请求分割夫妻共同财产，没有法律依据，法院因此不予支持。

张某1向湖南省郴州市中级人民法院申诉，湖南省郴州市中级人民法院审查后作出（2020）湘10民申129号驳回申诉通知书，认为张某1的申诉理由不能成立，驳回了张某1的申诉。

甘肃省兰州市中级人民法院也在（2019）甘01民终4229号案例中指出："被上诉人李某2本人出现重大疾病亟须治疗，作为丈夫，李某1负有不可推卸的扶助、救治义务，但其实际未能及时、足额支付相关医疗费用。为保障李某2病情得到及时、充分治疗，一审法院依据司法解释对双方夫妻共同财产进行合理分割，并无不妥。"

（三）一方无理由转移财产另一方可要求婚内分割

案例2－128 薛某诉陈某分割夫妻共同财产纠纷案

一审法院：江苏省无锡市崇安区人民法院（2011）崇民初字第926号

案例主旨：一方掌控了巨额的夫妻共同财产，并表示一次性取出该款后短时间内已全部用完，但无法说明合理用途，已构成隐藏、转移、挥霍夫妻共同财产，一方可以要求对夫妻共同财产进行分割。

法院认为，婚姻关系存续期间，夫妻一方请求分割共同财产的，人民法院不予支持，但有重大理由且不损害债权人利益的除外。无锡市某房屋（面积79.5平方米）系薛某在夫妻关系存续期间通过继承、归并取得，该房屋及该房屋因拆迁取得的71万元补偿款均属于夫妻共同财产。但双方对71万元拆迁补偿款的保管、支配无法达成一致。对陈某保管的26.4万元，陈某称其一次性取出该款后短时间内已全部用完，因该款数额巨大，陈某对该款去向多次陈述不一，又未提供证据证明该款的合理用途，故对陈某的辩称法院不予采信。陈某的行为已构成转移夫妻共同财产，侵害了薛某对该26.4万元所享有的平等支配权，考虑到双方目前处于分居状态，故对薛某要求分割71万元拆迁补偿款的诉讼请求，法院予以支持。因71万元拆迁补偿款中的44.6万元暂存在法院账户，薛某在本案判决后能够实现其对该71万元享有的权利，加之陈某目前健康状况不佳，法院认为对该71万元的处理应以均分为宜。

（四）共同财产被执行不能作为婚内分割财产的理由

案例2－129 赵某与刘某某、陈某某案外人执行异议之诉纠纷案

一审法院：北京市丰台区人民法院（2020）京0106民初18111号

案例主旨：夫妻共同财产被法院强制执行不构成婚内分割夫妻共同财产的条件。但法院在强制执行夫妻共同财产时应当对被执行人的财产进行执行，不能损害另一方配偶的合法权利。

法院认为，《最高人民法院关于人民法院民事执行中查封、扣押、冻结财产的规定》第十四条第二款规定："共有人协议分割共有财产，并经债权人认可的，人民法院可以认定有效。查封、扣押、冻结的效力及于协议分割后被执行人享有份额内的财产；对其他共有人享有份额内的财产的查封、扣押、冻结，人民法院应当裁定予以解除。"该条款明确规定了"对其他共有人享有份额内的财产的查封、扣押、冻结，法院应当裁定予以解除"的前提条件是"共有人协议分割共有财产，并经债权人认可"，本案中，赵某和陈某某夫妻关系正常存续，法律一般不允许夫妻婚内分割共同财产，故赵某要求解除对涉案房屋内赵某享有份额内财产的查封，不符合法律规定，法院不予支持。但应当指出的是，法院在对涉案房屋进行拍卖时，应当在赵某和陈某某夫妻共有财产的范围内对陈某某享有的财产份额予以处分，不得损害赵某的财产份额。

（五）擅自转移共有房款构成隐瞒财产

案例2－130 谭某与颜某婚内夫妻财产分割纠纷案

一审法院：重庆市万州区人民法院（2019）渝0101民初13187号

案例主旨：一方在未经另一方同意的情形下将共有房产的出售款转入其母

亲名下的账户，客观上存在转移夫妻共同财产的行为，符合婚内分割财产的条件。

法院认为，本案中，首先，案涉房屋系原告谭某与被告颜某于婚后购买，虽登记于被告一人名下，但若无其他证据予以反证，应当认定该房屋系夫妻关系存续期间取得的财产，为夫妻共同财产。被告抗辩其父母出资 8 万元，该房屋系家庭共同财产，但并未提供证据，法院不予采纳。其次，原、被告在出售夫妻共有房屋时，对偿还债务后剩余房款的分配达成书面协议，系双方真实意思表示，且不违反法律行政法规的强制性规定，该协议合法有效，但被告收取房款后并未履行协议，而在未经原告同意的情形下将房款转入其母亲名下的账户，客观上存在转移夫妻共同财产的行为。在本次庭审中，被告又称已将该房款用于偿还债务与经营活动，且均未提供证据，已构成隐藏夫妻共同财产的行为。最后，原、被告在离婚诉讼中均陈述无夫妻共同债务，婚内分割共同财产并不会损害债权人的利益。

综上所述，原、被告因感情不和分居后，被告将自己所掌握的财产进行隐藏、转移，已严重侵害了共同共有人原告的权利，原告要求婚内分割财产，符合法律规定及双方约定，法院予以支持，双方于 2019 年 7 月所签订的《协议书》能够反映夫妻共同财产的客观情况，被告应当支付原告夫妻共同财产分割款 21 万元。

第七节 子女抚养权与探望权

一、子女抚养权

（一）抚养权归属的审判观点

1. 子女抚养权归属的司法审判依据

根据《民法典》第一千零八十四条的规定：“父母与子女间的关系，不因父母离婚而消除。离婚后，子女无论由父或者母直接抚养，仍是父母双方的子女。

离婚后，父母对于子女仍有抚养、教育、保护的权利和义务。离婚后，不满两周岁的子女，以由母亲直接抚养为原则。已满两周岁的子女，父母双方对抚养问题协议不成的，由人民法院根据双方的具体情况，按照最有利于未成年子女的原则判决。子女已满八周岁的，应当尊重其真实意愿。”

《〈民法典〉婚姻家庭编解释（一）》则进一步明确更多关于具体的抚养权归属问题，具体如下：

第四十四条规定：“离婚案件涉及未成年子女抚养的，对不满两周岁的子女，按照民法典第一千零八十四条第三款规定的原则处理。母亲有下列情形之一，父亲请求直接抚养的，人民法院应予支持：

（一）患有久治不愈的传染性疾病或者其他严重疾病，子女不宜与其共同生活；

（二）有抚养条件不尽抚养义务，而父亲要求子女随其生活；

（三）因其他原因，子女确不宜随母亲生活。”

第四十五条规定：“父母双方协议不满两周岁子女由父亲直接抚养，并对子女健康成长无不利影响的，人民法院应予支持。”

第四十六条规定：“对已满两周岁的未成年子女，父母均要求直接抚养，一方有下列情形之一的，可予优先考虑：

（一）已做绝育手术或者因其他原因丧失生育能力；

（二）子女随其生活时间较长，改变生活环境对子女健康成长明显不利；

（三）无其他子女，而另一方有其他子女；

（四）子女随其生活，对子女成长有利，而另一方患有久治不愈的传染性疾病或者其他严重疾病，或者有其他不利于子女身心健康的情形，不宜与子女共同生活。”

第四十七条规定：“父母抚养子女的条件基本相同，双方均要求直接抚养子女，但子女单独随祖父母或者外祖父母共同生活多年，且祖父母或者外祖父母要求并且有能力帮助子女照顾孙子女或者外孙子女的，可以作为父或者母直接抚养子女的优先条件予以考虑。”

为解决实践中子女抚养权归属问题，保障未成年人权益，许多法院采取科学、有效的方式解决父母对于子女抚养权的争议。以上海市第一中级人民法院为例，该法院家事审判改革引入心理咨询。对于上诉要求改判抚养权归属的案件，法院通过专业心理测评，明确了未成年子女的意愿，法官与心理咨询师就心理干预的结果充分交流后，再制订相应的调解方案。上海市第二中级人民法院也在实践中探索“轮流抚养”的模式，既能保障子女的合法权益，又使父母都能参与子女健康成长的过程。

2. 有家庭暴力倾向者不适合抚养子女

根据《第八次全国法院民事商事审判工作会议（民事部分）纪要》（2016年11月21日，法〔2016〕399号），在审理婚姻家庭案件中，应注重对未成年人权益的保护，特别是涉及家庭暴力的离婚案件，从未成年子女利益最大化的原则出发，对于实施家庭暴力的父母一方，一般不宜判决其直接抚养未成年子女。

不能直接认定家庭暴力，但根据间接证据，结合双方在法庭上的表现、评估报告或专家意见，法官通过自由心证，断定存在家庭暴力的可能性非常大的，一般情况下，可以判决由受害方直接抚养子女。有证据证明一方不仅实施家庭暴力，而且还伴有赌博、酗酒、吸毒恶习的，不宜直接抚养子女。①

3. 以利于子女成长为抚养权判决依据

案例2－131 刘某某与蔡某某离婚纠纷案

一审法院：湖南省湘乡市人民法院（2017）湘0381民初1809号

案例主旨：双方均争取子女抚养权的，应以有利于子女成长为判决依据。

法院认为，原、被告均要求抚养小孩，因小孩尚年幼，出生后大部分时间随原告刘某某及其父母一起生活，且原告有固定的工作及收入，其父母均有能力协助抚养，由原告抚养有利于小孩的成长。

4. 无书面约定不能任意变更抚养权

案例2－132 王某某与庄某某婚姻家庭纠纷案

一审法院：山东省济南市长清区人民法院（2018）鲁0113民初3629号

二审法院：山东省济南市中级人民法院（2019）鲁01民终4629号

案例主旨：双方在履行探视过程中发生的问题并不产生抚养权变更的法律

① 最高人民法院中国应用法学研究所：《涉及家庭暴力婚姻案件审理指南》，2008年3月发布。

效力。

一审法院认为，关于双方婚生女某甲现应由谁抚养的问题，应综合考虑本案案情，庄某某收入稳定，某甲现由庄某某抚养，生活稳定，在目前情况下随意改变其生活环境，不利于其成长。故一审法院判决某甲宜由庄某某抚养，王某某有探望权，每周一次，庄某某应予协助。

二审法院撤销了一审法院的判决并认为，王某某与庄某某于2017年3月10日办理离婚登记手续，签订《离婚协议》，约定了财产分割及孩子抚养问题；后双方于2018年7月5日又签订《协议书》，对财产及孩子抚养费问题达成新的协议。该《协议书》系双方对《离婚协议》内容的变更，是双方因离婚对财产分割及孩子抚养问题达成的新的协议，协议约定：婚生女某甲由王某某抚养，抚养费由王某某自行承担，且双方在二审中亦均认可该《协议书》的效力，应遵照执行。由此可见，上述两份协议均是双方自愿签订的，是双方真实意思表示，是合法有效的，该《协议书》对双方均有约束力，对于孩子抚养问题，两次协议中也均约定由王某某直接抚养，抚养权归王某某。

一审中，庄某某虽辩称王某某已经同意某甲跟随其生活，应当视为王某某放弃抚养权，但是王某某主张是当时的气话，并没有同意将抚养权变更为庄某某，现庄某某并没有提交书面双方协商一致的变更抚养权的协议，也无其他证明王某某同意变更婚生女某甲抚养权的证据，应当承担举证不能的后果。虽然自2018年8月15日，庄某某将某甲接到家中探视后，某甲便跟随其生活至今，这只是双方在履行探视过程中发生的问题，并不产生抚养权变更的法律效力，因此，一审法院将婚生女某甲判决庄某某抚养无事实和法律依据，法院予以纠正。

5. 抚养方式应有利于子女健康成长

江苏省高级人民法院公众号发布了一起离婚抚养权纠纷案。[①] 虽然夫妻双方同意离婚，但对两个孩子的抚养权产生严重分歧。男方提出两个孩子至少由其抚养其中的一个；女方提出孩子一直跟随母亲长大，不能接受从此两个孩子天各一方的现实。法官根据案件的具体情况采取了创新裁判方法，采用抚养权与实际抚养人相分离的方式，使夫妻双方共同接受，智慧化解了抚养权之争

---

① 参见《夫妻对孩子抚养权争执不下，法院：可采用抚养权与实际抚养人相分离方式》，载江苏省高级人民法院官方澎湃号，https：//www. thepaper. cn/newsDetail_ forward_ 7148566，最后访问时间：2021年4月13日。

的难题。

建邺法院宋法官在接受媒体采访时表示："这起离婚抚养权纠纷案，双方确实已没有感情基础，都同意离婚，但围绕子女抚养权问题分歧较大。男方提出两个孩子至少其中一个归其抚养；女方则坚决反对分开抚养。男方的要求于法有据，女方的意见也符合情理，这是第一难。在这起案件中，夫妻双方背后的力量即孩子的爷爷奶奶、外公外婆也都参与孩子抚养权之争中，有效化解矛盾必须将审判工作延长到两个家庭之中，这是第二难。两个孩子一直随母亲、外公外婆生活，如何不割裂亲情，减少孩子的身心伤害，使孩子的利益最大化是第三难。"

就法院如何考虑采用创新方式判决抚养权争议的问题，宋法官表示："从本案来看，孩子父亲长期没有与孩子共同生活在一起，大孩子坚决不愿意同父亲生活，小女儿还年幼，将孩子判给父亲抚养也难以照料；两个孩子长期跟随母亲生活，与母亲建立了良好的亲子关系，同时有着较好的学习教育环境。然而，作为孩子的父亲，提出抚养一个孩子的诉求也是合法的。对此，法庭没有采取把两个孩子拆分给父或母的常规做法一判了之，而是从保障孩子的身心健康，促进孩子的健康成长出发，先后 5 次组织调解，并将调解工作延伸到孩子的爷爷奶奶、外公外婆，也本着公正优先兼顾效率的原则，将案件审限进行了延长，共用了一年的时间，让孩子父母双方能有更多时间理性考虑。同时，又针对父亲探视权得不到保障的后顾之忧，在调解中进行明确。最终，法庭提出采用抚养权与实际抚养人相分离的方式，即父母各享有一个子女抚养权，两个女儿跟随母亲共同生活，父亲对孩子有正常的探视权，兼顾了父母双方的主张，有效化解了双方的抚养权之争。"

6. 无法按协议轮流抚养应判决一方抚养

案例 2－133 雷某与刘某抚养纠纷案

一审法院： 新疆维吾尔自治区克拉玛依市克拉玛依区人民法院（2019）新0203 民初 1210 号

二审法院： 新疆维吾尔自治区克拉玛依市中级人民法院（2019）新 02 民终489 号

案例主旨： 双方无法按照协议继续采取轮流抚养的方式，已违背了轮流抚养的初衷，为确保未成年子女有稳定的生活，应当由离婚判决中已获得抚养权的一方继续抚养。

法院认为，刘某与雷某离婚时，考虑到双方对婚生女的感情，双方的抚养教育能力，特别是考虑到父母在孩子心目中的不可缺少，父母之爱的不可替代性，以轮流抚养的方式保障孩子所期望的与父母接触，使孩子得到完整的父爱和母爱，最大限度地减少因父母离婚对孩子造成的伤害，因此达成“原告刘某与被告雷某轮流共同抚养，每人抚养一周，每周日下午18时交接”的协议，但双方在履行调解协议期间，不能理性、客观处理问题，矛盾不断并愈演愈烈，导致双方因此向公安机关报案，双方的行为违背了轮流抚养的初衷，已不适宜轮流抚养婚生女。(2018) 新0203民初2093号民事调解书中已协议婚生女雷某1的抚养权归刘某，且为确保未成年子女享有相对稳定的生活、学习环境，由刘某抚养婚生女更有利于其健康成长，故婚生女仍由刘某抚养。同时，考虑到雷某1是女孩，今年才3岁，从其生理和心理特点考虑，由母亲抚养，更有利于其健康成长。

7. 涉外抚养权纠纷的法律适用问题

案例2－134 马某与拜仁·某抚养纠纷案

二审法院：福建省厦门市中级人民法院（2013）厦民终字第1788号

再审法院：福建省高级人民法院（2014）闽民申字第1223号

案例主旨：抚养人和被抚养人均经常居住于中华人民共和国，故应适用中华人民共和国法律。

再审法院认为，《涉外民事关系法律适用法》第二十九条规定：“扶养，适用一方当事人经常居所地法律、国籍国法律或者主要财产所在地法律中有利于保护被扶养人权益的法律。”本案抚养人和被抚养人均经常居住于中华人民共和国，故应适用中华人民共和国法律。子女抚养问题应从切实保护子女权益，有利于子女身心健康成长出发，结合双方的具体情况进行处理。对有识别能力的子女，要事先征求并尊重其本人愿随父或随母生活的意见。拜仁·某与马某离婚后，寇某龙一直随马某共同生活由其直接抚养，且寇某龙现已年满10周岁，在诉讼中寇某龙亦表示其愿随马某共同生活，对此，双方当事人没有争议。现就双方争议焦点的问题认定如下：

首先，关于寇某音受教育的合法权益及抚养问题。根据二审查明的事实，双方在之前的离婚纠纷诉讼（2011）××民初字第××号《民事调解书》中已达成“婚生子寇某龙、婚生女寇某音自2011年5月15日起至2012年5月15日前由马某抚养，2012年5月15日后婚生子与婚生女的抚养问题由拜仁·某与马某另行协商”等约定，自2011年5月15日至2012年5月15日寇某龙、寇某音由马某抚养，先后就读于厦门市某小学，但拜仁·某在2012年5月15日未经与马某协商、亦未通知马某及厦门市某小学的情况下，到厦门市某小学将寇某音带走，并拒绝告知马某关于寇某音的下落，未让寇某音到学校接受教育。故二审认定其行为不仅影响了寇某音的正常学习和生活，也违反（2011）××民初字第××号民事调解书的内容，违反了我国《义务教育法》关于所有适龄儿童、少年必须接受教育，适龄儿童、少年的父母或者其他法定监护人应当依法保证其按时入学接受并完成义务教育的规定，侵犯了寇某音接受义务教育的权利，该认定正确。同时，因拜仁·某并没有依约履行支付抚养费的义务，在马某向法院申请强制执行后，法院亦因无法找到拜仁·某而中止执行，故二审认定拜仁·某对抚养婚生子女态度消极，并无不妥。

其次，关于拜仁·某固定住所及固定工作、工资收入情况等问题。拜仁·某在一审庭审中陈述其因工作需要到全国各地出差，在国内没有固定住处，一般是租房或居住在酒店中，寇某音没有上学，是由其在家自己教育的内容，主张因其工资是从香港发放，因此，公司没有为其缴交相关税收，但没有提供缴税证据予以证明，也未提供证据证明其有固定居所及工作情况。况且，在二审法院指定期限内，拜仁·某仅提供了其在美利坚合众国的地址，在中华人民共和国的住址为“某酒店式公寓”，也未能提供相应的证据证明其有固定居所。拜仁·某在二审中提供的一份单位信息被涂抹掉仅体现为“××实业有限公司”、合同期限为2013年3月1日至2014年2月28日《劳动合同》复印件，以及2013年8月23日上海某公司出具的《收入证明》复印件，该证明载明：2013年3月1日至2014年2月28日拜仁·某在该公司任“战略发展及资本市场部总监”，“月薪50,000元人民币”，但均无原件予以核对，亦无其他证据予以佐证，且内容相互矛盾。而拜仁·某在二审中提供的一份将学生名字及学校名称、任课老师姓名、落款日期均被涂抹掉的《成绩单》复印件，也没有其他证据佐证，且相关关键信息已经被涂掉，故对上述《劳动合同》复印件、《收入证明》复印件及《成绩单》复印件的真实性，二审法院不予确认正确。况且上述证据均亦无法证明拜仁·某的固定工作及其工资收入情况和寇某音的正常学习情况，故二审不予采信并认定拜仁·某在中华人民共和国无固定住所，并无不当。

最后，关于抚养子女的问题。拜仁·某主张马某信仰清海无上师、观音法门的邪教，长期给婚生子女灌输“世界末日论”等观点，严重损害孩子的心理健康，且马某不能提供成长必需的饮食，不利于婚生子女的身体健康和日后发育，但未能提供证据予以证明该主张；且未能提供充分证据证明在寇某龙、寇某音随马某共同生活期间，马某有无力继续抚养子女或不利于抚养子女，不尽抚养义务或有虐待子女等行为的情形。同时，从拜仁·某现已再婚，再婚妻子蒋×原有的一子随蒋×生活，拜仁·某与蒋×再婚后又生育一子，拜仁·某现需要抚养该两个子女，而马某离婚后未再婚，一直专心抚养两个婚生子女，两个婚生子女在随马某共同生活期间得到健康成长的事实，证明了马某有能力单独抚养两个婚生子女。且寇某音现已年满8周岁，从生活角度考量亦应由母亲抚养较为适合，结合本案拜仁·某和马某的具体情况、双方对抚养子女的态度以及有利于子女成长和接受义务教育的考量，二审法院依照《最高人民法院关于人民法院审理离婚案件处理子女抚养问题的若干具体意见》第三条、第五条规定精神，对拜仁·某的上述主张不予支持并认定寇某音亦应由马某直接抚养为宜，亦无不当。

（二）监护权与抚养权的对比

1. 监护权为法律规定的自然权利

根据《民法典》第二十七条的规定，父母是未成年子女的监护人。离婚后，父母任何一方在正常情况下对未成年子女都拥有法定监护权，此为自然权利，与由谁直接抚养没有法律逻辑关系，即没有直接抚养的一方仍然对子女拥有法定监护权。

2. 监护权与抚养权的联系和区别

父母对未成年子女的抚养权与监护权既有相同点又有不同点。相同点在于两者的权利基础均来源于父母与子女的血缘关系，都不因父母解除婚姻关系而终止。但抚养权主要解决的是离婚后子女与父母哪一方共同居住的问题，且抚养权可以依据双方的协商或法定条件进行变更。但监护权并不能进行变更，根据《民法典》第二十七条的规定，父母是未成年子女的唯一监护人，只有当未成年人的父母已经死亡或者没有监护能力的，才能由法律规定的有监护能力的人按顺序担任监护人。

离婚后，父母对于未成年子女的抚养有直接抚养和间接抚养之分，即未成年子女只能随其中一方共同生活，而监护却是共同监护，父母双方对子女的监护权是平等的，双方都对孩子有监护权和承担监护义务，除因死亡或父母子女关系依法终止或监护权被依法剥夺外，任何人不得加以剥夺和限制。监护权不仅父母可以有，其祖父母或外祖父、兄或姐、其他个人或者组织等都有可能获得未成年人的监护权，而抚养权除了父母天然具有外，只可以由未成年子女的祖父母或外祖父母等直系亲属代行。[①]

（三）父母“抢孩子”的处理

“清官难断家务事”的思想一度影响着父母争抢孩子的处理方式。由于我国并没有加入1980年《海牙国际性非法诱拐儿童民事事项公约》，且现行法律中并未对父母在离婚纠纷发生期间单方带走孩子的行为有任何的禁止规定，于是实践中一旦发生“抢孩子”事件，公安机关基本是做笔录、告之当事人起诉到法院解决；而居委会、物业虽然可以调解，但没有解决的实际能力；起诉到法院还要按诉讼程序办理，且法院对于“抢孩子”的问题，也没有明确的处理指导思路，以至于父母在离婚时，出于各种目的“抢孩子”的情况，屡见不鲜。

比如，在抢夺孩子的过程中有殴打行为，派出所会根据情节依据《治安管理处罚法》第四十三条的殴打伤害他人的规定，予以处罚［如河北省安国市人民法院（2018）冀0683行初8号行政判决书］；如果没有殴打行为，只是抱走孩子、无其他人身伤害和违法行为，则警方即使接警调查，也一般难以作出处罚［如河南省新乡市辉县市人民法院（2018）豫0782行初11号行政判决书］。[②]《未成年人保护法》已于2020年10月17日修订通过，自2021年6月1日起施行。其中第二十四条明确规定：“不得以抢夺、藏匿未成年子女等方式争夺抚养

---

① 参见张奕：《父母离婚后未成年子女抚养及监护权若干问题探究——丁某某诉唐某某、高某某抚养纠纷案》，载上海市浦东新区人民法院网《判案研究》。

② 参见赵莉、徐文丽：《夺子大战，执法如何应对?》，载 https：//www. sohu. com/a/258294039_725762，最后访问时间：2021年1月24日。

权”。在该法律尚未正式实施之前，我们看一下司法实践中法院对于“抢孩子”的行为是如何认定和处理的。

1. 离婚后藏匿子女应送回并赔偿精神抚慰金

案例2－135 崔某1与刘某侵权纠纷案

一审法院：重庆市巴南区人民法院（2016）渝0113民初9318号

二审法院：重庆市第五中级人民法院（2017）渝05民终205号

案例主旨：一方在离婚后擅自带离、故意藏匿子女，造成另一方与子女的长久隔离，构成对该方监护权的侵犯，应当停止侵害并赔偿精神抚慰金。

法院认为，父母对未成年子女的监护从实质上讲是一种天然的和法定的亲权关系。亲权是父母基于其身份而享有的一项专属权利义务，反映了亲属中血缘关系最近、最直接的亲子关系，体现的是父母与亲子之间自然之爱的天性，除非父母死亡、丧失监护能力或有侵害未成年人合法权益的行为被法院依法取消，否则，其他任何人不能以任何理由限制或剥夺父母对未成年人的监护权。故而夫妻一方在行使监护权时，亦不得侵犯另一方的监护权；夫妻双方离婚后，与子女共同生活的一方无权取消、限制对方对未成年子女的监护权，不得故意妨碍未成年人父母一方监护权的行使，损害另一方的监护权。本案刘某擅自带离、故意藏匿双方婚生子崔某2，造成崔某2与崔某1的长久隔离，构成对崔某1监护权的侵犯，同时给崔某1造成精神痛苦和不能享受因监护产生的精神利益。刘某应承担侵权责任，故刘某应停止侵害，综合刘某侵害监护权时间长短、影响大小等综合因素，法院依法确定由刘某赔偿崔某13,000元精神损害抚慰金。

本案涉及双方对未成年子女的抚养权问题。2013年双方协议离婚后，依约定崔某2由崔某1抚养，此后亦由崔某1直接抚养，故法院可以确认崔某2由崔某1直接抚养。父母双方离婚后，虽对未成年子女都有抚养的权利，但直接抚养仍是一种依法保护的权益，是抚养权的直接体现，未直接抚养一方未经双方协商或者通过诉讼依法变更抚养关系的，不得强行、擅自将未成年子女带离，脱离另一方的直接抚养。刘某将崔某2擅自带离，构成对崔某1相应抚养权益的侵害，亦使崔某2的生活状态和环境突然发生变化，不利于崔某2的健康成长，故刘某应将崔某2送回崔某1处。

2. 对"抢孩子"行为应作出法律的否定性评价

案例2－136 董某与梁某甲离婚纠纷案

一审法院：山东省莘县人民法院（2015）莘民一初字第2920号

案例主旨：应当对一方"抢孩子"的行为作出法律上的否定性评价。

法院认为，双方当事人对孩子的关爱以及均要求直接抚养孩子的心情可以理解，但争抢孩子，势必会影响孩子的生活和学习，甚至给幼小的心灵带来伤害。在判决孩子归一方直接抚养后，另一方如认为情况发生变化，自己抚养更有利于孩子的成长，可通过双方协商或变更子女抚养关系之诉主张自己的权利，而不是诉诸私力救济的方式。虽被告已自行将孩子带至原告身边，但对这种行为应作出法律上的否定性评价。

3. "抢孩子"不能说明抚养条件好于另一方

案例2－137 王某与戴某甲离婚纠纷案

一审法院：浙江省瑞安市人民法院（2011）温瑞民初字第1153号

二审法院：浙江省温州市中级人民法院（2011）浙温民终字第1092号

案例主旨：一方将子女强行带走，并不能以此说明其抚养教育孩子的条件及能力要好于另一方。

二审法院认为，关于孩子随戴某甲生活的时间，王某在一审、二审中陈述不一致，且王某提交的证据既不能证明孩子自出生至2011年6月起诉前一直由王某抚养，也不能证明孩子随戴某甲生活会对孩子成长不利。因此，结合原判认定的事实，法院确认双方当事人抚养教育孩子的条件及能力基本相当。王某在一审判决后，将孩子强行带回瑞安，并不能以此说明其抚养教育孩子的条件及能力要好于戴某甲。

结合双方当事人在向法院提交的书函中所表达的恳切之情，与本案的实际情况，法院认为，在确定子女抚养关系的问题上，戴某甲的考虑比王某更为成熟，更有利于对孩子今后的抚养教育，故法院对原判关于孩子抚养关系的判项，不作变动。

4. 公安机关对"抢孩子"实施者进行行政处罚

2018年10月2日，一位女士带着自己11个月大的孩子来到北京丰台银泰百货逛街，她推着婴儿车在等电梯，就在这时，三位来历不明的妇女直奔婴儿车内的孩子，开始了孩子抢夺大战，孩子妈妈拼死保护自己的孩子，但是毕竟“寡不敌众”，被三位妇女打倒在地，孩子妈妈奋力呼救，孩子恐惧的啼哭声引起了周围群众的关注，商场工作人员迅速赶到现场，并报了警。警察来到现场调查了情况后，将孩子母亲以及三位抢孩子的妇女带走调查情况。警方经过询问，给予抢孩子的妇女行政拘留 5 天的处罚。①

（四）监护权的变更

上海市高级人民法院审判委员会 2019 年第 1 次会议讨论决定，将姜某某、孟某某与乔某某申请变更监护人案等 7 件案例，作为上海法院第七批参考性案例（参考性案例第 62 ~ 68 号）予以发布，供上海法院在审判类似案件时参考。

本案中法院认为，在申请变更监护人、离婚诉讼、变更抚养关系等需要确认未成年人、无行为能力或者限制行为能力的成年人财产监管责任的案件中，如监护人由于自身年龄偏高、身体欠佳等原因导致财产监管能力不足，或者监护人与被监护人的财产利益存在冲突等情况，造成监护人无法有效管理被监护人的财产，可能造成其财产利益受损的，经监护人与第三方协商一致，由法院审查认可，并听取被监护人意见，可将被监护人的财产委托第三方监管。

父母是未成年子女的法定监护人，现被监护人乔小某的父母皆已过世，居民委员会指定被申请人乔某某作为乔小某的监护人，乔某某尽到了监护责任。然乔小某在生活中难免与亲属有矛盾，其本人希望由两申请人担任监护人，现申请人与被申请人达成一致意见，符合法律规定，予以准许。

关于财产监管的问题，根据法律规定，监护人有管理和保护被监护人财产的义务。被申请人乔某某作为原监护人从保护被监护人乔小某合法权益出发，提议由可信任的案外人暂时保管乔小某的银行卡，符合情理。两申请人同意该提议，案外人韩某也愿意承担监管义务，法院考虑到两申请人的文化水平不高，年近七旬，乔小某也尚未成年，其心智尚未完全成熟，该笔钱款对乔小某来说是已离世的父母留给她的最后财产，需要慎重保管和处理，现申请人与被申请人达成一致意见，案外人韩某同意担任监管人，于法不悖，予以准许。

---

① 参见《北京有人抢孩子却只被行拘 5 天？警方：开展复核，结果将及时通报》，载搜狐新闻，https：//m. sohu. com/a/257780731_ 827027，最后访问时间：2021 年 4 月 13 日。

另需指出，监护人有管理和保护未成年人财产的义务。财产监管是为防止监护人与未成年人的财产利益冲突下，监护人无法合理有效管理未成年人财产并损害未成年人财产利益，或者监护人出于自身管理财产能力等因素，自愿将未成年人的财产交由他人代为监管。财产监管人并非未成年人财产的所有权人，如果财产监管人侵犯未成年人的财产权益，未成年人或者监护人可以追究财产监管人的法律责任。

二、子女抚养费标准与支付

（一）抚养费远超一般标准的不予支持

案例 2－138 陈某甲因与吴某某抚养费纠纷案

一审法院：上海市浦东新区人民法院（2016）沪 0115 民初 13551 号

二审法院：上海市第一中级人民法院（2016）沪 01 民终 7106 号

案例主旨：一方要求增加抚养费远超出一般抚养费的标准，法院不予支持。

法院认为，陈某甲提出因生活成本增加、吴某某收入高故而要求增加抚养费，然陈某甲既未提供相应的证据证明，又有悖双方协议的约定，并且抚养孩子是父母双方的责任，陈某甲法定代理人陈乙现要求吴某某支付的抚养费明显过高，远超出一般抚养费的标准，故陈某甲要求增加抚养费的请求，法院不予支持。

另外，上海市第一中级人民法院还在另外一起抚养费纠纷案件中指出：“黄先生支付的抚养费已经明显高于本市普通生活水平，宋女士对自己的生活及儿子的抚养也应有自己的责任和付出。关于生活费的期限问题，虽然离婚协议中对该期限未明确约定，但综合本案事实来看，如此高额的费用，不可能约定由黄先生无限期支付。如果宋女士带着儿子长期居住在上海，怠于前往澳大利亚生活，若无约定期限，由黄先生长期支付，不符合公平合理的原则，也不符合常理。所以一审法院参照离婚协议的其他条款确认该期限截止到 2016 年年底，合情合理，当属正确。”①

---

① 参见《离婚后长期向前夫要每月 8.3 万生活费，女子诉诸法院被驳回》，载澎湃新闻，https：//baijiahao. baidu. com/s? id = 1644998453454654426&wfr = spider&for = pc，最后访问时间：2021 年 4 月 13 日。

（二）一方支付较高抚养费不侵犯再婚后的共同财产权

案例 2-139 尹甲与刘丙、徐乙抚养费纠纷案

一审法院：上海市徐汇区人民法院（2014）徐民一（民）撤字第 3 号

二审法院：上海市第一中级人民法院（2015）沪一中民一（民）撤终字第 1 号

案例主旨：父母在条件允许之下都应尽责为子女提供较好的生活、学习条件，故向前妻生育的子女支付较高抚养费的行为不属于侵犯再婚后的夫妻共同财产权利。

刘丙强调其于 2014 年 9 月 9 日刚知晓（2014）徐少民初字第 60 号判决内容，法院在该份判决中判定的徐乙给付尹甲的抚养费金额和给付的年限没有法律依据。徐乙每月的税后薪资并非 12.4 万元，刘丙与徐乙婚后也生育一女，且婚后并未实行夫妻财产分别制，徐乙是在被逼迫的情况下作出的承诺，故该判决侵犯了刘丙的合法权益。刘丙还提供了其目前无业的证明，故要求对原判决予以撤销并改判。

尹某提供了徐乙目前薪资税前为 12.4 万元的证明，强调（2014）徐少民初字第 60 号判决系针对徐乙与尹某就尹甲的抚养达成的协议进行判决的，并非抚养费纠纷，徐乙对协议的内容并无异议，且尹甲系在徐乙与刘丙婚前生育的，法院的判决未影响刘丙婚后的家庭生活。

一审法院认为，法院在审理（2014）徐少民初字第 60 号案件的过程中，首先，由于不能归责于刘丙本人的原因，导致其未成为该案件的第三人参与诉讼；其次，（2014）徐少民初字第 60 号判决判令徐乙应自 2014 年 2 月起至尹甲年满 20 周岁，每月给付尹甲抚养费 2 万元，而徐乙在 2008 年 4 月 15 日已经与刘丙登记结婚；再次，因现无证据表明刘丙与徐乙婚后实行夫妻分别财产制，故该判决应给付的抚养费实际是刘丙与徐乙的夫妻共同财产，夫妻双方对共同财产享有平等的处分权；最后，同样无证据表明刘丙准允徐乙与尹某关于尹甲抚养费的承诺。综上，该判决显然涉及刘丙的经济利益，现刘丙认为该判决损害其民事权益，其诉讼尚未超过法定期限，请求成立，对刘丙的撤销请求予以准许。至于尹甲目前恰当的抚养费金额和给付年限，相关方可另行通过协商或诉讼解决争议，本案不涉。

二审法院撤销了一审的判决并认为，本案中刘丙要求撤销（2014）徐少民初字第60号判决的请求权能否成立，需从以下两点进行分析：

第一，从（2014）徐少民初字第60号判决内容来看，在2008年已有生效判决确认徐乙按每月1万元的标准支付抚养费后，徐乙又分别于2010年4月12日和2011年10月13日出具承诺，将抚养费调整到每月1.2万元和每月2万元至尹甲20周岁，并且在两份承诺中都明确“如果以后有任何原因（如家人的压力上法庭）等产生关于此事的法律纠纷，本人请求法院按照本人此意愿判决”。之后，徐乙亦按承诺履行至2014年1月。抚养费费用的多少和期限的长短，系先由父母双方协议，协议不成时再由法院判决。本案中徐乙对于支付尹甲抚养费的费用和期限都已经明确作出承诺，原审法院在审查双方当事人的陈述、提供的证据、徐乙的收入等材料后，确认徐乙应按其承诺内容履行，据此判决徐乙按每月2万元的标准支付抚养费，并支付到尹甲20周岁时止。二审法院认为，（2014）徐少民初字第60号判决内容并无不当。

第二，关于徐乙就支付尹甲抚养费费用和期限作出的承诺，是否侵犯了刘丙的夫妻共同财产权问题。要解决这个问题，首先需要明确父母基于对子女的抚养义务支付抚养费是否会侵犯父或母再婚后的夫妻共同财产权。父母对未成年子女有法定的抚养义务，非婚生子女享有与婚生子女同等的权利，不直接抚养非婚生子女的生父或生母，应负担子女的生活费和教育费，直至子女能独立生活为止。虽然夫妻对共同所有的财产，有平等的处理权，但夫或妻也有合理处分个人收入的权利，不能因未与现任配偶达成一致意见即认定支付的抚养费属于侵犯夫妻共同财产权，除非一方支付的抚养费明显超过其负担能力或者有转移夫妻共同财产的行为。本案中，虽然徐乙承诺支付的抚养费数额确实高于一般标准，但在父母经济状况均许可的情况下，都应尽责为子女提供较好的生活、学习条件。徐乙承诺支付的抚养费数额一直在其个人收入可承担的范围内，且徐乙这几年的收入情况稳中有升，支付尹甲的抚养费在其收入中的比例反而下降，故亦不存有转移夫妻共同财产的行为。因此二审法院认为，徐乙就支付尹甲抚养费费用和期限作出的承诺，并未侵犯刘丙的夫妻共同财产权。

最终二审法院认定，一审法院判决认定（2014）徐少民初字第60号判决损害了刘丙的民事权益有误，二审法院予以更正。

（三）抚养费的诉讼请求与时效限制

最高人民法院认为，[①] 追索子女抚养费虽然牵涉一定的财产利益，但主要基于身份利益，父母子女之间的权利义务关系基于血亲关系，被父母抚养的权利应是一种持续性权利，因抚养义务的持续性，受抚养子女的抚养费请求权不应适用诉讼时效的规定。但是，如果子女已经被父母一方抚养成人，则不能再向另一方追索以前的抚养费。但部分地方法院也有观点认为，若一方未支付抚养费，而由另一方垫付的，即使子女已被抚养成人，则垫付一方仍可以主张已经支付的抚养费。湖南省株洲市中级人民法院在（2020）湘02民终63号判决中指出："童某1与易某于2011年11月24日离婚，曾约定童某1每月支付1500元抚养费，该约定合法有效，应予以支持，至被抚养人于2019年9月19日年满十八周岁时，共应付140,800元抚养费，易某已垫付367,514元，要求童某1按协议履行义务，没有超过其应承担的垫付款项，符合法律规定及双方约定。"

（四）抚养费的减少与中止

关于父或母请求减少、中止给付抚养费的情形，最高人民法院吴晓芳法官认为，[②] 抚养教育子女是父母应尽的法定义务，但抚养费的实际给付，以其具有负担能力为前提。根据审判实践经验，父母具有下列情形之一的，可适当减少抚养费：

（1）给付方的收入明显减少；

（2）给付方长期患病或丧失劳动能力，又无经济来源，确实无力按原定数额给付子女抚养费的；

（3）给付方因违法犯罪被监禁或被劳动教养，失去经济能力无力给付的。但恢复人身自由后又有经济来源的，则应按原协议或判决给付。

需要注意的是，父或母减少或中止给付抚养费后，一旦恢复甚至超过原来的抚养能力，子女仍有权要求恢复至原定的抚养费数额，根据实际情况也可要求增加抚养费。

---

① 参见杜万华等主编：《中华人民共和国婚姻法案典》，人民法院出版社2014年版，第159页。

② 参见吴晓芳：《婚姻家庭纠纷审理热点、难点问答（二）》，载《民事法律文件解读》2012年第5期（总第89期）。

三、子女姓氏命名与更改

（一）姓名不符合公序良俗不予办理户籍登记

案例2-140 "北某云依"诉山东省济南市公安局历下区分局案

案例来源：最高人民法院第89号指导案例

案例主旨：父母仅凭个人喜好愿望并创设姓氏，具有明显的随意性，会造成对文化传统和伦理观念的冲击，违背社会善良风俗和一般道德要求，不应给予支持。

2009年1月，吕某峰（原告法定代理人）的女儿（原告）诞生，吕某峰为其起名"北某云依"，既没有随其姓吕，也没有随母亲姓张。2009年2月，吕某峰在燕山派出所（被告）办理户口登记时遭到了拒绝。燕山派出所认为，姓名"北某云依"不符合办理户口登记的条件。事后，吕某峰以燕山派出所的具体行政行为侵犯了其女儿的合法权益为由，于2009年12月向济南市历下区法院提起行政诉讼。

法院认为，本案不存在选取其他直系长辈血亲姓氏或者选取法定抚养人以外的抚养人姓氏的情形，案件的焦点就在于原告法定代理人吕某峰提出的理由是否符合"有不违反公序良俗的其他正当理由"。

首先，从社会管理和发展的角度，子女承袭父母姓氏有利于提高社会管理效率，便于管理机关和其他社会成员对姓氏使用人的主要社会关系进行初步判断。倘若允许随意选取姓氏甚至恣意创造姓氏，则会增加社会管理成本，不利于社会和他人，不利于维护社会秩序和实现社会的良性管控，而且极易使社会管理出现混乱，增加社会管理的风险性和不确定性。

其次，公民选取姓氏涉及公序良俗。在中华传统文化中，"姓名"中的"姓"，即姓氏，主要来源于客观上的承袭，系先祖所传，承载了对先祖的敬重、对家庭的热爱等，体现着血缘传承、伦理秩序和文化传统。而"名"则源于主观创造，为父母所授，承载了个人喜好、人格特征、长辈愿望等。公民对姓氏传承的重视和尊崇，不仅仅体现了血缘关系、亲属关系，更承载着丰富的文化传统、伦理观念、人文情怀，符合主流价值观念，是中华民族向心力、凝聚力的载体和镜像。公民原则上随父姓或者母姓，符合中华传统文化和伦理观念，符合绝大多数公民的意愿和实际做法。如果任由公民仅凭个人意愿喜好，随意选取姓氏甚至自创姓氏，则会造成对文化传统和伦理观念的冲击，违背社会善良风俗和一般道德要求。

最后，公民依法享有姓名权，公民行使姓名权属于民事活动，应当尊重社会公德，不得损害社会公共利益。通常情况下，在父姓和母姓之外选取姓氏的行为，主要存在于实际抚养关系发生变动、有利于未成年人身心健康、维护个人人格尊严等情形。本案中，原告“北某云依”的父母自创“北某”为姓氏、选取“北某云依”为姓名给女儿办理户口登记的理由是“我女儿姓名‘北某云依’四字，取自四首著名的中国古典诗词，寓意父母对女儿的美好祝愿”。此理由仅凭个人喜好愿望并创设姓氏，具有明显的随意性，不应给予支持。

（二）对离婚后擅自变更子女姓氏的处理

2002年5月21日公安部就安徽省公安厅提出的《关于变更姓名问题的请示》（公办〔2002〕65号）进行了批复：“根据最高人民法院《关于变更子女姓氏问题的复函》（〔81〕法民字第11号）的有关精神，对于离婚双方未经协商或协商未达成一致意见而其中一方要求变更子女姓名的，公安机关可以拒绝受理；对一方因向公安机关隐瞒离婚事实，而取得子女姓名变更的，若另一方要求恢复其子女原姓名且离婚双方协商不成，公安机关应予以恢复。”

（三）父亲过世后母亲可单方为子女改名

案例2－141 马某某诉某派出所变更姓名登记纠纷案

一审法院：辽宁省抚顺市望花区人民法院（2019）辽0404行初53号

案例主旨：子女的唯一监护人可以申请变更子女姓氏。

法院认为，原告马某某的母亲作为原告的监护人，申请为原告更名，不违反法律规定。被告某派出所没有证据证明原告母亲申请为原告变更姓氏违反社会公德、损害公共利益，故被告不予变更于法无据。关于被告辩称变更姓名需征得原告祖父母的同意以及建议原告的祖父母作为本案第三人参加诉讼一节，因被告未能提供未成年人更名需由其祖父母同意的法律依据，故对被告的该项主张不予支持。关于被告辩称某省公安厅规定对子女更改姓名必须征得父母一致同意一节，因被告在法定的举证期限内未向法庭提交该文件，故对被告的该项主张不予支持。因此，原告可以随父姓，也可以随母姓，原告的母亲作为原告的监护人，申请将原告的姓名由“马某”变更为“范某”，并未违反社会公德及公序良俗，被告应予变更。

（四）子女改名后已适应环境不宜改回

案例2－142 赵某与王某霞姓名权纠纷案

一审法院：浙江省余姚市人民法院（2018）浙0281民初531号

二审法院：浙江省宁波市中级人民法院（2018）浙02民终2545号

案例主旨：子女改名后已经适用了生活和学习环境，为了保护子女的利益，不适宜再改回。

一审法院认为，被告王某霞未经原告赵某同意擅自将女儿的姓名改为“王某某”，确实侵害了原告赵某的监护权和随其姓的权利，该行为确属不当，但鉴于婚生女儿以“王某某”为姓名进行户籍登记已达一年之久，并已使用该姓名就读小学，日常生活及学习均以“王某某”为姓名使用，再变更姓名并不利于其生活和学习。原告赵某要求恢复女儿原姓名“赵某某”，其出发点并非为了保护子女利益，故对其诉讼请求，法院不予支持。

二审法院认为，自然人依法享有姓名权，有权决定、使用和依照规定改变自己的姓名，使用多个姓名的，户籍登记的姓名具有法定效力。根据原婚姻法的规定，子女可以随父姓，可以随母姓。本案赵某、王某某于2011年生育一女，先后使用过“赵某”“赵某某”“王某某”多个姓名，其中“王某某”系向公安机关进行户口初始登记的正式姓名，赵某主张王某某为女儿申报户口的资料存在伪造情形，可向公安机关要求处理。鉴于赵某要求恢复的姓名“赵某某”未经公安机关登记，而“王某某”作为公安机关户口登记姓名陪伴孩子进入义务教育阶段，日常生活及学习均使用该姓名，未成年人利益最大化系处理涉及未成年人问题所应遵循的基本考量，故对一审法院判决本院予以维持。

（五）同意改姓后又反悔应支付违约金

案例2－143 丁某某与周某某合同纠纷案

一审法院：浙江省杭州市余杭区人民法院（2019）浙0110民初12889号

二审法院：浙江省杭州市中级人民法院（2019）浙01民终8901号

案例主旨：双方在调解笔录中达成的关于改姓事宜的约定系双方真实意思表示，且未违反相关法律法规规定，对双方均具有约束力，现未依约履行义务的一方构成违约，应当支付违约金。

法院认为，本案的争议焦点系调解笔录中双方约定的改姓是针对周某某本人还是针对丁某。首先，调解笔录中虽未明确约定要求丁某某配合周某某办理的是丁某的改姓手续，但结合调解过程中周某某、丁某某双方的陈述，调解笔录的上下文意以及周某某在诉称中已提及丁某的姓氏问题等事实，可认定丁某某配合周某某办理丁某改姓事宜是双方的真实意思表示。其次，双方已在调解笔录中约定改姓事宜不列入调解书内，故丁某某认为民事调解书中归纳的调解意见中未包含改姓事宜，故改姓事宜非双方最终调解意见的主张理由不成立，法院不予采信。最后，离婚诉讼中处理的系夫妻之间婚姻关系的存续问题以及子女抚养、财产分割等问题，周某某的姓氏问题既不属于离婚诉讼的处理范围，亦无证据表明双方就周某某的姓氏问题产生过争议，且周某某改姓亦无须丁某某的配合，故丁某某关于调解笔录约定的是关于周某某本人的改姓事宜的答辩意见与事实不符，亦不合乎常理，法院不予采纳。综上，周某某、丁某某双方在调解笔录中达成的关于丁某某配合周某某办理丁某改姓事宜的约定系双方真实意思表示，且未违反相关法律法规规定，对双方均具有约束力，现丁某某至今未依约履行其义务，且在庭审中明确表示不会配合，已构成违约，周某某要求丁某某支付违约金10万元的诉讼请求，理由成立，法院予以支持。

四、探望权行使问题的处理

(一) 不能对一方行使探望权附加条件

案例2-144 韩某诉杨某铭探望权纠纷案

案例来源：最高人民法院公布49起婚姻家庭纠纷典型案例之二十九

审判法院：辽宁省沈阳市中级人民法院

案例主旨：离婚后不直接抚养孩子的一方具有探望孩子的法定的权利，另一方不应以先行给付抚养费等理由加以干涉、阻挠。

辽宁省沈阳市中级人民法院认为，一审法院判决韩某每周探视婚生女儿杨某某一次。每次探视的时间限于周五下午17时韩某亲自将孩子从杨某铭处接走，次日晚17时前韩某将孩子送回，杨某铭应予以协助。杨某铭上诉要求改判每个月探视两次，且不能过夜。辽宁省沈阳市中级人民法院经审理认为：韩某作为杨某某的母亲，有探望孩子的权利，杨某铭具有协助的义务，原审确认的韩某探望子女的时间，符合法律规定，予以维持。关于杨某铭提出因民族信仰不适宜被接走、韩某不能保证孩子安全、韩某工作性质不能保证陪孩子时间等上诉理由，因未能提供证据加以证明，缺乏事实及法律依据，不予支持。杨某铭提出必须按时给付抚养费才能探望孩子的上诉理由，因抚养费已经生效判决认定，与本案并非同一法律关系，本案不予处理。

最高人民法院认为该案例的典型意义在于：离婚后不直接抚养孩子的一方具有探望孩子的法定的权利，另一方不应以先行给付抚养费等理由加以干涉、阻挠。离婚后的双方应当本着有利于孩子身心健康的原则，对子女探望、教育等事项进行协商解决，为孩子营造和谐的成长环境。

（二）不能以探视权无法履行为由拒付抚养费

案例 2－145 莫某甲诉林某乙抚养纠纷案

一审法院：广东省江门市新会区人民法院（2015）江新法会民初字第 594 号

案例主旨：子女探视权与抚养费并无直接的因果关系。

法院认为，被告林某乙称原告莫某甲不履行协助其探视子女的权利而拒付抚养费，因子女探视权与抚养费并无直接的因果关系，亦不应互相影响权利的行使和义务的履行，被告据此拒付抚养费缺乏法律依据，法院不予支持。

（三）探望权要配合才能减少对子女的影响

案例 2－146 胡某与吴某 2 探望权纠纷案

一审法院：浙江省平湖市人民法院（2019）浙 0482 民初 660 号

二审法院：浙江省嘉兴市中级人民法院（2019）浙 04 民终 1570 号

案例主旨：法院虽以判决方式支持一方有关探望权的诉请，但双方当事人在日常生活中应当相互配合，尽量保障各方的合法权利，避免将双方的矛盾和情绪带入探望过程中，使子女能够尽情享受父母的亲情，给未成年子女一个优越的成长环境。

法院认为，离婚后，不直接抚养子女的父或母，有探望子女的权利，另一方有协助的义务。本案中，吴某 2 虽不直接抚养婚生女吴某，但吴某 2 作为吴某的父亲与吴某之间的血缘亲情不能因此割裂，其有权依法行使探望权，且未成年子女对父亲的感情亦无可替代，行使探望权既是吴某2的法定权利，又有利于未成年子女的身心健康，胡某理应予以积极配合。胡某在庭审过程中陈述称同意吴某2对女儿享有探望权，但对于如何行使探望权，双方存在很大分歧。胡某认为女儿尚幼，不能离开母亲，故不愿意由吴某2将女儿带走暂时共同生活，只同意吴某2到胡某处与女儿进行接触。双方离婚后都有各自相对独立的生活空间，双方曾签订协议书，约定了探望权的行使方式，既不失原则性，又兼具灵活性，如双方能在具体操作过程中按照公序良俗的原则，做到互相尊重、互相体谅，以未成年子女的身心健康为出发点，相信能最大限度地减轻女儿在单亲家庭成长所带来的负面影响。但是事与愿违，双方在离婚诉讼及确定如何行使探望权的过程中充满了对对方的不信任，甚至在本案庭审过程中还不断地指责对方，矛盾之深可见一斑，乃至需要法院以判决方式对吴某2行使探望权的具体方式进行明确。考虑到本案的实际情况，双方的矛盾还需要一定的时间、空间进行调和，女儿吴某年纪尚小，本着充分保护未成年子女权益，兼顾吴某2、胡某双方利益的原则，参照双方当事人签订的协议书中有关探望权行使的内容，酌情确认吴某2行使探望权以每月两次为宜，且女儿在学龄（6周岁）前暂不在吴某2处留宿。具体探望方式为：吴某2自判决生效之日至女儿吴某年满6周岁止，于每月第一个周六及周日、第三个周六及周日的上午9时将婚生女吴某从胡某居住地接出，探望至当日晚上7时，并由吴某2于当日晚上7时前将吴某送回胡某居住地；自吴某年满6周岁时起，吴某2于每月第一、第三个周六上午10时将婚生女吴某从胡某居住地接出，探望至次日晚上7时，并由吴某2于该日晚上7时前将吴某送回胡某居住地。需要指出的是，法院虽以判决方式支持吴某2有关探望权的诉请，但希望双方当事人在日常生活中能相互配合，尽量保障各方的合法权利，避免将双方的矛盾和情绪带入探望过程中，使子女能够尽情享受父母的亲情，给未成年子女一个优越的成长环境。

（四）（外）祖父母如何主张隔代探望权

案例2－147 丁某、王某某与白某某探望权纠纷案

一审法院： 重庆市渝北区人民法院（2016）渝0112民初5648号

案例主旨： 祖父母与孙子女具有基于特殊血缘情感而产生的特殊身份，不因为父母双方的离婚而消灭。通常情况下，祖父母也在一定程度上履行着对孙

子女的照护责任，因此祖父母的亲权同样应当受到保护。

法院认为，我国法律虽然没有直接规定父母之外的其他近亲属享有探望权，但探望权系亲权的延伸，是基于父母与子女间特定身份关系而衍生出来的，是为了保护子女的利益而设定的权利。祖父母与孙子女具有基于特殊血缘情感而产生的特殊身份，不因为父母双方的离婚而消灭。通常情况下，祖父母也在一定程度上履行着对孙子女的照护责任，因此祖父母的亲权同样应当受到保护。对祖父母探望孙子女的主张予以保护，不仅能够满足祖父母对孙子女的关心、抚养、教育的情感需要，同时也能保护未成年孙子女的身心健康及感情需要，对孙子女的价值形成具有积极作用。如本案中，丁某文从出生至前往德国居住前的9年多，一直随丁某、王某某共同生活居住，由二人抚养，祖孙之间已建立了深厚感情。丁某文去德国后，也时常通过微信向丁某、王某某表达回国探亲的愿望。正确地行使隔代探望权本质上既符合探望权的伦理价值取向，也符合社会善良风俗，因此对丁某、王某某要求行使探望权的主张，予以支持。白某某应当对丁某、王某某行使探望权予以充分协助。现丁某、王某某要求的探望方式为：丁某文在年满18周岁之前，每年暑假回国探亲不少于35天；丁某文每周五下午2时至3时与丁某、王某某电话视频不少于15分钟。因丁某文由白某某带至德国法兰克福学习生活，与丁某、王某某相隔甚远，现丁某、王某某年事已高，由二人前往德国探望其孙有诸多不便，故对丁某、王某某要求以丁某文回国探望的方式，予以确认，但因丁1对丁某文亦享有探望权，因此丁某、王某某的探望时间不宜过长，酌情支持20天。为便于祖孙日常沟通和交流感情，丁某、王某某要求与丁某文定期进行视频通话，予以支持，但视频通话次数以一月两次为宜，具体时间由丁某、王某某与丁某文商定。对丁某、王某某行使探望权，白某某有协助的义务，丁某、王某某要求白某某承担丁某文每次回国探亲期间从法兰克福至北京的往返费用，予以支持。丁某、王某某愿意承担丁某文回国探亲期间的国内部分费用，予以确认。

江苏省高级人民法院民一庭在《家事纠纷案件审理指南（婚姻家庭部分）》中也认为："探望权的行使主体是不直接抚养子女的父母一方，义务主体是直接抚养子女的父母一方。祖父母、外祖父母主张探望孙子女、外孙子女的，一般不予支持。但祖父母、外祖父母对未成年孙子女、外孙子女尽了抚养义务，其主张探望孙子女、外孙子女的，可以支持。"

五、非亲生子女问题的处理

（一）可要求隐瞒事实的过错方进行经济赔偿

1991 年 8 月 2 日，四川省高级人民法院就关于夫妻关系存续期间男方受欺骗抚养非亲生子女离婚后可否向女方追索抚养费的问题向最高人民法院请示，四川省高级人民法院在请示中表示："男女双方在夫妻关系存续期间，女方与他人通奸所生小孩，男方因不知情而与女方共同抚养，离婚后小孩随男方，女方承担部分抚养费，当男方知情后提起诉讼，要求女方返还男方在夫妻关系存续期间及离婚后支付的抚养费，因目前有关法律尚无明确规定，我们在讨论中有两种意见。

一种意见认为，在夫妻共同生活期间女方隐瞒真情与他人通奸所生小孩，男方虽无法定抚养义务，但由于婚姻关系存续期间双方不存在债权债务关系，且双方是用共同财产抚养小孩，其各自支出的抚养费金额亦无法计算。因此，男方无权主张返还婚姻关系存续期间抚养小孩的费用，只能请求返还离婚后支出的抚养费。

另一种意见认为，女方应返还自小孩出生后男方支出的全部抚养费。主要理由是：（1）女方在婚姻关系存续期间故意隐瞒小孩是与他人通奸所生的事实，致使男方误将小孩当成自己的亲生子女，男方在不明真相的情况下虽对小孩进行了抚养，但其既非小孩的生父，也非养父、继父，故无法定抚养义务。同时，男方在受欺骗、违背自己真实意思的情况下所为的民事行为应属无效。（2）夫妻关系的存续有效，并不必然导致夫妻一方承担另一方违法行为所致的后果。（3）如对男方的该主张不予支持，实际上鼓励了现实生活中类似的违法行为，于法相悖，于理不符，社会效果不好。至于处理时具体金额应如何计算，可根据双方共同生活期间各自的经济收入，负担家务和离婚时共有财产的处理等情况酌定。

我们倾向第二种意见，并认为对此类案件的处理，如女方指认小孩的生父属实，应将小孩的生父作为共同被告；原则上应返还养父所支付的费用，如女方未指认或指认不实，可将女方单独作为被告。"

最高人民法院在给予四川省高级人民法院的批示中明确回复道："经研究，我们认为，在夫妻关系存续期间，一方与他人通奸生育了子女，隐瞒真情，另一方受欺骗而抚养了非亲生子女，其中离婚后给付的抚育费，受欺骗方要求返还的，可酌情返还；至于在夫妻关系存续期间受欺骗方支出的抚育费用应否返还，因涉及的问题比较复杂，尚需进一步研究，就你院请示所述具体案件而言，因双方在离婚时，其共同财产已由男方一人分得，故可不予返还，以上意见供参考。"

从最高人民法院的上述批复中我们可以发现，如果夫妻一方发现子女并非自己亲生，则可以在离婚的时候要求赔偿。因为该行为的后果，是使受欺诈的原抚养义务人支付财产，为该子女的生父母“履行”抚养义务，因而侵害的是财产权，是使受害人的财产造成了直接损失。违法行为与损害后果之间有因果关系，侵权行为主体主观上为共同故意。①

江苏省高级人民法院民事审判第一庭在《家事纠纷案件审理指南（婚姻家庭部分)》中认为，女方隐瞒子女与男方无亲子关系的事实，使男方实际履行了抚养义务，构成欺诈性抚养侵权行为，离婚时或者离婚后男方主张返还给付的抚养费并赔偿精神损害抚慰金的，可以支持。在确定抚养费返还数额时，男方应当对抚养费给付情况承担举证责任。确实无法举证证明的，可以根据子女的实际需要、男女双方的负担能力、婚姻关系存续期间双方的经济收入、离婚时共同财产分割情况、当地的实际生活水平等酌情判定。精神损害抚慰金的赔偿数额可以依照《最高人民法院关于确定民事侵权精神损害赔偿责任若干问题的解释》第十条的规定确定。欺诈性抚养的赔偿义务主体应当是欺诈行为的实施主体。男方起诉子女承担欺诈性抚养赔偿责任的，不予支持。子女的生父与女方通谋欺骗男方的，应当承担连带赔偿责任。男方仅起诉女方承担赔偿责任的，可以不追加子女的生父为共同被告。

（二）虽不符合精神损害赔偿但可赔偿

在《民法典》尚未正式实施以前，原《婚姻法》所规定的离婚案件中的精神损害赔偿是指只有符合法定的 4 种情形之一的，才可以在离婚诉讼中提出赔偿。一方隐瞒非亲生子女并不属于法定的情形。通常来说，如果在离婚诉讼中提出精神损害赔偿，同时需要符合以下条件：

---

① 参见杨立新：《欺诈性抚养关系及其处理原则》，载王利明主编：《中国民法案例与学理研究》，法律出版社 2003 年版，第 537 页。

首先，必须是合法婚姻关系中的无过错方；其次，必须是由于对方的过错导致离婚的；再次，必须是在离婚时提出，即离婚才能提起赔偿，赔偿必须在离婚的前提下提出，只提赔偿不提离婚的，人民法院不予受理；最后，必须是针对合法婚姻关系中的过错方，不能向第三方提出损害赔偿。①

即使在《民法典》尚未实施以前，当时的某些法院的司法实践中，因一方隐瞒子女非亲生而要求赔偿的请求，也有支持的判例。

案例 2－148 黄某与蒋某离婚纠纷案

一审法院：广东省江门市蓬江区人民法院（2016）粤 0703 民初 2733 号

二审法院：广东省江门市中级人民法院（2016）粤 07 民终 2891 号

案例主旨：子女非亲生虽然不属于婚姻关系存续期间的法定过错，但仍可以要求支付精神损害赔偿。

法院认为，由于黄某提供了相关证据证实黄某彬不是其亲生儿子，且蒋某确认该证据，故蒋某在婚姻关系存续期间存在过错，黄某有权要求蒋某支付精神损害赔偿。黄某请求蒋某支付 5 万元精神损害赔偿，蒋某对该精神损害赔偿的数额亦无异议，对黄某主张蒋某支付精神损害赔偿 5 万元的请求，法院予以支持。

六、子女收养问题的处理

（一）收养关系的认定标准

1. 事实收养关系的认定标准

在原《收养法》进行修订并于 1999 年 4 月 1 日实施前，在公安机关办理的户口登记，可以作为认定收养关系的法律依据。

根据《司法部关于办理收养法实施前建立的事实收养关系公证的通知》，对于收养法实施前已建立的事实收养关系，当事人可以申办事实收养公证。凡当事人能够证实双方确实共同生活多年，以父母子女相称，建立了事实上的父母子女关系，且被收养人与其生父母的权利义务关系确已消除的，可以为当事人

---

① 参见吴春岐：《新编婚姻家庭纠纷处理法律依据与案例评析》，法律出版社 2011 年版。

办理收养公证。收养关系自当事人达成收养协议或因收养事实而共同生活时成立。办理事实收养公证由收养人住所地的公证处受理。

2. 原《收养法》颁布后的认定标准

自1999年4月1日修订后的原《收养法》正式实施，法律不再承认事实收养关系，收养人、被收养人必须到民政部门办理收养登记手续，否则双方不具有父母子女之间的权利义务关系。收养关系的成立和协议解除收养关均以登记为准。公证机构办理收养协议或解除收养关系协议公证时，应告知当事人有关办理登记的法律规定并记录在卷，但已经登记的除外。

3.《民法典》关于收养关系的认定标准

随着《民法典》的正式生效，原《收养法》也同时失效。在《民法典》婚姻家庭编中对收养问题进行了专门的规定，第一千一百零五条规定："收养应当向县级以上人民政府民政部门登记。收养关系自登记之日起成立。收养查找不到生父母的未成年人的，办理登记的民政部门应当在登记前予以公告。收养关系当事人愿意签订收养协议的，可以签订收养协议。收养关系当事人各方或者一方要求办理收养公证的，应当办理收养公证。县级以上人民政府民政部门应当依法进行收养评估。"第一千一百零六条规定："收养关系成立后，公安机关应当按照国家有关规定为被收养人办理户口登记。"

（二）拒绝亲子鉴定不改变收养关系

2018年1月8日，最高人民法院发布《2017年度人民法院十大民事行政案件》，其中一起为"生父母向养父母索要孩子案"。该案中，亲生父母起诉养父母索要自己的亲生孩子，但诉讼结果却以"亲生父母"的败诉而告终。

案例2-149 邵某、陈某与崔某、徐某收养关系纠纷案

一审法院： 江苏省南通市海安县人民法院（2017）苏0621民初517号

二审法院： 江苏省南通市中级人民法院（2017）苏06民终1496号

再审法院： 江苏省高级人民法院（2018）苏民监598号

案例主旨： 子女拒绝亲子鉴定且生父母未能提供与其有亲子关系的必要证

据，不能推定亲子关系成立，子女愿意维持与养父母的关系予以支持。

二审法院认为，当事人一方起诉请求确认亲子关系，并提供必要证据予以证明，另一方没有相反证据又拒绝做亲子鉴定的，人民法院可以推定请求确认亲子关系一方的主张成立。本案中，邵某、陈某要求确认与崔某月存在亲子关系，并在诉讼中申请与崔某月进行亲子鉴定，但其未能提供与崔某月存有亲子关系的必要证据，且崔某月已年满18周岁，又明确拒绝做亲子鉴定，故本案不属于法律规定的可以推定存在亲子关系的情形，法院依法不能确认邵某、陈某与崔某月之间存在亲子关系。

关于收养关系的问题，崔某月虽系崔某、徐某抱养，但崔某、徐某已将崔某月抚养至其成年，并仍在照料其学习生活，即便崔某、徐某当时不符合收养人的条件，也未能按照规定办理收养登记，但崔某月明确表示愿意维持目前的身份关系，且邵某、陈某也未能举证证明其与崔某月之间存在特定的身份关系，进而有权请求确认崔某、徐某与崔某月之间的收养关系不成立，崔某月亦非本案当事人，故对邵某、陈某要求确认收养关系不成立的请求，法院不予支持。

再审法院认为，邵某、陈某要求确认与崔某月之间的亲子关系，但未提供相关证据证明亲子关系的存在，同时崔某月现已成年且明确表示拒绝做亲子鉴定，故一、二审法院未确认邵某、陈某与崔某月之间的亲子关系，并无不当。关于收养关系问题，崔某、徐某抱养崔某月后，虽未签订收养协议、办理收养登记，但将崔某月抚养至今，崔某月已经成年，明确表示不同意改变目前的身份及亲属关系，故一、二法院未支持邵某、陈某要求确认崔某、徐某与崔某月之间收养关系不成立的请求，亦无不当。

中国人民大学法学院杨立新教授在评论上述案件时也表示："这个判决的关键之点，在于不局限于现行法律的强制性规定，从实际出发，确认事实收养发生亲属法律行为后果的法律效力。""法官在法律适用中，当法律明文规定出现缺陷时，一是可以参考英国法的衡平法规则，二是可以参考大陆法诚信原则的弹性条款，作出变通性的裁判。我国民法总则和民法通则（现均已失效）都规定了诚信原则，一方面要求民事法律关系参加者诚实守信不欺诈，另一方面就是给法官以诚信原则在必要时作出变通裁判。审理本案的法官在判决中体现了这样的精神。这是尊重人性、尊重亲情、尊重依据事实法律行为发生的亲属关系的有价值的判决，它不仅维护了事实发生的亲子关系，更给各级法院的法官提供了一个正确适用法律的方法，因而特别值得称道。”①

七、老人赡养问题的处理

（一）父母有养老金但不能免除子女的赡养责任

案例2－150 任某2、任某1与任某3赡养纠纷案

一审法院：贵州省赤水市人民法院（2019）黔0381民初3403号

二审法院：贵州省遵义市中级人民法院（2020）黔03民终3264号

案例主旨：父母虽有养老金，但不能因此免除子女的赡养义务。

法院认为，父母对子女的抚养教育义务与子女对父母的赡养扶助义务，各自独立，赡养作为子女对父母的法定强制义务，只以父母需要赡养为前提，不以父母是否对子女进行抚养为条件，二者之间不存在等价交换关系，因此子女不能以父母未尽抚养义务为由拒绝赡养父母。赡养义务不附加任何条件，子女不得以任何理由拒绝履行赡养义务，任某1主张其虽有工资收入但经济困难，任某2虽主张自己无业，但结合其年龄适合工作的事实，上述主张均不能成为任某1、任某2拒绝履行赡养义务的抗辩理由。任某3与任某1、任某2未共同居住生活在一起，致任某1、任某2不能亲自照料其生活。任某1、任某2可以按照任某3的意愿，支付一定的赡养费用。任某3未提供有效证据证明其患有严重疾病，但鉴于其已近70岁，患较重疾病的风险在增加。虽有一定的养老金，该收入即使如任某1、任某2所言有1000余元，也不足以支付其生活、医疗费用和其他需要。法院综合任某1、任某2的经济状况以及任某3年事已高患病风险增加等情况，酌定由任某1每月承担赡养费400元，任某2每月承担赡养费200元，且任某3报销后剩余的医疗费，由任某1、任某2各承担50%。

（二）定期探视老人属于子女必须履行的赡养义务

《老年人权益保障法》规定，家庭成员应当关心老年人的精神需求，不得忽视、冷落老年人。与老年人分开居住的家庭成员，应当经常看望或者问候老年人。

---

① 参见《2017年度人民法院十大民事行政案件之八：生父母向养父母索要孩子案》，载中国法院网，https：//www.chinacourt.org/article/detail/2018/01/id/3148548.shtml，最后访问时间：2021年4月13日。

案例 2－151 罗某与魏某赡养费纠纷案

一审法院：广东省广州市白云区人民法院（2020）粤 0111 民初 6007 号

二审法院：广东省广州市中级人民法院（2020）粤 01 民终 15436 号

案例主旨：赡养老人不仅包括经济上的支持，还包括精神上的慰藉。

法院认为，关于罗某主张魏某在地址和电话变更 10 日内告知罗某，以便及时履行生活照料义务、魏某向罗某履行精神慰藉义务，每周一次以上电话或微信沟通，要求春节、母亲节、国庆节和中秋节，魏某亲自探望罗某，魏某亲自探望罗某每年不少于 4 次的主张，法院认为，赡养老人不仅包括经济上的支持，还包括精神上的慰藉。罗某、魏某之所以产生隔阂，系双方长久以来缺乏沟通所致，双方应予更多的理解，积极化解矛盾，以促进家庭和谐，考虑到罗某、魏某亲情关系疏远的实际成因，魏某的家庭状况以及罗某、魏某之间日积月累的矛盾，法院酌定魏某需每月电话或微信沟通罗某一次，每年亲自探望罗某两次。

江苏省高级人民法院民事审判第一庭在《家事纠纷案件审理指南（婚姻家庭部分）》也认为："赡养包括经济上供养、生活上照料和精神上慰藉。父母主张子女履行探望等精神赡养义务的，应予支持。"

（三）子女虽未获得老人财产但不能免除赡养义务

案例 2－152 姚某冠诉吴某琴、吴某良、吴某平赡养纠纷案

一审法院：江苏省常州市新北区人民法院（2017）苏 0411 民初 2118 号

案例主旨：子女赡养父母的义务系法定不能免除。

法院认为，本案原告姚某冠年事已高，已丧失劳动能力，子女应当依法承担起相应的赡养义务。被告吴某良、吴某平辩称谁得原告的安置面积谁负责赡养，对此法院认为，原告姚某冠的面积归谁所有系由原告自身意愿决定，与本案无关，不能作为免除赡养义务的依据。

另外，江苏省高级人民法院民事审判第一庭在《家事纠纷案件审理指南（婚姻家庭部分）》指出："子女对父母有赡养扶助的法定义务。父母与子女约定免除子女赡养义务的，该约定无效，事后父母主张子女履行赡养义务的，应予支持。约定以子女放弃家庭共有财产、继承等为条件免除子女赡养义务的，如

果协议已履行，可以酌情减轻子女给付赡养费的义务。”“父母因经济能力限制或者其他客观原因未履行抚养义务，子女主张免除赡养义务的，不予支持。但父母存在有抚养能力而拒不履行抚养义务或者对子女实施虐待、遗弃、故意杀害等行为，情节严重的，可以酌情减轻子女的赡养义务，构成犯罪的，可以免除子女的赡养义务。”

第八节 离婚纠纷中的调解制度

一、离婚冷静期

（一）《民法典》首次确定“离婚冷静期”

《民法典》第一千零七十七条规定：“自婚姻登记机关收到离婚登记申请之日起三十日内，任何一方不愿意离婚的，可以向婚姻登记机关撤回离婚登记申请。前款规定期限届满后三十日内，双方应当亲自到婚姻登记机关申请发给离婚证；未申请的，视为撤回离婚登记申请。”

《民法典》所设置的“离婚冷静期”主要是希望能有效防止夫妻双方因一时的冲动造成离婚。社会大众对于“离婚冷静期”反映不一，有观点认为弊大于利，而且还不利于对妇女的保护，尤其是饱受家暴困扰的女性。[①] 也有观点认为，“离婚冷静期”只是为冲动离婚开了一副“后悔药”，而非对婚姻自由增加了一道“枷锁”。[②] 还有观点认为，“离婚冷静期”不宜“一刀切”，应该分情况进行分析。[③]

我们认为，“离婚冷静期”的设置符合社会主义核心价值观，也符合世界的

---

① 参见陈慧颖、武慧琳：《离婚冷静期”弊大于利》，载《上海法制报》，2019 年 1 月 7 日，第 B05 版，最后访问时间：2021 年 4 月 13 日。

② 参见《离婚冷静期会限制婚姻自由吗?》，载南通市中级人民法院公众号，http：//www.thepaper. cn/newsDetail_ forward_ 7870655，最后访问时间：2021 年 4 月 13 日。

③ 载全国人大网，http：//www. npc. gov. cn/npc/c30834/201912/b77c5ad657c44a7aac32ec7d9f4e8dbd. shtml，最后访问时间：2021 年 4 月 13 日。

潮流。婚姻的解除对于家庭是重大事件，尤其是有子女的家庭，解除婚姻确实需要在作出决定前深思熟虑。

（二）最高人民法院关于“离婚冷静期”的规定

《民法典》中规定的离婚冷静期主要是针对协议离婚的情形，但事实上法院审理离婚案件的层面也有关于离婚冷静期的规定。

2018 年 7 月 19 日，最高人民法院在京召开家事审判方式和工作机制改革试点工作总结大会暨联席会议第二次全体会议，印发《最高人民法院关于进一步深化家事审判方式和工作机制改革的意见（试行）》，其中第四十条提到，人民法院审理离婚案件，经双方当事人同意，可以设置不超过 3 个月的冷静期。在冷静期内，人民法院可以根据案件情况开展调解、家事调查、心理疏导等工作。冷静期结束，人民法院应通知双方当事人。

（三）关于“离婚冷静期”的司法案例

案例 2－153 胡某与韩某甲离婚纠纷案

二审法院： 江苏省盐城市中级人民法院（2015）盐民终字第 02288 号

再审法院： 江苏省高级人民法院（2016）苏民申 2382 号

案例主旨： 为妥善化解矛盾应给予双方冷静期，其有助于打开夫妻心结、增加双方的信任感。

法院认为，胡某、韩某甲婚前有一定的感情基础，婚后共同生活中双方逐渐产生矛盾，韩某甲存在明显过错，对双方感情不和应负较大责任。虽然胡某称韩某甲患病和双肢截瘫客观上与自己无关，但夫妻间的相互扶养之责不能因之而免除。鉴于韩某甲在本案审理期间患精神分裂症，且胡某称当初起诉离婚的根本原因在于婚生子非其亲生，法院为促使双方打开彼此心结、增强互信，为妥善化解矛盾给予冷静期，判决双方不准离婚并无不妥。若胡某认为夫妻感情确已破裂、已无和好可能，可依法另行向人民法院提起离婚诉讼。

（四）境外关于“离婚冷静期”的规定

综观其他国家的离婚制度，其实也有各种名目的“离婚冷静期”，离婚并不容易。

1. 中国香港的“离婚冷静期”

根据中国香港的《婚姻诉讼条例》第十二条的规定，在一般情况下，如双方结婚未满一年，不得向本港法庭提出离婚呈请。另外，即使是双方都同意离婚，如属双方共同申请离婚，根据《婚姻诉讼条例》第十一 B 条，申请人和配偶必须向法庭证明以下两项或其中一项事实：

（1）在紧接离婚申请提出之前，和配偶已分开居住最少连续一年；或

（2）在提出申请之前不少于一年，由双方签署拟向法庭申请解除婚姻的通知书提交法庭，而其后该通知书并未被撤回。

2. 加拿大的“离婚冷静期”

根据加拿大不列颠哥伦比亚省（“BC 省”）《离婚法案》（*Divorce Act*）的规定，已婚夫妻需要分居满一年，法院才能最终授予离婚令，即使双方当事人已经自行协商好离婚协议，也不发生离婚的效力，离婚必须要向 BC 省高等法院提交申请表格，由法院依据程序颁布离婚令。

3. 美国的“离婚冷静期”

美国的纽约州和加州，是我们较为熟知的两个州。这两个州的法律规定，即使是无过错离婚，也需要法定分居满 6 个月才可以，亦称作 6 个月的等待期，并且同样需要法院签署离婚令才可以正式解除夫妻关系。①

二、离婚调解程序

（一）离婚调解程序的法律依据

（1）《人民调解法》由中华人民共和国第十一届全国人民代表大会常务委员会第十六次会议于 2010 年 8 月 28 日通过，并于 2011 年 1 月 1 日起施行。其中对于调解委员会、调解员、调解程序、调解协议等内容进行了详细的规定。

人民调解是指人民调解委员会通过说服、疏导等方法，促使当事人在平等

① 载纽约州律师协会：https：//s3. us - east - 1. amazonaws. com/fonteva - customer - media/00D1U000001361rUAA/smEmfoWC_ Divorce_ and_ Separation_ 2019_ pdf，https：//onlinedivorcecalifornia. com/how - to - get - a - divorce - in - california/，最后访问时间：2020 年 10 月 28 日。

协商基础上自愿达成调解协议，解决民间纠纷的活动。人民调解委员会调解民间纠纷的，应在当事人自愿、平等的基础上进行调解，且不违背法律、法规和国家政策。同时人民调解还需要尊重当事人的权利，不得因调解而阻止当事人依法通过仲裁、行政、司法等途径维护自己的权利。

人民调解委员会调解民间纠纷，不收取任何费用。国务院司法行政部门负责指导全国的人民调解工作，县级以上地方人民政府司法行政部门负责指导本行政区域的人民调解工作。基层人民法院对人民调解委员会调解民间纠纷进行业务指导。

当事人可以向人民调解委员会申请调解；人民调解委员会也可以主动调解。当事人一方明确拒绝调解的，不得调解。基层人民法院、公安机关对适宜通过人民调解方式解决的纠纷，可以在受理前告知当事人向人民调解委员会申请调解。

经人民调解委员会调解达成调解协议的，可以制作调解协议书。当事人认为无须制作调解协议书的，可以采取口头协议方式，由人民调解员记录协议内容。调解协议书自各方当事人签名、盖章或者按指印，人民调解员签名并加盖人民调解委员会印章之日起生效。口头调解协议自各方当事人达成协议之日起生效。经人民调解委员会调解达成的调解协议，具有法律约束力，当事人应当按照约定履行。

经人民调解委员会调解达成调解协议后，当事人之间就调解协议的履行或者调解协议的内容发生争议的，一方当事人可以向人民法院提起诉讼。

经人民调解委员会调解达成调解协议后，双方当事人认为有必要的，可以自调解协议生效之日起30日内共同向人民法院申请司法确认，人民法院应当及时对调解协议进行审查，依法确认调解协议的效力。人民法院依法确认调解协议有效，一方当事人拒绝履行或者未全部履行的，对方当事人可以向人民法院申请强制执行。人民法院依法确认调解协议无效的，当事人可以通过人民调解方式变更原调解协议或者达成新的调解协议，也可以向人民法院提起诉讼。

（2）《民法典》第一千零七十九条规定，夫妻一方要求离婚的，可以由有关组织进行调解或者直接向人民法院提起离婚诉讼。人民法院审理离婚案件，应当进行调解；如果感情确已破裂，调解无效的，应当准予离婚。因此，离婚案件的调解程序属于前置程序，只有在法院调解无效的情况下，且确定双方感情确已破裂的情况下，法院才会准予双方离婚。

（二）家事案件中调解程序的应用

1. 调解程序的积极作用

以江苏省南京市高淳区人民法院为例，2014 年、2015 年、2016 年、2017 年 1～10 月，家事案件的判决率分别为 54.8%，50.3%，49.3%，45.1%，判决率在逐年降低。家事案件具有公益性、情感性、隐私性等特点，传统的民事审判模式过于刚性，在充分保障当事人选择权的情况下，法院确定调解优先原则，既可以保障当事人的诉权，妥善解决家庭矛盾，又可以解决法院不断增加的办案压力。①

再以广东省深圳市宝安区人民法院为例，该院有审前调解程序。该法院聘任家事调解员参与家事案件的审前调解，目前，共有在册家事调解员 55 名，创设了“婚调委 + 调解工作室”新模式。

2016 年 3 月，宝安区妇联与宝安法院共同成立婚姻家庭纠纷人民调解委员会，负责辖区内婚姻家庭纠纷人民调解和整体情况分析报告工作。2016 年 10 月底，区婚调委在宝安法院设立婚姻调解员工作室，一名具有国家二级心理咨询师资质的婚调员常驻法院参与婚姻家庭纠纷的诉前联调工作。自 2016 年 10 月至 2018 年 3 月，婚调员已参与调解了 544 件家事案件，成功调解 386 件，调解成功率高达 70.89%，联调效果明显。②

2. 调解中尚待解决的问题

有观点总结指出，③ 尽管试点法院在家事案件审理中的调撤率逐年攀升（大部分法院家事案件调撤率超过 50%，少数甚至达到 70%），然而，奉行调解优先的纠纷解决形式的实效性仍有待考察。比如，M 市 Y 区法院于 2015 年 6 月建立独立的家事审判庭，专门处理婚姻家庭类矛盾纠纷。此后，设立专门从事诉前调解的特设机构“家事多元调解委员会”。

---

① 参见《家事纠纷多元解决机制路径之探析》，载南京审判网，http：//www.njfy.gov.cn/www/njfy/xwzx_mb_a39190102124941.htm，最后访问时间：2020 年 10 月 28 日。

② 参见张力英、龙美君：《论我国家事纠纷综合解决机制的完善——以深圳市宝安区人民法院家事审判改革为视角》，载《家事审判研究——“德州杯”家事审判论坛优秀论文选》。

③ 参见《对家事纠纷调解前置机制之观察与审视》，载新浪司法，http：//news.sina.com.cn/sf/news/fzrd/2019-01-28/doc-ihqfskcp1126494.shtml，最后访问时间：2021 年 4 月 13 日。

据统计，自2016年M市Y区法院成立附设调解组织家事多元调解委员会以来，离婚纠纷经调解息诉后的二次诉讼比例呈逐步增加态势，一方面，经调解维持婚姻关系或放弃诉讼的案件中，重新启动离婚诉讼的比例高达80%以上；另一方面，以调解解除婚姻关系的案件中，息诉后启动离婚后财产纠纷诉讼的比例居高不下。而重新诉讼的调解结案率持续走低，情况不容乐观。此外，经调解的离婚案件进入执行程序的数量和比例居高不下。2018年1～12月，M市Y区法院共受理离婚纠纷执行案件216件，其中以调解方式结案（包括诉前和诉中）的案件占55%以上，而在部分统计年度内，以调解结案的家事案件进入强制执行的比例甚至高于以判决结案的家事案件进入强制执行的比例。

3. 家事审判中的“温情判决书”

自家事审判改革推进以来，各地法院在裁判文书说理方面积极探索，大胆尝试，各种类型的“温情判决”纷纷涌现，几度引起媒体关注和公众热议。

通过研究发现，“温情判决”中的裁判理由主要分为以下6种类型。①

（1）回忆美好型

这类裁判理由以案件当事人的感情基础、生活经历为着力点，重点论述夫妻双方的恋爱经历、共同生活时间、养育子女过程、亲子抚养和成长历程等内容，并从中截取最为感人的突出事例，如一份离婚判决中写道：“李某与舒某系浣陵老乡，在常德白鹤山相识，彼此欣赏，曲折恋爱，终携手步入婚姻之殿堂。且二老婚姻期间，相互扶助，有公证足以昭心。”

（2）展望未来型

法官从分析双方冲突的原因出发，指出当前生活中阳光的一面，并形象描述未来光明前景，以鼓励当事人加强沟通，缓和矛盾，树立共同生活的信心和勇气。如一份离婚判决中写道：“古人云：‘少年夫妻，老来伴’，望双方能彼此珍惜，让夕阳可以别样红。”

（3）批评教育型

家事法官选择了直面问题的处理方式，从道德评判角度给予了明确的否定性评价，以期触动其思想深处，从而带来悔悟和改变。如一份离婚判决中写道：

---

① 参见杨贵孚、王玉敏：《关于“温情判决”的法理思考：家事判决说理模式改革现状分析与规范进路》，载《家事审判研究——“德州杯”家事审判论坛优秀论文选》。

"原、被告虽均同意离婚，但对于子女抚养却表现出严重的不负责任，互相推诿，视子女为累赘，此种行为有违社会公德，不应予以提倡。"

（4）启发鼓励型

家事法官在判决中帮助当事人分析现状、寻找根源，引导他们树立战胜困难的信念，养成积极乐观的人生态度。如一份离婚判决中写道："人生不可避免地会碰到各种挫折、困难，面对困难，需要的是迎难而上、积极进取的生活姿态，而绝非逃避。"

（5）情势分析型

家事法官充分发挥他们的聪明才智，不但讲明情理，而且晓以利害。通过分析解除婚姻关系的不利后果，让夫妻双方的目光聚焦到他们共同关心的亲人身上，从而能够冷静思考，缓和矛盾，进而在共同努力中彼此适应，增进感情。如一份离婚判决中写道："特别是考虑到小孩即将高考，夫妻双方更应为小孩的成长营造健康的家庭氛围。"

（6）伦理评价型

家事法官将人伦情感作为裁判理由之一，从人情人性角度对争议标的性质作出认定，并据此作出判决。备受关注的全国首例胚胎继承案便是这一类型的代表，该判决中写道："而沈某、刘某遗留下来的胚胎，则成为双方家族血脉的唯一载体，承载着哀思寄托、精神慰藉、情感抚慰等人格利益。涉案胚胎由双方父母监管和处置，既合乎人伦，亦可适度减轻其丧子丧女之痛楚。"

三、家事调查制度

2018 年最高人民法院发布《关于进一步深化家事审判方式和工作机制改革的意见（试行）》，专条规定了在家事案件审理过程中，人民法院对于需要进一步查明的事项，可以自行调查，也可以委托家事调查员调查。从世界范围来看，配备家事调查员（官）是很多国家已经实践的经验。关于家事调查的主要内容如下。

（1）家事案件审理过程中，对于需要进一步查明的事项，人民法院可以自行调查取证，可以委托相关机构进行调查，也可以委托家事调查员对特定事实进行调查。

（2）人民法院应当建立家事调查员名册。建立名册的法院应当为入册的家事调查员颁发证书，并对名册进行管理。上级法院建立的名册，下级法院可以使用。

（3）家事调查员由司法行政、教育部门、妇联、共青团、社区等单位及基层群众组织推荐，由人民法院选任。人民法院可以邀请人大代表、政协委员、人民陪审员、人民调解员、专家学者、律师、基层法律服务工作者、仲裁员、退休法律工作者、基层工作者以及其他具有社会、人文、法律、教育、心理、婚姻家庭等方面专业知识的人员加入家事调查员名册。

（4）家事调查员应当品行良好、公道正派、热心群众工作并具有较强的沟通协调能力和丰富的社会知识经验，具有基层工作经历和适宜处理家事纠纷专业背景的个人可优先选任。少数民族聚居地区可考虑优先选任熟悉当地语言、风俗习惯、宗教信仰等的个人。

（5）具体案件中的家事调查员应不少于两人，由人民法院在名册中选择。人民法院选择家事调查员后，应当在 3 日内通知当事人。当事人对家事调查员有异议且有正当理由的，或者双方当事人共同选择其他家事调查员的，人民法院应当另行选择确认。

（6）人民法院根据案件审理需要，可以委托家事调查员调查下列事项。

①当事人的个人经历、性格、教育程度、身心状况、家庭情况、夫妻关系、居住环境、工作情况等；

②对子女的抚养情况、子女的心理状况及学习状况等；

③其他需要调查的事项。

（7）家事调查员可以采取下列方式进行调查。

①与当事人本人及其父母、子女或其他有关人员面谈交流，观察当事人与其子女、父母或其他有关人员之间的关系；

②征询 8 周岁以上的子女对抚养事项及探望事项的意愿和态度；

③走访当事人居住的社区、所在单位、子女的学校等；

④其他调查方式。

（8）每一项调查事项，均应由两名以上家事调查员共同进行调查。家事调查员应当自人民法院委托调查之日起 15 日内完成调查工作，向人民法院出具书面调查报告。如在上述期限内完成调查事项确有困难的，可以向人民法院申请延长，但最长不超过 30 日。调查报告应当包括人民法院委托调查的所有事项，可以包括家事调查员的分析和建议。

（9）人民法院在收到家事调查报告后，应当向当事人告知家事调查报告的内容，并允许当事人陈述意见。家事调查报告可以作为人民法院审理案件的参考。

第九节 离婚纠纷中的赔偿与补偿

一、婚姻中的过错责任

（一）过错责任的法律依据

1. 原《婚姻法》第四条规定，夫妻有相互忠实的义务。夫妻一方的“外遇”“婚外情”，被视为违反“忠实义务”的行为，但更多被视为“道德义务”。

2. 原《婚姻法》第四十六条规定了重婚、有配偶者与他人同居、实施家庭暴力、虐待遗弃家庭成员这 4 种可以请求损害赔偿的情形。一般只有违反这 4 种法定情形的，才绝对有权请求损害赔偿。如果一方有其他的过错行为，法院通常只能采取自由裁量权进行处理。

3. 《民法典》第一千零九十一条在原《婚姻法》的基础上又新增了“有其他重大过错”作为请求损害赔偿的情形。这是在原有 4 种法定过错的基础上增加了一个兜底性条款，由法官掌握其他重大过错导致离婚的情形，拓宽了实际生活中多种严重过错导致离婚的情形。尤其是在司法实践中有很多“非婚生子”的情况，这个问题实际上对于法定配偶有非常严重的影响，但按照原《婚姻法》第四十六条的规定，没有任何法定过错情形可以适用，这就会造成有些离婚案件中，很多在外有“非婚生子”的一方没有任何顾忌，也不会为此承担太多的责任。本条款的修订为弱势方的权益提供了更加宽泛的保护，这意味着一方违背忠诚义务、与他人生育非婚生子女等情况下，无过错方请求损害赔偿的，有望获得法院支持。当然，“其他重大过错”到底有哪几种情形，尺度如何把握，还有待司法实践的进一步检验。

4. 《民法典》第一千零五十四条规定，婚姻无效或者被撤销的，无过错方有权请求损害赔偿。对于婚姻无效或者被撤销的法律后果，原《婚姻法》并没有进行任何的规定。而依据该规定，如果一方在缔结婚姻关系前有重大疾病没有告知另一方的，该方可以向人民法院请求撤销婚姻，同时无过错方可以要求隐瞒的一方承担损害赔偿责任。

（二）损害赔偿金额的确定

法院因一方符合法定过错而判决的损害赔偿金额，有超过一半以上的赔偿金额会落在1万~5万元的区间，而大部分案件的赔偿金额则少于1万元，少部分情况下法院会支持5万元及以上的“较高额”的赔偿金。在江苏省南京市中级人民法院（2015）宁民终字第7442号案件中，法院表示“钱某在公安机关笔录中自认其与闫某甲系男女朋友关系，已同居半年。综合以上证据，可以认定闫某甲在婚姻关系存续期间与其他异性不当交往的事实，其在双方婚姻中存在过错。现闫某甲在二审中自愿提出补偿周某5万元，系其真实意思表示，并不违反相关法律规定，法院予以准许”。

（三）婚姻中的过错表现形式

1. 一方具有重婚行为

案例2－154 梁某某与杨某某离婚纠纷案

一审法院：上海市徐汇区人民法院（2012）徐民一（民）初字第5071号

案例主旨：一方重婚行为系法定过错形式，应当依法赔偿。

法院认为，原、被告虽系自主婚姻，但因原告梁某某重婚，严重伤害夫妻感情，致夫妻感情破裂，责任在原告。现双方对离婚、子女抚养的意见一致，予以准许。被告杨某某要求原告赔偿的请求，符合法律规定，应予支持，但赔偿的数额由法院根据原告对被告造成的损害程度、原告的偿付能力等酌定。法院最终判决原告梁某于本判决生效后10日内赔偿被告杨某精神损害抚慰金3万元。

2. 一方与他人同居

有配偶者与他人同居，是指以共同生活为目的，一方或两方有配偶者稳定、连续地在一起居住。

案例2－155 卢某诉丁某离婚纠纷案

一审法院：杭州市西湖区人民法院（2008）杭西民一初字第843号

案例主旨：一方与他人同居，严重伤害夫妻感情，应当依法赔偿。

法院认为，被告丁某在与原告卢某婚姻关系存续期间又与朱某在外租房同居，该行为违反了法律规定，严重地伤害了夫妻感情，亦给原告带来精神上的痛苦，故被告对夫妻感情的破裂具有过错，原告要求赔偿精神损害抚慰金的请求符合法律规定，予以支持，至于赔偿数额根据被告的过错程度及其经济负担能力酌情确定为8万元。

3. 与他人生育非婚生子女

案例2－156 闵某某与晏某某离婚纠纷案

一审法院： 重庆市永川区人民法院（2014）永法民初字第05955号

案例主旨： 生育非婚生子女虽然不符合法定损害赔偿条件，但该行为严重侵犯了被告的名誉权及人格尊严，被告可要求精神损害抚慰金。

法院认为，原告闵某某在与被告晏某某的婚姻关系存续期间与他人生育一子，给被告人格权造成损害，结合法院辖区平均生活水平、原告承担责任的经济能力等因素，确定原告应给予被告精神损害抚慰金的数额，故被告要求原告给予精神损害抚慰金2万元的要求，法院予以支持。

广东省佛山市顺德区人民法院在（2015）佛顺法容民初字第2903号案件中也认为："原告生育与被告不具有亲子关系的孩子，虽然不符合离婚损害赔偿条件，但是该行为严重侵犯了被告的名誉权及人格尊严，对被告的精神造成巨大伤害，依据《关于确定民事侵权精神损害赔偿责任若干问题的解释》第一条的规定，原告应向被告支付精神损害抚慰金。考虑到原告的过错程度、侵权后果、承担责任的经济能力、受诉法院所在地平均生活水平等综合因素，法院依法酌情确定原告应向被告支付精神损害抚慰金1万元。"

但这种情况随着《民法典》的正式实施将会有所改变，不排除法院会将"非婚生子女"的情况归类于"有其他重大过错"。

4. 写保证书承认婚外情

案例2－157 蒋某与王某离婚纠纷案

一审法院： 安徽省砀山县人民法院（2016）皖1321民初字2079号

案例主旨： 婚外情给另一方造成精神伤害，可以适当给予精神损害赔偿。

法院认为，婚后被告王某在上海工作期间，与一女子有婚外情，夫妻之间产生矛盾。2016年4月3日被告王某给原告蒋某写了一份保证书，同意一次性赔偿原告30万元，没有实际给付，诉讼过程中，被告不同意给付原告赔偿。法院最终认定夫妻关系存续期间，被告王某与另外女孩有婚外情，给原告造成精神伤害，应适当给予原告精神损害赔偿，并判决王某给付蒋某精神损害赔偿4万元。

5. 一方认可曾有出轨行为

案例2－158 朱某与郑某离婚纠纷案

一审法院：浙江省宁波市鄞州区人民法院（2015）甬鄞江民初字第74号

案例主旨：一方认可曾有出轨行为系违反夫妻忠诚义务，应当给予另一方精神损害赔偿。

法院认为，因原告朱某在婚姻存续期间有出轨行为，违反夫妻间忠实义务，对被告郑某精神势必造成一定损害，且原告在自己书写的保证书中也多次提到违反夫妻忠实义务应给予被告精神损害赔偿，故法院对被告要求原告给予精神损害赔偿金的诉讼请求予以支持，根据原告的过错程度及能力和法院所在辖区的生活水平酌情确定精神损害赔偿金为2万元。

（四）损害赔偿的起诉要求

婚姻中无过错的一方有权利要求有过错方给予赔偿，该请求权可以在离婚诉讼时一并主张，也可以在人民法院判决离婚后的特定期限内提起。根据《〈民法典〉婚姻家庭编解释（一）》的规定，主要分以下几种情况：

1. 人民法院判决不准离婚的案件，对于当事人提出的损害赔偿请求，不予支持。

2. 在婚姻关系存续期间，当事人不起诉离婚而单独提起损害赔偿请求的，人民法院不予受理。

3. 无过错方作为原告基于该条规定向人民法院提起损害赔偿请求的，必须在离婚诉讼的同时提出。

4. 无过错方作为被告的离婚诉讼案件，如果被告不同意离婚也不基于该条规定提起损害赔偿请求的，可以就此单独提起诉讼。

5. 无过错方作为被告的离婚诉讼案件，一审时被告未基于《民法典》第一千零九十一条规定提出损害赔偿请求，二审期间提出的，人民法院应当进行调解；调解不成的，告知当事人另行起诉。双方当事人同意由第二审人民法院一并审理的，第二审人民法院可以一并裁判。

二、婚姻中的家庭暴力

（一）家庭暴力的法律概念

2016 年 3 月 1 日起施行的《反家庭暴力法》第二条规定："本法所称家庭暴力，是指家庭成员之间以殴打、捆绑、残害、限制人身自由以及经常性谩骂、恐吓等方式实施的身体、精神等侵害行为。"

根据《反家庭暴力法》第四章"人身安全保护令"中相关条款的规定，当事人因遭受家庭暴力或者面临家庭暴力的现实危险，向人民法院申请人身安全保护令的，人民法院应当受理。该法实施后，在离婚案件中主张对方存在"家庭暴力"行为并据此要求"精神损害赔偿"的情形大量出现，但对于如何认定"家庭暴力"，司法实践中的标准并不统一。

（二）人身保护令的依据与案例

1. 最高人民法院的规定

除了《反家庭暴力法》之外，最高人民法院《关于进一步深化家事审判方式和工作机制改革的意见（试行）》（法发〔2018〕12 号）第四十五条规定，当事人向人民法院申请人身安全保护令，应当提供其遭受家庭暴力或者存在家庭暴力风险的证据，人民法院经审查认为存在家庭暴力风险的，应当及时发出人身安全保护令。

2. 人身保护裁定的典型案例

2017 年 3 月 8 日最高人民法院发布了实施《反家庭暴力法》十大典型案例，其中有多起案例都是一方在婚内对另一方进行家庭暴力，受害方成功向法院申请到了人身保护裁定。

如辽宁省沈阳市皇姑区人民法院审理的李某申请人身安全保护令案，根据李某的陈述及公安机关的记载材料、医院病情介绍单、皇姑区妇联出具的意见等材料，认定李某面临家庭暴力风险，依照《反家庭暴力法》的相关规定，依法裁定禁止宋某实施家庭暴力；禁止宋某骚扰、跟踪、接触李某及其近亲属。根据《反家庭暴力法》的规定，人身安全保护令涵盖了诉前、诉中和诉后各时间段，当事人申请人身安全保护令无须依附离婚诉讼，本案李某就是在两次离婚诉讼间隔期间申请的人身安全保护令。当地妇联也发挥了积极作用，为李某出具意见，有效维护了家暴受害者的权益。法院通过发出人身安全保护令，依法、适时、适度干预家庭暴力，保护了受害人的人身安全和人格尊严，彰显了法律的权威。[①]

（三）家庭暴力实施方应给予赔偿

案例 2－159 范小某诉刘甲离婚纠纷案

一审法院：上海市浦东新区（2015）浦民一（民）初字第 72 号

案例主旨：家庭暴力实施者应当支付损害赔偿金。

法院认为，被告刘甲在婚内与其她异性有婚外情，且在婚内多次对原告范小某实施家庭暴力，并于 2013 年 7 月 2 日 2 时殴打原告致原告左手小指中节指骨基底部撕脱骨折并因此受到公安部门的处罚。被告在婚内多次对原告实施家庭暴力，导致原、被告感情破裂并离婚，原告有权请求损害赔偿，具体赔偿数额法院根据本案的实际情况酌情予以确定为 1000 元。

三、虐待遗弃家庭成员

案例 2－160 张某与高某甲离婚纠纷案

一审法院：河北省衡水市桃城区人民法院（2015）衡桃民一初字第 615 号

案例主旨：限制人身自由的行为会造成身心损害，受损害者可以主张精神损害赔偿金。

法院认为，被告高某长期将原告张某关在小铁屋，限制其自由的行为严重影响夫妻感情，构成虐待家庭成员的情形，应认定双方夫妻感情已破裂，原告离婚之诉应予准许。被告限制原告人身自由的行为对原告的身心造成一定程度

---

① 参见《最高法公布反家暴十大典型案例》，载 http：//www.360doc.com/content/17/0310/09/2543594_635465176.shtml，最后访问时间：2021 年 4 月 13 日。

的损害，原告要求被告给付精神损害赔偿金的主张，法院予以支持，被告给付原告2万元损害赔偿金为宜。

四、女方单方终止妊娠

（一）终止妊娠是女方的权利

生育权是法律赋予公民的一项基本权利，夫妻双方各自都享有生育权，只有夫妻双方协商一致，共同行使这一权利，生育权才能得以实现。《妇女权益保障法》赋予已婚妇女不生育的自由，是为了强调妇女在生育问题上享有的独立权利，不受丈夫的意志左右。

妻子单方终止妊娠不构成对丈夫生育权的侵犯。如果夫妻双方在生育问题上的意见分歧，最终无法协调，致使婚姻关系难以维系的，离婚是解决双方争议的合理途径。[①]

（二）女方终止妊娠的审判规则

1. 我国实行男女平等的婚姻制度，夫妻双方的生育权是平等的，需要协商一致时方可共同行使此项权利，故在一方当事人因对方擅自终止妊娠主张损害赔偿时，应不予支持。

2. 一方当事人以对方侵害其生育权为由提起离婚诉讼的，人民法院应当以夫妻感情是否确已破裂作为判断应否准予离婚的标准进行裁判。如果双方仅有关于生育问题的矛盾，人民法院对于是否判决离婚的问题应当慎重处理、从严把握。

3. 因女性拥有生育权的最终支配权，故在审理此类纠纷中，应尊重女性的真实意思。

在男女双方相互协作而致女方怀孕后，男方不得基于其不愿意生育而强迫女方堕胎，因为既然男方与女方发生性关系时没有采取任何避孕措施，这一行为已经表明其以默示的方式行使了自身的生育权，这时其虽然不希望女方生育，

---

① 参见最高人民法院民事审判第一庭：《人民审判指导与参考》（2008年第2辑·总第34辑），法律出版社2008年版，第178～179页。

但不得强迫，否则即侵犯了女性的人身权。[①]

如广东省深圳市福田区人民法院在（2013）深福法民一初字第1793号案件中，法院认为“关于被告主张原告未经被告同意单方终止妊娠，剥夺了被告生育权，应当对被告进行补偿。被告该请求并无事实依据及法律依据，本院不予支持”。重庆市石柱土家族自治县人民法院在（2016）渝0240民初2553号案件中，法院也强调：“夫妻双方依法行使生育权，其他任何人不得干涉。因女方在生育过程中，所承担的生育风险和心理压力大于男方，因此应给予女方更大的生育选择权。女方未经丈夫同意私自终止妊娠，虽可能对夫妻感情造成伤害，但是丈夫不能以本人享有生育权对抗妻子享有的生育决定权。”

另外，《〈民法典〉婚姻家庭编解释（一）》第二十三条规定：“夫以妻擅自中止妊娠侵犯其生育权为由请求损害赔偿的，人民法院不予支持；夫妻双方因是否生育发生纠纷，致使感情确已破裂，一方请求离婚的，人民法院经调解无效，应依照民法典第一千零七十九条第三款第五项的规定处理。”这就意味着，如果夫妻之间的生育纠纷已经发展到了不可调和的地步，则可以成为法院判断夫妻感情是否确已破裂的情形。

五、配偶侵犯名誉权

案例2－161 包某与邱某名誉权纠纷案

一审法院：北京市昌平区（县）人民法院（2010）昌民初字第11466号

案例主旨：夫妻一方披露另一方个人信息的行为虽然存在过错，但尚未构成侵犯名誉权。

法院认为，[②] 夫妻之间以寻找对方为原因披露夫妻关系，不构成侵犯名誉权。违法性、损害事实、违法行为与损害结果之间的因果关系、行为人过错是当事人承担侵权责任的构成要件，且违法性系构成侵权的首要条件。

本案中，原告包某与被告邱某系夫妻。双方经常因生活琐事发生矛盾，被告邱某遂在传单中将原告包某的婚姻状况披露的行为确实存在不当之处。但是，

---

① 参见最高人民法院民事审判第一庭编著：《最高人民法院婚姻法司法解释（三）理解与适用》，人民法院出版社2011年版。

② 《中国法院2012年度案例：人格权纠纷》，载http：//www. 360doc. com/content/18/1014/23/1113159_ 794777507. shtml，最后访问时间：2021年4月13日。

原告包某拒绝与被告邱某取得联系的做法同样不能解决双方的矛盾，正是该行为才促使被告邱某以散发传单的方式寻找原告包某。故原告包某对于被告邱某散发传单披露其个人信息的行为存在过错，被告邱某散发传单的行为亦具有过错。此外，原告包某与被告邱某系夫妻关系，是一种最为亲密的社会结合体。被告邱某在披露原告包某婚姻信息，使原告包某遭受损害的同时，必然会使其本人遭受一定程度的损害。因此，从利益权衡的角度出发，基于维护原告包某与被告邱某婚姻关系的目的，希望双方今后能采用正确的方法解决共同生活中出现的矛盾。综上，被告邱某的行为不具有违法性，不构成名誉权侵权。

另外，关于配偶之间查看手机是否侵犯隐私的问题。一般来说，司法实践中可能有两个观点。有观点认为，我国《民法典》规定，自然人享有隐私权等权利，任何组织或者个人不得侵害。配偶一方作为独立的自然人，具有通信隐私权，任何人不得干涉，另一方未经许可查看手机的行为，构成对隐私权的侵犯；也有观点认为，夫妻之间有互相忠实的义务，一方通过查看配偶手机的方式证实了另一方确实有不忠诚的行为，该方有权知道自己合法的婚姻权益是否受到了侵犯，且在查看了对方手机之后，也没有将掌握的信息用于不正当的行为，基于“两害相权取其轻”的原则，该行为不属于侵犯隐私权。

六、离婚经济补偿

（一）经济补偿的法律依据

原《婚姻法》第四十条规定，夫妻书面约定婚姻关系存续期间所得的财产归各自所有，一方因抚育子女、照料老人、协助另一方工作等付出较多义务的，离婚时有权向另一方请求补偿，另一方应当予以补偿。而《民法典》第一千零八十八条删除了“夫妻 AA 制”的前提，只要一方存在因“抚育子女、照料老年人、协助另一方工作等负担较多义务”的情况就可以在离婚时请求补偿。这就意味着我国法律对类似“全职太太”这种虽然无法直接体现经济收益、但实际上对家庭付出极大的人群给予了更多的保护。

（二）经济补偿与经济帮助的区别

1. 条件不同

离婚经济补偿请求权仅适用于权利人对家庭尽了较多义务，无论离婚后是否经济困难，均享有这一权利。而根据《民法典》第一千零九十条的规定，离婚时，只有一方生活困难，且另一方有负担能力的情况下，才应当给予经济困难一方适当帮助。具体办法由双方协议；协议不成的，由人民法院判决。

2. 性质不同

离婚经济补偿的请求权是基于一方承担了较多的家庭义务，但该种家庭义务并不能量化成经济利益，故在离婚后应对其进行经济补偿。如果不通过法律的方式认可承担家庭义务方的经济价值，则会导致家庭财产分配上的极度不公平，也会出现夫妻都希望创造实质的经济财富，而无人愿意承担家庭义务的极端情况。

离婚经济帮助款的请求权则是基于夫妻之间的帮助，主要是针对一方生活陷入困难的救济措施。

（三）经济补偿的条件

在《民法典》生效之前，提出经济补偿的要求，则还是需要满足以下条件：

1. 书面约定将婚姻关系存续期间所得的财产实行分别财产制；
2. 一方付出了较多的家庭义务；
3. 有请求权的一方在离婚时行使请求权。

但在《民法典》正式生效之后，则只需要满足以上第二项、第三项条件即可。

至于经济补偿的数额，共同生活中付出较多义务的一方提出经济补偿要求时，补偿的数额应由双方协议解决。协议不成时，由法院判决。法院判决时，会参考请求权人付出义务的大小、请求权人因此受到损失的情况、另一方从中受益的情况和经济能力等因素作出判决。[①]

七、擅自转移隐匿财产

原《婚姻法》第四十七条规定，夫妻一方在离婚时有转移、隐匿财产等行为的可以少分或不分财产。《民法典》第一千零九十二条在此基础上增加了一方擅自处分夫妻共同财产的情形，明确将“挥霍夫妻共同财产”也纳入到擅自处

---

① 参见陈苇、于林洋：《论我国离婚经济补偿制度的命运：完善抑或废除》，载《法学》2011 年第6期。

分的范围。

举例来说，在上海市第二中级人民法院审理的一起案例中，丈夫因为看网络直播，打赏网红女主播花了77.8万元，[①] 这可以被认为是一种挥霍夫妻共同财产的行为。

但上海市第二中级人民法院在审理一起同类型案件时却作出了相反的判决，在（2020）沪02民终9826号案件中，法院认为："干某某主张沈某某单方将家庭近十五年的全部积蓄用于打赏，但干某某与沈某某系共同生活的夫妻，对双方的共同积蓄情况能够进行了解、控制，对家庭财产的流失及沈某某的花费情况均能够察觉。然而，在持续三年的时间内，干某某既未察觉家庭财产的减少，也未感受到任何其所称家庭全部积蓄减少对家庭生活造成的影响，故干某某上诉所称沈某某的行为超出夫妻家庭财产的基本安全保障的临界点和限度，也远超出一般人可以忍受的范围，该行为明显侵犯了干某某对夫妻财产的处分权等等，不能成立。"根据该案例可知，如果夫妻一方主张另一方的"打赏"行为属于挥霍夫妻共同财产的，还需要证明"打赏"的财产已经对家庭生活造成了影响，同时也不能对另一方平时的大额消费行为不闻不问。

再举例来说，此前四川有一对夫妇，因为妻子网购成瘾，将原本攒下来用来买房的40余万元，全部花销一空。[②] 这也是挥霍夫妻共同财产的表现。在离婚分割财产时，未挥霍一方可以据此请求对挥霍一方予以少分或不分。

原婚姻法下的隐藏、转移、变卖、毁损夫妻共同财产，有一个大前提，就是在离婚时。"离婚时"具有狭窄的时间指向，仅指离婚当时，但现实中存在的更多情形是一方在离婚之前就早早做好了准备，很多时候并不符合"离婚时"的限定条件。而现在，《民法典》第一千零九十二条首先是把"离婚时"的前提去掉了，也就是说，只要在婚姻关系存续期间，有"隐藏、转移、变卖、毁损、挥霍"的行为，理论上来说，另一方就有"秋后算账"的权利。

（一）最高人民法院第66号指导案例

最高人民法院审判委员会讨论通过2016年9月19日发布最高人民法院"66

① 参见《案例精选丨发现老公打赏网红女主播78万，怎么办?》，载搜狐网，https://m.sohu.com/a/355200164_384507，最后访问时间：2021年4月13日。

② 参见《妻子网购10年花40万至今无钱买房 丈夫怒提离婚》，载新浪网，http://tj.sina.com.cn/news/s/2017-12-07/detail-ifypnyqi1337064.shtml，最后访问时间：2021年4月13日。

号指导案例”,[①] 主要是针对一方在离婚诉讼期间或离婚诉讼前，隐藏、转移、变卖、毁损夫妻共同财产，或伪造债务企图侵占另一方财产的，离婚分割夫妻共同财产时，可以少分或不分财产。

一审法院查明，女方雷某某提交在中国工商银行尾号为4179账户自2014年1月26日起的交易明细，显示至2014年12月21日该账户余额为262.37元。二审法院审理期间，二审法院查明女方雷某某于2013年4月30日通过ATM转账及卡取的方式将该账户内的195,000元转至案外人雷某齐名下。

对于尾号为4179账户中钱款的去向及用途，终审法院认为女方即雷某某的陈述前后明显矛盾，属于对钱款的去向不能作出合理的解释和说明。因此，作出“认定雷某某存在转移、隐藏夫妻共同财产的情节”的结论，从而将该账户中曾经存在的19万余元作为分割基数，判由女方雷某某补偿男方宋某某12万元，大约是将64%的该账户内的钱款判给了无过错方即男方，而不是全部判归无过错方。

上述最高人民法院的指导案例是审理同类型案件时必须参照的案例。但原《婚姻法》是2001年4月28日颁布并实施的，按照原《婚姻法》第四十七条的规定，离婚时被法院认定为转移财产的，则可判决“净身出户”，实际上早在15年前的法律中就有明确规定，并不是最新的最高人民法院的司法指导案例中的意见。

（二）最高人民法院的其他案例或意见

最高人民法院公布的其他案例或相关解答、讲话、观点等意见同样在司法实践中有较强的参考作用。

1. 如果是高级人民法院一审、最高人民法院二审，或者最高人民法院再审/提审的离婚案件（若干年之前最高人民法院曾二审过离婚案件），或者是离婚后财产纠纷案件，或者是与离婚有直接关系的股权转让案件、确权案件、析产案件等，只要是最高人民法院的案号（裁定），则这类案件最具有指导意义，当事人及律师应作为极为重要的指导案例。

2. 最高人民法院审委会讨论通过发布的司法案例（绝大多数不是最高人民

---

① 参见《指导案例66号：雷某某诉宋某某离婚纠纷案》，载最高人民法院，http：//courtapp.chinacourt.org/zixun－xiangqing－27821.html，最后访问时间：2021年4月13日。

法院审理的，而是下级法院审理的）是最高人民法院认可裁决思路、裁决方式的案例，对于当事人及律师也具有极为重要的指导作用。

3. 中国法院网或其他载体公开的各级人民法院（非最高人民法院）的案例，也有一定的参考价值，特别是“本院认为”部分，具有一定的“参考价值”。

（三）少分或不分财产的法定前提条件

1. 配偶一方存在过错且符合法定条件

具体的情景是法律意义上的“转移”“隐匿”从而构成“过错”，一般是由法院根据具体案情酌情裁决，而不是根据当事人的自我感知、呼吁或“检举”、要求等。

2. 生效判决或案件已认定转移隐匿财产

比如已经有生效判决认定配偶一方有“擅自转移、存在过错”的判词，在之后的离婚诉讼中，配偶另一方即可以要求审理离婚案件的法院对过错方“少分”，甚至“不分”。

3. “净身出户”的司法判决较为罕见

即使离婚案件中，配偶一方确实存在转移、隐匿的过错，但人民法院也极少判令过错方“净身出户”。主要原因是，法院在离婚案件中要全局、综合处理。既要考虑过错，也要考虑财产来源；既要考虑现在的财产分割，又要考虑未来当事人的生活客观需要。除非极个别案件如果不判决一方“净身出户”，就不能体现法律的公平和正义（如过错方手段极其恶劣、后果极其严重等），才可能考虑让过错方“净身出户”，否则，会本着“过当其罚”的公平精神，对过错方适当少分，如在最高人民法院公布的指导案例中对雷某某的判决也仅支持少分部分财产。

（四）一方隐瞒财产不报的处罚力度渐强

1. 最高人民法院的规定

《最高人民法院关于进一步深化家事审判方式和工作机制改革的意见（试

行)》(法发〔2018〕12 号)第四十四条中规定,对于涉及财产分割问题的离婚纠纷案件,人民法院在向当事人送达受理案件通知书和应诉通知书时,应当同时送达《家事案件当事人财产申报表》。

当事人应当在举证期限届满前填写《家事案件当事人财产申报表》,全面、准确地申报夫妻共同财产和个人财产的有关状况。

人民法院应当明确告知当事人不如实申报财产应承担的法律后果。对于拒不申报或故意不如实申报财产的当事人,除在分割夫妻共同财产时可依法对其少分或者不分外,还可对当事人予以训诫;情形严重者,可记入社会征信系统或从业诚信记录;构成妨碍民事诉讼的,可以采取罚款、拘留等强制措施。

2. 广东省高级人民法院的规定

2018 年 7 月 16 日,广东省高级人民法院发布了《广东法院审理离婚案件程序指引》的第十三条“对妨害民事诉讼强制措施的适用”中规定,当事人在人民法院作出本指引第四十条第二款的要求后,拒绝申报或者故意不如实申报财产的,人民法院可以根据相关的法律规定予以罚款、拘留。

法院未来在离婚纠纷中财产查明上的权利会更大,法院可以要求当事人申报财产。因此,意图通过隐瞒财产线索隐瞒财产的操作空间会越来越小。不如实申报,可能会被认定为“隐藏、转移、变卖、毁损夫妻共同财产”导致“不分或少分财产”,严重的话还可能被“罚款、拘留”,“构成犯罪的,依法追究刑事责任”。

第十节 离婚诉讼的流程要素

一、级别管辖问题

(一)一般离婚案件的管辖

我国法院有四级,即基层法院、中级法院、高级法院和最高法院。每级法院受理案件的范围不同，区别主要在于涉案的金额。一般数千万元或数亿元的诉讼案件由中级法院一审，而数亿元争议的案件则由高级法院一审。这个标准“一般”对非婚姻案件适用，对于离婚案件基本不适用，这是为什么呢？

2015 年 4 月 30 日发布的《最高人民法院关于调整高级人民法院和中级人民法院管辖第一审民商事案件标准的通知》中，第四条明确规定，婚姻、继承、家庭、物业服务、人身损害赔偿、名誉权、交通事故、劳动争议等案件，以及群体性纠纷案件，一般由基层人民法院管辖。

关于离婚案件“一般”由基层人民法院管辖、而不是根据争议金额来确定各级法院管辖的问题需要先从离婚案件的争议焦点说起。

一般来说，离婚案件的争议焦点有 4 个：夫妻感情是否确已破裂；子女抚养如何安排；共同财产如何分割；一方是否有过错及如何损害赔偿。第一个争议焦点，即“夫妻感情是否确已破裂”是解决后三个争议焦点的前提。也就是说，如果法院不判离婚，那么财产分割便无从谈起。法官如果认为感情没有破裂，即使夫妻有 100 亿元的夫妻共同财产，也不涉及财产分割。

根据《民法典》第一千零七十九条的规定，当事人存在涉及重婚或者与他人同居的；实施家庭暴力、虐待遗弃家庭成员的；有赌博、吸毒恶习屡教不改的；因感情不和分居满二年的；当事人一方被宣告失踪的；以及经人民法院判决不准离婚后，双方又分居满一年，一方再次提起离婚诉讼的，法院才能认定双方之间感情确已破裂并准予离婚。

不过，在全国每年 400 多万对离婚夫妻中，符合上述法律硬性条件的很少，也就是说，绝大多数离婚纠纷，可能不存在明确可以界定为“感情破裂”的 4 种情形。那么，就需要法院根据具体情况酌情认定是否存在“其他导致夫妻感情破裂的情形”了。因此，无论离婚案件涉及的财产金额有多大，只要不满足法定判离的条件，法院是否判决离婚就很难说。即使存在法定判离的情形，是否构成“破裂”，还得法官审理后才能确定。如果不判离，也就谈不上财产分割。

因此，离婚涉案财产金额并不是级别管辖确定的重要依据，不能简单套用商事纠纷案件的标的大小规则来确定级别管辖法院，离婚案件，不论共同财产多少，一般一审均由基层法院管辖。

比如 2010 年浙江 HY 集团大股东离婚案，离婚财产涉及 100 余亿元，就是由浙江省杭州市萧山区人民法院审理的；再如 2015 年北京 HY 集团大股东离婚案，涉案标的100余亿元，则是由北京市朝阳区人民法院审理的。

江苏省高级人民法院民一庭印发的《家事纠纷案件审理指南（婚姻家庭部分)》中也明确："第一审婚姻、继承等家事纠纷案件（包括涉外、涉港澳台），一般由基层人民法院管辖。对重大疑难、新类型和在适用法律上有普遍意义的案件，可以依照《民事诉讼法》第三十八条的规定，由上级人民法院自行决定由其审理或者根据下级人民法院报请决定由其审理。"

（二）特殊情况下离婚案件的管辖

总体上来说，99%的离婚案件的一审都是由基层人民法院管辖，但是也有个别"特殊"情况的婚姻家庭案件，第一审是由中级法院甚至是高级法院审理的。

1. 第一审由中级人民法院管辖

在蒲×与李×离婚纠纷二审民事裁定书中，北京市高级人民法院认为，李×与蒲×离婚纠纷一案中，李×系美国国籍，涉及财产众多，且标的额巨大。《民事诉讼法》第十八条规定："中级人民法院管辖下列第一审民事案件：（一）重大涉外案件；（二）在本辖区有重大影响的案件；（三）最高人民法院确定由中级人民法院管辖的案件。"一审法院认定本案具备民事诉讼法规定的重大涉外案件、争议标的额大以及案情复杂的条件，符合中级人民法院管辖的标准，决定由其审理，符合法律规定。因此，该离婚案的一审是由北京市第三中级人民法院审理的。

在（2016）最高法民辖终××号案件中，最高人民法院认为，根据《最高人民法院关于调整高级人民法院和中级人民法院管辖第一审民商事案件标准的通知》第四条的规定，婚姻、继承、家庭、物业服务、人身损害赔偿、名誉权、交通事故、劳动争议等案件，以及群体性纠纷案件，一般由基层人民法院管辖。但鉴于本案在J市有重大影响，依据《民事诉讼法》第十八条第二项的规定，本案由××省J市中级人民法院审理为宜。

2. 第一审由高级人民法院管辖

在最高人民法院（2013）民一终字第160号李某红与魏某离婚纠纷管辖权异议上诉案中，最高人民法院确定该离婚纠纷应当由吉林省高级人民法院管辖本案第一审程序。

最高人民法院认为，吉林省高级人民法院可管辖诉讼标的额在 1 亿元以上的第一审民商事案件，以及诉讼标的额在 5000 万元以上且当事人一方住所地不在本辖区或者涉外、涉港澳台的第一审民商事案件。本案诉讼标的额为 1.9 亿余元，且上诉人李某红为澳门特别行政区永久居民，诉争的标的物涉及国内多个省市和澳门特别行政区，符合吉林省高级人民法院管辖第一审民商事案件的条件，吉林省高级人民法院管辖本案于法有据。

（三）离婚案件衍生关联案件的管辖

一个复杂的离婚案件，往往还会“衍生”出大大小小的多个案件，我们俗称“离婚案中案”。甚至因离婚导致的“关联案”，可能历时多年、衍生案件多达数十个。这些衍生案件的案由包括：合同纠纷、借贷纠纷、股权转让纠纷、股东资格确认纠纷、股东会决议无效纠纷、赠与无效纠纷、损害公司利益责任纠纷等。这些案件往往都是为离婚财产分割服务的，都旨在为分清财产或增加对方当事人的心理压力。虽然这些离婚“关联”案实质上是解决离婚分财问题，但都是独立的诉讼、独立的案由，故仍应适用《民事诉讼法》及司法解释对于级别管辖和地域管辖的规定。

关于级别管辖，根据 2019 年 4 月 30 日最高人民法院《关于调整高级人民法院和中级人民法院管辖第一审民事案件标准的通知》法发〔2019〕第 14 号文件，中级人民法院管辖第一审民事案件的诉讼标的额上限原则上为 50 亿元（人民币），诉讼标的额下限继续按照《最高人民法院关于调整地方各级人民法院管辖第一审知识产权民事案件标准的通知》（法发〔2010〕5 号）、《最高人民法院关于调整高级人民法院和中级人民法院管辖第一审民商事案件标准的通知》（法发〔2015〕7 号）、《最高人民法院关于明确第一审涉外民商事案件级别管辖标准以及归口办理有关问题的通知》（法〔2017〕359 号）、《最高人民法院关于调整部分高级人民法院和中级人民法院管辖第一审民商事案件标准的通知》（法发〔2018〕13 号）等文件执行。高级人民法院管辖诉讼标的额 50 亿元（人民币）以上（包含本数）或者其他在本辖区有重大影响的第一审民事案件。

以上海为例，根据上海市高级人民法院 2012 年 1 月 1 日实施的《关于试行上海各级法院第一审民商事案件管辖标准的通知》，中级人民法院管辖诉讼标的额 1 亿元以上且当事人一方住所地不在本市的第一审民商事案件。但是由于经济的差异，各地法院管辖诉讼标的额之间确实会存在很大的差异，如《河北省高级人民法院和中级人民法院管辖第一审民商事案件标准》规定，河北省高级人民法院管辖诉讼标的额在 1 亿元以上的第一审民商事案件，以及诉讼标的额在 5000 万元以上且当事人一方住所地不在本辖区或者涉外、涉港澳台地区的第一审民商事案件。

（四）离婚案件与其他案件的区别

离婚案件和其他案件在许多方面都存在一定的区别，具体如下：

1. 案件审理多讲“感情”少讲“规则”

都说法律是无情的，法律只讲证据。但是在离婚案件中，讲感情和讲情理却显得尤为重要。很多离婚当事人走上法庭可能就是为了“争口气”，是为了捍卫自己作为夫妻一方的尊严和心中的道德。这时候，如果另一方能够从情理上作出诚意的表示，或者从情感上多理解和体谅另一方，对离婚纠纷的缓解和解决是很有帮助的。

如某法院新创的“离婚考试卷”登上各大新闻头条，[①] 虽然对于法院的做法大家看法不一，但法院的初衷是为了让双方冷静，重新思考双方的感情，不要让一时的赌气或者矛盾造成不可挽回的后果。

法律不讲情面，但家恰恰又可能是没法讲理、讲规则的地方。所以在离婚案件中，必须要考虑情理，考虑感情，这也是离婚案件都要走调解程序的原因。很多离婚大律师之所以成功，不仅是因为精通法理、可能更是因为能循循善诱、化解矛盾。

2. 分割财产多讲“自愿”少讲“公平”

离婚中的财产处理，只要当初是“自愿”的，那么基本没“扳回”的希望，不论财产分割是否“公平”。比如，一份自愿签署的离婚协议，女方分到了 99% 的财产，男方只分到了 1%，甚至是“净身出户”。如果离婚后男方反悔了，想通过法院重新分割，只要法院审查之后认为离婚协议并不存在欺骗、胁

---

① 参见《西安一法院推出“婚姻考试卷”》，载搜狐网，https://www.sohu.com/a/224251143_119659，最后访问时间：2021 年 4 月 13 日。

迫等极端情况的，则可能会以离婚协议系当事人真实意思表示为由驳回男方的诉讼请求。

因此，离婚中没有绝对的公平或不公平，只有基于各种因素考量的愿意或不愿意。

3. 离婚双方多讲“冷静”少讲“对错”

除非是法律明确规定的过错，否则在离婚纠纷中讨论谁对谁错没有太大意义，也往往很难区分谁对谁错。比如，很多离婚的原因，都是由于如何带孩子、如何处理和对方父母的关系等家务事，又或者是由于生活理念不同。这些家事务的处理，是没有对错标准的。离婚纠纷中，常常需要双方撇开对错，冷静下来。在我国香港特区有“暂准离婚令”制度，暂准离婚令的时间为3个月，在此期间离婚暂准令不发生法律效力。其目的之一，就是给予双方当事人一段时间进行考虑。根据《民事诉讼法》第一百二十四条的规定，判决不准离婚和调解和好的离婚案件，没有新情况、新理由的，6个月内又起诉的，不予受理。这6个月的“禁诉期”，从某种意义上来说，也是为了给双方当事人一段“冷静期”。《民法典》也在民政局办理离婚的手续中加上了“冷静期”。在婚姻生活中“冷静”确实很重要，现实中有太多因婚姻不幸导致的家庭悲剧，严重如“杀妻、杀子再自杀的”，冲动是魔鬼，真走到那一步就不仅仅是遗憾了！

二、地域管辖问题

（一）离婚纠纷管辖的一般原则

离婚案件的管辖原则与《民事诉讼法》第二十一条的通用管辖原则是一致的。适用“原告就被告”的原则，即对公民提起的民事诉讼，由被告住所地人民法院管辖；被告住所地与经常居住地不一致的，由经常居住地人民法院管辖。根据《民事诉讼法司法解释》第四条和第五条的规定，住所地即户籍所在地，而经常居住地是指公民离开住所地至起诉时已连续居住一年以上的地方，但公民住院就医的地方除外。

一般情况下，大多数夫妻的户籍地和实际居住地在同一个地方，因此即使发生纠纷诉至法院，对管辖问题也不会有争议。

江苏省高级人民法院民一庭印发的《家事纠纷案件审理指南（婚姻家庭部

分)》中关于“涉及不动产的婚姻家庭纠纷案件是否适用不动产专属管辖”的问题明确规定：“婚约财产纠纷、离婚后财产纠纷、夫妻财产约定纠纷、同居关系析产纠纷、分家析产纠纷等属于婚姻家庭纠纷，按照一般地域管辖原则确定管辖法院，不适用不动产专属管辖，但法律、行政法规、司法解释另有规定的除外。”

（二）离婚纠纷管辖的特殊规定

1. 原告住所地/经常居住地管辖

根据《民事诉讼法》第二十二条以及《民事诉讼法司法解释》第六条、第九条、第十二条，以下离婚诉讼及相关联案件由原告住所地人民法院管辖；原告住所地与经常居住地不一致的，由原告经常居住地人民法院管辖：

（1）对不在中华人民共和国领域内居住的人提起的离婚诉讼；

（2）对下落不明或者宣告失踪的人提起的离婚诉讼；

（3）对被采取强制性教育措施的人提起的离婚诉讼；

（4）对被监禁的人提起的离婚诉讼；

（5）被告被注销户籍的离婚诉讼；

（6）追索赡养费、抚育费、扶养费案件的几个被告住所地不在同一辖区的；

（7）夫妻一方离开住所地超过一年，另一方提起的离婚诉讼。

2. 被告住所地/经常居住地管辖

除了“原告就被告”的一般地域管辖原则以外，根据《民事诉讼法司法解释》第六条、第八条、第十二条，以下离婚诉讼也由被告住所地人民法院管辖；被告住所地与经常居住地不一致的，由经常居住地人民法院管辖：

（1）原告、被告均被注销户籍的离婚诉讼；

（2）双方当事人都被监禁或被采取强制性教育措施的，由被告原住所地人民法院管辖；被告被监禁或被采取强制性教育措施一年以上的，由被告被监禁地或被采取强制性教育措施地人民法院管辖；

（3）夫妻双方离开住所地超过一年，一方起诉离婚的案件，由被告经常居住地人民法院管辖；被告没有经常居住地的，由原告起诉时被告居住地人民法院管辖。

3. 原、被告经常居住地或户籍地均可管辖

根据《民事诉讼法司法解释》第七条的规定，当事人的户籍迁出后尚未落户，有经常居住地的，由该地人民法院管辖；没有经常居住地的，由其原户籍所在地人民法院管辖。

4. 军人离婚纠纷的特别管辖

根据《民事诉讼法司法解释》第十一条的规定，双方当事人均为军人的离婚案件由军事法院管辖。

（三）涉外离婚案件的管辖规定

1. 根据《民事诉讼法司法解释》第十三条的规定，在国内结婚并定居国外的华侨，如定居国法院以离婚诉讼须由婚姻缔结地法院管辖为由不予受理，当事人向国内人民法院提出离婚诉讼的，由婚姻缔结地或者一方在国内的最后居住地人民法院管辖。

2. 根据《民事诉讼法司法解释》第十四条的规定，在国外结婚并定居国外的华侨，如定居国法院以离婚诉讼须由国籍所属国法院管辖为由不予受理，当事人向国内人民法院提出离婚诉讼的，由一方原住所地或者在国内的最后居住地人民法院管辖。

3. 根据《民事诉讼法司法解释》第十五条的规定，中国公民一方居住在国外，另一方居住在国内的离婚案件，国内一方住所地人民法院都有管辖权。国外一方向居住国法院起诉离婚，国内一方向国内人民法院起诉离婚，国内受诉人民法院有管辖权。

4. 根据《民事诉讼法司法解释》第十六条的规定，中国公民双方均在国外但未定居，一方向人民法院起诉的离婚案件，由原告或者被告原住所地人民法院管辖。

5. 根据《民事诉讼法司法解释》第十七条的规定，已经离婚的中国公民，双方均定居国外，仅就国内财产分割提起诉讼的，由主要财产所在地人民法院管辖。

6. 根据外交部、司法部、民政部发布的《关于驻外使、领馆就中国公民申请人民法院承认外国法院离婚判决事进行公证、认证的有关规定》（外领八函

〔1997〕5号）第八条的规定，国内中级人民法院裁定对外国法院离婚判决不予承认的，当事人可到国内原户籍所在地或者婚姻缔结地的基层人民法院提起离婚诉讼。驻外使领馆可根据国内法院的离婚判决，为当事人出具在国外期间的婚姻状况证明。

7. 根据《最高人民法院关于中国公民申请承认外国法院离婚判决程序问题的规定》第二十一条、第二十二条的规定，申请人申请承认外国法院离婚判决主动撤回或被驳回后，不得再提出申请，但可以另行向人民法院起诉离婚。

（四）其他需要关注的问题

1. 法律文书签收的注意事项

如果法院按照受送达人居民身份证上所载住址向其邮寄送达相关诉讼材料，受送达人的近亲属在不知晓邮件内系法院诉讼材料时予以签收，但其对法院之后邮寄的诉讼材料以受送达人无法联系为由而予以拒收。在该近亲属未提供进一步证据证明受送达人下落不明，确系无法联系的情况下，应视为受送达人已收到原告的起诉材料。

案例2－162 大连TS公司与XS信托借款合同纠纷管辖权异议案

一审法院：江西省高级人民法院（2018）赣民初155号之一民事裁定

二审法院：最高人民法院（2019）最高法民辖终272号

案例主旨：在近亲属未提供进一步证据证明受送达人下落不明，确系无法联系的情况下，应视为受送达人已收到原告的起诉材料。

最高人民法院认为，关于一审管辖异议相关材料的送达是否合法有效问题。

首先，本案在送达起诉材料阶段由朱某（大连TS公司的法定代表人）的父亲朱某奕对起诉状副本及证据副本代为签收，在之后管辖异议申请书以及驳回管辖异议裁定的送达中，朱某奕拒绝签收，并向一审法院出具了《关于法院快递签收的说明》，称“当时我也不知道快递内容是什么，而且也不懂签字的法律含义，就按照快递员的要求由我在快递单上签上了‘朱某’的名字。后来打开快递封皮才发现是法院给朱某的文件”。一审法院按照朱某的身份证住址向朱某邮寄送达了相关诉讼材料，朱某父亲朱某奕在不知道快递材料系法院诉讼材料的时候予以签收，在收到第一份材料即起诉状及证据副本后，对之后的诉讼材料认为其无法联系到其子朱某后予以拒收。在朱某奕未提供进一步证据证明其子朱某下落不明，确系无法联系的情况下，法院视为朱某已收到XS信托的起诉材料，即起诉状副本及证据副本。

其次，在大连TS公司、朱某均收到起诉状副本及证据副本的情况下，答辩期内仅有大连TS公司提出管辖权异议，朱某并未对管辖权提出异议，视为朱某对一审法院管辖权的认可，无论是大连TS公司对管辖权的异议申请以及一审驳回大连TS公司管辖异议裁定是否送达，在朱某对一审法院管辖权认可的前提下，均未影响朱某的诉讼权利。

最后，退一步讲，即使朱某父亲朱某奕确能提供充分材料证明朱某已下落不明，本案中大连TS公司仅对一审法院未向朱某送达管辖异议申请书及驳回管辖异议起诉状及证据持有异议，故大连TS公司该项上诉理由不成立，不予支持。

在实践中还有部分当事人会通过拒接电话、躲避送达人员、搬离原住所等方式拖延诉讼，逃避法院的送达。这种行为可能会被法院视为妨害民事诉讼活动的行为，法院可以对当事人实施罚款等惩罚手段。《最高人民法院关于进一步加强民事送达工作的若干意见》第八条规定："当事人拒绝确认送达地址或以拒绝应诉、拒接电话、避而不见送达人员、搬离原住所等躲避、规避送达，人民法院不能或无法要求其确认送达地址的，可以分别以下列情形处理：

（一）当事人在诉讼所涉及的合同、往来函件中对送达地址有明确约定的，以约定的地址为送达地址；

（二）没有约定的，以当事人在诉讼中提交的书面材料中载明的自己的地址为送达地址；

（三）没有约定、当事人也未提交书面材料或者书面材料中未载明地址的，以一年内进行其他诉讼、仲裁案件中提供的地址为送达地址；

（四）无以上情形的，以当事人一年内进行民事活动时经常使用的地址为送达地址。

人民法院按照上述地址进行送达的，可以同时以电话、微信等方式通知受送达人。"

另外，如果按照上述第八条规定仍不能确认送达地址的，自然人以其户籍登记的住所或者在经常居住地登记的住址为送达地址，法人或者其他组织以其工商登记或其他依法登记、备案的住所地为送达地址。

2. 非基于同一事实的多项诉求应分别起诉

案例 2－163 HY 公司等与 LZ 银行等金融借款合同纠纷案

一审法院：甘肃省高级人民法院（2018）甘民初 136 号

二审法院：最高人民法院（2019）最高法民终 77 号

案例主旨：当事人依据多个法律关系合并提出多项诉讼请求，虽然各个法律关系之间具有一定事实上的关联性，但若并非基于同一事实或者诉讼标的并非同一或同类，经人民法院释明后，当事人仍不分别起诉的，法院可以裁定驳回其起诉。

最高人民法院认为，本案争议的焦点问题是：HY 公司等 6 人的起诉是否符合合并审理的条件，一审法院裁定驳回 HY 公司等 6 人的起诉是否正确。

依据《民事诉讼法》《民事诉讼法司法解释》的相关规定，可以合并审理的诉主要包含三种情况：一是系基于同一事实提起的诉，二是系诉讼标的同一或者同类的共同诉讼，三是系本诉和反诉。本案中，判断 HY 公司等 6 人的起诉是否符合合并审理的条件，应从 HY 公司等 6 人的起诉是否系基于同一事实以及是否构成共同诉讼两方面进行评判。分述如下：

首先，本案 HY 公司等 6 人的起诉并非基于同一事实发生。根据 HY 公司等 6 人的起诉状，本案系基于三个有关联的法律关系产生的一系列纠纷。一是基于 LD 公司向 LZ 银行借款并由 HY 公司提供房产抵押产生的纠纷，基于这一法律关系，HY 公司请求撤销抵押合同及抵押登记、要求刘某某承担保证责任，即第五项和第九项诉讼请求。二是基于 TH 营运公司为代 LD 公司还款而与 LZ 银行签订的借款合同以及相关担保、反担保合同产生的纠纷，基于这一法律关系，TH 营运公司请求撤销还款行为和借款合同，TH 房地产公司、秦某某、丁某某、边某某请求撤销保证合同，秦某某请求撤销相关质押合同及质押登记，秦某某请求撤销其出具的承诺书，即第一项、第二项、第三项、第四项诉讼请求。三是基于 LZ 银行、CY 公司、刘某某不履行承诺行为，HY 公司请求 LZ 银行、CY 公司、刘某某对 HY 公司相关利息损失、收益损失、项目停工损失承担赔偿责任，即第六项、第七项、第八项诉讼请求。

《民事诉讼法司法解释》第二百二十一条规定："基于同一事实发生的纠纷，当事人分别向同一人民法院起诉的，人民法院可以合并审理。"根据该规定，可以合并审理的诉讼应是“基于同一事实”发生，所依据的事实或者法律关系应具有一致性或者重叠性。本案中，HY 公司等6人起诉所依据的是 CY 公司、LD 公司、TH 营运公司相继与 LZ 银行建立的三个借款法律关系，以及基于该三个借款法律关系所衍生的抵押担保法律关系、保证担保法律关系及反担保法律关系。在上述法律关系中，LD 公司向 LZ 银行借款，HY 公司以“YH 假日旅游酒店”作为抵押，为 LD 公司提供担保，该抵押担保法律关系与借款关系之间存在牵连，可以合并诉讼；TH 营运公司向 LZ 银行借款，秦某某、边某某、丁某某、TH 房地产公司、HW 公司、RXY 公司、HD 公司、李某、刘某某、魏某某为 TH 营运公司提供保证担保，该保证法律关系与借款关系之间存在牵连，可以合并诉讼；米某某代表 CY 公司以果库、楼房向 HY 公司所做的书面承诺以及秦某某以其在 TH 房地产公司 100% 的股权质押给 HW 公司、RXY 公司、HD 公司，属反担保法律关系，应由权利人在处理担保法律关系之后，另行解决。由此可见，案涉三个借款法律关系之间不存在牵连，且 HY 公司等6人的诉讼请求各不相同，诉讼请求所依据的法律关系亦不相同，因此本案诉讼并非基于同一事实发生，不符合上述司法解释规定的合并审理的要件。

其次，HY 公司等6人的起诉不构成共同诉讼。依据《民事诉讼法》第五十二条的规定，共同诉讼包含必要共同诉讼和普通共同诉讼。必要共同诉讼是指诉讼标的共同的诉讼，是不可分之诉，共同诉讼人必须一并参加诉讼，否则为当事人不适格。本案三个借款法律关系互相独立，构成独立的诉讼标的，且各个诉讼标的之间不存在牵连，完全可以单独起诉，不属必要共同诉讼。普通共同诉讼是诉讼标的是同一种类，人民法院认为可以合并审理并经当事人同意合并审理的诉讼。本案所涉三个借款法律关系虽属同类，但各个借款法律关系涉及的主体不同、担保法律关系不同，且 HY 公司等6人基于不同法律关系提出的诉讼请求各不相同，所指向的主体也有所不同，故本案亦不属普通共同诉讼，不符合合并审理的条件。

最后，一审法院经释明后裁定驳回起诉并未侵害 HY 公司等6人的诉权。经法院组织询问，HY 公司等6人认可一审法院曾向其释明所提诉讼请求不宜合并起诉，建议分开诉讼，其亦表示有4项诉讼请求确实不宜在本案中一并起诉将予撤回，但嗣后并未向一审法院提交相应的撤回诉讼请求的申请。最高人民法院认为，在向 HY 公司等6人释明告知其起诉不符合合并审理条件，而其未予撤回相应诉讼请求的情况下，一审法院以 HY 公司等6人的起诉不符合法律规定的起诉条件为由，裁定予以驳回，系在充分保障当事人程序选择权的基础上，基于本案实际情况作出的处理，认定事实、适用法律并无不当。二审中，虽 HY 公司、秦某某声明放弃第三项、第四项、第五项、第九项诉讼请求，但因其在一审法院释明后未在合理期间内提交撤回部分诉讼请求的申请，现在二审中放弃部分诉讼请求，不影响一审法院的处理结果。HY 公司等 6 人可就其基于同一法律关系的诉讼请求另行分别提起诉讼，符合受理条件的，人民法院应予依法受理。

三、虚假婚姻登记

（一）虚假婚姻登记信息

2019 年 1 月 7 日浙江省民政厅出台了《关于印发〈妥善处理因当事人以非真实身份进行结婚登记案件的指导意见〉的通知》。其中第四条规定，在收到人民法院出具的关于建议自行纠正婚姻登记的函件后，婚姻登记机关应当依法启动撤销结婚登记程序，按照有关规定，作出撤销涉诉结婚登记的行政行为。婚姻登记机关决定撤销结婚登记的，应将撤销结婚登记决定书于作出之日起 5 个工作日内送达原告，并依法送达其他行政诉讼当事人。婚姻登记机关应当在决定书送达之日起 3 个工作日内，将决定书抄送人民法院。

婚姻登记机关在决定书生效后，应及时在“浙江省婚姻登记管理信息系统”中备注说明已撤销情况并在附件中上传决定书。同时，参照《婚姻登记档案管理办法》第九条撤销婚姻类档案的有关规定处理。

（二）虚假身份登记结婚

在司法实践中，由于结婚登记瑕疵问题情形比较复杂，应当对伪造身份信息和借用他人身份证件等情形进行区分。

1. 对于一方伪造身份信息办理结婚登记的，如果双方当事人已满足婚姻关系的实质条件，即满足关于自愿结婚、符合法定结婚年龄以及无禁止结婚事项的规定情形，则不宜否定其婚姻关系的效力。提供真实信息一方提出离婚的，应当进行实体审理。

2. 借用他人身份证件进行结婚登记，结婚证载明的主体与实际共同生活者不一致时，如果结婚证上载明的主体对结婚证效力提出异议的，可以请求民政部门撤销结婚登记或提起行政诉讼；如果实际共同生活的当事人请求离婚的，应当告知其请求离婚的双方与结婚证上载明的主体不符，无法判断双方存在婚姻关系。如果当事人坚持起诉离婚的，应裁定驳回起诉，如果当事人仅主张解决同居期间的财产分割、子女抚养的，应继续审理。①

另外，《〈民法典〉婚姻家庭编解释（一）》第十七条规定："当事人以民法典第一千零五十一条规定的三种无效婚姻以外的情形请求确认婚姻无效的，人民法院应当判决驳回当事人的诉讼请求。当事人以结婚登记程序存在瑕疵为由提起民事诉讼，主张撤销结婚登记的，告知其可以依法申请行政复议或者提起行政诉讼。"

四、离婚证明书

当事人如果通过民事判决书、民事调解书来证明婚姻关系，在各种场合有"泄露隐私"的可能性。为消除此种尴尬，各地法院都在探索使用"离婚证明书"的模式，使得离婚诉讼更为文明。

2019 年 1 月，上海市高级人民法院与上海市民政局共同签署了《关于适用〈离婚证明书〉相关事项的工作备忘录》，该备忘录已于 2019 年 1 月 17 日起正式生效实施。

此次出台的备忘录还规定："进一步运用信息化手段，完善婚姻信息共享平台，加强婚姻信息共享。法院在向当事人出具《离婚证明书》时，应将相应信息录入婚姻信息共享平台。"

以往通过法院诉讼离婚的，民政部门不能及时、准确获悉情况，造成了当事人在法院的离婚信息与民政部门的婚姻登记信息不能对应。如果有人隐瞒已诉讼离婚的情况，却又向民政部门骗补结婚证，或为购房、重婚、骗婚等利益需求而伪造单身证明，这样的行为不仅侵害了婚姻另一方当事人的合法权益，也严重损害了司法权威，扰乱行政管理秩序。

法院通过婚姻信息共享平台将诉讼离婚信息与民政部门共享，民政部门可以即时查询婚姻登记管理系统，核对相关信息，查明是否有诉讼离婚的情况，这样既有利于节约人力成本，实现信息共享工作成效最大化，又有利于及时发

---

① 最高人民法院民事审判第一庭编著：《最高人民法院婚姻法司法解释（三）的理解与适用》，人民法院出版社 2011 年版。

现和处理违法行为。《离婚证明书》样式见图 2－18。

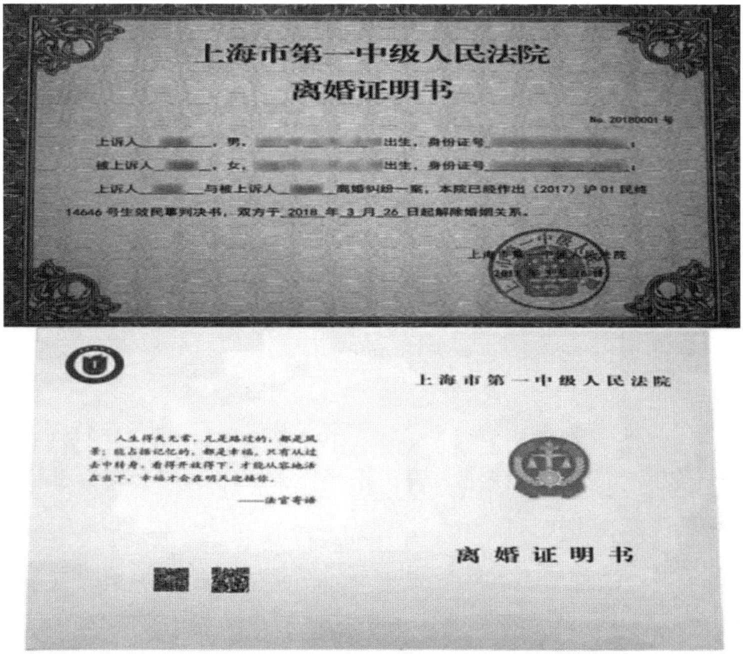

图 2－18 《离婚证明书》样式

五、婚姻效力认定

（一）精神分裂症者的婚姻效力

原《婚姻法》第十条规定，婚前患有医学上认为不应当结婚的疾病，婚后尚未治愈的，婚姻无效。但《民法典》第一千零五十一条已经删除了该条规定。取而代之的是《民法典》第一千零五十三条关于重大疾病如实告知义务的规定，即一方患有重大疾病的，应当在结婚登记前如实告知另一方；不如实告知的，另一方可以向人民法院请求撤销婚姻。请求撤销婚姻的，应当自知道或者应当知道撤销事由之日起一年内提出。而《母婴保健法》第九条规定，经婚前医学检查，对有关精神病在发病期内的，医师应当提出医学意见；准备结婚的男女双方应当暂缓结婚。

因此，在《民法典》正式实施之后，如果一方在结婚登记前确实患有重大疾病如精神分裂症的，则应当如实告知另一方，否则另一方可以在知道或应当知道后的一年内向法院申请撤销婚姻。

如果双方的婚姻确实由于上述原因而被撤销，《民法典》第一千零五十四条第一款规定："无效的或者被撤销的婚姻自始没有法律约束力，当事人不具有夫妻的权利和义务。同居期间所得的财产，由当事人协议处理；协议不成的，由人民法院根据照顾无过错方的原则判决。对重婚导致的无效婚姻的财产处理，不得侵害合法婚姻当事人的财产权益。当事人所生的子女，适用本法关于父母子女的规定。"同时，《民法典》第一千零五十四条第二款还规定无过错方有权请求损害赔偿。

（二）法定无效事由消失后的婚姻效力

《〈民法典〉婚姻家庭编解释（一）》第十条规定："当事人依据民法典第一千零五十一条规定向人民法院请求确认婚姻无效，法定的无效婚姻情形在提起诉讼时已经消失的，人民法院不予支持。"

当事人以重婚为由向人民法院申请宣告婚姻无效的，申请时，有效婚姻关系的当事人办理了离婚手续或配偶一方已经死亡的，人民法院不予支持。[①]

（三）补办结婚登记的婚姻效力

案例 2－164 徐某等诉郑某玲等法定继承案[②]

一审法院：北京市石景山区人民法院（2010）年石民初字第04558号

二审法院：北京市第一中级人民法院（2012）年一中民终字第03095号

案例主旨：双方补办结婚登记的，以登记之日为夫妻关系建立之日。

法院认为，在对徐某某的遗产范围确认时，应当首先明确徐某某与郑某玲的婚姻关系存续时间。本案中徐某某与郑某玲于2005年3月8日登记结婚，经法院调取双方结婚登记档案，双方作出的声明为申请结婚登记声明书，其中明确表示双方申请进行结婚登记，故双方之婚姻效力应当从双方登记结婚之日起即2005年3月8日起算，而不应进行婚姻效力的追溯。

---

① 吴晓芳：《婚姻无效纠纷中法院如何认定"重婚的无效婚姻情形之消失"》，载《民事审判指导与参考》（2017年第1辑·总第69辑）。

② 最高人民法院出版物公布的参考性案例中确定的审判规则，国家法官学院《中国审判案例要览》（2013年民事审判案例卷）收录。

由此判决可见，以1994年2月的《婚姻登记管理条例》的公布为标准，在1994年2月之前，未办理结婚登记即以夫妻名义同居生活者，只要符合结婚实质要件的，即可认定为事实婚姻；在1994年2月之后，补办结婚登记系同居关系合法化的必要条件，其效力追溯至双方均符合结婚的实质要件时起，如果双方不补办结婚登记，其关系认定为同居关系，而不视为事实婚姻。总而言之，如果1994年2月1日之后，即使先以夫妻名义同居、但在之后办理婚姻登记是“结婚登记手续”、而非“补办结婚登记手续”，则一律不再追溯实际婚姻形成的时间仅以结婚登记时间为准。

六、“特殊”离婚案件的处理

（一）“夫妻生活”不和谐可判离

案例2－165 张某某与李某某离婚纠纷案

一审法院：山东省临沂市罗庄区人民法院（2013）临罗民一初字第1969号

二审法院：山东省临沂市中级人民法院（2014）临民一终字第14号

案例主旨：一方以另一方患有性功能障碍无法共同生活为由要求离婚，应当视为夫妻感情确已破裂，应准予离婚。

一审法院认为，原告张某某与被告李某某于2012年建立恋爱关系后并于同年9月17日登记结婚，双方婚前感情基础一般。原、被告婚后共同生活仅一个月便产生矛盾并分居生活至今，双方并未建立起牢固的夫妻感情。现原告以被告患有性功能障碍无法共同生活为由要求与被告离婚，应当视为原、被告夫妻感情确已破裂，故对原告张某某要求与被告李某某离婚的诉讼请求，依法应予准许。一审判决后，被告上诉，二审法院维持原判。

上述法院判决解除婚姻关系主要是利用法院的自由裁量权，具有个案的特殊性。不过，实践中因夫妻性生活不和谐而第一次仍不判离、给双方继续适应机会的案件也不在少数。

（二）监护人可代为进行离婚诉讼

《〈民法典〉婚姻家庭编解释（一）》第六十二条规定：“无民事行为能力人的配偶有民法典第三十六条第一款规定行为，其他有监护资格的人可以要求撤销其监护资格，并依法指定新的监护人；变更后的监护人代理无民事行为能力一方提起离婚诉讼的，人民法院应予受理。”

案例 2 - 166 汪某某与冯某某离婚纠纷案

一审法院： 河南省固始县人民法院（2009）固民监字第 17 号

二审法院： 河南省信阳市中级人民法院（2010）信中法民终字第 779 号

案例主旨： 法定代理人可以代为同意离婚并自愿要求抚养子女。

法院认为，冯某某为无民事行为能力人，有信阳某法医精神病司法鉴定所司法鉴定意见书为凭，汪某某没有证据证明冯某某没有精神病，故法院认定冯某某为无民事行为能力人并无不当；鉴于冯某某的父亲作为其法定代理人同意离婚，法院依法准予离婚；关于孩子抚养问题，由于冯某某为无民事行为能力人，在其父亲的同意下，自愿要求抚养一个孩子，法院依法准许。

（三）患病久治不愈可视为感情破裂

案例 2 - 167 韩某与吴某甲离婚纠纷案

一审法院： 江苏省南通市通州区人民法院（2014）通民初字第 01765 号

二审法院： 江苏省南通市中级人民法院（2016）苏 06 民终 112 号

案例主旨： 一方因疾病长期治疗未能痊愈的，可视为夫妻感情已破裂。

法院认为，一方在夫妻共同生活期间患病，久治不愈的，视为夫妻感情确已破裂。一方坚决要求离婚，经调解无效的，可依法判决准予离婚。韩某自 2008 年确诊为某疾病以来，经长期治疗未能痊愈，目前仍处于相关病症缓解不全状态，无民事行为能力。吴某甲坚决要求离婚，双方已无和好可能，视为双方夫妻感情确已破裂，应当判决离婚。

（四）明知残疾仍结婚表明双方具有感情基础

案例 2 - 168 谢某与贾某离婚纠纷案

一审法院： 江苏省镇江经济开发区人民法院（2019）苏 1191 民初 882 号

二审法院： 江苏省镇江市中级人民法院（2019）苏 11 民终 3799 号

案例主旨： 一方明知另一方智力残疾，仍愿意结婚，表明双方婚前有感情基础，且智力正常一方已经准备接纳和照顾对方，若无充分证据证明夫妻感情确已破裂，法院对于离婚请求不予支持。

一审法院认定的事实：贾某系智力三级残疾。谢某与贾某于某年某月某日登记结婚，双方未生育子女。婚后双方夫妻感情一般，谢某曾于 2017 年 2 月 11 日起诉离婚，后经一审法院调解撤诉；谢某又于 2017 年 11 月 7 日再次起诉离婚，经法院判决驳回其诉讼请求；本次诉讼是谢某第三次起诉离婚。本案审理中，经法庭和有关部门多次调解后，谢某和贾某初步达成调解方案，但后因谢某反悔，故最终未能达成调解协议。

一审法院认为，谢某作为有完全民事行为能力的人对是否要组成婚姻家庭应当有独立自主的判断能力。贾某系智力残疾妇女，更应得到法律保护。贾某智力残疾状态比较明显，谢某在经人介绍相处后依然自愿与贾某登记结婚，说明双方婚前有一定感情基础，且谢某已经准备接纳和照顾贾某以后的生活。双方在婚后共同生活中，也建立了一定的夫妻感情。双方虽因生活琐事产生矛盾，但谢某未提供充分证据证明夫妻感情确已破裂，且无和好可能，故对谢某要求离婚的请求，一审法院不予支持。

二审法院认为，谢某认为贾某患有医学上认为不应当结婚的疾病，我国法律目前对“医学上认为不应当结婚的疾病”未有明确的规定，只有《母婴保健法》第八条提及，婚前医学检查包括严重传染性疾病、指定传染病和有关精神病。贾某系智力三级残疾，并不属于上述三类疾病范畴。且本案是离婚案件，并非确认婚姻效力的案件。贾某智力残疾状态明显，谢某在婚前与其有过相处的时间，作为有独立判断能力的完全民事行为能力人，谢某应当可以判断贾某的情况与常人不同。谢某自愿与贾某登记结婚，说明双方之间有一定的感情基础，双方结婚至今已 3 年有余，谢某应该接纳和照顾贾某今后的生活，履行夫妻间的扶助义务。贾某作为智力残障妇女，更应该得到关心和保护。故对于谢某的上诉请求，二审法院亦不予支持。

第十一节 涉外离婚纠纷

一、涉外离婚财产分割

（一）境外离婚后在中国境内分割房产

1. 境外离婚后分割中国房产适用中国法律

案例2－169 王某诉杜某离婚后财产纠纷案

一审法院：北京市朝阳区人民法院（2013）朝民初字第20499号

二审法院：北京市第三中级人民法院（2014）三中民终字第14783号

案例主旨：双方在境外离婚但分割在中国境内的房产时应适用中国法律。

王某、杜某于1975年3月14日在北京登记结婚，双方均系再婚。王某自1988年后开始到美国工作生活。杜某亦在退休后于1993年前往美国。王某、杜某于1996年11月24日经美国加利福尼亚州旧金山县高级法院判决离婚（现王某、杜某均认可双方于1996年11月24日离婚）。

法院认为，王某、杜某均认可已于1996年11月24日解除了婚姻关系，诉争的B号房屋购买于1994年，应认定为王某、杜某的夫妻共同财产，可以予以分割。诉争的A号房屋，现相关单位无法查询到底档，且根据已查到的情况，A号房屋为两户合租，法院认为现有条件下对A号房屋难以分割。但A号房屋其中一间由王某妹妹李某使用的实际情况法院酌情予以参考作为分割B号房屋的因素之一。

现B号房屋，王某、杜某均认可每平方米单价为42,500元，该房屋建筑面积为81.39平方米，该房屋价值为3,459,075元。现王某、杜某均同意诉争的B号房屋归杜某所有，法院不持异议。考虑到该房屋的原始取得情况，王某、杜某的婚姻情况以及A号房屋由王某妹妹使用等情况，法院酌情认为杜某应给付王某房屋折价款1,037,722.5元。

王某提起再审，北京市第三中级人民法院经过再审后作出（2016）京03

民再1号民事裁定书，由于王某、杜某达成执行和解协议并履行完毕，且双方均未保留再审权利，故终结（2014）三中民终字第14783号民事判决的再审程序。

2. 法院认可我国台湾地区达成的离婚协议效力

案例2-170 钱某诉喻某离婚后财产纠纷案

一审法院：浙江省杭州市桐庐县人民法院（2015）杭桐民初字第1289号

案例主旨：在中国台湾地区达成离婚协议对共同财产进行分割，内容若不违反中国内地的法律，则中国内地法院可以支持。

法院认为，原告钱某与中国台湾地区居民即本案被告喻某在浙江省杭州市民政局办理结婚登记，具有法律效力。后原告户籍迁入我国台湾地区，中国台湾地区也认可双方的婚姻效力。被告喻某曾向中国台湾地区当地法院起诉离婚，最后双方通过协议离婚，解除婚姻关系并分割夫妻共同财产。而中国台湾地区现行“民法典”和大陆地区有关离婚、财产分割在程序上都规定了诉讼离婚和协议离婚两种解决途径。依据中国台湾地区“民法典”有关条款“两愿离婚，应以书面为之，有二人以上证人之签名并应向户政机关为离婚之登记”的规定，以及原告提供的中国台湾地区当地户政司事务所所在公证机关公证并交浙江省公证协会核准认证的离婚协议书，原、被告的婚姻关系确已解除。从中国台湾地区台北地方法院作出的2008年度婚字第328号民事判决和2010年度婚更一字第2号民事判决中可以看出被告在提起离婚诉讼中一并明确主张对包括案涉房屋在内的夫妻共同财产进行分割。

故原、被告最后协议离婚时，不可能不涉及案涉房屋的分割。从双方签订的离婚协议第二条可以得知，双方已对所有的夫妻共同财产进行了分割，当然包括案涉房屋在内，该协议经登记后即对双方具有法律约束力。现原告依据离婚协议请求确认某公寓3幢302室的房屋归原告所有，符合法律规定，应予以支持。被告主张离婚协议未对某公寓3幢302室的房屋进行分割的抗辩理由不能成立，法院不予采纳。

（二）一方名下的内地房产并非当然共有

1. 仅由一方继承的内地房产并非当然共有

案例2－171 王某某与蔡某某所有权确认纠纷案

一审法院：广东省深圳市罗湖区人民法院（2018）粤0303民初1947号

二审法院：广东省深圳市中级人民法院（2018）粤03民终14771号

案例主旨：双方均为中国香港特区居民且未协议选择适用法律，亦无有效证据证明双方共同经常居所地在中国内地，故应适用香港法律判定一方继承的中国内地的房产的归属。

一审法院认为，本案为所有权确认纠纷。根据法律规定，不动产物权，适用不动产所在地法律。因此，本案适用中国内地法律。王某某、蔡某某于2001年10月19日在黑龙江省民政厅涉外婚姻登记处登记结婚，双方为合法夫妻。根据相关法律规定，在婚姻关系存续期间，除个人所有财产和夫妻另有约定外，夫妻双方或一方所得的财产，均归夫妻共同所有，夫妻双方享有平等的财产所有权。涉案房产是在王某某、蔡某某婚姻存续期间由蔡某某继承取得，且未有证据证明王某某、蔡某某双方对夫妻共同财产另有约定，亦未有证据证明存在遗嘱且遗嘱中确定涉案房产归夫或妻一方，因此，涉案房产属于夫妻共同财产。关于王某某要求确认其对涉案房产享有50%的产权并要求蔡某某办理产权变更登记手续的主张。一审法院认为，本案中，王某某、蔡某某双方现在仍然是夫妻关系，法律对涉案房产需登记在夫妻一方或是夫妻双方名下并无强制性规定，因此，涉案房产登记在蔡某某名下合法合理。另外，涉案房产是王某某、蔡某某的夫妻共有财产，夫妻共同财产属于共同共有，而非按份共有。夫妻对全部共同财产，不分份额地享有同等的权利，承担同等的义务。

二审法院却认为，本案系所有权确认纠纷。王某某与蔡某某均为中国香港特区居民，王某某基于双方的夫妻关系诉请对蔡某某名下的涉案房产具有50%产权，故本案争议系属夫妻财产关系问题。《涉外民事关系法律适用法》第二十四条规定，夫妻财产关系，当事人可以协议选择适用一方当事人经常居所地法律、国籍国法律或者主要财产所在地法律。当事人没有选择的，适用共同经常居所地法律；没有共同经常居所地的，适用共同国籍国法律。本案中，涉案双方未协议选择适用法律，王某某亦未能提供有效证据证明双方共同经常居所地为深圳，故本案纠纷应适用香港法律。涉案房产位于深圳，王某某主张本案纠纷应适用房产所在地法律，据此诉请对涉案房产具有50%产权、蔡某某协助办理变更登记手续，于法无据，本院不予采纳。一审认定涉案房产为夫妻共同财产，属适用法律错误，二审法院予以纠正。蔡某某关于本案纠纷应适用香港法律的上诉主张成立，法院予以采纳并予以纠正，但二审法院认为一审法院驳回王某某诉讼请求的实体处理结果并无不当，二审法院予以维持。至于蔡某某上诉请求确认涉案房产为其个人所有，法院认为，蔡某某于本案一审中并未提起反诉，其该上诉请求，并非本案审理范围，本案对此不作审查认定。

2. 夫妻一方名下的内地房产并非当然共有

案例2－172 徐某某诉张某某所有权确认纠纷案

一审法院：上海市长宁区人民法院（2015）长民三（民）初字第1208号

二审法院：上海市第一中级人民法院（2016）沪01民终2239号

案例主旨：关于系争房屋所有权归属之争议，在冲突规范上，应优先适用《涉外民事关系法律适用法》第二十四条；在实体法律上，应适用香港法律；在争议判定上，由于系争房屋产权不存在财产推定信托，系争房屋登记于一方名下，应认定为一方个人所有。

一审法院认为，张某某、徐某某均系中国香港特别行政区居民，婚姻缔结地为香港，不动产所在地为内地，共同经常居住地为内地，在张某某、徐某某无法协议选择适用法律的情况下，张某某要求适用内地的法律，符合《涉外民事关系法律适用法》的规定。张某某提供的证据可证明张某某、徐某某系夫妻关系，系争房屋的权利取得在张某某、徐某某的婚姻关系存续期间，根据内地法律的规定，夫妻在婚姻存续期间取得的财产，除另有约定外，归夫妻共同所有。张某某基于与徐某某的夫妻关系主张共有应予支持，但法律规定夫妻之间财产为共同共有，而非按份共有，故对张某某按份共有的请求，不予支持。

二审法院却认为，系争房屋登记于徐某某一人名下，应认定为徐某某一人所有。就本案中双方争议之焦点，二审法院归纳、分析、认定如下：

一、就本案应选择适用的冲突规范

就本案纠纷适用的实体法律，徐某某主张应适用香港法律，张某某则主张应适用内地法律。双方对实体法律的适用未能协商一致，故应按照《涉外民事关系法律适用法》的相关规定，确定本案民事法律关系应适用何种法律规范，即首先应依本法之规定确定本案纠纷应适用的冲突规范，进而由此指引本案纠纷应适用的实体法律。二审法院认为，双方就系争房屋权属产生的争议，从现有的法律规定看，若基于双方的特定身份关系，则落入《涉外民事关系法律适用法》第二十四条调整的夫妻财产关系纠纷范围，若基于标的物的属类，则又落入《涉外民事关系法律适用法》第三十六条调整的不动产物权纠纷范畴，优先适用哪一条的规定系双方争议的焦点。双方就系争房屋产权归属发生的纠纷，从形式上看是对不动产权属的确认之诉，但张某某是基于与徐某某的婚姻关系而要求确认系争房屋权属归两人共有，其实质是因婚姻关系所产生的财产争议，即具有合法婚姻关系的男女双方对财产的权利义务关系，或男女双方对合法婚姻关系存续期间取得财产的权利义务关系。双方的争议是基于确认当事人之间具有合法婚姻关系的基础上，具有更强的身份特征或属人特性。在处理夫妻财产关系的法律冲突时，遵循国际私法的基本原则，宜首先尊重当事人的意思自治，允许夫妻双方协议选择调整夫妻财产关系的法律，夫妻双方未选择的，选择与身份特征更具密切联系的联结点。基于上述分析，二审法院认为，就本案争议之冲突规范的适用，应优先选择适用《涉外民事关系法律适用法》第二十四条之规定，而非第三十六条之规定。

由此，关于本案所有权争议所涉实体法律的选择适用，二审法院依据《涉外民事关系法律适用法》第二十四条规定的指引，来具体确定涉案民事法律关系的当事人的权利义务。本案中，张某某与徐某某没有协议选择共同适用的法律，故根据该条规定的指引，应首先适用共同经常居所地法律，没有共同经常居所地的，选择适用共同国籍国法律。

二、就张某某与徐某某是否存在共同经常居所地的争议及实体法律的选择争议

徐某某主张，徐某某的经常居所地为中国香港特区，张某某于1994年前的经常居所地为中国香港特区，1994年后的经常居所地为内地，张某某与徐某某缔结婚姻关系时，双方的经常居所地均为中国香港特区，系争房屋产权取得时，双方并不存在共同的经常居所地，应选择适用双方的国籍国法律，故本案实体法律应适用香港法律。张某某则主张内地系双方的共同经常居所地，故即便选择适用《涉外民事关系法律适用法》第二十四条之规定，本案实体法律仍应适用内地法律。

对此，二审法院认为，本案争议实质上基于双方存在特定身份关系而引发，故应以张某某与徐某某形成特定身份关系的时间作为确认双方经常居所地的时间节点。根据已查明的事实及当事人的庭审陈述，张某某与徐某某于1987年在香港登记结婚，且此前双方均长期居住于中国香港特区，故本案中，应认定中国香港特区为张某某与徐某某不动产纠纷争议中的指引实体法适用的经常居所地，本案就系争房屋权属产生的纠纷，应优先适用香港法律，而非内地法律。

退一步讲，即便将系争房屋产权取得时间作为确认双方经常居所地的时间节点。从本案已查明的事实看，系争房屋产权于1998年2月18日登记于徐某某名下，此后因宗地面积发生变更，于2009年8月申请了变更登记并重新取得产证，因系争房屋面积并未发生实际变更，故仍应认定1998年2月28日为确认双方经常居所地的时间节点。从当事人的庭审陈述及出入境记录查询结果来看，以该时间节点计算，徐某某的经常居所地为中国香港特区，张某某的经常居所地为内地，双方并不存在共同的经常居所地，故应适用共同国籍国法律，即香港法律。至于是否能以张某某向一审法院提起诉讼的时间作为确认双方经常居所地的时间节点之争议，目前的法律法规对此并未作出明确规定，基于本案系因特定身份关系引发的不动产纠纷，故较之当事人提起诉讼的时间节点，当事人间成立特定身份关系的时间节点，与双方争议的涉外民事关系更具密切联系，二审法院优先将当事人间成立特定身份关系的时间即张某某与徐某某缔结婚姻关系的时间作为确认双方经常居所地的时间节点。综上所述，就本案争议所涉实体法律的适用选择，应适用香港法律。

三、张某某与徐某某是否存在财产推定信托之争议

关于香港法律中夫妻财产法律关系规定的问题。张某某与徐某某二审中一致确认，根据《已婚者地位条例》（《香港法例》第182章）第三条、第四条的规定，香港法律规定的是夫妻分别财产制，即香港法律成文法中规定实行夫妻分别财产制，但在衡平法或判例法中，如存在财产推定信托，则可认定登记在夫妻一方名下的不动产为夫妻共有。本案中，系争房屋产权取得于徐某某与张某某婚姻关系存续期间，但产权仅登记在徐某某一方名下，徐某某与张某某间也不存在关于系争房屋产权归属的书面协议，故从香港法律成文法的规定看，系争房屋应属徐某某一人所有；从香港法律衡平法的角度看，就系争房屋产权归属，徐某某与张某某间是否存在财产推定信托系双方争议的主要焦点。

关于认定推定信托成立的构成要件的问题。徐某某认为，系争房屋产权登

记于徐某某名下，张某某主张双方存在财产推定信托，应由张某某承担相应的举证责任。作为否定推定信托存在的一方，徐某某只需从出资、参与财产的购买情况、对取得财产的贡献等方面来反驳推定信托的存在即可，并认为认定推定信托存在的构成要件就是其陈述的上述三个要件。张某某则主张应考虑的因素为：(1) 共有财产的合意；(2) 主张推定信托存在的一方为取得财产做出贡献；(3)《香港法例》第 192 章《婚姻法律程序与财产条例》第七条第一款指出的法院应当考量的因素，包括夫妻双方的资产，债务和经济来源，他们各自为婚姻做出的贡献，婚姻的持续时间，他们的年龄，健康状况，以及由婚姻所产生的义务，例如对子女的抚养。

对认定推定信托存在的构成要件，香港法律并无明确规定，结合当事人的主张及双方各自提交的法律意见书，可从双方是否存在共有争议财产的合意、主张推定信托存在的一方是否存在使自己利益受损的行为或是否为取得争议财产做出贡献这两个构成要件进行判断。至于张某某主张的《香港法例》第 192 章《婚姻法律程序与财产条例》第七条第一款规定的考量因素，因系夫妻财产分割中应考量的因素，并不属于本案所有权确认纠纷中应当考量的因素。

关于张某某与徐某某是否存在共有系争房屋合意的争议。正如张某某向法院递交的香港律师出具的法律意见书中所陈述的，衡平法之下，并没有规限法院可考量的因素和行为，法院会综合考虑及衡量所有有关因素后，裁定当时双方是否有共同意图。系争房屋由徐某某购买，产权登记在徐某某一人名下，从徐某某、张某某的庭审陈述及出入境记录看，徐某某此时以香港为经常居所地，张某某以内地为经常居所地，双方并不存在共同的经常居所地。系争房屋产权登记在徐某某名下后，产权证由徐某某保管，并由徐某某实际控制、利用，张某某虽在内地特别是系争房屋所在地上海长期生活、居住，但没有证据证明张某某此后经常性地参与了对系争房屋日常的管理与收益，或为持有系争房屋直接付出对价，徐某某显然是以单独所有的意思表示占有、使用、收益、处分系争房屋，并没有与张某某共有系争房屋产权的意思表示。张某某主张其曾实地看房、了解房屋的真实性，但其没有提供证据证明其上述陈述，退一步讲，即便存在上述事实，也不足以据此推定双方存在共有系争房屋的合意。张某某陈述系争房屋购买后，其知道产权证登记在徐某某名下，但至双方发生纠纷已近 17 年，张某某从未主张过系争房屋的所有权，从该情节看，张某某显然对系争房屋持有非产权人的心态。综合上述分析，从在案证据反映的事实看，无法认定张某某与徐某某存在共有系争房屋的合意。

关于张某某是否为取得系争房屋作出贡献或存在使自己利益受损的行为之争议的问题。系争房屋的首付款由徐某某支付，银行贷款亦以徐某某名义归还，从目前的在案证据看，张某某从未以自己的名义支付过购房款或归还过银行贷款，张某某与徐某某间也不存在双方共同出资而仅以徐某某名义履行出资或还款义务的协议，故应认定张某某对取得系争房屋并未做出贡献或者未做出使自己利益受损的行为。张某某主张徐某某自婚后即没有职业收入，相应的家庭支出均由其承担，系争房屋购房款及银行贷款虽以徐某某名义支付，但均来源于张某某的经济收入，故张某某对取得系争房屋做出了贡献。对此，二审法院认为，从双方各自提供的法律意见书看，香港法律规定实行夫妻分别财产制，但并未区分不动产与动产，故对于现金等动产，仍以名义人或持有人为所有人，徐某某名下账户支出或者以徐某某名义支出的现金，应认定为徐某某所有，与张某某无涉，且张某某也没有证据证明徐某某支付的购房款及归还的银行贷款与其存在直接的关联，故张某某的上述主张，亦不足以认定张某某对取得系争房屋做出贡献或做出使其利益受损之行为。

综合上述对认定推定信托成立的构成要件之分析，张某某主张其与徐某某存在财产推定信托的情形，但缺乏相应的事实基础及证据支持，法院无法认定张某某、徐某某就系争房屋存在推定信托。张某某要求确认系争房屋归张某某与徐某某共有的诉讼请求，缺乏事实基础，法院予以驳回。

综上所述，就张某某与徐某某关于系争房屋所有权归属之争议：在冲突规范上，应优先适用《涉外民事关系法律适用法》第二十四条之规定；在实体法律上，应适用香港法律；在争议判定上，张某某与徐某某就系争房屋产权不存在财产推定信托，现系争房屋登记于徐某某一人名下，应认定为徐某某一人所有。

3. 分割中国香港特区居民单方一名下的内地房产需综合考量

根据上述案例，双方当事人均为中国香港特区居民的情况下，如果在中国内地起诉要求分割“共有”财产的案件，不存在争议财产是否绝对共有的定论。还是需要结合具体案情、按经常居所地法并从成文法与判例法的区别等因素进行综合考量。

（1）内地法与中国香港法的适用问题

在上述案例中，一审法院认为，徐某某、张某某均系中国香港特别行政区居民，婚姻缔结地为中国香港特区，不动产所在地为内地，共同经常居住地为内地。在二人无法协议选择适用法律的情况下，张某某要求适用内地关于婚姻、财产关系的法律，符合《涉外民事关系法律适用法》的规定。一审法院遂依据内地的法律认定系争房屋属于夫妻共同财产。而二审法院却认为，关于本案纠纷应适用的冲突规范，根据《涉外民事关系法律适用法》的规定认定本案适用《香港法例》第182章《已婚者地位条例》的相关规定，适用夫妻分别财产制，认为该处房产应归女方所有。

（2）经常居住地与经常居所地的区别

经常居所在国际上又称惯常居所，《涉外民事关系法律适用法》有许多条文都涉及适用经常居所地法律的问题。近年来，无论是海牙国际私法会议缔结的众多国际条约，还是欧盟的新近立法，“经常居所”均是主要的联结点。《涉外民事关系法律适用法》将“经常居所地”作为联结点，体现了我国在涉外法律适用方面符合国际立法的主流趋势。《民事诉讼法》等法律及司法解释中使用的是“经常居住地”的概念，即公民离开住所地最后连续居住1年以上的地方。那么“经常居住地”与“经常居所地”的概念是否一致？这取决于法院如何认定涉外案件中的“经常居所地”，从而确定相应的法律适用问题。

根据国际上的一些惯常认定方法，“经常居所地”需要结合具体案件情况并通过分析当事人的居住事实和居住意图等综合因素进行判断。如欧盟对于“经常居所地”的认定主要会结合当事人居住期限的长短、是否具有连续性，以及居所地与人身关系、家庭关系以及职业性质等联系进行综合判断，其中当事人的居住意图是认定经常居所地的重要因素。

在最高人民法院提审的“郭某某、李某某与青岛某某文具有限公司股东资格确认纠纷”中，山东省高级人民法院对于“经常居所地”的判断非常值得借鉴。山东省高级人民法院认为，所谓“连续居住1年以上”，并不是指一种绝对的连续状态，而是指的一种相对持续的居住状态，在居住期间，即使当事人由于工作派遣、短期学习、出国旅游、赴外就医等原因导致其不能始终居住在某一地，但只要其居住状态是相对持续的，且达到1年以上，并不影响对其经常居所的判断。而对于“作为其生活中心的地方”这一标准，则既要注重考察当事人的主观意愿，又要看当事人的客观生活状况，然后进行综合判断。即从当事人的主观意愿、家庭生活、社会关系、主要职业、财产状况等各方面进行综合考察。就两个标准之间的关系而言，法院认为，二者除了是并列条件的关系外，还是判断时重要的相互参考因素。也就是说，在判断是否连续居住时，除了要看当事人在某地居住的连续状态，还要看当事人主观上是否有将其作为生活中心的居住意图。在判断当事人是否将某地作为生活中心时，除了要看当事人主观上的居住意愿外，还要看当事人的持续居住状态。

因此，对于涉案当事人是否具有“经常居所”需要进行综合判断，从而认定案件是否可适用双方共同居所地的法律。

（3）成文法与判例法的适用

法系是具有共同法律传统的若干国家和地区的法律现象的总称，大陆法系与欧美法系是世界最重要的两大法系。大陆法系又称为成文法系、普通法系，其沿袭罗马法，具有悠久的法典编纂传统，重视编写法典，具有详尽的成文法，强调法典必须完整，以致每一个法律范畴的每一个细节，都在法典里有明文规定，中国内地目前的法律体系属于大陆体系，法院判决主要依赖于法律条文的规定；英美法系因其起源，又称为不成文法系、衡平法系。同大陆法系偏重于法典相比，英美法系在司法审判原则上更“遵循先例”，即作为判例的先例对其后的案件具有法律约束力，成为日后法官审判的基本原则，中国香港特区目前的法律体系属于英美法系，判例所构成的判例法在整个法律体系中占有非常重要的地位，一个案例的裁定结果会影响到以后相似案件的审理。

在上述案例中，二审法院的法官在确认本案适用中国香港特区法律的前提下，直接按照中国内地的法律适用习惯，选取了《香港法例》第182章《已婚者地位条例》的相关规定，作出了香港法律认定婚内夫妻共同财产应当适用夫妻分别财产制的结论。鉴于中国内地与中国香港地区在司法上是相互独立的，且分属不同的法系，因此，两地对于法律适用的规则是迥然不同的，且作为内地司法机构的法官，对于其引用的法律条款原则上不应具有法定的解释权，二审法院直接适用上述法条认定本案夫妻财产性质的做法，我们认为存在需要商榷之处。

我们曾代理过一起相类似的案件，涉案的夫妻也是香港居民，在中国香港特区结婚，婚后两地分居，因此未形成法律意义上的共同居所地。而根据《涉外民事关系法律适用法》的规定，双方的夫妻财产关系应当适用双方共同国籍国法律，即香港地区的法律。考虑到香港地区系遵循判例法的地区，因此我们针对“夫妻双方婚后购买的房产，若仅登记在一方名下，根据香港法律，该房产是否属于婚姻财产”的问题，征求了香港律师的法律意见，得到的结论与该案二审法院的判决完全不同。

根据香港律师的意见，香港终审法院在LKW v. DD（FACV16/2008）一案中曾详细探讨有关婚姻财产的问题并作出相关指引。香港终审法院在LKW v. DD一案中指出，一般来说，婚姻中的一方或双方在婚姻期间所取得的财产均属于婚姻财产适用于平等分享原则，但有两类资产可能以来源为理由而不把它们包括在分享原则里。第一类是其中一方在婚姻期间得到的财产，而这些财产的来源是和婚姻完全无关的，例如从馈赠得来，或继承得来；第二类是从某些业务或投资得来的资产，而这些业务或投资是由其中一方单独处理的（有时称为“单方资产”）。此外，香港终审法庭指出，尽管在不同案例中法官对如何处理单方资产有不同意见，但分歧只是关于婚姻短暂的情况下应如何处理。但对于长时间的婚姻，法庭同意将平等分享原则适用于单方资产。

根据上述法律意见我们可以看出，香港终审法院认为婚姻存续期间一方或双方所取得的财产均属于婚姻财产，这与中国内地《民法典》婚姻家庭编规定的原则是一致的。此外，即使被法院认定为一方的单方资产则在双方持续长时间的婚姻情况下，法院还是同意该类型资产适用平等分享原则。所以根据香港终审法院判例的精神，首先夫妻关系存续期间，除了来源与婚姻完全无关的财产外，所有的财产都属于婚姻财产。如果双方婚姻时间持续较长，即使是一方的单方资产也可以适用平等分享原则进行分配。因此，根据香港终审法院的相关指引，上述案例中徐某某名下的房产可能应属于婚姻财产而适用于平等分享原则。

退一步来说，即使内地法院认为香港律师的法律意见只能起到参考的作用，并不具有解释法律的作用，但内地法院对于该法条也并不具有法定的解释权力，也无法判定其引用的法律条款必然适用于该个案。我们认为，内地法院或许可以让当事人先通过香港法院对该房产的性质作出判决，再将香港法院的判决作为证据，进而判决该房产的归属，这样或许能得出最准确的法律结论。

随着社会的发展及中外交流的不断深入，中国内地的涉外婚姻数量已呈几何式的增长，随之而来的涉外婚姻纠纷也层出不穷，而涉外婚姻案件中对于涉外民事关系的法律适用问题则涉及不同国家、不同法律体系的法律综合运用问题。

因此，两方都为外国人，在中国起诉要求分割“共有”财产的案件，不存在争议财产是否绝对共有的定论，要结合具体案情，将经常居所地法律以及成文法与判例法等因素进行综合考量。人民法院审理此类案件过程中，特别是终审审理过程中，一定要理解大陆法系“成文法”与英美法系“判例法”之间的关系，不能割裂两者关联的应用，不能仅以“成文法”的思维作出判决，而是要结合判例法的相关案例法律精神综合考量裁决。

4. 分割一方名下内地房产的法律适用

案例 2－173 孙某某与陈某某所有权确认纠纷案

一审法院：上海市第一中级人民法院（2018）沪01民初1044号

二审法院：上海市高级人民法院（2020）沪民终250号

案例主旨：因房屋产权归属发生的纠纷，从形式上看是对不动产权属的确认之诉，但实质上是基于与双方当事人婚姻关系而要求确认涉案房屋权属归两人共有，其实质是因婚姻关系所产生的财产争议。双方争议的法律行为发生时，当事人之间具有合法的婚姻关系，因而该争议具有更强的身份特征或属人特性。

法院认为，双方当事人系我国台湾地区居民，本案系涉台所有权确认纠纷，我国台湾地区与我国法律属一国之内的不同法域，存在区际司法冲突，故根据《最高人民法院关于审理涉台民商事案件法律适用问题的规定》，应适用《涉外民事关系适用法》来指引本案纠纷应适用的实体法律，进而依据实体法律的相关规定来确定涉案房屋的权属。现双方的主要争议在于准据法的认定，孙某某认为依据《涉外民事关系适用法》第三十六条的规定，应适用不动产所在地法律，或者根据《涉外民事关系适用法》第二条的规定，其他法律对涉外民事关系法律适用另有特别规定的依其规定，而民法通则司法解释第一百八十八条（现已失效）对涉外离婚以及因离婚而引起的财产分割案件的法律适用有明确规定，据此主张适用内地法律。陈某某则主张本案应适用《涉外民事关系适用法》第二十四条，因双方无协商一致选择适用的实体法，亦无共同经常居所地，故应适用我国台湾地区“法律”。对此法院认为，本案双方就涉案房屋产权归属发生的纠纷，从形式上看是对不动产权属的确认之诉，但孙某某是基于与陈某某的婚姻关系而要求确认涉案房屋权属归两人共有，其实质是因婚姻关系所产生的财产争议。双方争议的法律行为发生时，当事人之间具有合法的婚姻关系，因而该争议具有更强的身份特征或属人特性。在处理夫妻财产关系的法律冲突时，遵循国际私法的基本原则，宜首先尊重当事人的意思自治，允许夫妻双方协议选择调整夫妻财产关系的法律，夫妻双方未选择的，应选择与身份特征更具密切联系的联结点的法律。因此，就本案争议之冲突规范的适用，应优先选择适用《涉外民事关系适用法》第二十四条之规定。

本案中，双方未协议选择适用的法律，故根据上述规定应先适用共同经常居所地法律。孙某某主张在涉外民事关系产生或者变更、终止时，双方的共同经常居所地为上海，但其未能提供充分的证据予以证明，法院不予采信。同时，双方一致确认没有共同经常居所地。故本案在实体法的选择上，应适用我国台湾地区“法律”。

根据中国台湾地区“民法亲属编施行法”的相关规定，本案双方之间基于夫妻财产关系的纠纷应适用修订后的中国台湾地区现行“民法亲属编”中的相关法规。根据“民法亲属编”第一千零一十七条第一项之规定：夫或妻之财产分为婚前财产与婚后财产，由夫妻各自所有。不能证明为婚前或婚后财产者，推定为婚后财产；不能证明为夫或妻所有之财产，推定为夫妻共有。

根据上述中国台湾地区修正后之“民法”第一千零一十七条及相关立法旨趣，关于不动产所有权之归属，即使由夫出资而登记在妻之名下，仍应以登记为准，其登记具有绝对效力，在登记被撤销前不能否认登记之公信力。可见，中国台湾地区“法律”规定，夫或妻之财产可分为婚前财产和婚后财产。夫或妻于婚姻关系存续期间所得财产，亦为夫或妻的原有财产，各自享有所有权。只有在不能证明权属时，才推定为夫妻共有。本案中，陈某某于婚姻关系存续期间与案外人签订房屋买卖合同，并将涉案房屋登记为其一人所有，该登记未被撤销，具有合法公信力，故涉案房屋的所有权归属明确，并无不明，自无须再依中国台湾地区“民法亲属编”第一千零一十七条第一项规定推定涉案房屋为夫妻共有。故，孙某某主张涉案房屋系夫妻共同财产，无事实和法律依据，法院不予支持。

（三）关于在境外购置的房产的分割方式

1. 可依据境外达成的分居协议分割境外房产

案例 2－174 杨某与骆某甲离婚纠纷案

一审法院：湖北省襄阳高新技术产业开发区人民法院（2015）鄂襄新民初字第 00499 号

案例主旨：双方在境外达成的对于家庭财产分割的约定符合法律规定，对双方具有约束力，属于有效协议。

原告杨某与被告骆某甲于1990年3月12日登记结婚，婚后生育一子一女，子女现均已成年。2011年11月25日，双方（甲方骆某甲，乙方杨某）签订分居协议，其中载明美国房产归甲方骆某甲所有。该协议由骆某甲、杨某签字。见证人处有骆某丁及simon（系骆某乙的英文名）签字。

被告向法院提交了美国房产的产权转让契约。用于证明位于美国内华达州的房屋原系原、被告的共有财产，因《分居协议》第四条约定美国房产归被告所有，原、被告于2012年8月15日签署产权转让契约，约定“骆某甲和杨某特此授权并转让给已婚人士骆某甲，作为其个人独有的财产”；原、被告已按《分居协议》的内容进行婚内财产的分割，《分居协议》非离婚财产分割协议。经质证，原告认为原告该次诉讼，并未涉及海外的财产，与本案无关。因双方并未否定该产权转让契约的真实性，法院予以确认。

法院认为，该协议署名为《分居协议》，从其内容为“甲乙双方于1990年在中国湖北襄阳登记结婚，育有一子一女，经双方冷静思考，现自愿达成以下家庭财产分割及分居生活协议”看，系双方对婚内财产进行分割作出的约定；从双方签订《分居协议》的目的看，当时双方并未谈及离婚，杨某在加拿大的离婚诉讼案件提交的答辩状也陈述签订《分居协议》是为了双方有可自由支配的财产，获得经济独立。且签订该协议并非以登记离婚或到人民法院起诉离婚为条件。同时，原、被告在襄阳市中级人民法院因股权转让合同纠纷诉讼中各自提交的股权协议中也再次明确约定“甲、乙双方均不得以最高人民法院关于适用婚姻法若干问题解释（三）第十四条之规定（现已失效）对该协议及双方于2012年（应为2011年）11月25日签订的分居协议予以反悔，要求法院认定本协议及此前签订的分居协议没有生效，即甲、乙双方均放弃对本协议及甲、乙双方于2012（应为2011年）年11月25日签订的分居协议提出反悔的权利”。因此，双方于2011年11月25日签订的《分居协议》中对于家庭财产分割的约定符合法律规定，对双方具有约束力，属于有效协议。

双方依据《分居协议》对协议中的部分内容已经履行。原告主张该分居协议是以离婚为目的的无效协议，无相关证据证实，法院不予采纳。原告在本次诉讼中请求对列明的财产重新予以分割，因其列明的财产已包含于《分居协议》中，《分居协议》对夫妻共同财产作出的分割系当事人的真实意思表示，受法律保护，故原告要求重新分割的请求不能成立，法院不予支持。原、被告双方关于共同财产的分割合法有效，由双方按照分居协议中的财产约定履行。

2. 未提供境外房产证据的不予处理

案例2－175 叶某诉被告徐某某离婚后财产纠纷案

一审法院： 上海市浦东新区人民法院（2014）浦民一（民）初字第24750号

案例主旨： 未提供境外房产确实存在的证据，法院不予处理。

法院认为，原告叶某与被告徐某某就双方所称的美国房产未提供任何证据予以证明，也未根据法律的规定提供相应的翻译件，法院无法确定该外文材料的内容及真实性，本案中对原、被告所称的美国房产不作处理，如确有证据证明该美国房产确实存在，可由相关方根据相关的法律规定确定由何国法院管辖，通过另案诉讼解决。

上述处理方式也是中国法院在对待境外房产时较为常见的处理方法。

3. 应依据公平合理原则处理境外房产

案例2－176 王某与佟某离婚纠纷案

一审法院： 北京市海淀区人民法院（2014）海民初字第18858号

二审法院： 北京市第一中级人民法院（2015）一中民终字第01007号

案例主旨： 夫妻财产的分配并非仅对财产进行简单的价值计算，而是对财产结合双方的生活、居住、使用等因素依据公平合理的原则进行利益上的平衡。

本案中，佟某与王某长期两地分居，故二人共同财产的分割应考虑到如下因素：（1）双方实际生活、工作的地点；（2）财产来源及购买金额；（3）房屋的面积及方便使用；（4）房屋分配后对双方生活居住的重大影响等。这些因素对于长期处于国内、国外分居的夫妻财产分配异常重要，法院应综合考虑并给予利益平衡。

经审理查明，位于美国的房屋系将原有旧房折价后支付首付款，该房屋面积约为190平方米，而位于北京市海淀区的房屋面积仅为40.60平方米，为房改房（成本价），且佟某名下现仅有一套住房，综合考虑以上情况法院判决将北京市海淀区住房一套判归佟某所有，在美国的房产判归王某所有并无不当。鉴于美国房产的相关权利归王某所有，故该房剩余房屋贷款由王某负责偿还为宜。

4. 境外财产因无法查明故不予处理

案例 2－177 周甲与王某某离婚纠纷案

一审法院：上海市浦东新区人民法院（2015）浦民一（民）初字第 2966 号

案例主旨：中国法院对于外国的财产无法查明，故不予处理。

法院认为，对夫妻共同财产分割问题，原告周甲认为原告及其母亲曾 5 次汇款给被告王某某用于购买澳大利亚房产，被告虽在本案中未予认可，但在（2014）浦民一（民）初字第 12039 号案件中认可上述汇款用于在澳大利亚购买房屋。故原告要求分割上述汇款的请求法院不予支持。因购买的房屋在澳大利亚，法院对国外的财产无法查明，故对澳大利亚房屋法院不予处理。

（四）涉外夫妻财产关系法律适用的认定

1. 适用夫妻共同经常居所地法律

案例 2－178 谢某某与李某某物权确认纠纷案

一审法院：广东省深圳市南山区人民法院（2015）深南法前民初字第 181 号

二审法院：广东省深圳市中级人民法院（2017）粤 03 民终 3385 号

案例主旨：2011 年 4 月 1 日前发生的涉外夫妻财产关系适用问题可以参照《涉外民事关系法律适用法》第二十四条的规定，双方当事人没有协议选择适用法律，应适用双方共同经常居所地法律。

一审法院认为，本案的争议焦点是关于本案纠纷应适用的准据法。《涉外民事关系法律适用法》第三十六条规定，不动产物权，适用不动产所在地法律。本案系物权确认纠纷，应按上述法律对处理“不动产物权”之特别规定进行处理，该项纠纷应“适用不动产所在地法律”，涉案不动产所在地系中国内地，故本案应适用中国内地法律。根据中国内地法律的规定，涉案房产虽然登记在谢某某一人名下，但系李某某、谢某某婚后购买，应为夫妻共同财产。故李某某诉请确认涉案房产为李某某、谢某某共同共有（两人各占 50% 份额）、谢某某协助办理产权登记加名手续，有事实和法律依据，法院予以支持。

二审法院则认为，2011 年 4 月 1 日起实施的《涉外民事关系法律适用法》

第二十四条明确规定了涉外夫妻财产关系的法律适用问题。在该法实施前，中国内地没有关于涉外夫妻财产关系法律适用问题的法律规定。2012 年 12 月 10 日《涉外民事关系法律适用法司法解释（一）》第二条明确规定："涉外民事关系法律适用法实施以前发生的涉外民事关系，人民法院应当根据该涉外民事关系发生时的有关法律规定确定应当适用的法律；当时法律没有规定的，可以参照涉外民事关系法律适用法的规定确定。"本案中，双方争议的涉案房产产权取得时间发生在2011 年 4 月 1 日《涉外民事关系法律适用法》实施之前，因此，关于李某某与谢某某的夫妻财产关系的法律适用问题可以参照《涉外民事关系法律适用法》第二十四条的规定来确定准据法。在本案中，双方当事人没有协议选择适用法律，均未提供证据证明双方共同居所地在中国内地或双方共同居所地不在中国香港特区，法院认为，二人夫妻财产关系的认定应适用双方共同经常居所地或共同户籍地——香港的法律，一审法院依据我国内地的法律确定涉案房产为夫妻共同财产，适用法律错误，应予以纠正。在中国香港特区，按《已婚人士地位条例》的规定，夫妻之间实行分别财产制，除非另有证据显示为夫妻共同财产，否则夫妻双方婚前和婚后所得财产归各自所有。故李某某主张登记在谢某某名下的涉案房产产权份额为婚后所得、应为夫妻共同财产缺乏法律依据，法院不予支持。另，李某某主张依据香港《婚姻法律程序与财产条例》等有关规定，其对涉案房产享有一定的物权权益，该问题属于离婚或离婚析产诉讼中考量的问题，而本案系所有权确认纠纷，对该主张法院不予支持。

2. 适用夫妻双方共同国籍国法律

案例 2－179 林某某与李某某、杨某某民间借贷纠纷案

一审法院： 广东省深圳市罗湖区人民法院（2013）深罗法民二初字第 3029 号

二审法院： 广东省深圳市中级人民法院（2014）深中法涉外终字第 64 号

案例主旨： 双方就夫妻财产关系协议未选择适用的法律且无共同经常居所地的，如果双方具有相同国籍，则应适用共同国籍国法律。

法院认为，本案为涉港民间借贷纠纷，涉及李某某与杨某某之间的民间借贷法律关系及杨某某与林某某之间的夫妻财产法律关系。对李某某与杨某某之间的民间借贷法律关系，双方当事人未协议选择适用的法律，根据《涉外民事

关系法律适用法》第四十一条，应适用最密切联系原则来确定适用的法律。贷款人李某某系中国内地的自然人，合同履行地在中国内地，故中国内地与该民间借贷法律关系具有最密切联系，法院应适用中国内地法律处理涉案民间借贷法律关系。对杨某某与林某某之间的夫妻财产法律关系，根据《涉外民事关系法律适用法司法解释（一）》第十九条，涉及中国香港特区的民事关系的法律适用问题，参照《涉外民事关系法律适用法》的规定，即应参照第二十四条规定。本案双方在中国香港特区登记结婚，杨某某与林某某没有就夫妻财产关系协议选择适用的法律，双方对共同经常居所地在中国内地还是中国香港特区存在争议，均不能提交充分证据证明共同经常居所地，但杨某某已取得中国香港特区居民身份证，并持有《港澳居民来往内地通行证》，林某某持有中国香港特区永久居民身份证，因此，参照适用共同国籍国法律的原则，法院适用香港法律处理杨某某与林某某之间的夫妻财产法律关系。

3. 适用夫妻双方协议选择的法律

案例 2－180 莫某某与田某某、黄某某赠与合同纠纷案

一审法院：广东省珠海横琴新区人民法院（2014）珠横法民初字第 161 号

二审法院：广东省珠海市中级人民法院（2015）珠中法民四终字第 120 号

案例主旨：夫妻双方可以协议选择夫妻财产关系所适用的法律。

法院认为，本案莫某某主张赠与合同无效，必须以黄某某给付田某某的款项及房款确认为夫妻共同财产为前提，因此，本案首先应确定莫某某与黄某某之间夫妻财产关系应当适用的法律。莫某某与黄某某对其夫妻财产关系选择适用国籍国法律即我国内地法律，符合《涉外民事关系法律适用法》第二十四条“夫妻财产关系，当事人可以协议选择适用一方当事人经常居所地法律、国籍国法律或者主要财产所在地法律”的规定。

（五）一方已擅自处分境外房产可直接分割售房款

案例 2－181 崔某与李某离婚纠纷案

一审法院：河北省衡水市中级人民法院（2013）衡民一初字第 1 号

二审法院：河北省高级人民法院（2014）冀民一终字第 28 号

案例主旨：一方擅自出售境外房产，可直接分割售房款，且因该方存在擅自变卖夫妻共同财产的行为，所以应对其少分，对无过错方进行多分。

一审法院认为，本案中，双方诉争的在韩国首尔购置的房产系2012年购买，属于夫妻在婚姻关系存续期间所得的财产，归夫妻共同所有，崔某要求平均分割，于法有据，应予支持。李某称房产已于2013年3月出卖，其庭前主张卖了1亿韩元，庭审时又主张卖了1.4亿韩元，前后陈述不一，且未提交充分的证据予以佐证，对其上述主张不予采信。根据本案的具体情况，双方诉争的房产以2012年购买价格1.65亿韩元分割为宜。该房产系在韩国购买，房屋的所有权归李某为宜，李某应给付崔某一半的折价款。

但二审法院却认为，本案中，双方诉争的位于韩国首尔的房产，经当事人双方确认，已于2013年5月22日出售，原审法院将该房产作为夫妻共同财产予以分割确为不当，应予纠正。据此，双方当事人应就房产变卖所得价款在扣除银行贷款后对剩余的价款1.17亿韩元予以分割。原审法院于2013年5月20日立案受理被上诉人崔某（原审原告）离婚纠纷，上诉人李某（原审被告）于2013年5月22日未经被上诉人崔某同意，变卖夫妻共同财产。二审法院酌定由上诉人李某分得40%，即0.468亿韩元，被上诉人崔某分得60%，即0.702亿韩元。

二、涉外离婚判决的认可与法律适用

（一）中国法院关于涉外离婚判决的认可程序

案例2-182 刘某申请承认德国法院离婚判决书纠纷案

一审法院：山东省烟台市中级人民法院（2015）烟民一初字第275号

案例主旨：涉外离婚判决符合《关于中国公民申请承认外国法院离婚判决程序问题的规定》要求的，可以予以认可。

申请人于××××年××月××日与德国籍公民M某在山东省烟台市民政局登记结婚，婚后未生育子女，也无共同财产及共同债权债务。2015年1月，申请人向德国伦茨堡市地方法院提起诉讼，要求与M某离婚。M某到庭应诉，并且同意离婚。2015年2月23日，德国伦茨堡市地方法院作出34F182/14号离婚判决，判令申请人与M某于××××年××月××日在中国烟台市民政局缔结的婚姻关系被解除，未进行养老保险金分配，诉讼程序费用由双方均担。该判决于2015年2月28日投递给M某，生效时间为2015年4月2日。2015年9

月21日，德国伦茨堡市地方法院因书写错误对34F182/14号离婚判决中申请人的名字进行了更正。申请人为了在中国国内确认其婚姻状况，向法院申请承认德国伦茨堡市地方法院作出的34F182/14号离婚判决。

法院经审查认为，申请人向法院提交的有关材料，可以证明德国伦茨堡市地方法院作出的34F182/14号离婚判决真实并已发生法律效力，符合德国法律有关管辖权的规定。M某已得到法院的合法传唤。该判决书不存在违反我国法律的基本原则或者危害我国国家主权、安全和社会公共利益的情形，符合《最高人民法院关于中国公民申请承认外国法院离婚判决程序问题的规定》要求。申请人申请承认，符合法律规定，依法应予支持。法院的裁定为终审裁定。

需要特别注意的是，《最高人民法院关于中国公民申请承认外国法院离婚判决程序问题的规定》第十八条规定，人民法院在受理离婚诉讼后，被告一方另外提出承认外国离婚判决申请的，其申请不予受理。高净值客户在境外获得了离婚判决之后应当尽快向中国法院申请承认，否则一旦另一方向法院提出离婚诉讼，则外国离婚判决将失效。上海市第一中级人民法院曾经处理过一起涉及当事人申请西班牙离婚判决承认的案例，[①] 由于当事人在回国后没有及时向法院申请承认西班牙法院的离婚判决，所以在另一方抢先起诉离婚后，西班牙法院的判决则失去了法律效力，最终上海市第一中级人民法院驳回了当事人的申请。

（二）未经承认的外国离婚判决不产生法律效力

案例2－183 忻某诉曹某离婚案

一审法院：浙江省宁波市中级人民法院宁市中法（1991）民初字第2号

案例主旨：外国法院判决在得到我国法院审查并作出给予承认的裁定之后才能在我国发生法律效力。

法院认为，被告曹某持美国密苏里州杰克逊郡巡回法庭的离婚判决，未根据《民事诉讼法》第二百六十七条之规定，向我国有管辖权的人民法院申请承认，该判决书在我国不具有法律效力。曹某持在我国没有法律效力的判决，在宁波市民政局涉外婚姻登记处与王某某“登记结婚”的行为，应视为无效。原、

① 参见《西班牙法院已判决离婚，上海法院为何说无效?》载中国长安网，http：//www.chinapeace. gov. cn/chinapeace/c53736/2019－11/30/content_ 12305962. shtml，最后访问时间：2021年4月14日。

被告仍为合法夫妻关系。现原告忻某向宁波市中级人民法院提起离婚诉讼，并请求分割夫妻共同财产和要求扶养，法院应根据我国有关法律，以及夫妻之间权利、义务平等原则，依法保护原告的合法权益。

从上述案例可知，外国法院判决在得到我国法院审查并作出给予承认的裁定之后在我国才具有效力，在此之前即使符合我国法律规定的承认条件在我国也不具有效力。对于每一个外国法院判决来讲，司法审查都是必经程序，其在我国的效力是我国法院赋予的，而非自动取得。

（三）在台办理协议离婚不影响在大陆起诉离婚

案例 2-184 黄某红与苏某德离婚纠纷案

一审法院：广东省兴宁市人民法院（2015）梅兴法坭民初字第 135 号

案例主旨：双方在我国台湾地区办理协议离婚手续，不影响继续在中国大陆提起离婚诉讼。

法院认为，原告黄某红与被告苏某德在我国依法缔结的婚姻关系受法律保护。原、被告在共同生活中因性格各异产生矛盾后，双方均未能正确对待和妥善处理夫妻矛盾，导致夫妻关系每况愈下，案经调解未果，彼此确无和好的可能。现原、被告均表示同意离婚，依法予以准许。原、被告虽在我国台湾地区办理了协议离婚手续，但依据中国大陆现行的法律规定，不影响原告向有管辖权的人民法院提起离婚诉讼。

（四）我国台湾地区离婚判决需经认可才能产生效力

案例 2-185 钟某某与陈某某离婚纠纷案

一审法院：福建省福安市人民法院（2014）安民初字第 1440 号

二审法院：福建省宁德市中级人民法院（2014）宁民终字第 1070 号

再审法院：福建省高级人民法院（2016）闽民申 504 号

案例主旨：双方未向中国大陆法院申请承认在台湾地区的离婚判决，则双方在中国大陆仍需维持婚姻关系。

法院认为，本案系涉台离婚纠纷，依照《最高人民法院关于审理涉台民商事案件法律适用问题的规定》第一条第一款之规定，本案以中国大陆地区的法律作为准据法。

根据《最高人民法院关于人民法院认可台湾地区有关法院民事判决的规定》及《最高人民法院关于人民法院认可台湾地区有关法院民事判决的补充规定》的规定，我国台湾地区有关法院的民事判决、调解书需经人民法院裁定认可，才能在大陆产生法律效力。案件虽经我国台湾地区有关法院判决、调解，但当事人未申请认可，而是就同一案件事实向人民法院提起诉讼的，人民法院应予受理。本案双方当事人虽在我国台湾地区法院和解离婚，但双方均未向有管辖权中国大陆的中级人民法院申请认可，且未在大陆婚姻登记机关办理离婚登记，故双方在大陆仍需维持婚姻关系。因此，陈某某提起离婚诉讼，符合法律规定，应予受理。

（五）已加入外籍但以未注销的内地户籍办理婚姻登记的效力

1. 已加入外籍仍然但以中国国籍登记结婚的行为有效

案例 2-186 陈某诉上海市杨浦区民政局婚姻登记纠纷案

一审法院：上海市杨浦区人民法院（2014）沪杨行初字第1号

案例主旨：已加入外籍但未注销国内户籍的中国内地居民，使用中国国籍身份登记结婚不违法，其婚姻登记行为应属有效。

法院认为，《婚姻登记条例》第二条第一款规定，内地居民办理婚姻登记的机关是县级人民政府民政部门或者乡（镇）人民政府，省、自治区、直辖市人民政府可以按照便民原则确定农村居民办理婚姻登记的具体机关；《婚姻登记条例》第四条第一款规定，内地居民结婚，男女双方应当共同到一方当事人常住户口所在地的婚姻登记机关办理结婚登记。根据第三人提交的户籍证明，被告上海市杨浦区民政局具有办理原告陈某和第三人婚姻登记的行政职权。《婚姻登记条例》第五条第一款规定："办理结婚登记的内地居民应当出具下列证件和证明材料：（一）本人的户口簿、身份证；（二）本人无配偶以及与对方当事人没有直系血亲和三代以内旁系血亲关系的签字声明。"本案中，被告行使的行政职权是基于原告和第三人申请而作出的结婚登记行为。原告和第三人在向被告申请办理结婚登记时，提交了中国居民身份证、户口簿以及申请结婚登记声明书，所涉国籍表述均为中国。申请人提交的上述婚姻登记申请材料齐全，符合法定形式要件，故被诉婚姻登记行政行为的主要证据充分。此外，原告和第三人登记结婚是双方的真实意思表示，被告根据申请为二人办理结婚登记手续，并不违背原告和第三人结婚的意愿，且经过审查，未发现双方存在法律中规定的禁止结婚的情形。因此，被告对被诉具体行政行为所依据事实的审查并无不当。第三人虽于2009年9月3日加入加拿大国籍，但在结婚登记时并未注销中国居民身份证及户口登记，因此，被告在审查核对之后，认定第三人提交的身份材料系真实有效，并据此按照内地居民办理结婚登记规定为双方办理结婚登记，亦无不当。应当指出，婚姻关系是一种特殊的身份关系，结婚登记行为的法律效力主要取决于相关法律的实体规定，原告在结婚登记后提出结婚登记时第三人提供的居民身份证无效，并不直接产生否定结婚登记的法律后果，也不影响原告和第三人自愿缔结的婚姻关系的效力。原告要求撤销被告作出的结婚登记行为，缺乏事实和法律依据，法院不予支持。

2. 隐瞒外籍进行婚姻登记应自行承担责任

案例2-187 J某与芜湖市镜湖区民政局婚姻行政登记纠纷案

一审法院：安徽省芜湖市中级人民法院（2019）皖02行初1号

二审法院：安徽省高级人民法院（2019）皖行终789号

再审法院：最高人民法院（2020）最高法行申11360号

案例主旨：当事人未陈述其已取得外国国籍的事实，导致民政局作出被诉婚姻登记行为缺乏职权依据，应当由隐瞒者承担责任。

最高人民法院认为，J某提起本案一审诉讼，请求撤销镜湖区民政局为其与季某颁发的J340202-2015-002216号结婚登记（以下简称被诉婚姻登记行为），一、二审法院判决撤销该行为，季某不服向本院申请再审。一、二审法院查明，J某曾为中华人民共和国公民，姓名张某，其于2013年10月21日加入爱尔兰国籍，取得爱尔兰护照。张某与季某于2012年2月12日在安徽省××县民政局登记结婚，于2014年10月8日协议离婚，并在镜湖区民政局办理了离婚登记。2015年6月8日，J某以张某之名与季某在镜湖区民政局重新办理结婚登记。镜湖区民政局经审核双方提交的中华人民共和国身份证、户口簿、《申请结婚登记声明书》等材料后，作出被诉婚姻登记行为。本案争议焦点即为被诉婚姻登记行为是否符合相关法律、法规的规定。《中华人民共和国国籍法》第九条规定："定居外国的中国公民，自愿加入或取得外国国籍的，即自动丧失中国国籍。"《婚姻登记条例》第二条第二款规定："中国公民同外国人，内地居民同香港特别行政区居民（以下简称香港居民）、澳门特别行政区居民（以下简称澳门居民）、台湾地区居民（以下简称台湾居民）、华侨办理婚姻登记的机关是省、自治区、直辖市人民政府民政部门或者省、自治区、直辖市人民政府民政部门确定的机关。”第五条第三款规定：“办理结婚登记的外国人应当出具下列证件和证明材料：（一）本人的有效护照或者其他有效的国际旅行证件；（二）所在国公证机构或者有权机关出具的、经中华人民共和国驻该国使（领）馆认证或者该国驻华使（领）馆认证的本人无配偶的证明，或者所在国驻华使（领）馆出具的本人无配偶的证明。”本案中，J某于2013年10月取得爱尔兰国籍后，未及时主动注销中华人民共和国居民身份证、户口簿，并以张某的名义与季某共同至镜湖区民政局办理婚姻登记。因J某办理婚姻登记时未如实告知其已取得外国国籍的事实，亦未按照法律规定提供本人无配偶证明等申请材料，导致镜湖区民政局超越职权范围作出被诉婚姻登记行为。据此，一、二审法院依据《中华人民共和国行政诉讼法》第七十条的规定，判决撤销被诉婚姻登记行为并无不当，本院予以支持，驳回了季某的再审申请。

（六）国外签署离婚协议的法律适用与效力

案例2－188 孙某1与董某离婚后财产纠纷案

一审法院：上海市普陀区人民法院（2015）普民一（民）初字第4142号

二审法院：上海市第二中级人民法院（2017）沪02民终10660号

再审法院：上海市高级人民法院（2019）沪民申885号

案例主旨：双方在签订《离婚协议书》时并未协议选择适用的法律，同时双方也未形成共同经常居所地；签订《离婚协议书》时，两人均为中国国籍，故应适用两人共同国籍国法律，即中国法律。该《离婚协议书》自解除双方婚姻关系条款生效时即发生法律效力，对双方当事人均具有约束力。

法院认为，离婚时，夫妻的共同财产可由双方协议处理。本案孙某1、董某就共同财产如何分割存在分歧，但争议焦点集中在法律适用问题及《离婚协议书》是否合法有效的问题上。针对双方争议问题及财产分割方式，法院评述如下。

第一，关于法律适用问题。因孙某1现为外籍，且孙某1、董某现居住地均在国外，同时又在国外解除婚姻关系，故本案属涉外民事案件，应依照《涉外民事关系法律适用法》的相关规定，确定法律的适用。

孙某1在其与董某的婚姻关系解除后，起诉至中国的法院要求依法分割夫妻共同财产。依照《涉外民事关系法律适用法》第二十七条之规定“诉讼离婚，适用法院地法律”，而“诉讼离婚”包括以诉讼方式解除婚姻关系及以诉讼方式分割共同财产，因此，本案首先应选择适用中国法律。但董某在应诉时提供双方在国外签订的《离婚协议书》，双方对该协议书是否合法有效产生争议，而判定该协议书的效力将直接影响本案的财产分割方式。故鉴于双方争议的财产分割方式须以判定协议书的效力作为前提，故应当根据该先决问题自身的性质确定其应当适用的法律。

《涉外民事关系法律适用法》第二十六条规定：“协议离婚，当事人可以协议选择适用一方当事人经常居所地法律或者国籍国法律。当事人没有选择的，适用共同经常居所地法律；没有共同经常居所地的，适用共同国籍国法律；没有共同国籍的，适用办理离婚手续机构所在地法律。”法院认为，在我国及其他许可婚姻双方协议离婚的国家，协议离婚是与诉讼离婚并行的两种解除婚姻关系的途径和制度，因离婚问题涵盖身份关系的解除以及财产分配、子女抚养等诸多内容，故本条所指代的“协议离婚”这一冲突规范的适用范围应包括协议解除婚姻关系以及协议分割财产、协议子女抚养等问题。因此，本案所涉《离婚协议书》的效力认定问题，应依据《涉外民事关系法律适用法》第二十六条确定准据法。本案中，并无证据表明孙某1与董某在签订《离婚协议书》时已协议选择适用法律，同时因董某在签订协议书时赴澳大利亚定居尚未满1年，故两人尚未形成共同经常居所地；而签订上述协议书时，两人均为中国国籍，故应适用两人共同国籍国法律，即我国法律。

第二，关于《离婚协议书》的效力问题。孙某1与董某在婚姻关系存续期间，自行签订该协议书，系双方的真实意思表示，故该协议书自双方签署之时即成立。中国内地的法律规定，“当事人达成的以登记离婚或者到人民法院协议离婚为条件的财产分割协议，如果双方协议离婚未成，一方在离婚诉讼中反悔的，人民法院应当认定该财产分割协议没有生效……”该规定适用的前提应为当事人在协议中明确约定有“登记离婚或者到人民法院协议离婚”的条件，但本案中的《离婚协议书》并未明确约定类似生效要件，因此不应据此法律解释判定该协议的效力。本案中的《离婚协议书》载明“甲方与乙方同意协议离婚，双方同意在澳洲离婚”，依据经双方确认的澳大利亚GFS律师行法律意见书中关于澳大利亚离婚制度的介绍，澳大利亚并无协议离婚制度，婚姻关系的解除均须通过法院诉讼方式，故双方显然无法约定以“协议离婚”为生效要件，因此对上述表述应理解为：双方自愿达成离婚协议书中约定的内容，并以离婚为生效要件。且从孙某1与董某离婚的过程来看，孙某1在国内法院诉讼期间，同时向澳大利亚当地法院申请离婚，且董某已在澳大利亚当地法院积极应诉，故应视为双方在履行“双方同意在澳洲离婚”这一约定，亦可印证以上推断。

同时，针对董某在澳大利亚离婚诉讼期间，所陈述的双方存在财产争议及否认“双方达成令人满意的财产分配和子女抚养协议”的意见，孙某1认为系否认《离婚协议书》效力的行为。对此，法院认为，上述协议书在签订之日即已成立，作为双方互相负有履行义务的协议，须经双方合意方可变更协议约定，并不因一方的否认而影响协议的生效，且董某所发表的上述意见并非明确否认《离婚协议书》的存在及效力，故对孙某1的上述意见难以采纳。

因此，孙某1与董某签署的《离婚协议书》，自澳大利亚法院于2014年12月17日裁定承认《离婚令》中对解除双方婚姻关系条款的效力时，即发生法律效力，对双方当事人均具有约束力。

第三，关于财产处理。依据《离婚协议书》的约定，除上海市普陀区房屋以外的“中国上海双方所有财产”归董某所有，因此，孙某1、董某在婚姻关系存续期间在中国境内取得的共同财产，包括各自名下在中国境内开设的银行账户内于婚姻关系存续期间取得的存款，均应归董某所有。因此，董某名下银行账户内孙某1主张的属于夫妻共同财产部分的存款，均应归董某所有。非董某名下账户以及案外人孙某2名下账户，均涉及案外人权某，孙某1并无充分证据证明账户内的存款系夫妻共同财产，且若孙某1的主张成立，依据上述《离婚协议书》的约定，相关财产亦应归董某所有，故对该主张不予支持。同理，孙某1主张应予分割的某公司股权，亦不予支持。孙某1主张的属于夫妻共同财产的贵金属，并未举证证明尚客观存在，董某亦予以否认，故法院对此同样难以支持。

针对董某要求的孙某1名下招商银行账户内应作为共同财产分割的存款，孙某1认为均不属于夫妻共同财产。结合本案已查明的事实，双方在离婚前至迟于2013年3月2日即已分居，各自银行账户由各自掌握，且考虑孙某1长期居住国外，较大数额的钱款去向均为换取外汇，亦属于正常生活所需的合理用途，故不宜作为共同财产再行分割。

此外，针对孙某1、董某婚姻关系存续期间购买的保险，双方经协商自行达成一致的处理意见，双方确认各自作为被保险人名下的保单现金价值归各自所有，双方不再作主张，该意见与法不悖，法院予以准许。

三、涉外离婚纠纷中的文化与法律差异

中国人常说："床头吵架床尾和。"在中国的文化中，夫妻吵架，甚至互相"小打小闹"的行为都是一种稀松平常的事情。所谓"清官难断家务事"，中国的公安机关对于这种情况通常也保持着调解和劝解的态度。但在欧美国家，这类情况就不是简单的"家务事"了，随时可能升级为刑事犯罪。

1. 美国关于家庭暴力的处理

根据中国驻纽约总领馆的意见，[①] 如果夫妻在美国动手打架将被视为家庭暴力。执法机关对涉嫌家暴案件十分重视，对家暴罪执法严苛，一旦有家暴迹象，警方会立即采取执法行动。

（1）夫妻吵架并非"家务事"

夫妻吵架，如果女方报警，男方往往会被捕并接受调查。有时可能夫妻一方并不想警察逮捕对方，只是想警告对方。但事实上，警察到达现场如发现一方有伤，会立即逮捕另一方，如果警方发现夫妻双方都有伤且相互指责时，可能会同时逮捕夫妻双方。

夫妻在家中发生激烈争吵甚至动手，如果邻居听到声音，也很可能会报警。再如国内一般，夫妻或恋人闹别扭，在大街上拉拉扯扯，旁人也一般不太理会。但这种情况如果发生在美国就很可能会有路人报警，甚至充当证人。

（2）一旦进入司法程序无法轻易撤诉

家暴案件在美国属于公诉罪范畴，不是简单的家庭纠纷，因此不是受害者想撤诉就可以撤诉的。一旦正式进入家暴案审理程序，地方检察官将代替受害方对被告人提起诉讼，此时即便受害方后悔也无法撤诉。被告人涉家暴案被捕，一般会被拘押 1 ~ 3 天才能上庭等待法官"发落"，交几千美元的押金才能被取保侯审。如果案情严重，还要聘请律师，准备正式开庭。更麻烦的是开庭一次，大约要等一两个月的时间。

---

① 参见《中国夫妇在美国吵架男方涉家暴罪被捕 领事馆这样提醒》，载凤凰网，http://news.ifeng.com/c/7kP6X2vgk98，最后访问时间：2021 年 4 月 14 日。

（3）涉家暴罪案件可能面临严重的法律后果

一旦家暴案确立，警察可以发出保护令，不允许涉案双方住在一起。出庭时，法官会视情判以社区服务、罚款或接受情绪管理课程等，并会依法命令被告人在审案期间不能接近受害方。一旦认罪或定罪后，被告人在假释期间不得与受害方接触，除非受害方出庭要求法官取消保护令。

有条件的保护令可允许被告人回家，但不能再威胁另一方，否则会再度被抓。无条件的保护令禁止被告人回家，甚至禁止同对方通电话、发传真、发电子邮件，也不能通过第三者同对方接触，使被告人跟家庭完全隔离。严重情况下，保护令可持续数月甚至一年，有时会导致夫妻关系彻底破裂、家庭解体。

2. 澳大利亚关于家庭暴力的处理

澳大利亚对家庭暴力的容忍度极低，长期致力于反家庭暴力，如昆士兰州于 2012 年颁布了《家庭暴力保护法》（*Domestic and Family Violence Protection Act* 2012），对家庭暴力予以打击，对受害人进行保护。

（1）澳大利亚法律对家庭暴力的定义

澳大利亚法律认为家庭暴力是一种对人有害的行为，是指家人让受害人感到不安全、内心恐惧的情形。施暴者习惯于通过恐惧来控制、威胁、强迫或支配家庭成员。这主要包括：身体虐待、性虐待、情绪或心理虐待、控制受害者行为、威胁伤害或带走孩子、对受害者进行财务或经济的滥用等。如果孩子以任何方式听到、看到或生活在家庭暴力中，他们也将受到法律保护。

家人，可以是与受害人有家庭关系的任何人，包括受害人的配偶、男（女）朋友、子女、亲戚以及能够被视为家人的人。维多利亚州的警方必须对所有有关家庭暴力的报警作出回应。

（2）对家庭暴力的救济

①报警

警察的职责是确保报警人的人身安全，并提供帮助。家暴受害者可以通过电话或前往警局（police station）报警。警察有权运用法律确保报警人和其子女的人身安全。如果报警人不会使用英语交流，警察会安排翻译人员（interpreter）进行协助。

②寻求反家庭暴力服务

如果受害者想暂时离开家庭，可以向相关机构寻求反家庭暴力服务。服务机构会为受害者和子女安排安全的庇护所（shelter）。这是一个安全场所，该机构还可以提供其他帮助。庇护所是保密的，无法被他人（尤其是施暴人）找到。

③申请家庭暴力干预令（Family Violence Intervention Orders）

家庭暴力干预令能够帮助申请人不再继续遭受家庭成员的暴力行为，保护女性或男士不受其男性或女性家人的伤害。家庭暴力干预令是由地方法院（Magistrates Court）的地方法官（magistrate）作出的一项法院命令（court order）。在干预令中规定该家庭成员不得进行一些行为，以确保申请人和其子女的人身安全。受害者作为申请人，需要前往地方法院填写申请表，对相关事实进行陈述。法官会在一定期限内对材料进行审核，在情况紧急时，法官可能会即时核查并下发临时干预令。

若法院签发了干预令，则申请人和被申请人都会获得一份文本。干预令中常见的内容包括：不得伤害或威胁伤害申请人；不得接近申请人的住所、工作单位、学校等；不得与申请人进行联系，方式包括电话、社交媒体、电子邮件或通过其他人与申请人联系；不得损坏或威胁损坏申请人的财物，伤害申请人的宠物；若申请人和被申请人有多套房产、多辆汽车，为了维持申请人的生活标准，可能会要求被申请人提供某房产或汽车的钥匙。

颁发家庭暴力干预令是一件严肃的事情，被申请人获得家庭暴力干预令意味着其必须履行相应的法律程序，前往地方法院接受聆讯（hearing）。施暴者必须严格遵守干预令的内容，并且按照法院的规定，在指定的时间前往法院接受聆讯。如果施暴者违反干预令，将可能留下犯罪记录（criminal record）。

（3）针对家庭暴力干预令的应对

在被申请人收到法院做出的家庭暴力干预令时，需要及时寻求律师帮助。

通常而言，法院在将干预令送达被申请人时，会一并附上一份针对家庭暴力案件的指南（Domestic Violence – Direction）。在这份指南中，法官会要求申请人在一定时间内提交遭受家庭暴力的证据，要求被申请人在收到证据后进行书面质证，被申请人也可以自行提交证据自证清白。同时，法官会确定举行听证会的时间，对是否发生家庭暴力进行调查。

在澳大利亚的部分州，一旦家庭暴力的事实被认定，施暴者将构成刑事犯罪，因此被申请人在收到法院的材料后，一定要寻求律师的帮助，减少对个人的影响。澳大利亚的律师费用通常按照小时计费，且开庭需要有资格的出庭律师（barrister），其费用是普通律师的数倍，因此被申请人处理一起家庭暴力案件往往需要支付较为高昂的律师费用。

四、涉外离婚纠纷中的证据处理流程

案例 2－189 大友某亚、李某等财产损害赔偿纠纷案

二审法院：上海市高级人民法院（2014）沪高民一（民）终字第 1 号

再审法院：最高人民法院（2015）民提字第 150 号

案例主旨：在中国领域外形成的证据需要办理公证认证手续。

关于本案事实查明过程中所涉的域外证据之证明力认定问题。大友某亚提供的证据系在中华人民共和国领域外形成，其就域外证据办理了公证认证手续。二审判决认为，因公证认证的内容没有证明域外证据本身的真实性，根据《最高人民法院关于民事诉讼证据的若干规定》（2008 年版）第十一条的规定，对上述域外证据之真实性一律不予认可。最高人民法院认为，二审判决对域外证据效力的法律适用有误，应予纠正。理由如下：

第一，《民事诉讼法》第六十四条第三款规定："人民法院应当按照法定程序，全面地、客观地审查核实证据。"第二百六十四条规定："在中华人民共和国领域内没有住所的外国人、无国籍人、外国企业和组织委托中华人民共和国律师或者其他人代理诉讼，从中华人民共和国领域外寄交或者托交的授权委托书，应当经所在国公证机关证明，并经中华人民共和国驻该国使领馆认证，或者履行中华人民共和国与该所在国订立的有关条约中规定的证明手续后，才具有效力。"对其他域外证据则没有规定必须办理证明手续。

第二，《最高人民法院关于民事诉讼证据的若干规定》（2008 年版）第十一条规定："当事人向人民法院提供的证据系在中华人民共和国领域外形成的，该证据应当经所在国公证机关予以证明，并经中华人民共和国驻该国使领馆予以认证，或者履行中华人民共和国与该所在国订立的有关条约中规定的证明手续。当事人向人民法院提供的证据是在香港、澳门、台湾地区形成的，应当履行相关的证明手续。"该条规定对域外证据设定了一定的证明手续要求，目的在于辅助人民法院查明此类证据的真实性，而不在于排除没有履行证明手续的域外证据作为案件的证据使用。实践中，对于当事人认可的域外证据、公证员因没有亲历现场而无法证明证据真实性的域外证据等，如仅以未履行证明手续为由而排除域外证据的效力，不仅会降低诉讼效率、提高诉讼成本，而且会导致人民

法院无法查明事实，分清是非。因此，对于当事人提供的域外证据，人民法院应根据不同情况分别处理：（1）对证明诉讼主体资格的证据，应要求当事人依法履行相关的公证、认证或者其他证明手续；（2）对其他证据，由提供证据的一方当事人选择是否办理相关的公证、认证或者其他证明手续，但人民法院为查明事实认为确需办理的除外。

第三，根据《民事诉讼法司法解释》第一百零四条的规定，对于能够反映案件真实情况、与待证事实相关联的上述第2类证据，不论是否已办理公证、认证或者其他证明手续，人民法院均应组织当事人进行质证，并结合当事人的质证意见以及各证据与案件事实之间的关联程度等予以审核认定。

结合本案当事人的举证质证情况，大友某亚提供的日本国法院判决由日本外务省证明法院书记员的印章属实，外务省官员的签章由我国驻日领事馆认证属实，李某、何某顺未能提供相反证据予以推翻，应认定日本国法院判决是真实的。然而上述外国法院判决未经人民法院承认，在我国不发生法律效力，故其认定的事实不属于《民事诉讼法司法解释》第九十三条规定的免证事实，但不影响人民法院将该判决作为证据之一，结合本案其他证据予以认定。

2019年10月14日最高人民法院审判委员会第1777次会议作出《关于修改〈关于民事诉讼证据的若干规定〉的决定》，修订后的《最高人民法院关于民事诉讼证据的若干规定》已于2020年5月1日生效，其中第十六条将“境外形成证据”的举证规则进行了修订，第十六条第一款、第二款的规定具体为：“当事人提供的公文书证系在中华人民共和国领域外形成的，该证据应当经所在国公证机关证明，或者履行中华人民共和国与该所在国订立的有关条约中规定的证明手续。中华人民共和国领域外形成的涉及身份关系的证据，应当经所在国公证机关证明并经中华人民共和国驻该国使领馆认证，或者履行中华人民共和国与该所在国订立的有关条约中规定的证明手续。”这就意味着《民事诉讼证据规则》正式生效之后，只有在境外形成的涉及身份关系的证据既需要办理公证也需要办理认证，其他的证据则只需要由证据所在国的公证机关证明或履行我国与该所在国订立的有关条约中规定的证明手续即可，不再强制要求所有的证据都必须在我国驻该国使领馆办理认证，大大降低了当事人对境外形成证据的举证要求。

五、中国内地与香港特区互认家事判决与执行

（一）相互认可和执行婚姻家庭民事案件判决的安排

1. 两地家事认可与执行安排的签署

中国香港特区与内地现在每年至少新增2万余宗两地婚姻。由此所产生的婚姻家庭纠纷也日益增长，由于在相互认可和执行方面缺乏制度性安排，一地法院在两地互涉婚姻家庭案件中就夫妻财产、子女抚养等问题作出的判决无法在另一地获得认可和执行，这导致现实中出现两地起诉的现象。典型如此前轰动一时的“两地同案不同判”案。在这起案例中，女方在香港起诉，男方在深圳起诉。香港法院和深圳法院分别作出了“女方分得3.7亿港元”和“女方分得800万元人民币”这两个差异巨大的判决。跨境案件中，存在多个国家管辖权问题是正常的。但这起案件的关键之处不在于管辖权重叠的问题，而在于判决的认可与执行的问题。深圳法院受理后作出终审生效判决之时，香港法院尚未作出一审判决。如果两地有互相认可和执行家事判决的机制，那么香港法院可能会因执行内地判决而中止或终止审理，也就没有同案不同判的下文了。但由于两地缺少互相认可和执行的机制，即使判决作出，两地的财产也导致执行困难，因此很多当事人选择在两地进行诉讼。这不但导致司法资源的浪费，也给两地当事人带来很多不必要的麻烦。

2017年6月20日下午，最高人民法院常务副院长沈德咏和中国香港特区政府律政司司长袁国强分别代表两地在香港特区签署了《关于内地与香港特别行政区法院相互认可和执行婚姻家庭民事案件判决的安排》（以下简称《两地家事认可与执行安排》）。2021年6月5日香港立法会已通过《内地婚姻家庭案件判决（相互承认及强制执行）条例草案》标志着香港的本地立法程序已完成。目前，最高人民法院与香港特别行政区政府律政司法协商一致，该安排拟于2022年年初同时在两地生效。

2.《两地家事认可与执行安排》的主要内容

（1）可申请认可与执行的法律文书

根据《两地家事认可与执行安排》第一条的规定，一共有两种法律文书可以申请认可与执行。一种是法院的生效判决，包括法院作出的调解书、裁定书、

判决书；另一种是非通过诉讼方式取得的法律文书，指内地的离婚证、香港解除婚姻的协议书、备忘录。

（2）可申请认可与执行的法院判决

根据《两地家事认可与执行安排》第三条的规定，内地的可申请执行的是14种案件的生效判决，香港的可申请执行的是12种生效判决，其中涉及离婚纠纷、婚姻效力、婚内财产纠纷、离婚后财产纠纷、夫妻抚养纠纷、（婚生及非婚生）子女抚养权纠纷、监护权纠纷、探望权纠纷、收养关系纠纷、人身保护令等方面，基本囊括了所有的跟家事相关的纠纷类型。具体如表2－3所示。

表2－3

内地	香港
婚内夫妻财产分割纠纷案件	离婚绝对判令
离婚纠纷案件	婚姻无效绝对判令
离婚后财产纠纷案件	讼案待决期间提供赡养费令
婚姻无效纠纷案件	赡养令
撤销婚姻纠纷案件	财产转让及出售财产令
夫妻财产约定纠纷案件	依据《已婚者地位条例》作出的有关财产的命令
同居关系子女抚养纠纷案件	修改赡养协议的命令
亲子关系确认纠纷案件	领养令
抚养纠纷案件	父母身份、婚生地位或确立婚生地位的宣告
扶养纠纷案件	管养令
确认收养关系纠纷案件①	对未成年子女的管养令
监护权纠纷案件	更改、暂停执行对未成年子女的管养令、探视令
探望权纠纷案件	禁制骚扰令、驱逐令、重返令
申请人身安全保护令案件	

（3）申请认可与执行财产的给付范围

根据《两地家事认可与执行安排》第十四条的规定，内地与香港互相认可和执行的财产包括判决确定的给付财产和相应的利息、迟延履行金、诉讼费，

① 《内地婚姻家庭案件判决（相互承认及强制执行）条例草案》中明确已经不包括该案件。

但不包括税收、罚款。

（4）申请认可与执行的程序

根据《两地家事认可与执行安排》第四条的规定，在内地的话，必须向中级人民法院申请。由于内地每个省份都有中级法院，法条特别指出：申请人可向申请人住所地、经常居住地或者被申请人住所地、经常居住地，或者财产所在地的中级人民法院提出申请。如果向两个以上有管辖权的人民法院提出申请，则由最先立案的人民法院管辖。而在香港则只要向香港区域法院提出申请即可。相关内容见表2－4。

表2－4

	内地	香港
向何地申请?	申请人住所地、经常居住地；被申请人住所地、经常居住地；财产所在地	/
向何级法院申请?	中级人民法院（如有多个法院有管辖权，则由先立案的法院管辖）	香港区域法院

（5）申请认可与执行的材料见表2－5

表2－5

生效判决	离婚证、协议书、备忘录
申请书	申请书
生效判决副本（须由作出生效判决的法院盖章）	经公证的离婚证复印件，或经公证的协议书、备忘录复印件
判决生效证明书（由作出生效判决的法院出具）	经公证的身份证件复印件
经公证的身份证件复印件	

根据《两地家事认可与执行安排》第五条的规定，申请认可生效判决和申请认可离婚证、协议书、备忘录需要提交的材料是不一样的。

（6）申请认可与执行申请书的内容

申请书

申请人：张三，身份证号码 xxxxx，住址 xxxxxx，通讯地址 xxxxxx，联系电话 xxxxxx

被申请人：李四，身份证号码 xxxxx，住址 xxxxxx，通讯地址 xxxxxx，联系电话 xxxxxx

请求事项：

请求执行 XX 法院于 XX 日作出的 XXX 号生效判决书中的所有/部分判决。

事实与理由：

此部分需要重点阐述申请执行的财产状况和财产所在地。还须说明判决是否已在其他法院申请执行、执行情况如何。

申请人：

日期：

（7）申请认可与执行的法院

《两地家事认可与执行安排》第十三条明确规定：被申请人在内地和香港均有可供执行财产的，申请人可以分别向两地法院申请执行。但需要注意的是，两地法院执行财产的总额不得超过判决确定的数额。如果有在两地申请执行的情况，申请人应根据第六条的规定，在申请书中明确说明申请执行的情况，以便两地法院互相沟通和提供法院执行的情况。

（8）申请认可与执行后的效力及权利

在法院审查期间以及申请人获得认可和执行后，当事人就同一争议提起诉讼的，法院不予受理；已经受理的，驳回起诉。

对法院作出的认可和执行裁定不服的，申请人可以向上一级人民法院申请复议（在香港是提起上诉），如果未获认可和执行，申请人可以就同一争议向被请求方法院提起诉讼。

（9）申请认可与执行前后的救济

根据《两地家事认可与执行安排》第十八条的规定，申请人在申请之前或之后，被请求方法院可以依据法律规定采取保全或强制措施。这既保障了申请人的合法利益免受破坏或转移，也能保证执行工作的顺利推进。

（10）申请认可与执行的费用

根据第十九条的规定，申请认可和执行判决的，依据被请求方有关诉讼收费的法律和规定缴纳费用。也即申请执行后，诉讼费用按照已有的执行费用标准计算，根据我国《诉讼费用交纳办法》的一般规定，通常执行费用不用预交。首批执行款需要按照以下比例收费：

①没有执行金额或者价额的，每件交纳50元至500元。

②执行金额或者价额不超过1万元的，每件交纳50元；超过1万元至50万元的部分，按照1.5%元交纳；超过50万元至500万元的部分，按照1%交纳；超过500万元至1000万元的部分，按照0.5%交纳；超过1000万元的部分，按照0.1%交纳。

（二）内地婚姻家庭案件判决相互承认与强制执行的条例

2021年5月5日，《内地婚姻家庭案件判决（相互承认及强制执行）条例草案》（以下简称《条例》）在中国香港特区立法会获得通过。《条例》进一步落实了实施中国香港特区政府与最高人民法院于2017年6月20日签订的《安排》的相关内容。中国香港特区律政司司长郑若骅指出，《条例》将适用于条例生效当日或之后由内地法院或香港法院在婚姻或家庭案件中作出的判决及内地离婚证。条例草案获得通过后，司法机构将订立法院规则，以配合条例运作；在订立有关法院规则后，中国香港特区律政司将与最高人民法院商议《安排》的生效日期，而《条例》亦会在同日生效。至于内地法院承认或强制执行中国香港特区的婚姻或家庭案件判决方面，将由最高人民法院发布司法解释实施《安排》。《条例》的条文主要可分为三部分：

第一部分是关于承认及强制执行内地判决。内地婚姻或家庭案件判决的一方，可向中国香港特区法院提出申请，以登记内地判决中的指明命令（包括：关乎子女抚养权以及监护权的命令、批准离婚的命令和撤销婚姻的命令，以及关乎子女抚养费、夫妻之间扶养，以及婚姻双方财产分割命令等）。法庭如信纳申请符合有关要求，可批准登记指明命令。然而，另一方也可以在指定限期内向法庭申请将登记作废。当作废申请的限期届满，或作废申请了结后，申请人可申请强制执行已登记的指明命令。

第二部分是关于承认内地离婚证。内地离婚证的一方，可向中国香港特区法院提出申请，以承认内地离婚证，有关程序大致上与适用于登记内地婚姻或家庭案件判决的程序相同。

第三部分是关于便利在内地承认和强制执行香港判决。至于由香港法院作出的判决，当事人可提出申请，由有关香港法院发出判决的经核证文本及证明书，证明有关判决是在婚姻或家庭案件中作出并在香港生效，以便利当事人依据《安排》寻求内地法院承认及强制执行有关判决。

《条例》的顺利通过，将会便利跨境婚姻各方及他们的子女。借着订立更便捷和更具成本效益的机制，当事人可以对内地法院作出的婚姻及家庭民事案件判决，向香港法院寻求承认和强制执行，减少在香港和内地同时提出离婚及相关法律程序的成本，亦可减轻离婚对双方及其子女造成的影响，缓和他们的情绪压力。女性通常是离婚案件中获得赡养费的一方，而且在家庭暴力案件中，受害人也大多是女性。《条例》涵盖赡养费的命令和家庭暴力情况下的保护令，将有助处理相关问题和加强对女性的保护，并减轻她们的情绪压力。此外，在《条例》的新机制下，一旦有儿童在中国香港特区被一方父母不当地迁移到或扣留在内地的情况，另一方可以根据香港法院作出的相关命令，寻求内地法院协助交还或交付，以应对香港社会所需。①

六、中国香港特区居民与内地居民结婚生育流程

近年来，中国香港特区居民与内地居民结婚登记的情形越来越多。一方为香港居民、另一方为内地居民，在登记结婚以及生育方面的程序都有其特殊之处。

（一）在中国内地登记结婚的流程

如果是两个中国公民结婚，根据《婚姻登记条例》的规定，男女双方只要带上双方的身份证、户口本，共同到一方当事人常住户口所在地的婚姻登记机关办理结婚登记即可。

中国公民同外国人在中国内地结婚的，内地居民同香港居民、澳门居民、台湾居民、华侨在中国内地结婚的，男女双方应当共同到内地居民常住户口所在地的婚姻登记机关办理结婚登记。

---

① 载香港特区律政司，https：//www. doj. gov. hk/sc/community_ engagement/sj_ blog/20210506_ blog1. html，最后访问时间：2021 年 5 月 7 日。

1. 内地办理结婚登记所需材料见表 2 -6

表 2 -6

香港一方：	
1	香港身份证、港澳居民来往内地通行证原件及复印件
2	(1) 香港婚姻登记处出具的“无配偶证明”
	(2) 携带“无配偶证明”前往香港公证律师行申请出具“本人无配偶以及与对方无直系血亲和三代以内旁系血亲”的声明
3	双方半身合影彩底（红色）2 寸照片 3 张（可现场拍摄）
内地一方：	
1	身份证、户口本原件及复印件
2	双方半身合影彩底（红色）2 寸照片 3 张（可现场拍摄）
3	本人无配偶及与对方无直系血亲和三代以内旁系血亲的证明（当场填写即可，登记处会联网查询）

双方携带以上材料前往内地居民一方户籍所在地婚姻登记处办理登记即可。

2. 内地香港特区居民申请相关证明的程序

内地香港居民一方如何出具“本人无配偶及与对方无直系血亲和三代以内旁系血亲”的声明。见表 2 -7。

表 2 -7

第一步：向香港婚姻登记处申请“无婚姻记录证明”	
申请方式：	
1	登录官网 https：//www. gov. hk/tc/residents/immigration/bdmreg/applycamr. htm 申请开具“无婚姻记录证明”并预约领取时间
2	本人下载“无婚姻记录证明”申请书填写好通过邮寄方式申请
3	亲自到婚姻登记处当场填写申请书
领取方式：	
最好是本人亲自前往，如果是代为领取，则需携带代领人的香港身份证、有关授权证书原件、网上申请确认书列印本、被代领人身份证、当事人身在香港以外或身在香港但无法领取的证据，比较麻烦	

续表

领取时间：	
官方宣告的领取日为申请后 9 个工作日。但根据我们团队的实务经验，“80 后”的香港居民，一般第一天申请，第二天就可以拿到。情况特别紧急的，也可联系拟领取的婚姻登记处协商提前领取	
申领费用及支付方式：	
申请无婚姻记录证明的费用为 680 港元，网上申请则网上用信用卡支付；邮寄则通过对方寄回的文件中指明的方式付款；现场申请则现场支付。若申请人有婚姻记录还需支付 140 港元翻查婚姻登记记录费	
第二步：出具“无配偶及与对方无直系血亲或三代以内旁系血亲”声明	
所需证件：	
1	香港一方的香港身份证原件
2	香港一方的来往内地通行证原件
3	香港婚姻登记处出具的“无婚姻记录证明”原件
4	内地居民一方的中国身份证复印件
5	内地领证的民政局地址
公证费用：港币 3000 元整（不同律所可能有所不同）	
取得方式：面签后大约 3 个工作日可出具正本，副本会寄到内地拟结婚的登记处	

（二）在中国香港特区登记结婚的流程

中国香港特区居民与内地居民当然也可以在香港特区登记结婚，登记结婚时应注意以下内容。

1. 登记结婚的注意事项见表 2 -8

表 2 -8

登记条件：	
理论上双方满 16 周岁均可登记结婚。但满 16 周岁未满 21 周岁的，需要提交父母的同意书	
所需证件：	
大陆居民一方	
1	往来香港的有效签证、身份证原件及复印件

续表

2	户口本原件、复印件（如果户口本中注明了未婚的话）
3	若户口本为注明未婚，则需提供户口所在地有权机关出具的未婚证明
4	若离过婚，则需提交离婚证书或法院的解除婚姻判决书
5	若曾丧偶，则需提供前配偶的死亡证明
香港居民一方	
1	香港有效身份证件
2	若离过婚，则需提交法院的解除婚姻判令
3	若曾丧偶，则需提供前配偶的死亡证明
所需费用：	
1	递交拟结婚通知书时缴纳 305 港币
2	如果选择去婚姻登记处结婚，则需缴纳 705 港币/工作时间，1935 港币/非工作时间

2. 中国香港特区婚姻登记注册的流程见表 2 −9

表 2 −9

第一步：填写并递交“拟结婚通知书”	
1	网上预约，登录 www. gov. hk/marriagebooking 预约，然后当场递交
2	电话预约，852 −3102 3883，24 小时免费服务热线，然后当场递交
3	直接当场递交
注：无论何种预约方式，均须当场亲自递交通知书，婚姻登记官需要审核双方当事人的证件信息。递交成功后，记得关注与预约婚礼日期	
第二步：婚姻登记官存档及展示拟结婚通知书（15 天）	
递交了拟结婚通知书后，婚姻登记官会展示通知书的第一部分，看是否有相关人士的反对。展示需持续 15 天	
第三步：婚姻登记官颁发“婚姻登记官证明书”（婚礼必备）	
若没有人反对，婚姻登记官会颁发“婚姻登记官证明书”。注意：双方在举办婚礼之前，无论采取何种方式举办婚礼，都必须要有“婚姻登记官证明书”，否则不能办理	
第四步：举办婚礼（必须在提交拟结婚通知书 3 个月之内）	
1	在预约的时间内前往婚姻登记处举行婚姻。需有两名 18 周岁以上的香港居民作为见证人

续表

2	在特许礼拜场所举行婚姻，需提前与举行婚姻的神职人员沟通时间、地点
3	在其他场所由婚姻监礼人主持。婚姻监礼人在香港是有资料库的，需要自行联系并支付费用
第五步：婚礼当场宣誓并领取结婚证书	
双方在婚礼上，在婚姻登记官/神父/婚姻监礼人的见证下宣誓，并签署结婚证书，一份交由婚姻登记处存档，一份交由新人保管	

（三）在中国香港特区生育子女的流程

结婚之后，很多夫妇都选择到香港生孩子，所以我们也总结一下在香港生孩子的相关流程。2012 年起，香港特区所有公立医院和私立医院停止接收“双非”孕妇赴港生产。但“单非”孕妇在拥有特区政府要求的证明文件的情况下，仍然可以赴港生孩子。“单非”孕妇主要是指一方为香港特区居民，另一方为大陆居民。由于赴港生产都要提前预约床位，公立医院和私立医院的预约分娩程序大同小异，起码需要以下文件，见表 2－10。

表 2－10

所需文件：	
1	香港特区结婚证明书或由内地公证处证明的内地婚姻证明书（对应内地的结婚公证，而非结婚证公证）
2	香港特区一方的香港特区身份证正本
3	证明两人婚姻关系真确性的宣誓书（前往香港民政事务署下属民事政务处宣誓即可）
4	签署授权有关部门（香港民政事务署）在必要时向内地查核其夫妻身份的授权书（此项与前款宣誓一同办理即可）

以上只是香港特区居民与内地居民结婚、生子的一些常规流程，比结婚更重要的是婚姻的提前筹划，尤其是跨境婚姻，更需要提前筹划。香港特区和内地具有不同的法律制度，选择在哪地结婚、在哪地生孩子、在哪地实际共同居住和生活在很大程度上会影响到将来万一产生离婚纠纷时对财产分割和子女抚养权的处理问题。本着对自身及对孩子负责的态度，我们建议打算结婚或生育的双方，最好提前咨询专业婚姻财富律师，以规避婚姻可能带来的风险。

第三章

共同债务

综 述

高净值客户在生产经营的过程中难免会由于个人或公司经营的原因对外举债或提供担保。一旦无法偿还债务或需要承担担保责任，则可能会波及家庭财产。我们通过对夫妻共同债务的认定规则、婚内单方举债的承担原则、最高人民法院以及全国各地法院的司法判例与审判观点等的系统研究，探究司法实践中关于夫妻共同债务的认定标准、承担规则以及法院对于不同类型共同债务以及个人债务的判断依据与标准，以便高净值客人能了解其中的法律风险，提前做好个人债务与家庭资产的隔离，预防个人债务对家族资产和家族成员的影响。

高净值客户在经营公司时也应当注意个人与公司之间的债务连带责任问题，尤其是在认缴公司注册资本时，一定要按照企业以及自身的情况客观处理。为了避免家庭财产受到牵连，高净值客户应熟悉并灵活运用各种财富筹划工具，保障家族资产免于债务风波的重大影响。除了民事责任以外，如果高净值客户涉及刑事责任，也需要辨别因犯罪行为等产生的债务、非法所得与夫妻共同债务、夫妻共同财产的区别，尽可能为家庭保留应有的财产，以保障家庭成员的正常生活。

本章主要介绍了一方个人债务、企业债务以及一方因承担刑事责任而产生的债务分别与夫妻共同债务的关系与认定规则。

第一节 共同债务的认定规则

一、夫妻共同债务认定规则的立法沿革

（一）“夫妻共同债务共担”的认定规则

夫妻共同债务认定的规则最早可以追溯至1980年修订的《婚姻法》第三十二条，当时就确立了“夫妻共同债务共担”的基本原则，但仍保留“男女一方单独所负债务，由本人偿还”的补充原则。直至2001年《婚姻法》经历了再一次修订，其中第四十一条关于夫妻共同债务的认定规则删除了“个人债务个人承担”的补充原则，最终对夫妻共同债务的承担确定了“夫妻共同债务共担”的原则。但该条款中却没有对夫妻一方举债的认定作出规定。于是在司法实践中出现了较多夫妻一方以自己对另一方负债不知情为由，规避向债权人履行偿还债务的义务，甚至通过离婚恶意转移财产给另一方，借此逃避债务的案例。

（二）向债权人“倾斜”的认定规则

为了保护债权人的合同利益，最高人民法院于2003年12月4日出台了原《婚姻法司法解释（二）》，其中第二十四条就明确了关于“夫妻共同债务推定”的认定规则，即“债权人就婚姻关系存续期间夫妻一方以个人名义所负债务主张权利的，应当按夫妻共同债务处理。但夫妻一方能够证明债权人与债务人明确约定为个人债务，或者能够证明属于婚姻法第十九条第三款规定情形的除外”。

根据上述规则，夫妻任何一方在婚姻存续期间所负的债务，首先将被推定为夫妻共同债务，只有在提供足够的证据证明该债务为个人债务或债权人借款时知道夫妻之间存在“AA制”的夫妻财产约定时，才能免除非举债方的还款义务。

在这样的立法背景下，原《婚姻法司法解释（二）》第二十四条确实遏制了那些企图通过“假离婚”达到“真逃债”非法目的的人群，社会的交易安全和市场秩序也得到了一定程度的保障。但正如“一枚硬币有正反两面”，由于最

高人民法院加大了对债权人的保护力度，无形中却损害了未举债配偶一方的合法利益。司法实践中又出现了夫妻另一方“被迫”共同承担虚假债务、非法债务的极端个例。

（三）虚假或非法债务不受法律保护

虽然最高人民法院在修订原《婚姻法司法解释（二）》第二十四条时，主要是建立在“夫妻共同债务”均属于合法债务的前提下。但司法实践中由于各级法院审判能力、法律适用等综合能力的不同，确实会出现虚假债务被认定为夫妻共同债务或违法犯罪行为形成的所谓“债务”作为夫妻共同债务被承担的现象。一时之间“《婚姻法司法解释（二）》第二十四条”变成了侵犯未举债一方合法权益的“洪水猛兽”，不断受到社会的诟病，甚至产生了要求废止该条款的呼声。

于是最高人民法院又在 2017 年 2 月 28 日公布原《最高人民法院关于适用〈中华人民共和国婚姻法〉若干问题的解释（二）的补充规定》，明确一方与第三人串通、虚构的债务以及从事赌博、吸毒等违法犯罪活动中所负债务未举债一方无需共同承担的认定规则。

（四）“共债共签共同受益”的认定规则

2018 年 1 月 8 日，最高人民法院再次发布《关于审理涉及夫妻债务纠纷案件适用法律有关问题的解释》（以下简称《夫妻债务司法解释》，现已失效），这次的司法解释又把审判的“天平”向未举债一方拉回了一步。除了明确夫妻共同债务的认定以“共债共签”为基本原则，同时对一方的负债可以被认定为夫妻共同债务的条件限制在通过“事后追认”、“家事代理权”以及“共同受益”的范围内，进一步平衡了债权人与未举债一方合法权益的保护措施。

（五）夫妻共同债务认定规则整合“升级”

2020 年 5 月 28 日，十三届全国人大三次会议表决通过了《民法典》并明确于 2021 年 1 月 1 日起正式施行。作为中华人民共和国成立以来第一部以法典命名的法律，《民法典》被称为“社会生活的百科全书”，在整个中国的法律体系中占有举足轻重的法律地位。本次《民法典》在第一千零六十四条中明确的“夫妻共同债务”的认定规则，并不是将过往的认定规则进行简单的“复制粘贴”。本次的条款实际上是对原婚姻法以及多部司法解释中关于认定“夫妻共同债务”的精华进行了提炼，将原本散乱或不明确的内容进行了整合，并最终“升级”成《民法典》这个“大家庭”中的一员，提升了该认定规则的法律地位，使得未来司法审判中的法律适用更为准确和直接。

二、婚内单方举债的承担原则

（一）夫妻一方对外担保之债的性质认定

最高人民法院于2015年对福建省高级人民法院下发了《最高人民法院民一庭关于夫妻一方对外担保之债能否认定为夫妻共同债务的复函》（［2015］民一他字第9号），该复函的主要内容是明确夫妻一方对外担保之债不应认定为夫妻共同债务。

但最高人民法院在（2016）最高法民申2908号案例以及（2019）最高法民申2302号案例中均明确指出，上述复函是仅针对个案回复，并不具有普遍适用性。而且如果债权人有证据证明未同意举债一方虽未签字、但仍有受益的，则仍可能认定为夫妻共同债务。

而《民法典》第一千零六十四条第二款明确规定，“债权人能够证明该债务用于夫妻共同生活、共同生产经营”的，则即使夫妻一方举债且超过了家庭日常生活的，则也应是属于夫妻共同债务。结合最高人民法院的上述案例以及《民法典》关于夫妻共同债务认定的原则，如果债权人可以提供证据证明，虽然涉案债务系夫妻一方单独签署的担保之债，但该债务最终用于夫妻共同生活或共同生产经营的，则担保之债也可能被认定为夫妻共同债务。

（二）夫妻一方对外举债的性质认定

长期以来，学术界和实务界存在关于原《婚姻法司法解释（二）》第二十四条“夫妻共同债务推定”规则的存废之争。上海财经大学叶名怡教授在《〈婚姻法解释二〉第二十四条废除论——基于相关统计数据的实证分析》一文[①]中指出：“第二十四条自2004年实施起至2016年12月31日这12年来，共有4979份主张夫妻共同债务的民事判决书，其中被认定为夫妻共同债务的高达

---

① 参见叶名怡：《〈婚姻法解释二〉第24条废除论——基于相关统计数据的实证分析》，载《法学》2017年第6期。

88.73%，只有10.02%被认定为个人债务。审判实践证明，第二十四条规定的‘夫妻共同债务推定’几乎无法被推翻，这对非举债方的夫妻一方极其不公。”

最高人民法院于2018年1月16日发布的关于《夫妻债务司法解释》，进一步明确了夫妻共同债务的认定标准。随着2021年1月1日《民法典》的正式生效，该认定标准直接被写进了正式的法律中，提升了该认定标准的法律地位。

1. 明确夫妻共同债务的认定规则

根据《民法典》第一千零六十四条的规定，认定夫妻共同债务的标准有以下几个。

首先，夫妻双方共同签字确认的债务应当属于夫妻共同债务。如果负债时由夫妻一方签字，但事后另一方以追认等共同意思表示认可该债务的，也应当属于夫妻共同债务。

其次，如果夫妻一方在婚姻关系存续期间以个人名义为家庭日常生活需要所负的债务，无论另一方是否签字或事后认可，则都应当属于夫妻共同债务。举个简单的例子，如果你老公为了给家里买瓶酱油而向隔壁老王借钱，即使没有你的同意，这个钱也需要你和你老公一起偿还。

最后，如果夫妻一方在婚姻关系存续期间以个人名义超出家庭日常生活需要所负的债务，将先推定为不属于夫妻共同债务。只有在债权人有证据证明该债务被用于共同生活、共同生产经营或夫妻双方同意的情况下，才能被认定为夫妻共同债务。在司法实践中，这种情况最为常见。关于“超出家庭日常生活需要”的标准应当如何认定这一问题，《民法典》没有进一步明确。

由于《民法典》是一部纲要性的法律，仅针对一个法律问题制定最基础的规则，具体的实施细则应该由地方各级法院根据各地区的经济水平、市场发展情况等因素，并结合个案案情的差异进行规定和判断。比如，浙江省高级人民法院于2018年5月23日发布《关于妥善审理涉夫妻债务纠纷案件的通知》（浙高法〔2018〕89号），其中明确，将“单笔举债或对同一债权人举债金额在20万元（含本数）以下的”作为各级法院认定“为家庭日常生活需要所负债务”的考量因素。一旦超过这个标准，则应当考量为“超出家庭日常生活需要所负债务”，需要由债权人进行举证，否则未举债一方原则上将不承担连带偿还债务的责任。但这个标准如果在其他二、三线城市或者西部偏远地区实施，则并不一定符合当地的经济水平。

因此，该问题有赖于各地法院结合举债人的家庭收入状况、消费情况是否合理、家庭支出与家庭条件是否匹配等各方面予以综合认定。

根据司法实践并结合《民法典》以及其他法律的规定，通常以下情况可以作为认定“超出家庭日常生活需要所负债务”的考量因素：

第一，债务的数额过于庞大，远远超过家庭的总收入水平和消费水平；

第二，债权人明知或应当知道债务人存在赌博、吸毒等恶习；

第三，债权人明知或应当知道在其向债务人提供借款时，债务人还有其他债务未清偿；

第四，债务人为家庭无关人员或公司提供担保；

第五，债务人将借款用于大额投资或消费等，但家庭并未从中受益；

第六，债务人将借款转给无法定抚养、赡养义务的亲属。

2. 合理分配债权人与债务人的举证责任

根据《民法典》第一千零六十四条的规定，夫妻共同债务按照不同的类型，承担举证责任的主体并不相同。

首先，如果夫妻双方共同签署借款合同、借条，以及夫妻一方通过电话、短信、微信、邮件、行为等能证明与另一方确实存在借款合意或事后进行追认的，则可以直接推定为夫妻共同债务，债权人无须承担额外的举证责任。

其次，如果是夫妻一方以个人名义负担的债务，则只要该债务符合家庭日常生活所需的要求，则也可以直接推定为夫妻共同债务，债权人也无须承担举证责任。但如果非举债一方否定该债务属于夫妻共同债务的，则必须举证证明该债务并非用于家庭日常生活。

最后，如果是夫妻一方以个人名义负担的债务已经超出了家庭日常生活所需，则举证责任直接就转移到了债权人身上，即债权人主张该债务属于夫妻共同债务的，必须举证证明该债务属于夫妻共同生活、共同生产经营所负债务，或者所负债务是基于夫妻双方共同的意思表示。债权人可以证明如夫妻双方购置了大额资产或进行了大额消费，但无法合理解释资金来源；一方婚前所借债务所购置的资产已经转换成夫妻共同财产，且另一方从中受益；一方系因履行抚养、赡养、医疗、教育等法定义务而借款等情形。

如果债务用于“夫妻共同生产经营”，包括夫妻双方共同参与了该经营事项、一方对另一方经营管理事项知情并授权其代表自己进行经营决策，以及非实际经营一方从生产经营中受益等情形，则债权人也可以向非举债配偶主张承担夫妻共同债务。如在曾经轰动一时的某知名影视公司创始人遗孀金某关于夫妻共同债务认定的（2018）京民终18号案件中，北京市高级人民法院在终审判决中认定金某对于案涉协议约定的股权回购义务是明知的，其参与了公司的共同经营，案涉债务属于李某、金某夫妻共同经营所负债务，最终驳回了金某的上诉请求，维持一审判决。因此，金某对于丈夫生前因签署对赌协议而形成的人民币2亿元的债务需要承担连带偿还的责任。

3. 对司法审判案件的溯及力

在《民法典》正式生效实施之前，最高人民法院对于夫妻债务司法解释的溯及力进行了说明。

首先，正在审理的一审、二审案件，适用《夫妻债务司法解释》的规定。

其次，已经终审的案件，甄别时应当严格把握认定事实不清、适用法律错误、结果明显不公的标准。比如，对夫妻一方与债权人恶意串通坑害另一方，另一方在毫不知情的情况下无端背负巨额债务的案件等，应当依法予以纠正。

再次，对于符合改判条件的终审案件，要加大调解力度，尽可能将纠纷消化在再审审查阶段或者再审调解阶段。案件必须改判的，也要尽量做好当事人服判息诉工作。

最后，对于符合上述改判条件的终审案件，也可由执行部门尽量通过执行和解等方式，解决对利益严重受损的配偶一方权益保护问题。

在《民法典》正式实施之后，并没有专门针对上述问题的特殊规定。因此，需要适用《最高人民法院关于适用〈中华人民共和国民法典〉时间效力的若干规定》中的一般规定。

4. 司法实践中的审查焦点问题

（1）夫妻共同债务的认定标准

从全国各地法院对夫妻共同债务的审查要点来看，法院首先会判断夫妻双方对于共同债务是否有举债的合意，即是否同债同签或事后追认等认可债务的情形。如果没有这些情况，则再审查该债务是否用于家庭日常生活所需。如果确实超过了家庭日常生活的范围，则需要由债权人举证证明其向债务人借款的用途确实用于夫妻共同生活或共同生产经营。如果债权人无法举证的，则最终认定为一方的个人债务，另一方不需要承担连带责任。

最高人民法院民一庭的观点认为，[①] 男女结婚后不能否定夫妻双方的独立人格和独立民事主体地位，即使婚后夫妻财产共有，一方所负债务特别是超出了家庭日常生活需要所负的大额债务，也应当与另一方取得一致意见，或者用于夫妻共同生活，否则不能认定为夫妻共同债务。

夫妻双方共同签字或者夫妻一方事后追认以及以其他共同意思表示形式所负的债务，属于夫妻共同债务。这一规定意在引导债权人在形成债务尤其是大额债务时，为避免事后引发不必要的纷争，加强事前风险防范，尽可能要求夫妻共同签字。这种制度安排，一方面，有利于保障夫妻另一方的知情权和同意权，可以从债务形成的源头上尽可能杜绝夫妻一方“被负债”现象发生；另一方面，也可以有效避免债权人因事后无法举证证明债务属于夫妻共同债务而遭受不必要的损失，对于保障交易安全和夫妻一方合法权益，具有积极意义。实践中，很多商业银行在办理贷款业务时，对已婚者一般都要求夫妻双方共同到场签字。一方确有特殊原因无法亲自到场，也必须提交经过公证的授权委托书，否则不予贷款，这种操作方式最大限度地降低了债务不能清偿的风险，保障了债权人的合法权益，也不会造成对夫妻一方权益的损害。“共债共签”原则实现了夫妻财产共有制和合同相对性原则的有机衔接。

虽然要求夫妻“共债共签”可能会使交易效率受到一定影响，但在债权债务关系形成时增加一定交易成本和夫妻一方的知情权、同意权产生冲突时，因夫妻一方的知情权、同意权，关系到地位平等、意思自治等基本法律原则和公民基本财产权利、人格权利，故应优先考虑。事实上，适当增加交易成本不仅有利于保障交易安全，还可以减少事后纷争，从根本上提高交易效率。

（2）“共同合意举债”的认定标准

《民法典》第一千零六十四条明确规定了“共同合意举债”的认定标准是共同签字确认或另一方事后追认。当然，除了前述两种表现形式以外，在司法实践中还是要结合案件发生的具体情况酌情综合分析。如未举债一方在知晓负债情况后并未提出任何异议的，也可以被视为一种“共同合意举债”的表现。

---

① 《妥善审理涉及夫妻债务纠纷案件　依法平等保护各方当事人合法权益——最高人民法院民一庭负责人就〈最高人民法院关于审理涉及夫妻债务纠纷案件适用法律有关问题的解释〉答记者问》，载《人民法院报》2018 年 1 月 18 日。

最高人民法院民事审判第一庭的观点认为，[①] 在我国夫妻共同财产制下，涉及夫妻共同债务认定中争议的主要问题是，夫妻一方具名所负债务，在未经另一方签字、追认等同意的情况下，能否认定为夫妻共同债务。一种观点认为，在夫妻财产共有制下，因夫妻所得的财产属于双方共有，根据权利义务对等原则，一方具名所负债务原则上应当认定为夫妻共同债务。另一种观点则认为，男女结婚后不能否定夫妻双方的独立人格和独立民事主体地位，即使婚后夫妻财产共有，一方所负债务特别是超出了家庭日常生活需要所负的大额债务，也应当与另一方取得一致意见，或者用于夫妻共同生活，否则不能认定为夫妻共同债务。两种观点集中反映了债权人利益和未举债夫妻一方利益之间的冲突。

最高人民法院认为，缔结婚姻后夫妻各自仍然保有独立的人格，具有独立的意志。夫妻作为平等的主体，在婚姻关系存续期间，均有权知悉涉及婚姻家庭利益以及共同财产、共同债务的重要信息，在此前提下夫妻双方对共同财产、共同债务行使平等的处理权，这是夫妻共同财产制下双方地位平等、享有平等处理权的应有之义。夫妻一方的知情权、同意权和决定权，关系到地位平等、意思自治等基本法律原则和公民基本财产权利和人格权利，应当优先保护。此外，如果所负债务用于夫妻共同生活，即使是夫妻一方个人举债，也应当认定为夫妻共同债务。“共签的债务”与用于夫妻共同生活的债务均认定为夫妻共同债务，符合夫妻共同财产制的规定，也充分体现夫妻财产权利义务一致的基本原则。虽然强调“共债共签”可能会使得交易效率受到一定影响，但适当增加交易成本不仅有利于保障未举债夫妻一方的知情权、同意权和决定权，有利于保障交易安全，还可以减少事后纷争，从根本上提高交易效率，故“共债共签”原则与交易效率本质上并不矛盾。这里所称的“共债共签”与前述“共签共债”都只是借用当前社会上的形象说法，夫妻一方在形成夫妻共同债务时应当尊重另一方的知情权、同意权和决定权，不应简单机械地仅从字面上理解为夫妻共同债务都需要夫妻共同签字。

(3)“家庭日常生活需要”的认定标准

如果夫妻双方并未共同合意举债，则举债一方所负债务是否符合“家庭日常生活需要”则成为认定夫妻共同债务的关键性因素，但这个因素恰恰是司法

---

① 参见程新文、刘敏、方芳、沈丹丹：《〈最高人民法院关于审理涉及夫妻债务纠纷案件适用法律有关问题的解释〉的理解与适用》，载最高人民法院民事审判第一庭编：《民事审判指导与参考》（总第73辑），人民法院出版社2018年版，第42~43页。

实践中最困难的问题。

最高人民法院民事审判第一庭的意见认为,[①] 通常所说的“家庭日常生活”,学理上称为日常家事。我国民法学界、婚姻法学界通说认为,婚姻是夫妻生活的共同体,在处理家庭日常事务的范围内,夫妻互为代理人,这是婚姻的当然效力,属于法定代理。《民法典》第一千零六十条也已经明确了此类“家事代理权”的法律地位。另外,《民法典》第一千零六十二条也明确了“夫妻对共同财产,有平等的处理权”的原则。根据最高人民法院的观点,这里所指的平等处理权既包括对积极财产的处理,也包括对消极财产即债务的处理。在夫妻未约定分别财产制或者虽约定但债权人不知道的情况下,夫妻一方以个人名义为家庭日常生活需要所负的债务,应当认定为夫妻共同债务。

国家统计局有关统计资料显示,我国城镇居民家庭消费种类主要分为 8 大类,分别是食品、衣着、家庭设备用品及维修服务、医疗保健、交通通信、文娱教育及服务、居住、其他商品和服务。家庭日常生活的范围,可以参考上述8大类家庭消费,根据夫妻共同生活的状态(如双方的职业、身份、资产、收入、兴趣、家庭人数等)和当地一般社会生活习惯予以认定。但农村承包经营户有其特殊性,农村承包经营户一般以家庭为单位,家庭日常生活与承包经营行为经常交织在一起,二者难以严格区分,故为了正常的承包经营所负债务,可以认定为家庭日常生活需要所负债务。需要强调的是,家庭日常生活需要的支出是指通常情况下必要的家庭日常消费,主要包括正常的衣食消费、日用品购买、子女抚养教育、老人赡养等各项费用,是维系一个家庭正常生活所必须的开支。当然,随着我国经济社会和人们家庭观念、家庭生活方式的不断发展变化,在认定是否属于家庭日常生活需要支出时,也要随着社会的变化而变化。此后,如浙江省高级人民法院就“家庭日常生活”的认定标准作出了具体性的规定,我们归纳出以下认定原则。

第一,对单笔举债或对同一债权人举债的金额进行限定,比如浙江省高级人民法院限定在20 万元以下(含本数)。但由于全国各地经济发展水平层次不齐,大多数的法院并没有针对金额作具体的规定,主要还是有赖于法官在审理个案时进行具体判断,因此并没有一个全国通用的标准。

---

① 《妥善审理涉及夫妻债务纠纷案件 依法平等保护各方当事人合法权益——最高人民法院民一庭负责人就〈最高人民法院关于审理涉及夫妻债务纠纷案件适用法律有关问题的解释〉答记者问》,载《人民法院报》2018 年 1 月 18 日。

第二，即使举债的数额较大，但也不一定会被认定为“超过家庭日常生活需要”，还需要结合举债方的家庭收入情况、消费情况以及平时的消费情况等进行综合判断。比如高净值客人举债为家庭购置豪宅或让子女就读昂贵的私立学校，则该种行为可能就属于家庭日常生活支出。

第三，如果举债的金额明显超过了家庭日常生活的需要，与举债人家庭成员的收入、生活支出、家庭所在地的消费水平等明显不匹配的，则法院一般会倾向于认定为“超出家庭日常生活需要所负债务”。同时，债务人与债权人之间借债频率和个人关系、债务人夫妻关系是否和谐、债权人是否已经履行合理的审查义务、债务的资金具体流向等原因也会成为法院认定债务性质的重要标准。

由于现行法律已经将“超过家庭日常生活需要”的债务确实用于夫妻共同生活或共同经营的举证责任转移给了债权人，故债权人应当对此特别重视。在债权人向夫妻一方出借款项后，需要积极搜集相关的证据。如债务人举债用于购置房产等大额的夫妻共同财产、债务被用于夫妻双方共同投资的公司或其他投资项目中，或者虽然债务用于举债人个人名义的投资经营活动，但其配偶确实实际享受了经营收益，这些证据对于法院认定该债务为夫妻共同债务起到了决定性的作用。

关于如何理解“家庭日常生活需要之外的夫妻共同债务”，最高人民法院民一庭的观点认为，① 随着我国经济社会的发展，城乡居民家庭财产结构、类型、数量、形态以及理财模式等发生了很大变化，人们的生活水平不断提高，生活消费日趋多元，很多夫妻的共同生活支出不再局限于以前传统的家庭日常生活消费开支，还包括大量超出家庭日常生活范围的支出，这些支出系夫妻双方共同消费支出，或者用于形成夫妻共同财产，或者基于夫妻共同利益管理共同财产产生的支出，性质上属于夫妻共同生活的范围。债权人需要举证证明“用于夫妻共同生活”的债务，就是指上述超出家庭日常生活范围的夫妻共同生活所负债务。

夫妻共同生产经营的情形更为复杂，主要是指由夫妻双方共同决定生产经营事项，或者虽由一方决定但另一方进行了授权的情形。判断生产经营活动是否属于夫妻共同生产经营，要根据经营活动的性质以及夫妻双方在其中的地位

---

① 《妥善审理涉及夫妻债务纠纷案件 依法平等保护各方当事人合法权益——最高人民法院民一庭负责人就〈最高人民法院关于审理涉及夫妻债务纠纷案件适用法律有关问题的解释〉答记者问》，载《人民法院报》2018 年 1 月 18 日。

作用等综合认定。夫妻从事商业活动，视情适用公司法、合伙企业法等法律及司法解释的规定。夫妻共同生产经营所负的债务一般包括双方共同从事工商业、共同投资以及购买生产资料等所负的债务。

（4）一方个人债务的认定标准

首先，如果一方所负债务已经超过家庭日常生活所需，且债权人也没有证据证明债务人将该债务用于夫妻共同生活、共同经营或基于夫妻双方共同意思表示的，则原则上法院可以直接推定该债务为负债方的个人债务，另一方无须承担任何的责任。当然，具体还是需要结合个案进行具体分析。

其次，如果债权人明知债务人与配偶之间签署了夫妻财产约定并确定婚姻关系存续期间所得的财产以及婚前财产归各自所有的，但其仍然将钱款出借给债务人的，则举债一方必须自行承担该债务，债权人原则上无权向非举债一方的配偶主张债务。

再次，如果夫妻一方与第三人串通、虚构债务的，或夫妻一方在从事赌博、吸毒等违法犯罪活动中所负债务，则该债务也不属于夫妻共同债务。

最后，如果该债务是一方婚前所负债务且未转化成夫妻共同财产或用于婚后家庭生活，则该债务也属于夫妻一方的个人债务，除非债权人能够证明所负债务用于婚后家庭共同生活或已经转化成了夫妻共同财产。

（5）夫妻共同债务的举证证明责任分配

最高人民法院民一庭的观点认为，① 从举证证明责任分配的角度看，可以分为两类：一是家庭日常生活所负的共同债务；二是超出家庭日常生活所负的共同债务。对于前者，原则上推定为夫妻共同债务，债权人无需举证证明；如果举债人的配偶一方反驳认为不属于夫妻共同债务的，则由其举证证明所负债务并非用于家庭日常生活。对于后者，虽然债务形成于婚姻关系存续期间和夫妻共同财产制下，但一般情况下并不当然认定为夫妻共同债务；债权人主张属于夫妻共同债务的，应当由其根据《民事诉讼法》第六十四条“当事人对自己提出的主张，有责任提供证据”等规定，举证证明该债务属于夫妻共同生活、共同生产经营所负债务，或者所负债务基于夫妻双方共同的意思表示。如果债权人不能证明的，则不能认定为夫妻共同债务。

---

① 《妥善审理涉及夫妻债务纠纷案件　依法平等保护各方当事人合法权益——最高人民法院民一庭负责人就〈最高人民法院关于审理涉及夫妻债务纠纷案件适用法律有关问题的解释〉答记者问》，载《人民法院报》2018 年 1 月 18 日。

这里需要指出的是，夫妻以共同意思表示所负的夫妻共同债务，与上述债权人需要举证证明所负债务基于夫妻双方共同意思表示，是一脉相承的。夫妻双方共同签字的借款合同、借据，以及夫妻一方事后追认或者电话、短信、微信、邮件等其他体现共同举债意思表示的有关证据，恰恰是债权人用以证明债务系夫妻共同债务的有力证据。上述区分是否属于家庭日常生活范围形成债务的不同举证证明责任的分配规则，有效地解决了争议突出的债权人权益保护和未举债夫妻一方权益保护的平衡问题。

三、北京法院涉夫妻共同债务的维权指引

2020 年 4 月 14 日，北京市第一中级人民法院召开“战疫能动司法 · 聚焦权益保障——家事审判治理”新闻发布会。北京市第一中级人民法院副院长马来客就家事审判治理典型案例以及为保护夫妻双方合法权益形成的《涉夫妻共同债务的维权指引》进行通报,[①] 对涉夫妻共同债务的维权作出以下指引。

（一）构成夫妻共同债务的情形

第一，具备共债的共同意思。如夫妻共同签字或一方签字后另一方事后追认。

第二，具备“日常性”与“合理性”的为家庭日常生活需要所负担的债务。

第三，超出家庭日常生活需要但债务用于夫妻共同生活、共同生产经营。

（二）仅属于个人债务的情形

第一，夫妻一方与债权人明确约定为个人债务的。

第二，夫妻对婚姻关系存续期间所得的财产约定归各自所有的，夫或妻一方对外所负的债务，第三人知道该约定的。

第三，夫妻一方与第三人串通，虚构的债务。

第四，夫妻一方在从事赌博、吸毒等违法犯罪活动中所负的债务。

第五，超出家庭日常生活需要，并未用于夫妻共同生活、共同生产经营所负的债务。

---

① 参见《北京一中院召开“战疫能动司法 聚焦权益保障——家事审判治理”新闻发布会》，载中国法院网，https：//www. chinacourt. org/chat/chat/2020/04/id/52392. shtml，最后访问时间：2021 年 4 月 15 日。

第六，其他不符合夫妻共同债务条件的个人债务。

（三）离婚时可主张少分担夫妻债务的情形

离婚时对子女、女方和无过错方权益的保护是一项重要的法律原则，在平等分配的基础上适当考量女方利益及婚姻过错情况，对女方予以照顾符合目前司法实践的具体做法。

（四）分居或起诉离婚后的新债务认定

如果夫妻双方已经分居或提起离婚诉讼后，夫妻一方新形成的债务是否属于夫妻共同债务？

只有能够证明该债务基于双方共同意思产生或者用于家庭共同生活或共同生产经营的，才属于夫妻共同债务。

（五）“家庭日常生活需要”的类型与标准

“家庭日常生活需要”具体包括哪些类型，应该如何判别？

一般包括日常生活消费、日常精神消费、日常投资性消费以及为赡养老人、教育抚育子女的合理花费等，应该结合夫妻的家庭生活水准、借贷的目的等因素综合衡量，如果一方擅自对外高额借款，借款后自己挥霍浪费，严重侵害另一方的财产权益，该借款就不属于夫妻共同债务。

（六）一方不认可债务的举证责任分担

如果夫或妻一方不认可对方的借款等债务用于夫妻共同生活，离婚时应该由谁提供证据？

根据“谁主张，谁举证”的证据规则，主张债务用于夫妻共同生活或共同生产经营的，应该由主张共债的夫妻一方承担举证责任，而且主张共债的夫妻一方属借款方、对钱款的支配及去向更容易说明。

（七）“共同生产经营”的认定标准

夫妻一方在外经营，另一方并不参与经营活动，是否属于“共同生产经营”？

共同生产经营虽强调“共同性”，但“共同性”并非指夫妻双方实际共同处理经营事务，而是指夫妻双方将经营活动纳入其家庭意志范围，经营收益也作为其家庭收入的来源，满足此种条件也属于共同生产经营。

（八）一方隐瞒经营且家庭未受益的债务认定

夫妻一方隐瞒另一方对外经营，且经营所获利益未用于夫妻家庭生活的，离婚时，因经营所负担的债务是否属于共同债务？

如果夫妻一方隐瞒另一方对外经营，经营所获利益未用于夫妻家庭生活，原则上不属于夫妻双方“共同生产经营”，所产生的债务一般由举债方自己承担。

（九）“夫妻公司”所负债务的性质认定

夫妻以自己设立的公司名义借款，借款后将所借款项用于家庭的，是否应该由夫妻共同偿还？

夫妻一方或双方以自己设立的公司名义与出借人签订民间借贷合同，债权人如果能够证明所借款项用于夫妻家庭生活的，该债务应由公司以及夫妻财产共同偿还。

（十）一方伪造债务的法律救济途径

如果夫妻婚姻关系存续期间一方伪造共同债务，侵害另一方合法权益的，如何救济？

如果夫妻一方与第三人恶意串通，企图通过诉讼、调解等方式侵害他人合法权益的，根据情节轻重可予以罚款、拘留；构成犯罪的，依法追究刑事责任。同时，一方若有伪造夫妻共同债务等严重损害夫妻共同财产利益行为的，另一方可以要求分割共同财产。

四、最高人民法院审理夫妻共同债务的典型案例

（一）担保之债是否属于夫妻共同债务

1. 配偶未确认的担保债务系无权处分

案例 3－1　冯某某与马某某确认合同无效纠纷案

一审法院：陕西省西安市中级人民法院（2015）西中民三初字第 00002 号

二审法院：陕西省高级人民法院（2016）陕民终 577 号

再审法院： 最高人民法院（2018）最高法民再210号

案例主旨： 夫妻一方承诺以家庭财产为他人提供担保，系无权处分。另一方对此不予追认，该承诺无效，并对该方不具有法律约束力。

最高人民法院认为，首先，关于未承诺提供担保一方是否系案件适格原告主体问题。赵某某与冯某某系夫妻关系，案涉《借款合同》的保证条款不仅涉及赵某某的个人财产，更重要的是涉及赵某某和冯某某的夫妻共同财产，因为在夫妻关系存续期间，除非夫妻双方有分别财产的约定，否则夫或者妻的收入都为夫妻共有财产，且为共同共有而不是按份共有，归夫或者妻一方的个人财产实际上很少。换言之，真正能起到保证作用的是夫妻共同财产，因此，该保证条款直接影响到冯某某的财产利益。冯某某现对合同内容中的保证条款不予追认，其与本案有直接利害关系，具有诉讼利益。

其次，关于案涉《借款合同》中保证条款的效力问题。案涉《借款合同》中第五条保证条款约定：保证人赵某某承诺以个人及家庭财产承担连带保证责任，其承担保证责任已征得财产共有人同意，并与财产共有人共同签署合同。赵某某本人作为保证人已在合同保证人处签名，其个人在提供担保时无须征得财产共有人的同意，冯某某在该合同中未签署姓名并不影响赵某某个人保证责任的成立与生效，赵某某以个人财产提供的担保的意思表示合法有效。对此，法院认为，赵某某在未征得财产共有人冯某某同意的情形下，承诺以家庭财产为他人提供担保，系无权处分，冯某某对此不予追认，该承诺无效，并对冯某某不具有法律约束力。

2. 一方为名下公司提供担保属于共同债务

案例 3－2 赵某、姬某某金融借款合同纠纷案

二审法院： 河南省高级人民法院（2018）豫民终672号

再审法院： 最高人民法院（2019）最高法民申2302号

案例主旨： 案涉债务系一方为夫妻双方名下公司所负，且该公司的经营收益已形成夫妻共同财产，故案涉债务应属于夫妻共同债务。

最高人民法院认为，认定为夫妻共同生活所负的债务应具备两个基本特征：一是须发生在夫妻婚姻关系存续期间；二是须用于夫妻共同生活或共同生产经营活动。本案中，案涉贷款发生于姬某某和赵某婚姻关系存续期间，虽然姬某

某系以其个人名义为该笔贷款提供担保，但该笔贷款系用于QL公司，而姬某某时任该公司法定代表人，且持有该公司50%的股权，二审法院据此认定姬某某为QL公司提供担保不仅为了公司经营，也为个人收益，并无不当。因QL公司系赵某与姬某某婚后设立的公司，所得收益已形成夫妻共同财产，二审法院认定QL公司的经营状况同时与赵某、姬某某的夫妻共同财产有直接关系，亦无不当。

在赵某未提供证据证明QL公司的收益未形成夫妻共同财产的情况下，债务应以赵某与姬某某的夫妻共同财产以及姬某某的个人财产清偿。二审法院认定案涉债务应由赵某与姬某某共同偿还，虽然未明确赵某应以夫妻共同财产为限承担责任，但银行已经向法院出具书面承诺书，明确表示如本案进入执行程序，只会申请执行已经查封的原属于夫妻共同财产的房产，放弃再执行赵某其他财产的权利，因此二审判决在执行过程中并不会加重赵某的负担。

赵某提出本案应适用最高人民法院民一庭（2015）民一他字第9号复函，但该复函系针对个案作出的回复，不具有普遍适用的效力，且本案情形与复函答复的案件情形并不相同，故对赵某该主张不予支持。本案可以认定公司的经营收益已形成夫妻共同财产，而债务又系为QL公司的经营所负，二审法院综合认定案涉债务属于夫妻共同债务，适用法律并无不当。

案例3－3 李某某与安某某等案外人执行异议之诉案

二审法院：河南省高级人民法院（2015）豫法民二终字第463号

再审法院：最高人民法院（2016）最高法民申2908号

案例主旨：并非夫妻一方对外担保之债一概不能认定为夫妻共同债务，重点还应考量该担保之债与夫妻共同生活是否密切相关。

最高人民法院认为，本案中，生效判决虽仅确定夫妻一方即寇某对债务承担清偿责任，但是该笔债务发生在寇某与李某某夫妻关系存续期间，一审、二审及再审申请中，李某某均未提供相应证据证明债权人与债务人明确约定该债务为寇某一方所负个人债务，或者证明寇某与李某某达成过夫妻财产归各自所有的约定且第三人知晓该约定。

李某某主张二审判决违背最高人民法院民一庭答复和复函的认定，但相关答复和复函仅是针对个案相关情况作出的处理意见，不具有普遍约束力。就个案处理而言，并非夫妻一方对外担保之债一概不能认定为夫妻共同债务，重点还应考量该担保之债与夫妻共同生活是否密切相关。本案中，担保人寇某系债务人FX公司的法定代表人和股东，而寇某又是FX公司另一股东北京某公司的法定代表人、股东，FX公司的经营状况直接影响到寇某的个人收益，与寇某和李某某婚姻关系存续期间夫妻共同财产的多少也有直接关系。李某某主张寇某因担保而形成的债务并非用于夫妻共同生活，对此，李某某负有举证责任，而李某某并未提供充分证据证明寇某未将FX公司的经营收益用于夫妻共同生活。因此，二审判决将本案所涉债务认定为夫妻共同债务，在事实认定和法律适用上均无不当。李某某关于本案所涉债务为寇某个人债务的申请理由，不能成立。

3. 夫妻双方共同签字的担保之债属于共同债务

案例3－4 河北HT房地产开发有限公司、赵某某等民间借贷纠纷案

一审法院：青海省高级人民法院（2016）青民初92号

二审法院：最高人民法院（2017）最高法民终847号

再审法院：最高人民法院（2018）最高法民申4914号

案例主旨：夫妻双方均在合同中签字确认的行为表明其对担保行为以及由此带来的相关法律后果达成了合意，故应当以夫妻共同财产承担返还债务的义务。

一审法院认为，关于DJ公司主张赵某某、李某某以其夫妻共同财产承担借款的偿付责任的问题。DJ公司与HT公司签订《借款协议》时，赵某某提供了担保责任，以其信誉、人格、财产为HT公司提供担保。李某某与赵某某系合法夫妻，李某某同时又系HT公司的法定代表人，在DJ公司与HT公司签订的《借款协议》中，李某某、赵某某均在合同上签字确认，李某某、赵某某对担保行为以及由此带来的相关法律后果达成了合意。李某某对赵某某的担保行为是明知的，且属于在双方婚姻关系存续期间共同认可的担保责任，应当按夫妻共同债务处理。DJ公司诉求赵某某、李某某以其夫妻共同财产返还债务有事实依据和法律依据，应予支持。该案件经历了最高人民法院二审和再审程序，最终最高人民法院维持了一审法院的判决。

（二）一方借贷之债是否属于夫妻共同债务

1. 一方借款并通过配偶账户收款的认定为共同债务

案例3-5 黄某霞与王某某、黄某梁、联邦AA公司民间借贷纠纷案

二审法院：福建省高级人民法院（2015）闽民终字第843号

再审法院：最高人民法院（2017）最高法民申3507号

案例主旨：夫妻一方借款却将钱款汇入另一方账户，可以表明另一方对于债务知晓并实际参与了借款过程，故应由夫妻双方共同承担还款责任。

最高人民法院认为，关于黄某梁的借款是否属于夫妻共同债务的问题。本案中，虽然黄某梁是以个人名义向王某某借款用于偿还LB公司的债务，但从资金流向上看，王某某将款项汇入黄某梁的账户后，黄某梁随即将款项汇给黄某霞，经由黄某霞的账户汇给LB公司，由此可知黄某霞对该笔借款应为明知并实际参与。因此原审认定黄某梁的借款为夫妻共同债务，符合本案的实际情况。

2. 一方借款用于和央委有关联的公司经营的认定为共同债务

案例3-6 华某明与徐某某、许某标等民间借贷纠纷案

二审法院：江苏省高级人民法院（2016）苏民终947号

再审法院：最高人民法院（2017）最高法民申1516号

案例主旨：夫妻一方举债用于与夫妻双方有密切关系的公司经营中，证明该债务已实际用于夫妻共同生活，故应当属于夫妻共同债务。

最高人民法院认为，本案的争议焦点为徐某某是否应对许某标个人债务加入而产生的债务承担共同偿还责任。本案中，许某标承诺DJ公司的债务由其负责清偿，系其加入DJ公司对华某明的债务中，许某标成为华某明的债务人。此时许某标与徐某某仍处于婚姻关系存续期间，因此许某标对DJ公司的债务属于婚姻关系存续期间夫妻一方的债务。从现有证据来看，华某明与许某标并未明确约定该债务系许某标的个人债务，双方亦不存在恶意串通、违法犯罪等情形，因此，许某标对华某明的债务为其与徐某某的夫妻共同债务。徐某某主张许某标系债务加入人，并未直接向华某明借款，因此对华某明的举债其并未受益，该款项亦未用于夫妻共同生活，故不应当认定为夫妻共同债务。但本案中许某标并非债务担保行为，且主债务人DJ公司原法定代表人许某文为许某标的女儿，该公司与许某标、徐某某均有密切关系。华某明与DJ公司最初的《合作协议》即由许某标代表签字，许某标实际参与DJ公司的经营活动，且徐某某自称家庭经济事宜均由许某标包办，因此，华某明的债务并非与许某标、徐某某无关，许某标在DJ公司经营过程中的行为是婚姻关系存续期间的生产经营活动，由此可见对于华某明的举债已用于许某标、徐某某夫妻共同生活，该债务应当作为许某标与徐某某的夫妻共同债务，原审法院认定由徐某某承担共同偿还责任正确。

由此可见，夫妻一方所负债务或所做担保，未约定夫妻共同偿还，债权人亦不能证明该债务用于夫妻共同生活时，应当作为负债一方的个人债务。但在具体案件中，应当充分考虑一方负债所涉背景、真实用途、对家庭的贡献以及生产经营关联等。如果该债务虽为夫妻一方所借或加入，但是用于家庭经营或者使得家庭受益，则应当认定为夫妻共同债务。在对夫妻债务关系上加重债权人举证责任的同时，人民法院也要注意审查该债务对家庭生产生活是否造成影响，防止债务人恶意转移财产逃避债务，切实保障债权人的合法权益。

3. 无法证明家庭财产来源的可认定为共同债务

案例3－7 崔某某与杨某某、马某某民间借贷纠纷案

二审法院：宁夏回族自治区高级人民法院（2017）宁民终191号民事判决

再审法院：最高人民法院（2018）最高法民申634号

案例主旨：夫妻一方借贷金额虽然超出日常开支所需，但所获收益用于夫妻共同生活，且另一方无法证明家庭收入足以支持家庭开支的，仍应认定为夫妻共同债务。

最高人民法院认为，本案中，马某某虽然以个人名义借贷了超出日常开支所需债务，但该行为属于赚取利差的投资经营行为，所获利息亦用于夫妻共同生活，崔某某无证据证明其和马某某有其他的收入足以支持其购买车辆及多处房产。由于杨某某已经证明案涉借款系马某某赚取利差的投资经营行为，利息用于夫妻共同生活，故该债务属于夫妻共同债务，应由马某某和崔某某夫妻共同偿还。至于崔某某在申请再审时提出其和马某某名下的车辆和房产是在案涉借款前购买，但这些财产购买的时间并不影响其应当承担的本案的还款责任。

也就是说，即使是在案涉借款之前购买的，这些财产也应当用来偿还案涉借款。只要案涉借款不还，马某某和崔某某名下的任何财产均系案涉借款的责任财产。故崔某某的此点申请再审理由不能成立。

4. 债权人明知借款并未用于共同生活不应认定为共同债务

案例3－8 林某、陈某某等民间借贷纠纷案

二审法院：福建省高级人民法院（2016）闽民终367号

再审法院：最高人民法院（2018）最高法民再20号

案例主旨：通过借款债务形成的具体经过、资金流向、借款用途等因素确认，债权人明知一方借款并未用于夫妻共同生活时，应认定不属于夫妻共同债务。

最高人民法院认为，关于案涉借款债务是否为夫妻共同债务，陈某某是否应当在夫妻财产范围内承担共同清偿责任的问题。案涉《借据》仅由林某作为借款人签名，且CQ公司并不否认林某作为借款中间人的身份，应当认定CQ公司明知该借款并非用于林某与陈某某的夫妻共同生活、共同生产经营，也并非基于其夫妻双方共同意思表示。CQ公司关于案涉借款构成林某、陈某某的夫妻共同债务的诉讼主张，并无相应的事实和法律依据，法院不予支持。原审判决未考虑本案借款债务形成的具体经过、资金流向、借款用途等因素，认定案涉2000万元债务为夫妻共同债务不当，应予以纠正。

在这一案件中，夫妻一方作为借款中间人向债权人出具借条，借款金额远超日常生活所需，借款款项实际由债权人转入与夫妻双方无关的第三方账户并由第三方支配使用，债权人知晓夫妻一方借款中间人的身份以及款项流转情况，应当认定其明知借款并非用于夫妻共同生活、共同生产经营，也并非基于夫妻双方共同意思表示，该借款不应认定为夫妻共同债务。

5. 因一方借款而共同受益的认定为共同债务

案例3－9 淦某、涂某与AA公司等民间借贷纠纷案

二审法院：江西省高级人民法院（2017）赣民终446号

再审法院：最高人民法院（2018）最高法民申318号

案例主旨：案涉借款全部用于公司经营所需，而且夫妻双方共享了因该公司股权而获得的财产收益，故应当认定借款为夫妻共同债务。

最高人民法院认为，关于涂某应否承担案涉债务共同偿还责任问题。淦某系LW公司法定代表人及控股股东，其与其妻涂某未举证证明双方对婚姻关系存续期间所得财产约定归各自所有，故应当认定淦某在夫妻关系存续期间因享有AA公司股权而获得的财产收益归其与涂某夫妻共同所有。案涉借款行为发生在涂某与淦某婚姻关系存续期间，案涉第一笔借款发生时双方已结婚近10年，且根据二人自认，案涉借款全部用于LW公司经营所需。据此，应当认定淦某的借款行为符合涂某的利益。一、二审法院综合本案实际情况，认定案涉债务属于涂某与淦某的夫妻共同债务，涂某应承担共同偿还责任，并无不当。

6. 构成共同债务的判断标准

案例3-10 孙某某与詹某某、张某某民间借贷纠纷案

一审法院：新疆维吾尔自治区高级人民法院（2018）新民初23号

二审法院：最高人民法院（2019）最高法民终197号

案例主旨：夫妻共同债务的构成应当根据借款金额、用途、是否存在夫妻合意等综合因素进行判断。

一审法院认为，本案中，詹某某向孙某某所借款项达8995万元，远远超出家庭日常生活需要。孙某某主张詹某某将借款用于共同生活、共同生产经营，但未提供相应证据予以证实，故对孙某某要求张某某与詹某某共同承担偿还责任的诉讼请求，不予支持。

最高人民法院认为，关于张某某应否承担共同偿还责任的问题。孙某某虽主张张某某应承担共同偿还责任，但案涉款项数额远远超出正常的家庭日常生活需要，且至二审期间孙某某未就该款用于家庭共同生活、共同生产经营或基于夫妻双方共同意思表示提供证据证明，孙某某的该项上诉理由不能成立。

7. 特殊婚姻状况下对债务的“自认”不具有法律效力

案例3-11 赵某诉项某某、何某某民间借贷纠纷案

一审法院：上海市长宁区人民法院，案例来源于《最高人民法院公报》2014年第12期（总第218期）。

案例主旨：若夫妻一方有与第三人构成“虚假债务”嫌疑的，不能单凭其

自认债务而免除债权人的举证责任。如果债权人坚持要求非举债方共同承担责任的，除了要追加非举债方进入诉讼以外，还需要就债权人举证的情况，结合债权人的经济状况、资金来源、交付方式、在场见证人等因素判断该债务成立的可信性。

原告赵某与被告项某某系朋友关系，两被告项某某、何某某系夫妻关系。项某某向原告出具《借条》一张，落款处由项某某以借款人身份签名。后原告两次书写《催款通知单》，项某某在两份《催款通知单》上均加注“因经营不善无钱归还，恳求延长两年，利息照旧”，并签署其姓名。另外，两被告于2009年6月18日签署《协议书》一份，确认双方婚姻关系存续期间的生意经营、房产状况、房屋贷款等事宜，但未涉及本案系争借款。双方同时约定“其他债务事宜，双方任何一方不确认则不成立”。2010年7月，两被告开始分居。后，何某某起诉至上海市长宁区人民法院，要求与项某某离婚。但上述两案诉讼过程中，项某某均未提及本案系争借款。2012年8月31日，何某某第三次起诉要求与项某某离婚，案件仍在审理中。

法院认为，首先，原告赵某在本案中虽向被告项某某主张还款，但项某某辩称涉案借款用于两被告的夫妻共同生活，应由两被告共同偿还。事实上，经法院调查，在两被告的第三次离婚诉讼中，项某某也始终未将本案借款作为夫妻共同债务要求何某某承担相应的还款责任。由于本案处理结果与何某某有法律上的利害关系，法院依法将其追加其为第三人参加诉讼。后因项某某的上述抗辩，原告申请追加何某某为被告。在此过程中，原告及项某某一再反对何某某参加本案诉讼，不仅缺乏法律依据，亦有违常理。何某某作为本案被告以及利害关系人，当然有权就系争借款陈述意见并提出抗辩主张。

其次，基于两被告目前的婚姻状况以及利益冲突，被告项某某对系争借款的认可，显然不能当然地产生两被告自认债务的法律效果。并且，项某某称其于2007年8月2日用涉案借款中的10万元提前归还房贷。然而，经法院依职权调查，项某某银行交易记录却显示当天有10万元存款从其名下的银行账户支取，与其归还的银行贷款在时间、金额上具有对应性。此外，项某某银行账户在同期存有10余万元存款，其购房的银行贷款也享有利率的7折优惠，再以5%的年利率向他人借款用以冲抵该银行贷款，缺乏必要性和合理性。本案于2013年3月7日开庭时，项某某经法院合法传唤明确表示拒绝到庭。上述事实和行为足以使法院对项某某相关陈述的真实性产生怀疑。故基于以上原因，原告赵某仍需就其与项某某之间借贷关系成立并生效的事实，承担相应的举证义务。

最后，原告赵某自述其名下有多套房产，且从事经营活动，故其具有相应的现金出借能力。但其亦表示向被告项某某出借20万元时，其本人因购房负担着巨额的银行贷款。为此，法院给予原告合理的举证期限，要求其提供相应的证据证明其资产状况和现金出借能力，并释明逾期举证的法律后果。嗣后，原告明确表示拒绝提供相应的证据。法院认为，原告明确表示放弃继续举证权利，而其提供的现有证据亦并未能证明涉案借款的交付事实以及原告本人的资金出借能力，其陈述的借款过程亦不符合常理，故应承担举证不能的法律后果。对于原告的诉讼请求，法院依法不予支持。至于项某某个人对涉案借款的认可，因其与原告之间对此并无争议，其可自行向原告清偿，法院对此不予处理。

（三）共同债务性质不属于执行异议的审理范围

案例3-12 章某某与陈某某、宁某某案外人执行异议纠纷案

一审法院：青海省高级人民法院（2019）青民初51号

二审法院：最高人民法院（2019）最高法民终1868号

案例主旨：被执行人所负的债务系属于夫妻共同债务还是属于其个人债务，并不属于案外人执行异议之诉的审理范围，人民法院不应予以审理。在执行过程中依法应当保留属于配偶的一半份额，如法院将拍卖款全部支付给执行申请人的，则属于执行错误。

关于陈某某申请执行的案涉债务是否属于夫妻共同债务问题。法院认为，本案章某某提起的系案外人执行异议之诉，请求排除陈某某对自己及宁某某名下的房产执行，依法应当按照案外人执行异议之诉的相关规定加以审理，认定案涉执行财产是否足以排除执行，至于宁某某所负的债务属于夫妻共同债务还是属于其个人债务，不属于案外人执行异议之诉的审理范围。故原审法院将宁某某的债务是否属于夫妻共同债务加以审理，不妥，依法应予以纠正。

关于案涉1288号房屋是否属于夫妻共同财产问题。章某某认为该房产登记在其名下，并且是由其父母出资购买并赠予章某某，属于其个人财产，应当排除陈某某的申请执行。法院认为，1288号房屋登记在章某某名下，且该房产系在章某某与宁某某婚姻存续期间购买，依法应当属于夫妻共同财产。虽然章某

某提交《银行现金交款单》等证据，证明案涉房产实际是由其父母出资，但并不能充分证明该房产系其父母的房产或其父母购买后赠予章某某，故章某某关于该房产系其个人财产并请求排除执行，没有事实和法律依据。原审法院判令执行该房产并保留该房产一半变价款份额归章某某所有，并无不当。

关于被拍卖的案涉102号房屋，是否应当保留章某某一半的执行款份额，章某某是否需要另行提起不当得利之诉的问题。法院认为，案涉102号房屋登记在宁某某名下，但该房屋系在章某某与宁某某婚姻存续期间取得，依法应当认定为夫妻共同财产，原审法院执行该房产时，应当保留属于章某某的一半份额。根据《最高人民法院关于人民法院办理执行异议和复议案件若干问题规定》第六条第二款的规定，案外人依照《民事诉讼法》第二百二十七条规定提出异议的，应当在异议指向的执行标的执行终结之前提出；执行标的由当事人受让的，应当在执行程序终结之前提出。陈某某认为，章某某未在执行标的执行终结之前提出，故应当视为章某某放弃该部分权利。法院认为，在执行程序过程中，虽然当事人没有在执行程序规定的期间内提出异议，但其实体权利并未丧失，章某某依然享有夫妻共同财产的相应份额，故案涉102号房屋在执行过程中依法应当保留属于章某某的一半份额，原审法院将102号房屋的拍卖款全部支付给陈某某，属于执行错误。虽然原审法院赋予章某某另案提起不当得利之诉的救济途径，但陈某某申请执行的案涉两套房产系基于同一执行依据，该案执行程序并未终结。在案涉1288号房屋尚未开始执行时，可以对此一并予以处理，即执行案涉1288号房屋时，将拍卖价款的一半归属于章某某所有，执行属于宁某某的另一半执行款时，应扣除102号房屋拍卖款4,684,134.3元的一半2,342,067.15元。原审法院判令章某某另行提起不当得利之诉，并驳回章某某此部分诉讼请求，不妥，应依法予以纠正。

（四）对生存权益的保护优于债权人的信赖利益

案例3-13 XF公司与刘某某、潘某某等案外人执行异议纠纷案

二审法院：新疆维吾尔自治区高级人民法院（2019）新民终175号

再审法院：最高人民法院（2019）最高法民申5507号

案例主旨：被执行人与其配偶在长期居住地仅有唯一的一套住房，且公民有权自主选择居住生活的城市，该配偶对案涉房产享有的系保障生存的权益，

足以排除法院的强制执行。

二审法院认为，从债权的性质、申请执行人与案外人利益冲突与权衡等方面综合考虑，目前并不宜拍卖刘某某与潘某某的共有房产。首先，XF 公司针对案涉房产没有设定抵押，其享有的是一般金钱债权，不具有优先效力，从权利的优先性比较，其对债务人的债权难以对抗刘某某对讼争房产享有的物权。其次，房产与一般财产的主要区别在于，房产除了具有一定的财产价值外，还具有为居住人提供生存保障的功能。根据本案查明的事实，刘某某及其未成年子女长期在案涉房产中居住生活，将该房产拍卖执行，将影响案外人的生存权益。刘某某、潘某某一家居住于 144.36 平方米的住宅内，并不明显超过其生活必需。其所居住的房屋属北京市普通住宅，每平方米 7.8 万余元的评估价格是案涉房产所属地段普通住宅价格，并不是高档、豪华住宅。房产价值高是北京市房地产价格整体水平高造成的，一审认为案涉房产价值 1131.87 万元，超出了被执行人及其抚养家属生活必需不妥当。另外，XF 公司称刘某某在乌鲁木齐尚有房产，案涉房产并非其唯一住房。住房是居住者实际生活、居住的房屋，刘某某及其子女长期生活在北京市，子女在北京市的学校就读，北京的房产是其住房，乌鲁木齐的房产并非生活居住用房。最后，案涉房产并非唯一可执行财产，XF 公司的债权可通过执行债务人的其他财产来实现。根据本案查明的事实，XF 公司的债务人 PY 公司已进入破产清算程序，XF 公司的债权已作为破产债权向管理人进行了申报。除潘某某的担保之外，SEPY 公司亦对 XF 公司债权中的 1000 万元承担连带保证责任；XF 公司同时享有对 SEPY 公司抵押的机器设备、房地产及 PJSD 公司抵押的车辆的拍卖、变卖款的优先受偿权。即 XF 公司的债权可通过多种途径实现，对诉争房产的执行会对案外人的生存保障产生影响，故对案外人生存权益的保护应当优于对一般债权人信赖利益的保护。

最高人民法院认为，根据查明的事实，2014 年 9 月 29 日潘某某出具《承诺书》，自愿以其个人名下的全部资产为 PY 公司在 XF 公司的 3000 万元借款承担连带保证责任。后因该借款到期未还，XF 公司提起诉讼，要求 PY 公司承担还本付息责任，潘某某承担连带保证责任。另外，针对该笔借款，SEPY 公司承诺在 1000 万元范围内承担连带保证责任，同时以其机器设备、房产向 XF 公司提供抵押担保，PJ 公司以其车辆向 XF 公司抵押担保。法院作出（2015）乌中民初字第 31 号民事判决，支持了 XF 公司诉讼请求。后该案进入执行阶段，因 PY 公司、SEPY 公司、PJ 公司被法院裁定合并破产清算，XF 公司进行了债权申报，同时申请法院查封了潘某某位于北京市的案涉房产，要求其承担相应的担保责任。

案涉房产被查封后，潘某某的妻子刘某某提起案外人执行异议，在异议被驳回后，提起本案案外人执行异议之诉。因案涉房产系潘某某与刘某某于2004年5月27日在婚姻存续期间购买，属夫妻共同财产，而潘某某对外提供担保所形成的债务属其个人债务，且刘某某及其子女长期生活、学习在北京市，其夫妻双方在北京市仅有案涉一处房产，据此二审判决刘某某对案涉房产享有的民事权益，足以排除法院的强制执行，事实及法律依据充分，并无不妥。另外，XF公司认为刘某某在乌鲁木齐市有住房，其与子女完全可以在乌鲁木齐市生活，就近入学，其在北京市的案涉房产应该予以拍卖。因刘某某作为公民有权选择居住生活的城市，其对案涉房产享有的权益足以排除法院的强制执行。

（五）夫妻共同债务的认定必须结合具体情况

案例3－14 TL公司与郭某某、王某某民间借贷纠纷案

二审法院： 内蒙古自治区高级人民法院（2015）内民一终字第00132号

再审法院： 最高人民法院（2017）最高法民申4018号

案例主旨： 案涉债务是否属于夫妻共同债务需要从配偶是否共同签署借款协议或事后追认、债务是否用于共同日常生活、配偶是否从经营中受益等方面综合判定。

最高人民法院再审认为，本案的关键问题是案涉债务是否属于郭某某、王某某二人的夫妻共同债务。第一，从现有证据看，案涉债务虽发生于郭某某、王某某夫妻关系存续期间，但该债务是以郭某某的个人名义负担，王某某并未在借款协议、投资协议中签字，事后也未追认，因此案涉债务不是郭某某、王某某共同意思所负的债务。第二，从二审查明的债务用途看，案涉借款4150万元实际用于JY项目的工程项目建设，未用于郭某某、王某某的共同日常生活，不能认为是二人共同生活所负的债务。第三，从二审查明的事实看，案涉债务发生时，虽然王某某持有或者通过BL公司间接持有MH公司的股份，但MH公司在此之前已将案涉项目转让给ZD公司，在此之后案涉项目以ZD公司名义进行开发，而王某某并未直接或者间接持有ZD公司股份，因此，王某某不能从ZD公司的经营案涉项目中受益。即使王某某通过MH公司转让案涉项目获益，

但由于MH公司转让案涉项目的时间先于案涉债务的时间，因此，亦不能认定王某某是与郭某某共同经营案涉项目获益。第四，郭某某、王某某在本案诉讼期间离婚并对共同财产进行分割，是夫妻双方自由处分各自财产权利的行为，如果债权人认为上述行为对于债权人不利，可以依法主张无效或者予以撤销，并有权就夫妻共同债务向男女双方主张权利。由上所述，二审法院认定案涉债务属于郭某某的个人债务并无不当。另外，在郭某某、王某某之间的离婚协议未经确认无效或撤销的情况下，二审法院引用离婚协议的相关内容并就案涉债务是否属于夫妻共同债务进行审理，并未剥夺TL公司的诉讼权利，适用法律不存在错误。综上，二审判决在认定事实及适用法律方面均无不当。

五、各地方法院夫妻债务典型判例

（一）债务人离婚放弃财产债权人可申请撤销

案例3－15 方某、黄某与吴某债权人撤销权纠纷案

一审法院：广东省深圳市罗湖区人民法院（2018）粤0303民初3458号

二审法院：广东省深圳市中级人民法院（2018）粤03民终15527号

案例主旨：债务人利用离婚协议将自己的财产份额无偿赠与配偶的行为，已对债权人的债权造成了损害，债权人可以要求撤销。

二审法院认为，根据已生效的中国广州仲裁委员会仲裁裁决，吴某对方某负有本金500万元及利息的债务，根据（2018）粤03执2173号之一执行裁定书，吴某目前没有可供执行的财产。深圳市罗湖区房产A－1201与A－1202，购买于黄某、吴某婚姻存续期间，虽然分别登记在黄某、吴某名下，但两套房产均属于黄某与吴某的夫妻共同财产。黄某、吴某于2016年5月13日在《离婚协议书》中约定吴某名下的上述A－1201房产归黄某所有，其他各自名下财产归各方，即黄某名下的上述A－1202房产亦归黄某所有，且吴某于2017年7月3日将A－1201房产转移登记至黄某名下，吴某将自己在两套房产中的份额无偿赠与黄某的行为，已对方某的债权造成了损害。方某根据相关法律规定，有权以吴某债权人的身份提起本案债权人撤销权之诉。最终，二审法院判决撤销吴某将A－1201房产50%份额无偿赠与上诉人黄某的行为，并要求黄某、吴某将房产50%份额过户登记至吴某名下。

（二）一方将借款打入他人账户不认定为共同债务

案例 3-16 谢某某与毕某某、徐某某民间借贷纠纷案

二审法院：浙江省台州市中级人民法院（2017）浙10民终2224号

再审法院：浙江省高级人民法院（2018）浙民再513号

案例主旨：债务人将借款汇入第三人账户，债权人又无法证明借款为夫妻共同举债的意思表示或用于共同生活或经营的情况下，不属于夫妻共同财产。

法院认为，关于案涉款项是否为毕某某、徐某某的共同债务的认定问题。案涉由毕某某向谢某某出具的12份借条，无徐某某的签名，从已查明的事实看，上述借款汇入毕某某账户后，即由毕某某汇入他人账户，无证据证明上述借款已用于毕某某、徐某某的共同生活或经营或借款为毕某某、徐某某的共同意思表示，也无证据证明款项事后已得到徐某某的追认。故在谢某某无证据证实上述借款为毕某某、徐某某共同举债的意思表示或用于共同生活或经营的情况下，不能仅因毕某某在《声明书》中提到徐某某对公司经营等知晓，而认定上述借款属于毕某某、徐某某的共同债务。

（三）大额借款应由债权人举证用于夫妻共同生活

案例 3-17 李某某与南昌HX公司、徐某借款合同纠纷案

二审法院：江西省南昌市中级人民法院（2016）赣01民终1647号

再审法院：江西省高级人民法院（2018）赣民再262号

案例主旨：债权人出借大额借款时应尽到审慎义务，未能举证证明借款用于债务人夫妻共同生活的，不属于夫妻共同财产。

再审法院认为，夫妻一方在婚姻关系存续期间以个人名义超出家庭日常生活需要所负的债务，如果债权人主张该债务系夫妻共同债务，应由债权人举证。徐某向HX公司借款270万元，尽管发生在徐某和李某某的夫妻关系存续期间，但该笔借款明显超出家庭日常生活需要所负，债权人HX公司以该笔借款系夫妻共同债务为由向李某某主张权利，应当由HX公司举证证明该笔借款用于夫妻共同生活、共同生产经营或者基于夫妻双方共同意思表示，但在本案诉讼中HX公司并未提供相关证据予以证明。故二审认定徐某的贷款转给周某某或被周某某现金支取，不足以证明本案所涉借款270万元债务系徐某的个人债务，实

际是将举证责任错误分配给李某某，并由此认定该债务为夫妻共同债务错误，法院再审予以纠正。

（四）新法生效日之后未适用的应予以改判

案例 3－18 刘某某与孙某某、宫某某民间借贷纠纷案

二审法院：吉林省白城市中级人民法院（2017）吉08民终59号

再审法院：吉林省高级人民法院（2018）吉民再274号

案例主旨：夫妻债务司法解释（现已失效）于2018年1月16日施行后，尚未判决的案件应该适用夫妻债务司法解释的规定分配举证责任。

再审法院认为，关于宫某某所借款项是否为夫妻共同债务、刘某某是否应承担共同偿还责任的问题，宫某某自述称所借款项刘某某不知情，借款是赌债。刘某某主张对该笔债务完全不知情，借款也没有用于家庭生活。现孙某某主张24万元借款属于夫妻共同债务，宫某某向孙某某出具的借据中虽写明所借款项用于家庭资金周转，但该借据没有刘某某的签字认可。孙某某在法院庭审中称宫某某借款时曾给刘某某打电话取得其认可，但未提供相关证据予以证明。依照2018年1月18日起施行的夫妻债务司法解释第一条的规定，孙某某不能提供相关证据证明宫某某将借款用于夫妻家庭日常共同生活或共同生产经营，其应承担举证不能的法律后果，故不应认定24万元债务为夫妻共同债务，该债务应属宫某某的个人债务。本案二审判决日期为2018年1月30日，而夫妻债务司法解释已于2018年1月16日起施行，故二审判决未适用夫妻债务司法解释第三条的规定分配举证责任，属适用法律错误，应予改判。

《民法典》正式生效之后，人民法院尚未审结的一审、二审案件应适用《民法典》的相关规定。

（五）伪造配偶签字申请贷款配偶不承担责任

案例 3－19 HS银行广州分行、胡某某与苏某某借款合同纠纷案

一审法院：广东省广州市天河区人民法院（2013）穗天法民二初字第2332号

二审法院：广东省广州市中级人民法院（2015）穗中法金民终字第72号

案例主旨：银行因放贷审查不严所致风险及法律后果应自行承担，不对非

签约方产生法律约束力。

二审法院认为，本案二审的争议焦点在于HS银行广州分行与苏某某之间的抵押贷款合同关系是否成立，苏某某应否作为共同借款人或抵押人对本案债务承担责任。

首先，苏某某主张胡某某提交的前述证件资料均属伪造，其一审提交的证据显示公安部门就此认为有相关犯罪事实发生，并已就胡某某伪造、变造公文证件印章案进行立案侦查；而HS银行广州分行作为专门从事贷款发放等业务的金融机构，无论是自身具备的技术条件，还是交易过程中所负的注意义务，均应有别于其他普通商事主体。尤其是本案中，借款人申请发放的贷款高达人民币199万元，已经超出日常家事代理的范畴，用于抵押的雅宁街X号房产亦登记在胡某某、苏某某名下，胡某某、苏某某二人均为广州本地居民，且HS银行广州分行未提供任何证据显示苏某某本人到场确认抵押贷款意愿、签署相关法律文书存在障碍。综观本案抵押贷款的审批、发放过程，始终处于优势地位的HS银行广州分行却从未向苏某某本人当面核实过身份及意愿，其关于自己已经完全履行审慎审查义务，应作为善意第三人给予保护的主张，并无充分法律依据。退一步讲，即便HS银行广州分行基于胡某某提供的公证书、发放贷款并无明显过错，其相对于被他人假借名义办理抵押贷款而自身没有任何过错的苏某某而言，亦无给予优先保护的充分依据。再者，从交易成本的角度分析，作为个人的苏某某难有其他更好的办法防范类似于本案风险的发生，而作为金融机构的HS银行广州分行则可以通过要求贷款申请人到场面签文书、严格审批程序等途径，轻而易举地避免类似风险再度发生。有鉴于此，法院认为，原审法院关于因放贷审查不严所致风险及法律后果应由HS银行广州分行自行承担，本案抵押贷款合同的相关内容对苏某某不产生法律约束力的认定并无不当，苏某某无须作为共同借款人或抵押人对本案债务承担责任。

其次，HS银行广州分行和胡某某上诉还主张，即便苏某某不知情，其签署的离婚协议内容也表明其对本案抵押贷款一事进行了追认，本案债务应属于胡某某、苏某某的夫妻共同债务。法院认为，虽然本案借款发生在胡某某、苏某某婚姻关系存续期间，但如前所述，有关抵押贷款合同、抵押贷款申请表、他项权利登记申请书等文书上的签字，均是他人假借苏某某的名义签署，不能视为苏某某的意思表示；同时也没有任何证据能够证明苏某某对本案抵押贷款知情并有共同举债的合意，或者分享了本案抵押贷款所带来的利益。尽管离婚协议提及了“银行贷款”，且离婚协议签订时本案贷款是雅宁街X号房产抵押担保的唯一一笔银行贷款，但上述房产在2003年12月购置时即向NY银行东山支行申请了15年期的商业性住房按揭贷款，胡某某于2009年向NY银行东山支行提前还款、签收房产证等资料均是其一人所为或伙同刘某假借苏某某的名义进行，同样没有证据显示苏某某对此知情。结合离婚协议中将所涉银行贷款称为“供楼款”及有关“逾期供楼所产生的滞纳金”等表述，可以确定离婚协议所称“银行贷款”指向的是苏某某当时主观上以为尚未清偿的NY银行东山支行的按揭贷款，因此，依据离婚协议并不能得出苏某某当时知晓本案抵押贷款的存在或者是对本案抵押贷款进行了追认的结论。胡某某上诉主张苏某某对本案抵押贷款知情，贷款所得用于清偿在NY银行东山支行的按揭贷款及其与苏某某的日常生活开支，本案抵押贷款手续一概由苏某某主导，贷款发放后首先用于清偿按揭公司的“过桥”费用故此存在时间差等，均无相应证据佐证，法院不予采信。因此，有关本案债务属于胡某某、苏某某夫妻共同债务的上诉主张不能成立，法院不予支持。

（六）信用卡债非共同生活所用不为共同债务

案例3-20 沈某某与NB银行西湖支行、楼某某、朱某某信用卡纠纷案

二审法院：浙江省杭州市中级人民法院（2017）浙01民终2348号

再审法院：浙江省高级人民法院（2018）浙民再408号

案例主旨：银行无证据证明当事人举债时事先征得配偶同意或事后得到配偶追认，缺乏夫妻共同意思表示，不属于夫妻共同债务。

再审法院认为，本案主要争议为案涉债务是否为楼某某生前与沈某某的夫妻共同债务，以及债务范围是否包括手续费、利息、滞纳金及实现债权的相关费用。

婚姻关系存续期间，夫妻一方以个人名义因日常生活需要所负的债务，应当认定为夫妻共同债务。但是，夫妻一方举债明显超出日常生活需要的，应当区别夫妻另一方是否事先同意或事后追认，是否用于夫妻家庭生活其他特殊之需要，包括用于夫妻家庭购买大额物质资产、用于夫妻家庭共同经营活动或虽用于一方经营活动但经营收益归夫妻家庭共同所有的情形，是否给非举债夫妻

一方增加其他利益等具体情况，并在兼顾债权人信赖利益保护，防范恶意逃避债务和虚假诉讼的基础上，综合确定是否为夫妻共同债务。同时，在举证责任上，在非举债夫妻一方初步举证证明该举债并未用于夫妻家庭共同生活之需，也未给其增加相应利益，或其抗辩具有合理信赖的情况下，做出出借款项之积极行为的债权人，应当尽到举证证明借款系出于夫妻合意或款项用于夫妻共同生活、共同经营、非举债夫妻一方因该举债而增益等相关事实之责任。

本案中，其一，虽然楼某某在向被申请人NB银行西湖支行申领信用卡并办理透支业务时为楼某某与沈某夫妻关系存续期间，但包括案涉债务在内的连续借款金额已明显超出夫妻共同生活的需要。其二，楼某某与沈某均有稳定的工作和收入，非有特殊需要，无须向他人举巨额债务。现无证据证明楼某某将案涉款项用于夫妻家庭一般共同生活或用于为夫妻家庭添置房产等重大资产，也无证据证明沈某因楼某某的该举债而享受了相应利益。其三，被申请人发放案涉款项的主要参照依据是楼某某的个人资信状况，并且其有条件要求楼某某的配偶在合约上签字确认，而合约上未见沈某的签字，也无证据证明楼某某举债时事先征得沈某同意或事后得到沈某追认，缺乏夫妻共同意思表示。其四，根据《AA银行汇通信用卡领用合约》，当信用卡申领人的配偶持有附属卡时，需对信用卡债务承担连带清偿责任，而沈某并未持有案涉信用卡的附卡。因此，沈某主张案涉债务为楼某某个人债务，具有相应的事实依据。

（七）利用离婚逃避债务的应继续承担责任

案例3-21 杜某某与谢某某、李某某民间借贷纠纷案

一审法院：河南省郑州市惠济区人民法院（2019）豫0108民初6192号

二审法院：河南省郑州市中级人民法院（2020）豫01民终369号

案例主旨：夫妻一方作为法定代表人的公司在对外存有巨额债务的情况下，利用离婚约定由一方获得所有财产，而另一方承担全部债务。基于权利义务一致的原则，一方不能只享有权利而不承担债务，否则有利用离婚协议转移财产、逃避债务之嫌，法院仍然会认定为夫妻共同债务。

二审法院认为，谢某某向李某某出借款项时系李某某与杜某某夫妻关系存续期间。在李某某及其作为法定代表人的公司对外存有巨额债务的情况下，李某某与杜某某离婚时约定将房产分给杜某某，由李某某承担全部债务。基于权

利义务一致的原则，一方当事人不能只享有权利而不承担债务，李某某与杜某某有利用离婚协议转移财产，有逃避债务之嫌。杜某某对谢某某陈述的杜某某没有工作、没有经济来源的情况采取回避的方式不予正面回答，可以推定离婚协议中涉及的两套房屋的购房款来源于谢某某和杜某某夫妻关系存续期间所积累的财产或者谢某某的借款。在此情况下，一审法院认定本案所涉债务为李某某、杜某某夫妻共同债务，既符合客观事实，又符合法律规定，同时也有利于制裁恶意逃避债务的不法行为，更有利于诚信社会的建设。

（八）同一法院对离婚协议效力的相反认定

案例 3－22 王某与张某离婚后财产纠纷案

一审法院：辽宁省大连市中山区人民法院（2019）辽0202民初207号

二审法院：辽宁省大连市中级人民法院（2020）辽02民终1775号

再审法院：辽宁省大连市中级人民法院（2020）辽02民再231号

案例主旨：双方签署离婚协议是否存在恶意串通逃避债务的认定问题，需要结合离婚协议签署时间、离婚协议的内容、夫妻之间感情状况等进行综合判断。尤其是离婚协议中约定一方“净身出户”、另一方独自承担债务的，应当重点进行审查，以保障债权人的合法权益。

一审法院认为，原、被告双方夫妻关系存续期间被告对外担保巨额债务，双方离婚后不久案涉登记在被告张某名下的房产及车辆均被法院查封。双方签订的《离婚协议书》中约定所有财产归原告所有，房屋贷款由被告偿还，明显损害了债权人的利益，应认定无效。现原告按照《离婚协议书》中的约定要求确认案涉房屋及车辆归自己所有并要求被告给付自己偿还的房屋贷款的诉讼请求，因《离婚协议书》无效，无法律基础，一审法院不予支持。

二审法院撤销了一审法院的判决并认为，本案二审双方争议的焦点是双方于2016年11月17日签订的离婚协议是否存在恶意串通，并损害了第三人利益，应否被认定无效。

第一，因签订合同双方恶意串通，损害第三人利益而请求认定合同无效的主体只能是遭受利益损害的第三人，该第三人以外的其他人，包括订立合同的双方均不得请求因合同损害第三人利益而无效。只有该第三人是恶意串通签订合同的受害人，如果受害人不主张合同无效，就无法确定有第三人遭受了损害或必然遭受损害，如果不能确定第三人已经遭受了损害或将要遭受损害，就不能满足关于合同损害了第三人利益而导致无效的条件。本案被上诉人提供的证据不足以证明有案外第三人已经受到该离婚协议的影响并导致债权无法得到清偿或承诺清偿。

第二，关于恶意串通。《最高人民法院关于适用〈中华人民共和国民事诉讼法〉的解释》第一百零九条规定：当事人对欺诈、胁迫、恶意串通事实的证明，以及对口头遗嘱或者赠与事实的证明，人民法院确认该待证事实存在的可能性能够排除合理怀疑的，应当认定该事实存在。故对签订合同存在恶意串通的事实所提供的证据应当达到能够排除合理怀疑的程度，即应能够排除恶意串通以外的其他可能性。本案上诉人二审提供的证据能够证明或至少能够合理怀疑存在因被上诉人张某婚内出轨并与他人婚外生子而双方协议离婚，致张某净身出户的可能性。被上诉人张某一、二审提供的证据亦不足以证实双方签订案涉离婚协议时，上诉人王某明知被上诉人张某存在对外担保2.5亿元债务的事实，双方为躲避该债务有共同通谋的行为。

第三，被上诉人张某既非借款2.5亿元单位的法定代表人，亦非该单位的股东、投资人，作为该单位的一名职员本无义务亦无相应能力为单位对外借贷2.5亿元巨款提供连带责任担保（即使是股东亦仅以其投入公司的股本为限对外承担责任），其对单位的巨额借贷提供连带责任担保不合常理，且在无任何证据证实其对该笔单位的巨额借贷存在相应利益的情况下，其提供连带责任担保行为的权利义务严重失衡。其担保行为的后果是将其家庭，尤其是其配偶的全部共同财产毫无理由地置于其单位无法及时、足额偿还巨额债务时的危险之中。在被上诉人无据证实其提供该担保取得了上诉人一致意见时，因该担保行为而处分非因生活所需的夫妻共同财产应为无效。即使是第三人提起诉讼，第三人亦应提供证据证实其有理由相信该对外担保行为系夫妻共同的意思表示，否则上诉人仍有权以不同意或不知道为由对抗该非善意第三人。

且经查，在被上诉人张某的单位与案外人借款时签订的借款合同上，有该单位的法定代表人及众多的其他单位提供的担保，但并无被上诉人张某作为担保人的签名。张某提供担保的依据是其单方、另行向出借人出具的一份无签署日期的连带保证承诺函。在无义务、不合常理、权利义务严重失衡的情况下，张某单方、未署日期向案外人出具保证承诺函的行为亦令人生疑。

另外，法律还赋予承担了担保责任的担保人的追偿权，即使本案所涉被上诉人张某的担保合法有效，在本案所涉的登记在张某名下的财产对案外第三人履行了担保责任后，亦应当赋予上诉人王某对担保责任的主债务人及其他担保人享有追偿权。

故，原判认定本案双方离婚协议无效的依据不足，本案仍应按双方离婚协议的约定处分相应的财产。

但该院在再审该案时撤销了二审法院的判决并认为，夫妻双方签订的离婚协议必须合法，不能损害国家、集体和第三人的财产权益。本案中，首先，张某对外承担担保责任的时间为2016年8月20日，因承担担保责任被债权人提起另案诉讼的时间为2016年11月28日，而张某与王某签订离婚协议的时间为2016年11月17日，上述时间间隔很近，张某与王某有恶意串通逃避债务之嫌。其次，根据双方离婚协议的约定，登记在王某及夫妻二人名下的房屋和车辆均归王某所有，登记在张某名下的房屋和车辆亦归王某所有，夫妻二人的全部存款归王某所有，张某不但未取得任何财产，其还需要承担房屋贷款和个人债务，这种夫妻一方分得全部财产，另一方负担全部债务的分配方式非常不符合生活常理，尤其是在一方对外负有大额债务的情况下，该分配方式恶意串通，逃避债务的意图显而易见。再次，针对上述离婚协议，王某辩解，张某婚内出轨，双方夫妻感情破裂，故对其心存愧疚，自愿向其交付全部财产。而根据王某提供的夫妻二人的微信聊天记录，夫妻二人在2016年7月~9月尚共同协商买房、转款事宜，在2018年尚协商收房事宜，由此可见，双方签订离婚协议前后感情并未破裂。王某主张张某婚内出轨导致双方夫妻感情破裂，张某“净身出户”的解释与上述事实相悖，亦不符合常理，再审法院不予采信。最后，现有证据不足以证实张某与王某夫妻感情破裂，因此亦不足以证实双方签订离婚协议系其真实意思表示。相反，根据上述微信聊天内容结合一审时物业出具的证明，再审法院有理由相信双方签订离婚协议的目的系逃避债务。综上，本案中，王某与张某签订离婚协议的时间与张某承担债务的时间相近，且签订离婚协议当时双方仍然协商共同买房、转款事宜。因此再审法院认为，双方签订离婚协议系为了逃避债务，其二人恶意串通，转移财产，明显损害了他人的合法权益，二人签订的离婚协议书应认定为无效。一审判决对此认定正确，再审法院予以维持。王某在本案中依据无效的离婚协议主张权利，缺乏事实依据，再审法院不予支持。王某辩称只能由受害人主张恶意串通的法律依据不足，再审法院也不予采信。最终再审法院撤销了二审法院的判决，改判维持一审法院的判决结果。

（九）配偶未从婚前个人债务中受益不承担责任

案例3－23 杨某某与启东ZB公司、杨某1追偿权纠纷案

一审法院： 江苏省启东市人民法院（2018）苏0681民初9470号

二审法院： 江苏省南通市中级人民法院（2019）苏06民终3282号

案例主旨： 不存在夫妻一方利用婚姻关系逃避婚前个人债务的情形，且非举债一方亦未从举债方的婚前个人债务中受益，个人婚前债务不能转化为婚后夫妻共同债务，债权人不能突破债的相对性向非举债方追偿相关债权。

一审法院认为，案涉债务系房屋贷款所产生的代偿款，房屋贷款虽系杨某1婚前所负，但系用于购买杨某某、杨某1婚后共同居住的房屋，且案涉房屋实际登记在杨某某、杨某1名下，故案涉债务属于用于婚后家庭共同生活而产生的债务，应认定为夫妻共同债务，对外应共同承担还款责任。至于杨某某、杨某1的出资额对案涉房产各自份额的影响，属于杨某某、杨某1内部之间的事宜，当事人可另行处理。

二审法院撤销了一审法院的判决并认为，本案的争议焦点是债权人是否有权就夫妻一方婚前所负个人债务向债务人的配偶主张权利。债的发生必须基于当事人之间意定或法律的规定，除此特定的法律事实之外，债的相对性不会因其他的事由而发生移转。夫妻一方婚前所负个人债务，是其与债权人之间因特定法律事实而形成的一种债权债务关系，它是夫妻一方在婚姻关系产生之前与债权人之间发生的权利义务关系。根据债权相对性的原理，一般而言债权人只能向特定的债务人主张权利，而不能在债务人结婚后向其配偶主张权利。婚前债务转化为婚后债务是有条件的，即债权人能够证明所负债务用于婚后共同生活。夫妻一方的婚前个人债务转化为共同债务后，债务人的配偶只在其接受财产或受益的范围内承担清偿责任。本案中，杨某某的母亲在杨某1购买案涉房屋时出资100万元；杨某1自行出资1,164,913元，其中向某银行启东支行贷款86万元，该86万元银行贷款系杨某1个人婚前债务。虽然杨某1、杨某某婚后将案涉房屋登记为双方共同所有，在另案执行过程中，杨某1与杨某某对案涉房屋进行了析产，双方各取得50%的份额；但从杨某某与杨某1各自占案涉房屋的份额来看，杨某某所取得的份额与其母亲的出资相当，杨某1取得份额的价值也高于其86万元的银行贷款债务。综上，本案中并不存在夫妻一方利用婚姻关系逃避婚前个人债务的情形，杨某某亦未从杨某1的婚前个人债务中受益，故案涉杨某1个人婚前债务不能转化为婚后夫妻共同债务，启东ZB公司不能突破债的相对性向杨某某追偿相关债权。

（十）放任配偶支出财产形成的债务应共担

案例3－24 李某与宋某某、羊某某，某超民间借贷纠纷案

一审法院：河南省南阳市宛城区人民法院（2020）豫1302民初2079号

二审法院：河南省南阳市中级人民法院（2020）豫13民终6081号

案例主旨：放任配偶使用信用卡支付经营款是该方对于该债务形成的默认，应当属于夫妻共同财产。父母替夫妻偿还信用卡债务的行为应被认定为借款。

法院认为，本案中，李某的信用卡支出均发生在某超与李某的夫妻关系存续期间，李某称是某超私自将其信用卡拿走使用，但李某随后将每月账单发给某超，而后某超又修改了信用卡发卡银行的手机App密码的行为，应视为李某对某超将其信用卡的认可及授权。李某认可某超向其称信用卡用于火锅店资金周转，李某称其未参与火锅店的实际经营，但其对某超将其信用卡用于火锅店经营而一直未收回采取放任的态度，应视为对某超将自己信用卡用于火锅店经营的默认。李某称信用卡并未用于共同生活，而是用于不法消费，但并未提交充分证据证明。故法院认定该笔债务应当认定为夫妻共同债务。

对某超父母宋某某、羊某某替某超、李某偿还信用卡欠款的事实，双方均不持异议，李某称其未就信用卡还款事宜与宋某某、羊某某达成借款合意，不应认定为借款。法院认为，父母没有承担具有完全民事行为能力的子女债务的义务。成年子女与父母是两个独立的民事主体，不因血缘关系的存在而混同，父母对成年子女的资助，不能理所当然地认为是无偿的或是不用归还的。宋某某、羊某某与某超、李某属于两个独立的家庭，有各自独立的经济开支，某超、李某的信用卡欠款本应由其自己负担或偿还，在某超认可与宋某某、羊某某之间是借款关系的前提下，李某的信用卡，李某作为宋某某、羊某某的儿媳，宋某某、羊某某无义务替李某偿还信用卡欠款，且宋某某、羊某某并未就上述代替李某还款的行为明确表示为赠与，而是以诉讼行为明确表示为借款，李某也未提供证据证明宋某某、羊某某代替其偿还信用卡的行为系赠与，故应认定宋某某、羊某某与李某构成借贷关系。

第二节 企业与夫妻共同债务

一、企业与夫妻共同债务的认定规则

（一）因侵害债权人权益而需要承担的连带责任不视为夫妻的共同责任

案例3－25 曾某某与HC公司、古某某、戴某某、东莞TG公司等股东损害公司债权人利益责任纠纷案

一审法院：广东省东莞市中级人民法院（2012）东中法民二初字第8号

二审法院：广东省高级人民法院（2014）粤高法民二破终字第105号

再审法院：最高人民法院（2015）民申字第541号

案例主旨：股东侵害公司债权人利益的赔偿责任，该赔偿责任的产生乃是基于股东身份，即使配偶实际使用了该股东所获得的非法收入也不能就从要求配偶女同承担赔偿责任。

法院认为，东莞TG公司存在大量公款私存、公款他存、国内大量货款通过股东戴某某个人账户收付、境外大量货款通过DM公司收付、DM公司的运作费用由东莞TG公司负担等情形，导致东莞TG公司与曾某某发生财产混同。结合曾某某作为东莞TG公司的股东、副总经理，实际参与了该公司的经营管理，以及其亦是DM公司的股东等事实，东莞中院认定曾某某存在滥用公司法人独立地位和股东有限责任，严重损害公司债权人利益的行为。故根据《公司法》第二十条的规定，认定曾某某应对公司债务承担连带责任。

关于曾某某的妻子古某某应否对曾某某的民事责任承担连带清偿责任这一焦点问题，曾某某应当承担的是股东侵害公司债权人利益的赔偿责任，该赔偿责任的产生乃是基于股东身份，并非实际使用了股东的非法收入就需要承担赔偿责任，况且该种赔偿责任并不属于夫妻共同债务的范畴，HC公司要求古某某对东莞TG公司的债务承担连带清偿责任，法院不予支持。

（二）离婚时分割的并非夫妻共同财产应共同偿还

案例 3-26 陈某与余某建设工程分包合同纠纷案

一审法院： 江苏省苏州市姑苏区人民法院（2018）苏 0508 民初 6385 号

二审法院： 江苏省苏州市中级人民法院（2019）苏 05 民终 1558 号

案例主旨： 涉案工程押金已作为共同财产予以分割，根据权利义务对等原则，应归还的涉案工程保证金、押金债务，应认定为夫妻共同债务。

一审法院认为，陈某与案外人吴某于 1981 年 1 月 26 日登记结婚，于 2009 年 2 月 3 日协议离婚。其间，吴某在建设工程领域执业，根据生效判决，吴某由于工程转包原因于 2007 年收取余某的工程押金、保证金系基于吴某生产、经营的需要，因此所取得的财产应属夫妻共同财产的范畴。根据权利义务对等原则，在吴某须向余某返还前述财产时，陈某亦应因前述共同财产变为共同债务而负有共同返还的法律义务。从吴某与陈某的离婚协议中约定的"陈某可以从吴某已收取的工程押金 200 万元中分得 60 万元"的内容来看，陈某在与吴某离婚时也将工程押金等作为双方的共同财产予以分割，故陈某亦负有与吴某共同向余某返还相关财产的法律义务。基于上述，（2011）沧民初字第 0410 号民事判决书中确定的吴某的债务为吴某与陈某的共同债务，应由吴某与陈某共同归还。另外，对于吴某从余某处取得的财产是否用于了夫妻双方的共同生活问题。陈某提交的吴某与案外人谢某于 2008 年 5 月 19 日及之后的合影照片、谢某记录的吴某的收支账簿、谢某对他人的转账记录均发生在收取余某的押金、保证金之后，前述证据不能证明吴某与陈某在 2007 年时已经各自财产独立或吴某当时的收入未用于夫妻共同生活，且双方在离婚协议中明确，陈某有权分得吴某收取的工程押金等。本案涉及的债务并非夫妻债务司法解释要着重解决的民间借贷领域的"大额被负债"的情形。相反，陈某只享受吴某经营带来的收益，不承担经营亏损的风险，对余某明显不公。基于此，无论是从文义解释还是从目的解释的角度，本案的情形均不宜适用夫妻债务司法解释进行裁判。

二审法院认为，根据陈某与吴某签订的离婚协议的约定，陈某可以从吴某已收取的工程押金 200 万元中分得 60 万元，证实二人将吴某收取的工程押金作为共同财产予以分割。根据权利义务对等原则，对于发生于陈某与吴某婚姻关系存续期间吴某向余某归还涉案工程保证金、押金债务，一审法院认定为陈某与吴某的共同债务正确。

（三）配偶参与公司经营且明知另一方的股权回购义务应承担连带责任

案例3－27 JY文化基金与金某合同纠纷案

一审法院：北京市第一中级人民法院（2016）京01民初481号

二审法院：北京市高级人民法院（2018）京民终18号

案例主旨：非股权回购义务方对于案涉协议约定的股权回购义务是明知的，其参与了公司的共同经营，案涉债务属于夫妻共同经营所负债务。

某知名影视公司创始人的遗孀金某连带债务案件自法院审理以来引发了社会的广泛关注。2019年，北京市高级人民法院在二审中维持了一审判决，认定案涉债务属于李某、金某夫妻共同经营所负债务。北京市高级人民法院在二审中认为，二审审理期间的焦点问题是案涉债务是否属于李某、金某夫妻共同经营所负债务。根据查明的事实，金某对于案涉协议约定的股权回购义务是明知的，其参与了公司的共同经营，案涉债务属于李某、金某夫妻共同经营所负债务。

首先，关于李某所负案涉债务是否为担保之债的问题。一审法院认为，案涉《投资补充协议》明确约定了特定情况下李某直接的股权收购义务，即李某是该项义务的直接债务人，在该条款的约定内容中，不存在李某对某位主债务人的股权收购义务承担保证责任的问题，故李某的股权收购义务并非担保之债。另外，关于担保之债是否属于夫妻共同债务问题，一审法院认为，《最高人民法院民一庭关于夫妻一方对外担保之债能否认定为夫妻共同债务的复函》，系针对个案情况的处理意见，夫妻一方对外担保之债是否能够认定为夫妻共同债务，还应考量该担保之债与夫妻共同生活是否密切相关。

其次，关于案涉债务是否用于夫妻共同生活的问题。二审法院最终认定，金某对于案涉协议约定的股权回购义务是明知的，其参与了公司的共同经营，案涉债务属于李某、金某夫妻共同经营所负债务。

其一，金某是XLMD公司（该公司于2011年12月2日变更名称为某知名影视公司）设立时登记的法定代表人和股东，后经过数次变更，法定代表人变更为李某。

其二，XLMD公司及其附属公司与某知名影视集团公司间接控制的湖南YH公司之间签署了一系列控制协议，金某既是某知名影视集团公司的董事又是湖南 YH 公司的董事，并签署了相关决议。

XLMD 公司（某知名影视公司）作为案涉协议的标的公司、湖南 YH 公司作为案涉协议涉及的关联公司，均属于实际控制人李某控制的公司，公司完成相关的登记事项需要金某的相关身份信息、账户信息，作为金某的配偶李某对于金某相关的登记事项是明知的；在金某对李某名下股权系金某与李某婚姻关系存续期间所得的共同所有的财产主张一半股权归属的情况下，金某对上述公司登记的公示信息亦是确认的。

对于金某担任某知名影视集团公司董事的事实，某知名影视公司集团公司是在英属维尔京群岛注册成立的公司，英属维尔京群岛注册的公司不对外公开其公司相关投资信息，JY 文化基金不可能通过公开渠道获取其相关信息。但是，JY 文化基金提供了一系列的证据证实金某在某知名影视公司集团公司担任董事一职。尽管 JY 文化基金提供的金某签署的相关决议是复印件，根据相关法律规定以及法院运用逻辑推理和日常生活经验法则，结合本案证据和案件具体情况，上述金某签署的相关决议复印件能够作为认定案件事实的根据。

金某作为某知名影视公司集团公司、湖南 YH 公司董事，参与了公司经营；其签署相关公司的解除 VIE 架构的各种决议，应当知悉李某与 JY 文化基金关于股份回购的协议安排。

其三，李某去世后金某的一系列行为证实李某、金某是夫妻共同经营公司。首先，2014 年 1 月 27 日，某知名影视公司的法定代表人变更为金某，某知名影视公司 2014 年第一次临时股东大会决议所附金某简历显示："1995 年开始，作为某公司和某知名影视公司创始人之一，早期参与公司的创建和经营，后作为李某董事长的智囊，为其献计献策。"某知名影视公司的官方微博亦如此介绍其董事长金某。金某现仍然为某知名影视公司的董事。其次，金某与李某其他继承人之间的继承纠纷一案中，金某请求分割继承仅为李某名下的银行存款与房产；针对李某名下持有的登记注册于北京的某知名影视公司等公司的股份，金某提起了股东资格确认诉讼。金某在上述案件中的起诉理由均为李某在上述公司的股权系金某与李某婚姻关系存续期间所得的共同所有的财产，金某有权要求将该股份中的一半分出归自己所有，要求法院确认金某为李某名下持有的公司股份的股东，判令上述公司对公司章程和股东名册中关于股东及其出资额的记载进行相应修改，并办理工商变更登记手续。北京市朝阳区人民法院支持了金某的上述请求。既然李某在上述公司的股权系金某与李某婚姻关系存续期间所得的共同所有的财产，JY 文化基金的投资致使公司财产及股东个人的财产同时增值，金某作为配偶一方实际享有了 JY 文化基金投资某知名影视公司所带来的股权溢价收益，那么李某因经营公司所承诺的回购责任亦属夫妻共同债务，符合权利义务一致原则。

最后，金某自称目前经营的公司雇佣的是原某知名影视公司人员、采用原某知名影视公司的经营模式。可见，金某现在经营的公司仍然享用 JY 文化基金投资某知名影视公司所产生的溢出效应。

综上，北京市高级人民法院认定金某对于案涉协议约定的股权回购义务是明知的，其参与了公司的共同经营，案涉债务属于李某、金某夫妻共同经营所负债务，最终驳回了某知名影视公司创始人李某遗孀金某的上诉请求，维持一审判决。这意味着金某需为亡夫李某因对赌协议形成的 2 亿元债务承担清偿责任。

（四）公司不因接受股东财产而承担股东的个人债务

案例 3－28 梁某某与 HD 公司、雷某委托合同及撤销权纠纷案

一审法院：湖北省高级人民法院（2008）鄂民二初字第 9 号

二审法院：最高人民法院（2009）民二终字第 97 号

案例主旨：公司财产独立于股东的自有财产，即使公司接受了股东的财产，公司也不对股东的债务承担共同责任。

最高人民法院认为，关于 DH 公司是否应与雷某共同承担雷某的个人债务的问题。DH 公司系有效成立，其与 XF 市土地储备供应中心、JT 公司签订的土地使用权出让合同已经生效，该三块土地的使用权归 DH 公司所有。原审法院根据《公司法》第二十条和第六十四条的规定，认定 DH 公司与雷某财产混同，并否定 DH 公司的独立法人人格的证据不足。无论 DH 公司是否为一人公司，均不影响其具有独立的法人人格。公司与股东是不同的民事主体，公司财产独立于股东的自有财产，即使公司接受了股东的财产，也不构成公司对股东的债务承担共同责任的理由。当股东的债权人依法受偿时，可申请法院强制执行股东对公司所享有的股权。故原审法院判令 DH 公司与雷某共同承担雷某的个人债务不当，应予纠正。

二、股东认缴出资对家庭财产的风险

（一）认缴注册资本金额太过随意隐患大

在《公司法》修订之前，法律对公司股东的出资有明确的规定，即“公司全体股东的首次出资额不得低于注册资本的百分之二十，也不得低于法定的注册资本最低限额，其余部分由股东自公司成立之日起两年内缴足”。但2014年3月1日，随着《公司法》的修改，有限责任公司和发起设立的股份有限公司的注册资本从“实缴登记制”变为“认缴登记制”。除法定注册资本的行业（如银行、保险、证券等）以外，《公司法》取消了对其他公司的注册资本要求，极大地降低了普通百姓设立公司的门槛。现今设立一家公司只需认缴注册资本，当然在公司章程中仍需明确出资金额及出资时间。

正是基于这样的转变，许多公司增加了自己的认缴注册资本数额。股东们“朴素”地认为，认缴注册资本可以约定最终实缴的时间，自己既不需要立刻向公司投入大量的“真金白银”，公司登记的注册资本不断增加还可以体现公司“雄厚”的财力，可以吸引更多的投资者或商业合作伙伴，何乐而不为呢？于是实践中不断涌现出千万元，甚至上亿元注册资本的公司，但这些股东实际上并没有实缴这些注册资本的能力。

公司在法律上是一个独立的组织，是拟制的“人”。根据《公司法》第三条的规定，公司是企业法人，有独立的法人财产，享有法人财产权。公司以其全部财产对公司的债务承担责任。有限责任公司的股东以其认缴的出资额为限对公司承担责任，无论是通过认缴还是实缴的方式向公司投入注册资本，这些注册资本都已经成为公司财产。如果公司负债或需要对外承担责任，股东需按照自己认缴的出资额对公司承担责任，一旦认缴出资额超过了股东可以负担的能力范围，对于股东个人及其整个家庭财产都将造成极大的风险。

1. 公司或其他股东有权要求股东足额缴纳出资

根据《公司法》第二十八条的规定，股东应当按期足额缴纳公司章程中规定的各自所认缴的出资额。股东以货币出资的，应当将货币出资足额存入有限责任公司在银行开设的账户；以非货币财产出资的，应当依法办理其财产权的转移手续。股东不按照前款规定缴纳出资的，除应当向公司足额缴纳外，还应当向已按期足额缴纳出资的股东承担违约责任。

《公司法司法解释（三）》第十三条第一款规定："股东未履行或者未全面履行出资义务，公司或者其他股东请求其向公司依法全面履行出资义务的，人民法院应予支持。"

案例3－29 董某某与HH公司股东出资纠纷案

二审法院： 广东省深圳市中级人民法院（2013）深中法商终字第1382号

再审法院： 广东省高级人民法院（2014）粤高法民二申字第1491号

案例主旨： 股东在未足额缴纳注册资本的情况下，即使股东转让了股权，新受让的善意第三人股东仍然享有追偿权。

法院认为，董某某作为HH公司的原股东，其在该公司于2005年增加注册资本的过程中，采取欺诈的手段虚报注册资金，并未实际履行出资义务，该事实已被发生法律效力的（2008）深南法刑初字第1126号刑事判决及法院作出的（2012）粤高法审监民提字第5号民事判决认定。因董某某未尽出资义务，其股权转让后，HH公司的新股东CG公司补足了HH公司增加的注册资本金900万元，法院作出的（2012）粤高法审监民提字第5号民事判决据此认定CG公司对董某某应增资部分225万元享有追偿权。此后，CG公司和HH公司针对董某某等人的虚假出资问题形成《债权催收、债权转让通知书》，将CG公司代HH公司原股东补足的注册资本金900万元及利息损失所形成的债权让与HH公司，并出具《授权委托书》委托HH公司将债权转让事宜通知董某某等人，此后HH公司提起本案诉讼，一、二审判决根据债权转让的事实以及《公司法司法解释（三）》第十九条的规定，认定董某某应向HH公司清偿款项225万元及利息，有相应的事实和法律依据，并无不当。

2. 债权人可要求股东承担补充赔偿责任

《公司法司法解释（三）》第十三条第二款规定，"公司债权人请求未履行或者未全面履行出资义务的股东在未出资本息范围内对公司债务不能清偿的部分承担补充赔偿责任的，人民法院应予支持"……

根据上述法律规定，即使在公司被恶意注销后，股东依然需要承担全面出资义务。如果公司股东未严格依法履行清算义务，则相关股东应当承担清偿责任。

（二）认缴出资期限不得恶意延长

注册资本实行认缴制后，实缴资本的时间能否通过修改章程延后，主要看章程的修订是否恶意侵害了债权人利益。如果通过修订章程，恶意延长出资认缴期限的，则有可能被法院认定为无效。

案例3-30 吴某某与赵某某、ZL公司、方某某执行异议之诉案

一审法院：浙江省杭州市上城区人民法院（2017）浙0102民初175号

案例主旨：通过延长认缴期限实现规避债务的目的，法院应认定该行为无效。

法院认为，吴某某、方某某作为公司股东，未在应认缴的注册资本到期时补足资金，充盈公司资产，履行对公司债权人偿付债务的义务，反而在2015年10月28日，通过修改公司章程，将认缴注册资金期限延后至2031年。吴某某、方某某实质是通过延长认缴期限的行为实现规避债务的目的，违反了《公司法》第五条规定的“诚实守信原则”，损害了债权人的利益。因此，法院判决其延长认缴期限的行为应视为无效。

另外，如果公司不能清偿债权人的到期债权，往往已经是资不抵债，或者明显缺乏清偿能力，或是有丧失清偿能力的可能。依照《企业破产法》第二条的规定，债权人可以申请债务人破产。进入破产程序后，按照《企业破产法》第三十五条规定“人民法院受理破产申请后，债务人的出资人尚未完全履行出资义务的，管理人应当要求该出资人缴纳所认缴的出资，而不受出资期限的限制”，也可以要求股东的出资义务“加速到期”。

（三）如何避免家庭财产受到牵连

1. 家庭资产中可以配置大额保单

企业主往往是家庭的主力与核心，创业损精耗神，健康的身体很重要。一旦身体出现意外，整个家庭、企业都将陷入危机之中。因此，企业主应当配置最基本的意外险、重疾险、人寿险等。同时，为保障子女的教育，企业主应当为子女准备足够的教育、健康基金。值得注意的是，如果只是通过银行存款的传统方式为子女提供生活保障金，那么本质上还是属于夫妻共同财产，仍有可能受到企业债务的牵连。但如果是通过年金险的方式，将子女作为受益人，则只要保险合同合法有效，每年的收益金都会成为子女的个人财产，大概率不会

受到父母企业风险的牵连。

2. 企业和家庭财务相互独立

企业不是家庭的提款机，如果企业和家庭的账目混在一起，则是非常危险的行为，企业主应当重视规范经营。但是在实践中，企业账和家庭账混在一起的情况时有发生，经常有个人账户收受公司钱款，或者个人钱款多次打入公司账户“救急”的情况发生，甚至还有用公司钱款购买自住房屋的情况。这样的做法会使家庭财产和企业财产混同，一旦被法院“揭开公司面纱”，将导致家庭对企业的债务承担连带责任，这一点应当引起企业主的重视。

3. 优化家庭成员的财产结构

很多企业主都与配偶直接持有大量家庭资产。应当注意的是，个人持有大量财产，其受到债务及其他责任牵连的可能性非常大，这是企业主应当引起重视的高风险行为。因此，在家庭资产状况良好的时候，做好家庭资产结构的规划非常重要。每个家庭应当选择适合自己家庭的规划方案。建议企业主在家庭财务状况良好时，为自己的未成年子女购买保单、购买房产，妥善安排好父母的养老问题。如果是高净值家庭，在上述基础上，还可以考虑设立家庭信托或者购买大额保单，这两项工具都能有效地保障家族基本的生活质量，规避潜在债务风险的不利影响。

第三节
刑事责任与夫妻共同债务

一、因犯罪行为产生的债务不属于共同债务

案例3－31 杨某某与罗某某、章某、周某某房屋买卖合同纠纷案

一审法院：四川省眉山市东坡区人民法院（2013）眉东民初字第3360号

二审法院：四川省眉山市中级人民法院（2014）眉民终字第41号

再审法院：四川省高级人民法院（2015）川民申字第420号

案例主旨：夫妻一方诈骗的款项并未用于夫妻共同生活，故因该诈骗行为产生的债务依法不属于夫妻共同债务。

一审法院认为，本案合同债务发生在周某某与杨某某婚姻关系存续期间，虽杨某某辩称周某某已将该购房款全部用于工程费用支出，未用于夫妻共同生活，但其未举证证明，也未举证证明周某某与章某、罗某某就该债务明确约定为个人债务，故应按夫妻共同债务处理，周某某、杨某某应对上述款项承担连带清偿责任。

但二审法院却认为，虽周某某诈骗章某、罗某某购房款10万元发生于周某某、杨某某夫妻关系存续期间，但关于周某某合同诈骗一案的刑事生效判决已认定周某某在承建、出卖农安房过程中通过合同诈骗所骗取的款项基本用于修建安置房、抵扣工程款、材料款、租赁款、支付高利贷，并未认定其将所诈骗的款项用于夫妻共同生活，故周某某因该诈骗行为产生的债务依法不属于夫妻共同债务，杨某某对此债务不应承担连带清偿责任。最终二审法院撤销了一审法院对于夫妻共同债务承担的判决。

再审法院认为，罗某某、章某的再审申请不符合《民事诉讼法》规定的情形，予以驳回。

二、如何甄别夫妻一方的非法所得

在我国的资本市场，许某一直以来都是备受关注的神秘人士，因创造了资本市场一个又一个“神话”，被冠以“私募一哥”的头衔。然而，2016年前后，许某因涉嫌操纵证券市场、内幕交易犯罪，被依法逮捕，并被追究刑事责任。在许某这一案例中，刑事案件与婚姻关系相互交织，是值得企业主研究和关注的典型案例。

（一）丈夫被判实刑并处罚金波及配偶权益

2017年1月22日，山东省青岛市中级人民法院判决许某犯操纵证券市场罪，判处有期徒刑5年6个月，并处罚金人民币110亿元。根据我国刑法的规定，许某最终被判处的“5年6个月有期徒刑”是主刑，“110亿元罚金”是附加刑。案发后许某以及家庭名下210亿元财产被查封。

（二）合理区分合法财产与违法所得

许某因刑事案件被处以110亿元的罚金，但是被执法机关冻结、查封的财产高达210亿元，远超罚金。究其原因，在于“合法财产”和“违法所得”是两个不同的概念。

根据法律规定，即便是登记在个人名下的财产，也需要通过识别财产的来源，来判断该财产是否为合法财产，而非直接认定为专属于其个人的合法财产。对犯罪人予以罚金的处罚，是从犯罪人个人的合法财产中收取的。

违法所得意味着财产来源不合法，根据“任何人不得从其犯罪行为中获益”这一原理出发，“违法所得”的财产不属于实施了犯罪的人所有，故国家依法对犯罪所得进行追缴。

在许某案中，青岛市中级人民法院一审认定：“该案犯罪嫌疑人许某等人非法获利共计93亿余元及持有某上市公司定向增发股票1.43余亿股。其中许某违法所得的70多亿元和其持有的某上市公司定向增发股票1.43余亿股及孳息，依法上缴国库。此外，许某个人被判罚金110亿元，需从他个人所有的合法财产中支付。”

（三）家庭成员与犯罪人员之间的权益平衡

企业家一旦涉及刑事犯罪被抓捕、调查，登记在其个人名下、家庭成员甚至亲朋好友名下的财产，都有被执法机关查封、冻结的可能，即便这些财产属于夫妻共有或第三人所有的合法财产。只有经查证与案件无关或检察机关不提起公诉的，执法机关才会解除对这些财物的查封和冻结。在许某一案中，青岛市中级人民法院在判决书中认定，许某“以亲友、公司员工、员工亲友等人的名义开设大量证券账户供其控制、使用，获利按比例分成，许某实际控制139个证券账户”。许某被捕后，其部分家人、朋友名下的财产因牵涉案件被司法机关查封、冻结，其中部分财产为许某违法所得。

刑事案件时常会涉及在罪犯个人的合法财产中，如何甄别和区分共有财产的问题。许某妻子就面临着如何甄别和区分“许某个人名下的合法财产有多少，以及夫妻共有财产中属于许某个人所有的份额有多少”的难题。甄别财产存在困难是许某离婚案件迟迟未出判决的原因之一，正因如此，才会有许某妻子在网上发出“苍天在上，我要离婚”的呐喊。

（四）查封或冻结财产对离婚诉讼的影响

1. 刑事罚金责任不应由配偶共同承担

我国刑法确立了“罪责自负”的原则，也即刑事责任应当为罪犯个人承担的责任，这与我国《民法典》婚姻家庭编中利益共享、责任共担的原则有所不同。在刑事案件中，无论是罚金还是没收财产，只能执行罪犯个人合法所有的财产，而不能执行其家属所有的财产，即对罪犯的处罚不应影响配偶一方的合法财产权益。

2. 合法夫妻财产的定性与析产

根据审判实践中“先刑后民”的处理原则。在对违法所得和合法财产进行区分之前，离婚诉讼中较难对共同财产进行分割处理。不过，离婚可以解除财产共有的基础，使双方析产成为可能。只有共有基础解除后，才有进一步甄别合法夫妻财产及返还属于配偶一方合法财产的可能性。因此，解除婚姻关系不仅是感情破裂后各自安好的一种途径，也是配偶维护个人合法财产权益的无奈之举。

第四章

监护权纠纷

综 述

部分高净值客户在进行财富管理时，会选择将财富直接登记在未成年子女的名下，这可能是出于财富传承的考量，也可能是出于其他的安排。但按照法律的规定，一旦财产登记在未成年子女名下，该财产原则上就属于未成年人。如果父母想要直接处分该部分财产，可能会有法律上的障碍。同时未成年子女抚养权也将影响其名下财产的处分，直接抚养孩子的一方，往往因其法定监护人的身份而可以直接代表子女处分财产。因此，高净值客户需要关注未成年人的监护问题以及代理财产权利的处分。

高净值客户同时还应当关注意定监护的设立，以便在自己成为限制或无民事行为能力人之后，可以由自己信赖的人按照自己的意愿行使监护权。律师需要通过对意定监护法律依据、协议内容、设立条件等内容的了解，借鉴已有成熟的意定监护案例，帮助高净值客户把握意定监护设立的要点。

本章主要介绍了未成年人、无（限制）民事行为能力人监护的法律规定以及成年人办理意定监护的法律依据及应当关注的问题。

第一节
未成年人的监护

一、未成年人监护权的归属

（一）实际照料人可成为监护人

根据《民法典》第二十七条的规定，父母是未成年子女的监护人。但是如果父母抛弃未成年子女，则实际照料未成年人的其他人，即使与该未成年人没有血缘关系，也可以成为其监护人。

案例 4－1 黄某某、邵某某、L 某申请撤销监护人资格特别程序案

审理法院：浙江省永嘉县人民法院（2019）浙 0324 民特 322 号

案例主旨：申请人经当地民政部门同意在未成年人母亲失联期间照料其至今，给予了孩子良好的生活和教育环境，可以成为该未成年人的监护人。

2015 年 6 月 12 日，L 某（外籍人）在浙江省乐清市人民医院生育陈某童、陈某稳，孩子生父不详。2017 年 1 月，L 某以需要重新办理出入境手续为由，将陈某童、陈某稳交由保姆邵某某照顾，并承诺每月支付照看费用人民币 1 万元。2017 年 2～4 月，邵某某多次联系 L 某回乐清抚养陈某童、陈某稳，L 某均以各种理由推脱，也未支付任何款项，随后便失去联系。经乐清市公安局、乐清市外侨办、乐清市民政局等相关部门协调，陈某稳于 2017 年 3 月 5 日被寄养在申请人黄某某、邵某某夫妇家中至今，并得到了良好的照顾。申请人对被监护人陈某稳视如己出，建立了深厚的感情，在实际生活中履行了监护人职责。美国驻上海总领事馆工作人员在乐清市外办的陪同下多次对陈某稳进行了探视，也对申请人的付出给予了充分肯定。申请人认为，经国家有关部门同意作为陈某稳的实际照料人有权提起撤销监护人资格诉讼，并变更自己为陈某稳的监护人。

另外，2019 年 10 月 30 日，浙江省温州市鹿城区人民法院作出（2019）浙

0302 刑初 952 号刑事判决书，判决 L 某犯遗弃罪判处有期徒刑 6 个月，缓刑 1 年。L 某表示被监护人陈某稳的生父不详，自己的父母已经去世，自己也已另组家庭并育有一女，无能力履行抚养义务，且陈某稳在申请人家庭长期生活，与之建立了深厚的感情，同意监护权归申请人。

法院认为，未成年人的父母是未成年人的监护人。监护人不履行监护职责，人民法院可以根据有关人员的申请，撤销监护人的资格。本案中，L 某作为被监护人陈某稳的生母，负有抚养义务而拒绝抚养，并因此犯遗弃罪受刑事处罚，申请人黄某某、邵某某经当地民政部门同意在 L 某失联期间照料陈某稳至今，给予了孩子良好的生活和教育环境。现申请人申请撤销 L 某的监护人资格，并变更监护人为申请人，原监护人对于变更监护无异议，故申请人的申请理由正当，法院依法予以支持。变更监护后，监护人应当按照最有利于被监护人的原则履行监护职责；若监护人不履行监护职责或者侵害被监护人合法权益的，应当承担法律责任。

实际上，我国现行法律对于监护人的变更制度具有明确的规定。

2015 年 3 月 2 日，最高人民法院、最高人民检察院、公安部和司法部联合发布的《关于依法办理家庭暴力犯罪案件的意见》中明确规定："根据司法实践，具有对被害人长期不予照顾、不提供生活来源；驱赶、逼迫被害人离家，致使被害人流离失所或者生存困难；遗弃患严重疾病或者生活不能自理的被害人；遗弃致使被害人身体严重损害或者造成其他严重后果等情形，属于刑法第二百六十一条规定的遗弃'情节恶劣'，应当依法以遗弃罪定罪处罚。"

我国《民事诉讼法》第十五条规定："机关、社会团体、企业事业单位对损害国家、集体或者个人民事权益的行为，可以支持受损害的单位或者个人向人民法院起诉。"根据这一规定，如果监护人怠于履行监护职责，未尽抚养义务，严重侵害未成年人合法权益，使未成年人身心健康受到创伤，不适宜继续担任监护人的，检察机关可以支持未成年人向人民法院提起撤销监护人申请，并请求法院按照最有利于被监护人的原则为未成年人指定监护人，切实维护未成年人的合法权益。指定的对象，则是在规定的人员和单位中指定监护人，并综合考虑其意愿、品行、身体状况、经济条件、与未成年人的生活情感联系以及被监护人的意愿等因素。当然，检察机关可以通过社会调查、心理疏导等工作，了解被监护人及可能的监护人的基本情况与意愿，考量最适合的人选并提出建议，供法庭参考。

（二）直系长辈可以成为监护人

除了父母之外，直系长辈也可以在一定条件下，成为未成年人的监护人。

案例 4－2 洪某庆、李某珍与何某丽申请撤销监护人资格案

审理法院：广东省深圳市罗湖区人民法院（2017）粤 0303 民特 2426 号

案例主旨：直系长辈长期照顾被监护人生活，且被监护人愿意随其生活，由其监护被监护人最为有利。

被监护人洪某盈于 2011 年 6 月 3 日出生，系被申请人及洪某辉之女，系申请人洪某庆、李某珍之孙女。2013 年 12 月 2 日，洪某辉与被申请人何某丽签署《离婚协议书》约定女儿归男方洪某辉抚养。洪某辉于 2016 年 3 月 22 日因病去世后，何某丽一直未履行监护义务。因洪某盈办理入学、少儿医保等相关手续需何某丽签字，但何某丽经多方联系仍不见踪影，致使相关手续至今无法办理。为保障洪某盈的权利，两申请人特提出变更监护权。

另外，深圳市罗湖区某街道某社区居民委员会出具《情况说明》，证实洪某盈自 2011 年 6 月出生至今，一直跟随爷爷洪某庆、奶奶李某珍生活。2016 年 3 月 22 日洪某辉因病死亡后，洪某盈继续由爷爷、奶奶共同抚养，生活在一起。洪某盈出具证明，表示其自幼与爷爷洪某庆和奶奶李某珍共同生活，一起居住，同意爷爷奶奶作为其监护人。两申请人表示愿意且有能力照顾被监护人洪某盈的生活。申请人李某珍称每月有退休金 5366 元，洪某庆称每月有退休金 6420 元，另有三处房产和一辆机动车，并提交了相应证据予以证明。

法院认为，本案系就洪某盈的监护权产生的争议，被申请人何某丽系洪某盈的法定监护人，但因无法联系未履行监护职责，故申请人申请撤销被申请人的监护人资格，有事实及法律依据，法院予以支持。两申请人系被监护人洪某盈的祖父母，在被申请人不履行监护职责期间，长期照顾被监护人洪某盈生活，且被监护人愿意随两申请人生活，由两申请人监护被监护人洪某盈最为有利，故两申请人申请指定其为洪某盈的监护人，符合法律规定，法院予以支持。

二、未成年人监护权的撤销

（一）监护权撤销的法律依据

我国现行法律对于撤销监护人的制度作出了明确的规定。《民法典》第三十六条第一款规定："监护人有下列情形之一的，人民法院根据有关个人或者组织的申请，撤销其监护人资格，安排必要的临时监护措施，并按照最有利于被监护人的原则依法指定监护人：（一）实施严重损害被监护人身心健康行为的；（二）怠于履行监护职责，或者无法履行监护职责并且拒绝将监护职责部分或者全部委托给他人，导致被监护人处于危困状态的；（三）实施严重侵害被监护人合法权益的其他行为的。"第三十八条规定："被监护人的父母或者子女被人民法院撤销监护人资格后，除对被监护人实施故意犯罪的外，确有悔改表现的，经其申请，人民法院可以在尊重被监护人真实意愿的前提下，视情况恢复其监护人资格，人民法院指定的监护人与被监护人的监护关系同时终止。"

根据上述规定，监护人资格被法院撤销后，除故意犯罪外，确有悔改表现的，人民法院经申请后在尊重被监护人意愿的前提下，还可以视情况恢复监护人资格。

2015 年 1 月 1 日起实施的《最高人民法院、最高人民检察院、公安部、民政部关于依法处理监护人侵害未成年人权益行为若干问题的意见》中对于申请撤销监护人资格诉讼的申请主体、证据要求以及检察机关的相关职责都进行了具体的明确。

1. 下列单位和人员有权向人民法院申请撤销监护人资格：

（1）未成年人的其他监护人，祖父母、外祖父母、兄、姐，关系密切的其他亲属、朋友；

（2）未成年人住所地的村（居）民委员会，未成年人父、母所在单位；

（3）民政部门及其设立的未成年人救助保护机构；

（4）共青团、妇联、关工委、学校等团体和单位。

申请撤销监护人资格，一般由前款中负责临时照料未成年人的单位和人员提出，也可以由前款中其他单位和人员提出。

2. 向人民法院申请撤销监护人资格所应提交的证据应当包括未成年人基本情况、监护存在问题、监护人悔过情况、监护人接受教育辅导情况、未成年人身心健康状况以及未成年人意愿等内容的调查评估报告。

3. 有关单位和人员可以直接向公安机关、人民检察院申请出具证明案件事实的基本材料或者书面说明。

4. 如果监护人因监护侵害行为被提起公诉的案件，人民检察院应当书面告知未成年人及其临时照料人有权依法申请撤销监护人资格。

5. 对于监护侵害行为符合法律规定情形但相关单位和人员没有提起诉讼的，人民检察院应当书面建议当地民政部门或者未成年人救助保护机构向人民法院申请撤销监护人资格。

（二）监护权撤销的司法案例

案例 4－3 梁某群与肖某清申请撤销监护人资格案

审理法院：浙江省海宁市人民法院（2019）浙 0481 民特 1490 号

案例主旨：监护人严重损害未成年人身心健康，应撤销其监护人资格。

申请人梁某群与被申请人肖某清育有婚生女肖某（现仍系未成年人）。2018 年 9 月，被申请人在其租房内，三次以胁迫手段与被害人肖某发生两性关系。该案已由海宁市人民检察院提起公诉，依法追究被申请人的刑事责任。为维护肖某的合法权益，申请人梁某群向法院申请撤销被申请人肖某清的监护资格。海宁市人民检察院作为支持起诉人向法院提出支持起诉。

法院认为，监护人应当履行监护职责，保护被监护人的人身、财产及其他合法权益，但被申请人却罔顾伦理道德、漠视法律，性侵未成年人即被监护人，严重损害了未成年人的身心健康。为维护被监护人的合法权益，应撤销被申请人的监护人资格。

案例 4－4 陈某被撤销监护权案

案例来源：最高人民法院发布依法严惩侵害未成年人权益典型案例①

案例主旨：监护人不履行监护职责的应当撤销监护资格，被监护人户籍所

① 参见《最高人民法院发布依法严惩侵害未成年人权益典型案例》，载中国法院网，https：//www. chinacourt. org/index. php/article/detail/2020/05/id/5230990. shtml，最后访问时间：2021 年 4 月 16 日。

在地的居委会愿意担任监护人的可以支持。

陈某未婚生育一子小吕，小吕出生后被诊断患有多种疾病，治疗费用高昂且难以治愈。小吕生父瞿某因病身亡，陈某自小吕出生时起便将小吕滞留在医院不予照料。法院以遗弃罪判处陈某有期徒刑10个月。小吕被送至上海市儿童临时看护中心。鉴于小吕的生父身亡，母亲未尽监护人职责，且小吕祖辈均表示无力抚养小吕，上海市儿童临时看护中心向普陀区人民法院提起诉讼，要求撤销陈某的监护权，并指定第三人静安区某居委会作为小吕的监护人承担监护责任。

法院经审理认为，父母有抚养、教育和保护未成年子女，保障其健康成长的义务。被申请人陈某作为小吕的母亲，对患有多种疾病的小吕不履行监护职责，拒绝抚养，不提供小吕必需的生活、医疗保障，严重侵害了未成年人的合法权益。故对申请人上海市儿童临时看护中心要求撤销陈某对小吕监护人资格的申请，依法予以支持。由于被监护人小吕目前没有其他亲属适合作为其监护人，第三人上海市静安区某居委会作为陈某户籍所在地的居委会，表示愿意承担小吕的监护职责，故指定该居委会作为小吕的监护人。

本案是司法实践中多部门联合保护未成年人合法权益的典型案例。案件受理后，法院开展庭前社会调查，聘请社会观护员对相关监护人及本案的后续安置、抚养、审核监护机构资质等情况进行审查。在审理过程中，坚持依法高效原则，申请撤销监护人资格与申请确认监护人两案同时立案、同步审理、同日判决。在没有其他近亲属适合担任监护人的情况下，按照最有利于被监护人成长的原则，指定当地居委会担任小吕的监护人，避免被监护人出现监护真空的困境。宣判后，办案法院和法官持续对当事人进行跟踪回访，关注其健康成长。

三、未成年人的侵权责任

我国现行法律对于未成年人侵权责任的承担进行了明确的规定。《民法典》第一千一百八十八条规定：“无民事行为能力人、限制民事行为能力人造成他人损害的，由监护人承担侵权责任。监护人尽到监护责任的，可以减轻其侵权责任。有财产的无民事行为能力人、限制民事行为能力人造成他人损害的，从本人财产中支付赔偿费用。不足部分，由监护人赔偿。”

根据上述规定，未成年人造成的侵权责任，如果该未成年人拥有财产则优先由其个人财产承担，不足部分由未成年人的监护人承担。如果未成年人没有财产的，则将全部由监护人承担。

四、未成年人财产权利的处分

（一）父母抵押未成年人财产的效力

《民法典》第三十五条规定："监护人应当按照最有利于被监护人的原则履行监护职责。监护人除为维护被监护人利益外，不得处分被监护人的财产。未成年人的监护人履行监护职责，在作出与被监护人利益有关的决定时，应当根据被监护人的年龄和智力状况，尊重被监护人的真实意愿。未成年人的监护人履行监护职责，应当最大程度地尊重被监护人的真实意愿，保障并协助被监护人实施与其智力、精神健康状况相适应的民事法律行为。对被监护人有能力独立处理的事务，监护人不得干涉。"

司法实践中，父母并非是"为了未成年人利益"的情况下，以未成年人财产设置抵押，对于所签订合同的效力认定，司法实践中存在"有效"、"无效"及"效力待定"三种裁判观点。

1. 认定抵押合同有效

此种司法观点认为，父母并非为子女利益、以未成年人财产设置抵押所签订的合同并没有违反我国法律、行政法规的"效力性强制性规定"。虽然该合同可能会损害未成年人的利益，但即使其个人利益确已受损，但其仍有一定的法律救济途径向侵权人提请赔偿。如果法院仅为了保护未成年人的个人利益，而否定未成年人父母与善意第三人依照诚实信用原则签订的抵押合同，损害的是社会公德和社会公共利益。

案例 4-5 何某甲、毛某与祝某、毛某甲、毛某乙民间借贷纠纷案

一审法院：浙江省江山市人民法院（2012）衢江商初字第 2108 号

再审法院：浙江省江山市人民法院（2013）衢江商再字第 2 号

案例主旨：父母非为未成年人的利益、以未成年人的财产签订抵押合同并未绝对地损害国家利益或者社会公共利益的，不应当认定合同无效。

毛某系毛某乙、何某甲的儿子。2011 年 5 月 10 日，毛某乙、何某甲出具保证书一份，保证以其及毛某共有的房屋作为抵押物向祝某、毛某甲借款并以毛某的名义签订抵押借款协议书。因毛某乙、何某甲未按时支付利息，故祝某、毛某甲

诉至法院要求提前收回借款。一审法院认定，毛某乙、何某甲、毛某以其所有的房屋为涉案借款抵押担保，并办理了抵押登记手续，应承担抵押担保责任。

后毛某提出再审申请。再审法院认为，对于违反法律、行政法规的强制性规定，司法解释已经将“强制性规定”解释为“效力性强制性规定”，即只要该合同行为发生绝对地损害国家利益或者社会公共利益的，人民法院应当认定合同无效，除此之外，合同未必无效。本案抵押合同的约定，虽然在一定程度上损害了被监护人毛某的利益，但毛某的利益是个人利益，而不是国家利益或者社会公共利益。且毛某的利益如有损失，法律规定了救济的途径，即向被监护人毛某乙、何某甲提出赔偿，毛某的利益实际不会受到损害，法院如为此保护毛某的个人利益，而不管祝某、毛某甲和毛某乙、何某甲依照诚实信用原则签订的抵押合同，损害的恰是社会公德和社会公共利益。故本案的抵押合同是有法律效力的合同。

2. 认定抵押合同无效

认定抵押合同无效的裁判观点，主要是认为抵押合同因违反法律、行政法规的强制性规定而无效。

案例4－6 张某与九江某银行、张某明、吴某珍等金融借款合同纠纷案

一审法院：江西省九江市中级人民法院（2017）赣04民再1号

二审法院：江西省高级人民法院（2017）赣民再70号

案例主旨：抵押的实质是为了偿还公司贷款，且房屋是未成年人的唯一住房，若抵押合同有效则会直接损害张某的生存居住权，不利于未成年人的成长及教育。

法院认为，首先，订立《最高额抵押合同》时，张某系限制民事行为能力人，对自己重大财产的处理，其应有知情权，但没有证据证明办理抵押其居住房屋财产时征询过其意愿。其次，本案中，涉及张某的抵押房产分别为张某独有的房屋一套及与吴某珍共有的门面两间。虽吴某珍和张某向房屋抵押登记部门出具的《保证书》中称抵押目的是维护被监护人张某的教育利益。但经查，MX公司与九江某银行的借款合同中，明确注明了贷款的用途是“借新还旧”，《最高额抵押合同》中亦注明了担保责任是为了抵押权人与债务人的“债务重组等其他业务”，可见，抵押的实质是为了MX公司偿还九江某银行的贷款债务。

而张某的房屋是其唯一的住房，九江某银行未提供证据证明张某还有其他房屋居住。如MX公司不能及时归还九江某银行的贷款，张某的房屋将由九江某银行优先受偿，这将直接损害张某的生存居住权，不利于未成年人的成长及教育。吴某珍为MX公司经营之需要，作为法定代理人代理张某处理此房屋时，考虑欠妥，行为失当，因违反法律强制性规定而无效。

3. 认为抵押合同效力待定

除了上述两种观点之外，还有一种观点认为父母并非为子女利益、以未成年人财产设置抵押所签订的合同效力待定，认为“非为未成年人利益，处分未成年人财产”系无权处分或无权代理，因而合同效力待定。

案例4－7 毛某与毛某明、刘某、XF厂、CY公司等追偿权纠纷案

一审法院：江苏省无锡市新吴区人民法院（2016）苏0291民初877号

再审法院：江苏省无锡市新吴区人民法院（2017）苏0214民再2号

案例主旨：父母将未成年子女所有的房屋抵押给银行或他人作为借款的抵押担保，如果借款人为父母参股或作为实际控制人的公司，此时的抵押行为与未成年人的利益并不冲突，且符合法律规定的抵押生效要件，法院认定为有效。

一审法院认为，毛某明、刘某系毛某的法定监护人，应当按照最有利于被监护人的原则履行监护职责，除为维护被监护人的利益外，不得处分被监护人的财产，毛某明、刘某虽出具声明书声称抵押毛某名下房产拟用于XF厂经营，经营所得用于毛某的生活、学习，但XF厂贷款系用于企业日常经营的商事活动，并非直接用于毛某的学习、生活或医疗等，难以认定系为毛某利益进行审慎处分，从保障未成年人毛某的利益出发，相应担保为无权处分。而毛某明确表示其并未签订抵押协议并同意父母以其房产进行抵押担保，因此其父母设立抵押的行为无效，CY公司无权就毛某名下的房产行使抵押权。

但再审法院经审理后认为，本案争议焦点是毛某明、刘某作为毛某的法定监护人，以毛某所有的房产设立抵押的行为是否有效，CY公司能否就毛某名下的房产行使抵押权。虽然法律规定除为被监护人的利益外，不得处分被监护人的财产，但父母将未成年子女所有的房屋抵押给银行或他人作为借款的抵押担保，此时的借款人通常为父母参股或作为实际控制人的公司，这样的抵押行为

与未成年人的利益并不冲突。作为监护人的父母是完全行为能力人，在父母参股或实际控制的公司对外借款时，他们均有获取利益的愿望，在对涉及未成年人财产的法律事务处理中，有能力作出有利于未成年人利益的判断。虽然投资有风险，但不能因此否认投资可能带来的收益，这些收益有利于未成年人的教育、发展，能够为未成年人提供更好的学习和生活环境。本案中，应当认定毛某明、刘某以毛某所有的无锡市房产设定的抵押有效，CY 公司可就该房屋优先受偿，理由如下：首先，毛某在购买无锡市房产时系无民事行为能力人，其本人无能力出资购买房产，根据毛某明、刘某提供的《声明书》可以确认购房款是两人出资的，也即毛某取得无锡市房屋的产权来源于父母的赠与。其次，虽然借款并非直接用于毛某的生活或学习，但现有证据足以证明借款是用于毛某明经营的 XF 厂生产经营所需，而 XF 厂的生产经营所得又因毛某明的控股而高比例地转化为家庭所得，故毛某作为家庭成员也是受益人之一。再次，在毛某明、刘某用毛某的房产提供担保时已经出具声明：XF 厂经营所得用于毛某的生活和学习，如毛某的房产因借款不能归还导致拍卖、变卖的，将另行补偿毛某相当于房屋价值的款项。也即毛某所有的房产即使因抵押而被拍卖、变卖，但毛某所有房屋的价款可由毛某明、刘某另行补偿，以确保毛某的利益不受损。最后，CY 公司在对房屋设立抵押时已经尽到了合理的审查义务，且在办理抵押登记时，登记部门也进行了相关审查，并对抵押房产依法进行登记，符合法律规定的抵押生效要件，故原审判决驳回 CY 公司的该项请求错误。

（二）父母处分未成年人财产的效力

此类案件主要体现在离婚纠纷、离婚后财产纠纷及房屋买卖合同纠纷中。父母直接以未成年子女的名义购房，为未成年人取得不动产。父母在婚姻关系存续期间赠与未成年人不动产后，在离婚时要求分割子女名下的房产。这些情况都是较为普遍的。父母在婚内将房产登记在未成年子女名下，可能被认定为是对未成年子女的赠与，即使离婚，未成年人名下的不动产也可能不被分割。

案例 4-8 冯某 1 与冯某 2 离婚后财产纠纷案

一审法院： 河北省唐山市丰南区人民法院（2015）丰（汉）民初字第 67 号

案例主旨： 房屋所有权登记为未成年子女的，房屋就属于未成年子女的财产，父母便不得随意处分。

法院认为，房屋所有权登记为未成年子女的，房屋就属于未成年子女的财产，父母便不得随意处分；《房屋登记法》第十四条规定："因处分未成年人房屋申请登记的，还应当提供为未成年人利益的书面保证。"被告冯某2与原告冯某1的母亲离婚后，被告作为原告的监护人应该尽到监护职责，保护被监护人的身体健康，照顾被监护人的生活，管理和保护被监护人的财产，代理被监护人进行民事活动。本案中，被告在抚养原告期间，被告作出处理房屋这样重大的决定时，由于行为与原告年龄、智力不相适应，故应与原告其他监护人进行协商并确认出售房屋系为原告利益所必须的行为。同时，被告所称卖房是为原告的生活和学习所用，但是并未提供充分证据以予证实出卖该房屋的紧迫性和急需性。原告为未成年人时，被告对其具有法定的抚养义务，但不应以抚养原告为由变卖原告的个人财产，其出卖原告房屋的处分行为严重侵害了原告的合法权益。被告即使是为维护原告的利益而处分原告的财产，也应对处分所得以予合理保管，不得擅自处置，待原告成年后交付原告。银行处分诉争房屋时虽然有原告本人的签字，但当时原告为限制民事行为能力人，原告的处分行为与其年龄、智力并不相适应。因此，被告应将变卖房屋所得价权给付原告。

当然，在实践中，如果有些父母出于避规承担已有债务的目的，将房屋登记在未成年子女名下，这种逃避债务的手段也难以得到法律的支持，存在法律上的风险，值得注意。

第二节 无（限制）民事行为能力人的监护

一、精神病人的侵权责任承担

《民法典》第二十八条规定："无民事行为能力或者限制民事行为能力的成年人，由下列有监护能力的人按顺序担任监护人：（一）配偶；（二）父母、子女；（三）其他近亲属；（四）其他愿意担任监护人的个人或者组织，但是须经被监护人住所地的居民委员会、村民委员会或者民政部门同意。"

此外，《民法典》第一千一百八十八条规定："无民事行为能力人、限制民事行为能力人造成他人损害的，由监护人承担侵权责任。监护人尽到监护职责的，可以减轻其侵权责任。有财产的无民事行为能力人、限制民事行为能力人造成他人损害的，从本人财产中支付赔偿费用。不足部分，由监护人赔偿。"

案例 4－9 精神病人跳楼致使祖孙两人死亡案①

年仅 20 多岁的小伙子侯某跳楼，砸中楼下正带孙子散步的张容（化名）和她不到 3 岁的孙子小陈（化名），最终导致张容和小陈死亡。

四川省眉山市东坡区人民法院经审理认为，侯某生前患有精神分裂症，治疗好转出院后一直在医院门诊随访就诊，并一直服用治疗精神分裂症（偏执型）的药物，且医院出院医嘱中载明了病人可能因病情不稳定而出现难以预料的意外，要求加强监护。据侯某父母在公安机关所作的陈述，侯某在事故发生前十几天，精神状态较差，存在病情不稳定的可能。现侯某已死亡，无法对其事发时的民事行为能力进行鉴定，但根据以上事实可证实侯某所患的精神分裂症并未治愈，从其跳楼的行为、事发现场的情况以及公安机关的认定，侯某属于自杀。

结合侯某的患病情况和事发前的行为表现，法院认为，侯某在事发时存在无法辨认或者完全辨认自己行为能力的可能，故推定侯某在事发时属于无民事行为能力人或者限制民事行为能力人。侯某的父母作为其监护人在发现侯某事发前十几天精神状态较差时，并未及时将其送到医院救治未尽监护责任。故侯某的侵权行为造成的损害，应该由侯某的父母承担责任。物业公司不是案件的侵权人，其作为物业管理人并不知晓侯某患有精神分裂症，对此次事故不存在安全管理的义务，无须承担补充责任。

二、民事行为能力的异议审查

我国《民事诉讼法》第一百八十七条至第一百九十条是对认定公民无民事行为能力、限制民事行为能力案件适用特别程序的规定。其中，第一百八十九条第二款规定："人民法院经审理认定申请有事实根据的，判决该公民为无民事

① 参见《精神分裂症患者跳楼自杀砸死两人 其父母未尽监护责任被判赔偿》，载网易新闻，https：//dy. 163. com/article/F097JBDS0514IILB. html，最后访问时间：2021 年 4 月 16 日。

行为能力或者限制民事行为能力人；认定申请没有事实根据的，应当判决予以驳回。”

《民事诉讼法司法解释》第三百七十四条第一款规定：“适用特别程序作出的判决、裁定，当事人、利害关系人认为有错误的，可以向作出该判决、裁定的人民法院提出异议。人民法院经审查，异议成立或者部分成立的，作出新的判决、裁定撤销或者改变原判决、裁定；异议不成立的，裁定驳回。”

根据上述规定，法院可以通过特别程序对公民的民事行为能力作出认定。当事人、利害关系人如果认为有错误的，可以向法院提出异议，由法院对异议进行审查。

案例 4－10 李某燕申请宣告李某春为限制民事行为能力人案

审理法院： 北京市通州区人民法院（2015）通民特字第 3820 号

异议审理法院： 北京市通州区人民法院（2015）通民特字第 25818 号

案例主旨： 在第一顺位监护人没有适合人选的情况下，结合案情的实际情况，法院可指定第二顺位监护人为法定监护人。

李某燕与李某春于 2001 年 8 月登记结婚，二人均为再婚，婚后未生育子女。自 2013 年起，李某春已经三次起诉李某燕离婚，前两次均被法院驳回，第三次离婚诉讼因本案裁定中止诉讼。2013 年 9 月，李某春与李某燕分居后，李某春随其弟弟李某增和妹妹李某英、李某香生活。申请人李某燕向法院申请认定李某春为限制民事行为能力人，并要求指定李某燕为李某春的监护人。庭审中，李某春明确表示不同意李某燕作为其监护人，同意李某增、李某英、李某香作为其监护人。

法院认为，首都医科大学附属北京安定医院精神疾病司法鉴定科对李某春的民事行为能力进行了鉴定。鉴定结论为：根据现有资料，被鉴定人李某春临床诊断为器质性精神障碍，受此影响，意思表示能力部分丧失，依法应宣告为限制民事行为能力人。根据首都医科大学附属北京安定医院对李某春的民事行为能力的鉴定结论，被鉴定人李某春依法应被宣告为限制民事行为能力人。因李某燕与李某春正在离婚诉讼中，指定李某燕作为李某春的监护人明显不利于保护李某春的人身权益，故对李某燕要求指定李某燕为李某春监护人的请求，法院不予支持。李某增作为李某春之弟，自 2013 年以来对李某春照顾较多，且李某增愿意作为李某春的监护人，李某春也愿意李某增作为其监护人，故法院判决指定李某增为李某春的监护人。

一审判决作出后，申请人李某燕对一审判决第二项指定李某增为李某春的监护人提出异议［北京市通州区人民法院（2015）通民特字第25818号］，并向法院提交了异议申请书，请求法院依法判决指定李某燕为被申请人李某春的监护人。

北京市通州区人民法院指出，李某春经法院判决宣告为限制民事行为能力人，为李某春指定监护人应当按照法律规定进行指定，而且应当从保护被监护人李某春的利益出发进行指定。李某燕为李某春的配偶，在指定监护人时系应当考虑的第一顺位监护人，但考虑到李某燕与李某春进行过多次离婚诉讼，且现在离婚诉讼正在进行过程中（现已中止），本案及（2015）通民特字第3820号案件皆因李某燕与李某春的离婚诉讼所引起的，李某燕与李某春之间存在利益冲突，在这种情形下指定李某燕为李某春的监护人无异于让李某燕在目前正在审理的离婚案件中既充当原告，又充当被告，这与法律的基本原则相违背，也不利于保护李某春的合法权益。故法院认为李某燕不适宜担任李某春的监护人，对于李某燕提出的要求指定其为李某春的监护人，法院不予支持。

法律规定的第二顺位监护人系李某春的父母，李某春的母亲目前已经去世，李某春的父亲经法院当面询问由于年龄、精力等方面的原因不愿意担任李某燕的监护人，且对法院指定其另一个儿子李某增作为李某春的监护人表示同意，故李某春的父亲亦不适宜被指定为监护人。关于第三顺位监护人系成年子女，目前已知的李某春的成年子女为李某春与其前妻所生的儿子李某颖，李某颖与李某春多年未联系，没有住在一起，经法院联系明确表示不愿意担任李某春的监护人，故李某春的成年子女同样不适宜被指定为监护人。

接下来的顺位就是其他近亲属，法院判决指定李某增为李某春的监护人，符合法律规定：首先，李某增为李某春的弟弟，双方系近亲属关系；其次，李某春表述从2013年开始其就一直随弟弟李某增一同生活，李某增一直照顾李某春；最后，李某增向法庭明确表示愿意担任李某春的监护人，会尽到监护人的职责，并具备当监护人的条件。李某春的其他近亲属李某香和李某英，系李某春的妹妹，均已出嫁。最终，法院驳回了申请人李某燕的申请异议的请求。

可以看到，在本案中，李某燕与李某春曾多次进行离婚诉讼，若指定李某燕为李某春的监护人，无疑可能会损害其合法权益。法院在第一顺位监护人没有适合人选的情况下，结合案情的实际情况，指定第二顺位的弟弟李某增为李某春的法定监护人，符合法律规定。

第三节 意定监护

一、意定监护概述

（一）意定监护的法律依据

《民法典》第三十三条规定："具有完全民事行为能力的成年人，可以与其近亲属、其他愿意担任监护人的个人或者组织事先协商，以书面形式确定自己的监护人，在自己丧失或者部分丧失民事行为能力时，由该监护人履行监护职责。"

《民法典》第三十四条第一款、第二款、第三款规定："监护人的职责是代理被监护人实施民事法律行为，保护被监护人的人身权利、财产权利以及其他合法权益等。监护人依法履行监护职责产生的权利，受法律保护。监护人不履行监护职责或者侵害被监护人合法权益的，应当承担法律责任。"

《老年人权益保障法》第二十六条第一款规定："具备完全民事行为能力的老年人，可以在近亲属或者其他与自己关系密切、愿意承担监护责任的个人、组织中协商确定自己的监护人。监护人在老年人丧失或者部分丧失民事行为能力时，依法承担监护责任。"

根据上述法律规定，如果自然人不愿意在自己失能后，由自己的法定监护人进行监护，则可以在自己有行为能力时提前进行意定监护的安排，将自己的人身照顾和财产管理等事宜委托给意定监护人。比如，经营公司的企业家已患疾病，未来可能有丧失或部分丧失民事行为能力的潜在风险，这时就可以提前与自己挑选的亲属、其他个人或组织签署意定监护协议，约定在自己丧失或部分丧失民事行为能力后，监护人按照自己的意愿处理自己的生活照料、医疗救助、财产管理、维护权利等事务。

（二）意定监护的具体内容

结合《民法典》第三十四条的规定，监护人的职责是代理被监护人实施民事法律行为，保护被监护人的人身权利、财产权利以及其他合法权益等。监护人依法履行监护职责产生的权利，受法律保护。监护人不履行监护职责或者侵害被监护人合法权益的，应当承担法律责任。

由此，监护人的职责和意定监护协议约定的内容还是很广泛的，包括财产性权利、人身权利以及其他合法权益等。对于处理不动产、重大财产权益，以及其他涉及被监护人重大经济利益的事项，一般可以在意定监护协议中进行严格的限制或作出明确的约定。意定监护协议中关于人身保护职责的内容一般包括：被监护人的具体护理，例如缔结护理合同及护理人员的选择、变更等；与医疗机构缔结医疗合同，具体表现为住院、治疗措施等行为；被监护人饮食起居的具体安排等内容。

但是在实践中，监护的主要内容还是针对财产性的权利，主要原因有以下两点：

第一，意定监护不能排除法定监护义务，同时也不能把法定义务约定为意定义务，即意定监护人不能改变对被监护人负有法定赡养、扶助和保护义务人员的范围。如《民法典》第二十六条规定，成年子女对父母负有赡养、扶助和保护的义务。当然，意定监护可以对被监护人部分的人身权利（如就治送医的决定权）进行安排。

第二，人身权利的保护内容不明确，导致在实践中很难确定是否有利于被监护人，在实操中可能会和其他利益人产生争议。

（三）意定监护的前提条件

根据《民法典》第三十三条的规定，意定监护协议成立的前提是委托人（被监护人）是“具有完全民事行为能力的成年人”，但是法律并没有进一步规定如何确定被监护人签署协议时的行为能力。在实践中，可结合意定监护协议订立时的各种因素，综合判断被监护人的行为能力。如《上海市老年人权益保障条例》第十八条规定：“具备完全民事行为能力的老年人，可以在近亲属或者其他与自己关系密切、愿意承担监护责任的个人、组织中协商确定自己的监护人，并通过公证等方式予以明确。”这其中就将公证作为了意定监护协议成立的必要条件。公证处一般情况下都有一套成熟的操作流程，且一般公证处会附加审核合同实质的有效性，并通过流程和操作规则判断委托人是否具有行为能力。2017 年，司法部公布了关于意定监护协议公证的指导性案例，[①] 自此，很多公证处都开始开展此项业务。

（四）意定监护的限制条件

1. 签订主体的限制

成年人作为签订意定监护协议的主体，既包括委托人，也包括受托人。《民法典》第三十三条规定，具有完全民事行为能力的成年人可以作为委托人，通过书面的形式事先选择自己的监护人；近亲属、其他愿意担任监护人的个人或者组织可以作为受托人，成为监护人。

根据《民法典》第二十九条的规定，被监护人的父母担任监护人的，可以通过遗嘱指定监护人。遗嘱属于单方法律行为，可以通过单方行为设定，为未成年人设定监护人。意定监护协议是双方法律行为，可以通过意定监护协议为成年人指定监护人。

根据《民则典》第三十三条的规定，成年人可以与其"近亲属、其他愿意担任监护人的个人或者组织事先协商，以书面形式确定自己的监护人"。其中，"个人"容易理解，是指自然人，但这个"组织"应该如何解释呢？《民法典》第二十四条第三款规定："本条规定的有关组织包括：居民委员会、村民委员会、学校、医疗机构、妇女联合会、残疾人联合会、依法设立的老年人组织、民政部门等。"这些明确列举的组织可以作为解读第三十三条的参照。另外，法条列举的都是属于公益性的非营利性组织，对于意定监护的受托人，是否为营利性的组织也包含在内或者可以扩大到营利性的组织呢？这一问题还有待实践的进一步检验。

2. 不可委托的事项

根据上述法律以及相关的司法实践，意定监护中不可委托的事项，主要包括被监护人自身以外的事项以及具有人身专属性质的事务，如器官捐献、订立

---

① 参见《司法部首次发布三个公证指导性案例 以案普法》，载中国法院网，https：//www.chinacourt. org/article/detail/2017/12/id/3138611. shtml，最后访问时间：2021 年 4 月 16 日。

遗嘱、办理婚姻登记以及子女收养等。

3. 协议的生效要件

意定监护协议自被监护人被法院确认丧失或部分丧失民事行为能力之时生效，协议的权利义务开始实施。

4. 协议解除与转委托

在被监护人丧失或部分丧失民事行为能力之前，意定监护协议可予以解除。同时，由于意定监护协议具有的人身属性，故意定监护协议不宜设置转委托。

二、意定监护的实务操作

（一）意定监护的公证流程

2017 年 12 月，司法部首次发布三个公证指导性案例。[①] 其中，公证指导性案例 1 号正是关于意定监护协议公证的案例。该指导性案例经过司法部的严格筛选和研究论证，涉及司法实践中新情况的处理或者新法律的适用。司法部明确，指导性案例中体现的有关公证办理方法，不仅对公证机构、公证员在办理类似公证业务时具有指导作用；而且对人民群众也可以体现公证的作用和效果。总的来说，有利于指导公证机构依法规范办证，确保公证质量。

案例 4－11 公证指导性案例 1 号关于老年人意定监护协议公证案

上海市宝山区居民甲年过七旬，中年丧妻，因身体不适住院，他的 5 个子女因治疗和陪护意见不一致而产生矛盾。为避免以后起纷争，甲决定由自己最信任的小儿子乙做自己丧失或者部分丧失民事行为能力时的监护人。

2016 年 10 月 12 日，上海市某公证处公证员李某接待了他们，通过与甲的谈话聊天，确认了甲神志清醒，且希望通过签订协议指定小儿子乙作为自己的监护人。公证机构受理了该公证申请后，承办公证员李某引导甲乙双方到专门

---

① 参见《司法部首次发布三个公证指导性案例》，载司法部网站，http：//www. moj. gov. cn/news/content/2017－12/25/bnyw_ 11136. html，最后访问时间：2021 年 4 月 16 日。

的录音录像办证室，对办理公证的全过程进行录音录像。公证员告之相关各方权利义务后，乙明确表示愿意负责父亲将来的生活照管、医疗救治、财产管理、维权诉讼和死亡丧葬等事务。随后，公证员向甲乙双方告知了意定监护的生效条件、监护人的职责范围、监护的具体事项、意定监护的撤销等内容。

公证员进一步告诉甲，他可以在神志清醒的情况下以公证形式单方撤销监护协议，并由公证机构负责送达给乙，此后就依法恢复成法定监护。公证员还告诉甲，公证机构将为甲乙双方设立的意定监护协议保密，待协议约定的条件成就时，甲的其他法定监护人可以向公证机构申请查询，以维护甲、乙及其他法定监护人的合法权益。

甲和乙对意定监护协议的内容达成一致，公证员李某对协议内容进行了审查，甲、乙现场签字捺印。公证书出具后，甲、乙各持一份。公证员李某于公证书出具当日，将意定监护协议上传至全国公证管理系统进行备案。

（二）律师办理意定监护的情形

基于意定监护协议的法律专业性，律师也可以成为协助办理意定监护的选择之一。律师协助办理意定监护一般会遵循以下流程。

首先，律师与有意向办理意定监护的当事人进行面谈，并通过书面的方式确定意定监护意见以及拟选定的意定监护人。

其次，在确认了最终的意定监护人后，律师需要安排双方一同就意定监护的协议内容进行商讨并确认。

最后，律师在充分了解双方的意愿以及相关监护方案后，为当事人撰写合法的意定监护协议。

如果当事人希望前往公证处办理意定监护，律师可以负责协助当事客人与公证处进行协调，并承担后续修订意定监护协议的职责。

如果当事人希望通过律师见证的方式办理意定监护，则律师可以在符合律师见证流程以及条件的情况下，协助当事人签署意定监护协议。

（三）意定监护的司法判例

江苏省南京市鼓楼区人民法院审理的申请人夏某、申请人许某与被申请人陈某申请确认无民事行为能力人一案，被媒体称为中国裁判文书网上“首例”

意定监护协议公证适用的案例，[①] 对于意定监护制度在司法实践中的发展具有重大的意义。

案例4－12 夏某、许某申请认定陈某无民事行为能力案

审理法院： 江苏省南京市鼓楼区人民法院（2018）苏0106民特228号

案例主旨： 意定监护人可向法院申请认定被监护人无民事行为能力。

2018年7月24日，陈某与夏某、许某签订《意定监护协议书》，内容为：鉴于陈某之夫马某某已去世，双方未生育，与养女马某已解除收养关系，在意定监护生效条件满足时指定夏某、许某为监护人等，并办理了公证。同年8月，陈某因脑出血等症住院治疗。

夏某、许某以意定监护人的身份向法院申请认定陈某为无民事行为能力。案件审理中，南京脑科医院司法鉴定所接受委托对陈某的民事行为能力出具鉴定意见：被鉴定人陈某目前系脑器质性智能损害（重度），无民事行为能力。

最终，江苏省南京市鼓楼区人民法院支持了夏某、许某的诉讼请求并认定陈某为无民事行为能力人。

---

① 参见《南京公证处意定监护协议公证成中国裁判文书网首例适用案例》，载搜狐新闻，https：//www. sohu. com/a/344254411_ 742337，最后访问时间：2021年1月25日。

第五章

继承纠纷

综 述

财富传承中最为重要的环节之一就是遗产继承。随着经济的不断发展，高净值客户拥有的财产数量不断增加，财产的种类也是五花八门。高净值客户需要对各类财产的继承流程、法律难点、性质认定等内容有所了解，同时也需要提前了解遗产继承过程中可能产生的风险。我国《民法典》于2021年1月1日正式实施，其中对我国继承制度设立了许多新的规范，值得高净值客户特别关注。一旦继承人之间无法就遗产继承达成一致意见，将会产生相关的继承纠纷，全国各地不同的法院对于继承纠纷的审判观点以及审判思路也有所不同。我国法律规定了遗嘱继承制度和法定继承制度，其中关于遗嘱的类型有特定的法律规定，高净值客户必须了解其中的法律要点，谨防订立瑕疵遗嘱，避免导致整个遗嘱归于无效。随着我国社会的不断国际化，高净值人群在世界各地都拥有不同的财产，涉外继承也成为高净值人群关注的焦点问题。

本章主要介绍了遗产继承的概况以及遗嘱继承、法定继承过程中的焦点问题，汇总了部分法院关于继承纠纷的审判观点以及经典案例。同时，还对我国香港、澳门、台湾地区继承制度进行了分析，向高净值客户介绍了部分涉外继承的概况，对于高净值客户妥善处理继承纠纷具有较大的借鉴意义。

第一节
遗产继承概述

一、各类财产的继承方式

（一）银行存款的继承方式

1. 继承权公证

中国人民银行《关于执行〈储蓄管理条例〉的若干规定》① 第四十条第一项规定："存款人死亡后，合法的继承人为证明自己的身份和有权提取该项存款，应向储蓄机构所在地的公证处（未设公证处的地方向县、市人民法院）申请办理继承权证明书，储蓄机构凭以办理过户或支付手续。该项存款的继承权发生争执时，由人民法院判处……"

2. 继承权诉讼

以继承权纠纷为由，继承人可以依据《民事诉讼法》第三十三条第三款向被继承人死亡时住所地或者主要遗产所在地人民法院提起继承权诉讼。法院根据被继承人订立的遗嘱或法定顺位确定被告，在法院立案后继承人可以申请法院查询、调查被继承人的银行存款等财产情况。

3. 继承人自行支取

（1）继承人知晓账户密码的情况

《关于执行〈储蓄管理条例〉的若干规定》第四十条第二项规定："存款人已死亡，但存款单持有人没有向储蓄机构申明遗产继承过程，也没有持存款所

---

① 中国银行保险监督管理委员会：关于发布银行业规章和规范性文件清理结果的公告银监发〔2011〕1号附件3：由中国人民银行发布，《继续适用的规章和规范性文件68件，包括关于执行〈储蓄管理条例〉的若干规定》，载 http：//www. cbirc. gov. cn/cn/view/pages/ItemDetail. html？docId = 3603&itemId = 928&generaltype = 0，最后访问时间：2021年4月17日。

在地法院判决书，直接去储蓄机构支取或转存存款人生前的存款，储蓄机构都视为正常支取或转存，事后而引起的存款继承争执，储蓄机构不负责任。”

（2）继承人不知晓账户密码的情况

2021 年 1 月 28 日，中国银保监会、人民银行联合发布的《关于简化提取已故存款人小额存款相关事宜的通知》规定，对已故存款人在同一法人银行的账户余额合计不超过 1 万元（含 1 万元）的（包含银行业金融机构自身发行的非存款类金融产品，但需要一并计入限额）存款，第一顺序继承人、公证遗嘱指定的继承人或受遗赠人无须办理继承公证，可直接向银行申请办理提取业务，但需要一次性提取存款及利息，并在提取后注销已故存款人的账户。同时，鼓励银行在 1 万 ~5 万元具体确定免公证提取限额。考虑到居民的储蓄习惯，存款未结利息可不计入该限额。另外，不同的人提取存款需要提供的材料也不同，主要分为以下两类：

第一类是已故存款人的配偶、子女、父母申请的，需要提供死亡证明、居民户口簿或结婚证或出生证明、提取申请人的有效身份证件、提取申请人亲笔签名的承诺书。

第二类是已故存款人的公证遗嘱指定的继承人或受遗赠人，除了提供上述材料以外，还需要提供指定提取申请人为已故存款人的继承人或受遗赠人的公证遗嘱。

4. 提起储蓄存款合同纠纷

继承人可以向银行提起储蓄存款合同纠纷等相关诉讼，法院确定由银行将存款交由某个继承人，之后再按照《民法典》继承编的相关规定进行处理。

案例 5－1 杨某某与某银行储蓄存款合同纠纷案

一审法院：广东省广州市荔湾区人民法院（2019）粤 0103 民初 3145 号

案例主旨：银行可以将被继承人遗留的存款交由某个继承人，再由继承人按照法律的规定进行处理。

法院认为，莫某在某银行开立定期存款账户，将人民币 16 万元存进该账户，双方之间形成储蓄存款合同关系。莫某死亡后，其继承人或者遗产管理人有权随时向某银行主张提取存款，并主张按照一年定期存款自动续存的相关规定计付利息。原告杨某某虽没有提交证据证明莫某的第一顺序法定继承人仅为原告一人，但原告提供的莫某的居民死亡医学证明书、金花街居民委员会证明、杨某某的户口注销证明及户籍信息等证据显示，莫某的法定继承人为原告。因此，法院认为，涉案存款可以交由原告管理，最终如何分配，莫某的继承人可以按照法律有关规定处理。

（二）依继承权公证提取存款的流程

合法继承人为证明自己的身份和提取该项存款，可向公证处申请办理相关公证证明文件。办理公证时需要提交死亡证明、直系亲属关系证明，包括去世人的父母、配偶、子女情况，涉及的财产凭证，如存单、银行卡、有价证券、理财证明等，由所有继承人本人持本人身份证、户口本到公证处申请办理。银行一般办理流程有以下几点。

1. 存款人死亡后，合法继承人应向银行营业网点所在地的公证处或人民法院申请办理继承权证明书或生效法律文书，并凭此文件到银行办理存款过户或支取手续。

2. 存款人死亡后，掌握银行卡、存折并知道具体信息的继承人支取或转存存款的，银行将视为正常支取或转存，在银行无过错的情况下，银行对事后发生的存款继承争执与纠纷不负责任。

3. 在国外的华侨和港澳台同胞等在国内储蓄机构的存款或委托银行代为保管的存款，原存款人死亡，其合法继承人在国内者，凭原存款人的死亡证明向储蓄机构所在地的公证处申请办理继承权证明书，储蓄机构凭以办理存款的过户或支付手续。

4. 在我国定居的外国公民（包括无国籍者），存入我国储蓄机构的存款，其存款过户或提取手续，与我国公民存款处理手续相同，依照上述规定办理。与我国订有双边领事协定的外国侨民应按协定的具体规定办理。

5. 继承人在国外者，可凭原存款人的死亡证明和经我国驻该国使、领馆认证的亲属证明，向我国公证机关申请办理继承权证明书，储蓄机构凭以办理存款的过户或支付手续。继承人所在国如系禁汇国家，按上述规定办理有困难时，可由当地侨团、友好社团和爱国侨领、友好人士提供证明，并由我驻所在国使领馆认证后，向我国公证机关申请办理继承权证明书，储蓄机构再凭以办理过户或支付手续。继承人所在国如未与我建交，应根据特殊情况，进行特殊处理。

居住国外的继承人继承在我国内储蓄机构的存款，能否汇出国外，按照我国外汇管理条例的有关规定办理。

（三）不动产的继承方式

1. 继承权公证书并非强制要求

2016 年 1 月 1 日由国土资源部公布并实施的《不动产登记暂行条例实施细则》第十四条规定，因继承、受遗赠取得不动产，当事人申请登记的，应当提交死亡证明材料、遗嘱或者全部法定继承人关于不动产分配的协议以及与被继承人的亲属关系等材料，也可以提交经公证的材料或者生效的法律文书。

2. 直接申办房产继承登记的流程

以某省某市的操作流程为例,[①] 如果申请人不走公证或司法程序而直接申办房产继承登记，应向登记机构提交相关材料。

材料齐全的情况下，将进入材料查验环节。全部法定继承人或受遗赠人应共同到场参与查验。继承人中有放弃继承的，应在登记人员面前签署放弃继承权的声明。

若查验通过，继承登记的申请将被正式受理，再经过审核、公告、登簿环节，申请人即可办理不动产权登记证书。不动产继承（受遗赠）登记办理时限为 30 个工作日，材料核验及公告时间不计入其中。

为保护利害关系人的合法权益，不动产登记机构在继承登记事项登簿前，应当在登记机构门户网站及不动产所在地就拟登记事项进行公告，公告期为 30 天。公告期间有利害关系人提出异议的，登记机构将中止登记过程，进一步调查核实有关情况；不动产存在权属争议的，登记机构应当在各方当事人协商一致或通过诉讼解决争议后办理登记。

如申请人或到场的继承人、受遗赠人弄虚作假，导致不动产登记错误损害第三人合法权益的，相关人员将依法承担法律责任。

---

① 参见《无需公证也可以申办房产继承 9 月 1 日起施行》载南京新闻网，http：//www.nanning.china.com.cn/2017-08/15/content_39083593.htm，最后访问时间：2021 年 4 月 17 日。

3. 提前达成遗产析产协议的效力

案例5-2　苏某一与汪某某、苏某三等继承纠纷案

一审法院：重庆市江北区人民法院（2014）江法民初字第04751号

二审法院：重庆市中级人民法院（2015）渝一中法民终字第03362号

再审法院：重庆市高级人民法院（2016）渝民再149号

案例主旨：在被继承人过世之前，其他继承人达成的就被继承人财产进行的财产分割析产协议不生效。

法院认为，继承从被继承人死亡时开始。继承开始后，由第一顺序的继承人继承。不论继承方案是否由所有继承人全部签名，在形成该方案时，被继承人严某某仍健在，未经许可，任何人均无权处分该房屋，故苏某某的上述请求，法院不予支持。

4. 继承房产使用权的效力

最高人民法院民事审判第一庭认为，[①] 分割时，要考虑房屋是否具有构造上、使用上和登记上的独立性。根据一物一权的原则，对于不符合产权分割标准的不动产，应当对折价或者拍卖、变卖取得的价款予以分割。不能在保持按份共有的前提下，对不动产各部位的使用权进行分割。

（四）公司股权的继承方式

1. 公司章程未限制则股东资格可直接继承

案例5-3　吴某屏与DFBX公司、程某、BXJZ公司等股东权纠纷案

一审法院：北京市大兴区人民法院（2010）大民初字第2586号

案例主旨：除非公司章程有限制规定，否则死者的合法继承人可以继承股权。即使被继承人出资瑕疵，也不应成为阻碍继承的理由，相应的纠纷可另行诉讼。

---

① 最高人民法院民事审判第一庭韩玫：《子女请求分割父母生前唯一住房，如何处理?》，载《民事审判指导与参考》第47辑。

法院认为，根据《公司法》的规定，“自然人股东死亡后，其合法继承人可以继承股东资格，但是，公司章程另有规定的除外”。李某生前为DFBX公司的股东，在其去世后，其合法继承人吴某屏、李某然、李某玲、李某德均有权继承其股东资格，且DFBX公司的公司章程中对于股东资格的继承亦没有限制性规定。现吴某屏等4人已就DFBX公司等三公司的股份继承问题达成协议，李某然、李某玲、李某德一致同意由吴某屏持有李某在DFBX公司的全部股份，故吴某屏要求确认其为DFBX公司股东的诉讼请求，于法有据，应当予以支持。

关于吴某屏继承的份额问题，DFBX公司章程及工商登记的注册资金缴付情况，均载明李某出资额为150万元。被告DFBX公司辩称，被继承人李某在公司出资中存在抽逃出资的情况，其股东身份实际不存在。法院认为，根据《公司法》的相关规定，有限责任公司股东资格的确认，涉及实际出资额、股权转让合同、公司章程、股东名册、出资证明书、工商登记等多种因素，因此，确认股东资格应当综合考虑多种因素，在具体案件中对事实证据进行审查认定。本案的性质是李某的继承人要求确认股东资格，而非股东之间就李某的股东资格发生争议，且瑕疵出资也并不能必然否定股东资格。本案中，DFBX公司章程及该公司工商登记中均记载李某是该公司股东，现DFBX公司及第三人程某、第三人BXJZ公司无有效证据证明李某死亡时已不是该公司的股东，故对被告DFBX公司的意见，法院不予采纳。

2. 未办理工商登记不影响股权继承

案例5－4 陈某某与赵某某等股权转让纠纷案

一审法院：乌鲁木齐市沙依巴克区人民法院（2010）沙民二初字第1361号

二审法院：新疆维吾尔自治区乌鲁木齐市中级人民法院（2011）乌中少民终字第24号

案例主旨：股权继承未办理工商变更登记，并不影响继承人的股东资格，继承人与其他股东签署的股权转让协议有效。

二审法院认为，根据《公司法》的规定，自然人股东死亡后，其合法继承人可以继承股东资格；但是，公司章程另有规定的除外。结合本案案情，赵某刚是DY公司的股东，在其死亡后，三位被上诉人是赵某刚的合法继承人，DY公司章程中对此也无其他规定，被上诉人赵某某、陈某、赵小某虽未到工商管理部门办理股权变更登记手续，但不影响被上诉人赵某某、陈某、赵小某继承赵某刚的股东资格。

上诉人陈某某提出三位被上诉人与其签订的《股权转让协议书》，未经股东大会认可，违反公司法和章程的规定，应确认无效的上诉理由，根据《公司法》的规定，有限责任公司的股东之间可以相互转让其全部或部分股权。本案中，被上诉人赵某某、陈某、赵小某与上诉人陈某某之间股权的转让属于股东之间转让股权，DY 公司章程规定并不限制股东内部转让股权，故对上诉人陈某某该项上诉理由，法院不予采纳。

持相同审判观点的还有上海市第二中级人民法院（2013）沪二中民四（商）终字第 988 号民事判决。该判决明确表示："章程并未禁止或限制股东资格继承，故被继承人杨 D 死亡时，其继承人杨 A 可以继承股东资格，即通过继承取得股权。只要公司的其他股东没有相反证据证明继承人为非法继承，死亡股东的合法继承人自该股东死亡之日起当然取得股东资格。"

3. 最高人民法院对于股权继承的实务意见①

（1）股权发生继承时其他股东是否有同意权或优先购买权

最高人民法院民事审判第二庭表示，由于《公司法》有明文规定，所以在死亡的股东和其继承人之间发生当然继承关系，而不受其他股东同意权或优先购买权的影响。股权分为财产性权益和身份权，法律并未对股权的财产性权益设定同意权和优先购买权的限制，如果认为股权的身份权的继承应当受到同意权和优先购买权的限制，那么很容易发生股权归属和股东资格不一致的情形。

（2）多个继承人是否可以同时继承股东资格

《公司法》已经明确了股东资格可以当然继承，各继承人应当按照《民法典》继承编的一般原则进行股权继承，即各继承人均可以享有股东资格。在诉讼程序上，因股权份额的确认与公司股东资格的确认不属于同一法律关系，所以各继承人之间股权份额的确定一般应当在股东资格确认的诉讼之外另行处理。

对于有限公司股东人数限制问题，最高人民法院民二庭的观点是，仍应当遵循《公司法》第二十四条"有限责任公司由五十个以下股东出资设立"的规

---

① 参见最高人民法院民事审判第二庭：《最高人民法院公司法司法解释（四）理解与适用》，人民法院出版社 2017 年版。

定，在股东资格继承时不得使有限责任公司股东人数超过50。如因继承将导致股东人数超过50的，可引导继承人进行协商，由部分继承人继承股东资格，通过协议安排，其他继承人的收益不受影响；如果继承人协商后未达成协议的，引导公司形态变更为股份有限公司，从而避免受有限责任公司股东50名股东人数上限的限制；继承人协商不成且公司不愿变更组织形态的，法院不能不同时确认各继承人的股东资格。

（3）可否在股东死后通过修订章程等限制继承

最高人民法院民事审判第二庭认为，《公司法》第七十五条规定的“章程”既包括初始章程，也包括之后通过的章程修正案。但是，这里的“章程”不包括股东死后通过的新章程或章程修正案，因为在此时修订章程，死亡的股东已无机会表达意见，不论死亡股东的表决权比例对章程修正案的通过有无影响，死亡股东都会因未能参会表达意见而受到不公平的对待。

（4）无（限制）民事行为能力人是否可以继承股东资格

最高人民法院民事审判第二庭认为，无民事行为能力人或限制民事行为能力人可以直接继承股东资格。国家工商行政管理总局（现已更名国家市场监督管理总局）在2007年对广东省工商行政管理局的《关于未成年人能否成为公司股东问题的答复》（工商企字〔2007〕131号）中答复称，《公司法》对未成年人能否成为公司股东没有作出限制性规定。因此，未成年人可以成为公司股东，其股东权利通常由法定监护人代为行使。

4. 常见股权继承纠纷的类型分析

（1）继承人之间的纠纷

原告、被告均为被继承人的法定继承人，基于继承权发生的纠纷。一般在继承人之间列原、被告，也有在案件中将被系争股权所在公司列为第三人。

（2）继承人与公司之间的纠纷

根据《公司法司法解释（三）》的规定，有义务变更工商登记的主体为公司，故而此类诉讼的原因，系公司不配合继承人办理股权变更登记。大多数法院将这类案件的案由确定为股东资格确认纠纷，也有法院将案由确定为股权继承纠纷。大多数法院在此类案件中直接判决各继承人应继承的股权份额；但也有法院判决被继承人持有的公司股权由所有继承人继承，未明确股权分割的比例。

(3) 代持股权的确认和继承

根据《公司法司法解释(三)》第二十四条的规定,实际出资人经公司其他股东半数以上同意,请求公司变更股东、签发出资证明书、记载于股东名册、记载于公司章程并办理相关的登记成为公司的显名股东。若被继承人持有的代持股权得到了确认,则可以进一步对该股权进行继承,但公司章程另有规定的除外。

(4) 外籍继承人的股权继承

外国人通过法定继承继承在中华人民共和国境内的遗产,适用被继承人死亡时经常居所地法律。如果通过遗嘱继承,则还需要先确定遗嘱订立方式和遗嘱效力的法律适用问题。

(5) 公司章程禁止股权继承

如果有限责任公司章程作出禁止股权继承规定的,则在股东去世后,继承人可以通过转让股权实现财产继承。

(6) 出资瑕疵股东的继承

根据我国《公司法》第二十六条、第二十八条的规定,股东可以在法律允许的限期内分期缴纳出资。在自然人股东去世后,其股权将成为遗产。如果该被继承股东负有出资义务或需要向已按期足额缴纳出资的股东承担违约责任的,要结合章程判断继承人是否负有补足义务。

5. 公司起诉继承人继承股权的情形

在继承人怠于配合继承的情况下,符合以下条件,公司可以起诉继承人要求其继承股权。

(1) 公司提起诉讼必须有诉的利益

在因股权继承引发的股东资格确认案件中,首先必须要有诉的利益,即当事人提出的主张必须具有现实争议性和法院救济的必要性。如果公司认为股东的继承人怠于继承,不愿意配合公司进行变更登记,影响公司的正常经营活动,损害了公司的利益,则公司可以依据《公司法》以及公司章程的规定,提起股东资格确认之诉。

在上海市第二中级人民法院审理的(2018)沪02民终997号股东资格确认纠纷案中,就是公司主动起诉过世股东继承人的案例,但由于缺乏诉的利益,最终法院驳回了公司的起诉。法院认为:“就LD公司对其诉请是否具有诉的利益而言，LD 公司称股东钱某春死亡导致股东缺位，股东会将丧失完整结构导致公司经营发展受到影响，但该情形对公司经营的影响系因股东死亡的客观事实而引发，与死亡股东的继承人不具有股东资格并无直接关联，没有证据证明钱某春的继承人向 LD 公司主张承继股东资格，或 LD 公司依据公司章程处理钱某春股权过程中与钱某春的继承人就股东资格发生争议，LD 公司起诉的事实与理由中也无法反映涉及钱某春的股权在法律上处于不安定的状态。从朱某芳、钱某、钱 1 在一审中的应诉陈述来看，双方主要对钱某春所持股权的退出价格如何确定存在分歧。因此，LD 公司请求确认的该公司身故股东钱某春的股东承继资格问题并未现实地处于不安或危险状态，故 LD 公司对本案确认之诉缺乏诉的利益。”

（2）公司应主动做好股权继承或退出设计

从上述案例中可以看出，公司在具备诉的利益的情况下，可以主动起诉继承人。但是股东资格的继承权是我国《公司法》规定的法定权利。公司在主动起诉股权继承事宜时，必须主动做好股权的继承或退出设计。《公司法》第七十五条规定，自然人股东死亡后，其合法继承人可以继承股东资格；但是，公司章程另有规定的除外。自然人股东过世后，股权继承有且只有两种情况：第一种情况，公司章程没有对继承作限制性规定，且继承人希望继承股东资格，则公司应当配合继承人办理变更登记手续，使继承人能够尽快继受权利和义务；第二种情况，公司章程对继承作了限制性规定，或者继承人不愿意继承股东资格，则公司应当配合继承人进行股权的转让或回购。

对于股权继承案件来说，继承人对股权的继承权是法律规定的权利，公司不可任意剥夺。但是在继承的具体方式，以及是否可以继承股东资格的问题上，公司章程可以提前作出规定，公司与继承人之间也可以在继承发生时协商处理。

如果继承人不愿或不能继承股东资格，则股权主要有三种变通处理的方式，即股权转让、股权回购或公司清算。对于公司来说，应当积极联系继承人通过一种适合的方式保障继承人的财产权益。但如果公司既不肯配合继承人取得股东资格，也不配合继承人进行股权退出，即便公司向法院起诉，也很难被法院支持。

在继承人不愿或不能继承股东资格时，公司应当主动配合继承人实现其股权退出目的，而不能视为继承人放弃了继承。

对于公司来说，应当提早通过公司章程对股权继承事宜作出限制性约定。

如果确实没有在公司章程中对股权继承事宜作出限制性约定，则在继承人怠于配合的情况下，也应该主动积极配合，帮助继承人实现其股东资格或财产权益。只有这样才能帮助公司摆脱困境、正常经营。公司虽然是股东的公司，但从独立法人资格的角度来看，对或涉股东继承纠纷的防范和预防，是公司治理的必要内容，对于促进公司稳健发展，具有重要的意义。

6. 外国人继承内资企业的性质分析

随着时代的发展，不少高净值客户都获得了国外公民的身份，或者其子女、配偶早已完成移民变成了外国人。那么作为拥有外国身份的继承人，其继承内资企业的股权，是否会导致内资企业性质的变化呢？

上海市第一中级人民法院在（2009）沪一中民五（商）终字第7号判决中认为："在公司章程未对股权继承另作约定的情况下，上诉人金A、金B作为WKD公司股东金某的合法继承人无需公司过半数股东的同意，就可以依据法律规定继承该公司的股东身份。判断公司是内资公司还是外资公司，是根据出资来源地原则，与股东的国籍无关。已入外国籍的华人继承内资公司股权，在不改变该公司出资来源地的情况下，该内资公司不应变更为外商投资企业。本案中，上诉人作为德国籍华人继承WKD公司股权，并未改变该公司注册资金的来源地，因此，公司的性质仍为内资公司。其次，在公司性质仍为内资公司的情况下，公司股东的变更无需外商投资管理部门的行政审批手续。"

但上海市第一中级人民法院在（2010）沪一中民四（商）终字第2287号判决中又持完全相反的观点，法院认为："被上诉人系内资公司，上诉人通过继受成为被上诉人的股东，因上诉人系台湾居民，上诉人作为内资公司的股东，必然会导致公司股权及性质的变更，根据有关规定，则应当报相关行政部门进行审批。原审基于上述事实，认定上诉人在未经审批前即提起本案诉讼，其原告的诉讼主体资格不适格，并无不当，应予维持。"

由此可见，司法实践中对于该问题并没有一个较为统一的判断标准。对于外资企业的判断标准，《公司法》以及《外商投资法》未作出明确规定。到底是主体标准，还是出资来源标准，实践中有争议。也即到底应当以出资人的国籍来区分公司是否有外资进入，还是应当以出资人的实际出资来源来区分公司是否有外资进入。

对此，《关于外国投资者并购境内企业的规定》第五十五条规定，境内公司的自然人股东变更国籍的，不改变该公司的企业性质。也即不应当以出资人的国籍来区分公司的性质。若是以国籍作为区分是否属于外资企业，恐怕会出现内资企业通过股东改变国籍的方式骗取国家对外资企业的优惠。因此，从法律解释原则的角度，国家法规倾向于以实际出资来源作为企业是否有外资进入的标准。上海市第一中级人民法院也表示在其向上海市商务委员会进行咨询时，上海市商务委员会倾向于认定外国人继承内资公司股权不改变公司注册资本来源地，不改变公司资本的形式，该公司仍为内资公司。①

当然，现在注册资本由最低实缴制改为认缴制后，很多公司的注册资本尚未实缴，这对于认定公司性质是否会有不同影响，现实中是否在继承股权时有不同的审查标准，也是值得探讨的问题。

从理论上来说，外籍人士继承内资公司的股权，不应当改变公司性质，但在实践操作中，因办理股权变更登记手续，涉及市场监督管理部门的具体行政行为，在没有法院出具法律文书认定企业性质的情况下，市场监督管理部门或有不同的要求。鉴于各地市场监督管理可能有不同的管理规定，我们无法下定论。但可以肯定的是，若通过司法个案的形式确认，则将市场监督管理产生约束力。例如，上述（2009）沪一中民五（商）终字第7号案例就具有个案效力，已通过法院判决书确定的公司性质问题，市场监督管理将不再需要当事人提供变更公司性质的文件，仅需要根据法院判决进行操作。

对于未通过法院判决，而是通过自然人自行申请因继承导致的股权变更中，由于市场监督管理的审查仅仅是形式审查，而不是实质审查，有些地方仍然需要当事人提供向外商投资管理部门备案或审批的手续证明或不变更公司性质的文件证明。

因此，在办理外籍人士的股权继承手续时，最好先咨询当地的市场监督管理部门，问清楚所有的流程和材料。若市场监督管理认为需要变更企业性质并提供相应的审批材料，需要提前考虑是否可接受企业性质的变更，企业性质变更会有哪些好处与弊端。若是不想变更企业性质，而市场监督管理又无路可走，则向法院提起股东资格确认之诉也是可行的方式。

---

① 参见王敬、任明艳：《外国人继承内资公司股权纠纷案件的处理》，载《法律适用》2010年第4期。

7. 公务员不可以通过继承取得股东资格

案例5-5 李甲、伍某某与吴甲、李乙、HY公司股东资格确认纠纷案

一审法院：上海市普陀区人民法院（2011）普民二（商）初字第386号

二审法院：上海市第二中级人民法院（2011）沪二中民四（商）终字第781号

案例主旨：以公务员身份参与公司经营为法律所禁止，公务员不能成为有公示效力的工商登记股东，否则将与法律的相关规定冲突。但公务员可以通过其他途径实现其财产权。

一审法院认为，有限责任公司兼具资合性与人合性，股权亦因此具有财产权利属性以及人格权利属性。按照现行法律，除公司章程另有约定外，HY公司的股东李丙死亡后，其所享有的股权可以作为遗产被继承。继承人对股权的继承，应是全面概括的继承，即通过继承取得的股权，既包括股权中的财产性权利，也包括非财产性权利在内的完全股权。现HY公司章程并没有规定公司股东死亡后，继承人不能取得股东资格，故李丙的合法继承人可以直接继承股东资格。继承从被继承人死亡时开始，所以包括吴甲、李乙在内的所有法定继承人从李丙死亡之时即有权继承李丙的股权，取得股东资格。吴甲、李乙因继承取得HY公司的股东资格，并与李甲、伍某某签订《析产协议书》，该份经公证的协议书系双方的真实意思表示，并不违反法律禁止性规定，应属有效。

HY公司作为有限责任公司，应当将股东的姓名记载于公司的股东名册，登记事项发生变更的，应当办理变更登记手续；李甲、伍某某作为析产协议书的权利义务主体，虽已将其名下继承所得的股权赠与案外人，但并未办理工商变更登记手续，故其仍系HY公司的股东，同时，作为《析产协议书》的当事人，李甲、伍某某也有义务配合吴甲、李乙办理工商变更登记手续。吴甲、李乙的诉讼请求，于法有据，依法予以支持。

二审法院撤销了一审法院的判决并认为，本案关键焦点在于吴甲是否能成为工商载明的登记股东。吴甲通过继承行为获得了继承股东资格的权利，本应可按《公司法》第三十八条的规定对HY公司的经营享有决定权、选举权、审议权、作出决议权及其他相关职权。但其现为公务员并具有法官身份，《公务员

法》第五十三条第十四项和《法官法》均规定了公务员必须遵守纪律，不得从事或者参与营利性活动，不得在企业或者其他营利性组织中兼任职务。所谓营利性活动，即指公务员参与的活动是以营利为目的，且进行收入分配。因此，吴甲以公务员身份参与HY公司经营为《公务员法》和《法官法》所禁止，吴甲诉请成为有公示效力的工商登记股东，与《公务员法》和《法官法》的相关规定冲突，其诉请法院难以支持。吴甲可通过其他途径实现其财产权。

（五）无形资产的继承方式

1. 债权的继承

根据《民法典》第一千一百二十二条的规定，遗产是自然人死亡时遗留的个人合法财产。因此，自然人在生前拥有的合法债权属于个人的合法财产，即可以作为遗产进行处理。在自然人死亡后，其合法的继承人可继承该债权，有权要求债务人履行相应义务。

2. 著作权的继承

按照《著作权法》的相关规定，自然人死亡后，其著作财产权在法定的保护期内可以依法转移。因此，继承人或第三人可根据法定继承或作者的遗嘱、遗赠扶养协议取得著作权，成为著作权主体，但著作权中的财产权利可以继承，人身权利不能继承。

3. 网络虚拟财产的继承

根据《民法典》第一百二十七条的规定，法律对数据、网络虚拟财产的保护有规定的，依照其规定。该规定标志着我国法律正式认可网络虚拟财产属于一种受法律保护的财产权利。

虚拟财产大致有三种分类：① 一是借助虚拟账号存储的财产，比如支付宝中的余额宝、微信中的零钱，但实际上这些财产都是用户购买的理财产品或存储在平台上的货币资金，其本质和银行存款、传统的理财产品没有太大的区别，

---

① 参见《虚拟财产法律如何定性？怎样继承？专家：立法者应重视》，载中国经济网，https://baijiahao.baidu.com/s?id=1652583713786271532&wfr=spider&for=pc，最后访问时间：2021年4月17日。

通常来说可以按照银行存款、理财产品等财产继承的方式；二是带有人身属性的虚拟财产，靠运营赚钱的微信公众号、微博大V账号或者游戏账号中的装备等都包含在内，如上海市第二中级人民法院判决的全国首例微信公众号“分割”案，该公众号经综合评判价值为340万元，[①] 此类虚拟财产的继承较为复杂，现行法律中并没有特别明确的规定，需要依赖法院就个案作出具体的判断；三是纯粹的社交账号，其中主要包含个人照片、文字、声音等，此类虚拟财产的继承就更加复杂了，至少在我国法律层面尚没有任何直接的规定和可以参考的案例。

二、特殊财产与特殊“继承”

（一）死亡抚恤金的分配

死亡抚恤金是国家给予死者近亲属和被扶养人的生活补助费，含有一定的精神抚慰作用，因死亡抚恤金发生于死者死亡之后，通常不属于遗产范围。目前我国法律及司法解释对于死亡抚恤金的分配并没有明确规定。根据部分法院的判例，抚恤金虽不属于遗产，但在分配处理时可以参照遗产继承的原则进行分配。

案例5-6 付某东与王某、傅某钰、路某共有物分割纠纷案

一审法院：甘肃省兰州市七里河区人民法院（2018）甘0103民初4573号

二审法院：甘肃省兰州市中级人民法院（2019）甘01民终1480号

再审法院：甘肃省高级人民法院（2020）甘民申1968号

案例主旨：对被继承人尽了主要赡养义务的近亲属可以享有死亡抚恤金。

法院认为，王某自婚后就与公公傅某正共同生活，其在丈夫傅某峰去世后，仍照顾陪伴至傅某正病故，并为傅某正处理了丧葬事宜。尽管付某东提出，傅某正退休工资很高，还有医保，生活上根本不需要王某出一分钱。但是，对老人的赡养并不能单纯机械地用金钱标准衡量，对老人生活上的陪伴与照顾也是赡养扶助不可或缺的重要部分。因此，法院认可王某尽了主要赡养义务。

---

① 参见《全国首例微信公号分割案：判定公号值340万4人平分》载中国新闻网，http://www.chinanews.com/sh/2019/12-04/9024757.shtml，最后访问时间：2021年4月17日。

结合本案的实际情况，王某结婚后一直和公公傅某正共同生活，在丈夫傅某峰去世后，仍照顾陪伴至傅某正病故，并为傅某正处理了丧葬事宜，其对傅某正尽到了主要赡养义务，故一审法院为弘扬社会善良风俗，将王某作为对傅某正尽了主要赡养义务的近亲属，判决其享有傅某正死亡抚恤金50%的份额并无不当。

本案不是遗产继承纠纷，是抚恤金分配纠纷，法律并未规定死亡抚恤金只能由死亡职工的直系亲属领取。根据抚恤金的性质，抚恤金的领取对象限于死者的近亲属。近亲属的范围并不等同于法律规定的继承人的范围，近亲属包括配偶、父母、子女、兄弟姐妹、祖父母、外祖父母、孙子女、外孙子女和其他具有扶养、赡养关系的亲属。本案中，傅某钰与路某为傅某正的孙子女、外孙子女，其二人属于傅某正的近亲属，法院亦判决其享有傅某正死亡抚恤金。

（二）丧偶儿媳或女婿的继承权

《民法典》第一千一百二十九条规定："丧偶儿媳对公、婆，丧偶女婿对岳父、岳母，尽了主要赡养义务的，作为第一顺序继承人。"《民法典》第一千一百三十条规定："对被继承人尽了主要扶养义务或者与被继承人共同生活的继承人，分配遗产时，可以多分。"

案例5-7 张某与王某、冯某法定继承纠纷案

一审法院：黑龙江省大庆市让胡路区人民法院（2019）黑0604民初4294号

二审法院：黑龙江省大庆市中级人民法院（2020）黑06民终769号

案例主旨：对被继承人生前尽到主要赡养义务的丧偶儿媳可以成为第一顺序继承人。

法院认为，通过证人证言可以证实，丧偶儿媳冯某，对被继承人陈某珍生前尽到了主要的赡养义务，可以作为第一顺序继承人，法院对冯某的继承人身份予以确认。

（三）事实婚姻的财产继承

《〈民法典〉婚姻家庭编解释（一）》第七条规定："未依据民法典第一千零

四十九条规定办理结婚登记而以夫妻名义共同生活的男女，提起诉讼要求离婚的，应当区别对待：

（一）1994 年 2 月 1 日民政部《婚姻登记管理条例》公布实施以前，男女双方已经符合结婚实质要件的，按事实婚姻处理。

（二）1994 年 2 月 1 日民政部《婚姻登记管理条例》公布实施以后，男女双方符合结婚实质要件的，人民法院应当告知其补办结婚登记。未补办结婚登记的，依据本解释第三条规定处理。”

第八条还进一步规定：“未依据民法典第一千零四十九条规定办理结婚登记而以夫妻名义共同生活的男女，一方死亡，另一方以配偶身份主张享有继承权的，依据本解释第七条的原则处理。”

案例 5-8 扎小某、次小某与索某等继承权纠纷案

二审法院：西藏自治区高级人民法院（2016）藏民终 24 号

再审法院：最高人民法院（2018）最高法民申 5166 号

案例主旨：婚姻无效后可基于双方共同生活情况，为与被继承人共同生活一方适当分配遗产。

最高人民法院认为，金某与索某早在 1964 年即以夫妻名义共同生活，并育有三子，已经形成了事实婚姻关系。1982 年 1 月 1 日起开始施行的《西藏自治区施行〈中华人民共和国婚姻法〉的变通条例》第二条规定，废除一夫多妻，一妻多夫等封建婚姻，对执行本条例之前形成的上述婚姻关系，凡不主动提出解除婚姻关系者，准予维持。

金某与扎小某 1995 年登记结婚，已不符合前述变通条例中规定的该条例之前形成的一夫多妻、一妻多夫等封建婚姻关系，故不在准予维持之列。同时，根据该变通条例第五条之规定，结婚、离婚必须履行登记手续。金某未履行登记手续与索某解除婚姻关系，又与扎小某登记结婚，已经违反了法律规定。原审认定金某与扎小某的婚姻属于无效婚姻，自始不受法律保护，并无不当。原审基于金某与索某的婚姻关系对案涉财产 XY 建筑公司的股份进行了分配，基于扎小某与金某共同生活 10 余年，故对属于金某遗产的份额向扎小某适当分配，基于次小某尚未独立生活因而向其酌情多分配继承份额，既符合法律规定，也体现了公平合理的基本原则。

（四）被继承人过世后产生的租金

如果房屋的所有人在生前把房屋出租，如果其过世，作为遗产的房屋仍然会持续产生租金。如果存在多个继承人，继承的开始和遗产的分割之间一般会有一段时间；如果继承人对遗产分割产生争议，这段时间往往耗时较长，由此可能产生不菲的租金收入。那么，作为遗产的房屋所产生的租金是否属于遗产？是否应当在继承诉讼中一并处理？

1. 法律上认为租金属于法定孳息

法律上的孳息，可以分为天然孳息和法定孳息。《民法典》第三百二十一条规定："天然孳息，由所有权人取得；既有所有权人又有用益物权人的，由用益物权人取得。当事人另有约定的，按照其约定。法定孳息，当事人有约定的，按照约定取得；没有约定或者约定不明确的，按照交易习惯取得。"

对于天然孳息和法定孳息的解释，全国人大常委会法制工作委员认为："天然孳息是指依物的自然属性所产生的物。天然孳息的范围非常广，主要来源于种植业和养殖业，如耕作土地获得粮食和其他出产物，种植果树产生果实，包括竹木的枝根，养殖牲畜获得各种子畜和奶产品等。天然孳息是原物的出产物，一方面人们占有使用原物并对其进行生产劳动，其目的就是获得出产物、收获物，因此法律规定天然孳息的归属，实际上就是对劳动的保护。而法定孳息是指依一定的法律关系由原物所生的物，是原物的所有权人进行租赁、投资等特定的民事法律活动而应当获得的合法收益。如房屋出租所得的租金，依股本金所得的股息等。"

由此可见，在立法释义上，房屋的租金应当属于法定孳息的一种。但是，实践中也有不同的观点。有观点认为，出租房屋需要选择承租人，租金标准也不是一成不变的，需要双方进行协商和变更；出租人还要对出租房屋进行管理和维修，以使房屋具备适租条件。因此，租金实际上是经营性收益，而不是孳息。对此，最高人民法院杜万华、程新文、吴晓芳也持相同的观点："应当注意的是，审判实践中对一方所有的房屋婚后出租获取的租金如何认定，观点分歧比较大。倾向性观点认为，房屋租金与存款利息相比，是由市场的供求规律决定的，并且与房屋本身的管理状况紧密相连，出租方应当履行租赁物的维修义务，应当保障租赁物的居住安全，其获得往往需要投入更多的管理或劳务，产生的租金收益应当属于夫妻共同所有。有人将租金看作法定孳息的一种，我们更倾向于将租金作为经营性收益看待。”当然，最高人民法院主要是从夫妻共同财产性质的角度撰写的，但是对于界定房屋租金到底属于法定孳息还是经营性收益，具有一定的参考意义。

2. 部分司法观点认定租金系遗产的孳息

我们以北京、上海两地的案例为样本，检索得到一些典型案例。北京、上海两地法院的部分观点认为，房屋的租金属于遗产的孳息，应当在继承案件中一并分割。

如北京市第一中级人民法院在（2020）京 01 民终 3143 号判决中认为：“关于两处房屋因出租产生的租金，因系遗产所产生的孳息，亦应由吴某 1、吴某 2、吴某 3 各自根据自己继承房屋的份额享有相应比例的租金数额，因租金均由吴某 1 收取，故吴某 1 应按照法院确定的比例给付吴某 2、吴某 3 上述款项的分割款。”

北京市第二中级人民法院在（2019）京 02 民再 126 号判决中认为：“对于李某 1、李某 2 主张的李某 3 去世之前 × × × 号房屋的租金（2009 年 9 月 2 日至 2012 年 7 月 24 日）及租金利息，法院认为属于李某 3 遗产产生的孳息，应当作为遗产进行继承。”

北京市第二中级人民法院在（2019）京 02 民终 7535 号判决中认为：“被继承人靳某去世后，为谋求收益、改善生活，涉案房屋进行对外出租，对应租金收益应属孳息，依附于涉案房屋，其中靳某对涉案房屋享有的产权部分所对应的孳息，属于其遗产，在本案中进行处理。”

北京市第二中级人民法院在（2018）京 02 民终 5336 号判决中认为：“张某收取的 203 号房屋 2013 年 12 月 26 日至 2014 年 4 月 11 日的租金 7500 元，为遗产房屋产生的收益，法院予以平均分割。”

北京市通州区人民法院在（2018）京 0112 民初 19933 号判决中认为：“涉案房屋及存款系米某某、赵某某生前所得财产，应属米某某、赵某某的遗产，各继承人有权继承上述遗产。遗产所产生的租金等孳息，亦应由各继承人依法分割。”

北京市海淀区人民法院在（2017）京 0108 民初 47300 号判决中认为：“陈某 1 收取的 272,400 元房屋租金系基于被继承人共有房屋产生的孳息，应全部作为遗产，由陈某1和陈某2按照法院认定的各自对房屋占有的份额予以分配。”

北京市朝阳区人民法院在（2017）京0105民初24871号判决中认为：“由于张某某、郝某某均已去世，且二人生前未对遗产作出遗嘱处理，故×××号房屋按照法定继承办理。关于房租，为依附于×××号房屋产生的孳息，应属于遗产范围，原、被告三人各有权继承1/3。”

北京市海淀区人民法院在（2017）京0108民初34216号判决中认为：“基于诉争房产所产生的房租收益，作为房屋的孳息亦应属于遗产范围。据此认定截止到2018年6月30日的房租收益为408,000元，赵某、陈某1、陈某2、陈某3、陈某4按照其对诉争房产所享有的份额对该部分房租收益享有继承权。自2018年7月1日之后的租金因尚未发生，故本案中不予处理，可待实际发生后另行主张。”

上海市高级人民法院在（2015）沪高民一（民）再提字第3号判决中认为：“关于系争房屋租金收益，根据系争房屋登记资料记载的房屋租赁事实，至2007年5月俞甲实际给付其他继承人系争房屋折价款止，结合市场租金标准，法院酌情确定租金收益47,000元为遗产收益，该部分租金收益应作为俞乙遗产的孳息，由其法定继承人依法继承。”

上海市第一中级人民法院在（2018）沪01民终5166号判决中认为：“关于系争房屋的租金，根据遗嘱，系争房屋的二分之一产权在张某死亡后归蒋某所有，故房屋所对应产生的孳息也应归蒋某所有。”

上海市宝山区人民法院在（2019）沪0113民初25632号判决中认为：“关于被继承人去世后被告将系争房屋出租收取的房租属于房屋孳息，也应归于遗产范围内，原告要求分割并无不当。另考虑到被告确曾出资装修系争房屋，对房屋有一定的贡献，故法院将房屋租金、装修款以及原告应支付被告的房屋折价款相互折抵后，酌情确定折价款。”

上海市虹口区人民法院在（2018）沪0109民初8004号判决中认为：“苏某死亡后的赤峰路房屋租金，作为赤峰路房屋自苏某死亡后的孳息，其中40%应为苏某遗产，应当根据遗嘱由两原告继承。”

上海市杨浦区人民法院在（2018）沪0110民初6323号判决中认为：“关于房屋租金，其中在高某某在世时收取的租金，考虑到收取租金的金额以及高某某的生活需要，被告金某1表示已用于高某某的生活，原告无异议，被告金某2也无证据证明尚有余额，故对该租金本案不作处理；高某某死亡后，金某1收取的自2016年12月16日起的系争房屋租金，应作为遗产孳息处理，由原、被告依法法定继承。”

上海市浦东新区人民法院在（2017）沪0115民初97310号判决中认为：“关于原告陈某1在被继承人陈某某、张某某夫妇死亡后出租涉讼房屋所获得的租金收益问题，该部分收益应属被继承人陈某某夫妇遗留的遗产之孳息，应由其继承人予以继承。考虑该部分孳息已用于被继承人张某某生前的日常生活开支，故对被继承人陈某某夫妇遗留的该部分遗产，由法院酌情予以分割处理。”

上海市浦东新区人民法院在（2017）沪0115民初62980号判决中认为：“原告贺某某在被继承人许某某失踪后出租耀华路房屋所取得的收益部分，也应视为被继承人许某某遗留的遗产范围。”

3. 部分司法观点认定租金不属于遗产

也有一些案例中法院持有不同的观点，在这些案例中，法院认为租金不属于遗产。

如北京市西城区人民法院在（2016）京0102民初27039号继承纠纷判决中认为：“盛某自2012年1月入住养老中心后取得的养老金及房屋租金扣除养老中心费用、医疗费用及死亡后丧葬费费用后，结余38,973.25元，应属于遗产。但盛某死亡后的房屋租金收入并非被继承人的遗产，应属于二原告及被告的共有财产，不是本案处理的范围，本案不予处理，双方可另行解决。”

北京市石景山区人民法院在（2013）石民初字第1922号法定继承纠纷判决中认为：“关于原告宋某1主张被告宋某2支付位于北京市石景山区某房产自2009年5月至2013年7月的房租一节，因房屋房租需由房屋所有权人或者使用权人经营出租所得，并非房屋产生的自然孳息，不属于被继承人遗产范围。”

上海市第一中级人民法院在（2017）沪01民终11681号继承纠纷判决中认为：“天山路三套房屋出租所得租金收益，并非房屋自身所有权价值的孳息，故李某1去世后的租金收益并非遗产，不属于继承纠纷处理范围，且谭某、李某2与易某就天山路三套房屋租赁期间、实际收取租金数额等均持有较大分歧，故谭某、李某2该项诉请不宜在本案中一并处理，可循合法途径另行主张。”

三、放弃继承与继承权丧失

（一）放弃继承应注意配偶权益保护

《民法典》第一千一百二十七条中未将继承人的配偶直接纳入法定继承人的范围，而《民法典》第一千零六十二条却将通过法定继承和接受赠与的财产规定为夫妻共同财产。这就导致配偶对继承人的继承权只能是一种期待，依赖于继承人本人对继承权的意思表示。如果一方放弃继承权，则另一方的财产共有权基本无法实现，实质上导致配偶在离婚时无法主张分割应继承的遗产部分。

《民法典》第一千一百二十四条规定："继承开始后，继承人放弃继承的，应当在遗产处理前，以书面形式作出放弃继承的表示；没有表示的，视为接受继承。"放弃遗产继承的行为是法律赋予继承人独有的权利，无须征得配偶同意。而且该放弃行为不影响原夫妻关系以及另一方履行对子女、配偶的法定义务。如果作为配偶一方的继承人，放弃继承权的，一般会被视为仅是处分了其作为法定继承人个人享有的继承权。

案例5－9 张某与王某确认放弃继承无效纠纷案

一审法院：江苏省海安市人民法院（2013）安高民初字第00164号

案例主旨：继承权转化为夫妻共同财产的要件是将遗产分配到夫妻一方名下，这样继承权才能转化为夫妻共同财产。

法院认为，王某的母亲去世后，继承权人一直未对房屋等遗产进行分割。对遗产的分割处理，就是将被继承人的遗产转化为继承人财产权，使遗产不再是遗产的过程，若没有进行分割处理，王某享受的仍然还是继承权。遗产分割后表示放弃的不再是继承权，而是所有权。我国法律规定的夫妻共同财产是物化的财产，而非期待的财产。根据不动产登记为公示要件的要求，继承权转化为夫妻共同财产的要件是将房屋中属于王某的那部分遗产登记到王某名下，此时即意味着继承权转化为夫妻共同财产。

当然，客观上，王某的放弃行为会在离婚时导致张某可能少分得财产，但这只涉及王某对自己权利的处分。况且，张某也未能提供证据证明因为放弃继承权而导致王某不能履行法定义务。所以，张某要求确认王某于2014年6月20日作出放弃继承的民事行为无效的诉讼请求，法院难以支持。

（二）放弃继承不能侵害债权人利益

《〈民法典〉继承编解释（一）》第三十二条规定："继承人因放弃继承权，致其不能履行法定义务的，放弃继承权的行为无效。"第三十六条规定："遗产处理前或者在诉讼进行中，继承人对放弃继承反悔的，由人民法院根据其提出的具体理由，决定是否承认。遗产处理后，继承人对放弃继承反悔的，不予承认。"

案例 5－10 某商业银行、施某明、施某柔、施某华债权人代位析产纠纷案

一审法院：上海市闵行区人民法院（2016）沪0112民初28809号

二审法院：上海市第一中级人民法院（2018）沪01民终9287号

案例主旨：放弃继承导致不能履行清偿债务的法定义务，影响债权人合法利益的，放弃继承的行为无效。

法院认为，施某明在妻子施某死亡后，曾声明放弃施某的遗产继承权。但施某明在继承开始前即负有经生效判决所确定的金钱债务，其放弃继承的后果，将直接导致其不能履行清偿债务的法定义务，影响债权人合法利益的实现。而此后，施某明、施某柔、施某华三人又以施某的继承人身份，共同向本市外商投资企业管理部门申请继承施某在××公司的股权，施某明的该行为构成上述司法解释中规定的对放弃继承的反悔。法院根据施某明所负债务以及声明放弃继承后又反悔的情形，认定其放弃继承权的行为无效，并进而确认系争江川路房产作为施某的遗产由施某明、施某柔、施某华通过继承而共同所有。

（三）放弃继承权声明书范本

放弃遗产继承声明书

声明人：×××，男，汉族，××××年××月××日出生，住×××

身份证号码：××××××××××××××××××

被继承人×××于________年____月____日在____________死亡。被继承人死亡后遗留遗产，声明人是被继承人的儿子，根据《民法典》第一千一百二十七条的规定，声明人是被继承人的合法继承人之一，对被继承人死亡时遗留的所有遗产享有合法继承权。

现本人郑重声明：对全部遗产，我自愿无条件放弃继承权。以上情况均真实无误，如有虚假，我愿承担由此而引起的一切经济和法律责任。

特此声明

声明人：

声明地点：

________年____月____日

（四）继承权丧失的法律规定

继承权丧失制度是在原《继承法》第七条规定的，继承人有法定的、导致丧失继承权的行为的，应当被剥夺继承权。包括故意杀害被继承人的；为争夺遗产而杀害其他继承人的；遗弃被继承人的，或者虐待被继承人情节严重的；伪造、篡改或销毁遗嘱情节严重的。

《民法典》第一千一百二十五条，在上述基础上新增了第五项行为即“以欺诈、胁迫手段迫使或者妨碍被继承人设立、变更或者撤回遗嘱，情节严重”。同时还明确“继承人有前款第三项至第五项行为，确有悔改表现，被继承人表示宽恕或者事后在遗嘱中将其列为继承人的，该继承人不丧失继承权”。另外还首次明确了受遗赠人有故意杀害被继承人的行为的，丧失受遗赠权。

四、《民法典》对继承问题的修订要点

（一）取消公证遗嘱优先效力

《民法典》删除了原《继承法》第二十条“自书、代书、录音、口头遗嘱，不得撤销、变更公证遗嘱”的规定，结合《民法典》第一千一百四十二条“立有数份遗嘱，内容相抵触的，以最后的遗嘱为准”的规定，即在《民法典》正式生效之后，公证遗嘱和其他法定遗嘱形式都具有同等的法律效力。

在《民法典》实施以前，如果立遗嘱人需要变更或撤回一份公证遗嘱，则必须前往公证处办理遗嘱撤销手续，否则即使该公证遗嘱中的内容已经不再是其本人的真实意思表示，但鉴于公证遗嘱的最高法律效力，法律可能还是会倾向于认定公证遗嘱的效力。根据《民法典》的最新规定，只要立遗嘱人采用了法律规定的遗嘱方式，就可以达到变更或撤回遗嘱的目的，这当然也包括公证遗嘱。

（二）扩大代位继承人的范围

关于代位继承人的范围，原《继承法》仅规定“被继承人的子女先于被继承人死亡的，由被继承人的子女的晚辈直系血亲代位继承”的情形。而《民法典》第一千一百二十八条第二款则将“被继承人的兄弟姐妹先于被继承人死亡的，由被继承人的兄弟姐妹的子女代位继承”也作为代位继承的情形。这就意味着，即使被继承人生前并未生育任何子女，但其侄子（女）、外甥（女）可以作为代位继承人继承其遗产。

2019 年 1 月 17 日，国家统计局发布数据，[①] 年末中国大陆总人口（包括 31 个省、自治区、直辖市和中国人民解放军现役军人，不包括我国香港、澳门特别行政区和台湾地区以及海外华侨人数）140,005 万人，比上年年末增加 467 万人。但全年出生人口 1465 万人，人口出生率为 10.48‰；死亡人口 998 万人，人口死亡率为 7.14‰；人口自然增长率为 3.34‰。人口出生率自 2018 年创出历史新低之后，2019 年再度“触底”。一些地方城市已经公布了 2020 年出生人口数据，降幅也大多为 1～2 成。比如，2020 年银川出生人口下滑了 11.89%，粤东潮州 2020 年活产儿数量同比下降了 14.57%，粤西阳江 2020 年出生人口降幅为 14.46%。浙江温州同比减少 19.01%，县级市慈溪下滑约 12.27%。当然也有城市下降幅度大一些，如浙江的山区市丽水，全年出生 22,799 人，比上年减少 7041 人，下降了 23.6%。[②]

由此可见，如果人口出生率不断降低，而法律仅规定被继承人的（外）孙子女作为代位继承人，则可能造成大量遗产无人继承的局面。《民法典》扩大了代位继承人的范围，可以让被继承人的遗产更好地在其亲人间传承，减少遗产因无人继承而收归国有的情况。另外，这样也有利于亲属之间建立更加紧密的关系，使被继承人可以享受更多亲属的照顾。

（三）新增两种法定遗嘱形式

《民法典》在原《继承法》规定的五种遗嘱形式上又新增了两种形式，即

---

① 雪球：《人口出生率再创新低 2019 年全国出生人口 1465 万人》，载 https：//xueqiu. com/8448834584/148123591，最后访问时间：2021 年 4 月 17 日。

② 参见《全国多地出生人口大幅下滑》，载凤凰网，https：//finance. ifeng. com/c/85SjVJXK29N，最后访问时间：2021 年 4 月 17 日。

《民法典》正式生效以后，法定的遗嘱形式就增加至七种：自书遗嘱、代书遗嘱、录音遗嘱、口头遗嘱、公证遗嘱、打印遗嘱、录像遗嘱。

《民法典》第一千一百三十六条规定了打印遗嘱的生效要件，即应当有两个以上见证人在场见证。遗嘱人和见证人应当在遗嘱每一页签名，注明年、月、日。

而《民法典》第一千一百三十七条规定的录像遗嘱，则是建立在原《继承法》所规定的“录音遗嘱应当有两个以上见证人在场见证”的基础上，增加了“录像”的形式，同时明确了“遗嘱人和见证人应当在录音录像中记录其姓名或者肖像，以及年、月、日”的生效要件。

（四）增设遗产管理人制度

在原《继承法》中已经设置了遗嘱执行人的制度，但由于遗嘱执行人的法律规定较为简单，且法律地位也没有很明确，所以司法实践中被继承人采用遗嘱执行人制度的情形相对来说比较少，且遗嘱执行人仅适用于遗嘱继承的方式。但《民法典》所确立的遗产管理人适用于所有继承方式，遗嘱执行人只是遗产管理人的选项之一。根据《民法典》第一千一百四十七条的规定，在继承开始后，遗产管理人最根本且最重要的职责就是妥善管理被继承人的遗产，确保被继承人的遗产得到及时的清点、妥善的保存，最终可以依法分割给合法的继承人。

随着社会经济的不断发展，被继承人的遗产无论是从数额，还是从类别来说，一定会是越来越繁多、越来越复杂，同时被继承人生前可能还会负有债务偿还或税款缴纳的义务等。遗产管理人制度能够保障遗产由被继承人信任的人（指定遗嘱执行人的情形）或继承人信任的人（继承人共同推选或共同担任遗产管理人的情形）或由政府部门（民政部门或者村民委员会担任遗产管理人的情形）进行妥善管理，以便核查和清点遗产的范围、数量，切实保护继承人被合理的安置，遗产被合法的分割，从而避免引发不必要的诉累。但《民法典》初步建立起来的“遗产管理人”制度，还需要配套规定、实施细则落实更多的细节问题，这样才能使遗产管理制度真正落地。

（五）遗产抵债时需照顾特殊人群

原《继承法》第三十三条规定，继承人继承遗产的，应当先清偿被继承人依法应当缴纳的税款和债务，且缴纳税款和清偿债务以他的遗产实际价值为限。如果被继承人生前的税款或债务需要用所有的遗产才能抵偿，其生前需要依赖其抚养的未成年子女、需要其赡养的老人以及其他需要照顾的继承人则会丧失生活来源，从而陷入巨大的困境，进而会引发社会的矛盾。

正是考虑到这种特殊的情况，《民法典》第一千一百五十九条增加了在清偿被继承人依法应当缴纳的税款和债务时“应当为缺乏劳动能力又没有生活来源的继承人保留必要的遗产”这一规定。该规定一方面保留了原法条关于债权人合法权益的保护，另一方面也考虑到了那些缺乏劳动能力又没有生活来源的继承人，通过法律规定，为他们保留适当的遗产，以保障这些特殊人群的基本生活。

（六）明确被继承人债务清偿顺序

虽然原《继承法》第三十三条规定，继承人继承遗产的，应当先清偿被继承人依法应当缴纳的税款和债务，且缴纳税款和清偿债务以他的遗产实际价值为限。但该条款并没有明确一种情况，即同时存在遗嘱继承、遗赠以及法定继承的情况下，应该由谁来承担该义务？这就导致了实践中有许多继承人都会发生争议。

《民法典》在第一千一百六十三条中明确了被继承人债务清偿的顺序，即在法定继承、遗嘱继承、遗赠的继承情形都存在的情况下，首先应当由法定继承人清偿被继承人依法应当缴纳的税款和债务；如果法定继承的遗产的实际价值确实超过了被继承人的税款和债务，则应当由遗嘱继承人和受遗赠人按比例以所得遗产清偿。这样一来就可以保证税款和债务能够得到妥善的处理，也能保障债权人的合法权益。一旦相关的争议出现，税务部门以及债权人都可以依照法律的规定向相应的继承人主张权利。

（七）放弃继承需以书面形式表示

原《继承法》第二十五条规定了放弃继承的时间限制，即“继承开始后至遗产处理前”，但并没有明确放弃继承的形式。实践中，部分继承人利用这一个“漏洞”，在继承开始后口头表示放弃继承，但在其他继承人继承了遗产之后，又否认放弃的意思表示。如果其他继承人没有相关的证据证明该继承人确实通过口头的方式放弃了继承，则遗产可能需要重新进行分割，各方也会因此产生大量的纠纷。

《民法典》第一千一百二十四条在上述法律规定的基础上，明确了继承人必须以“书面形式”表示放弃继承，这样可以避免各方继承人对放弃继承意思表示的认定所产生的争议，减少相关的纠纷，有利于继承人之间的关系更加和睦。

另外，《民法典》在该条中将接受遗赠的时间表述为“六十日”，与原继承法规定的“两个月”相比，用词更加精确，也避免了在时间认定上产生纠纷。

（八）遗嘱撤回的形式更加丰富

《民法典》第一千一百四十二条规定遗嘱人可以撤回、变更自己所立的遗嘱，与原《继承法》第二十条相比，将“撤销”遗嘱更改为“撤回”遗嘱。同时也明确了立遗嘱人可以通过实际行为撤回遗嘱，即如果立遗嘱人在已经订立遗嘱的情况下，实施了与遗嘱内容相反的民事法律行为，则该种行为可以视为对遗嘱相关内容的撤回。这体现了《民法典》对立遗嘱人真实意思表示的全面尊重，无论该意思表示是体现在书面的遗嘱上，还是体现在立遗嘱人的行动上，只要其代表了该立遗嘱人的真实意思，法律将充分肯定遗嘱人在其意思自治下设立的遗嘱。

（九）新增遗嘱设立居住权制度

根据《民法典》第三百七十一条的规定，居住权可以通过遗嘱方式设立。中国人民大学高圣平教授在公开讲课时提到，如果是通过遗嘱设立居住权的，不需要订立居住权合同，居住权自继承开始设立，而不以登记为居住权设立的生效要件。但是在继承开始后，居住权人仍然应当尽快办理居住权登记，否则将限制居住权人的权利行使，且在所有权人处分房屋时也无法对抗第三人。

2020 年 11 月 27 日下午，上海市第十五届人大常委会第二十七次会议表决通过了《上海市不动产登记若干规定》。规定自 2021 年 3 月 1 日起实施。规定根据《民法典》及时补充了相关内容，将“居住权”纳入不动产登记范围，并明确了设立、注销居住权的程序和收件要求。

上海市不动产登记若干规定第三条将“居住权”明确为需要依法办理登记的不动产权利。该规定第二十七条进一步规定：“当事人采用书面形式订立居住权合同或者以遗嘱方式设立居住权的，应当持居住权合同或者遗嘱等材料申请居住权首次登记。不动产登记机构应当核发不动产登记证明。”“居住权消灭的，相关当事人应当及时办理居住权注销登记。”

五、遗产继承风险与继承程序

（一）遗产继承风险概述

美国富兰克林有句名言：“在这世界上，除了死亡和税收以外，没有可以肯定的事。”一旦自然人过世以后，遗产继承则是必然会发生的事情，任何人都无法避免。我国改革开放以前，普通百姓所掌握的财产有限，遗产继承也就相对简单。但改革开放以后至今已经历了40多年，个人所拥有的财富类型以及数量都产生了几何式的增长，遗产继承也变得越来越复杂。尤其是个人家庭关系、婚姻关系以及社会关系的复杂化，也酝酿了许多遗产继承风险。

1. 再婚家庭的遗产继承风险

随着我国离婚率的逐年攀升，再婚家庭的比例也在不断地增加。如果再婚家庭中，一方或双方在婚前就积累了大量的财富，但该方并没有就名下的财产进行事先的继承规划。一旦发生遗产继承，则很有可能会出现财产争端。

（1）再婚家庭的典型类型

①夫妻双方都是二婚且在前段婚姻中都有子女，但由于女方年龄较大，并没有生育婚生子女。在这种再婚家庭中，夫妻双方可能在婚前都累计了一定的财富，同时在再婚后也会累计一定的夫妻共同财产。如果一方或双方过世且未提前就遗产继承进行安排，则前段婚姻的子女或与再婚父母形成抚养关系的继子女都可能会产生遗产继承的争议。

②夫妻一方是二婚且在前段婚姻中有子女，但另一方是初婚。婚后双方又生育有孩子的情况。这种再婚家庭一般会发生在较成功的企业家身上，其离婚后又与较为年轻的配偶缔结婚姻，婚后又生育了共同子女。如果企业家一方过世且未提前就遗产进行安排，则前段婚姻的子女与现任配偶以及子女可能会产生遗产继承的争议。

③夫妻双方都是二婚且在前段婚姻中都有子女，同时双方又生育了婚生子女。在这种再婚家庭中，前段婚姻的子女与再婚后生育的子女之间可能会产生遗产继承的争议。

（2）再婚家庭的遗产继承风险

①夫妻财产混同在一方去世后的影响

再婚家庭的双方鉴于上一段婚姻的经历，可能会选择在缔结婚姻前签署婚前协议，这样可以将婚前财产和婚后财产作有效的区分。但如果双方并没有事先安排或在夫妻关系存续期间产生了财产混同，尤其是在财富较多的一方去世后，对其遗产的范围可能会产生争议。

②夫妻一方成为法定继承人的影响

如果去世一方在生前并没有订立遗嘱或进行其他的财富传承的安排，则再婚的配偶按照法律的规定将成为法定继承人之一。尤其是对于那些再婚时间较短、未生育共同子女的配偶，去世一方的其他法定继承人可能会对其继承遗产产生争议。如果去世一方是企业主，则该配偶还能直接继承其名下的股权，甚至可能直接控制家族企业。

③夫妻先后去世导致遗产继承的不平衡

如果夫妻两人先后去世，按照法定继承的规定，后去世的配偶可以继承先去世一方的财产。如果夫妻双方没有共同的子女，且先去世一方的子女也未与另一方成为具有抚养关系的继子女，则后去世的配偶所继承的遗产，最终无法由先去世一方的其他法定继承人继承，这样可能会造成遗产继承的不平衡。

④仅一方子女形成继子女关系导致继承不均

根据《民法典》第一千一百二十七条的规定，子女是第一顺位的法定继承人，子女包括婚生子女、非婚生子女、养子女和有扶养关系的继子女。按照前述法律的规定，只有与再婚父母之间形成了抚养关系的继子女才具有法定继承权。《民法典》第一千零七十二条规定："继父或者继母和受其抚养教育的继子女间的权利义务关系，适用本法关于父母子女关系的规定。"因此，如果再婚夫妻在结婚时，一方的子女已经成年或虽然没有成年，但并未受到另一方的抚养教育，则该子女并非具有法定继承权的继子女。只有一方子女在未成年时就与夫妻双方共同生活，才可能属于法律意义上的继子女。如果仅有一方的子女作为法定继子女拥有法定继承权时，则在遗产的法定继承过程中可能会产生纠纷。

⑤企业家去世且子女未成年时企业控制权可能易主

如果企业家再婚时选择了年龄较小的配偶，由于企业家的年龄较大、身体出现状况的风险和职业风险都比另一半更大，因此企业家过世的风险远远高于配偶一方。如果企业家没有做好传承的规划，则配偶将作为继承人继承大量的遗产，尤其是像企业股权这样的核心资产。另外，如果双方共同育有子女且发生继承时孩子尚未成年，则配偶可能会通过子女的抚养权，进而间接掌握大部分核心资产，最终整个家族企业的控制权都可能会易主。另外，如果配偶再次与他人结婚，则其继承的遗产可能也会外流。

2. 年迈父母作为继承人的风险

根据《民法典》第一千一百二十七条的规定，父母也是法定的第一顺位继承人。法律这样规定的本意是希望在子女去世的情况下，让年迈的老人拥有一定的经济上的保障。但根据法律规定，所有法定继承人的继承份额都是均等的，如果父母年纪已经很大，很有可能在其继承完财产后不久就不幸过世了，而此时父母所继承的财产又将发生新一轮的法定继承，此时父母的其他子女也将作为法定继承人加入，很容易导致家庭纷争。

（1）其他子女不同意父母放弃遗产

父母在获得必要的遗产份额用于养老以外，可以通过放弃其他遗产继承权的方式，防止遗产继承复杂化。但如果父母系与其他子女长期生活，可能在心理上会产生一定的依赖性，一旦这些子女要求父母不放弃遗产，以便未来继承父母的遗产，则父母很可能会拒绝放弃继承。这样被继承人的财产就不可避免地流向其他的兄弟姐妹处。如果继承中涉及企业的股权，则会导致股权分散情况严重，最终可能还会影响企业的控制权。

（2）父母与被继承人配偶争产

这种情况一般出现在去世一方的父母与未去世的配偶之间。父母在经历了丧子或丧女之痛的情况下，还要面对家庭大部分财产被儿媳或女婿分走，无论是从情感上还是从经济上，可能都无法接受。此时，父母一般也不会轻易地放弃继承。尤其是被继承人的子女还未成年的情况下，儿媳或女婿将作为子女的监护人监管其继承的遗产。此时，如果父母放弃了继承，他们会认为自家的财产将全都落入“外人”之手，此时一场遗产争夺大战恐无可避免。

（3）父母丧失民事行为能力无法放弃遗产

如果作为法定继承人的父母已经年迈，则很有可能由于各种原因成为限制或无民事行为能力人。此时，父母已经无法作出有效的放弃继承的意思表示。《民法典》第三十五条第一款规定：“监护人应当按照最有利于被监护人的原则履行监护职责。监护人除为维护被监护人利益外，不得处分被监护人的财产。”

因此，如果父母已经成为限制或无民事行为能力人，则其法定监护人只能按照有利于被监护人的原则履行监护职责。继承遗产显然是让被监护人获得利益的行为，因此监护人原则上是不能随便代替被监护人放弃的。如果父母确实因民事行为能力的问题无法放弃继承权，父母所继承的遗产依然会外流给其他的子女。如果其他子女已经去世，还会产生代位继承的问题，遗产又将外流到更多的继承人处，使遗产继承变得异常复杂。

3. 非婚生子女作为继承人的风险

根据《民法典》第一千一百二十七条的规定，子女包括非婚生子女。因此，非婚生子女也属于法定第一顺位继承人。如果夫妻一方或双方均有非婚生子女，却未提前就遗产的继承进行规划，则会引发家庭资产流向第三方的危险。

对于高净值客户来说，非婚生子女不仅会引发道德问题，一旦没有提前做好规划，还可能会导致一系列的财产、法律问题，尤其是在涉及公司股权的继承时，甚至可能引发企业控制权争夺、未来发展等重要问题。

（1）非婚生子女继承会影响婚生子女的权利

根据《民法典》第一千一百二十七条的规定，法定继承人第一顺位的“子女”包括非婚生子女。如果高净值客户在没有提前订立遗嘱的情况下，非婚生子女可以和其他第一顺位继承人一起均等继承遗产。

有一些高净值客户简单地认为，婚生子女是双方依据合法的婚姻关系所生育的子女，法律地位应当比非婚生子女高。但实际上我国法律并没有赋予婚生子女更多的权利，非婚生子女也具有同等的继承权。如果高净值客户拥有数名非婚生子女，但其合法的配偶可能由于各种原因而只生育了一名婚生子女，则最终可能导致该婚生子女继承的份额大大减少。

还有些高净值客户认为，只要不与非婚生子女的生母或生父缔结婚姻关系，则对方通常无权干涉自己的遗产分配事宜。但由于非婚生子女系其法定继承人，若该非婚生子女仍然是未成年子女，则其生母或生父作为其法定监护人，也就顺理成章地成为其财产的实际管理人。

另外，根据《民法典》第一千一百五十五条的规定，遗产分割时，应当保留胎儿的继承份额。如果非婚生子女在法定继承发生时尚未出生，也应当为其保留继承的份额。只有当胎儿娩出时是死体的，保留的份额才能继续按照法定继承办理。

（2）非婚生子女继承可能引发遗产争夺

在有非婚生子女的家族企业中，一般在企业主尚在世的情况下，主要由其平衡各方的利益，非婚生子女及其生母或生父可能碍于企业主在家庭关系中的权威地位，通常并不会引发太多的矛盾。一旦企业主去世，即使其生前已经订立了遗嘱，也有可能会因遗产分配不均导致继承人之间的纷争。另外，无论最终遗产的继承是通过公证程序，还是通过诉讼，每个继承人都需要对遗产的分配作出相应的意思表示。在此过程中，对于遗产分配不满的继承人或其监护人都可能会提出各种要求。

如果通过公证程序继承，办理继承权公证需要全体继承人到场。所有的继承人均对遗嘱的真实性、合法性认可，并且认可遗嘱的安排，继承程序才能顺利地完成。任何一个继承人对遗嘱不认可，则无法继续通过公证继承程序完成遗产的继承。

如果通过法院诉讼继承，对遗嘱有不同意见的各方将分别作为原、被告。一旦进入法院的诉讼程序，也就意味着各方的矛盾已经到了完全不可调和的地步。在此过程中，各方无可避免地会采用各种激烈的对抗手段，这种对抗也会导致各个子女之间的关系从此破裂。

（3）非婚生子女继承可能影响企业的经营

对于高净值客户及其家庭来说，公司股权可以说是最核心的资产，是家庭财富的源泉。一旦企业家过世，如果非婚生子女也成为公司股权的继承人，则公司的股权结构将可能发生巨大的变化。根据《公司法》第七十五条的规定，如果公司章程没有就公司股权继承进行约定的，则自然人股东死亡后，其合法继承人既可以继承公司股权，也可以直接取得股东资格。如果非婚生子女继承了股东资格，则可以直接参与企业的经营管理，而且也不需要征求公司其他股东的同意，且其他股东也没有优先购买权。如果非婚生子女是未成年人，则其股东权利的行使，可以依据2007年《工商总局关于未成年人能否成为公司股东问题的答复》（工商企字〔2007〕131号）的规定，未成年人可以成为公司股东，其股东权利可以由法定代理人代为行使。

4. 家族企业股权的继承风险

从古至今，利益的争夺在家族企业中是普遍且一直存在的。家族企业的财富通常由创始人掌握，当他们还在世或仍然负责管理家族企业时，家族成员基本还能保持相对平稳的家庭关系。一旦“掌门人”由于疾病、意外等原因过世或丧失行为能力，只要没有事先做好财富的传承安排或传承安排的不够妥善，再加上复杂且纠缠的家庭关系、众多的继承人等因素，一场“宫斗”在所难免。如媒体报道的我国台湾地区白手兴家的“经营之神”WYQ 家族争产案、[①] 香港LJJJ 集团争产案[②]等。

综观大多数的家族企业遗产继承事件，其中最重要的争夺目标或许就是家族企业的股权。由于公司股权是一个“会下蛋的金母鸡”，掌控了家族企业的股权就等于掌握了家族财富的来源。因此，在家族企业股权的遗产继承方面可能会出现以下风险。

（1）企业家未区分夫妻共同股权

如果企业家在与配偶缔结婚姻关系后才创设家族企业并将企业做大、做强，则家族企业的股权原则上属于婚姻关系存续期间所得的财产，应当属于夫妻共同所有。但实际上，有些企业家还是会存在一定的误区，认为股权登记在自己的名下且公司实际上也是由自己经营，所以公司理所当然应当是自己的。于是在家族企业传承时就直接处分了自己名下的股权。根据《民法典》第一千一百二十二条的规定，自然人可以处分的遗产应当是属于其个人所有的合法财产。如果企业家处分了属于配偶的财产，该处分行为应当是无效的。

（2）企业家未指定公司股权继承人

即便企业家在世时已通过婚前协议或夫妻财产约定将公司股权与其他夫妻共同财产进行了区分，如果没有做好传承安排，指定公司股权的继承人，那么根据法律的规定，配偶以及其他法定继承人仍然可以通过遗产继承的方式获得公司股权。

（3）企业家不愿提前进行遗产规划

有些企业家碍于中国传统的“忌讳”或出于对自己身体状况的盲目自信，并不愿提前进行财富传承的规划。一旦企业家突然过世，则会导致遗产继承的纠纷。有些纠纷甚至会持续很长一段时间，在此过程中，公司经营无人接手，公司股权、资产也可能会因为这些纠纷而被冻结，最终将导致整个家族企业被

---

① 参见《WYQ 家族争产：二房联合长房追三房 40 亿美元》，载中国新闻网，http：//www. chinanews. com/ga/2012/12 -15/4410870. shtml，最后访问时间：2021 年 4 月 17 日。

② 参见《香港 LJJJ 争产案将宣判　长房平常心面对》，载中国新闻网，http：//www. chinanews. com/ga/2012/10 -31/4289942. shtml，最后访问时间：2021 年 4 月 17 日。

拖垮，甚至破产。

（二）公证继承程序概述

根据我国的司法实践，遗产继承的程序按照继承人之间是否有争议区分为两大类型：如果所有继承人达成了一致意见且无任何争议的，可以通过向公证处申请继承公证的方式办理相关遗产的继承；如果所有继承人无法达成一致意见或对于遗产继承有任何争议的，则只能通过向人民法院起诉的方式才能处理相关的遗产继承事宜。2009 年 10 月 22 日中国公证协会第五届常务理事会第九次会议通过了《办理继承公证的指导意见》，其中为公证机关办理继承公证提供了较为详细的操作规定。

1. 继承人申请办理继承公证

如果所有继承人选择通过公证的方式办理遗产继承的，则需要向公证处申请办理继承公证。根据《公证法》第二十五条的规定，自然人申请办理公证，可以向住所地、经常居住地、行为地或者事实发生地的公证机构提出。

根据《办理继承公证的指导意见》以及我们的实务经验，通常办理继承公证通常可能会需要提交以下证明材料。

（1）公证申请人的身份证件

通常情况下公证申请人都是具备完全民事行为能力的自然人，因此提供身份证件应当不会有任何障碍。如果监护人代理申办公证的，则应当提交监护资格证明。如果是委托他人代理申办公证的，应当提交经公证的委托书。

（2）被继承人的死亡证明

如果继承人在被继承人去世不久就申请办理继承公证，则死亡证明应当可以提供。但是有些继承人在继承发生后并没有主动申请办理继承公证或由于其他的原因无法申请，在其准备申请时，被继承人已经死亡很久了，甚至被继承人已经死亡超过 20 年。此时，继承人可能已经丢失了相关的死亡证明，在这种情况下，继承人需要向公证处提供线索并由公证处协助或自己向有关部门申请调取相关的证明资料。根据《办理继承公证的指导意见》的规定，死亡证明是指：医疗机构出具的死亡证明；公安机关出具的死亡证明或者注明了死亡日期的注销户口证明；人民法院宣告死亡的判决书；死亡公证书。

（3）继承人与被继承人的亲属关系证明

根据《办理继承公证的指导意见》的规定，申请继承公证的，需要提交全部法定继承人的基本情况及与被继承人的亲属关系证明。《办理继承公证的指导意见》中规定的“亲属关系证明”，是指被继承人或者继承人档案所在单位的人事部门出具的证明继承人与被继承人之间具有亲属关系的证明；基层人民政府出具的证明继承人与被继承人之间具有亲属关系的证明；公安机关出具的证明继承人与被继承人之间具有亲属关系的证明；能够证明相关亲属关系的婚姻登记证明、收养登记证明、出生医学证明和公证书。

根据我们的实务操作经验，亲属关系证明是最容易产生问题的证明文件。公证处之所以需要亲属关系证明，主要是为了证明继承人与被继承人的亲属关系，同时也需要明确被继承人究竟有哪些继承人，从而防止遗漏相关的继承人。

2018 年 8 月，山东电视台播出了一期节目，威海杨女士想把去世 20 年的丈夫名下的房产过户到自己名下，却被告知要准备 7 份材料，其中包括 5 份死亡证明，分别是自己丈夫的、自己公公和婆婆的，以及丈夫姥姥、姥爷的，这些材料杨女士提供的难度很大，继承瞬间陷入了僵局。①

如果像杨女士的丈夫那样，被继承人死亡已经超过了 20 年，且生前并未订立遗嘱，其继承人可能已经不单是仅有第一顺位的父母、配偶、子女。例如，其父母在继承开始之后死亡了，则其他的子女将作为父母的继承人继续继承遗产。另外，如果继承人之间年龄跨度较大，且存在父母与子女并不在一个户籍内，或被继承人缔结了多段婚姻且拥有多名子女，或继承人之间由于各种原因失散且无法联络，或户口迁移后无法找寻原始档案等，开具亲属关系证明的难度会很大。

结合我们的实务经验，亲属关系证明一般可以通过直接或间接的方式办理。

①如果继承人的户籍都登记在一起，则居民户口簿就是最好的证明文件。根据《关于改进和规范公安派出所出具证明工作的意见》规定，居民户口簿能够证明的同户人员与户主间的亲属关系，有关单位及其工作人员应予认可，公安派出所不再出具证明。配偶关系、父母子女关系等，一般只要居民户口簿上有记载，则直接向公证处提交即可。

---

① 参见《办理继承权公证竟需要七份材料，公证处表示涉及面太广建议诉讼》，载齐鲁网，http：//weihai. iqilu. com/whminsheng/2018/0826/4028262. shtml，最后访问时间：2021 年 1 月 25 日。

②如果继承人与被继承人系夫妻关系，则可以提交结婚证予以证明。

③如果父母子女的户籍并未登记在一起，则可以提交出生证予以证明。但是如果继承人年纪较大，则可能没有出生证。

④如果继承人与被继承人的户籍曾经登记在一起，则根据《关于改进和规范公安派出所出具证明工作的意见》的规定，曾经在同一个户籍档案登记的人员间的亲属关系，如果历史户籍档案等能够反映，公安派出所在核实后应当出具亲属关系证明。

⑤如果工作单位保留了员工档案的，也可以根据工作单位登记的亲属关系情况出具相关的文件，并由单位盖章证明。

⑥通过亲子鉴定的方式确认父母子女关系，可以作为亲属关系证明文件。

⑦如果有其他生效的法律文书，如法院判决书载明继承人与被继承人之间的亲属关系的，也可以作为亲属关系证明的文件。

当然《办理继承公证的指导意见》还规定，如果当事人有合理理由无法提交亲属关系证明的，应当提交两件以上足以证明相关死亡事实或者相关亲属关系的其他证明材料。

（4）如有已故继承人的应提供其死亡证明

根据《办理继承公证的指导意见》，如果其他继承人已经死亡的，应当提交其死亡证明和其全部法定继承人的亲属关系证明。

由于我国法律规定了被继承人的父母是第一顺序的继承人，而父母相较于被继承人来说通常年纪较大、身体状况也不稳定。如果在遗产尚未分割之前，父母就已经过世了，首先需要提交他们的死亡证明。其次，由于父母作为继承人之后，其第一顺位继承人也包含其父母即被继承人的（外）祖父、祖母，因此继承人还需要提供这些人的死亡证明。这些老人的去世时间就更加久远了，有些甚至是在解放前就已经去世，可能连埋葬的地方都没有，就更加不可能有任何的死亡证明文件了。但是按照我国法律的规定，这些继承人的死亡证明是确认继承权的必要文件。最终可能就会出现上述案例中杨女士的情况，因无法提供丈夫的外公、外婆的死亡证明，而导致公证程序的停滞。

（5）被继承人的婚姻状况证明

只要继承人与被继承人之间的婚姻关系是向我国民政部门申请办理的，即使遗失了结婚证，也可以申请调取结婚登记档案。如果婚姻关系在国外缔结，则需要办理相关的公证认证手续，并向公证处提交经过翻译的文件。

（6）被继承人的财产凭证

《办理继承公证的指导意见》规定继承记名财产的，应当提交财产权属（权利）凭证原件；如果继承人没有完全掌握被继承人的财产情况或无法自行取得财产凭证，则继承人可能无法提供所有的财产凭证。如《办理继承公证的指导意见》第十条规定，当事人申请办理继承金额（数量）不明的银行卡（证券资金账户）内钱款（证券）公证的，公证机构应当告知其先申请办理用途为查询卡（户）内金额（数量）的亲属关系公证，待金额（数量）确定后，公证机构再为其办理继承公证。当事人申请办理继承存放在银行保管箱内物品公证的，公证机构应当告知其先申请办理用途为查询保管箱内物品的亲属关系公证和开启保管箱清点物品的保全证据公证，待保管箱内属于被继承人所有的物品的种类和数量确定后，公证机构再为其办理继承公证。

（7）遗嘱或遗赠抚养协议（若有）

《办理继承公证的指导意见》规定，如果被继承人生前有遗嘱或者遗赠扶养协议的，应当提交其全部遗嘱或者遗赠扶养协议原件，以便公证处确认继承人的范围。

（8）夫妻财产约定（若有）

《办理继承公证的指导意见》规定，如果被继承人生前与配偶有夫妻财产约定的，应当提交书面约定协议，以便公证处确认被继承人的遗产范围。

（9）放弃继承声明书（若有）

《办理继承公证的指导意见》规定，继承人中有放弃继承的，应当提交其作出放弃继承表示的声明书。

2. 公证处核实继承人与遗产情况

根据《办理继承公证的指导意见》第五条的规定，公证机构办理继承公证时应当重点审查下列事项：

（1）被继承人的遗产情况

公证处首先需要明确所申请继承的遗产是否属于被继承人个人所有。核实内容通常包括：个人合法财产的种类与数量；财产权利的现状；财产是否与他人共有或属于夫妻共有财产；财产是否设置抵押出质或有其他权利限制；财产的保存地或保管人等。

（2）核实遗嘱或遗赠抚养协议

公证处在明确了遗产范围之后，需要向所有法定继承人核实被继承人生前有无遗嘱或者遗赠扶养协议。如果被继承人留有遗嘱，则应当按照遗嘱继承或遗赠办理；如果被继承人与他人订立了遗赠抚养协议，则可以直接按照协议办理。公证处通常会审查遗嘱、遗赠扶养协议的真实性、合法性，同时还需要审查遗嘱、遗赠扶养协议是否包括了被继承人全部的遗产。

（3）法定继承人身份的核实与明确

如果被继承人的遗产需要按照法定继承方式处理，则公证处通常还会核实以下内容。

首先，公证处需要核实所有法定继承人的范围及其身份情况。如果没有第一顺序继承人的，应当由其他继承人进行情况说明。同时，还需要注意如符合继承条件的丧偶儿媳、女婿以及继承人以外的依靠被继承人扶养的人，或者继承人以外的对被继承人扶养较多的人等，应按照法律规定的条件将所有继承人列入。

其次，如果继承人已经死亡的，公证处需要再次核实其死亡事实是否属实，以及其与被继承人死亡的先后顺序，从而确认是否存在代位继承或有其他继承人的存在。

再次，公证处还需要查明继承人是否有《民法典》第一千一百二十五条规定的导致丧失继承权的情况。

最后，如果有继承人放弃继承权的，公证处应当要求继承人出具放弃继承表示的声明书，并在公证书中具体明确继承人放弃继承遗产的范围。

3. 公证处依法出具继承权公证

公证处在对需要核实的事项完成审核后，如果被继承人有遗嘱的，则可以按照合法有效的遗嘱确认遗产分配的方案并出具继承权公证；如果没有遗嘱，但所有继承人可以达成一致意见的，则公证处可以依法出具继承权公证，继承人可以凭着该公证书办理财产的继承手续。

自 2016 年《不动产登记暂行条例实施细则》颁布后，公证程序不再是办理不动产登记的必要条件。但继承人即使直接去不动产登记部门办理房产继承，也需要提供各种材料与证明文件，且不动产登记部门也需要针对继承事宜进行一系列的审查与核实。

另外，《办理继承公证的指导意见》第十四条规定："公证机构办理遗嘱继承公证，应当按照下列方式审查确认遗嘱的效力：

（一）遗嘱为公证遗嘱的，公证机构应当对遗嘱内容是否符合法律规定进行审查，并向全体法定继承人核实，核实的内容包括询问被继承人有无其他遗嘱或者遗赠扶养协议，法定继承人中有无缺乏劳动能力又没有生活来源的人。法定继承人对公证机构的核实没有回复的，或者无法与法定继承人取得联系的，公证机构在对遗嘱进行审查后，可以确认遗嘱的效力；

（二）遗嘱为公证遗嘱以外的其他符合法定形式的遗嘱的，公证机构应当取得全体法定继承人对遗嘱内容无异议的书面确认，并经审查认为遗嘱的内容符合法律规定，可以确认遗嘱的效力；

（三）遗嘱为在境外所立的遗嘱的，公证机构应当根据法律、法规及司法部的有关规定确认遗嘱的效力。"

（三）诉讼继承程序概述

如果继承人无法达成一致的意见办理继承公证，或者由于部分继承人不配合或无法联系等原因导致客观上无法申请办理继承公证，则继承人可以通过向法院提起诉讼完成遗产的继承程序。鉴于上述分析，继承诉讼主要用以解决具有争议的继承纠纷，那些无法通过公证继承解决的问题，一般可以通过法院诉讼程序完成。但继承诉讼往往发生在亲人之间，一旦各方对簿公堂，则会对亲情产生很大的影响。

1. 继承诉讼的时间

如果继承人之间并非有无法调和的争议，而是由于一些客观原因无法办理继承公证，则可以直接通过法院的调解程序，由继承人之间达成一致意见，并由法院出具相应的民事调解书。

如果继承人之间确实对继承事项有争议，则需要通过诉讼程序就争议问题进行审理。根据我国《民事诉讼法》的规定，如果继承纠纷较为简单并适宜采用简易程序审理的，审理期限一般为 3 个月。如果继承纠纷比较复杂，甚至还需要对无法联系上的继承人进行公告送达，则应当适用普通程序。普通程序的审理期限一般为 3 ~ 6 个月，如果有特殊情况，也可以继续延长。我国的诉讼实行两审终审制，法院一审判决之后，不服判决的一方还可以继续上诉。整个诉讼结束之后，当事人可以凭借生效的裁判文书向法院申请强制执行。

从上述的程序来看，一个继承诉讼少则 3 个月，多则几年，如果采用继承诉讼的方式解决继承纠纷的，要做好充分的准备，同时还需要具有足够的耐心。

2. 继承诉讼的费用

继承案件因涉及遗产的分割，属于财产争议的案件。因此，继承案件的诉讼费用应当按照《诉讼费用交纳办法》第十三条的规定，根据遗产的金额或者价额，按照比例分段累计交纳，比例 0.5% ~2.5% 不等。继承案件如果需要申请财产保全，则需要涉及保全费以及提供相应的财产担保；如果需要执行，则需要涉及执行费；如果需要委托律师处理，还需要做好律师费用的预算。

第二节 遗嘱继承

一、自书遗嘱

（一）自书遗嘱的功能

1. 自书遗嘱具有私密性

自书遗嘱，即由立遗嘱人本人通过亲笔书写的方式订立遗嘱。由于这种方式通常只有立遗嘱人单独完成，因此通常不为外人所知，具有私密性。

2. 自书遗嘱具有定向性

立遗嘱人提前将属于自己的财产，通过遗嘱的方式传承给特定的人员。这种传承并不一定意味着均分。可能是在法定继承人之间平均分配，也可能仅给予法定继承人中的一人，还可能遗赠给其他第三人。

3. 自书遗嘱具有提前性

遗嘱是立遗嘱人身故之前所做的财富传承安排，主要是为了避免自己突然离世后，亲人之间为了遗产进行争斗，出现“家人内斗乱，逝者天上看”的遗憾。

（二）自书遗嘱的要点

1. 形式简单但要求严格

（1）遗嘱的形式要求严格

我国原《继承法》从一开始就规定了严格形式主义的规则，这种规则一直延续到《民法典》。《民法典》第一千一百三十四条规定：“自书遗嘱应由遗嘱人亲笔书写、签名，并注明年、月、日。”自书遗嘱形式上的瑕疵，或将导致遗嘱无效。比如，没有完整注明“年月日”，只是注明“月日”，或者“年月”都可能导致遗嘱无效。

（2）遗嘱的文字表述要求清晰

自书遗嘱往往采用立遗嘱人的一般生活用语。有的表述囿于当事人文化水平与书写习惯，用词用语不仅不符合法律措辞，甚至都不符合常规的语法。如果遗嘱内容表述不清、引发争议，其法律效力也可能难以认定。

（3）遗嘱仅能处分个人的合法财产

在无效的自书遗嘱中，除了不规范的文字表述以外，遗嘱内容也会出现问题。如遗嘱人处分了自己无权处分的财产等。遗嘱不能处分国家、集体或者他人的财产，如果处分了属于无权处分，处分无效。常见的是忽视婚后财产共有，以为自己创立的财产（如公司股权），或登记在自己名下的财产（如房产），或父母留给自己的遗产（如法定继承）就是自己能完全处分的财产，这就是典型的理解性的错误。

2. “亲笔书写”可能难辩真假

（1）自书遗嘱是否为亲笔书写易引发争议

“亲笔书写”是自书遗嘱的形式要件。自书遗嘱应当由遗嘱人亲笔书写，否则无效。然而，遗嘱起作用时立遗嘱人已经离世，自书遗嘱是不是本人“亲笔书写”往往成为继承纠纷中的争议焦点，也成为自书遗嘱这种私密遗嘱形式的显著弊端。司法实践中，其他继承人主张自书遗嘱系伪造或被篡改的情况屡见不鲜。另外，有些遗嘱系立遗嘱人身患重病后所书，或身体状况出现局部障碍时所书，所立遗嘱的签名与身体健康时正常的签名习惯可能会有不同，也可能会造成争议。

（2）笔迹鉴定存在不确定性

一方面，立遗嘱人在日常生活中可能没有书写习惯，或遗留的对比样本材料有限；另一方面，鉴定机构对遗嘱的对比样本要求严格，一般需要在立遗嘱时间接近的时间跨度内进行对比分析。有的遗嘱持有人往往消极对待笔迹鉴定，不配合提供合适的对比样本，或是不认可异议人提交的样本，又或是对比检材本身存在物理瑕疵或数量不足，这些都导致鉴定难以进行。另外，有些立遗嘱人认为，按手印就相当于签名，导致仅有“手印”而没有签名的遗嘱因不符合法定条件而无效。

3. 在打印遗嘱上签字的效力

在《民法典》生效之前，打印遗嘱并不是原《继承法》规定的5种遗嘱形式之一。因此，在司法实践中对打印遗嘱的认定一般类推适用自书遗嘱和代书遗嘱的形式要件。一般观点认为，如果打印遗嘱是遗嘱人自己使用电脑等设备记录和打印并自己签字确认的，可以认定为自书遗嘱；如果是他人电脑记录或使用他人设备打印的，就应该符合代书遗嘱的要件，由记录人或者帮助打印人在打印件上签字确认是遗嘱人的真实意思表示，同时还需要另外一位见证人在场见证。但是，由于立遗嘱人已故去，很难证明打印遗嘱形成的过程，从而导致虽然有立遗嘱人的亲笔签名，但仍被法院认定“不符合见证人要求”而导致无效的情形。

随着《民法典》的颁布，在第一千一百三十六条首次规定了打印遗嘱作为法定的遗嘱形式之一，但同时也对打印遗嘱的形成和生效要件进行规定。打印遗嘱应当有两个以上见证人在场见证。遗嘱人和见证人应当在遗嘱的每一页上签名，注明年、月、日。因此，如果想要选择打印遗嘱作为订立遗嘱的方式，则需要严格按照《民法典》中对打印遗嘱的要求，这可能与普通人的认知还是有一定的差别。

4. 胎儿及无生活来源人的继承份额

《民法典》第一千一百五十五条规定，遗产分割时，应当保留胎儿的继承份额。胎儿出生时是死体的，保留的份额按照法定继承办理。由于这些法律规定专业性比较强，普通人可能因为对相关法条的理解不够透彻，导致遗嘱内容违反了法律规定，进而导致遗嘱效力出现问题。

没有为法定继承人中无生活来源又缺乏劳动能力的人留有必要的遗产继承份额，该部分遗嘱也将归于无效。最高人民法院民事审判第一庭认为，① 判断遗嘱人所立遗嘱是否违反《民法典》第一千一百四十一条的规定，属于没有为缺乏劳动能力又没有生活来源的继承人保留必要的遗产份额，应当对遗嘱的实质内容进行分析。只要遗嘱人在处分遗产时为缺乏劳动能力又没有生活来源的继承人今后的生活作出了特别安排，即使形式上没有指定其继承遗产，亦不应当认定遗嘱人未保留缺乏劳动能力又没有生活来源的继承人的遗产份额。

5. 公证遗嘱也可能存在无效情况

《民法典》已经删除了公证遗嘱效力高于其他类型遗嘱的规定，但鉴于原《继承法》赋予了公证遗嘱最高等级的法律效力，司法实践中大多数人倾向于选择订立公证遗嘱。事实上，公证遗嘱也会存在无效的情况。

如果立遗嘱人在尚未完全丧失行为能力时立遗嘱，其外在表现和正常人差异不大，可能不足以引起公证员的怀疑。但就医学视角而言，老年痴呆和精神智力障碍无法治愈，一旦立遗嘱前患有相应疾病，即使所立公证遗嘱符合法定形式，遗嘱人仍会有被鉴定为限制或者无行为能力的风险。因此，有或者涉嫌精神智力疾病或脑部疾病的立遗嘱人，需要在公证之前，由有权鉴定部门鉴定其是否具有完全民事行为能力。

（三）撰写自书遗嘱的效力

1. 部分法院认为有形式瑕疵的遗嘱仍然有效

（1）形式上有欠缺的遗嘱有效

案例 5－11 胡甲诉胡乙、胡丙继承纠纷案

一审法院： 浙江省安吉县人民法院（2010）湖安孝民初字第 220 号

二审法院： 浙江省湖州市中级人民法院（2011）浙湖民终字第 54 号

---

① 最高人民法院民事审判第一庭：《遗嘱应为缺乏劳动能力又没有生活来源的继承人保留必要的遗产份额》，载《民事审判指导与参考》总第 54 集。

再审法院： 浙江省高级人民法院（2011）浙民提字第85号

案例主旨： 不能仅以代书遗嘱形式上不符合法律规定为由主张涉案遗嘱无效。

胡甲与胡乙、胡丙系亲兄弟，其父胡丁。2008年7月25日，胡丁请其朋友李某某为其代书一份遗嘱，将其所有的房屋、山田、竹林等财产在胡甲、胡乙、胡丙间作了分配。父亲死后，三个儿子多次因此发生纠纷，经协商未果。胡甲提起诉讼，主张遗嘱为没有两人见证的代书遗嘱，请求确认遗嘱无效。

法院经一审、二审和再审，最终认为涉案遗嘱不属于违反法律关于遗嘱无效情形；对于代书遗嘱，法律没有规定不符合该形式所立的遗嘱为无效；根据"继承法实施前订立的，形式上稍有欠缺的遗嘱，如内容合法，又有充分证据证明确为遗嘱人真实意思表示的，可以认定遗嘱有效"的内容看，不能得出形式上有欠缺的遗嘱即为无效的结论。从而认定没有证据证明涉案遗嘱存在法律规定的无效情形的情况下，仅以代书遗嘱形式上不符合法律规定为由主张涉案遗嘱无效，缺乏法律依据，不予采信。

本案中依据的原《继承法》的相关司法解释已于2021年1月1日失效，且《民法典》继承编以及《〈民法典〉继承编解释（一）》中也已经删除了上述规定。因此，我们认为，未来法院在审理继承纠纷中的遗嘱时，可能会对遗嘱的形式是否符合法律规定作出更加严格的审查。上述司法判例的结果很可能会成为过去。

（2）仅捺手印的遗嘱符合真实意愿的应为有效

案例5－12 樊某与薛某1、薛某2继承纠纷案

一审法院： 山东省胶州市人民法院（2016）鲁0281民初3184号

二审法院： 山东省青岛市中级人民法院（2017）鲁02民终5690号

案例主旨： 遗嘱系被继承人的真实意思表示，被继承人因病无法书写，在代书遗嘱中用捺印代替签名符合常理。

立遗嘱人薛某与孙某清结婚共生育二子女分别为被告薛某1、薛某2。孙某清于1997年11月8日去世。薛某与原告樊某再婚，薛某于2015年4月5日死亡。薛某生前邀请胶州某法律服务所法律工作者崔某、周某川见证，并请周某川代书立此遗嘱。薛某在立遗嘱人处捺印，见证人处下方处有崔某、周某川签字，代书人处有周某川签字。

法院认为，该遗嘱中具有薛某的捺印，薛某1庭审中未申请对薛某捺印进

行鉴定，因此，应当认定遗嘱是由薛某捺印。同时，该遗嘱还有见证人、代书人签名并出庭作证。因此，该遗嘱是薛某的真实意思表示。薛某1辩称该遗嘱无薛某签名、代书遗嘱不合法属于无效，根据法律规定，代书遗嘱是指非由立遗嘱人自行书写的遗嘱，而是由代书人根据立遗嘱人的意思表示代为书写的遗嘱。代书遗嘱必须要求两个以上见证人在场见证，由其中一人代书，并需代书人、其他见证人和遗嘱人共同签名确认，且遗嘱见证人不能与继承人有利害关系。本案中见证人崔某、代书人周某川均与本案无利害关系，其出庭作证的陈述一致，全程参与薛某订立遗嘱的过程，对薛某立遗嘱的情况作出详细陈述，且均证实当时薛某手抖无法写字，庭审中樊某与薛某1均认可薛某患有帕金森症，故虽本案遗嘱中薛某未签名，但其确系因病无法书写，在代书遗嘱中用捺印代替签名是合理的。被告薛某1没有证据证明涉案遗嘱存在法律所规定的无效情形，其仅以代书遗嘱形式上不符合法律规定为由主张涉案遗嘱无效缺乏法律依据，法院不予采信。

（3）他人在遗嘱上代签名的遗嘱可结合案情认定有效

案例5－13 范某1与范某2、范某6等遗嘱继承纠纷案

二审法院： 浙江省绍兴市中级人民法院（2016）浙10民终806号

再审法院： 浙江省高级人民法院（2017）浙民申2617号

案例主旨： 在遗嘱系被继承人真实意思表示的情况下，由他人书写身份信息并不影响遗嘱效力。

遗嘱人李某立下代书遗嘱一份，见证人为夏某、曹某、范某6、张某，代书人为许某。法定继承人范某1对遗嘱效力不认可并向法院提起诉讼。

法院经一审、二审、再审后最终认为，为证明案涉遗嘱有效，范某2于原审中提供了代书人、见证人的证言。其中见证人夏某、范某7二人于一审出庭作证。夏某称，立遗嘱时李某神智清楚，陈述的发票被偷等情况都很清楚，其他干部对此是知情的。范某7称，立遗嘱时李某的头脑应该是清楚的，遗嘱方案也是其提出的。另一见证人张某于庭审中述称，案涉遗嘱上李某的签字并非本人所签，而是由张某代签，但捺印系李某本人指印，范某1对该节事实亦无异议。上述证人的证言能够相互印证，证明李某在口述遗嘱时神志清醒，遗嘱内容系其真实意思表示。现范某1主张案涉遗嘱无效，则其应对导致遗嘱无效

的事实举证证明，范某 1 向一审法院申请对李某在打印遗嘱上的捺印进行鉴定，某司法鉴定中心进行鉴定时，因缺乏检材，无法对“李某”的签名和指印的真实性进行鉴定。范某 1 在鉴定不能后也未能提交其他证据证明案涉遗嘱存在无效的情形，故其应承担举证不能的法律后果。在遗嘱系李某真实意思表示的情况下，由范某 2 书写身份信息并不影响遗嘱效力，范某 1 据此要求确认遗嘱无效的主张难以成立。

2. 部分法院认为有形式瑕疵的遗嘱无效

（1）无法确认遗嘱系本人打印故遗嘱无效

案例 5－14 奚某 1、奚某 2 等继承纠纷案

一审法院：北京市海淀区人民法院（2012）海民初字第 5726 号

二审法院：北京市第一中级人民法院（2014）一中民终字第 9126 号

案例主旨：打印遗嘱既不符合法律规定的自书遗嘱的条件，亦不符合代书遗嘱的规定，无法确认系被继承人的真实意思表示，应认定为无效。

奚某 1、奚某 2 系张某的婚生子女。现张某已死亡。奚某 1 向法院提交《遗嘱》一份。该书证的主文系打印字体，内容为：“我张某决定在我去世后，由我的小女儿奚某 1 一人继承某房屋的产权。”书证落款处，有“张某”的手写字体签字及手印，落款时间为 2004 年 6 月 2 日。

法院认为，关于奚某 1 提供的张某《遗嘱》的效力问题，该份遗嘱为打印遗嘱，由张某签名，其主体文字并非张某自行书写，同时打印遗嘱中又无代书人、其他见证人签名，因此该打印遗嘱既不符合法律规定的自书遗嘱的条件，亦不符合代书遗嘱的规定，无法确认系张某的真实意思表示，故法院对该《遗嘱》的效力不予认可。

（2）仅捺指印而无签名的遗嘱无效

案例 5－15 马某 1 与马某 5、马某 2、马某 3、马某 4 法定继承纠纷案

二审法院：北京市第二中级人民法院（2011）二中民终字第 5588 号

再审法院：北京市第二中级人民法院（2014）二中民再终字第 06256 号

案例主旨：没有签字仅有指印不能反映出被继承人认同代书遗嘱的意思表

示，应当认定遗嘱无效。

该案中，继承人之间产生争议的两份遗嘱为代书遗嘱，其中一份代书遗嘱中，仅有立遗嘱人捺指印，但未签名。一方当事人对该遗嘱的真实性均不予认可，要求按照法定继承处理。

经一审、二审和再审，法院最终认为，代书遗嘱的形式要件是代书遗嘱生效的必要条件，且从立法本意考虑，代书遗嘱的被继承人签字的行为能够反映出被继承人认同代书遗嘱的意思表示，而没有签字仅有指印不能反映出被继承人认同代书遗嘱的意思表示。依据现有证据不能突破关于代书遗嘱形式要件的规定，故对该代书遗嘱效力不予认定。

（3）打印店服务人员补签的遗嘱无效

案例5-16 白某某与白某甲、白某乙继承纠纷案

二审法院：四川省雅安市中级人民法院（2014）雅民终字第392号

再审法院：四川省高级人民法院（2014）川民申字第1791号

案例主旨：打印店员工只是为顾客提供商业服务，并没有明确地为他人立遗嘱进行见证的意思。该员工并未当场在遗嘱上签名，而是事后补签，也充分证明其没有为被继承人立遗嘱进行见证的意思。

立遗嘱人赵某某到石棉县某打印服务部要求工作人员赵某香为其打印一份遗嘱，赵某某去世后，继承人之一白某甲找到赵某香让其在打印的遗嘱上补签了名字等内容。

该案经一审、二审、再审后，法院认为，立遗嘱是当事人处分财产的单方民事法律行为，而且遗嘱在被继承人死亡之后才生效。为了保证遗嘱体现被继承人的真实意思，防止继承人因遗嘱效力发生争议，法律对代书遗嘱的程序和形式作出了严格的规定。见证人不同于普通的证人，即见证人应当有明确地为他人立遗嘱的行为进行见证的意思，而不仅仅是立遗嘱这一客观事实的证人。因为只有明确意识到是在为他人立遗嘱进行见证，才能认真负责地记录立遗嘱人的真实意思表示，从而保证遗嘱内容的真实性。本案被继承人赵某某在打印服务部立遗嘱时，赵某香作为打印服务人员，为其记录、打印遗嘱的行为，只是为顾客提供的商业服务，并没有明确地为他人立遗嘱进行见证的意思。赵某香未当场在遗嘱上签名，而是事后应白某某的要求补签，也充分证明赵某某甲

没有为赵某某立遗嘱进行见证的意思。代书遗嘱不符合两个以上见证人在场见证的规定，赵某某的遗产应按照法定继承的规定继承。

（4）遗嘱人和见证人均未签字的遗嘱无效

案例5－17 邹某杰与邹某影等继承纠纷案

一审法院：辽宁省沈阳市铁西区人民法院（2014）沈铁西民一初字第39号

二审法院：辽宁省沈阳市中级人民法院（2014）沈中民一终字第2325号

案例主旨：见证遗嘱不符合法律规定的应当认定无效。

立遗嘱人就订立遗嘱一事委托辽宁某律所进行见证，律所指派其所2名律师对受托事项进行见证。并制作遗嘱见证书一份，该遗嘱见证书盖有被告辽宁某律所的公章，并将该见证书与上述遗嘱本文及询问笔录做成一本装订成册。后因对遗嘱效力发生争议。

法院终审判决认为，关于争议的见证遗嘱效力问题。法院重新核查该遗嘱后认为，该遗嘱形式要件部分欠缺：第一，该遗嘱没有立遗嘱人签名，只有立遗嘱人手印；第二，该遗嘱没有代书人、见证人签名，只有两位见证人的名章；第三，该遗嘱不是现场一次性形成，存在打印和手写混合的情况，争议的见证遗嘱的形式要件并不符合规定，该遗嘱无效。

（5）见证律师和代书律师均需签字否则无效

案例5－18 倪某某、潘某某与潘某遗嘱继承、分家析产纠纷案

一审法院：上海市普陀区人民法院（2013）普民一（民）初字第3311号

案例主旨：不符合法定代书遗嘱形式要件的遗嘱不生效。

立遗嘱人陆某与上海某律所签订《聘请律师合同》，上海某律所指派一名律师为陆某代书遗嘱及见证。上海某律所律师对陆某制作了谈话记录，并代书遗嘱一份。陆某在该遗嘱立嘱人处签名并捺指印，上海某律所律师在遗嘱代书人处盖律师印章。上海某律所出具见证书，见证书的见证人处加盖倪某、肖某律师印章。

法院认为，陆某生前留有律师见证遗嘱，属于代书遗嘱。涉案代书遗嘱仅由代书律师在遗嘱上盖章，见证律师并未在该遗嘱上签名或盖章；且记载代书遗嘱制作过程的谈话记录所载内容亦无法明确陆某向代书律师表达所立遗嘱内

容时见证人是否在场，涉案遗嘱不符合法定的代书遗嘱形式要件，遗嘱不生效，陆某的遗产应当按照法定继承处理。

（6）未注明日期的遗书无效

案例5-19 徐某与位某、于某继承纠纷案

一审法院： 北京市东城区人民法院（2018）京0101民初8360号

二审法院： 北京市第二中级人民法院（2019）京02民终2140号

案例主旨： 遗书与遗嘱中应当有注明年、月、日的内容，这是遗书与遗嘱合法有效的法定条件。

法院认为，魏某2生前留有遗书，从该遗书中反映出魏某2对财产的处分意见，但该遗书中并没有注明年、月、日。自书遗嘱应有遗嘱人亲笔书写、签名、注明年、月、日；公民在遗书中涉及死后个人财产处分的内容，确为死者真实意思表示，有本人签名并注明了年、月、日，又无相反证据的，可按自书遗嘱对待。依照上述法律规定，遗书与遗嘱中应当有注明年、月、日的内容，此规定是遗书与遗嘱合法有效的法定条件。现因魏某2遗留的文书缺乏上述形式要件，法院对该遗书未按照有效遗嘱认定。诉讼中，徐某虽主张该遗书应是魏某2生前的真实意思表示，故不应对形式要件的认定过于严苛，但因现行法律及相关规定针对遗嘱的形式要件有严格的规定，对于该要件不适用推定原则，故法院对于徐某的上述主张难以采信。法院最终对于魏某2遗留的财产按照法定继承处理亦是适当的。

3. 具有遗嘱性质的遗书可以被视为自书遗嘱

案例5-20 丁某1、丁某2与贝某1等继承纠纷案

一审法院： 辽宁省鞍山市铁东区人民法院（2019）辽0302民初2263号

二审法院： 辽宁省鞍山市中级人民法院（2020）辽03民终1863号

案例主旨： 被继承人针对死后个人财产处分内容所形成的遗书符合法律规定条件的，可以按照自书遗嘱对待。

关于被继承人贝某某的《临终前家庭商讨会》是否为自书遗嘱及其效力问题。法院经审查认为，自然人在遗书中涉及死后个人财产处分的内容，确为死者的真实意思表示，有本人签名并注明了年、月、日，又无相反证据的，可以按自书遗嘱对待。本案中，被继承人贝某某于2005年7月9日书写了《临终前家庭商讨会》，对家庭相关财产进行了分配。由于贝某某并非专业的法律从业人士，其书写的《临终前家庭商讨会》中虽出现“第一继承人”等非专业法律用语，但以上用语并不影响其对案涉房产所做“三子、二女均有份。谁多少，由第一继承人定论”的意思表示，明确了遗嘱的继承人，虽然日期“二OO五”的“五”处有涂改痕迹，但将本案诉争房屋分配给“三子、二女”的意思表示明确清楚。上诉人主张本案中遗嘱日期被涂改即不具备生效条件，没有事实及法律依据，法院不予采纳。关于贝某某系于2011年去世，其在2005年订立自书遗嘱是否有效的问题。法院认为，只要其出于个人的自愿，在法律上并无明确禁止不能提前自书遗嘱，且在老人年老后提前安排好身后事亦符合一般风俗。虽然上诉人主张遗嘱时间在贝某某去世之前6年，难以认定文书的真实性，但在一、二审审理期间上诉人均未提供证据证明自己的主张，且在法院向其进行释明后，丁某1、丁某2明确表示不能向法庭提供贝某某的笔迹作为检材对《临终前家庭商讨会》进行笔迹鉴定，亦不同意以贝某1等处保存的贝某某笔迹作为鉴定检材，在法院指定的期间内未向人民法院提交鉴定申请及可予以调取有关单位或部门保管贝某某笔迹的申请，因丁某1、丁某2对案涉遗嘱所提的异议缺乏相应证据佐证，故法院不予采信。法院最终认定《临终前家庭商讨会》为贝某某自书遗嘱并据此依法分割案涉房产份额。

（四）形式瑕疵的审判观点

1. 原《继承法》实施前以“意愿本源”为主

对于遗嘱的形式要件与效力问题，原《继承法》的司法解释第三十五条作了规定，“继承法实施前订立的，形式上稍有欠缺的遗嘱，如内容合法，又有充分证据证明确为遗嘱人真实意思表示的，可以认定遗嘱有效”。按此规定，再结合最高人民法院民一庭的审判意见，认为遗嘱的形式瑕疵并不必然导致遗嘱无效。

2. 原《继承法》实施后以“从严把握”为主

原《继承法》生效后，法律已经明确规定遗嘱的形式要件，如果不按照原《继承法》规定制定遗嘱，法律即不认可遗嘱的效力。原《继承法》的司法解释第三十五条规定只是指出，原《继承法》实施前订立的遗嘱，形式上稍有欠缺的可以补正，但从未规定原《继承法》实施后订立的遗嘱还可以补正，更难以解读出遗嘱形式欠缺可以通过其他证据补正的内容。

3.《民法典》实施后不符合法定形式的遗嘱一般认定为无效

随着《民法典》以及《〈民法典〉继承编解释（一）》的正式实施，上述规定已经完全失效。唯一保留的内容为《〈民法典〉继承编解释（一）》第二十七条规定："自然人在遗书中涉及死后个人财产处分的内容，确为死者的真实意思表示，有本人签名并注明了年、月、日，又无相反证据的，可以按自书遗嘱对待。"除此之外，遗嘱的形式都应当严格按照法律的规定进行审查。

北京市高级人民法院2018年6月11日通过的《关于审理继承纠纷案件若干疑难问题的解答》，其中即规定"未严格按照法律规定的形式要件作出的遗嘱，人民法院应认定无效"，"签署日期不全的自书遗嘱应为无效。以遗书形式处分遗产的，如该遗书具备法律规定的自书遗嘱形式要件的，应认定有效"。

对于打印遗嘱的性质与效力，北京市高级人民法院认为："继承案件中当事人以打印遗嘱系被继承人自己制作为由请求确认打印遗嘱为有效自书遗嘱的，人民法院不予支持。但确有达到排除合理怀疑程度的证据表明打印遗嘱由被继承人全程制作完成，并具备自书遗嘱形式要件的，可认定为有效自书遗嘱。而对于打印遗嘱由被继承人以外的人制作的，应符合法律规定的代书遗嘱形式要件。"当然，随着《民法典》的颁布与实施，法律对于打印遗嘱的生效要件已经有了明确的规定，故各级法院将来在审判实务中，应当会在《民法典》的基础上作出相应的调整。

上海市第二中级人民法院针对"关于被继承人生前以《家庭协议》为名，书面明确其名下财产将由某一继承人继承，该《家庭协议》的效力应如何认定"的问题提出的裁判观点为："被继承人所写的《家庭协议》清晰明确表达出其过世后指定某一继承人继承其名下房产的意思表示，有其本人亲笔签名并注明年、月、日，在内容与形式上均满足自书遗嘱的法定要件，尽管在名称上与典型的自书遗嘱存在差别，但不影响该《家庭协议》作为自书遗嘱的效力，故对被继承人名下的遗产应按照该书面文件载明的内容处理。"①

---

① 上海市第二中级人民法院翁俊审判团队：《遗嘱继承类改发案件裁判要点》，载 http://www.360doc.com/content/21/0305/21/42415624_965369447.shtml，最后访问时间：2021年3月9日。

二、代书遗嘱

代书遗嘱，是由他人代书而产生的遗嘱，法律对代书人的要求较高。实践中，因为代书人资质及代书形式要求未满足而导致代书无效的情形较多。

（一）有效代书遗嘱的构成要件

有效的代书遗嘱应当具备四个要件：首先，需要有两个以上的现场见证人；其次，其中有见证人之一为代书人；再次，遗嘱上须标明年、月、日；最后，代书人、其他见证人和遗嘱人必须同时在遗嘱上签名。

代书遗嘱作为一种要式行为，上述四个要件缺一不可，不具备这四个要件的代书遗嘱就可能被判定无效。

（二）不符合代书遗嘱要件的遗嘱无效

1. 非遗嘱见证人代书的遗嘱无效

案例 5－21 王某、徐九某、徐令某等法定继承纠纷案

二审法院：黑龙江省哈尔滨市中级人民法院（2016）黑 01 民终 2171 号

再审法院：黑龙江省高级人民法院（2017）黑民申 352 号

案例主旨：非案涉代书遗嘱的见证人的代书行为无效。

本案双方当事人争议的主要问题是 2007 年 6 月 22 日，由徐令某代笔书写、见证人刘萌某和遗嘱人徐仲某签名的代书遗嘱是否有效。经法院查明，王某、徐令某、徐九某举证了一份落款日为 2007 年 6 月 22 日，遗嘱人徐仲某和见证人刘萌某签名的遗嘱。王某陈述遗嘱是由其二女儿徐令某代书。另一见证人李某华在遗嘱上的签名时间是 2013 年 1 月后补签的。徐令某的出生日期为 1992 年 12 月 13 日，2007 年时仅 15 岁。

法院认为，案涉代书遗嘱的代书人并非见证人，而是由遗嘱人的二女儿徐令某代书，王某、徐令某、徐九某主张李某华在见证人处的签名系 2013 年 1 月后补签的。法律上要求见证人须为完全民事行为能力人，须与继承遗产及遗产继承人均无利害关系。遗嘱人徐仲某的二女儿徐令某代书时，不满 15 周岁，属于限制行为能力人，且与本案有利害关系，不符合遗嘱见证人的条件。鉴于徐令某不是案涉代书遗嘱的见证人，其代书行为无效。本案代书遗嘱形成时间是

2007年6月22日。2013年5月22日，法院开庭前的证据交换中，只有一个见证人签名，另一见证人李某华签名的代书遗嘱系2013年1月后补签的。

综上所述，案涉代书遗嘱在证据交换中，只有一位见证人，但该见证人没有代书。李某华在遗嘱上后补签字也没有代书。因此，案涉代书遗嘱并不符合代书遗嘱的上述法定形式要件。

2. 继承人对遗嘱的真实性应尽注意义务

案例5-22 沈某与倪某1继承纠纷案

二审法院：浙江省嘉兴市中级人民法院（2018）浙04民终605号

再审法院：浙江省高级人民法院（2019）浙民再501号

案例主旨：遗嘱继承的情形，继承人系依据遗嘱主张遗产继承份额，故其对遗嘱的真实有效应负善良谨慎的注意义务。

再审法院认为，首先，二审认定案涉遗嘱不能作为讼争房产的继承依据显然不当。本案中，案涉遗嘱中明确载明："我死后，我名下归我所有的财产全部归我唯一的亲孙女倪某3继承。"显然上述遗嘱所称"我所有的财产"，既包括倪某宝在倪家塔4号的财产，也包括其因继承其子倪某2的遗产而所得的财产。因此，抗诉认为二审法院在未对案涉遗嘱的效力作出认定的情况下，直接将本案继承纠纷按法定继承处理属适用法律错误，理由成立。

其次，一审认定案涉遗嘱无效并无不当。公民可以依法立遗嘱处分个人财产，遗嘱是遗嘱人处分其合法财产及其他身后事宜的重要文件。遗嘱生效时，遗嘱人已经去世，其真实意思表示无法再向本人核实确认，故遗嘱的形式完备才能最大限度地保证遗嘱人的遗愿得以实现。法定的遗嘱形式有5种，不同形式遗嘱的形式要件不同。遗嘱是要式法律行为，法律上严格要求遗嘱形式，遗嘱订立时严谨完备才能有效保证遗嘱人的意思表示真实，具体可以根据遗嘱人的文化程度、身体状况等实际情况作相应切实可行的选择。其中自书遗嘱与代书遗嘱依法均应由遗嘱人签名，故在遗嘱人不会写字或无法签名的情况下，可以采取公证遗嘱或录音遗嘱等其他形式。

本案中，其一，双方当事人均确认倪某宝不会写字，故在其立遗嘱时应当可以选择公证遗嘱或录音遗嘱的形式以确保遗嘱的效力。事实上，根据沈某再审庭审后提交的（2010）盐证内字第0592号公证书，2010年3月22日在为明确拆迁安置新房的分户问题而签订拆迁安置分户协议时，沈某、陈某英与倪某宝即采用了公证方式。因此，沈某提供的案涉遗嘱，即使上面遗嘱人倪某宝的印章与指印属实，但因没有遗嘱人倪某宝的签名，倪某1认为该代书遗嘱形式上不符合法定有效条件的理由成立。其二，关于遗嘱代书人、见证人与继承人是否存在利害关系的问题。抗诉机关认为，俞某荣、吴某与倪某2、陈某以前系同一单位的同事，不属于与本案继承人倪某宝有法律上利害关系的人的范畴，符合作为遗嘱代书人、见证人的条件。法院认为，遗嘱代书人俞某荣、见证人吴某与倪某2生前系同一单位的同事，虽然与倪某宝的遗嘱处分没有直接的利害关系，但不排除两人因与倪某2曾经是“很谈得来”的同事而在主观上对其女儿沈某具有一定的倾向性，并非客观中立的遗嘱代书人或见证人有说服力的人选。在遗嘱继承的情形下，继承人系依据遗嘱主张遗产继承份额，故其对遗嘱的真实有效应负善良谨慎的注意义务。陈某系沈某的舅舅，对一份倪某1将因此丧失继承权利而沈某将因此受益的遗嘱，在明知遗嘱人不会写字签名的情况下，选择俞某荣作为遗嘱代书人、吴某作为遗嘱见证人，而未采用公证遗嘱或录音遗嘱等其他的法定形式，显然并未尽到善良谨慎的注意义务。

3. 继承人的同事属于利害关系人不能见证遗嘱

案例5-23 牛某1与宋某、牛某2遗嘱继承纠纷案

一审法院：北京市房山区人民法院（2018）京0111民初15890号

二审法院：北京市第二中级人民法院（2019）京02民终1542号

案例主旨：见证人是继承人的多年同事且遗嘱内容属于该继承人纯获利益，故法院认定见证人与继承人有利害关系。

一审法院认为，与继承人、受遗赠人有利害关系的人不能作为遗嘱见证人。本案中，牛某1提交的遗嘱在形式上属于代书遗嘱，但王某8、王某9、孙某8均为牛某1多年的同事，且内容属于牛某1纯获利益，属于见证人与继承人有利害关系的情形。且牛某1向法院提供的录像没有记录订立遗嘱的全部过程，没有明确向宋某9释明遗嘱内容，宋某9意识不清，未明确表达认可遗嘱内容，故该代书遗嘱不符合法律规定，遗嘱应为无效。对于宋某9的遗产分割应按照法定继承办理。

二审法院认为，本案中，王某9称，订立遗嘱时自己在后面，没有听清楚

宋某9如何处分财产，故其不符合见证人的条件。代书人王某8、见证人孙某8均称，与牛某1为多年的同事关系，立遗嘱时牛某1在场。根据牛某1提交的录像，牛某1未向宋某9宣读代书遗嘱的全部内容，宋某9对牛某1的问话也仅能回答“嗯”“啊”等语气词。一审法院综合考虑立遗嘱时宋某9的精神状态、见证人与牛某1的关系以及牛某1在场等因素，认定代书遗嘱无效，并无明显不当，故宋某9的遗产应当按照法定继承办理。最终二审法院维持了一审法院的判决结果。

三、打印遗嘱

（一）《民法典》颁布前对打印遗嘱的性质认定

《民法典》在第一千一百三十六条首次规定了打印遗嘱的生效要件。但在《民法典》实施之前，法院可能会将打印遗嘱视为立遗嘱人留下的遗书或遗言等，如果同时具备了：①内容上是对死后其遗产的处置；②形式上有本人的签名并注明年、月、日这两项必备内容，即使遗书或遗言不是亲笔书写的，在无相反证据的情况下也“可按自书遗嘱对待”。

因为该条并没有要求“遗书”必须是亲笔书写的，当然可以包括采用打印机制作的“打印遗嘱”。但是应注意，在以往的司法实践中，打印遗嘱要根据此规定认定为有效，必须具备一定的条件，即①确为死者真实意思的表示；②无相反证据；③仅仅是可按自书遗嘱对待。

1. 打印遗嘱不符合自书或代书遗嘱实质要件的无效

案例5-24 部某1、部某2、部某3与部某4遗嘱继承纠纷案

一审法院：湖南省长沙市开福区人民法院（2018）湘0105民初2331号

二审法院：湖南省长沙市中级人民法院（2018）湘01民终8294号

案例主旨：未有相关证据证明遗嘱的制作过程，法院无法确定遗嘱是否为被继承人的真实意思表示，故认定为无效。

法院认为，本案中，部某1、部某2、部某3、部某4均不知悉涉案《遗嘱》的制作过程。该《遗嘱》如为他人代为打印，为代书遗嘱，根据上述法律规定，该《遗嘱》不符合代书遗嘱的形式要件；如该《遗嘱》为部某本自行打印，则需证明其制作经过，而现未有相关证据证明该《遗嘱》的制作过程。故此，法院无法确定该《遗嘱》是否为郜某本的真实意思表示。虽郜某4提供了王某等人的证言，但该证人并未亲眼见证郜某本制作涉案《遗嘱》的过程，其证言无法证明涉案《遗嘱》系郜某本的真实意思表示。故郜某4诉称涉案《遗嘱》应认定为有效的主张，法院不予采纳。

在《民法典》颁布实施以前，原《继承法》对公证遗嘱、自书遗嘱、代书遗嘱、口头遗嘱、录音遗嘱等几种常见的遗嘱形式作出了明确规定，但尚未对打印遗嘱作出明确规定。根据以往的司法案例，打印遗嘱是一种由电脑文档经打印机而成的纸质文件，在撰写遗嘱电脑文档的过程中，若非立遗嘱人亲自操作，则会导致遗嘱被删改、编造等损害立遗嘱人权利的情形，所以在证明打印遗嘱效力时，需要附加更多能证明“遗嘱是由立遗嘱人亲自打印”的证据，才能证明打印遗嘱的效力是合法的。

2. 打印遗嘱符合“代书遗嘱”要件的应认定为有效

案例5-25 吴某1与冷某继承纠纷案

一审法院：河南省新县人民法院（2018）豫1523民初968号

二审法院：河南省信阳市中级人民法院（2019）豫15民终2411号

案例主旨：遗嘱虽为打印形式，但已构成代书遗嘱的形式要件，故法院认定遗嘱有效。

法院认为，官某某生前对其位于河南省的两间一层门面房立有遗嘱一份，该遗嘱虽然在形式上表现为打印遗嘱，不属于法定的遗嘱类型，但立遗嘱人意思表示的方式可以是多种多样的，官某某将自己拟制的遗嘱内容委托见证人代为书写成原稿，之后与其中一名见证人一起到打字行打印，打印件遗嘱的内容是官某某的真实意思表示，并由两个无利害关系的见证人现场见证并签字。官某某在订立遗嘱时具有完全民事行为能力，遗嘱上亦有官某某的亲笔签名，由此可见，该遗嘱虽为打印形式，但已构成代书遗嘱的形式要件，故法院认定该打印遗嘱有效。

由此可见，在《民法典》未确认打印遗嘱属于法定遗嘱方式前，主流审判观点认为，由他人代为打印的遗嘱，除有证据证明打印整个过程是由立遗嘱人本人完成的以外，由他人打印的遗嘱在本质上属于代书遗嘱。不满足“两位见证人”签字的要件，即使事后补签，也不符合代书遗嘱的相关要件，遗嘱无效。

3. 打印遗嘱因见证人未全程见证而无效

案例5-26 继承人代书遗嘱、见证人未全程见证导致遗嘱无效案

案例来源：2019年度江苏法院婚姻家庭十大典型案例之第九号案例①

案例主旨：打印遗嘱非立遗嘱人本人制作的应视为代书遗嘱，遗嘱打印的时间与签名时间不一致，见证人未见证遗嘱制作的整个过程，并不符合时空一致性的要求，且该遗嘱由继承人制作完成。故该遗嘱不符合代书遗嘱的形式要求，应属无效。

二审法院认为，孙甲提交的遗嘱为打印件且非孙某本人制作，应属代书遗嘱。代书遗嘱应当有两个以上见证人在场见证，并由其中一人代书，同时须有遗嘱人、代书人、其他见证人签名，并注明年月日，才是有效的代书遗嘱。本案中，遗嘱打印的时间与签名时间不一致，见证人未见证遗嘱制作的整个过程，并不符合时空一致性的要求，且该遗嘱由继承人孙甲制作完成。综上，该遗嘱不符合代书遗嘱的形式要求，应属无效。故判决撤销一审判决，驳回孙甲按该遗嘱继承的诉讼请求。

4. 打印遗嘱符合被继承人真实意愿的有效

案例5-27 孙某甲、孙某乙、孙某丙与王某某继承纠纷案

二审法院：湖北省武汉市中级人民法院（2012）鄂武汉中民终字第00723号

再审法院：湖北省高级人民法院（2014）鄂监二抗再终字第00022号

案例主旨：法律未明确禁止采取打印的方式订立遗嘱，法无禁止即允许。只要打印遗嘱是当事人的真实意思表示，且未违反法律、法规的强制性规定，都应当与时俱进地予以确认。

再审法院认为，遗嘱属于遗嘱人处分个人财产的单方民事法律行为。判定民事法律行为是否有效，主要看其是否违反了当事人的意思自治原则和法律、法规的强制性规定。只有民事法律行为违反了当事人意思自治原则或违反了法

① 参见《2019年度江苏法院婚姻家庭十大典型案例》，载江苏法院网，http：//www.jsfy.gov.cn/art/2020/03/10/66_99718.html，访问时间：2021年4月17日。

律、法规的强制性规定的民事法律行为才能确定为无效的民事法律行为。虽然法律规定自书遗嘱必须由遗嘱人亲笔书写，但该部法律的颁行是在20世纪80年代中期。当时电脑等信息技术并未普及，亲笔书写主要表现为笔墨手书，而科技发展到21世纪的今天，电脑打印已逐渐成为人们生活中的主要书写方式。书写方式的变化也导致了人们生活方式的改变，人们在生活中以电脑打印的方式订立遗嘱的情形普遍存在。无论是用电脑打印订立遗嘱，还是用笔墨手书订立遗嘱，只要是当事人的真实意思表示，且未违反法律、法规的强制性规定，都应当与时俱进地予以确认。不能因为书写方式的不同而轻易地否定打印遗嘱的有效性，况且法律也未明确禁止采取打印的方式订立遗嘱，对普通公民而言法无禁止即允许。因此，不能简单地认为打印遗嘱不是法律规定的自书遗嘱书写形式就认定打印遗嘱为无效遗嘱，而是应当结合遗嘱人的民事法律行为是否有效予以综合评定。本案中，孙某丁所立的第二份遗嘱，虽然是打印的，但从案件证据的表现形式和孙某丁的行为上看，法院认定第二份打印遗嘱确系孙某丁的真实意思表示，且未违反法律、法规的强制性规定，应为合法有效。原终审判决以孙某丁的第二份遗嘱不符合法律列举的几种遗嘱的形式要件为由，认定打印遗嘱无效属于适用法律错误。

5. 打印遗嘱并非法定遗嘱形式应属于无效

案例5－28 李某与王某某等四人继承纠纷案

案例来源：青岛市中级人民法院2015年度通报涉老维权十大典型案例之第六号案例①

案例主旨：打印遗嘱不属于法定的遗嘱形式，不为我国法律所承认。

法院认为，打印遗嘱不为我国法律承认。原告李某与王某于2006年结婚，双方均系再婚，王某于2013年去世，四被告系王某与前妻婚生子女。原告提交打印遗嘱一份及日记一篇，证明被继承人将涉案房屋处分给原告所有。四被告对上述证据均不予认可，提出父亲吩咐后事时，并未提到涉案房屋给原告，且遗嘱上载明的时间是父亲在ICU抢救的时间。本案的法官从法理、情理、事理等方面给各方当事人做工作，最终促使本案调解结案。青岛中院在这一案例中

① 参见《青岛公布涉老维权十大案例》，载青岛新闻网，http：//news. qingdaonews. com/qingdao/2015－10/20/content_ 11312966. htm，最后访问时间：2020年11月2日。

指出，自书遗嘱由遗嘱人亲笔书写，以机器打印方式印刷的遗嘱不为我国法律承认。

6. 打印遗嘱法律效力的司法审查要点

（1）打印遗嘱的来源

一般来说，从遗嘱人身边或居住地发现的打印遗嘱在证据效力上要高于非遗嘱人所持有的遗嘱，无利害关系人持有的打印遗嘱在效力上要高于继承人持有的遗嘱。

（2）意愿一致性审查

如果有证据证明打印遗嘱所记载的意思表示与遗嘱人生前的意思表示或者具体行为存在明显出入，打印遗嘱的证明效力或会因此而降低。

（3）遗嘱的形式审查

依据常理，遗嘱人都会在打印好的遗嘱上亲笔签上自己的姓名和日期，只有形式完整、意思表示明确、具有立嘱人真实落款签名的打印遗嘱才具有遗嘱的效力。

（4）结合其他检材鉴定

打印遗嘱因遗嘱人亲笔书写的痕迹较少，不排除利害关系人签名伪造遗嘱的可能性。因此，可利用立遗嘱人亲笔签名的信件、手稿，以及在相关工商、税务、房产机关留有的签字样本进行对比鉴定，以证明打印遗嘱为本人所签的一致性结论。

（二）《民法典》关于“打印遗嘱”的认定要件

2021 年 1 月 1 日《民法典》正式生效，其中第一千一百三十六条明确规定打印遗嘱成为我国法定遗嘱形式的一种。通过该法条可以看出，打印遗嘱既不属于自书遗嘱的“特别形式”，也不属于代书遗嘱。《民法典》对于打印遗嘱的生效要件规定得非常明确，即“应当有两个以上见证人在场见证。遗嘱人和见证人应当在遗嘱每一页签名，注明年、月、日”。对此可以从以下几个方面进行考量。

1. 打印遗嘱之“制作”

对《民法典》第一千一百三十六条作通常理解，打印遗嘱是使用电子设备书写电子文档后，通过打印机等设备输出书面文档，由遗嘱人和见证人完成签名、见证等程序而订立的遗嘱，但该条款并未对遗嘱的制作主体作出规定。

2. 打印遗嘱之“打印”

上述规定并未将立遗嘱人亲自操作打印这一环节，视为其意思表示过程的一部分。那么司法实践中是否允许立遗嘱人、见证人以外的人（如打印店人员、其他操作电脑的打字员等）完成遗嘱打印呢？这有待于未来的司法实践为我们揭晓。

3. 打印遗嘱之“过程”

打印整个过程的记录并保留适当的证据（如录音录像）是否需要作为打印遗嘱的要件，以防范文档被篡改等风险。

4. 打印遗嘱之“见证”

在遗嘱订立过程中，书写、打印、签名三种行为可能并非在同一场合完成，那么上述规定中要求的“两个以上见证人在场”的“场合”是否包括打印遗嘱形成的全过程，这也有待未来的司法实践为我们揭晓。

5. 打印遗嘱之“签名”

打印遗嘱要求遗嘱人和见证人在遗嘱的每一页上签名，注明年、月、日，这是打印遗嘱签名要式的特殊性，自书遗嘱及代书遗嘱均无此项要求。

2021 年年初，北京市第二中级人民法院对一起涉打印遗嘱继承纠纷案件作出终审判决，该案是《民法典》正式实施后该院适用《民法典》关于打印遗嘱的新规定审理的首例案件。法院在受理该案后发现，该遗嘱根据被继承人的要求打印而成，在被继承人签订遗嘱时有 2 名无利害关系的见证人在场见证。遗嘱全文仅有一页，被继承人及两名见证人均签字捺印，落款处注明了日期，并有录像予以佐证。合议庭认为，韩先生提交的遗嘱符合《民法典》第一千一百三十六条关于打印遗嘱的规定，应为合法有效。于是，合议庭对该案进行了改判，遵照打印遗嘱的内容对遗产进行处理，判决诉争房屋由韩先生一人继承。[①]

---

① 参见《二中院适用〈民法典〉判决首例打印遗嘱有效案》，载法制现场公众号，https：//baijiahao. baidu. com/s？ id = 1690529553008112876&wfr = spider&for = pc，最后访问时间：2021 年 2 月 7 日。

另外，根据《最高人民法院关于适用〈中华人民共和国民法典〉时间效力的若干规定》第十五条明确规定：“民法典施行前，遗嘱人以打印方式立的遗嘱，当事人对该遗嘱效力发生争议的，适用民法典第一千一百三十六条的规定，但是遗产已经在民法典施行前处理完毕的除外。”这就意味着，打印遗嘱无论是何时订立的，只要在遗产尚未处理完毕的案件中，均应当适用《民法典》的新规定来审查打印遗嘱的效力。但是，如果遗产已经处理完毕，不会因为《民法典》的实施而发生改变。

四、共同遗嘱

（一）共同遗嘱的法律概念

共同遗嘱是两人或两人以上共同订立的、具有一致意思表示的遗嘱，该遗嘱内容共同或相互关联。相互关联即一方系因对方设立特定内容的遗嘱，才相应地作出自己的遗嘱。常见的有以下几种：[①]

1. 指定型遗嘱

相互指定对方为继承人。如夫妻双方在共同遗嘱中约定若一方先去世，则其遗产由在世一方继承。

2. 共同指定型遗嘱

共同指定第三人为继承人或受遗赠人。如夫妻双方订立一份遗嘱，约定双方均去世后，遗产由子女继承。

3. 混合型遗嘱

上述两种情况都包括在内，如遗嘱人共同约定，后去世方继承先去世方的遗产，待遗嘱人均去世后由指定的第三人继承。

---

① 参见郭明瑞、房绍坤：《继承法》（第2版），法律出版社2004年版，第168页。

（二）共同遗嘱效力的审判观点

1. 共同遗嘱的法律效力

绝大多数共同遗嘱的立遗嘱人均为夫妻关系，共同遗嘱虽然没有出现在《民法典》继承编以及《〈民法典〉继承编解释（一）》的条文中，根据“法无禁止即自由”的理念，在没有法律明确禁止公民订立共同遗嘱的情况下，共同遗嘱也是遗嘱的一种，只要满足普通遗嘱成立生效的一般性要件即可。

2. 共同遗嘱的变更与撤销

夫妻共同遗嘱一旦生效，对夫妻双方具有约束力，不得随意变更。夫妻双方设立的共同遗嘱，可以由双方共同撤销或变更。夫妻一方死亡的，生存一方一般仅可以撤销或变更限于涉及自己个人财产部分的遗嘱，而无权撤销或变更涉及共同财产或另一方个人财产的部分遗嘱。

3. 共同遗嘱的生效时间

共同遗嘱作出后，在一方去世、另一方仍在世的情况下，继承人是否可以依据共同遗嘱主张继承呢？针对这个问题，实践中的判决意见不一。

（1）共同遗嘱中一方过世即发生继承

案例5－29 程某某与张某1、张某2、张3分家析产、遗嘱继承纠纷案

一审法院：上海市静安区人民法院（2016）沪0106民初20255号

案例主旨：共同遗嘱在形式、内容上均符合遗嘱的要件，应认定合法、有效。

法院认为，本案系争房屋虽登记在被继承人张某礼名下，但该房屋为被继承人张某礼与原告程某某的夫妻共同财产，故原告程某某享有1/2的产权份额，被继承人张某礼享有1/2的产权份额。被继承人张某礼与原告程某某于2014年6月15日所立遗嘱系共同遗嘱，该遗嘱在形式上、内容上均符合遗嘱的要件，遗嘱合法、有效。现原告及被告张某1、张某2一致同意由被告张某1、张某2按遗嘱平均继承属于被继承人张某礼的1/2的产权份额及被继承人张某礼名下的股权，于法有据，法院予以支持。

（2）共同遗嘱中一方过世继承并不开始

案例5－30 胡某与顾甲等法定继承纠纷案

一审法院：上海市徐汇区人民法院（2012）徐民一（民）初字第1206号

案例主旨：遗产的分割应在共同遗嘱的最后一个遗嘱人死亡后开始。

法院认为，本案的共同遗嘱的生效时间分为两个阶段，顾某某死亡，相互继承的内容生效，原告依遗嘱取得遗产；生存方死亡后，遗嘱才全部生效，被告顾甲、胡某某、顾乙、顾丙及已死亡的顾某依继承而取得遗产。鉴于共同遗嘱目前为相互继承的内容生效，原告要求继承顾某某对系争房屋享有的产权份额，也仅仅是过渡阶段，并不导致真正意义上的遗产分割，遗产的分割应在共同遗嘱的最后一个遗嘱人死亡后开始，故对原告要求继承并分割顾某某对系争房屋享有的产权份额的诉请，法院难以支持。

4. 一方自书共同遗嘱的效力

一方自行书写遗嘱、另一方仅签字的共同遗嘱，这种形式的共同遗嘱的效力如何呢？对于此问题，实践中的审判观点并不统一。

（1）共同遗嘱对双方均有效

实践中认定一方自书、双方签字或按指印的共同遗嘱有效的案例是比较多的，但也要综合案件的具体情况进行判断，法院最终是以真实意思表示的角度进行判断的。

案例5－31 何某1与何某2遗嘱继承纠纷案

一审法院：北京市海淀区人民法院（2015）海民初字第11711号

二审法院：北京市第一中级人民法院（2016）京01民终5752号

案例主旨：遗嘱确系被继承人夫妇的真实意思表示，而且鉴定结果也确认签字的合法有效性，遗嘱应依法有效。

法院认为，何某3、蔡某夫妇可以立遗嘱将个人财产指定由法定继承人何某2一人继承。2013年8月29日何某1的母亲蔡某亦向法院说明了何某3、蔡某夫妇立遗嘱的原因，即“我们之所以书下这份遗嘱，做出这样的决定，是我和老伴共同的想法，是因为我家的情况比较特殊，因为琐事总是有些不和，子女关系也不好，所以才立遗嘱，何某1对我和老伴一直不好，何某1都不告诉我他的电话，我老伴去世，我们根本无法通知他。遗嘱是1998年2月26日，我和老伴何某3立的。遗嘱是何某3书写的，其中的内容我本人同意，遗嘱是我和老伴签名按的指印”。何某1的母亲蔡某向法院陈述的立遗嘱的过程，足以说明该遗嘱确系何某3、蔡某夫妇的真实意思表示，也是何某3、蔡某夫妇的遗愿。关于遗嘱的效力问题，因何某1对遗嘱内容和何某3签名的真伪提出异议，法院审理中，经何某2的申请，依法委托某鉴定中心对遗嘱内容和何某3签名的真伪进行了鉴定，该鉴定结果经开庭质证后，合法有效。法院依据该鉴定结论，认定遗嘱有效，判决房屋由何某2继承，归何某2所有。

（2）共同遗嘱仅对自书方有效

案例5－32 陈某1与陈某2、张某某等遗嘱继承纠纷案

一审法院：上海市黄浦区人民法院（2013）黄浦民一（民）初字第7287号

二审法院：上海市第二中级人民法院（2015）沪二中民一（民）终字第1277号

再审法院：上海市黄浦区人民法院（2016）沪0101民再8号

案例主旨：共同遗嘱文书内容由一方继承人书写并由其签字符合自书遗嘱的条件，另一方仅在该文书下方签字既非自书遗嘱，亦不符合代书遗嘱的条件。

再审法院认为，2010年6月15日《对家庭今后事务的安排》一文，由陈某元书写并签名，阮某珍在文书下方签名，依照我国法律对成立遗嘱的构成要件，该文书内容由陈某元书写并由其签字符合自书遗嘱的条件，阮某珍仅在该文书下方签字既非自书遗嘱，亦不符合代书遗嘱的条件。故陈某元死亡后其遗产由遗嘱指定继承人继承，阮某珍死亡后其遗产由法定继承人继承。

为了防止出现这种情形，在订立共同遗嘱时，最好采取代书共同遗嘱、公证遗嘱或律师见证形式，如果仅由一方亲笔书写，也最好在遗嘱中增加相应认可条款，以强调非亲笔书写一方具有相同的真实意愿。

（三）地方法院对共同遗嘱的司法意见

1. 上海市高级人民法院的意见

2010年，上海市高级人民法院发布了《上海市高级人民法院民一庭民事法律适用问答》（2010 年第 3 期），其中第一条就“夫妻双方立下共同遗嘱后，其中一方是否有权单独撤销或变更遗嘱”的问题进行了规定：“夫妻共同遗嘱，是夫妻双方共同设立的，处分共同共有财产及其他事务的遗嘱。夫妻共同遗嘱的设立与执行，仍应遵守我国法律关于遗嘱的规定。夫妻双方设立的共同遗嘱，可以由双方共同撤销或变更。夫妻一方死亡的，生存一方仅可以撤销或变更涉及自己个人财产部分的遗嘱，而无权撤销或变更涉及共同财产或另一方个人财产的遗嘱部分。对夫妻双方约定不得撤销、变更的共同遗嘱、附条件的共同遗嘱，以及存在其他不适宜撤销、变更情形的共同遗嘱，夫妻一方不得单独撤销或变更。”

2. 北京市高级人民法院的意见

2018 年北京市高级人民法院发布的《关于审理继承纠纷案件若干疑难问题的解答》对夫妻共同遗嘱作出了相关规定。

其中第十九条规定：“以夫妻双方名义共同订立的处理夫妻共同财产的遗嘱，符合遗嘱形式要件的应为有效。当事人仅以遗嘱内容为一方书写，不符合代书遗嘱相关形式要件为由请求认定遗嘱无效的，人民法院不予支持。夫妻一方先死亡的，在世一方有权撤销、变更遗嘱中涉及其财产部分的内容；但该共同遗嘱中存在不可分割的共同意思表示，上述撤销、变更遗嘱行为违背该共同意思表示的除外。”

五、公证遗嘱

公证遗嘱是指由遗嘱人经公证机构办理的遗嘱，是我国法律规定的遗嘱形式之一。在《民法典》制定以前，我国原继承法赋予公证遗嘱优先于其他形式遗嘱的效力，同时如果需要撤回或变更公证遗嘱，也必须通过公证处才能办理。立遗嘱人本人无法通过其他方式撤回或变更公证遗嘱。《民法典》仅在第一千一百三十九条定义了公证遗嘱的法律形式，即《民法典》正式实施之后，公证遗嘱也和其他的遗嘱一样，仅为一种普通的遗嘱形式，遗嘱人可以通过重新订立任何形式的遗嘱的方式撤回、变更自己的遗嘱。但基于原《继承法》，公证遗嘱因其最高的效力，受到普罗大众的广泛接受，同时公证处在办理遗嘱的流程规范方面还是拥有无可替代的优势，即使在《民法典》实施之后，公证遗嘱依然是大多数人的首选。虽然公证遗嘱具有权威性，办理的流程通常也非常规范，但是司法实践中还是会出现公证遗嘱被撤销的情形，这种情况下法院通常会如何处理呢？

案例 5－33 陆某 1 与陆某 2、陆某 3 等遗嘱继承纠纷案

一审法院： 上海市普陀区人民法院（2019）沪 0107 民初 5637 号

二审法院： 上海市第二中级人民法院（2020）沪 02 民终 9702 号

案例主旨： 公证遗嘱被撤销后即失去了公证效力，公证人员与被继承人谈话的记录不符合代书遗嘱的形式要件，也没有相应的录音录像予以佐证，故不具有遗嘱效力。

一审法院认为，本案中，（2002）沪证字第 167 号公证书被撤销，其所公证的遗嘱也随之失去公证效力。本案需要考量的是被继承人在办理公证遗嘱时形成的其他材料（包括该份公证书所公证的遗嘱、《遗嘱公证申请表》、手写遗嘱、谈话笔录）是否符合法律规定的其他遗嘱形式。首先，关于公证书公证的遗嘱，其形式属于打印件，仅有立遗嘱人的签名，不符合任何遗嘱要件，对于陆某 1 主张该遗嘱系代书遗嘱的意见一审法院不予认可。其次，《遗嘱公证申请表》、自书遗嘱的内容均由陆某 1 书写，不符合自书遗嘱的形式。最后，关于谈话笔录，虽然谈话笔录确是两名公证处的工作人员和被继承人谈话过程的记录，但问答的形式并不符合代书遗嘱的形式要件，也没有相应的录音录像予以佐证，难以认定其遗嘱效力。故本案遗嘱公证书被撤销后，相应材料均不符合法律关于遗嘱要件的规定，本案应根据法定继承处理。

二审法院认为，遗嘱作为一种特殊的民事法律行为，是一种单方民事法律行为，具有死因性、要式性。为确保遗嘱人真实意思表示的实现，法律对遗嘱形式进行了严格的规定。谈话笔录不符合法律规定的任何一种遗嘱形式要求，且无其他客观证据佐证或足以印证被继承人单某某的真实意思表示，《遗嘱公证申请表》、自书遗嘱的内容均由陆某 1 书写。一审法院亦对公证遗嘱订立过程中的相关材料一一分析认定，认为遗嘱公证书被撤销后，相应材料均不符合遗嘱形式要件，故对本案所涉遗产按照法定继承，并结合双方当事人对被继承人单某某的照顾、赡养情况进行酌情分配。

六、遗嘱的律师见证

（一）律师办理遗嘱见证的常见问题

1. 代书遗嘱不符合法律规定的形式要件

部分律师未按规定履责，律师作为代书人和见证人未在遗嘱中签字却在另行制作的见证书上签字。律师此种做法的本意在于加强遗嘱的规范性，但实质上违反了遗嘱的法定形式要件要求。

2. 高龄老人自立遗嘱缺乏必要的辅助证明

部分律师在见证过程中没有进行同步录音录像，或者有同步录音录像但因保存不当而遗失，导致当事人在诉讼中对立遗嘱人订立的遗嘱真实性、立遗嘱时的行为能力提出质疑，增加了律师见证遗嘱的复杂性。

3. 律师作为见证人与诉讼代理人身份重合

部分律师本身属于代书人或者见证人，但同时又作为当事人的诉讼代理人出庭应诉，违反了2019年修订后的《最高人民法院关于民事诉讼证据的若干规定》第七十二条关于证人不得旁听法庭审理的规定，实质性地影响了法院对遗嘱真实性的审查。

（二）律师办理遗嘱见证的建议

1. 严格按照法律规定的形式要件

根据《民法典》等相关法律的规定，应由代书人代书，由其他见证人和遗嘱人签名并注明日期，以确保代书遗嘱形式要件的合法性，维护立遗嘱人的合法权益。法院在办理此类案件时，应加强对代书遗嘱形式要件的审查工作，严格按照法律规定对代书遗嘱的形式效力作出认定。

2. 遗嘱见证应做好同步录音录像工作

律师在接受当事人委托进行遗嘱见证时应同步录音录像，并对录音录像材料妥善保管，注意订立遗嘱过程中同步录音录像的完整与连贯，以便当事人在诉讼中对立遗嘱人订立的遗嘱真实性、立遗嘱时的遗嘱能力提出质疑时，对书面遗嘱内容进行佐证。

3. 代书人或见证人不宜再为诉讼代理人

在律师作为被继承人代书遗嘱的代书人或见证人时，继承人之间就遗嘱产生争议的，见证律师应作为证人出庭作证，还原事实真相，此时律师不宜再作为诉讼代理人全程参与诉讼。法院在审理此类案件时，应加强程序审查，避免律师既作为诉讼代理人又作为证人身份参加庭审。

4. 律师在见证过程中应向立遗嘱人释明风险

律师在担任遗嘱见证人的过程中，应当从职业和专业的角度向遗嘱人释明风险，比如立遗嘱人只能处分属于自己的财产。但这样的释明是否会被认为是对遗嘱人的引导，对此，上海市第二中级人民法院认为：① “律师见证的代书遗嘱中，律师所述的沟通内容属风险释明还是刻意引导应综合全案区分认定。在审查时应注意，风险释明应具备以下特征：第一，代书遗嘱订立过程时，律师与遗嘱人沟通的内容系尊重遗嘱人的真实意思表示，由遗嘱人明确表示其财产由谁来继承，全程未出现意思反复或矛盾之处。第二，沟通内容系从法律专业角度出发，目的为避免所代书遗嘱存在内容上的欠缺或不完备导致无效，提示遗嘱人考虑全面。第三，如条件允许，应有录音录像等其他形式的证据对遗嘱内容予以佐证。”

（三）律师办理遗嘱见证无效的原因

根据《民法典》《律师见证业务工作细则》等相关法律文件，参照《遗嘱公证细则》以及北京、上海、深圳等各地公证处对于遗嘱公证的要求，我们认为律师在办理遗嘱见证时如果没有注意以下几个方面的内容，很可能会导致遗嘱见证无效。

1. 缺少 2 名无利害关系的律师在场见证

律师办理的遗嘱见证实际上就是一种代书遗嘱，因此需要根据《民法典》

---

① 上海市第二中级人民法院翁俊审判团队：《遗嘱继承类改发案件裁判要点》，载 http：//www.360doc.com/content/21/0305/21/42415624_965369447.shtml，最后访问时间：2021 年 3 月 9 日。

第一千一百三十五条的规定，应当有两个以上见证人在场见证。其中一人还应当为遗嘱的代书人。同时参与遗嘱见证的律师不能与被继承人、继承人以及受遗赠人有任何的利害关系。《律师见证业务工作细则》进一步规定律师不得办理与本人、配偶或本人、配偶的近亲属有利害关系的见证业务。因此，律师在办理遗嘱见证业务时务必要遵守这些规定。

上海某律所正是因为在为遗嘱人提供遗嘱见证服务时仅指派一名律师到场见证，导致遗嘱人去世后订立的遗嘱因为不符合遗嘱继承的法定形式要件而被法院认定为无效，法院后判令该律所赔偿遗嘱继承人40余万元的损失。北京某律所也曾由于相同原因被法院判令赔偿遗嘱继承人10余万元。

2. 未确认遗嘱人民事行为能力或签名能力

《民法典》第一千一百四十三条第一款规定："无民事行为能力人或者限制民事行为能力人所立的遗嘱无效。"《遗嘱公证细则》规定，公证处应当确认遗嘱人身份属实，具有完全民事行为能力。律师在提供遗嘱见证服务时，应当首先确认立遗嘱人的身份以及遗嘱人具有完全民事行为能力，并且应当在律师见证书中注明。如果律师对遗嘱人的民事行为能力存在疑惑，为了降低自己的风险，可以要求遗嘱人提供相应机构开具的证明，并在相关的文件中注明"遗嘱人承认自己在订立本遗嘱时为完全民事行为能力人"，由遗嘱人签字确认。在一些涉及高龄老人订立遗嘱的案件中，律师未要求立遗嘱人提供相应的医院证明文件，未对立遗嘱人是否具有完全民事行为能力尽到谨慎审查评判义务，缺乏对遗嘱效力的专业评估，导致当事人在后续纠纷中对立遗嘱人的遗嘱能力存在争议，也给法院审理案件带来了困难。

广东某律所指派的律师在做遗嘱见证时，因为在没有事先确认遗嘱人身份等多个程序上存在问题，导致遗嘱被法院判决无效而赔偿了遗嘱继承人10余万元的经济损失。

律师对当事人的书写能力把关不严也是要注意的问题。个别遗嘱案件中，律师在未充分核实当事人是否具有书写能力时，要求当事人以捺印替代签名，当事人在诉讼中又提供了立遗嘱人的签名文件，导致这些遗嘱因不符合形式要件而被认定无效。

3. 会见立遗嘱人时并未制作谈话笔录

《律师见证业务工作细则》规定，律师与申请见证的当事人谈话，应当制作笔录。我们认为制作谈话笔录可以在很大程度上减少潜在风险，主要记录内容可以为：（1）遗嘱人的身体状况、精神状况；（2）遗嘱人家庭成员情况；（3）遗嘱所处分财产的情况；（4）遗嘱人之前是否订立过遗嘱；（5）遗嘱人未提供遗嘱或者遗嘱草稿的，应当详细记录其处分遗产的意思表示；（6）是否指定遗嘱执行人并提供遗嘱执行人的基本情况等。制作好的谈话笔录要让遗嘱人阅读，遗嘱人无异议后，遗嘱人及2名见证律师均应当在笔录上签名。

4. 意思表示不真实或遗嘱内容不合法

《律师见证业务工作细则》规定，律师应审查客户的意思表示是否真实及所要求见证的事项是否合法。在此主要说明律师要注意遗嘱的内容是否合法。因为律师与遗嘱人签订的是有偿委托代理合同，故律师理当充分运用自己的专业知识和技能帮助客户判断遗嘱的内容是否合法，如果出现遗嘱违反法律强制性规定而被法院判定无效的情形，律师及其所在律所很难不承担赔偿责任。

5. 相关证明材料存在缺陷甚至瑕疵

《律师见证业务工作细则》规定，律师应审查客户提供的证明材料和其他文件是否具有真实性、合法性、完整性和有效性。如对遗嘱中涉及的房产，律师应要求遗嘱人提供相应的房产证、购房合同等材料，涉及的车辆，应当要求遗嘱人提供相应的汽车行驶证、购车合同等材料。为了防范风险，律师还可以要求客户提供所涉财产有无质押、抵押的证明或者在谈话笔录中记录相关事宜。

北京某律所就曾经因为遗嘱人所立遗嘱中的一套房产涉及几个共有人，导致法院判定遗嘱涉及他人财产部分的条款无效，于是遗嘱继承人起诉至法院要求律所赔偿其损失30余万元。

6. 见证书的时间和地点等细节有误

《律师见证业务工作细则》规定，律师应当在见证书中注明时间。我们提醒各位律师在见证书中所列的时间和地点一定要准确无误，否则可能会导致遗嘱存在不真实的情况而被法院判处无效。

北京某律所的律师在为遗嘱人提供见证服务时，将订立医院的名称“北京市××区××中医肿瘤医院”写成了“北京市××肿瘤医院”，加之其他几个程序中的问题，被法院判定遗嘱无效。该律所为此向客户赔偿了20余万元的经济损失。

7. 律师见证书的签名存在瑕疵

《民法典》第一千一百三十五条规定，代书遗嘱应由遗嘱人、代书人和其他见证人签名，注明年、月、日。《律师见证业务工作细则》规定，见证律师应在见证书上签字，并由律师事务所盖章。现在有很多律师有刻有自己名字的文书专用章，虽然专用章使用起来省时省事，但是文书专用章并不具有法律意义上本人亲笔签字的效力，不一定符合法律或规范的要求，故在律师见证书上，律师应当亲笔签字。

作为代书人的律师本人并未签署姓名，代书人仅表述为“某律师事务所”或“某法律服务中心”，导致在案件审理中，法院对代书人的确定存在困难，该签名不符合法律中关于代书遗嘱形式要件的规定。

广东某律所在为遗嘱人提供见证服务时，其中一名见证律师仅在见证书上加盖了文书专用章而没有在上面签名，从而被法院判定该遗嘱无效。该律所为此付出了10余万元的代价。

8. 遗嘱见证过程未全程录音录像

虽然法律没有对此明文规定，但《遗嘱公证细则》对遗嘱公证的几种情形规定公证员要进行录音或录像。我们认为现在科技手段已经十分发达，通过录音、录像的方式将整个见证过程通过视听资料的方式保存下来，将来发生任何争议，录音、录像均可以在一定程度上还原事实，降低律师的执业风险，因此建议各位律师在进行遗嘱见证时进行全程录音、录像。

第三节 涉外继承

一、涉外继承的管辖及遗嘱效力

（一）涉外继承的法律依据

2011年4月1日起施行的《涉外民事关系法律适用法》第四章规定了涉外

继承的相关内容。

1. 涉外法定继承

《涉外民事关系法律适用法》第三十一条规定，法定继承，适用被继承人死亡时经常居所地法律，但不动产法定继承，适用不动产所在地法律。根据《涉外民事关系法律适用法司法解释（一）》第十五条的规定，自然人在涉外民事关系产生或者变更、终止时已经连续居住一年以上且作为其生活中心的地方，人民法院可以认定为涉外民事关系法律适用法规定的自然人的经常居所地，但就医、劳务派遣、公务等情形除外。

2. 涉外遗嘱继承

《涉外民事关系法律适用法》第三十二条规定，遗嘱方式，符合遗嘱人立遗嘱时或者死亡时经常居所地法律、国籍国法律或者遗嘱行为地法律的，遗嘱均为成立。第三十三条规定，遗嘱效力，适用遗嘱人立遗嘱时或者死亡时经常居所地法律或者国籍国法律。第三十四条规定，遗产管理等事项，适用遗产所在地法律。第三十五条规定，无人继承遗产的归属，适用被继承人死亡时遗产所在地法律。

（二）涉外继承的司法案例

1. 涉外遗嘱对中国境内不动产的继承

案例5－34 钱某勇与S某（陈某雄）继承纠纷案

一审法院：广东省惠州市惠阳区人民法院（2016）粤1303民初3912号

二审法院：广东省惠州市中级人民法院（2019）粤13民终2326号

案例主旨：在中国境外订立的遗嘱效力在按照《涉外民事关系法律适用法》确定适用的法律后，只要符合该法律的就应当有效。夫妻一方以要求另一方尽扶养义务为目的而向其赠与婚前财产，双方就此签署的《夫妻约定书》应被认定为《遗赠扶养协议》，若受遗赠方未尽《夫妻约定书》约定的义务，无权依据《夫妻约定书》主张继承遗产。

法院认为，本案系涉外继承纠纷。本案双方当事人纷争的标的物为不动产，本案不动产均位于中华人民共和国境内，分别位于广东省惠州市和深圳市，因此，法院具有管辖权，而且本案适用中华人民共和国法律。

本案两份遗嘱均是被继承人陈某生在美国纽约州所立且陈某生在美国纽约州死亡。根据《涉外民事关系法律适用法》第三十二条、第三十三条的规定，本案对于遗嘱的效力认定应当适用美国纽约州的法律，双方当事人对此意见一致。根据双方当事人提供的法律版本，虽然条文的翻译内容在文字表述上略有不同，但是对遗嘱的生效都要求“1. 遗嘱采用书面形式，2. 遗嘱的最后应当有立遗嘱人的签名，3. 至少有 2 个见证人见证立遗嘱人的签名”。本案中，陈某生所立两份遗嘱内容基本一致，经查第二号遗嘱立于 2015 年 9 月 2 日上面有陈某生本人签名，立遗嘱时具有美国公证人资格的潘某仁律师和谢某、柯某琳三人在场见证并署名，该遗嘱有美国纽约州州政府的印章和该州副州务卿的签名，已经中国驻纽约总领事馆的领事认证，遗嘱的方式符合当地法律的规定，该遗嘱内容合法有效，应当作为处理死者遗产的依据。

关于陈某生与钱某勇签署的《夫妻约定书》，应认定为陈某生与钱某勇签订的遗赠扶养协议。该协议书内容显示，陈某生将房产作为与钱某勇共同财产的前提是“只要我的妻子钱某勇保证积极关怀爱护我，恪守相关法律法规和伦理道德，与我恩爱一辈子并照顾我的晚年生活”。陈某生与钱某勇两夫妻的年龄相差悬殊，双方结婚时，陈某生已 79 岁，陈某生作为一个老年人，体弱多病，亟须他人的照顾和关心，为此，陈某生将婚前财产无偿给予妻子钱某勇的目的，是维系、巩固乃至增进夫妻间的情感，以构造幸福的夫妻生活。陈某生表示只要钱某勇对其悉心进行照顾，尽到扶养义务，其不惜将本人婚前财产中的一套房产的一半赠与钱某勇，以上约定含有道德义务的赠与的性质，赠与的前提即是钱某勇需要尽到扶养照顾的义务，其实在夫妻结婚初期陈某生和钱某勇的关系也是融洽的；然而钱某勇作为陈某生的妻子，在夫妻关系后期特别是陈某生生病时疏远他，甚至离开陈某生在美国的居所，没有履行照顾和关心陈某生的义务，甚至不知陈某生死亡的情况，也没有参加死者的葬礼，其没有履行《夫妻约定书》中约定的义务，双方缔结该约定的基础已经不复存在，况且陈某生在生前订立遗嘱时均未提到赠与钱某勇房产的事实，结合陈某生向纽约州最高法院提起废除与钱某勇的婚姻关系诉讼的事实，我们有理由相信其撤回了对钱某勇的赠与。夫妻间有互相扶养义务，鉴于本案钱某勇没有尽到扶养义务，因此，钱某勇其无权依据《夫妻约定书》主张对该套房产主张权利。退一步而言，假如反诉原告所称《夫妻约定书》属于夫妻关系存续期内对财产的约定有效的话，因为该财产约定没有变更登记，也没有交付，在发生继承的事实时，该约定无法对抗继承人对遗产的继承。

2. 外籍人在中国境内遗产的继承

案例5-35 D某（吴某3）、Y某（赵某1）与J某（吴某4）、高某、吴某1、吴某2继承纠纷案

一审法院：北京市海淀区人民法院（2015）海民初字第43956号

二审法院：北京市第一中级人民法院（2019）京01民终5350号

案例主旨：外籍人在境外订立的遗嘱只要被认定有效，则继承人可以依据该遗嘱继承该外籍人在中国境内的遗产。

二审法院经审理后就本案遗嘱是否有效的问题展开了如下论述。

（1）对遗嘱争议问题的“识别”

作为可能适用域外法进行裁判的涉外案件，首先必须依据一定的法律观点或法律概念，确定案件争议的有关事实的性质是什么，从而才能确定到底应援引何种冲突规范确定准据法。该过程即国际私法中的“识别”或“定性”问题。

本案中，上诉人吴某3和赵某1认为，本案涉及的两份遗嘱不是不生效，而是依据澳大利亚新南威尔士州法律以及司法机构文件的规定，《遗嘱》只对本州境内的遗产有效，对于境外的遗产，如果国家之间有协议的，应该另行订立国际遗嘱或者是遗产所在地国家的遗嘱。所以，在澳大利亚新南威尔士州订立的遗嘱不能对处于中国境内的不动产发生效力。吴某3和赵某1援引新南威尔士州《2006年继承法》第五十条第二项之规定予以说明。该条款规定：如果以新南威尔士州境外的法律执行一个遗嘱，则该法律中“某类立嘱人必须遵守特别手续或遗嘱证人必须具备某些资格”的要求应仅被视为程序要求，而无论是否有任何相反的法律规定。因此，本案应该适用中国法处理。从国际私法理论的角度分析吴某3和赵某1的上述观点可知，二人的主张实质上是，如果在新南威尔士州境内订立的一份遗嘱处分了境外财产，那么遗嘱的该部分内容无效，故应适用财产所在地的中国法律按照法定继承原则处理。这与吴某3、赵某1反复强调的一审判决混淆了中澳两国的司法管辖权的观点是一致的。因而，吴某3、赵某1提出的该项异议，法院识别为如下问题，即本案所涉遗嘱是否有效。

众所周知，我国法律并不承认国际私法中“反致”和“转致”制度，如果依据我国的冲突规范必须适用澳大利亚国法律，那么就必须适用其实体法解决遗嘱是否有效的问题，而无论该国是否存在冲突规范以及冲突规范所确定的准据法为何。

（2）案件应适用的准据法

依据《涉外民事关系法律适用法》第三十三条、第五十一条之规定，遗嘱效力，适用遗嘱人立遗嘱时或者死亡时经常居所地法律或者国籍国法律。本案现有证据以及当事人陈述可以证实，被继承人吴某5、赵某2属于澳大利亚国公民，死亡地点为澳大利亚新南威尔士州，因此，依据上述冲突规范，本案应该适用澳大利亚国法律确定遗嘱效力。同时，依据《涉外民事关系法律适用法》第六条的规定，涉外民事关系适用外国法律，该国不同区域实施不同法律的，适用与该涉外民事关系有最密切联系区域的法律。澳大利亚各州有不同的法律体系，因吴某5、赵某2居住地、死亡地均为澳大利亚新南威尔士州，故确定最密切联系区域的法律为新南威尔士州继承法律规范。经法院询问，双方当事人对上述法律规范的适用无异议。诉讼中，吴某4向法院提供了经公证认证的新南威尔士州《2006年继承法》，吴某3、赵某1对该法案的真实有效性不持异议，故本案的具体准据法应确定为该法案。

（3）遗嘱的效力问题

依据《涉外民事关系法律适用法》第九条之规定，涉外民事关系适用的外国法律，不包括该国的法律适用法。该条款直接排除了国际私法中的“反致”和“转致”制度。因此，本案争议应根据新南威尔士州《2006年继承法》确定该遗嘱的效力。法院在审理过程中反复询问上诉人吴某3、赵某1该法案或其他法案中是否有明确规定，即当新南威尔士州的遗嘱涉及境外财产时，该遗嘱或该部分财产处理无效。吴某3、赵某1未能提供准确的法律依据。经审查，该法案中对本案争议问题确无明确的规定。吴某3、赵某1援引的法案第五十条第二项的前提是“如新南威尔士州之外的法律适用于某遗嘱”，而本案是需要适用新南威尔士州的法律规范，因此，该条款在本案无可适用性。同时，依据该法案第四条对遗嘱可处分的财产的规定，第五条立遗嘱的年龄规定以及第六条其他形式要件的规定等，本案所涉遗嘱并未违反上述法律规定，故应属合法有效。

另外，吴某3、赵某1在二审审理中认为，在新南威尔士州处理遗嘱案件，除了必须具有《遗嘱》外，还需要向法院提供《财产清单》并由司法机关进行

《遗嘱认证》，三者缺一不可，而本案吴某4提供的财产清单中并不包含本案涉案房屋。根据新南威尔士州高等法院规定，如果死者在新南威尔士州境内没有财产，则不会授予遗嘱认证，因此，吴某4存在欺骗法院的行为，该遗嘱应属无效。法院认为，依据吴某3、赵某1提供的翻译文件内容，遗嘱认证是新南威尔士州最高法院作出的一项法院命令，该命令确认死者的遗嘱是有效的，并允许遗嘱执行人按照死者的遗嘱所述分配财产。从该文件的表述并结合上述法案分析，遗嘱认证只是一种确认效力的程序，而非遗嘱有效的必要条件，因为法案中未规定只有经过司法认证，遗嘱方为有效。一审庭审中，双方也认可遗嘱一经订立即发生法律效力，当地高级法院的认证仅是遗嘱执行的依据。因此，财产清单是否包含涉案房屋，新南威尔士州最高法院对本案的遗嘱认证是否准确，都不涉及遗嘱本身的效力认定。

再者，吴某3、赵某1在诉讼中陈述的因遗嘱订立时间久远需要更新遗嘱以及应订立国际遗嘱等理由，均不属于该法案的强制性规定，亦不涉及遗嘱效力认定。

综上所述，吴某3、赵某1关于遗嘱无效，应该适用中国法处理的意见，欠缺相应的法律依据，法院不予支持。

3. 中国境外所立遗嘱的法律适用

案例5－36 任某、宁某甲等与宁某乙、宁某丙、宁某丁继承纠纷案

一审法院：陕西省西安市莲湖区人民法院（2014）莲民初字第00945号

二审法院：陕西省西安市中级人民法院（2015）西中民一终字第00171号

案例主旨：遗嘱效力的认定若适用中国法律、但不符合代书遗嘱生效条件，应认定被继承人在境外所立遗嘱无效，只能按法定继承办理。

法院查明，宁某在加拿大所立的遗嘱是一份全英文打印的书面遗嘱，由宁某本人亲笔签名（英文签名），经加拿大本地两位见证人亲笔签名、公证员公证并亲笔签名。另附有翻译成中文的遗嘱及誓言书（以确认中英文翻译无误），以及安大略省政府服务部部长的签字（以证实誓言书的真实性）、中国驻多伦多领事馆的认证、两位见证人的书面陈述（以证实其以见证人的身份在该遗嘱上签字）。

二审法院认定，被继承人生前在加拿大多伦多订立的遗嘱根据加拿大安大略省法律成立，但其效力应适用中国法。根据《涉外民事关系法律适用法》第

三十二条的规定，认定此份遗嘱依据遗嘱行为地法律成立；但是，根据《涉外民事关系法律适用法》第三十三条的规定，须依据遗嘱人的经常居住地或国籍国法，判定此份遗嘱是否有效。宁某生前为加拿大永久居民、中国公民，法院最终适用中国法作为判定遗嘱效力的准据法。

原《继承法》规定："代书遗嘱应当有两个以上见证人在场见证，由其中一人代书，注明年、月、日，并由代书人、其他见证人和遗嘱人签名。"因此，代书遗嘱应当有两个以上见证人在场见证，并且由其中一人代书。本案中遗嘱人在加拿大所立的遗嘱虽也有两个见证人在场见证，但两位见证人均未代书，不符合中国法律项下代书遗嘱的法定构成要件，因此法院判决认定该遗嘱无效。

4. 外国法查明对遗嘱效力的影响

案例5-37 周某1、王某某、张1与周某2、张某2遗嘱继承纠纷案

一审法院：上海市静安区人民法院（2015）静民一（民）初字第1476号

二审法院：上海市第二中级人民法院（2017）沪02民终1359号

再审法院：上海市第一中级人民法院（2019）沪01民申429号

案例主旨：遗嘱人订立遗嘱时已为美国公民，经常居住地在美国纽约州，故遗嘱是否成立以及是否有效均应适用美国纽约州法律。

一审、二审法院均认定遗嘱（美国纽约所立）的效力判定应适用美国纽约州法律，然而对于《纽约州遗产、权力和信托法》下遗嘱形式要件的规定，两级法院却作出了截然不同的认定结果。

一审法院认为，关于2002年5月3日《周某萍的最后遗嘱》是否有效，张某玉、周某1认为应适用《纽约州遗产、权力和信托法》，包括但不限于第3-1.1款和第3-2.1款，并向法庭提供了这两款法律。周某2认为《周某萍的最后遗嘱》并不符合美国法的规定，应归于无效，即便如张某玉、周某1所述适用《纽约州遗产、权力和信托法》第3-1.1款和第3-2.1款，《周某萍的最后遗嘱》也不符合法律规定的形式要件。在第3-2.1款（4）中，遗嘱有效要求至少有2名见证人在30天内认证立遗嘱人的签名，而《周某萍的最后遗嘱》周某萍的签名时间为2002年5月3日，2名见证人的认证时间为2002年6月3日，已经超过了30天的规定。法院认为，对于《周某萍的最后遗嘱》的认证时间确实已经超过了《纽约州遗产、权力和信托法》规定的30天，故2002年5月3

日《周某萍的最后遗嘱》不符合其提供的美国纽约州法律的规定，应归于无效。

二审法院认为，2002年5月3日《周某萍的最后遗嘱》构成成立之遗嘱的事实，不因上诉人认可与否而改变，更何况受限于对美国纽约州法律及语言文字的理解差异，上诉人对2002年6月3日《立遗嘱人（最后遗嘱）》予以认可的真实意思仍在于主张周某萍于2002年重新订立了一份有别于1990年遗嘱内容的遗嘱，故法院综合分析后确认，华东政法大学外国法查明中心提供的《法律意见书》中关于《纽约州遗产、权力和信托法》如何理解的内容，与本案具有关联性，应当予以采纳。根据该中心提交的《法律意见书》，有关判例和《纽约州遗产、权力和信托法》均显示，30天的要求是指两位见证人见证并签字的时间间隔，并非指见证人签字与立遗嘱人签字的时间期限。上诉人提交的两份公证材料均显示，两位见证人MAYHONG与CHING－WANFU系在彼此在场的情况下完成见证签字，故《周某萍的最后遗嘱》的认证时间并未超过《纽约州遗产、权力和信托法》规定的30天。故二审法院认定2002年5月3日《周某萍的最后遗嘱》为有效。

由此可见，一审、二审法院均认定，由于遗嘱人订立2002年5月3日《周某萍的最后遗嘱》时已为美国公民，经常居住地在美国纽约州，因此，2002年5月3日《周某萍的最后遗嘱》是否成立以及是否有效均应适用美国纽约州法律。一审及二审法院均认为，遗嘱形式并未违反美国纽约州法律的成立，应认定为遗嘱成立。

关于是否符合“遗嘱形式要件”问题，二审法院委托华东政法大学外国法查明中心，就《纽约州遗产、权力和信托法》中关于“30天”见证期限的要求进行查明，确认一审法院对涉案相关外国法认定存在错误，该“30天”不是遗嘱与认证的时间差，而是指两位见证人见证并签字的时间间隔，从而最终撤销一审判决，认定2002年5月3日《周某萍的最后遗嘱》有效。

再审法院认为，本案二审阶段，二审法院委托华东政法大学外国法查明中心就本案所涉的周某3的2002年遗嘱所出具的《法律意见书》，已确定周某3的2002年遗嘱形式上符合纽约州法律的规定。二审法院根据该《法律意见书》的意见，结合本案在卷的证据认定周某3的2002年遗嘱有效成立并无不妥。现再审申请人没有新的证据可以推翻该《法律意见书》。再审申请人主张周某3系在受胁迫的情况下签署2002年遗嘱，但除了周某3自述外再审申请人并没有提供其他直接的证据予以佐证，驳回了周某1的再审申请。

5. 境外遗嘱效力的认可程序

从上述案例以及法院的审理意见可以看出，中国法院关于境外遗嘱效力的认定主要从以下两方面进行。

（1）首先需认定遗嘱是否成立

对于遗嘱是否成立的判断，法院依据《涉外民事关系法律适用法》第三十二条的规定，适用遗嘱行为地法律认定遗嘱成立。《涉外民事关系法律适用法》第三十二条规定的立法目的在于，充分尊重及认可遗嘱人订立遗嘱的意思自治，只要存在合理的连接点，即符合遗嘱人立遗嘱时或者死亡时经常居所地法律、国籍国法律或者遗嘱行为地法律，遗嘱均为成立。

（2）进一步判断遗嘱是否有效

认定遗嘱成立后，须根据《涉外民事关系法律适用法》第三十三条的规定，进一步判断遗嘱是否有效。遗嘱有效性认定的准据法，只能适用遗嘱人立遗嘱时或者死亡时经常居所地法律或者国籍国法律。《涉外民事关系法律适用法司法解释（一）》第六条明确规定，中华人民共和国法律没有明确规定当事人可以选择涉外民事关系适用的法律，当事人选择适用法律的，人民法院应认定该选择无效。因此，中国法律与外国法律不同，并不承认遗嘱中的法律选择条款。我国的涉外法律允许当事人选择适用法律，在一定范围内给予当事人意思自治的同时，也提出了自由的边界，即禁止当事人为了规避其在经常居所地国或国籍国法律项下的某些强制性义务而任意选择适用法律。

此外，遗嘱的有效性判断，除了上述遗嘱人行为能力及遗嘱形式要件之外，还需要考量遗嘱内容是否违反中国法的强制性规定。如遗嘱应当对缺乏劳动能力又没有生活来源的继承人保留必要的遗产份额。另外，遗嘱的内容也应当尊重社会公德，不得损害社会公共利益，扰乱社会经济秩序。违反上述强制性规定或公序良俗的遗嘱，通常会被认定无效或部分无效。

6. 涉外继承纠纷中“经常居所”的认定

案例 5－38 郭某闵、青岛 CL 文具公司与李某珍股东资格确认纠纷案

一审法院： 山东省青岛市中级人民法院（2013）青民四初字第 227 号

二审法院： 山东省高级人民法院（2016）鲁民终 2270 号

案例主旨：关于经常居所的认定不但需要结合连续居住的时间，同时也需要结合当事人的主观意愿、家庭生活、社会关系、主要职业、财产状况等各方面进行综合考察。

法院认为，在处理涉外民事关系中的继承关系和夫妻财产关系时，我国涉外民事关系法律适用法将经常居所作为联结点。在自然人经常居所的判定上，最高人民法院司法解释采取的是一种叠加标准，即包含两个构成要素：一是“连续居住1年以上”；二是“作为其生活中心的地方”。只有具备了上述两个要素，才能被认为是经常居所。但是，对于何为“连续居住1年以上”，是绝对连续还是相对连续，是要求连续居住12个月甚至365天以上，还是要求居住时间不少于多少个月或日，上述司法解释并未明确，需要法院在本案中予以判断确认。对于如何认定“作为其生活中心的地方”，亦需要法院加以解释。

法院认为，所谓“连续居住1年以上”，并不是指一种绝对连续状态，而是指的一种相对持续的居住状态，在居住期间，即使当事人由于工作派遣、短期学习、出国旅游、赴外就医等原因导致其不能始终居住在某一地，但只要其居住状态是相对持续的，且达到1年以上，并不影响对其经常居所的判断。而对于“作为其生活中心的地方”这一标准，则既要注重考察当事人的主观意愿，又要看当事人的客观生活状况，然后进行综合判断。即从当事人的主观意愿、家庭生活、社会关系、主要职业、财产状况等各方面进行综合考察。就两个标准之间的关系而言，法院认为，二者除了是并列条件的关系外，还是判断时重要的相互参考因素。也就是说，在判断是否连续居住时，除了要看当事人在某地居住的连续状态，还要看当事人主观上是否有将其作为生活中心的居住意图。在判断当事人是否将某地作为生活中心时，除了要看当事人主观上的居住意愿，还要看当事人的持续居住状态。

本案中，在郭某伟于2013年8月20日死亡之前，无论是郭某伟还是李某珍，从二人的出入境记录来看，虽然并不是一直在中国大陆地区停留，但从二人停留的时间和相对连续状态来看，均可以认定为在中国大陆地区已连续居住1年以上。从郭某伟在青岛的财产状况、投资活动、居住证明、驾驶执照、公用事业收费服务便民卡持有情况等可以得出结论，郭某伟生前是以中国青岛作为其生活中心。李某珍在本案中虽然提交的证明其在中国青岛生活的证据相对较少，但从其与郭某伟的夫妻关系、郭某伟对其委托授权情况以及在青岛连续居住情况等也可以看出李某珍在郭某伟生前是以中国青岛作为其生活中心的。综合以上两个方面，法院可以判定，中国大陆地区既是郭某伟的经常居所地，也是郭某伟与李某珍的共同经常居所地。因此，一审法院适用中国大陆地区法律作为解决本案中夫妻财产关系争议和继承关系争议的准据法并无不当。

7. 涉港继承中夫妻财产性质的认定

案例5-39 杨某8、陈某3与张某1、张某2、张某3继承纠纷案

一审法院：广东省汕头市中级人民法院（2013）汕中法民一重字第1号

二审法院：广东省高级人民法院（2015）粤高法民一终字第69号

再审法院：最高人民法院（2019）最高法民申3532号

案例主旨：我国香港特区永久性居民在发生继承关系时已经连续居住一年以上且作为其生活中心的地方，就可以认定为《涉外民事关系法律适用法》规定的我国香港特区永久性居民的经常居所地，但就医、劳务派遣、公务等情形除外；夫妻两人原系内地居民，后共同成为我国香港特区永久性居民，夫妻财产关系的法律适用需根据夫妻两人的居民身份的变化进行区分。

法院经审理认定事实：杨某8、陈某3是被继承人杨某7的父母，杨某7生前于某年与张某1结婚，1982年生育女儿张某2、1989年生育儿子张某3。此后的20世纪90年代，张某1、杨某7、张某2、张某3先后取得香港永久性居民身份证并在香港居住。被继承人杨某7于2004年6月14日进入中国内地直至2005年7月1日在汕头市因病去世。被继承人杨某7生前未订立遗嘱。

最高人民法院认为，根据再审申请人的再审理由，本案审查重点如下：第一，被继承人杨某7死亡时的经常居住地如何认定；第二，本案中继承法律关系应适用中国香港特别行政区法律还是内地法律；第三，原审判决对被继承人杨某7的遗产范围认定是否错误。

第一，关于被继承人杨某7死亡时的经常居住地如何认定的问题。根据本案查明的事实，杨某7死亡时间为2005年，继承的法律事件发生于2005年。根据当时适用的原《最高人民法院关于贯彻执行〈中华人民共和国民法通则〉若干问题的意见（试行）》第九条第一款的规定，公民离开住所地最后连续居住一年以上的地方，为经常居住地，但住医院治病的除外。本案中，自20世纪90年代开始，张某1、杨某7、张某2、张某3先后取得中国香港特别行政区永久性居民身份证并在中国香港特别行政区居住。自2003年7月起，杨某7在中国香港特别行政区和广东省汕头市两地均有居住，但其丈夫以及未成年子女均一直在中国香港特别行政区居住，且根据杨某7的病历资料，杨某7在广东省汕头市确有生病住院的事实，因此原审判决认定杨某7生前的最后居住地为中国香港特别行政区并无不妥。再审申请人主张杨某7生前的最后居住地为广东省汕头市的理由并不充分，本院不予采纳。

第二，关于本案中继承法律关系应适用中国香港特别行政区法律还是内地法律的问题。原《继承法》第三十六条第一款、第二款规定："中国公民继承在中华人民共和国境外的遗产或者继承在中华人民共和国境内的外国人的遗产，动产适用被继承人住所地法律，不动产适用不动产所在地法律。外国人继承在中华人民共和国境内的遗产或者继承在中华人民共和国境外的中国公民的遗产，动产适用被继承人住所地法律，不动产适用不动产所在地法律。"前述条款规定涉外动产继承适用被继承人住所地法律，不动产继承适用不动产所在地法律。根据本案中对当事人住所地、不动产所在地的查明，本案动产继承，应当适用杨某7死亡时住所地法律，即中国香港特别行政区法律，不动产继承适用不动产所在地法律，即中国内地法律。原审判决认定继承纠纷应适用的法律并无错误。

第三，关于被继承人杨某7的遗产范围问题。自张某1成为我国香港特区永久性居民时起，张某1与杨某7的夫妻财产关系出现涉港因素。《最高人民法院关于适用〈中华人民共和国涉外民事关系法律适用法〉若干问题的解释（一）》第二条规定："涉外民事关系法律适用法实施以前发生的涉外民事关系，人民法院应当根据该涉外民事关系发生时的有关法律规定确定应当适用的法律；当时法律没有规定的，可以参照涉外民事关系法律适用法的规定确定。"杨某7死亡时，尚无关于涉外夫妻财产关系法律适用的明确规定，故本案参照《涉外民事关系法律适用法》的相关规定处理。

《最高人民法院关于适用〈中华人民共和国涉外民事关系法律适用法〉若干问题的解释（一）》第十二条规定："涉外民事争议的解决须以另一涉外民事关系的确认为前提时，人民法院应当根据该先决问题自身的性质确定其应当适用的法律"。本案中继承纠纷的解决以确定杨某7的遗产范围为前提，因此杨某7与张某1的夫妻财产分割属于本案的先决问题，应当依照夫妻财产关系确定应当适用的法律。

《涉外民事关系法律适用法》第二十四条规定："夫妻财产关系，当事人可以协议选择适用一方当事人经常居所地法律、国籍国法律或者主要财产所在地法律。当事人没有选择的，适用共同经常居所地法律；没有共同经常居所地的，适用共同国籍国法律。”《最高人民法院关于适用〈中华人民共和国涉外民事关系法律适用法〉若干问题的解释（一）》第十九条规定：“涉及香港特别行政区、澳门特别行政区的民事关系的法律适用问题，参照适用本规定。”本案杨某7和张某1没有协议约定夫妻财产关系适用的法律，故本案适用双方共同经常居住地法律，即中国香港特别行政区法律。原审判决适用中国香港特别行政区法律，对杨某7的遗产进行认定并无不妥。根据《香港特别行政区无遗嘱者遗产条例》第四条的规定，杨某7的配偶及子女均在世，杨某8、陈某3无权继承杨某7的动产，因此原审判决对争议动产不作认定，并无不妥。关于其他不动产，再审申请人并未提供充分证据证明杨某7尚有其他遗产未予分割，且在本院组织的询问中，再审申请人明确表示在适用中国香港特别行政区法律的前提下，对原审判决中不动产遗产范围的认定并无异议。综上，再审申请人关于原审判决对遗产范围认定错误的理由不能成立。

8. 涉外遗嘱条款真实意思表示的认定

案例5－40 顾乙与董甲、顾丙、顾丁遗嘱继承纠纷案

一审法院：上海市徐汇区人民法院（2014）徐民一（民）初字第601号

二审法院：上海市第一中级人民法院（2014）沪一中民一（民）终字第3413号

再审法院：上海市高级人民法院（2015）沪高民一（民）申字第803号

案例主旨：涉外遗嘱中部分条款的表述应当结合被继承人的真实意思进行解释，而不能仅按照英文翻译的意思作为最终的认定。

董甲与被继承人A在美国登记结婚，婚后未生育子女。顾乙、顾丙、顾丁系A的子女。A在美国死亡。到庭的当事人一致确认A的父母均先于A死亡。

1994年12月1日A在美国立下遗嘱一份，主要内容为：“本人，A，加利福尼亚州旧金山县旧金山市居民，声明这是我的最后遗嘱，在此撤销我此前所立的所有遗嘱和遗嘱附件。……（5）我把我的汽车、室内陈设和家具、书籍、艺术作品和剩余资产，即未通过此遗嘱或其他任何方式明确且合法有效处置的我的其他财产，都给予我的妻子董甲，或者，当我的妻子去世时，则给予我的

儿子顾乙。”另查明，本案系争房屋于2004年取得产证，权利人登记为A和董甲共同共有。董甲现提起诉讼，请求判令依照A的遗嘱由董甲一人继承系争房屋中A享有的产权份额。

一审法院认为，首先关于遗嘱中“剩余资产”是否包含系争房屋的争议，在A的遗嘱中明确写明“……艺术作品和剩余资产，即未通过此遗嘱或其他任何方式明确且合法有效处置的我的其他财产……”此处十分清楚地表明了在遗嘱中没有明确的其他财产均包括在“剩余资产”中，故系争房屋应包含在“剩余资产”的范围内，当属无异。其次，关于遗嘱中“……都给予我的妻子董甲，或者，当我的妻子去世时，则给予我的儿子顾乙”如何理解的争议，虽然该表述中使用了“或者”这一平行关联词，但该关联词如何理解，美国法院的判决对此已经有明确的认定，在美国法院判决第六条C款中明确写明：剩余资产，都分配给董甲，在董甲去世后则分配给顾乙，故董甲将“或者”理解为以遗嘱生效时继承人死亡时间判断实际继承人的主张，一审法院不予采纳。据此该句表述应理解为：系争房屋属于A的遗产份额在其死亡后由董甲继承，在董甲去世后则由顾乙继承。

最后，关于系争房屋董甲是否可以先行继承的争议，从遗嘱的字面理解，A的遗产份额首先由董甲继承，在董甲去世后才由顾乙继承，但A的真实意思是其遗产份额的最终继承人是顾乙，而董甲继承遗产仅仅是一个过渡，并不导致真正意义上的遗产继承。另外，从法律规定上看，董甲继承遗产后，必然享有了遗产的处分权利，一旦董甲处分了该部分遗产，则将损害顾乙最终继承A遗产的权利，这不符合A的真实意思，据此，董甲的诉讼请求，不能成立，一审法院不予支持。

但二审、再审法院均认为，由于本案涉讼的房屋在中国境内，故针对该财产的遗产执行理应适用我国法律，当然，在具体适用时，我们亦应探究立遗嘱人所立遗嘱的本意。虽然原审中的遗嘱译文用了“或者”一词，但两级法院均认为，该遗嘱条款明显不是选择性的条款，不能理解为或者。而从遗嘱的原文和美国法院对此的解释，应认定，本案涉讼的遗产在A去世时，应先由董甲继承，是否由顾乙继承，得决定于董甲去世时，该些财产是否还存在。在由董甲继承后，如果本案涉讼财产未转移至其名下，显然不利于董甲合法权利的行使，因此，在此情况下，本案涉讼房屋应判归董甲所有。

最终二审法院撤销了一审法院的判决并将系争房屋判归董甲所有，再审法院维持了二审法院的判决结果。

二、涉港继承的管辖及遗嘱效力

（一）涉港继承中应注意的内地法律制度

1. 夫妻共同财产制度

中国内地在夫妻财产制度上采用大陆法系普遍采用的夫妻共同财产制（community of property）。在此制度下，夫妻一方名下的财产，只要是在婚后取得，原则上均属于夫妻共同所有。因此，在处理内地居民位于中国香港特区遗产时，往往会出现尽管有关在港遗产在死者一方名下，但实际上在死者生前该财产已经属于夫妻共同所有。

2. 遗产继承制度

按照内地的法律，遗产是自然人死亡时遗留的个人合法财产，而继承从被继承人死亡时开始，即只有在被继承人死亡后，继承人或受遗赠人才能依据法律的规定获得遗产。因此，只有在被继承人死亡后，遗产的权利才会发生变化，进而由继承人或受遗赠人取得。香港继承法律制度由一系列的法例组成，没有一部统一的继承法典。这些法例主要有《遗嘱条例》《无遗嘱者遗产条例》《遗嘱认证及遗产管理条例》《无争议遗嘱认证规则》《财产继承（供养遗属及受养人）条例》等。其中，香港的法定继承制度与中国内地相比，无论是在继承人的范围和继承人的继承顺序，还是继承遗产的份额上都有较大的差异。中国香港特区的遗嘱继承制度也与内地的遗嘱制度有许多区别。

3. 财产共有制度

在继承人为多人时，还会发生他们须按照共有制度对在港遗产享有权益。内地法律中的共有制度分为共同共有和按份共有两种情况，这也会对继承人管理遗产的权限及如何管理遗产造成影响。

4. 其他制度或规则

此外，内地《民法典》继承编中还存在一些比较特殊的同样会影响遗产权益归属的规则，比如非继承人的扶养关系人酌情继承的规则、胎儿权益保留

“特留份”规则等。这些都是在确定根据内地法律有权管理在港遗产的问题时不能遗漏的问题。

（二）中国内地居民在中国香港特区办理遗产继承的流程

下面以中国内地居民在中国香港特区继承动产的流程为例进行说明。

1. 管辖与法律适用

（1）管辖

根据中国香港特区法律《遗嘱认证及遗产管理条例》第I部法院的司法院管辖权与权力：法院对所有与死者遗产的遗嘱认证及遗产管理有关的事宜，均有司法管辖权，并有权对死者遗产授予遗嘱认证及遗产管理书，以及有权更改或撤销该等授予。

中国香港特区的遗产继承程序被称为遗产承办程序，中国香港特区法院采用“遗产代理人”制度，经法院确认的遗产代理人会被颁发一份“授予书”，授予书是一种法院命令。根据中国香港特区法律的规定，遗产代理人有权凭授予书对遗产进行支配，但必须严格按照遗嘱内容或法律的规定。

内地的继承程序主要是进行遗产继承公证，对此内地法律并未规定具体管辖，对于因继承引起的诉讼，《民事诉讼法》第三十三条规定：“……（三）因继承遗产纠纷提起的诉讼，由被继承人死亡时住所地或者主要遗产所在地人民法院管辖”。

因此，对于内地居民在内地死亡，由内地继承人继承位于中国香港特区遗产的情况，可以由香港法院管辖，实务中也一般由继承人按照中国香港特区的法律程序向香港高等法院提出遗产承办申请。

（2）法定继承

《涉外民事关系法律适用法》第三十一条规定：法定继承，适用被继承人死亡时经常居住地法律，但不动产法定继承，适用不动产所在地法律。

《涉外民事关系法律适用法司法解释（一）》第十九条规定：“涉及香港特别行政区、澳门特别行政区的民事关系的法律适用参照本规定。”

中国香港特区法律《无争议遗嘱认证规则》第二十九条规定：“在死者于香港以外地方去世的情况下作出的授予，死者如去世时是以香港以外地方为居籍，则司法常务官可命令向以下的人作出授予——

（a）对死者去世时作为居籍的地方有司法管辖权的法院所委以遗产管理的人；

（b）根据死者去世时作为居籍的地方的法律有权管理该遗产的人；

（c）如并没有本条（a）及（b）段所述及的人，或如司法常务官认为情况需要，则向司法常务官指示的人作出授予；

（d）如凭借本条例第25条须向不少于两名遗产管理人作出授予，或司法常务官酌情认为应向不少于两名遗产管理人作出授予，则向司法常务官指示的人以及本条（a）或（b）段所述及的人或任何其他人共同作出授予：

但在没有作出任何该等命令的情况下——

（a）可接纳为证明的任何遗嘱认证可授予以下的人——

（i）如遗嘱所用语文是中文或英文，则授予遗嘱内指名的遗嘱执行人；

（ii）如遗嘱在描述某指名的人的职责时，其措词按照遗嘱的意旨足以令该人成为遗嘱执行人者，则授予该人；

（b）凡在香港的全部遗产是由不动产组成，则可按照死者若于去世时是以香港为居籍的情况下所适用的法律，作出只限适用于该等不动产的授予。

根据以上法律可知，内地与香港关于法定继承准据法的规定并无冲突，因此，如果被继承人为内地居民且在内地死亡，继承人办理位于香港的遗产（动产）继承，应适内地的相关法律。”

（3）遗嘱继承

根据中国香港特区法例第三十章《遗嘱条例》第二十四条规定：有效形式的一般规则。

遗嘱的签立如符合该遗嘱签立之地的领域所施行的本土法律，或符合在该遗嘱签立时或立遗嘱人去世时该立遗嘱人以其为居籍或惯常居住的领域的本土法律，或符合在上述签立时或立遗嘱人去世时立遗嘱人是其国民的国家所施行的本土法律，即视为正式签立。即死者如在生前立有符合内地法律规定形式的遗嘱，香港高等法院将承认该遗嘱。

2. 遗产承办程序申请流程

（1）材料准备

①被继承人的出生证明、死亡证明、国籍证明、亲属关系证明、结婚证明、遗嘱等材料。

以上文件需要经过国内公证处公证，再办理外交部领事司确认手续，以核证上述当地公证处签名及/或印章的真伪。外交部不接受本人递交的申请，申请人需至中国外交部委托（授权）办理和代办的机构委托办理，代办机构和公证处应属同一省管辖。平件在外交部受理文书后第 4 个工作日发件或寄出，急件在外交部受理文书后第 2 个工作日发件或寄出。认证费用平件 50 元/份，急件每份加收 50 元。EMS 特快专递邮寄费 25 元/500 克。

②根据“遗产承办手续指引”，申请人还应该提供申请书、授权书、担保书（注：以上表格文件均可以从特别行政区司法机构官方网站免费下载，网址：https：//www. judiciary. hk/zh/court_ services_ facilities/probatef. html，遗产承办处也有表格备取，见附表）。

根据《无争议遗嘱认证规则》第四条（7）“除非司法常务官另有指示，否则办理个人申请所需的每份誓言、誓章或担保，均须由宣誓人或有义务者在获授权人员席前宣誓或签立”；第六条，“支持作出授予的誓言，（1）每项授予申请均须有誓言支持，誓言须以适用于其个案情况的指明表格作出，并须载于经申请人宣誓的誓章内，此外亦须有司法常务官要求的其他文件支持”。

“获授权人员”（authorized officer）指当其时获终审法院首席法官授权监誓或监理誓章的人，因此，上述表格文件需在香港律师见证下签署，或至香港高等法院宣誓处签署。

③誓章

根据《无争议遗嘱认证规则》第十八条规定，关于外地法律的证据：“凡在申请授予时，需要关于香港以外国家或地方的法律的证据，则由该国家或地方的法律专家所作出的誓章，可获司法常务官接受。”申请人应当聘请一位内地律师（执业少于 5 年的律师一般不被认为具有资质），并由该律师向香港法院出具一份誓章形式的文件，用于对适用的我国相关法律规定加以解释说明。该誓章须交代：（a）案件的背景；（b）适用的条文；（c）根据死者居籍地法律，谁有资格取得遗产；（d）遗嘱的有效性；（e）该律师在法律领域的知识或经验，即证明他是法律专家的证据。（根据香港高等法院授予书申请 2005 年第 9657 宗，普通的法律意见书不是一种可被接受的证据形式，需以誓章形式作出。）

（2）提出承办申请

申请人携上述材料至香港遗产承办处提出遗产管理书或遗嘱认证的授予申请。（若继承人中有未成年人，则申请人需至少为 2 名。）

香港遗产继承承办的主管机构为位于香港金钟道 38 号低层 3 楼的香港高等

法院下属的“遗产承办处”。（办公时间：周一至周五：8：45～13：00，14：00～17：30，法定节假日休息）

申请人可以自行向遗产承办处提出承办申请，亦可委托香港律师提出申请。且香港法律禁止非律师人士提供法律服务（即使没有酬劳），因此申请人自行申请不可由除了香港律师以外的顾问陪同。且申请人自行提出申请需要提前预约，预约方法为：于办公时间致电00－852－28401683或亲临遗产承办处。

申请通常以递交书面文件形式为主，但也不排除法院传召申请人或其他特定关系人出庭的特殊情形，具体事项视司法常务官的要求而定。

申请书的存档费用为265美元（约1800元人民币），授予书的誊写费用为72美元（约500元人民币），不根据遗产净值的比例额外收费。因具体案情不同产生的其他费用。

中国香港特区法院会按照香港的程序，指定遗产代理人。遗产代理人可分为“遗嘱执行人”（有遗嘱的情况下）和“遗产管理人”（无遗嘱的情况下）。

根据《无争议遗嘱认证规则》第三十条“向受权人作出授予，任何有权获得授予的人如居住于香港以外地方，则可为供其自用及为其利益而将遗产管理授予其合法委托的受权人，但只限于至其本人取得授予为止，亦可按司法常务官所指示采用的其他方式对该遗产管理加以限制……”遗产的权益直接归属于遗产代理人，但遗产代理人必须严格按照遗嘱内容或法律的规定分配遗产，如处理不善，构成对受益人权益的侵害，须承担相应的法律责任。

中国香港特区法院应当在内地法律中规定的继承人范围内依序授予遗产代理人资格。按照内地法律，应先由第一顺位继承人申请授予书，若可提出第一顺位继承人已死亡或放弃继承权的证据，则可由第二顺位继承人提出申请。代理人一共不超过4名。（若同一顺位的继承人分别提出申请，法院一般会将遗产管理书发给先提出申请的人）

香港法院依据遗嘱授予遗嘱认证或依据内地法律意见书授予遗产管理书。

由于司法常务官有责任仔细审查申请人的资格，所以申请人可能需要到遗产承办处不止一次。

若申请人自行申请遗产承办，授予书会在申请人缴清所有法庭费用和符合所有要求后发出，通常需要5～7个星期。

如果委托律师代办，遗产承办处将会：

①在申请存档后的28个工作日内发信提出查询（如有需要的话）；

②在缴清所有法庭费用和完成回答及办妥所有查询后的28个工作日内发出授予书。

如果申请复杂及/或遗产的情况复杂，所需的时间便可能会较长。香港适用判例法制度，这里只是分析一般规定，在实际操作中遗产承办程序由司法常务官主导，他会视具体情况向申请人提出各种材料的补充或询问，因此在整个申请过程中都可能需要申请人亲临遗产承办处。

遗产管理人/遗嘱执行人持遗产管理书/遗嘱认证的正本及自己的身份证明，即可到银行领取被继承人名下的财产，将遗产分配给各继承人。若遗产管理人/遗嘱执行人不能亲临银行，也可向银行寄出书面通知，该通知需在香港律师或公证人的见证下签署，并提供经遗产管理书/遗嘱认证的正本及经过香港律师或公证人核证的身份证明文件副本。

若授予书发出后，发现死者尚有其他资产，遗产管理人可以亲自或通过香港律师申请修改授予书，遗产管理人应持授予书及与额外资产有关的文件亲临遗产承办处修改授予书。

（3）担保

根据《无争议遗嘱认证规则》第三十八条担保规定，司法常务官无须根据本条例第四十六条规定提供担保作为授予遗产管理的一项条件，但如有建议将遗产管理作出以下的授予，则属例外：……（f）授予司法常务官觉得是在香港以外地方居住的申请人；但如司法常务官认为由于情况特殊，以致宜规定须提供担保，则属例外……

即若申请人为非香港本地居民，在申请遗产承办时，一般需要提供担保。若遗产管理人因失职而使与遗产有利害关系的人蒙受损失，担保人需作出补偿。该担保需要2名担保人提供，如遗产总值不超过7000美元或担保人为法团，则只需1名担保人。担保人需居住于中国香港特区，且承办处人员不得出任担保人。担保人需承担的法律责任以申请授予书上证明的遗产总额为限。申请人可以联系中国香港特区的担保公司进行担保。

担保人需签订担保书及证明其担保能力的誓章。（上文申请材料有提及）

3. 被继承人中国香港特区金融账户的查询

以内地居民继承位于香港特区的金融账户内的财产为例，如果不知晓死者的账户，则需要提前进行相关的查询。由于香港银行大概有100多家，对于死者账户的查询方式无法一一落实，故仅能咨询香港几家较大银行作为参考。

（1）汇丰银行：需持已经外交部认证的死亡证明、申请人与死者的亲属关系证明、死者及申请人的身份证明，遗嘱（如有），且必须亲临任何一家汇丰银行分行查询，分行职员将会查询已故客户的账户结余，并通常于15个工作日内将客户截至去世当日的账户结余记录邮寄给申请人。

（2）渣打银行：持外交部认证的死亡证明、本人的身份证明、亲属关系证明到任何一家分行查询，如果有当事人的银行账户，分行职员会提供给申请人。

（3）东亚银行：持死者身份证明、经外交部认证的死亡证明、亲属关系证明至分行查询。

可以看出各银行对查询已故客户名下账户所需手续大致相同，可以推断查询死者在港的账户都需要持经过外交部认证的死亡证明、亲属关系证明、申请人及死者的身份证明亲临分行查询，银行职员会为查询者提供相关帮助。

4. 其他注意事项及参考文件

（1）知会备忘录

若与遗产有利害关系的人对遗产的分配存在争议，为了防止个别继承人在争议未解决的情况下擅自向香港高等法院遗产承办处发出申请，利害关系人可以向遗产承办处发出知会备忘录，阻止遗产承办处发出遗产承办书。

一旦当事人向法庭提交了知会备忘录，法庭将不会继续处理针对期间内被继承人遗产的遗产承办申请。知会备忘录的有效期为6个月，若知会备忘录在此期间内没有失效，6个月后提交人可以再次提交以延期。

在知会备忘录有效期内，若有人就被继承人的遗产申请遗产承办，法院会通知知会备忘录的提交人，以便双方就遗产的争议事项进行沟通。遗产承办申请人若想处理掉知会备忘录，应向知会备忘录申请人提交警告书，要求知会备忘录的提交人详述其对遗产权益的详情。知会备忘录的提交人应在收到警告后的8天内（包括送达当日）提交应诉书，并向法庭提交指示传票，陈述法院不应发出遗产承办书的理由。在指示传票确定的开庭时间，法院会听取双方的意见并作出指示。若争议能够得到解决，双方可以以协议传票的方式将知会备忘录撤回（在应诉书提交之前，知会备忘录提交人可自行将知会备忘录撤回）。若争议无法解决，法庭可以指示展开遗产诉讼程序。

若知会备忘录提交人在收到警告后未提交应诉书，遗产承办申请人可向法庭提交一份誓章文件，表明知会备忘录提交人未提交应诉书也未发出指示传票，以及相关文件已送达给知会备忘录提交人的送达誓章。自此之后该知会备忘录即失效，遗产承办处将继续遗产承办书的授予程序。

（注：以上提到的相关的格式文件均可从特别行政区司法机构官方网站免费下载，网址：https：//www. judiciary. hk/zh/court_ services_ facilities/probatef. html，或至遗产承办处自取。）

（2）相关费用

①将遗嘱认证申请书或遗产管理书申请书（经修订的申请书除外）送交存档，或申请将上述申请书再加盖印章——265. 00 美元；

②双重遗嘱认证或终止遗嘱认证，或终止遗产管理书或未作管理的遗产的遗产管理书，或遗嘱认证或遗产管理书的复本——145. 00 美元；

③遗嘱修订附件的遗嘱认证，或遗嘱修订附件已作认证的遗产管理书（1992 年第 364 号法律公告）——145. 00 美元；

④遗嘱认证或遗产管理书的经盖章核对的誊本，誊写的费用另计——145. 00 美元；

⑤遗嘱或其他文件的誊写，每页 72. 00 美元；

⑥每次翻查 18. 00 美元；

⑦估价委任状——72. 00 美元；

⑧知会备忘，每项 72. 00 美元；

⑨就知会备忘发出警告书——145. 00 美元；

⑩送达警告书——44. 00 美元；

⑪撤销知会备忘——36. 00 美元；

⑫批准和拟定遗产管理人的担保契据，并将之存档——145. 00 美元；

⑬依照命令修改授予书——72. 00 美元；

⑭每份传唤书——72. 00 美元；

⑮拟定传唤书或传唤书的摘要以刊登广告，每页 72. 00 美元；

⑯将财产清单存档——36. 00 美元。

（3）文件模板

①遗产管理申请书

表格第 F3.1 款

根据第 29（b）条规则提出的

单方面申请[1]

香港特别行政区

高等法院

原讼法庭

有关死者（姓名）[（婚姻状况），

生前居于（地址）]

的遗产事宜

及

有关香港法例第 10A 章《无争议遗嘱认证规则》第 29（b）条规则的事宜

本人 A. B.，任职（职业），现居于（地址），* [谨以至诚确认] [谨此宣誓] 如下：

1. 死者于（去世日期）在（去世地点）在无遗嘱的情况下去世，享年____岁，去世时以___________为其居籍。

（1）只有下列一人有权承受其遗产：

姓名	与死者的关系	年龄
A. B.		

（2）只有下列各人有权分享其遗产：

姓名	与死者的关系	年龄
A. B.		
C. D.		

3.（死者作为居籍的地方）的法院没有就死者的遗产作出遗产承办的授予。

4. 根据（姓名）律师在__________法院以 * 非宗教式宣誓/宗教式宣誓的有关法律的 * 非宗教式誓词/宗教式誓章（日期为____________）所述，根据死者去世时作为居籍的地方的法律，A. B. 是 * [唯一有权承受] [其中一位有权分享] 及管理死者遗产的人士。若死者于（死者作为居籍的地方）遗下财产，则无须为 A. B. 管理死者遗产而授予遗产承办。

5. 死者去世时，在香港管有财产。遗产的基本价值为________元。

6. 此无遗嘱继承 * [不涉及未成年人权益] [涉及未成年人权益[3]]。

7. 此无遗嘱继承＊［不涉及终身权益］［涉及终身权益[3]］。

8. 现本人恳请法庭根据香港法例第10A章《无争议遗嘱认证规则》第29（b）条规则颁下命令，将死者在香港的遗产的遗产管理书授予A. B.。根据死者去世时作为居籍的地方的法律，A. B. 为＊［唯一有权］［其中一位有权］管理死者遗产的人士。

此项非宗教式宣誓，等等（见表格第F2.1款）

附注：

（1）拟根据香港法例第10A章《无争议遗嘱认证规则》第29（b）条规则要求法院颁令，并拟因此获得法院作出授予者，可使用本表格。

（2）＊请删去不适用部分或作适当修改。

（3）如此无遗嘱继承涉及未成年人/终身权益，则申请须符合香港法例第10章《遗嘱认证及遗产管理条例》第25条的规定而须有共同遗产管理人。

（4）提出此单方面申请时，可同时将授予申请书存档。

②遗嘱认证申请书

表格第W1.1a款

遗嘱执行人非宗教式誓词或宗教式誓章

（由遗嘱执行人提出申请）[1]

香港特别行政区

高等法院

原讼法庭

有关死者（姓名）［（婚姻状况），

生前居于（地址）］

的遗产事宜

本人A. B.＊［遗嘱内称________］，任职（职业），现居于（地址），＊［谨以至诚确认］［谨此宣誓］如下：

1. 死者于（去世日期）在（去世地点）去世，享年____岁，其生前已立下及签立其最后遗嘱，该遗嘱日期为__________。死者在该遗嘱中委任＊［A. B.（现年____岁）为唯一遗嘱执行人］［A. B.（现年____岁）和C. D.（现年____

岁）为遗嘱执行人]。

2. 死者去世时以__________为其居籍。

＊3. C. D.，即该遗嘱中指名的其中一位遗嘱执行人，＊［于（去世日期）在（去世地点）早于死者去世］［在尚未申领遗嘱认证的情况下，于（去世日期）在（去世地点）在死者死后去世］。

＊4.（a）死者的真实姓名是__________。

（b）死者以__________的名字立下及签立该遗嘱。

（c）死者以别名__________持有（资产的详情）。

（d）事实上，上述的名称均是指同一人，即是死者。

5. 本人相信，该份向本人展示并由本人以“A”为标记的文件载有死者最后遗嘱之真确原文。本人定会依法管理该等依法转归死者遗产代理人的所有遗产；也定会在法律有所要求时，展示一份该等全部及个别遗产和财物的真确及完整的财产清单，以及提交一份关于该等遗产和财物的确当真实的账目。

6. 本人现在以该遗嘱所指名之＊［唯一遗嘱执行人］［其中一位遗嘱执行人］［尚存的遗嘱执行人］的身分，就上述遗嘱申请遗嘱认证＊［而其他遗嘱执行人申请及领取该遗嘱的双重遗嘱认证的权力予以保留］。

此项非宗教式宣誓，等等（见表格第 F2.1 款）

附注：

（1）如死者于2006年2月11日或之后去世，其遗嘱指名之唯一遗嘱执行人/其中一位遗嘱执行人便可使用本表格。

（2）＊请删去不适用部分或作适当修改。

③担保书

表格第 M3.2 款

担保书

香港特别行政区

高等法院

原讼法庭

有关死者（姓名）[（婚姻状况），

生前居于（地址）]

的遗产事宜

及

有关香港法例第10A章《无争议遗嘱认证规则》第38条规则的事宜

兹因死者于(去世日期)在(去世地点)*在无遗嘱的情况下/在立有遗嘱的情况下去世,而A.B.,任职(职业),现居于(地址),为(申请人申请授予时的身分)(下称“遗产管理人”),以及他/她现正申请管理死者的遗产:

为此:

1. 我等,即C.D.[任职(职业),现居于(地址)],及E.F.[任职(职业),现居于(地址)],谨此共同及各别担保,当被合法要求时,我等定会对与*[死者的遗产][死者的遗产及死者以信托形式持有的财产][死者以信托形式持有的财产]的管理有利益关系的人,因遗产管理人失职而可能蒙受的任何损失,作出补偿。遗产管理人的责任为:

(a)依法收取、收集及管理*[死者的遗产][死者的遗产及死者以信托形式持有的财产][死者以信托形式持有的财产],尤其是按照法例所规定的优先次序偿付死者的债务,并在顾及该等优先次序后,尽可能依比例偿付有关债务;

(b)当法院要求时,在法院经宣誓展示一份上述*[死者的遗产][死者的遗产及死者以信托形式持有的财产][死者以信托形式持有的财产]的详尽清单,及当有要求时,提交一份上述*[死者的遗产][死者的遗产及死者以信托形式持有的财产][死者以信托形式持有的财产]的账目;或

(c)当法院要求时,将授予交回法院。

2. 至于容许遗产管理人延期或给予其任何其他宽限或宽容,无论如何均不影响在此担保中我等之法律责任。

3. 此担保规定之法律责任为持续性法律责任,涵盖上述第1段提及的损失之总额。惟我等的全部法律责任无论在任何情况下不得超过总数________元。

我等于(日期)谨在下方签署盖印为证。

签署、盖印及交付,等等(见表格第F1.3款)

附注:

(1)*请删去不适用部分或作适当修改。

(2) 如遗产总值不超过7，000.00元，则只需一名担保人。

④确认担保人能力誓章

表格第M3.1款

确认担保人能力

非宗教式誓词或宗教式誓章

香港特别行政区

高等法院

原讼法庭

有关死者（姓名）[（婚姻状况），
生前居于（地址）]
的遗产事宜

我等，即C.D.[任职（职业），现居于（地址）]，及E.F.[任职（职业），现居于（地址）]，共同及各别*[谨以至诚确认][谨此宣誓]如下：

1. 我等是建议的担保人，为拟成为死者遗产管理人*[附有遗嘱]的A.B.提供________元的担保。

2. 本人，即上述C.D.，为本人个人作出声明，本人于付清个人所有正当地欠下的债项后的全部财产（包括土地财产与非土地财产）的真正价值为________元。

3. 本人，即上述E.F.，为本人个人作出声明，本人于付清个人所有正当地欠下的债项后的全部财产（包括土地财产与非土地财产）的真正价值为________元。

此项非宗教式宣誓，等等（见表格第F1.2款）

附注：

①*请删去不适用部分或作适当修改。

②如遗产总值不超过7000.00元，则只需一名担保人。

⑤知会备忘录

知会备忘

香港特别行政区
高等法院
原讼法庭

知会备忘编号：________年第____号

有关死者（姓名）[（婚姻状况），
生前居于（地址）]
的遗产事宜
及
有关香港法例第10A章《无争议遗嘱认证规则》第44条规则的事宜

死者已于（去世日期）在（去世地点）去世。请勿在没有通知 * [知会备忘登记人A. B. [现居于（地址）] 的代表律师行，即地址为（律师行地址）的（律师行名称）] [亲自行事的知会备忘登记人 [现居于（地址）]] 的情况下，将死者遗产的授予书盖章。

日期：

* [知会备忘登记人的代表律师行] [亲自行事的知会备忘登记人]

附注：

* 请删去不适用部分或作适当修改。

⑥撤回知会备忘录通知书

撤回知会备忘通知书

香港特别行政区
高等法院
原讼法庭

知会备忘编号：________年第____号

有关死者（姓名）[（婚姻状况），
生前居于（地址）]
的遗产事宜
及
有关香港法例第10A章《无争议遗嘱认证规则》第44条规则的事宜

请注意：知会备忘登记人A. B.，现撤回于（日期）就死者的遗产而登记的知会备忘。

日期：

*［知会备忘登记人的代表律师行］［亲自行事的知会备忘登记人］

*［知会备忘登记人的代表律师行］［亲自行事的知会备忘登记人］的地址：

附注：

*请删去不适用部分或作适当修改。

⑦发给知会备忘提交人警告书

表格第C1.3款
发给知会备忘登记人警告书

香港特别行政区
高等法院
原讼法庭

知会备忘编号：________年第____号

有关死者（姓名）[（婚姻状况），
生前居于（地址）]
的遗产事宜
及
有关香港法例第10A章《无争议遗嘱认证规则》第44条规则的事宜

致：A. B.，地址为（地址），*［通过其代表律师行，即位于（律师行地址）的（律师行名称）]，即就死者之遗产已登记知会备忘的一方。

兹特向你发出警告：在本警告书送达你后起计8天内（送达当日包括在内），

(1) 你须亲自或由你的律师在香港特别行政区高等法院遗产承办处呈交应诉书，列出你在死者（姓名）[生前居于（地址）] 的遗产中，有何权益是与要求发出此警告书的一方的权益是对立的；或

(2) 若你并没有对立的权益，但拟就提出警告方的授予书的盖章提出反对理由，你须发出及送达一张传票，请求上述承办处的司法常务官给予指示。

请注意：若你不照此办理，则即使你已登记知会备忘，法院仍可就有关遗产发出遗嘱认证或遗产管理授予书。

日期：

司法常务官

本警告书是应提出警告的人的要求而发出的；提出警告的人为：（姓名），现居于（地址），* [由地址为（地址）的（律师行名称）代表]。

[于此处列出提出警告的一方的姓名及权益（包括该权益所根据的遗嘱的日期（如有的话)]，其律师姓名及其供送达地址。若提出警告方是亲自行事，须于此处加以述明。)

附注：

* 请删去不适用部分或作适当修改。

⑧警告应诉书

表格第C1.4款

警告应诉书

香港特别行政区

高等法院

原讼法庭

知会备忘编号：________年第____号

有关死者（姓名）[（婚姻状况），

生前居于（地址）]

的遗产事宜

及

有关香港法例第10A章《无争议遗嘱认证规则》第44条规则的事宜

知会备忘编号________于（日期）登记。

提出警告的人的全名及地址：

知会备忘登记人的全名及地址：

［于此处列出知会备忘登记人的权益，述明该权益所根据的遗嘱的日期（如有的话）］

为上述知会备忘登记人就此事呈交应诉书。

日期：

*［知会备忘登记人的代表律师行］［亲自行事的知会备忘登记人］

其供送达的地址为：

附注：

*请删去不适用部分或作适当修改。

（三）中国内地与中国香港特区遗产继承法律制度的差异

1. 遗产继承程序不同

内地继承可以在当事人协商一致后，通过继承权公证或由所有继承人到相关财产权属登记部门办理遗产继承手续或通过法院诉讼或调解的方式。但中国香港特区遗产继承都是由高等法院遗产承办处负责处理。

2. 法定继承人范围和顺序不同

根据中国香港特区《无遗嘱者遗产条例》第四条的规定，无遗嘱合法继承人按照以下顺序认定。

（1）死者只有配偶，没有子女、父母和全血亲兄弟姐妹及其子女时，死者的遗产全部归配偶。

（2）死者有配偶且子女尚在，无论其父母兄弟姐妹是否在世，死者的遗产中非土地实产的绝对权益归配偶所有。除此以外，剩余遗产（不包括非土地实产）在扣除死亡税（如有的话）及费用后，首先划出$500,000连同利息一并计算［该利息按照终审法院首席法官为《高等法院条例》（第4章）第49（1）（b）条的施行而不时厘定的利率计算，下同］，从死者去世之日至最终分割财产日止，由配偶继承；剩余遗产配偶占一半，子女平均分配另一半。

（3）死者只有配偶，没有子女，但其父母兄弟姐妹一人或多人在世的。死者的遗产中非土地实产的绝对权益仍然归配偶所有。除此之外，剩余遗产（不包括非土地实产）在扣除死亡税（如有的话）及费用后，首先划出$1,000,000连同利息一并计算，从死者去世之日到最终分割财产时止，由配偶继承；剩余遗产配偶占一半，另一半由死者的父母平均继承；死者父母均已死亡的，由死者的兄弟姐妹或他们的子女平均继承。

（4）死者只有子女而无配偶的，由其子女平均继承。

（5）死者只有父母没有子女的，由其父母平均继承。

（6）死者没有配偶、子女、父母的，其遗产分配按照顺序继承：第一顺序为全血亲兄弟姊妹继承；若没有，第二顺序为半血亲兄弟姊妹继承；若没有，第三顺序为祖父母或外祖父母继承；若没有，第四顺序为伯父、叔父、舅父、姑母及姨母中属于死者父或母的全血亲兄弟姊妹继承；若没有，第五顺序为伯父、叔父、舅父、姑母及姨母中属于死者父或母的半血亲兄弟姊妹继承。

（7）如果上述所有人都已去世，死者的遗产由政府没收；政府可（在其任何其他权力不受影响的原则下）从获转予的全部或部分财产中，拨款予该无遗嘱者的受养人（不论是否为该无遗嘱者的亲属）以及合理地预期该无遗嘱者会供养的其他人士。

内地的法定继承顺序，依据《民法典》第一千一百二十七条的规定，只分为两个顺序。第一顺序为配偶、子女、父母，第二顺序为兄弟姐妹、祖父母、外祖父母。继承开始后，由第一顺序继承人继承，第二顺序继承人不继承；没有第一顺序继承人继承的，由第二顺序继承人继承。每个顺序的继承人对遗产都是均等分配。根据《民法典》第一千一百二十八条的规定，如果被继承人的子女先于被继承人死亡的，则由被继承人的子女的直系晚辈血亲代位继承。如果被继承人的兄弟姐妹先于被继承人死亡的，由被继承人的兄弟姐妹的子女代位继承。

3. 遗嘱继承的制度不同

（1）立遗嘱人的类型

根据中国香港特区《遗嘱条例》第四条以及《已婚者地位条例》，有资格订立遗嘱的人，包括成年人；虽未成年但属于已婚者、实际服役于海军、陆军或空军的人员及海上的船员或海员。但内地法律规定只有具有完全民事行为能力的自然人才可以订立有效的遗嘱。

（2）遗属供养制度

根据香港《财产继承（供养遗属及受养人）条例》第三条的规定，如果任何人在本条例生效后去世，而他去世时的居籍是中国香港特区；或在紧接他去世前的3年内，他曾在任何一段时间内是通常居于香港的，则可以申请从死者遗产中提供经济给养。

首先，可以申请经济给养的申请人包括以下几类：

①死者的妻子或丈夫；

②死者仍未再婚的前妻或前夫，而在紧接死者去世前，该前妻或前夫是完全或主要靠死者赡养的；

③死者在夫妾关系中的妾侍或男方；

④死者的父亲或母亲，而在紧接死者去世前，该父亲或母亲是完全或主要靠死者赡养的；

⑤死者的幼年子女，或死者的因精神或身体不健全而无能力维生的子女；

⑥死者的成年子女，而在紧接死者去世前，该子女是完全或主要靠死者赡养的；

⑦任何人（非死者子女），而死者生前视该人为死者所曾缔结的任何一段婚姻所建立的家庭的子女，且在紧接死者去世前，该人是完全或主要靠死者赡养的；

⑧死者的半血亲或全血亲兄弟姊妹，而在紧接死者去世前，该兄弟或姊妹是完全或主要靠死者赡养的；

⑨任何人（并非本款上述各段所包括的），而在紧接死者去世前，该人是完全或主要靠死者赡养的。

上述的申请人若依照死者遗嘱或关于无遗嘱继承的法律，或综合死者遗嘱及该等法律作出的遗产处置，并没有为申请人提供合理经济给养的，则可以向法院申请作出“提供合理经济给养”的命令。

其次，根据申请人的不同，“合理经济给养”的定义也是不同的。

如果由死者的丈夫或妻子提出（除非该段与死者缔结的婚姻是一项由法院裁决分居的判令的标的，且在死者去世当日，该判令仍然有效，而夫妻二人仍在分居）；或由死者在夫妾关系中的妾侍或男方提出，则“合理经济给养”（reasonable financial provision）指对该个案的整体情况而言，申请人应合理地获取的经济给养，而不论该笔经济给养是否申请人所需以维持其生活的。

如果是其他任何人申请，则“合理经济给养”（reasonable financial provision）指对该个案的整体情况而言，申请人应合理地获取以维持其生活的经济给养。

另外，如果死者生前非为换取十足的有值代价而以金钱或有价事物在相当程度上分担某人生活上的合理需要，则该人须视为完全或主要（视属何情况而定）靠死者赡养的。

然而，内地并没有上述规定，但是根据《民法典》第一千一百三十一条，对继承人以外的依靠被继承人扶养的人，或者继承人以外的对被继承人扶养较多的人，可以分给适当的遗产。

（3）遗嘱的形式

根据香港《遗嘱条例》，香港法律规定的遗嘱形式一般有普通遗嘱和特别遗嘱。

第一，普通遗嘱

《遗嘱条例》第五条规定，除第6及23D条另有规定外，普通遗嘱的生效要件，遗嘱须符合以下规定，否则无效：

①以书面订立，并由立遗嘱人签署，或由其他人在立遗嘱人面前并依其指示签署；

②看来立遗嘱人是欲以其签署而令该遗嘱生效的；

③立遗嘱人是在2名或2名以上同时在场的见证人面前作出该签署或承认该签署；

④每名见证人在立遗嘱人面前（但不必在其他见证人面前）作见证并签署该遗嘱；或承认其所作的签署，但无须符合任何见证的格式。

另外，如果任何看来是体现立遗嘱人遗愿的文件，即使未有按照上述要求所述规定订立，但只要有人提出申请，而法庭在无合理疑问的情况下信纳该文件是体现立遗嘱人的遗愿的，则该文件须当作已妥为签立。

第二，特别遗嘱

特别遗嘱是指实际服役于海军、陆军或空军的人员及海上的船员或海员，可无须遵照普通遗嘱的方式而以遗嘱处置其任何财产。同时，还可以行使指定受益的权力以及指定一人为其幼年子女的监护人。

内地的遗嘱形式依据《民法典》的规定包括自书遗嘱、代书遗嘱、打印遗嘱、录音录像遗嘱、口头遗嘱以及公证遗嘱。

4. 申请承办遗产的顺序不同

内地并没有规定申请承办遗产的顺序，如果是办理继承权公证的，则全部继承人共同申请即可；如果是向法院起诉的，则一般由一个以上的继承人提出诉讼，再把剩余的所有继承人都列为被告即可。

在中国香港特区，无论是无遗嘱死亡还是有遗嘱死亡，均需要向法院申办死者遗产继承的相关流程。以无遗嘱者去世为例，根据《无争议遗嘱认证规则》第二十一条，通常情况下，先由对其遗产享有实益权益的人按以下的优先次序获得遗产管理的授予：

①尚存的配偶，或于1971年10月7日前缔结的夫妾关系中尚存的一名或多于一名的伴侣；

②死者的子女，包括于1971年10月7日前缔结的夫妾关系中所生的任何子女，或于死者在生时已去世的任何该等子女的后嗣；

③死者的父亲或母亲；

④死者的兄弟姊妹，或于死者在生时已去世的任何死者的已故兄弟姊妹的后嗣。

如果按照上述顺序，死者的子女、父母均早于死者去世的，则以下所述的人如对遗产享有实益权益，即有权按以下的优先次序获得遗产管理的授予：

①祖父母；

②死者的伯父、叔父、舅父、姑母及姨母，或于死者在生时已去世的任何死者的已故伯父、叔父、舅父、姑母及姨母的后嗣。

如果无人对遗产享有实益权益，则遗产归予遗产管理官。

如果按照上述的规定仍没有有权获得遗产管理的授予的人，则可向死者的债权人或任何因遗产的添加而可能享有实益权益的人（尽管他对该遗产并未享有即时的实益权益）或凭借《财产继承（供养遗属及受养人）条例》（第481章）第三条有权向法院申请该条例第四条所订命令的任何人作出遗产管理的授予。

5. 继承香港遗产均要办理遗嘱认证

根据《遗嘱认证及遗产管理条例》，香港高等法院对所有与死者遗产的遗嘱认证及遗产管理有关的事宜，均有司法管辖权，并有权对死者遗产授予遗嘱认证及遗产管理书，以及有权更改或撤销该等授予。即使死者并未遗下任何遗产，法院亦有司法管辖权就死者而作出遗嘱认证或遗产管理的授予。

（四）中国香港特区居民在内地订立遗嘱的法律效力

案例5－41 钟某1与钟某2、钟某3等遗嘱继承纠纷案

一审法院：上海市青浦区人民法院（2015）青民一（民）初字第332号

二审法院：上海市第二中级人民法院（2017）沪02民终3691号

案例主旨：中国香港特区居民在内地订立遗嘱的，若根据《涉外民事关系法律适用法》的规定确认遗嘱应适用于内地法律的，则只要订立遗嘱符合内地法律关于遗嘱的相关法律规定，则应认定为有效。

法院认为，被继承人钟某延系中国香港特区居民，生前立有遗嘱，根据我国《涉外民事关系法律适用法》的规定，遗嘱方式，符合遗嘱人立遗嘱时或者死亡时经常居所地法律、国籍国法律或者遗嘱行为地法律的，遗嘱均为成立；遗嘱效力，适用遗嘱人立遗嘱时或者死亡时经常居所地法律或者国籍国法律。

根据钟某2和钟某3提供的某街道内江新村居委会证明，钟某延自2011年12月14日起至2013年12月止均居住于上海市内江路×××弄×××号×××室，该证据可以证明钟某延死亡时经常居所地为上海。钟某1对钟某2和钟某3提供的上述证据的真实性不予认可，认为钟某延在上海居住期间大部分时间在住院，不能认定经常居住地为上海，钟某延的经常居住地应为香港。为此钟某1未提供相应证据证明其主张，法院对钟某1的主张不予采信，对钟某1要求适用香港遗嘱条例认定遗嘱方式和效力的主张不予采纳。故法院确认本案关于遗嘱的方式和效力均应适用中国内地的相关规定。

关于钟某延所立遗嘱的合法性和效力性问题。钟某1提供的遗嘱内容记载，钟某延所立遗嘱系由见证律师打印文本并向钟某延解释内容后由钟某延签字，系代书遗嘱。根据我国法律的规定，代书遗嘱应当有两个以上见证人在场见证，由其中一人代书，注明年、月、日，并由代书人、其他见证人和遗嘱人签名。

钟某2等均对钟某延签名的真实性无异议，对钟某1提供的两位遗嘱见证人的声明亦无异议，故法院确认该遗嘱的形式和内容符合我国法律规定。钟某1提供的香港播道医院出具的钟某延医疗报告，钟某延在设立遗嘱时具有遗嘱能力，在设立遗嘱时意志自由，故法院确认遗嘱系钟某延的真实意思表示。

钟某2、钟某3、钟某4、钟6和李某某均认为钟某延在立遗嘱时身体状况较差，神志不清醒，对遗嘱内容不清楚，遗嘱并非其真实意思表示，钟某2和钟某3表示钟某延曾多次提出要求废除该份遗嘱，不希望钟某1继承其财产，但其提供的钟某延分别于2013年9月17日和2013年10月8日写给苏某妍律师的信件和相应的公证书，仅能说明钟某延曾就撤销钟某1作为徐某林监管人的事宜向苏某妍律师咨询，并不能证明钟某延已经取消钟某1的遗嘱继承人资格，也不能证明钟某延已经推翻之前所立遗嘱，故对钟某2和钟某3的抗辩意见法院不予采纳。

钟某5认为钟某延曾留下口头遗嘱表示其个人财产不分给钟某1，钟某1提供的遗嘱不应采纳，但钟某5并未提供钟某延在本案遗嘱之后立有其他合法有效遗嘱的相应证据，故对钟某5的抗辩意见法院不予采纳。钟某5认为钟某1提交的遗嘱没有经过香港高等法院的鉴定加签，没有履行必要的程序，钟某延在遗嘱内未给没有生活能力需要抚养的妻子徐某某和经济困难的养子留下必要的财产份额，故钟某延所立遗嘱并不是其真实意思表示，属于无效遗嘱。对此，法院认为钟某延所立遗嘱的效力应根据我国法律的相关规定予以确认，钟某5虽认为钟某延和徐某某系夫妻关系，但其提供的证据不足以推翻钟某1提供的无缔结婚姻情事的证明，钟某5亦未提供证据证明其属于我国法律规定需要保留必要遗产份额的缺乏劳动能力又没有生活来源的继承人，故对钟某5的上述主张法院不予采纳。法院确认钟某1提供的钟某延所立遗嘱真实、合法、有效。

（五）中国内地居民针对在港资产订立遗嘱的效力

如果内地居民长期居住内地（domiciled in PRC），但其在香港持有资产，则在订立遗嘱的方式上有两个选择：可以选择在内地订立的遗嘱中（下称内地遗嘱）包含香港的资产；也可以在香港订立遗嘱（下称香港遗嘱）。

从香港遗嘱认证的程序来看，在香港申办遗嘱认证的申请人是遗嘱中指定的遗嘱执行人，如果内地遗嘱中并未确定遗嘱执行人，则由于内地遗嘱并没有指明执行人，所以必须由遗嘱的继承人在香港申办遗嘱认证。但继承人在申办遗嘱认证时除了一般的文件外，还需要提供由内地执业超过5年的法律专家作出誓章，作为有关法律的证据。法律专家的誓章内必须包含：（1）案件的背景；（2）适用的条文；（3）根据死者居籍地，谁有资格取得授予；（4）遗嘱的有效性等事项。如果内地居民选择直接对香港的资产订立香港遗嘱，则由于香港遗嘱会清楚列明遗嘱执行人，虽然届时也可能需要提供法律专家的誓章，但只要按申办遗嘱认证时法庭的要求即可，而且这并非必需的文件，原则上也不会影响申办遗嘱认证的进度。

另外，无论是内地居民订立内地遗嘱还是香港遗嘱，在香港申办遗嘱认证时，都必须把遗嘱的正本交给香港法院。如果内地居民在内地处理继承纠纷时需要将内地遗嘱留在内地，则在香港申请认证时导致无法提供正本，这样可能会对申办遗嘱认证产生很大的影响。即使内地遗嘱可以在内地办理继承后提供给香港法院，则只有当遗嘱正本提交法院之后才能开始申办遗嘱认证的手续，这样也可能会造成时间上的延误，最终可能会导致资产发生风险。

因此，如果内地居民在香港拥有资产，则内地居民就香港的资产签署一份香港遗嘱，在申办遗产承办时会更方便、快捷。如果要在一份遗嘱中包含多的的遗产，则建议多签署几份原件以备用。

三、涉澳继承的管辖及遗嘱效力

（一）中国澳门特区法定继承制度

1. 法定继承人的范围

根据《澳门民法典》[①] 第一千九百七十二条的规定，法定继承人包括配偶、血亲、与死者有事实婚关系之人及澳门地区。

2. 法定继承人的继承顺序

根据《澳门民法典》第一千九百七十三条的规定，法定继承人的继承顺序为：

第一顺序是配偶及直系血亲卑亲属；[②]

---

① 载澳门特别行政区政府印务局，https：//bo. io. gov. mo/bo/i/99/31/codcivcn/codciv0001. asp#l5t2，最后访问时间：2021年4月17日。

② 指辈分上低于自己的亲属，即子女及子女以下的亲属。

第二顺序是配偶及直系血亲尊亲属；[①] 如被继承人死亡时并无直系血亲卑亲属，而有直系血亲尊亲属，则生存配偶即属第二顺序之可继承遗产之人，与第二顺序继承人共同继承遗产；

第三顺序是与死者有事实婚关系之人；

第四顺序是兄弟姐妹及其直系血亲卑亲属；

第五顺序是四亲等内之其他旁系血亲；

第六顺序是澳门地区。

另外，如果在被继承人死亡之日，基于当日已确定之判决或其后确定之判决，或基于当日已确定之决定或其后已确定之决定，又或基于按照第一千六百四十条第三款之规定而于该日以后作出之判决，被继承人之配偶已与被继承人离婚，则该配偶不被赋权继承。

根据第一千九百七十四条至第一千九百七十六条的规定，每一顺序之可继承遗产之人，均优先于下一顺序之可继承遗产之人。在每一顺序中，亲等较近之血亲优先于亲等较远之血亲。在每一顺序中，各血亲按人数或等份继承，但该法典规定之例外情况除外。

3. 法定继承的份额

（1）有配偶子女及直系血亲卑亲属的继承情形

根据第一千九百七十九条至第一千九百八十一条的规定，在配偶与子女间进行之遗产分割须按人数为之，即将遗产划分成与继承人数目相同之份数。如被继承人并无生存配偶，则遗产由各子女按上款规定分配。如子女不能或不愿接受遗产，则赋权予其直系血亲卑亲属继承。无直系血亲卑亲属时，由配偶继承，但不影响直系血亲尊亲属的继承权。

（2）有配偶及直系血亲尊亲属的继承情形

根据第一千九百八十二条至第一千九百八十三条的规定，如被继承人并无直系血亲卑亲属而有配偶及直系血亲尊亲属，则遗产之2/3归配偶，1/3归直系血亲尊亲属；无配偶时，直系血亲尊亲属继承全部遗产；如一名或数名直系血亲尊亲属不能或不愿接受遗产，则其继承部分增添入与其共同继承之其他直系血亲尊亲属之继承部分内；如无共同继承之其他直系血亲尊亲属，则增添入生

① 指辈分高于自己的亲属，即属父母或父母以上辈分的亲属。

存配偶之继承部分内。

在直系血亲尊亲属间进行之遗产分割须按照血亲亲等之优先次序以及继承人数的规则进行遗产的分配。

（3）配偶继承全部遗产的情形

根据第一千九百八十四条的规定，无直系血亲卑亲属及直系血亲尊亲属时，赋权予配偶继承全部遗产。

（4）与被继承人有事实婚关系的继承情形

根据第一千九百八十五条规定，无配偶、直系血亲卑亲属及直系血亲尊亲属时，赋权予在被继承人死亡时正与其有事实婚关系之人继承，但在此之前该关系须至少已维持4年。

（5）兄弟姐妹及其直系血亲卑亲属的继承情形

根据第一千九百八十六条至一千九百八十七条的规定，无配偶、直系血亲卑亲属、直系血亲尊亲属及与被继承人有事实婚关系之人时，赋权予被继承人之兄弟姐妹继承，且在代位继承之情况下，赋权予兄弟姐妹之直系血亲卑亲属继承。

同父同母之兄弟姐妹与同父异母或同母异父之兄弟姐妹共同继承时，每名同父同母之兄弟姐妹之继承份额或其直系血亲卑亲属之代位继承份额，相当于每名同父异母或同母异父之兄弟姐妹继承份额之两倍。

（6）其他旁系血亲的继承情形

根据第一千九百八十八条至第一千九百八十九条的规定无上述四种顺序之继承人时，赋权予四亲等内之其他旁系血亲继承，在任何情况下，均以亲等近者为优先。但即使在被赋权继承之人中有人与死者有双重血亲关系，分割仍按人数为之。

（7）中国澳门特区的继承情形

根据第一千九百九十条至一千九百九十三条的规定，在无配偶、任何可继承遗产之血亲及与被继承人有事实婚关系之人时，赋权予中国澳门特区继承。对于遗产，中国澳门特区具有与其他继承人相同之权利及义务。中国澳门特区以法定继承人之身份取得遗产系由法律规定，无须接受遗产，亦不得抛弃遗产。透过司法程序确认并不存在其他法定可继承遗产之人时，须按诉讼法之规定宣告遗产因无人继承而归中国澳门特区所有。

（二）中国澳门特区遗嘱继承制度

1. 订立遗嘱的能力认定

根据《澳门民法典》第二千零二十五条至第二千零二十六条的规定，所有未被法律规定为无能力立遗嘱之人，均可订立遗嘱。只有亲权未解除之未成年人以及因精神失常而导致禁治产之人，因其属于法律规定的无能力人，故他们所订立的遗嘱无效。

2. 订立遗嘱的不同方式

（1）普通方式

根据第二千零三十八条至第二千零四十条的规定，订立遗嘱的普通方式包括公证遗嘱和密封遗嘱。

公证遗嘱系由公证员按公证法之规定而书写之遗嘱。

密封遗嘱系由遗嘱人书写并签名，或由他人应遗嘱人之要求而书写并签名，又或由他人应遗嘱人之要求而书写并由遗嘱人签名之遗嘱。遗嘱人不懂或不能签名时，才可以不在密封遗嘱上签名，但不签名的理由应当在核准书内载明。在遗嘱上签名之人应于未载有其签名之各页上简签。密封遗嘱应由公证员按公证法之规定核准。违反以前述任一款之规定，即导致遗嘱无效。

（2）特别方式

根据第二千零四十四条至第二千零四十六条的规定，订立遗嘱的特别方式包括：船舶上订立的遗嘱；海上公证遗嘱；海上密封遗嘱。

船舶上订立的遗嘱是指任何人得按照法律规定，在船舶之海上旅程中订立遗嘱。

海上公证遗嘱是指遗嘱人通过船长及2名见证人订立的遗嘱。遗嘱经船长书写、记明日期及高声宣读后，即由遗嘱人、见证人及船长本人签名；遗嘱人及证人不能签名时，应在遗嘱中载明该等人不能签名之理由。船长本人拟立遗嘱时，由代其履行船长职务替代。

海上密封遗嘱可由懂书写并能书写的遗嘱人亲自书写。遗嘱人书写遗嘱并签名后，须在两名见证人面前将遗嘱提交船长，并声明遗嘱表达其本人最后之意思；船长不得阅读遗嘱，但须在遗嘱上书写遗嘱已向其提交之声明并记明日期，见证人及船长均须在该声明上签名。如遗嘱人提出要求，则船长须在见证人在场的情况下将遗嘱封妥，并于作为封套之纸页之向外一面作出注记，指出遗嘱所属之人。

3. 遗嘱中的特留份制度

特留份制度系对于遗嘱自由的限制，根据第一千九百九十四条的规定，依法须留给特留份继承人，以致遗嘱人不得处分之财产部分，称为特留份。第一千九百九十五条规定，特留份继承人为配偶、直系血亲卑亲属及直系血亲尊亲属，且按照为法定继承所定之顺序及规则继承；但对于配偶，可在婚姻协议中作出相关放弃。

（1）配偶单独为特留份继承人的情形

根据第一千九百九十六条的规定，如果配偶单独为特留份继承人的，则特留份为遗产之1/3。

（2）配偶和子女为特留份继承人的情形

根据第一千九百九十九条的规定，如配偶与子女共同分享特留份，则特留份为遗产之一半。如无生存配偶，则只有一名子女的，特留份为遗产的1/3；2名及以上子女的，特留份为遗产的一半。

（3）二亲等及二亲等以外之直系血亲卑亲属的特留份

根据第一千九百九十八条的规定，二亲等及二亲等以外之直系血亲卑亲属，有权享有其直系血亲尊亲属应得之特留份，且各人所占之部分须按有关法定继承之规定而定出。

（4）配偶和直系血亲尊亲属为特留份继承人的情形

根据第一千九百九十九条的规定，如配偶与直系血亲尊亲属共同分享特留份，则特留份为遗产之一半；如直系血亲尊亲属单独成为特留份继承人的，则被继承人父母的特留份为遗产的1/3，而二亲等及二亲等以外之直系血亲尊亲属的特留份为遗产的1/4。

另外，根据第二千零二条的规定，被继承人还可以通过向特留份继承人进行遗赠，以代替特留份。接受遗赠即导致丧失对特留份之权利，接受特留份亦导致丧失对该遗赠之权利。继承人获得遗赠的通知后，如不作任何意思表示，则视为接受遗赠。代替特留份之遗赠，须计入被继承人之不可处分之份额内；然而，如遗赠之价值超出继承人特留份之价值，则该超出部分须计入可处分之份额内。

四、涉台继承的管辖及遗嘱效力

（一）我国台湾地区居民在大陆继承遗产的法律适用

案例5-42 桥某某纱、李某健等与郑某、李某平等继承纠纷案

一审法院：江苏省南京市江宁区人民法院（2017）苏0115民初4897号

二审法院：江苏省南京市中级人民法院（2019）苏01民终2451号

案例主旨：我国台湾地区居民作为被继承人的遗产继承纠纷应先适用《涉外民事关系法律适用法》确认适用的法律，然后依照该法律处理遗产继承事宜。

一审法院认为，关于本案认定夫妻共同财产的法律适用问题。由于郑某与被继承人李某荣（均为台湾籍）没有协议选择夫妻财产关系的适用法律，郑某一直居住在台湾，被继承人李某荣一直居住在大陆，① 二人没有共同经常居所地，故对夫妻共同财产的认定，应适用我国台湾地区相关规定。

关于本案认定遗产及遗产继承的法律适用问题。被继承人李某荣自1997年起就在南京定居直至死亡，故死亡时经常居所地为南京。本案诉争标的包括被继承人李某荣在南京市江宁区修建的1套别墅和存于B银行的4笔存款，被继承人死亡时经常居所地为南京，不动产所在地亦为南京，故在确定夫妻共同财产及本案各当事人的身份问题后，郑某与各方之间的遗产分割问题，应适用大陆地区法律。另外，本案又属遗嘱继承。被继承人李某荣立遗嘱时的经常居所地和死亡时经常居所地均为南京市，故在遗嘱方式、遗嘱效力方面也应适用大陆地区法律。

关于本案夫妻共同财产的分割以及被继承人李某荣遗产的认定问题。我国台湾地区相关规定对夫妻共同财产作出如下规定：

其一，关于法定财产制。夫或妻之财产分为婚前财产与婚后财产，由夫妻各自所有。

其二，夫或妻各自管理、使用、收益及处分其财产。

其三，法定财产制关系消灭时，夫或妻现存之婚后财产，扣除婚姻关系存续所负债务后，如有剩余，其双方剩余财产之差额，应平均分配。但因继承或

---

① 《新华社新闻信息报道中的禁用词和慎用词》第三十四条："台湾"与"祖国大陆（或'大陆'）"为对应概念，"香港、澳门"与"内地"为对应概念，不得弄混。

其他无偿取得之财产不在此限。

其四，剩余财产差额之分配请求权，自请求权人知有剩余财产之差额时起，2年内不行使而消灭。自法定财产制关系消灭时起，逾5年者，亦同。

其五，夫或妻为减少他方对于剩余之分配，而于法定财产制关系消灭前5年内处分其婚后财产者，应将该财产追加计算，视为现存之婚后财产。但为履行道德上义务所为之相当赠与，不在此限。前项情形，分配权利人于义务人不足清偿其应得之分配额时，得就其不足额，对受领之第三人于其所受利益内请求返还。但受领为有偿者，以显不相当对价取得者为限。前项对第三人之请求权，于知悉其分配权利受侵害时起2年内不行使而消灭。自法定财产制关系消灭时起，逾5年者，亦同。

其六，夫妻现存之婚后财产，其价值计算以法定财产制关系消灭时为准。

因此，本案中，别墅的房屋不动产权利人为被继承人李某荣，故该房产应属李某荣所有；被继承人李某荣死亡之时即2016年9月15日为其与郑某法定财产制关系消灭之时。以该日为基准日，被继承人李某荣、郑某于前5年内处分的婚后财产均应追加计算，视为婚后财产。

2016年9月15日其时，双方各存之婚后财产之差额10,449,692.88元，应平均分配。即郑某应自李某荣财产中取得5,224,846.44元，剩余6,628,582.82元（9,366,000元+43,031.91元+2,444,397.35元−5,224,846.44）归被继承人李某荣所有。最终，二审法院对于一审法院的所有判决结果均予以维持。

（二）我国台湾地区“继承法律制度”简析

我国台湾地区的“民法典”中关于“继承法律制度”的相关规定，与大陆地区的制度有一定的不同之处。

1. 继承人的范围

根据我国台湾地区“民法典”[①] 的规定，遗产继承人除配偶以外，依次为直系血亲卑亲属、父母、兄弟姐妹、祖父母。如果第一顺序直系血亲卑亲属的继承人于继承开始前死亡或丧失继承权的，则由其直系血亲卑亲属代位继承。

---

① 载百度文库：https：//wenku.baidu.com/view/bcdc074269eae009581becd3.html，最后访问时间：2021年4月19日。

非婚生子女与养子女则必须经过法律规定的程序，才能和婚生子女一样取得继承人的资格。

2. 婚生子女的定义

根据我国台湾地区“民法典”的规定，婚生子女系由婚姻关系受胎而生之子女。从子女出生日回溯第181日起至第302日止为受胎期间。妻之受胎，系在婚姻关系存续中者，推定其所生子女为婚生子女。

非婚生子女，其生父母结婚的，视为婚生子女。非婚生子女可以通过认领程序与生父建立起婚生子女的法律关系，但非婚生子女和生母可以直接视为婚生子女关系。大陆的《民法典》中并没有如此详细的规定。

3. 遗嘱的订立形式

根据我国台湾地区“民法典”的规定，法定的遗嘱形式主要有以下几种。

（1）自书遗嘱

自书遗嘱指由本人亲自书写遗嘱全文，记明年、月、日，并亲自签名；如有增减、涂改，应注明增减、涂改之处所及字数，另行签名。

（2）公证遗嘱

公证遗嘱指指定二人以上为见证人，在公证人前口述遗嘱意旨，由公证人笔记、宣读、讲解，经遗嘱人认可后，记明年、月、日，由公证人、见证人及遗嘱人同行签名。遗嘱人不能签名者，由公证人将该事由记明，使按指印代之。

（3）密封遗嘱

密封遗嘱指遗嘱签名后，将其密封，于封缝处签名，指定二人以上之见证人，向公证人提出，陈述其为自己之遗嘱，如非本人自写，并陈述缮写人之姓名、住址，由公证人于封面记明该遗嘱提出之年、月、日及遗嘱人所为之陈述，与遗嘱人及见证人同行签名。

（4）代笔遗嘱

代笔遗嘱指遗嘱人指定三人以上之见证人，由遗嘱人口述遗嘱意旨，使见证人中之一人笔记、宣读、讲解，经遗嘱人认可后，记明年、月、日及代笔人之姓名，由见证人全体及遗嘱人同行签名，遗嘱人不能签名者，应按指印代之。

（5）口授遗嘱

遗嘱人因生命危急或其他特殊情形，不能依其他方式为遗嘱者，可进行口授遗嘱。口授遗嘱主要有以下两种方式：

第一，由遗嘱人指定二人以上之见证人，并口授遗嘱意旨，由见证人中之一人，将该遗嘱意旨，据实作成笔记，并记明年、月、日，与其他见证人同行签名。

第二，由遗嘱人指定二人以上之见证人，并口授遗嘱意旨、遗嘱人姓名及年、月、日，由见证人全体口述遗嘱之为真正及见证人姓名，全部予以录音，将录音带当场密封，并记明年、月、日，由见证人全体在封缝处同行签名。

口授遗嘱自遗嘱人能依其他方式为遗嘱之时起，经过3个月而失其效力。

另外，未成年人、受监护或辅助宣告的人、继承人及其配偶或其直系血亲、受遗赠人及其配偶或其直系血亲、为公证人或代行公证职务人之同居人助理人或受雇人。

第四节 “特殊”继承权与遗赠

一、工亡赔偿金

（一）工亡赔偿金的分割

根据《工伤保险条例》第三十九条的规定，工亡赔偿金是指职工因工死亡，其近亲属按照规定从工伤保险基金领取的丧葬补助金、供养亲属抚恤金和一次性工亡补助金。

1. 领取工亡赔偿金的范围

根据2004年1月1日起施行的《因工死亡职工供养亲属范围规定》第二条的规定，因工死亡职工供养亲属，是指该职工的配偶、子女、父母、祖父母、外祖父母、孙子女、外孙子女、兄弟姐妹。子女包括婚生子女、非婚生子女、养子女和有抚养关系的继子女，其中，婚生子女、非婚生子女包括遗腹子女；父母包括生父母、养父母和有抚养关系的继父母；兄弟姐妹包括同父母的兄弟姐妹、同父异母或者同母异父的兄弟姐妹、养兄弟姐妹、有抚养关系的继兄弟姐妹。

2. 领取供养亲属抚恤金的范围

供养亲属抚恤金属于工亡赔偿金的一部分，但根据《因工死亡职工供养亲属范围规定》第三条的规定，只有依靠因工死亡职工生前提供主要生活来源，并有下列情形之一的，才可按规定申请供养亲属抚恤金：

（1）完全丧失劳动能力的；

（2）工亡职工配偶男年满60周岁、女年满55周岁的；

（3）工亡职工父母男年满60周岁、女年满55周岁的；

（4）工亡职工子女未满18周岁的；

（5）工亡职工父母均已死亡，其祖父、外祖父年满60周岁，祖母、外祖母年满55周岁的；

（6）工亡职工子女已经死亡或完全丧失劳动能力，其孙子女、外孙子女未满18周岁的；

（7）工亡职工父母均已死亡或完全丧失劳动能力，其兄弟姐妹未满18周岁的。

另外，根据上述规定的第四条，如果领取抚恤金人员有下列情形之一的，则停止享受抚恤金待遇：

（1）年满18周岁且未完全丧失劳动能力的；

（2）就业或参军的；

（3）工亡职工配偶再婚的；

（4）被他人或组织收养的；

（5）死亡的。

（二）工亡赔偿金分割纠纷

根据上述规定，工亡赔偿金并不是遗产，也不属于夫妻共同财产，应由死者的近亲属享有。因此，分割工亡赔偿金而引发的案由不应是继承纠纷或不当得利纠纷，在未明确具体份额之前，受害者近亲属基于家庭关系对该笔赔偿金共同享有，在未分割之前，应属共同共有，故该类案件案由应该确定为共有物分割纠纷。

法院在处理这类案件时一般会参照《民法典》继承编的规定进行处理，由第一顺序人依法分割，即由配偶、子女、父母分割，在考虑其具体劳动能力、生活收入水平、照顾妇女儿童权益保护等情况进行分割。

案例5－43 辛某某与徐某某、张某某共有物分割纠纷案

一审法院：陕西省紫阳县人民法院（2017）陕0924民初223号

二审法院：陕西省安康市中级人民法院（2017）陕09民终634号

案例主旨：工亡赔偿金性质上虽不属于遗产，但在扣除丧葬费等必要费用后的分割可参照遗产继承的原则及各权利人对死者依赖程度的轻重综合进行处理。

一审法院认为，死者胡某某的父亲病亡时胡某某已成年，且辛某某并未提供相应证据证实与死者胡某某形成了合法的收养关系，故对辛某某要求以养父子关系分割争议赔偿金的主张不予支持，但鉴于辛某某对胡某某履行了一定的抚养监护职责，依据公平原则，将徐某某获赔的工亡赔偿金分割相应部分即7万元给予辛某某。另，辛某某主张的9555.10元费用支出，因未经徐某某同意且往返乘坐航班扩大了开支，结合辛某某的年龄和心智状况，酌情支持5000元。

二审法院认为，胡某某的工亡赔偿金性质上虽不属于遗产，但在扣除丧葬费等必要费用后的分割可参照遗产继承的原则以及各权利人对死者依赖程度的轻重综合进行处理。结合本案案情，辛某某虽非胡某某的法定继承人，但作为舅舅在胡某某成长阶段给予其生活帮助和关怀照料，将胡某某视为己出，其无私奉献、相互守望的精神值得提倡，现年近70体会近乎丧子之痛，精神痛苦相对较大；徐某某作为胡某某的法定继承人，丧夫之痛不言而喻，但其年轻力壮，且与胡某某尚无子女，负担相对较小；综合分析辛某某对胡某某的抚养付出程度、辛某某个人的劳动能力和经济状况、辛某某子女状况及扶养能力，酌定辛某某分割15万元工亡赔偿金，原审酌情支持的5000元差旅费用认定恰当，不作变更。

二、法院审理遗赠的司法观点

（一）遗嘱指定（外）孙子女继承财产属于遗赠

《民法典》第一千一百二十七条规定，法定继承人只包括第一顺位即配偶、子女、父母；第二顺位即兄弟姐妹、祖父母、外祖父母。除代位继承等特殊情

况以外，（外）孙子女通常并不是法定继承人，所以根据《民法典》第一千一百三十三条的规定，即使被继承人系通过遗嘱的方式将部分遗产指定由（外）孙子女继承，但该行为实际上仍然属于遗赠。

原《继承法》第二十五条规定，继承开始后，继承人放弃继承的，应当在遗产处理前，作出放弃继承的表示。没有表示的，视为接受继承。受遗赠人应当在知道受遗赠后2个月内，作出接受或者放弃受遗赠的表示。到期没有表示的，视为放弃受遗赠。《民法典》第一千一百二十四条则在此基础上进一步明确了继承人放弃继承的，必须“以书面形式”作出放弃继承的意思表示。同时将受遗赠人应在知道受赠后“两个月内”作出意思表示修改成“六十天内”，因为自然月有28天、30天和31天的区别，这样调整使时间计算的标准更加统一。

（二）接受遗赠必须在法定期限内作出表示

2014年11月，上海市高级人民法院发布的《上海市高级人民法院关于继承纠纷案件若干争议问题处理意见》（民事审判第一庭调研与参与〔2016〕3号）中，关于“祖父母立‘公证遗嘱’将财产给孙子女，其性质为遗嘱继承还是遗嘱赠与”的问题，上海市高级人民法院倾向性意见认为，法定继承人是指依照法律规定的范围和顺序直接承受被继承人遗产的继承人。根据我国法律关于法定继承人范围及继承顺序的明确规定，孙子女、外孙子女并不在法定继承人之列，其继承祖父母或外祖母遗产的方式是代位继承或转继承。因此，祖父母、外祖父母即使通过“公证遗嘱”的形式将遗产留给孙子女、外孙子女，其性质仍属于遗赠。同时，受遗赠人应当在知道受遗赠后的法定时间内，作出接受或者放弃接受遗赠的表示，到期没有表示的，视为放弃受遗赠。

（三）要求办理房产继承过户可视为接受遗赠

案例5－44 李某与王某3、曹某1、曹某2等继承纠纷案

二审法院： 北京市第一中级人民法院（2019）京01民终1936号

再审法院： 北京市高级人民法院（2020）京民申195号

案例主旨： 遗赠人要求办理房产继承过户视为接受遗赠。

法院认为，本案中张某以公证遗嘱的方式将自己在涉案房屋中享有的财产份额进行处分，符合法律规定。张某去世后，涉案房屋由李某、王某3控制管

理，李某知道受遗赠后亦向王某3表示接受遗赠，且曹某1、曹某2亦表示李某、王某3曾要求各方当事人办理房产继承过户。因此，法院认定李某已按法律规定作出接受遗赠的意思表示。

（四）不知晓遗赠未表示的不视为放弃继承

案例5-45 张某2、张某3与张某9等继承纠纷案

二审法院：北京市第二中级人民法院（2019）京02民终9362号

再审法院：北京市高级人民法院（2020）京民申1094号

案例主旨：受遗赠人不知晓遗嘱存在，而未能作出意思表示的，不宜视为放弃接受遗赠。

法院认为，孙子女，外孙子女并非我国法定继承人的范围，且本案中不存在代位继承的情形，故二审判决认定刘某立遗嘱将诉争房产交由其孙张某2、张某3继承属于遗赠行为，并无不当。本案中，张某2、张某3称遗嘱一直由张某9保管，其二人并不知道该遗嘱的存在，2016年3月因为诉争房屋拆迁，张某9才把遗嘱拿出来让其二人与其他继承人协商办理。张某2、张某3二人确于2016年4月向公证处申请办理受遗赠公证，张某5、张某6、张某7等均到场签字，上述情形不宜认定张某2、张某3放弃接受遗赠。法院据此判决刘某所做遗赠已生效，刘某某的遗产应按遗赠办理，由张某2、张某3继承。

（五）遗产继承手续的表述不属于遗赠条件

案例5-46 罗某与陈某3等继承纠纷案

二审法院：福建省福州市中级人民法院（2018）闽01民终8657号

再审法院：福建省高级人民法院（2019）闽民申3223号

案例主旨：完成案涉房产权属登记、完成继承相关手续和方法的表述，并非遗赠的条件。

法院认为，叶某燊自己书写《自书遗嘱》，在遗嘱中表示将其夫妻共有的案涉房产的份额先由陈某清继承，在陈某清去世后将案涉房产全部遗赠给罗某。陈某清在《自书遗嘱》下方空白处书写“同意按遗嘱执行”，并签字盖章。可见，《自书遗嘱》系叶某燊、陈某清共同的意思表示，即《自书遗嘱》系叶某燊、陈某清共同立下的遗嘱。后叶某燊、陈某清先后去世，均没有另立遗嘱，

故《自书遗嘱》系合法有效的遗嘱。《自书遗嘱》中关于“以后再由后逝者写出房产赠送书给干女儿罗某受业，再由罗某以赠书申请改换产权人姓名，成为产权所有者”的内容，系如何完成案涉房产权属登记、完成继承相关手续和方法的表述，并非遗赠的条件。因此，陈某清未再出具赠与或遗赠等相关文书，不影响《自书遗嘱》关于将案涉房产遗赠给罗某的效力。罗某在2011年12月19日以其个人名义办理案涉房产的自来水缴费委托手续，并开始交纳部分物业费用的事实体现了罗某对遗赠的接受。法院最终判决认定《自书遗嘱》合法有效，罗某应当依该遗嘱继承案涉房产。

（六）料理被继承人后事可视为接受遗赠

案例5-47 郑某1与林某等继承纠纷案

二审法院： 福建省福州市中级人民法院（2018）闽01民终5689号

再审法院： 福建省高级人民法院（2019）闽民申1740号

案例主旨： 料理被继承人后事的行为可视为接受遗赠。

法院认为，林某于2015年9月郑某珠去世时发现《遗嘱》，林某对郑某珠的后事进行办理，以及证人证言证明林某对郑某珠《遗嘱》的认可，均体现了林某对《遗嘱》继承的接受。并且，《遗嘱》内容及证人证言等证据体现了林某对郑某珠生前的扶养照顾。因此，法院认定林某已在知道受遗赠的2个月内作出接受遗赠的意思表示、有权继承郑某珠的遗产。

（七）遗赠扶养协议的效力优先于法定继承

案例5-48 何某1、张某1、何某2等与何某3继承纠纷案

二审法院： 黑龙江省齐齐哈尔市中级人民法院（2018）黑02民终1325号

再审法院： 黑龙江省高级人民法院（2019）黑民申444号

案例主旨： 按照法律规定遗赠扶养协议的效力优先于法定继承。

法院认为，本案中，何某1、张某1、张某2、何某2作为何某义的继子女对案涉房屋享有法定继承权，但在何某义与何某3就该房屋签订遗赠扶养协议的情况下，应按遗赠扶养协议进行继承。泰来县公证处对案涉遗赠扶养协议所作的公证书中载明何某义无子女，该描述与客观事实不符，但何某义是否有子女并不影响何某义处分其个人财产的权利，何某义与何某3签订的遗赠扶养协

议经公证证明系何某义的真实意思表示，且该协议并未违反法律法规的强制性规定，法院予以采信。

（八）通过微信提及遗嘱可被视为接受遗赠

案例5-49 张某1与张某3、张某2继承纠纷案

一审法院：四川省成都市青羊区人民法院（2016）川0105民初3118号

第一次再审法院：四川省成都市青羊区人民法院（2016）川0105民再6号

第二次再审法院：四川省成都市中级人民法院（2017）川01民再102号

第三次再审法院：四川省高级人民法（2018）川民申4151号

案例主旨：受遗赠人于被继承人死亡后在亲友微信群中告知被继承人亲属案涉遗嘱一事，可以视为接受遗赠。

张某3诉张某2继承纠纷一案，成都市青羊区人民法院（以下简称一审法院）于2016年4月25日作出（2016）川0105民初3118号民事调解书。再审申请人张某1不服上述调解书，向一审法院申请再审。一审法院作出裁定再审本案，并于2017年6月15日作出（2016）川0105民再6号民事判决。张某1不服，向四川省成都市中级人民法院提出再审，四川省成都市中级人民法院作出（2017）川01民再102号民事判决。再审申请人张某1仍不服，最终向四川省高级人民法申请再审。

各级法院均认为，遗赠属无相对人的意思表示，对其解释应结合行为的性质和目的，习惯及诚信原则确定行为人的真实意思表示。本案中，宋某英与张某2虽已离婚，但离婚后双方仍共同生活。在宋某英书写案涉遗嘱后张某2确已知道该遗嘱的存在，但因未发生继承的事实，张某2一般不能在知道该遗嘱的2个月内作出接受或放弃遗赠的表示。只有当被继承人死亡以及继承的事实发生后，才有可能作出相关表示。张某2于宋某英死亡后在亲友微信群中告知宋某英亲属案涉遗嘱一事，张某3对此提出异议，但并未提交相关予以反驳的证据。故法院判决结合张某2主张继承宋某英遗产等相关事实，认定张某2已接受遗赠的事实。

（九）代书遗嘱与遗赠扶养协议的区别

案例5－50 许某某诉N市规划和自然资源局房屋行政登记纠纷案

一审法院：江苏省南京铁路运输法院（2019）苏8602行初720号

二审法院：江苏省南京市中级人民法院（2019）苏01行终962号

案例主旨：书面材料明确了有关遗赠扶养的权利义务，已经具备了遗赠扶养协议的实质要件和基本要素，还有证人证明是双方当事人的真实意思表示，是一份有偿的、互享权利、互负义务的双务合同，应当认定为遗赠抚养协议。

案涉两房屋登记在姜某某名下。2018年2月14日，姜某某去世。2019年3月7日，许某某向市规划资源局申请上述两房屋的不动产登记。市规划资源局于同日作出编号为×××的《不动产登记不予受理告知书》（以下简称《告知书》），以申请登记材料不符合法定形式为由决定不予受理，同时在具体情况中载明“现你申请将坐落在秦淮区房产转移登记在你名下，因你提供的遗嘱不符合法定形式，因而不予受理”。

一审法院庭审中，双方当事人均认可许某某于2019年3月7日申请涉案房屋的不动产登记时提交的材料包括协助过户申请书、涉案两房屋的所有权证及国有土地使用证、许某某身份证复印件、姜某某死亡证明、报纸公告等。但许某某认为其同时提交了姜某某与许某某于2017年9月6日签订的遗赠扶养协议复印件，正文部分由许某某书写，主要内容为：由许某某履行帮助姜某某日常生活料理、财物管理并尽养老送终之义务，待百年之后，姜某某的两套房产及财物由许某某继承；市规划资源局则认为许某某提交的上述复印件系遗嘱，而非遗赠扶养协议，该遗嘱除姜某某、许某某签字外，仅有一名见证人签字。

一审法院认为，许某某提交的姜某某于2017年9月6日签字的复印件载明“特立此遗嘱并执行”，结合许某某在庭审中的陈述，上述材料正文部分系许某某书写，市规划资源局据此认定上述材料系代书遗嘱，并无不当。许某某提交的上述材料除姜某某、许某某签字外，仅有一名见证人签字，不符合代书遗嘱中两个以上见证人的法定形式要求，市规划资源局以许某某提供的遗嘱不符合法定形式为由，决定不予受理，并在收到不动产登记申请的当日作出案涉《告知书》并送达许某某，适用法律准确、程序合法。关于许某某认为其提交的上述材料系遗赠扶养协议，因而市规划资源局应予以转移登记的主张，一审法院认为，该材料正文部分仅载明“待百年之后，姜某某的两套房产及财物由许某某继承”，未载明上述两套房产的不动产权证号或地理位置等信息，尚不符合不动产转移登记的条件，故许某某要求市规划资源局办理转移登记的主张不能成立，法院不予支持。

二审法院撤销了一审判决并认为，本案的争议焦点是：许某某提交的申请登记材料是否符合法定形式？涉案书面材料是代书遗嘱还是遗赠扶养协议？

遗嘱是指遗嘱人生前在法律允许的范围内，按照法律规定的方式对其遗产或其他事务所作的个人处分，并于遗嘱人死亡时发生效力的法律行为。遗嘱是单方法律行为，无须继承人同意便可成立，继承人的范围不限于法定继承人。遗赠是公民以遗嘱方式将个人财产赠给国家、集体或者法定继承人以外的人，于其死亡时发生法律效力的民事行为。遗赠本质上属于遗嘱继承的一种形式，是遗嘱人的单方法律行为，不仅可以单方订立遗嘱，也可单方撤销或变更遗嘱的内容，在遗赠人死亡后遗赠行为才生效。受遗赠人应当在知道受遗赠后2个月内，作出接受或者放弃受遗赠的表示；到期没有表示的，视为放弃受遗赠。遗赠扶养协议是指遗赠人与扶养人或集体所有制组织签订的、由扶养人承担遗赠人生养死葬的义务，遗赠人将自己的合法财产的一部分或全部于其死后转移给扶养人所有的协议。附义务的遗赠原则上还是遗赠，是遗赠人单方的意思表示；而遗赠扶养协议是双方法律行为，是有偿的双务合同，双方意思表示一致才能成立。遗赠扶养协议的内容不违反法律法规规定、不损害公共利益、不违反社会主义道德准则的，从协议成立时发生法律效力，遗赠人与受遗赠人任何一方都不能随意变更或解除。

从涉案书面材料的内容分析，其中载明遗赠人姜某某没有子女，明确了许某某负有帮助料理姜某某的日常生活、财物管理及养老送终的义务，在姜某某去世后享有其两套房产及财物的权利，有双方当事人签名、明确了有关遗赠扶养的权利义务，已经具备了遗赠扶养协议的实质要件和基本要素，还有一名证人证明是双方当事人的真实意思表示，是一份有偿的、互享权利、互负义务的双务合同。因此，上诉人主张涉案书面材料应当理解为遗赠扶养协议的理由能够成立。市规划资源局主张“涉案书面材料是代书遗嘱或附条件的遗赠，即使是遗赠扶养协议也应不低于遗嘱的标准，也需要两个以上的见证人”的抗辩意见，没有相应的法律法规依据。

《不动产登记暂行条例》第十四条第二款规定，“属于下列情形之一的，可以由当事人单方申请：……（二）继承、接受遗赠取得不动产权利的；……”《不动产登记暂行条例实施细则》第十四条规定：“因继承、受遗赠取得不动产，当事人申请登记的，应当提交死亡证明材料、遗嘱或者全部法定继承人关于不动产分配的协议以及与被继承人的亲属关系材料等，也可以提交经公证的材料或者生效的法律文书。”许某某于2019年3月7日已向市规划资源局提交协助过户申请书、涉案两房屋的所有权证及国有土地使用证、许某某身份证复印件、姜某某死亡证明、报纸公告、涉案书面材料。《不动产登记暂行条例》第十七条第一款规定：“不动产登记机构收到不动产登记申请材料，应当分别按照下列情况办理：（一）属于登记职责范围，申请材料齐全、符合法定形式，或者申请人按照要求提交全部补正申请材料的，应当受理并书面告知申请人；（二）申请材料存在可以当场更正的错误的，应当告知申请人当场更正，申请人当场更正后，应当受理并书面告知申请人；（三）申请材料不齐全或者不符合法定形式的，应当当场书面告知申请人不予受理并一次性告知需要补正的全部内容；（四）申请登记的不动产不属于本机构登记范围的，应当当场书面告知申请人不予受理并告知申请人向有登记权的机构申请。”《不动产登记暂行条例》第十六条规定，申请人对申请材料的真实性负责。涉案书面材料中虽然有“与国资委领导刘主任、陈处长、马律师商议”的内容，但现有证据不能证明马律师对于双方签订涉案遗赠扶养协议进行过专业指导，许某某的当庭陈述和证人钱某4的证人证言可以证明，姜某某退休单位国资委的领导和马律师曾建议姜某某与许某某尽快对遗产处理完善手续、办理公证。现许某某提交的涉案书面材料的内容中有“遗嘱”的字样，没有明确的“遗赠扶养协议”字样或名称，从民间非法律人士的专业知识局限以及基于社会风俗的考量，不能过于严苛地要求其形式完整明确，况且《不动产登记暂行条例实施细则》第十四条规定的申请人应当提交死亡证明材料、遗嘱或者全部法定继承人关于不动产分配的协议以及与被继承人的亲属关系材料等，并没有把“遗赠扶养协议”单独列出，而是以“遗嘱”概括规定。由此可见，法律法规也没有明确规定办理不动产登记的遗赠扶养协议的必备要件或形式，就更加不能要求一般申请人提供的遗赠扶养协议必须达到法律专业人士所理解的协议形式完整规范、协议名称明确的程度。

至于涉案遗赠扶养协议中对两套房产是否明确的问题，市规划资源局在庭审中认可经过查询，姜某某在南京只有这两套涉案房产，但辩称不能排除姜某某在南京以外还有其他房产，许某某应当通过民事审判方式进一步明确其内容及效力。法院认为，现有在卷证据可以证明，遗赠人姜某某没有法定继承人，许某某已通过报纸公告的方式公开其接受遗赠与接受异议的途径，市规划资源局认为许某某应通过民事诉讼对涉案房产进行确权，或证明姜某某在南京以外没有房产的要求，没有法律法规依据。许某某申请对涉案的两套房产变更登记，并已提交了涉案两套房产的所有权证及国有土地使用证，市规划资源局作为法定的不动产登记部门，对涉案书面材料中约定的两套房产是可以综合各种信息进行判断的。

综上，上诉人许某某已提交了符合法定形式要求的材料，市规划资源局应当依据《不动产登记暂行条例》第十七条的规定予以受理。至于市规划资源局受理后，出于慎重考虑，可以依据《不动产登记暂行条例》《不动产登记暂行条例实施细则》的相关规定，对申请材料的真实性、遗赠扶养协议的义务是否实际履行进行调查，或要求申请人提交补充材料后，决定是否做出不动产变更登记行为。因此，市规划资源局以许某某提供的有关材料不符合法定形式，决定不予受理系适用法律不当，应予撤销。一审法院认定涉案书面材料为代书遗嘱，对被上诉人所作《告知书》的行政行为合法性的判断不准确，适用法律不当，二审法院予以纠正。

（十）境外立遗嘱将境内资产遗赠他人有效

案例 5－51 张某 1、张某 2 与关某遗赠纠纷案

一审法院：北京市西城区人民法院（2018）京 0102 民初 37315 号

二审法院：北京市第二中级人民法院（2019）京 02 民终 7529 号

再审法院：北京市高级人民法院（2020）京民申 2969 号

案例主旨：继承案件无论适用何国法律均应是以事实的存在为考量的基础，诉争遗嘱在境外通过有效认证（含公证）程序已经确认了相应的事实成立，同时结合被继承人本案生前的视频录像内容可推知遗嘱的内容是其真实的意思表示，故已经可以推定诉争遗嘱存在的真实性。

法院认为，关于张某 3 在境外形成的诉争遗嘱是否真实有效问题，诉讼中张某 1、张某 2 曾对该诉争遗嘱认证程序的合法性提出质疑，并提交了证人证言及相应书证，但上述证据仅能体现当事人从表象角度阐释的自己观点，并不能有效否认该诉争遗嘱认证（含公证）程序的违法性。故综合考虑上述认证（含

公证）程序系经过法定部门作出，且目前相关部门始终未对此作出过否定性评价，故法院对该诉争遗嘱认证（含公证）程序的真实有效性予以认定。至于本案应适用何国法律问题，应作如下考虑：无论本案适用何国法律均应是以事实的存在为考量的基础，这从当事人提交的加拿大的相关法律中亦可体现，该诉争遗嘱在加拿大通过有效认证（含公证）程序已经确认了相应的事实成立，同时结合张某3本案生前的视频录像内容可推知，张某3生前确曾明确表示将其名下相关财产遗赠给关某，且该意思表示从未撤销，故从上述情况可以推定出该诉争遗嘱存在的真实性。诉讼中，张某1、张某2虽对该诉争遗嘱中张某3签字的真实性提出质疑并申请笔迹鉴定，但因双方始终不能提供共同认可的比对样本，考虑到即使进行鉴定也需要多份双方共同确认的比对样本才能有效进行，故法院综合上述情况对张某1、张某2要求进行笔迹鉴定的主张不予采信。基于上述情况，法院对该份诉争遗嘱的真实有效性予以确认。至于张某1、张某2主张关某未能在有效期内表示接受赠与，根据现有证据尚难充分证明张某1、张某2的上述主张成立，法院对此不予采信。

三、遗产酌情分配权

（一）酌情分配权的法律依据

《民法典》第一千一百三十一条规定，对继承人以外的依靠被继承人扶养的人，或者继承人以外的对被继承人扶养较多的人，可以分给适当的遗产。

（二）酌情分配权的考量因素

1. 可酌情分得遗产的主体

根据上述法律的规定，可酌情分得遗产的主体仅限定为继承人以外的人。首先，在被继承人死亡后，依靠被继承人扶养的人将会丧失扶养的来源，因此向这类主体分配遗产比较容易理解。对于被继承人扶养较多的非继承人，通常对被继承人没有法定扶养义务，但由于道德、感情或其他原因，在客观上形成了与被继承人之间的扶养关系。法律赋予这部分非继承人可酌情分得遗产的权利，主要是有利于向社会输出尊老爱幼的正能量，同时也符合权利义务对等的基本法律原则。

2. 可酌情分得遗产的条件

司法实践中对“依靠被继承人扶养的人”可作为酌情分得遗产的主体的争议并不大，但对于“对被继承人扶养较多的人”分得遗产的争议较大。该部分主体享有分配遗产的决定性条件在于是否与被继承人形成了“扶养较多”的情形。

根据《〈民法典〉继承编解释（一）》第十九条的规定，对尽主要赡养义务或主要扶养义务的认定标准应为“对被继承人生活提供了主要经济来源或在劳务等方面给予了主要扶助”。由此可见，对“扶养较多”并没有统一的法定标准，需要根据个案的实际情况进行认定。

案例 5-52 翟某1与翟某2等继承纠纷案

二审法院：北京市第三中级人民法院（2019）京03民终16352号

再审法院：北京市高级人民法院（2020）京民申1588号

案例主旨：继承人以外的、对被继承人物质上和精神上均照顾扶养较多的人，且已经和被继承人形成较为密切的亲属关系，应当适当分配给其一定遗产。

法院认为，翟某1虽未被认定为翟某6、陈某的养子，但翟某1提交的证据显示，其自1958年起由翟某6、陈某抚养，直至翟某1离开北京去外地插队，双方形成了极为密切的关系及深厚的亲情。此外，翟某1在翟某6、陈某生前曾经常对翟某6、陈某进行探望，不仅从物质上给予了二人照顾，更从精神上对二人给予了关怀。特别是在2006年翟某6、陈某与翟某8解除收养关系后，这种精神上的关怀较之物质的帮助对二位老人更为重要。另外，尽管翟某1提交的证据不足以认定其与翟某6和陈某之间形成事实收养关系，但从证据中可以看出，翟某1在其内心中是把翟某6和陈某当成父母看待的，翟某1在翟某6、陈某死亡后，亦积极参与料理二人后事等事宜。故法院最终认为翟某1与翟某6和陈某之间形成了较为密切的亲属关系，且对被继承人照顾扶养较多，应当适当分配给其一定遗产，故判决翟某1继承翟某6、陈某1/3的遗产。

第五节
遗产管理人

一、遗产管理人概述

（一）遗产管理人的法律规定

在《民法典》颁布之前，“遗产管理人”并不是一个正式的法律概念。《民法典》生效后，在第一千一百四十五条至第一千一百四十九条就遗产管理人的选任、指定、职责、责任、报酬等内容进行了规定。法律设置“遗产管理人”制度旨在自继承开始到遗产的最终分割、处理时止，为保护遗产不被损毁和灭失，为协调因遗产分配形成的错综复杂的利益关系，防止各方利益分配不均，防止遗产继承纠纷与矛盾激化，而对被继承人的遗产进行妥善管理。遗产管理人正是为实现上述目的，依约定产生的自然人、法人或者其他组织。

1. 遗产管理人的选任

根据《民法典》第一千一百四十五条的规定，在继承开始后，应当依照以下方式选任遗产管理人：

（1）有遗嘱执行人的，可直接成为遗产管理人；

（2）没有遗嘱执行人的，应当由继承人及时推选遗产管理人；

（3）继承人未推选的，应当由继承人共同担任遗产管理人；

（4）没有继承人或者继承人均放弃继承的，应当由被继承人生前住所地的民政部门或者村民委员会担任遗产管理人。

2. 遗产管理人的指定

根据《民法典》第一千一百四十六条的规定，对遗产管理人的确定有争议的，利害关系人可以向人民法院申请指定遗产管理人，通常会有以下几种情况：

（1）遗嘱未指定遗嘱执行人，继承人对遗产管理人的选任有争议的；

（2）没有继承人或继承人下落不明，且遗嘱中又未指定遗嘱执行人的；

（3）对指定遗产管理人的遗嘱效力存在争议的；

（4）遗产债权人有证据证明继承人的行为已经或将要损害其利益的。

3. 遗产管理人的职责

根据《民法典》第一千一百四十七条的规定，遗产管理人应当履行下列职责。

（1）清理遗产并制作遗产清单

为了防止被继承人的遗产被隐匿、毁损或转移，遗产管理人在执行遗嘱前需要清理所有遗产、制作遗产清单，明确遗产的范围。

遗产清单主要包括：遗产的名称、数量、价值；遗产的债权、债务；遗嘱中是否有附加义务等。

（2）向继承人报告遗产情况

由于继承人才是遗产的法定权利人，遗产管理人在清理完财产后，必须及时向继承人报告所有遗产的状况、数量以及是否存在其他债权人或遗嘱是否对继承附加义务等。

（3）采取必要措施防止遗产毁损、灭失

在遗产分割前，遗嘱执行人应当妥善地保管遗产，防止遗产的毁损、灭失。如果遗嘱人对遗产管理有特别要求的，遗嘱执行人应按照遗嘱的要求管理遗产。

（4）处理被继承人的债权债务

被继承人的遗产首先需要结清应当缴纳的税务和债务，只有剩余部分才能由继承人继承。遗产管理人应当在遗产范围明确且已经通知继承人相关情况后，优先处理被继承人的税务和债务问题。

（5）按照遗嘱或者依照法律规定分割遗产

遗嘱执行人在继承开始后，应召集遗嘱继承人、受遗赠人，公开遗嘱的内容，对遗产的情况进行说明，并按照遗嘱分配遗产。遗嘱执行人有将遗嘱处分的遗产转交给有关人的权利和义务。遗嘱人在遗嘱中遗赠的遗产，应由遗嘱执行人交付受遗赠人。

（6）实施与管理遗产有关的其他必要行为

遗产管理人可以按照法律的要求和遗嘱的指定实施其他与管理相关的必要行为，切实地履行自己的职责。如《信托法》第三十九条规定，受托人职责终止时，遗产管理人应当妥善保管信托财产，协助新受托人接管信托事务。

4. 遗产管理人的责任

《民法典》第一千一百四十八条规定了遗产管理人履行职责及责任，这主要是为了使遗产债权人、受遗赠人等遗产权利人的利益得到保障。遗产管理人应当负有善良管理人的注意义务。遗产管理人须忠实、谨慎地履行管理职责。遗产管理人未尽善良管理人的注意义务，不当履行职责，因故意或者重大过失造成继承人、受遗赠人、债权人损害的，应当承担民事责任，对造成的损失予以赔偿。

5. 遗产管理人的报酬

《民法典》第一千一百四十九条规定，遗产管理人可以依照法律规定或按照约定获得报酬。这就意味着律师以及律师事务所可以将遗产管理作为一个新的业务点。

（二）遗产管理人与遗嘱执行人

《民法典》第一千一百四十五条规定，“继承开始后，遗嘱执行人为遗产管理人”。因此，如果当事人在立遗嘱时指定了遗嘱执行人，则其也就当然地成为遗产管理人。

有观点认为，遗产管理人即遗嘱执行人。我们认为，虽然二者的目的都是管理、分配遗产，但二者也存在着区别。

1. 适用范围上的区别

遗嘱执行人只在被继承人立有遗嘱时得以存在，而遗产管理人在法定继承以及无人继承遗产的情形下也可以行使职责。

2. 产生方式上的区别

遗嘱执行人遵循遗嘱人的意志产生，而遗产管理人在没有立遗嘱或者遗嘱中未作指示时，还可以根据法律规定的方式进行选任和指定。

3. 行为依据上的区别

遗嘱执行人的行为主要依据是遗嘱内容，而在没有遗嘱的情况下，遗产管理人行为的主要依据为法律规定，或者即便有遗嘱，执行遗嘱也是遗产管理人依据法律开展管理活动。

4. 权利义务范围上的区别

遗嘱执行人在不违反法律的强制性规定的前提下，权利与义务范围一般不得违背被继承人在遗嘱中的指示，故容易受遗嘱所限，使遗嘱未涉及的遗产如何管理的问题悬置；而遗产管理人除了要在有遗嘱时尊重遗嘱人的遗愿，其权利义务也要受法律法规的制约。

（三）律师担任遗嘱管理人

目前，《民法典》的继承编中关于“遗产管理人”这项新的法律制度，一共用了5个条文规定。《〈民法典〉继承编解释（一）》中有一处涉及“遗产管理人”的内容。另外，在新的民事案由规定中增加了两个新的与遗产管理人制度相关的案由：“遗产管理纠纷”和“申请指定遗产管理人”。除此之外，法律层面并没有更多详细的细则规定，在《民法典》实施前后，关于“遗产管理人”制度相关的案例也不在少数，这导致实践中律师如何承办“遗产管理人”业务成为实践中必须解决的问题。

2021年1月，广东省广州市律师协会婚姻家事法律专业委员会、广州市律师协会信托与财富传承业务委员会联合发布了《律师担任遗产管理人操作指引》，其中针对律师担任遗产管理人的操作流程进行了较为体系性的规定，并且还附上了遗产管理人法律服务文书的样本。该文件为律师担任遗产管理人并承办相关业务提供了一定的指导作用。

二、部分继承人签署执行遗嘱协议的效力

案例5－53 熊某浩、熊某与张某霞等执行遗嘱代理协议纠纷案

案件来源：《最高人民法院公报》2004年第1期（总第87期）

审理法院：陕西省高级人民法院

案例主旨：律师作为被继承人的遗嘱执行人，与继承人就执行遗嘱签订的协议，没有违反效力性强制规范的，应为有效。

二审法院认为，本案双方当事人的争议焦点是，张某霞（律师）作为遗嘱

执行人与部分遗产继承人就执行遗产相关事宜签订的委托代理协议是否有效。

在本案审理和判决时，我国法律均没有对遗嘱执行人的法律地位和遗嘱执行人的权利义务作出明确规定（《民法典》已经进行了部分规定）。只要不违反法律的禁止性规定，民事主体有权处分自己权利。张某霞作为熊某武指定的遗嘱执行人，在熊某武没有明确其执行遗嘱应得到报酬的情况下，与继承人熊某浩、熊某等人就执行遗嘱的相关事项签订协议，并按照该协议的约定收取遗嘱执行费，不属于《律师法》第三十四条禁止的，律师在同一案件中为双方当事人代理的情况。一审判决根据《律师法》第三十四条的规定认定当事人之间的协议无效，属适用法律错误，应予纠正。

熊某浩等人虽主张与张某霞签订委托代理协议，是受张某霞的误导，但却无法提供相应证据证明该协议是在违背其真实意思表示的情况下签订的，或者该协议是法律规定的无效合同或可撤销合同，故对其要求撤销或宣告两份委托代理协议无效的主张，依法不予支持。

最终二审法院撤销一审法院的民事判决，并判决认定2003年3月1日宝鸡县某律师事务所张某霞与熊某浩签订的执行遗嘱协议书有效。

三、遗嘱执行人是否有权开启银行保管箱

案例5-54 王某奇与某银行上海分行等租赁合同纠纷案

一审法院：上海市浦东新区人民法院（2018）沪0115民初37394号

案例主旨：遗嘱执行人有权对被继承人在银行处保管箱内的遗产进行清点、保管。

法院认为，关于遗嘱执行人是否有权要求开启杨某2在银行处的保管箱并取走箱内物品的问题。原告王某奇以杨某2的遗嘱执行人身份起诉被告某银行上海分行。被告则认为，被告与杨某2的租赁合同约定租用人死亡后须经法定程序确认的继承人或受遗赠人向出租人提出申请，而原告非继承人也非受遗赠人，故对原告的申请不予许可。法院认为，杨某2代书遗嘱中已明确原告为遗嘱执行人，我国法律规定公民可以指定遗嘱执行人，故原告的身份合法有效，原告有权对杨某2在银行处保管箱内的遗产进行清点、保管。

四、遗产管理人完成工作的认定标准

案例 5－55 林某某、湖南某律师事务所法律服务合同纠纷案

一审法院：湖南省长沙市雨花区人民法院（2020）湘 0111 民初 1139 号

二审法院：湖南省长沙市中级人民法院（2020）湘 01 民终 11390 号

案例主旨：法定继承人委托律师事务所担任遗产管理人所签署的合同有效，律师事务所应当按照合同的约定完成所有的遗产继承事宜。

一审法院认为，本案中，林某某辩称湖南某律师事务所未完成的委托事项是指：湖南某律师事务所未办理被继承人李某的 A 银行账户、B 银行账户（尾号为 9166）存款、社保及公积金的继承事宜。关于银行账户存款的继承事宜，因林某某未提供涉案合同的附件，无证据证明上述银行账户的继承事宜包含在委托事项中；同时，林某某现在提供的李某 A 银行理财结单的结算时间为 2011 年 1 月 24 日，尾号为 9166 的 B 银行账户开户时间为 2002 年 9 月 2 日，且均为复印件，无法确认被继承人李某上述账户的真实性及存在可供继承的存款余额。关于社保及公积金继承，双方在合同中约定湖南某律师事务所的主要义务为调取继承所需资料，协助林某某办理具体继承事宜。湖南某律师事务所指派的律师与林某某的微信聊天记录显示，律师李某某于 2018 年 12 月 4 日与林某某微信联系，要林某某确定时间一起去上海办理社保继承的事宜，且双方实际于 2018 年 12 月 6 日在上海的社保及公积金的相关部门已提交相关手续，只待林某某本人办理社保及公积金账户的终止和继承事宜，湖南某律师事务所的委托事项已实际履行完毕；另外，尽管社保及公积金的委托事项是在合同约定的有效期后办理的，但因湖南某律师事务所对继承具体事宜主要为协助义务，具体办理的主动权在林某某，从双方的微信聊天记录也可看出具体时间是由林某某确定的，应认定为双方协商一致后对有效期的变更，且林某某未提供证据湖南某律师事务所在合同约定的有效期内拒不履行协助义务。因此，林某某辩称湖南某律师事务所未完成委托事实与事实不符。

二审法院认为，湖南某律师事务所、林某某签订的《专项法律服务合同》系双方的真实意思表示，且不违反法律及行政法规的强制性规定，合法有效，双方均应遵照履行。湖南某律师事务所和林某某签订的《专项法律服务合同》第六条其他财产约定包括：C 银行、D 银行、E 银行、B 银行、A 银行的银行卡

若干张，上海的医保、社保、公积金等五险一金。本案中，湖南某律师事务所未为林某某办理尾号为9166的B银行账户、A银行账户的继承事宜，应属合同义务未完全履行，湖南某律师事务所应承担相应的违约责任，鉴于本案《专项法律服务合同》已大部分履行，根据公平原则，法院酌情在林某某应付7万元法律服务费中减少2000元，林某某应付湖南某律师事务所法律服务费68,000元。至于社保及公积金继承，应该由林某某本人办理，湖南某律师事务所只能提供协助义务。

五、遗产管理人因管理遗产可直接成为股东

案例5-56 翁某雅诉翁某芳等4人、YL公司、吕某某、C某第三人撤销之诉案

一审法院：广东省佛山中级人民法院（2013）佛中法民二初字第11号（案例中简称“11号判决”）

二审法院：广东省高级人民法院（2016）粤民终261号

再审法院：最高人民法院（2020）最高法民再111号

案例主旨：现有法律并未明确禁止遗产管理人成为遗产关联公司的股东，并办理股权登记。尤其在法律已对遗产管理人制度作出规定的情况下，基于遗产管理人地位，允许将案涉股权登记在遗产管理人的名下，便于其对于遗产的收集和管理，并不违反法律规定。

最高人民法院认为，根据翁某雅的再审请求和理由以及各方当事人意见，本案再审审理的范围和争议的焦点问题为：第一，翁某雅在本案诉讼中的主体资格和诉讼地位；第二，吕某某、C某在本案诉讼中的主体资格和诉讼地位；第三，遗产管理人及受托人在受托期间能否将遗产关联公司股权登记在自身名下，从而以名义股东身份管理相应遗产；第四，翁某雅能否请求将股权按照遗产继承份额直接登记到自身名下。

（一）关于翁某雅在本案诉讼中主体资格和诉讼地位的问题

一般情况下，遗产管理人及受托人进行遗产收集，为遗产管理、分配创造条件，有利于遗嘱受益人权利的实现，也有利于及时按照遗嘱分配遗产。因此，遗产管理人及受托人在收集遗产过程中遇到障碍，无法及时收集并有效管理遗产时，有权以自己名义对相关民事主体提起民事诉讼以保证遗产安全。在此类

诉讼中，遗嘱所确定的遗嘱受益人尤其是个别遗嘱受益人可以不作为第三人参加。相应地，遗嘱受益人也无需就遗产管理人及受托人已经胜诉的遗产收集和管理诉讼在事后提起第三人撤销之诉。否则，既有违遗产管理人制度，也不符合遗嘱信托制度，还可能损害其他不参加诉讼的遗嘱受益人权益，也让遗产管理人及受托人针对其他民事主体提起的遗产收集和管理诉讼难以进行。当然，遗嘱受益人如认为遗产管理人及受托人行为失当或者不胜任，可通过法定程序解决。但鉴于本案遗嘱受益人与遗产管理人及受托人之间对遗产管理确有争议且另案诉讼已更换遗产管理人及受托人、案涉股权管理及登记的法律规定存在一定模糊性等因素，翁某芳等 4 名遗产管理人及受托人如何收集、管理、处置翁某的遗产，与作为遗嘱受益人的翁某雅存在一定法律上的利害关系，在一、二审判决均认可翁某雅的原告主体资格并已作出实体裁判的情况下，本案可以认定翁某雅具有提起第三人撤销之诉的主体资格和诉讼地位。

（二）关于新的遗产管理人及受托人吕某某、C 某在本案诉讼中主体资格和诉讼地位的问题

本案中，各方当事人均认可案涉遗产管理人及受托人已由翁某芳等 4 人变更为吕某某、C 某。遗产管理及信托方面的权利义务已由原遗产管理人及受托人翁某芳等 4 人转移至新遗产管理人及受托人吕某某、C 某。而 11 号判决已经生效并得到执行，在此情形下案涉股权的收集、管理和协助执行尚需原遗产管理人及受托人协助配合，因此在承认原遗产管理人及受托人诉讼主体资格和诉讼地位的同时，新遗产管理人及受托人申请以第三人身份而不是替代原遗产管理人及受托人参加本案诉讼，符合前述法律规定。本案及相关联案件的裁判，对新遗产管理人及受托人具有拘束力。新遗产管理人及受托人与原遗产管理人及受托人可以根据身份变化情况，依照法律程序办理相关的权利义务承接手续。翁某雅关于吕某某、C 某不具有参加本案诉讼主体资格的主张，不符合法律规定，不予支持。

（三）关于遗产管理人及受托人在受托期间能否将遗产关联公司股权登记在自身名下，从而以名义股东身份管理相应遗产的问题

《涉外民事关系法律适用法》第三十四条规定：“遗产管理等事项，适用遗产所在地法律。”本案争议遗产为 YL 公司 80% 股权，YL 公司系依据我国大陆地区法律设立于佛山市顺德区的有限责任公司，故有关遗产管理的准据法应选择我国大陆地区法律。11 号判决本身并不违法，不应撤销，具体分述如下：

首先，案涉遗嘱规定，翁某芳等4人作为信托受托人共同管理翁某的遗产，信托受托人依信托将财产出售变为现款，只要信托受托人使用绝对酌情权认为恰当，可拥有充分的权利延期出售上述财产，并无须承担损失。遗嘱还规定，翁某芳等4人有绝对酌情决定权，如同享有信托基金绝对受益权一样，作出投资及转换投资。翁某现已过世，YL公司80%股权继续登记在翁某名下，无法进行遗产管理、处理。且由于种种原因，至今此80%股权未能得到有效管理。因此，翁某芳等4人申请将YL公司80%股权登记在自身名下，有利于实现对遗产的管理与分配。

其次，11号判决基于翁某芳等4人的遗嘱执行人和信托受托人身份，认定翁某芳等4人接管YL公司80%股权并将其纳入翁某的遗产组成部分，该股权最终归于包括翁某雅及翁某芳等4人在内的全部遗嘱受益人。可见，11号判决仅系出于遗产管理和股权管理的需要，由翁某芳等4人持有YL公司80%股权。此种裁判在现行遗产管理人制度以及遗嘱信托制度不完善的情况下，并不违反法律规定，且更有利于遗嘱的执行以及遗产的收集和管理，也最终有利于全体遗嘱受益人。

再次，本案一审判决已指出："翁某芳等4人并非独自享有该股权的全部实体权利，其请求股权变更登记仅在于收集变现财产的需要，变现后的有关收益翁某芳等四人仍应按照遗嘱的内容分配给各继承人。故11号判决亦不存在损害翁某雅权益的问题。"本案二审判决还指出，本案遗嘱赋予了翁某芳等4人遗产管理人的身份及相应的权利义务，作为遗产管理人的翁某芳等4人有权持有YL公司登记于翁某名下的80%股权。由此可见，一、二审判决确认翁某芳等4人享有的是遗产管理人及受托人权利，并非对YL公司80%股权的所有权。翁某雅关于公司股权变更登记将导致翁某芳等4人实际成为YL公司股东的主张，不予支持。

最后，翁某芳等4人既是遗嘱执行人，也是遗产管理人，还是信托受托人。对此三种身份，各方当事人在庭审中均一致认可。现有法律并未明确禁止翁某芳等4人成为遗产关联公司的股东，并办理股权登记。尤其在法律已对遗嘱信托、遗嘱执行人、遗产管理人制度作出规定的情况下，11号判决基于翁某芳等4人的遗嘱执行人、遗产管理人及信托受托人地位，允许将案涉股权登记在翁某芳等4人名下，并不违反法律规定。如果不按照11号判决的方式处理，案涉遗产将难以管理、难以确保遗嘱的执行和信托财产的收集与分配。翁某雅关于公司法对此类行为未作明确列举，案涉登记行为不符合公司法及公司登记管理条例规定的主张，不予支持。

（四）关于翁某雅能否请求将股权按照遗产继承份额直接登记到自身名下的问题

本案中，遗嘱规定，翁某芳等4人作为遗产管理人及信托受托人，具有绝对酌情权，为遗嘱受益人的利益考虑，进行遗产管理及分配。目前遗产尚处于收集、管理阶段，并未全部进入分配阶段。根据遗嘱，本案遗产由信托受托人从其现金及出售所得的现款中支出预留款项用于缴付相关债务和费用以及由其缴纳的遗产税后，由信托受托人持有余款和尚未出售的财产分为17.2份，分配给13名受益人以信托方式持有。目前，翁某的全部遗产尚处于收集和管理阶段，YL公司80%股权仅系部分遗产，而且需要“缴付相关债务和费用以及由其缴纳的遗产税”总额并不确定，因此翁某雅虽对遗产整体享有一定的份额，但并不代表翁某雅对YL公司80%股权享有的继承份额已经确定。翁某雅主张将前述80%股权按照遗嘱分配份额的2.79%登记在自己名下，既无法律依据，亦不符合遗嘱，也有违遗产管理和信托制度，实践中难以执行。

需要指出的是，不论是翁某芳等4人作为原遗产管理人及受托人，还是吕某某、C某作为新遗产管理人及受托人，均应当审慎尽责，根据翁某先生的遗嘱，履行好遗产管理人、信托受托人的职责，加快遗产收集、处理、变现进度，尽快在合理期限内完成遗产分配，让全体遗嘱受益人权益尽快得以实现。翁某雅作为遗嘱受益人如认为遗产管理人及受托人不适任或者存在侵犯遗嘱受益人权益的行为，可以另行通过诉讼等方式解决。同时，自翁某先生2004年去世至今，由于种种原因，相关遗产继承事宜一直未能处理完毕。翁某雅，翁某芳等4人以及YL公司另外20%股权持有人翁某基均系翁某先生信任和关爱之人，各方均有义务配合而非拖延遗产的收集、处理和分配工作，并尽可能通过家庭协商、互谅互让的方式解决遗产继承和分配问题，确保翁某先生的遗嘱尽快得以实现。

六、中国香港特区条例中关于遗产管理人的权利义务

在上述最高人民法院的案例中，遗产管理人之所以可以以自己的身份获得股权，主要是由于被继承人是中国香港特区居民且最终是在香港订立的遗嘱。由于中国香港特区对于遗产管理人权利的规定相对较为成熟，因此，对于遗产

管理人的权利义务的规范也是较为详细的。但内地法律对于遗产管理人的规定还比较模糊。因此，我们可以通过香港条例对遗产管理人权利义务的规定，寻找一些学习和借鉴的内容。

香港条例第十章《遗嘱认证及遗产管理条例》中将遗嘱执行人和遗产管理人统一称为“遗产代理人”（personal representative）。其中第V部分对遗产代理人的权力、权利、职责及义务进行了详细的规定。

1. 遗产代理人的起诉权利

第五十三条规定，除其他条例另有规定的情况以外，遗产代理人对所有归属死者及在死者去世后尚存的诉因均有相同的起诉权利。

2. 遗产代理人处置财产的权利

第五十四条规定了遗产代理人处置财产的权利，主要包括以下几个方面：

（1）在该条例生效日后去世的人的不动产，如未经死者的全部遗产代理人赞同或无法院命令的，不得予以转易。

（2）如果遗嘱认证授予2名或对于2名获指名为遗嘱执行人的其中一人或一些人，则无论是否有将权利保留给余下的一人或各人申领遗嘱认证，上述不动产的转易可由当时已申领遗嘱认证的遗嘱执行人在无法院命令的情况下做出，而该项转易犹如所有获指名为遗嘱执行人的人已赞同作出该项转易一样。

（3）凡有多名遗产代理人而有关的遗嘱或遗产管理授予并无任何相反指示，则所有遗产代理人的权利可由其中任何一人行使。

（4）遗产代理人可按其认为适当者而将归属于他的任何财产作押记或按揭，或以其他方式处理，但须受死者遗嘱就此方面而施加的任何限制级本条条文规限：但如遗嘱执行人是按照法院命令而处置任何财产，则即使有如此施加的限制，该遗嘱执行人仍可处置该财产。

（5）遗产代理人违反本条条文作出的财产处置，在任何与该财产有利害关系的其他人提出要求时，即可使无效。

3. 遗产代理人购买死者财产

根据第五十五条的规定，遗产代理人可以直接或间接购买死者的任何财产，但是在与该财产有利害关系的其他人对此提出要求的时候，出售行为是无效的。

4. 制作财产清单的义务

根据第五十六条的规定，如果遗产代理人被合法要求提供死者遗产的财产清单，则其必须以誓章的形式向法院提交一份有关该死者的财产清单，其中包括动产及不动产的正确及完整的财产清单及账目。

5. 遗嘱执行人、遗产管理人或授权人可以获得报酬

根据第六十条的规定，通常情况下，法院允许遗嘱执行人或遗产管理人从死者遗产中获发给法院认为适当的薪酬。但任何遗嘱执行人、遗产管理人或受权人如忽略在遗嘱认证规则及命令中规定的时间传交其账目，或忽略按照遗嘱认证规则及命令所规定的方式处置其所负责的金钱、货品、实产或证券，则不得容许获发薪酬。同时，该等薪酬不得超过所管理的不论属何性质的所有财产的总值中下述百分率，即首＄1000不得超过5%，其后＄4000不得超过2.5%，余额则不得超过1%。

6. 遗产代理人的职责

根据第六十二条的规定，如果死者留有遗嘱的，则遗产代理人应当严格按照遗嘱写明的内容履行职责。如果没有遗嘱或遗嘱中没有涉及遗产，则应当按照以下规定进行处理。

（1）在死者去世时若其任何财产属无遗嘱的情况，则该财产须由其遗产代理人按照以下规定持有。

①如属不动产，须以信托方式持有，并在符合第五十四条的规定下出售该不动产；及

②如属动产，须以信托方式持有，并将该动产中并非金钱的部分收回、出售及转换为金钱，遗产代理人有权将该财产出售及转换延迟一段其认为适当的时间，而无须给予解释，使该财产的任何复归权益在由该等遗产代理人有权不予出售，但如该等遗产代理人认为有特别理由须出售权益，则属例外。

（2）从出售及转换该等动产及不动产（在支付费用后），所得的金钱净额中，以及从死者遗嘱（如有的话）未有处置的现金中，遗产代理人须支付适宜从该等金钱支付的一切殡殓、遗嘱管理或遗产管理的开支、债项与其他法律责任；而从该等金钱的余额中，遗产代理人须拨出一笔款项，其数额须足以支付

死者遗嘱（如有的话）作出的金钱遗赠。

（3）在任何受益人未成年或任何终身权益尚存期间，以及在死者遗产的全部或部分仍有待分配之时，遗产代理人可将上述金钱的余额或仍未分配的部分投资于当其时任何条例特准作出的信托款项投资项目，并有权酌情决定将该等投资转往其他同类性质的投资项目。

（4）死者遗嘱（如有的话）没有处置的死者动产及不动产所得收益（包括在支付差饷、税项、租金、保险费用、维修费及其他适宜算入收益项下的支出后的不动产净租金及利润），或无须作上述遗产管理用途者，不论该遗产作何投资，均可从死者去世之时起被视为收益而予以运用，并为该目的而可在终身权益持有人及未来权益的持有人之间作出所需的分摊。

（5）上述的规定不影响死者的任何债权人的权利，也不影响政府在遗产税方面的权利。

第六节 继承纠纷的审判实务

一、法院关于股权继承纠纷的司法观点

（一）股权继承纠纷的立案案由各不相同

虽然是股权继承纠纷，但实践中法院对此类纠纷立案的案由存在较大差异。有些法院会以与公司、证券有关纠纷为案由立案，即认为此类纠纷为公司纠纷；有些法院认为是合同纠纷，还有一些法院认为此类案件属于继承纠纷。

在与公司、证券有关纠纷的大类案由下，首先，一般以股东资格确认立案的为大多数，因为此类案件一般涉及继承人请求确认其具有股东身份。其次，如果案件涉及股权转让纠纷，主要争议焦点在于涉及股权继承时，是否会损害其他股东的优先购买权，即是否会损害其他股东利益问题。最后，如果涉及请求公司收购股权，此类纠纷的争议焦点在于继承人不愿意成为公司股东，可否请求公司回购其股权的问题。

（二）公司章程对股权继承的限制有效

案例5－57 吴某甲与池某、吴某乙法定继承纠纷案

一审法院：广东省深圳市南山区人民法院（2015）深南法蛇民初字第406号

二审法院：广东省深圳市中级人民法院（2016）粤03民终17753号

案例主旨：公司章程对股东继承身份条件限制的条款有效。

法院认为，《公司章程》第十四条载明，合作股股东死亡后其股份可由其法定继承人继承；第十六条载明，合作股股东系享有集体财产折股分配权的蛇口某村村民，募集股股东系具有民事行为能力的本公司合作股东和公司员工。根据上述规定，该公司合作股仅能由享有集体财产折股分配权的蛇口某村村民取得，募集股仅能由具有民事行为能力的公司合作股东和公司员工取得，吴某丙为中国香港特区居民，其并不具有取得公司合作股与募集股的身份条件。

（三）继承的对象是股权而不是出资

案例5－58 郭某闵、青岛CL文具公司与李某珍股东资格确认纠纷案

一审法院：山东省青岛市中级人民法院（2013）青民四初字第227号

二审法院：山东省高级人民法院（2016）鲁民终2270号

案例主旨：股东的合法继承人继承的是股东生前享有的股份，而非股东生前的出资额。

法院认为，在公司章程没有规定股东死亡后继承人不能取得股东资格的情况下，股东死亡后，其合法继承人可以直接继承股东资格。继承人继承股东资格后，应将其记载于股东名册并办理变更登记。本案中，青岛CL文具公司的公司章程中未对自然人股东死亡后继承人能否继承股东资格的问题作出约定，而郭某伟作为该公司股东在死亡后，其继承人当然可以继承郭某伟的股东资格。

关于继承人的继承份额问题。遗产系公民死亡时遗留的个人合法财产，继承始于被继承人死亡时。股东的合法继承人继承的是股东生前享有的股份，而非股东生前的出资额。

（四）股权中财产权和人身权的继承问题

1. 公司章程可约定仅允许继承股权的财产权

案例5－59 JD公司与周某股东资格确认纠纷案

一审法院：江苏省高级人民法院（2016）苏民初10号

二审法院：最高人民法院（2018）最高法民终88号

案例主旨：公司章程虽未明确死亡股东的股东资格不能继承，但结合章程修订所体现的公司高度人合性和封闭性的特征，以及章程中对死亡股东应及时办理股权转让手续的表述，可以认定排除股东资格继承是章程的真实意思表示。

最高人民法院认为，2007年9月12日JD公司章程第二十条规定“自然人股东死亡后，其合法继承人可以继承股东资格”。2009年2月11日、2009年4月29日、2012年3月29日JD公司章程删除了2007年9月12日章程第二十条股东资格允许继承的条款；同时第七条规定“股东不得向股东以外的人转让股权……股本金实行动态持股管理办法。对免职、调离、终止合同、退休等人员及时办理股权转让手续……”2015年1月10日JD公司章程第七条在前述章程规定的基础上增加第三款规定“对正常到龄退休、长病、长休、死亡的股东，应及时办理股权转让手续，股东退股时，公司累计有盈余的，持股期间按本人持股额每年享受20%以内的回报”。

周某新自2011年诊断患病，至2015年12月4日去世，前述章程的修订，其作为法定代表人均有参与，且签字确认。公司章程作为公司的自治规则，是公司组织与活动最基本与最重要的准则，对全体股东均具有约束力。正确理解章程条款，应在文义解释的基础上，综合考虑章程体系、制定背景以及实施情况等因素加以分析。

首先，如前所述，JD公司自2007年以来先后进行了5次章程修订。自2009年起章程中删除了继承人可以继承股东资格的条款，且明确规定股东不得向股东以外的人转让股权，可以反映出JD公司具有高度的人合性和封闭性特征。

其次，周某新去世前，2015年1月10日的公司章程第七条第三款对死亡股东股权的处理已经作出了规定，虽然未明确死亡股东的股东资格不能继承，但结合该条所反映的JD公司高度人合性和封闭性的特征，以及死亡股东应及时办理股权转让手续的表述，可以认定排除股东资格继承是章程的真实意思表示。

最后，周某新去世之前，股东郁某某、曹某某在离职时均将股权进行了转让，不再是JD公司的在册股东，JD公司亦根据章程规定支付了持股期间的股权回报款。该事例亦进一步印证了股东离开公司后按照章程规定不再享有股东资格的实践情况。因此，纵观JD公司章程的演变，并结合JD公司对离职退股的实践处理方式，本案应当认定公司章程已经排除了股东资格的继承。

排除股东资格继承后，标的股权如何处理属于公司治理事项，不影响本案股东资格的判断。JD公司作为有限责任公司，具有独立的法人人格和治理结构，案涉股权排除继承后，究竟是由公司回购还是由其他股东受让，均可通过公司自治实现。这两种方式均有利于打破公司僵局，维持公司的人合性和封闭性，体现公司意志，保护股东权益。

此外，周某虽无权继承股东资格，但其财产权利可以得到保障。根据2015年1月10日公司章程第七条的相关规定，其依然能取得退还的股本金和按照持股额每年计算一定比例的回报款。因此，周某作为周某新的继承人，将能够从JD公司获取较为丰厚的财产收益，对其权益的保护亦属合理。同时，JD公司目前离职的股东均采取这种收回股本金和领取一定比例回报款的方式获得补偿，按照公司章程对股东权益平等予以保护，符合本案的实际情况。

2. 章程未约定则股权的财产权和人身权可同时取得

案例5－60 AA公司与丁某梅股东资格继承纠纷案

一审法院：江苏省常州市钟楼区人民法院（2006）钟民二初字第636号

二审法院：江苏省常州市中级人民法院（2007）常民二终字第1号

案例主旨：公司章程并未对公司股东死亡之后继受股份成为公司股东的自然人的资格作出限制性的特别规定，合法继承人可以继承股东资格并要求办理股东变更登记手续。

法院认为，因继承事实发生时，AA公司合法有效的章程为2002年5月17日的章程，该章程并未对AA公司股东死亡之后继受股份成为公司股东的自然人的资格作出限制性的特别规定，故丁某梅依法要求继承周某玉的股东资格并要求办理股东变更登记手续的诉讼请求符合法律规定。AA公司认为章程第二条规定“股东为某某设备厂职工”，即是对继受股东资格的限制，但该规定仅是对出资认缴人身份作出的限制，并非对股权转让所作的禁止性规定，而且AA公司的理解也与当时制定章程的相关意思表示，即章程第十一条规定“股东可以向股东以外的人转让出资”相矛盾。

（五）被继承人未出资不影响股权继承

案例5-61 MF公司、陈某强与张某艳、张某明股东权纠纷案

一审法院：上海市徐汇区人民法院（2008）徐民一（民）初字第5815号

二审法院：上海市第一中级人民法院（2009）沪一中民三（商）终字第191号

案例主旨：股东未出资承担的是补缴出资和违约责任，并不影响其股东资格的取得，故合法继承人可以要求继承股东资格。

法院认为，根据张某艳、张某明提供的MF公司工商登记资料，张某福系MF公司的股东，陈某强主张张某福系挂名股东，应当提供相应证据予以证明。现陈某强向原审法院提供的证据均为证明张某福在公司改制时未实际出资，进而证明其系公司挂名股东，不享有股东权利。根据法律规定，出资是股东的基本义务，股东未履行出资义务的应向公司足额缴纳及向按期足额缴纳出资的股东承担违约责任，可见股东未出资承担的是补缴出资和违约责任，并不影响其股东资格的取得。确定股东是否为挂名股东需要根据情况进行综合判断，股东未出资只是依据之一。陈某强仅对张某福未出资提供证据，对张某福是挂名股东并无其他证据予以印证。因此对陈某强主张的张某福挂名股东身份，法院未予认可。

张某福是否出资以及相关责任系张某福的继承人与公司及其他股东之间的纠纷，不属本案处理范围。相关当事人对此协商不成可另案诉讼。公司章程对股东资格的继承问题未作规定。根据《公司法》有关自然人股东死亡后其合法继承人可以继承股东资格的规定，张某艳、张某明作为张某福的法定继承人，对张某福的股东资格有权继承。

（六）继承人取得股东资格的时间认定

1. 自被继承人死亡时取得股东资格

案例5-62 ZY公司等与杨A等股东资格确认纠纷案

一审法院：上海宝山区人民法院（2012）宝民二（商）初字第1687号

二审法院：上海市第二中级人民法院（2013）沪二中民四（商）终字第

988 号

案例主旨：死亡股东的合法继承人自该股东死亡之日起当然取得股东资格。

法院认为，本案中，ZY 公司的章程规定，股东之间可以相互转让全部或部分出资，股东的出资额可以依法继承、转让。该章程并未禁止或限制股东资格继承，故被继承人杨 D 死亡时，其继承人杨 A 可以继承股东资格，即通过继承取得股权。只要公司的其他股东没有相反证据证明继承人为非法继承，死亡股东的合法继承人自该股东死亡之日起当然取得股东资格。

2. 继承人股东身份取得不需股东会通过

案例 5－63 全某雄等与张某霞、范某菱股权确认纠纷案

一审法院：广东省珠海市金湾区人民法院（2016）粤 0404 民初 2548 号

二审法院：广东省珠海市中级人民法院（2017）粤 04 民终 1447 号

案例主旨：公司登记管理条例规定合法继承人继承股东资额的，公司应当直接办理变更登记，无须股东会议通过。

法院认为，关于张某霞和范某菱继承范某彪在 BD 公司的股份资格是否需要股东会议通过的问题。根据《公司登记管理条例》第三十四条第一款、第二款规定，有限责任公司的自然人股东死亡后，其合法继承人继承股东资格的，公司应当依照规定申请变更登记，无须股东会议通过。

3. 其他股东的优先购买权不能对抗继承权

案例 5－64 韩某波与徐某标等股东资格确认纠纷案

一审法院：上海市闸北区人民法院（已撤销）（2015）闸民二（商）初字第 574 号

案例主旨：继承作为股东资格继受取得的方式之一，与一般意义上的股权转让并不等同，故并不当然适用有限责任公司关于股东行使优先购买权之规定。

法院认为，自然人股东死亡后，其合法继承人可以继承股东资格；但是，公司章程另有规定的除外。本案中，鉴于被告公司章程并没有对亡故股东股权继承进行排除约定，故原告韩某波作为被告亡故股东张某的配偶，有权依据张某合法遗嘱对张某持有的被告公司 18.75% 的股权予以继承。至于第三人徐某标提出的行使优先购买权的抗辩意见，法院认为，通过转让、赠与、继承、公司

合并等方式取得公司股份并成为公司股东的均属于股东资格的继受取得，继承作为股东资格继受取得的方式之一，与一般意义上的股权转让并不等同，故并不当然适用有限责任公司关于股东行使优先购买权之规定。在被告公司章程对此未予以特别约定的情形下，第三人徐某标提出的行使优先购买权并无法律及合同依据。退一步来讲，即便第三人徐某标可以主张优先购买权，但第三人徐某标一方面认为应对被告公司股权价值进行审计，另一方面却不愿意垫付相应审计费用，且其提出的购买价格并无相应依据，应当承担举证不能的法律后果，故法院对第三人徐某标提出行使优先购买权的抗辩意见不予支持。

（七）股东资格继承或与共同财产无关

根据《公司法》第七十五条的规定，自然人股东死亡后，其合法继承人可以继承股东资格。如果该公司股权系夫妻双方在婚后以共有财产出资设立，但股权仅登记在一方名下的，那么股权登记一方死亡后，另一方是否应当先分割股权的一半，然后剩余的一半才发生继承呢？

案例 5－65 夏某1、夏某2与李某继承纠纷案

一审法院：陕西省西安市莲湖区人民法院（2014）莲民初字第03101号

二审法院：陕西省西安市中级人民法院（2017）陕01民终13078号

案例主旨：股权投资虽系婚姻关系存续期间的共同行为，但不持股的配偶一方并不因为与持股一方的共同出资行为就获得公司股东身份，其仅对该投资获得的股权利益所对应的财产价值享有相应的财产权利。继承人获得股权后，该股权对应的财产价值中属于不持股配偶一方的财产部分，继承人应支付相应的对价。

法院认为，关于有关股权继承问题，依据法院查明的事实，2002年LS公司成立时，李某勇向该公司出资24.5万元，享有该公司49%的股权，其与夏某1婚后共向公司投入资金102.5万元，其中15.5万元用于受让LJFY公司在LS公司51%股权中的31%的股权，其中10万元用于受让LJFY公司在LS公司2.5%的股权，其余77万元用于公司增资，以上102.5万元投资虽系李某勇与夏某1婚姻关系存续期间的共同行为，但夏某1并不因为与李某勇的共同出资行为就获得公司股东身份，其仅对该投资获得的股权利益所对应的财产价值享有相应

的财产权利。《公司法》第七十五条规定："自然人股东死亡后，其合法继承人可以继承股东资格；但公司章程另有规定的除外。"本案中，李某勇作为LS公司的股东，其生前立有遗嘱，从遗嘱内容可以反映李某勇意思表示为其在LS公司拥有的股权由其子李某继承，股东资格主要体现在其拥有股权。李某作为李某勇的遗嘱继承人，有权依法取得李某勇在LS公司的股东资格，享有该公司31.75%的股权，但其获得股权后，该股权对应的财产价值中属于夏某1的财产部分，李某应向夏某1支付相应的对价。

二、北京大兴法院遗嘱继承纠纷难点与典型案例

2019年10月10日，北京市大兴区人民法院召开了遗嘱继承纠纷案件审理情况及典型案例新闻通报会。① 会议上北京市大兴区人民法院黄村法庭法官李玮唯就遗嘱继承纠纷案件的审理难点以及订立遗嘱注意事项等问题进行了主题发言。同时会议还通报了5个典型的遗嘱纠纷案例。

（一）关于遗嘱继承纠纷的审理难点

1. 继承人众多易遗漏

在继承纠纷中，原告在起诉时容易遗漏继承人，主要包括长期与亲人分居的、无行为能力或限制行为能力的、久居国外的和失踪的继承人，甚至有遗嘱继承人在继承开始时已经亡故，须追加其继承人参加诉讼。法院在审理时，需审查继承人的范围，并追加当事人参加诉讼。

2. 继承人矛盾尖锐易激化

双方当事人多为近亲属关系，但矛盾较为尖锐，双方所持主张都是从自身利益的角度进行考虑，诉辩理由夹杂多年的利益纠葛，怒气大、矛盾深、庭审过程较为激烈，中途退庭、相互辱骂、哄闹法庭，甚至双方大打出手的情形时有发生。一方当事人往往对对方当事人提交的遗嘱的真实性和效力不认可，理由主要集中在遗嘱人年事已高、身患疾病，是无民事行为能力或限制民事行为能力人，或者对遗嘱签名的真实性提出异议。

---

① 载中国法院网，https：//www.chinacourt.org/index.php/chat/chat/2019/10/id/51966.shtml，最后访问时间：2021年4月18日。

3. 遗嘱形式不规范易无效

由于当事人的法律意识薄弱、法律知识欠缺等原因，当事人提交的书面遗嘱往往不符合法律规定的形式。司法实践中，出现大量遗嘱因不符合形式要件而被法院认定为无效的情形。即便当事人提交的遗嘱符合法定形式，但对方当事人多对遗嘱的真实性提出异议，同时由于遗嘱人已经死亡或立遗嘱时处于神志不清的状态等原因，给审判增加了难度。

4. 遗嘱真实性遭质疑

遗嘱作为遗嘱继承纠纷中的重要证据，真实性往往容易遭到质疑，此时一般需要委托鉴定机构对遗嘱上遗嘱人签字的真实性进行鉴定。这就导致遗嘱继承纠纷案件中申请鉴定的概率高，但由于遗嘱人笔迹不清、年代久远字迹退色、遗嘱破损或者有效的鉴定样本难以获取等原因，鉴定成功的概率较低。

5. 遗嘱效力难认定

随着现代科技的发展，电脑、打印机、录像机等设备日益普及，司法实践中出现打印遗嘱、录像遗嘱、电子数据遗嘱、共同遗嘱等其他名目繁多的新型遗嘱。因目前我国法律对新类型遗嘱没有明确的法律规定（《民法典》已对部分新型遗嘱作出了一些规定），故在司法实践中存在新型遗嘱效力认定难的问题。

（二）关于遗嘱纠纷的典型案例

1. 代书遗嘱选任需谨慎

案例5－66 王某1等与王某4等继承纠纷案

一审法院：北京市大兴区人民法院（2018）京0115民初7589号

案例主旨：代书遗嘱的见证人应当符合法律规定，不能由继承人担任见证人，否则将导致遗嘱无效。

法院认为，法律规定的遗嘱形式中包括代书遗嘱。代书遗嘱应当有两个以上见证人在场见证，由其中一人代书，注明年、月、日，并由代书人、其他见证人和遗嘱人签名，其中继承人不能作为遗嘱见证人。本案中二原告提交的遗嘱并非由见证人打印，而是由马某的法定继承人之一王某2代为打印，且并非在现场由马某口述遗嘱内容后打印，该份遗嘱并不符合代书遗嘱的形式要件，法院对该份遗嘱的效力不予认定。王某3提交的代书遗嘱由1人代书，由2~3名见证人见证，由立遗嘱人王某7、马某签字或者捺指印确认，结合订立遗嘱时的录像和证人证言可以确定，2份遗嘱应当是王某7、马某的真实意思的表示，法院对此2份遗嘱的真实性、合法性、关联性予以确认。

北京市大兴区人民法院针对此案指出："代书遗嘱在生活中较为常见，特别是遗嘱人在病卧床或者年老体衰、不识字等情形下经常使用。见证人选任合法是确立代书遗嘱效力的关键。如果见证人选任失当，即使代书遗嘱真实性可以确认，仍不能认定遗嘱有效。按照法律规定，代书遗嘱应当有两个以上见证人在场见证，由其中一人代书，注明年、月、日，并由代书人、其他见证人和遗嘱人签名。另外需要注意的是，不是所有人都可以作为遗嘱见证人，以下几类人就不能作为遗嘱见证人：一是无行为能力人、限制行为能力人；二是继承人、受遗赠人；三是与继承人、受遗赠人有利害关系的人。"

2. 夫妻共同财产应各自确定自有份额的继承安排

案例5-67 张某1与张某2、张某3、张某4、张某5遗嘱继承纠纷案

一审法院：北京市西城区人民法院（2019）京0102民初36965号

二审法院：北京市第二中级人民法院（2020）京02民终1903号

案例主旨：夫妻应各自订立遗嘱并在遗嘱中仅处理属于自己的房产份额。

法院认为，关于张某、李某的手写遗嘱是否有效问题。在庭审中，张某1、张某5认可两份遗嘱系张某、李某本人所写，但认为不是本人的真实意思表示，为此提交了（2018）京02民终1428号民事卷宗中住院病案以主张两位被继承人住院时脑供血不足，但其提交的证据不足以证明张某、李某不具备完全民事行为能力；张某1、张某5主张张某3、张某2、张某4三人隐瞒了张某6去世的消息，且没有给张某1留有必要的份额，根据相关法律规定，遗嘱应当对缺乏劳动能力又没有生活来源的继承人保留必要的遗产份额，张某1虽属于未成年人，但其除张某6外仍有抚养人，不属于缺乏劳动能力又没有生活来源的继承人，对于该项抗辩主张，法院不予采信。张某1、张某5对遗嘱的真实性、合法性均不予认可，但未能提交充分的证据予以证实，对此法院不予采信，对两份遗嘱的真实性，法院予以确认。

本案中，案涉房屋系张某、李某的夫妻共同财产，张某、李某去世时留有合法有效的遗嘱，故对案涉房屋应按照遗嘱予以继承。

北京市大兴区人民法院针对此案指出：“夫妻在婚姻关系存续期间所得的共同所有的财产，除有约定的以外，如果分割遗产，应当先将共同所有的财产的一半分出为配偶所有，其余的为被继承人的遗产。如果夫妻共同立遗嘱处置共同财产，必须要两人一起签字；如夫妻各自订立遗嘱处置共同财产，最好各自处置各自的份额；如处置了对方的份额，双方应保持意见一致，如不一致，可能会引发纠纷产生。”

3. 遗嘱人签字遭异议司法鉴定鉴真伪

案例 5－68 陈某 3 等与马某 2 等法定继承纠纷案

一审法院：北京市大兴区人民法（2017）京 0115 民初 3424 号

案例主旨：持有遗嘱并主张遗嘱真实一方应承担遗嘱真实性的举证证明责任。

法院认为，二被告称陈某旺生前立有代书遗嘱，三原告对该遗嘱上陈某旺的签名真实性不认可，经法院委托长城鉴定所鉴定，鉴定意见为 2015 年 5 月 2 日遗嘱下方“立遗嘱人”处的“陈某旺”签名字迹与样本上的“陈某旺”签名字迹不是同一人所写。二被告对前述鉴定意见提出异议，并申请见证人和代书人出庭作证。见证人赵某冰出庭称陈某旺当时快不行了，神志不清了，去的时候遗嘱已经写完了，没有亲眼看见陈某旺的签字过程，也没有听见陈某旺说了什么。见证人魏某设出庭称自己耳朵背，不清楚代书人胡某才有没有与老人聊天，听不清楚老人说了什么，看见胡某才读遗嘱了，没听清楚什么内容，看见胡某才嘴动了。法院认为，两位见证人均没有听见陈某旺对遗嘱内容的表达，不符合代书遗嘱的见证程序。长城鉴定所针对二被告提出的异议作出了答复，法院认为二被告对鉴定意见书提出的异议，缺乏证据予以佐证，长城鉴定所出具的鉴定意见书符合法律规定，法院予以认可。继承纠纷中，原则上应由持有遗嘱并主张遗嘱真实的一方承担遗嘱真实性的举证证明责任。因二被告均未能提交有效证据以证明己方提交的前述证据的真实性，故法院对其提交的代书遗嘱的真实性不予认可，法院将依照法定继承处理陈某旺的遗产。

北京市大兴区人民法院针对此案指出：“遗嘱中必须要立遗嘱人本人亲笔签

名。在实践中，当事人常对遗嘱的真实性提出异议，并申请鉴定机构对遗嘱上的立遗嘱人的签名进行鉴定。但因立遗嘱人已死亡，且生前留下的可比对样本不足或对方不认可等原因，导致有些鉴定难以进行，遗嘱真伪性难以认定。本案中原告提交了充分的经双方认可的鉴定样本对立遗嘱人签字的真实性进行鉴定，最后鉴定结论为遗嘱上签名字迹与样本上的签名字迹不是同一人所写。遗嘱并非立遗嘱人书写，该份遗嘱应认定为无效。对于遗嘱无效的情况，应按照法定继承的相关规定处理。”

4. 行为能力异议不成立遗嘱认定为有效

案例 5－69 被继承人行为能力的认定与遗嘱效力案

案例来源：北京市大兴区人民法院遗嘱继承纠纷案件审理情况及典型案例新闻通报会

案例主旨：被继承人立遗嘱时确实具备行为能力的遗嘱应认定有效。

陈某与王某系夫妻，二人育有二子，两儿子分别是本案原告与被告。陈某、王某先后去世。二人生前留有位于北京市大兴区房屋一套，登记在陈某名下。原告主张王某去世前留有视频遗嘱，指定其继承王某名下房产的全部产权份额以及她应当继承丈夫的那部分产权份额。现原告起诉要求法院确认涉案房屋归其继承，被告配合办理过户手续。被告辩称，王某生前长期处于脑梗疾病中，立遗嘱时王某意识不清，故对其行为能力提出异议。庭审中，视频遗嘱显示，立遗嘱时，有2名律师作为见证人在场，王某虽然说话较慢，但均能回答律师的问题，并明确表明其当时意识清楚，订立遗嘱是其真实意思表示。通过法院的调解工作，被告认可视频遗嘱，表示尊重母亲的遗嘱，双方达成调解协议。涉案房屋归原告继承，被告配合办理过户手续。

北京市大兴区人民法院针对此案指出：“立遗嘱人必须要有完全民事行为能力，无行为能力人或者限制行为能力人所立的遗嘱无效。无行为能力人所立的遗嘱，即使其本人后来有了行为能力，仍属无效遗嘱。遗嘱人立遗嘱时有行为能力，后来丧失了行为能力，不影响遗嘱的效力。实践中，很多轻微老年痴呆和轻度精神智力障碍的遗嘱人在尚未完全丧失行为能力时可能和正常人差异并不大，但这些患者所立遗嘱即使符合法定形式，遗嘱人仍会有被鉴定为限制或者无民事行为能力的风险。所以，在民事行为能力方面可能存在问题的遗嘱人如老军人病重者等在立遗嘱时最好通过视频、见证人见证等方法辅助佐证立遗嘱时具有完全民事行为能力，防止日后产生纠纷。”

（三）关于订立遗嘱的注意事项

1. 遗嘱人具备完全民事行为能力

遗嘱人订立遗嘱时为无民事行为能力和限制民事行为能力人，会导致遗嘱被认定为无效，故订立遗嘱宜早不宜迟。在遗嘱人出现卧病在床或者年老体衰等情形下，为了防止事后继承人对遗嘱人的行为能力提出异议，遗嘱人可以通过视频、邀请见证人见证等方式辅助佐证其具有完全民事行为能力。

2. 遗嘱形式要规范且符合法律规定

遗嘱人要按照法律规定，规范订立遗嘱，尽量避免因为遗嘱的形式要件不符合法律规定而被认定无效。自书遗嘱由遗嘱人亲笔书写，签名，注明年、月、日；代书遗嘱应当有两个以上见证人在场见证，由其中一人代书，注明年、月、日，并由代书人、其他见证人和遗嘱人签名；打印遗嘱应当有两个以上见证人在场见证，遗嘱人和见证人应当在遗嘱每一页签名，注明年、月、日；以录音录像形式订立的遗嘱，应当有两个以上见证人在场见证。遗嘱人和见证人应当在录音录像中记录其姓名或者肖像，以及年、月、日；遗嘱人在危急情况下，可以立口头遗嘱。口头遗嘱应当有两个以上见证人在场见证。危急情况解除后，遗嘱人能够用书面或者录音形式立遗嘱的，所立的口头遗嘱无效。

3. 应妥善选任遗嘱见证人

遗嘱见证人是受遗嘱人的委托，协助证明遗嘱人所立遗嘱的真实性的第三人。代书遗嘱、打印遗嘱、录音录像遗嘱、口头遗嘱等遗嘱中，需要正确选择见证人。无行为能力人、限制行为能力人、继承人、受遗赠人及与继承人、受遗赠人有利害关系的人均不能作为见证人。同时，建议遗嘱人选择律师、公证人员等专业人士作为见证人。

4. 遗嘱人本人签字是关键

遗嘱人必须本人签字，为了防止日后非遗嘱继承人对签字的真实性不认可，又无法通过鉴定程序认定签字的真实性，遗嘱人最好是在签订遗嘱时使用录音录像，辅助佐证遗嘱的真实性，以防日后纠纷的产生。

5. 应妥善保存遗嘱原件

遗嘱的保管有多重方式，包括自行保管、委托保管等。遗嘱人应有意识地使继承人了解有遗嘱的存在，但又不过早地向继承人透露遗嘱的内容，以避免在遗嘱生效之前，即发生继承人因对遗嘱中的遗产处分不满，而与其他继承人，甚至与遗嘱人发生争议的现象出现。同时，为了对遗嘱进行妥善保管，建议委托专业的代理机构保管遗嘱。

6. 为特殊继承人预留份额

立遗嘱时应该为缺乏劳动能力又没有生活来源的继承人预留份额。如未保留，处理遗产时，应当为该继承人留下必要的遗产，剩余的部分，才可以参照遗嘱确定的分配原则进行处理。同时，还应当为胎儿保留遗产份额，没有保留的应从继承人继承的遗产中扣回。

三、放弃继承后被继承人的债务处理

根据《民法典》第一千一百五十九条的规定，被继承人死亡后，其生前债务并不因死亡而自然消灭，而是由其继承人在实际继承的遗产价值范围内向债权人承担清偿责任。继承人在继承遗产后，债权人可以向继承人提出诉讼，要求其清偿被继承人生前的债务。但上述法律又规定，如果继承人选择放弃继承的，则对于被继承人依法应当缴纳的税款和债务可以不负偿还责任。司法实践中经常会出现一种情况，即继承人明明实际占有了遗产，却在诉讼时表示放弃继承，以此规避对被继承人生前债务的承担。如果法院仅凭继承人放弃继承的意思表示即确认其无须承担债务，则可能会造成债权人的合法权益无法得到保障。但现行法律中并未对该问题进行明确的规定，因此各地法院对该问题并未形成统一的结论。

（一）部分法院认为放弃继承则无须清偿债务

1. 法院认定放弃继承有效并裁定终结审理

案例5－70 张某与陆某被继承人债务清偿纠纷案

一审法院： 广西壮族自治区平果县人民法院（2015）平民一初字第1613－3号

案例主旨： 继承人已放弃继承，则案涉债务已无承担义务主体，故没有必要继续审理。

法院认为，陆某庭去世后，其生前债务应用其遗产清偿。被告陆某是陆某庭的唯一第一顺序法定继承人，其已明确表示放弃继承陆某庭的遗产。故此，本案没有应承担义务的人，继续审理已没有必要，应终结审理。如今后原告发现陆某庭尚有遗产可供执行，可另行起诉遗产管理人或遗产占有人。

2. 法院认定放弃继承有效并裁定驳回起诉

案例5－71 毕某与姜某1、姜某2、孙某被继承人债务清偿纠纷案

二审法院： 浙江省湖州市中级人民法院（2016）浙05民终970号

再审法院： 浙江省高级人民法院（2017）浙民申456号

案例主旨： 继承人放弃继承，已不再是案件的适格主体，应当驳回起诉。

再审法院认为，本案中，毕某主张被继承人姜某龙对其负有债务，三被申请人对毕某并不负有法定义务，本案不属法律规范的情形，毕某据此主张三被申请人放弃继承权无效，难以支持。现三被申请人已向一审法院出具放弃继承的书面声明，故原审认定毕某已无权向三被申请人主张权利，三被申请人并非本案的适格主体，并无不当。最终再审法院认可一审法院关于“毕某的起诉不符合受理条件，不应受理。受理后，则应驳回起诉”的裁定结果。

3. 法院认定放弃继承有效并判决驳回诉讼请求

案例5－72 陈某、林某1、林某2与俞某、郑某被继承人债务清偿纠纷案

一审法院： 福建省莆田市荔城区人民法院（2017）闽0304民初4365号

二审法院： 福建省莆田市中级人民法院（2018）闽03民终2726号

案例主旨： 继承人明确放弃继承，且债权人也未能举证证明被继承人留有遗产的情况下，继承人无须承担债务的清偿责任。

一审法院认为，本案中林某2、陈某、林某1表示放弃继承林某宁的全部遗产，是在林某宁遗产处理前放弃继承的行为，该行为还处于一种不稳定状态，不能产生约束力，故林某2、陈某、林某1作为林某宁遗产的第一顺序继承人，仍应在继承林某宁遗产实的际价值范围内对上述债务承担连带清偿责任。

二审法院认为，林某2、陈某、林某1已经通过公证的方式，明确放弃对林某宁遗产的继承，且林某宁生前负有巨额债务，在法院执行阶段未发现林某宁有可供执行的财产，俞某也未能举证证明林某宁留有遗产，故一审法院判决林某2、陈某、林某1在继承林某宁遗产实际价值的范围内对本案的借款承担连带清偿责任并不恰当，应予纠正。最终二审法院改判驳回俞某对陈某、林某1、林某2的诉讼请求。

4. 法院认定放弃继承有效应由遗产管理人偿还债务

案例5－73 刘某与关某某、林某某、高某某、林某甲、林某乙被继承人债务清偿纠纷案

一审法院： 吉林省吉林市丰满区人民法院（2012）吉丰民一初字第209号

二审法院： 吉林省吉林市中级人民法院（2014）吉中民再终字第35号

案例主旨： 继承人放弃继承有效，应由遗产管理人在被继承人遗产范围内偿还债务。

二审法院认为，林某某1生前所欠刘某的债务为其个人债务，应以其个人财产偿还。林某某1去世后留有遗产，其继承人林某某、高某某表示放弃继承遗产，故不应承担债务。林某甲、林某乙在一审时虽未明确表示是否继承遗产，但上诉理由明确为放弃继承林某某1的遗产，法院尊重其主张，故林某甲、林某乙亦不应承担债务。依查明的事实，现林某某1的遗产由关某某管理，刘某作为债权人可直接请求关某某偿还林某某1的债务，关某某应在林某某1的遗产范围内偿还。

5. 与债务形成无关的继承人放弃继承的无须偿还债务

案例5-74 张某1、张某2与董某被继承人债务清偿纠纷案

二审法院：河南省许昌市中级人民法院（2016）豫10民终字第226号

再审法院：河南省高级人民法院（2018）豫民再495号

案例主旨：继承人与被继承人的债务形成无关，其对债务的履行不能认定为履行法定义务，故继承人放弃继承的行为合法有效。

二审法院认为，张某1、张某2作为张某现、彭某堤遗产的继承人，其放弃继承使董某不能通过诉讼实现债权，董某又无法直接从房屋价值中受偿，故张某1、张某2放弃继承的行为因损害他人合法权益而不具有法律效力。

再审法院认为，张某1、张某2在张某现、彭某堤病故后明确表示放弃继承，且无充分有效证据能够证明张某1、张某2在此之前已经继承遗产的事实。案涉债权债务关系发生时，张某1、张某2均系未成年人，其与该债权债务的形成无关，二人对债务的履行不能认定为履行法定义务，故张某1、张某2放弃继承的行为合法有效。最终再审法院认定二审判决张某1、张某2偿还董某欠款不当，再审法院撤销了二审的判决结果，并通过改判予以纠正。

6. 放弃继承行为不损害被代理人利益的有效

案例5-75 段某与杨某1被继承人债务清偿纠纷案

二审法院：湖北省荆州市中级人民法院（2017）鄂10民终1350号

再审法院：湖北省高级人民法院（2018）鄂民申2480号

案例主旨：法定代理人代理被代理人放弃继承权，但不得使被代理人的利益明显受损，否则应认定代理行为无效。

再审法院认为，杨某1系熊某之女，是熊某遗产的唯一第一顺位继承人，其在原审中明确表示放弃继承熊某的遗产，且并无直接证据证明杨某1已实际继承了遗产，故杨某1放弃继承的行为有效。杨某1放弃继承后，对熊某的债务可以不负偿还责任。因此，原审驳回段某要求杨某1在继承其父熊某的遗产范围内清偿债务11万元的诉讼请求，并无不当。

法定代理人并非一概不能代理被代理人放弃继承权，但不得使被代理人的利益明显受损，否则应认定代理行为无效。结合本案中熊某的遗产价值和所欠债务来看，杨某1的法定代理人杨某2代其放弃遗产的行为并未使杨某1的利益明显受损，故其代理行为应认定为有效。

（二）部分法院认为放弃继承仍需清偿债务

1. 法院认为通过代理人表示放弃继承无效

案例5－76 崔某某与何某某、何某某2、何某某1被继承人债务清偿纠纷案

一审法院：辽宁省抚顺市望花区人民法院（2014）望民一初字第00649号

二审法院：辽宁省抚顺市中级人民法院（2015）抚中民终字第01052号

案例主旨：继承人应自行通过书面方式放弃继承，委托代理人不可代为表示放弃。

法院认为，继承人放弃继承应当以书面形式向其他继承人表示。虽然何某某的委托代理人当庭表示何某某放弃继承何某成的遗产，但并未提交何某某的书面意见，故法院不予采信。

2. 法院认定放弃继承无效应承担债务

案例5－77 黄某、徐某与敖某被继承人债务清偿纠纷案

一审法院：江西省新余市渝水区人民法院（2018）赣0502民初7712号

二审法院：福建省莆田市中级人民法院（2018）闽03民终2726号

案例主旨：继承人在遗产处理前放弃继承的行为处于一种不稳定的状态，不发生确定的放弃继承的法律后果。

二审法院认为，本案二审的争议焦点为：在黄某、徐某已声明放弃遗产继承的情况下，一审判决黄某、徐某在遗产继承范围内对案涉债务承担归还责任是否符合法律规定；在承担责任时，应否明确遗产范围。

本案中，黄某、徐某在一审提交的答辩状中明确表示放弃继承，故黄某、徐某上诉称，其已声明放弃继承遗产，一审判决其承担责任没有法律依据。作为继承人的黄某、徐某在遗产处理前放弃继承的行为处于一种不稳定的状态，不发生确定的放弃继承的法律后果，如果作为继承人的黄某、徐某最终在遗产处理前并未实际继承遗产，其无须承担债务清偿义务，其合法权益亦未受到损

害，且从庭审情况来看，黄某、徐某均认可吴某某有遗产，故一审判决黄某、徐某在遗产继承范围内承担责任并无不妥。

3. 法院认定部分放弃继承的仍应承担债务

案例5－78 徐某1、徐某2与徐某3被继承人债务清偿纠纷案

二审法院：北京市第三中级人民法院（2020）京03民终3764号

再审法院：北京市高级人民法院（2020）京民申3766号

案例主旨：放弃部分财产的继承人仍应当承担被继承人生前的债务。

法院认为，公证书载明徐某1表示自愿放弃登记在徐某4名下坐落在北京市朝阳区×北里×号楼×层×房产的继承权。因此，该公证书不足以证明徐某1已经放弃继承徐某4的全部遗产，其仍是徐某4的遗产的继承人。法院最终判决徐某1、徐某2以继承徐某4的遗产范围为限，偿还徐某3借款50万元。

4. 遗产代管人放弃继承也应承担债务

案例5－79 程某与张某1、张某2被继承人债务清偿纠纷案

二审法院：湖北省宜昌市中级人民法院（2018）鄂05民终2306号

再审法院：湖北省高级人民法院（2019）鄂民再331号

案例主旨：遗产代管人无论是否放弃继承，依法应当参加诉讼，并由其在管理使用遗产的实际价值范围内承担还款责任。

二审法院认为，张某1、张某2作为杨某的法定继承人已出具书面声明，明确表示对杨某死亡后遗留的房屋的部分产权，自愿无条件放弃继承权。依照上述法律规定，张某1、张某2对被继承人杨某应当承担的债务可以不负偿还责任。

再审法院认为，杨某死亡后，其夫张某1、其子张某2均表示放弃继承，依法可以不承担还款责任。在现实生活中，虽然继承人明确表示放弃继承，但往往实际占有遗产，普通民众也认可该财产应该由继承人所有，最终继承人还是得到了遗产，而无需清偿被继承人生前的税款和债务，造成严重的权利义务不对等。本案查明的事实是，张某1继续在偿还银行贷款，张某2也曾实际使用房屋，因而张某1、张某2是杨某房屋遗产的实际管理人、使用人，对遗产状况比较熟知，也实际占有、使用和收益涉案遗产，是最适格的遗产代管人，应尽妥善保管义务，不论其是否放弃继承，均应当依法参加诉讼，并由其在管理使用遗产的实际价值范围内承担还款责任。最终再审法院撤销了二审法院的判决结果，改判张某1、张某2在管理杨某遗产的实际价值范围内偿还程某的借款本息。

5. 遗产保管人放弃继承应协助处分遗产

案例5-80 J行合川支行诉黄某峰被继承人债务清偿纠纷案

一审法院：重庆市合川区人民法院（2018）渝0117民初2882号

二审法院：重庆市第一中级人民法院（2018）渝01民终4548号

再审法院：重庆市合川区人民法院（2018）渝0117民初11178号

案例主旨：在现有无人继承遗产清偿债务制度尚不健全的情况下，根据公平和诚信原则，应根据遗产保管人的身份确定其责任。遗产保管人对债权人在处分被继承人遗产时有相应的协助义务。

一审法院认为，黄某峰已在诉讼中明确表示放弃继承，对被继承人债务可以不负偿还责任，黄某峰不是本案的适格被告，遂裁定驳回起诉。

二审法院认为，本案债权债务关系明确，且案涉房屋为抵押财产，在现有无人继承遗产清偿债务制度尚不健全的情况下，根据公平和诚信原则，应根据黄某峰的遗产保管人身份确定其责任。遂二审法院裁定撤销一审法院的裁定，指令重庆市合川区人民法院重新审理本案。

再审法院最终判决J行合川支行在黄某平的遗产范围内享有借款本金及利息的债权；黄某峰对J行合川支行在处分黄某平所有的房产时有相应的协助义务。

6. 遗产分割前放弃继承不可对抗债权人

案例5-81 刘某与何某、柯某、马某被继承人债务清偿纠纷案

一审法院：广东省广州市荔湾区人民法院（2019）粤0103民初8539号

二审法院：广东省广州市中级人民法院（2020）粤01民终6228号

案例主旨：继承人在遗产尚未分配前所做的放弃继承的意思表示不能对抗被继承人的债权人。

法院认为，何某、柯某、马某作为区某霞的第一顺序继承人，按照法定继

承方式在继承区某霞的财产范围内承担偿还本案债务的责任。虽然柯某明确表示放弃继承区某霞的遗产，但其亦确认区某霞的财产尚未分配，故其放弃继承的意思表示不能对抗区某霞的债权人，在区某霞的遗产实际分配后，如前述继承人确未继承区某霞的任何遗产，依法可以免除其偿还本案债务的义务。

7. 仅二审庭审中放弃继承不发生放弃继承权的效力

案例 5－82 冯某、王某与赵某被继承人债务清偿纠纷案

二审法院： 内蒙古自治区呼和浩特市中级人民法院（2019）内01民终393号

再审法院： 内蒙古自治区高级人民法院（2019）内民申3077号

案例主旨： 继承人应当以书面形式向其他继承人表示放弃继承，仅在二审庭审中以书面形式明确放弃对遗产的继承，不发生放弃继承权的效力。

再审法院认为，冯某、王某在原审过程中并未提供有效证据证明王某奎死亡后没有任何遗产，故不能终结诉讼。继承遗产应当清偿被继承人的债务，清偿债务以他遗产的实际价值为限。继承人放弃继承应当以书面形式向其他继承人表示，冯某、王某仅在二审庭审中以书面形式明确放弃对王某奎可能留有的任何遗产的继承，不发生放弃继承权的效力。二审法院综合本案的实际情况，对冯某、王某庭审中放弃继承的意思表示的效力不予确认并无不当。

8. 书面放弃继承不足以证明未继承遗产

案例 5－83 李某1、于某1、于某2与郜某被继承人债务清偿纠纷案

二审法院： 吉林省松原市中级人民法院（2019）吉07民终49号

再审法院： 吉林省高级人民法院（2019）吉民申1725号

案例主旨： 仅凭书面放弃继承遗产声明不足以确定继承人是否已经实际继承或放弃继承遗产。

再审法院认为，本案中，李某1、于某1、于某2虽在原审中提交了书面放弃继承遗产的声明，仅凭该书面凭证不足以确定三人是否已经实际继承或放弃继承遗产。郜某向于某3的继承人李某1、于某1、于某2主张在继承遗产范围内偿还借款，符合法律规定。故原审判决李某1、于某1、于某2在继承于某3的遗产范围内偿还郜某借款并无不妥。

9. 放弃继承导致侵害债权人权益的无效

案例 5-84 赵某1与易某、赵某2、赵某3等被继承人债务清偿纠纷案

二审法院：湖北省武汉市中级人民法院（2018）鄂01民终10227号

再审法院：湖北省高级人民法院（2019）鄂民申1654号

案例主旨：在被继承人尚有债务未清偿的情况下，如果继承人选择放弃继承遗产，会导致生效的民事判决不能履行，明显违反诚实信用原则，侵害了债权人的合法权益，因此被继承人放弃继承遗产的行为无效。

法院认为，赵某1、赵某2、赵某3作为赵某桐的法定继承人，依法享有案涉房屋1/3的继承份额，赵某1、赵某2、赵某3本应享有放弃或者继承该遗产的选择权，但在赵某桐尚有债务未清偿的情况下，如选择放弃继承遗产，会导致生效的民事判决不能履行，明显违反诚实信用原则，侵害了债权人的合法权益。故法院最终认定赵某1、赵某2、赵某3放弃继承遗产的行为无效，赵某1、赵某2、赵某3应在放弃继承遗产的价值范围内承担清偿责任。

10. 继承人处理部分遗产后再放弃继承无效

案例 5-85 尹某1、尹某2与张某被继承人债务清偿纠纷案

二审法院：湖南省邵阳市中级人民法院（2016）湘05民终1141号

再审法院：湖南省高级人民法院（2017）湘民申1207号

案例主旨：继承人处理被继承人遗产的行为，应视为接受继承的意思表示。继承人再次出具放弃继承权声明不具有放弃继承权的法律效力。

再审法院认为，本案中，申请人尹某1、尹某2作为张某风的继承人，在张某风于2014年9月因病死亡后，并未作出放弃继承权的口头或者书面声明，并在同年9月20日将属于遗产范围的讼争房屋转卖他人。这一处理张某风遗产的行为，应视为两申请人接受继承的意思表示。两申请人在二审中出具的放弃继承权声明不具有放弃继承权的法律效力，其提交的洞口县人民法院（2016）湘0525民初1129号民事判决书只是人民法院对讼争遗产份额的认定，不能达到证实其已放弃继承权的证明目的。两申请人继承并处理其母亲张某风遗产的事实清楚，原审认定并无不当。关于原审未查明事实导致适用法律错误的问题。本案系被继承人债务清偿纠纷，申请人尹某1、尹某2作为其母亲张某风的遗产继

承人，依法应当在其继承的张某风遗产实际价值内清偿张某风应当清偿的债务。但本案在原审过程中，申请人尹某1、尹某2未能提供证据证明其清偿的债务部分已超出了其继承遗产的实际价值。故原审法院据此判决两申请人承担被继承人张某风的全部债务并无不当。

四、其他继承纠纷的司法审判观点

（一）继承权是具有人身属性的财产权不可转让

案例5－86 **程某1、程某2与高某1继承纠纷案**

一审法院：陕西省汉中市汉台区人民法院（2016）陕0702民初93号

二审法院：陕西省汉中市中级人民法院（2016）陕07民终674号

案例主旨：继承权是一种带有人身关系性质的财产权，是以当事人具有某种特定的身份关系为存在基础的，继承人不可像处分其他财产权利一样享有完全自主的处分权，继承人只能选择接受或者放弃，不可转移。

被继承人程某3系陕西省某监狱职工。1982年1月程某3与高某2结婚，于同年10月生育原告高某1，即本案原告。被告程某2是被继承人程某3的弟弟，被告程某1是程某2之子、程某3的侄子。

2001年程某3以成本价购买住房一套。2007年12月17日，程某3与刘某贵登记结婚。2012年1月14日，程某3因病去世。刘某贵立遗嘱将其遗产（包括程某3的遗产中应由刘某贵继承部分）由其弟刘某华继承。

2013年3月8日，刘某贵去世。刘某华于2013年4月23日书写说明一份，载明：现刘某贵死亡，我作为刘某贵唯一继承人，表示放弃继承刘某贵财产权利，对陈某3名下的房屋放弃继承，由程某3的儿子高某1继承。因此，高某1向法院诉讼请求依法判令被告程某2腾退本案争议的房屋并交还原告。

法院认为，被继承人程某3生前所有的位于汉中市的房屋应按法定继承进行继承。程某3死亡后，其第一顺序的继承人有其再婚配偶刘某贵及儿子高某1二人。刘某贵于2013年3月8日去世，其没有第一顺序的继承人，且在生前立遗嘱将其遗产，包括应继承程某3的遗产份额指定由其弟刘某华继承，刘某华于2013年4月18日、23日出具书面说明明确表示放弃继承刘某贵财产，包括本案涉案房产，故刘某贵应继承程某3的遗产份额，应由刘某贵除刘某华外的其他继承人依法继承。现刘某贵的其他继承人刘某莲、刘某翠、刘某荣均表示放弃继承刘某贵财产，包括本案涉案房屋，因此被继承人程某3的该房产，依法应由程某3之子，即原告高某1继承。

根据上述案例，我们可以发现，法院对于刘某贵直接放弃遗产并同意由高某1继承的声明并没有认定，仅是确认了刘某贵放弃继承的意思表示，并认定“刘某贵应继承程某3遗产份额，应由刘某贵除刘某华外的其他继承人依法继承”。由此可见，继承人在书面放弃继承权的同时表示将继承权转移给第三人，法院原则上是不认可的。因继承权是一种带有人身关系性质的财产权，是以当事人具有某种特定的身份关系为存在基础的，继承人不可像处分其他财产权利一样享有完全自主的处分权，继承人只能选择接受或者放弃，不可转移。故继承人转移继承权的行为是无效的。

1989年1月18日，司法部公证司对于广东省司法厅公证管理处粤司公〔1988〕296号《关于继承权转移和继承份额赠与等问题的请示》答复［（89）司公字第10号］中也明确指出，在未取得应继承财产的所有权之前，继承人之间通过协商的办法转移继承权和继承份额是无法律依据的。关于法定继承人之间可以协商继承份额的规定，只是指继承人之间可以对继承份额的划分进行协商。继承权作为一种具有人身性质的财产权利，是不能转让的。因此，继承人放弃继承就不能再通过继承协议的方式将他应继承的份额转让给其他继承人。只有在办理了继承手续，对应继承的份额取得了所有权之后，继承人才能将该份额赠与他人所有。即继承权是具有人身属性的财产权，是以当事人具有某种特定的身份关系为存在基础的，不能随便转移。

（二）继父母与生父母离婚后继子女的继承权

案例5-87 高某某、孙某与邹某某、陈某法定继承纠纷案

一审法院：上海市静安区人民法院（2016）沪0106民初18925号

二审法院：上海市第二中级人民法院（2017）沪02民终10068号

案例主旨：判断继父母子女之间是否享有继承权主要是以双方是否形成扶养关系为标准，而继父母在离婚后明确表示不抚养继子女且实际也没有任何抚养行为；同时继子女成年后也不赡养继父母的，则双方之间的子女关系已经解除，则继子女不是法律规定的有扶养关系的继子女。

法院认为，法律规定上的扶养，是一定范围的亲属间相互供养和扶助的法

定权利和义务，包括抚养、扶养、赡养，即长辈对晚辈的抚养、晚辈对长辈的赡养和平辈亲属间的扶养。继父母子女在事实上形成了扶养关系，由直系姻亲转化为拟制血亲，从而产生法律拟制的父母子女间的权利义务。确定是否形成扶养关系应以继承实际发生时为节点。本案中，陈某两岁时，因生母陈某萍与被继承人孙某孝结婚，确实与孙某孝共同生活，形成了事实上的继父子关系，孙某孝与陈某萍共同抚养教育过陈某，后陈某萍与孙某孝协议离婚。法院认为，继父母与继子女是基于姻亲而发生的一种事实上的抚养关系，这种关系是法律拟制的，离婚后，在继父母不愿意继续抚养的情况下，应视为继父母子女关系的解除，他们之间父母子女的权利义务不复存在。

陈某与孙某孝的继父子关系解除之后至孙某孝病故时，期间长达20余年之久，双方再无来往。陈某于1998年出国至今仅回国三次，短时间停留，其成年后也不存在赡养孙某孝的事实。故法院认为，陈某与被继承人孙某孝之间虽存在过抚养事实，但因孙某孝与陈某生母陈某萍离婚后不再抚养陈某，以及陈某成年后未履行赡养义务，本案继承发生时，陈某与被继承人孙某孝之间继父子关系已解除，双方的权利义务不复存在，陈某不符合法律规定的有扶养关系的继子女。

（三）尽了主要义务或共同生活的可适当多分

案例5－88 崔某1、崔某2与崔某3继承纠纷案

二审法院：吉林省高级人民法院（2015）吉民三涉终字第1号

再审法院：最高人民法院（2015）民申字第3085号

案例主旨：与被继承人共同生活，可以视为尽了主要的赡养义务。

最高人民法院认为，本案的主要争议是被申请人崔某3是否尽了主要的赡养义务以及可以在何种程度上多分遗产。

证人尹某等7人证明是崔某3赡养了被继承人，被继承人住院时的医疗费是崔某3支付的。证人崔某4亦证明崔某3赡养了被继承人，房子也是崔某3盖的，崔某1、崔某2对此也无异议。居委会调解记录及其他协议书等，均证明崔某3与被继承人共同生活，尽了日常主要赡养义务。二审法院还认定崔某3对被继承人新建的房屋等财产累计方面予以帮助和付出，否则60多岁的独居老人，用很少资金，是无法完成新建房屋工程的。因此，二审法院认定崔某3尽了主要的赡养义务是有证据证明的。

法律规定，尽了主要赡养义务的继承人可以多分遗产。对于具体如何分割遗产，法律未作详细规定，需要根据具体情况进行裁量。原判决考虑到崔某3无论从物质方面，还是其他日常生活方面，都对被继承人尽了主要的赡养义务，且上述遗产主要是因崔某3的付出而形成，将房产分给崔某3，并不违反法律规定，不存在适用法律错误的问题。

本案判决与之前“析产案件”判决并不冲突。两个案件的判决均认定有关房产为被继承人的财产，本案是在此基础上分割房产。在将房产分割给崔某3时，并未否定该房产属于遗产，而是根据法律“可以多分”的规定，考虑房产形成情况和赡养情况，将房产分给崔某3。这并不违反“一事不再理”原则。

（四）先甄别夫妻共有财产再进行遗产继承

案例5－89 杨某、刘某乙等与刘某甲继承纠纷案

二审法院：吉林省高级人民法院（2014）吉民一终字第10号

再审法院：最高人民法院（2014）民申字第1666号

案例主旨：夫妻婚姻关系存续期间所得的财产，除有约定的以外，应当先将共同所有的财产的一半分出归配偶所有，其余的为被继承人的遗产。

最高人民法院认为，根据相关法律规定，夫妻在婚姻关系存续期间所得的财产，除有约定的以外，如果分割遗产，应当先将共同所有的财产的一半分出归配偶所有，其余的为被继承人的遗产。为此，刘某丁作为学校的出资人享有的从办学结余中取得合理回报的一半份额首先应当分给其配偶即本案的原告杨某，其余的一半属于其死亡时遗留的个人合法财产。因刘某丁生前并未留有其他形式的遗嘱、遗赠等处分其个人遗产的行为，故其个人遗产应当由其法定继承人按照法定继承的顺序予以继承。

（五）违规建房及无产权房屋法院不予处理

案例5－90 林某1、林某嘉与林某2、林某3法定继承纠纷案

二审法院：海南省高级人民法（2015）琼民一终字第79号

再审法院：最高人民法院（2016）最高法民申2405号

案例主旨：违规建造的房屋以及没有办理产权的房屋，由于房屋权属不明，故无法列入被继承人的遗产范围。

最高人民法院认为，关于讼争的某公寓A、B两栋房屋，该房产无土地使用权证，未办理规划报建手续，无房产证，无法依据权属登记确认林某明对该房屋享有所有权，且现有的证据尚不足以证明林某明已合法取得上述宅基地使用权及该地上建筑的确切出资情况，该房产权属不清，原审判决未将该房产列入林某明的遗产范围，并无不当。

讼争海口市某小区A栋三单元X号房及海口市某区小街市场的商铺，不动产物权的设立和变更应当依法登记才能发生法律效力，该两处房产尚未办理房产所有权登记，林某1、林某嘉在原审时提供的证据亦尚不足以证明该两房产是林某明的合法财产，原判决未将该两房产列入林某明的遗产范围，并无不当。

（六）孙子女不能视为第一顺序继承人

案例5－91 王某甲等三人与张某、王某丁法定继承纠纷案

二审法院：甘肃省高级人民法院（2014）甘民一终字第242号

再审法院：最高人民法院（2015）民申字第1759号

案例主旨：孙子女不能成为法定继承中的第一顺位继承人。

最高人民法院认为，关于王某丙是否有继承权的问题。被继承人王某一生前未留有遗嘱，本案应依据法定继承的相关规定处理。本案中，王某丙系被继承人王某一及其配偶张某的孙女，在王某丙父母健在的情况下，不符合代位继承的条件。虽然王某丙的父母均为××人，王某丙由王某一和张某抚养长大，王某丙代替其父母照顾、孝敬老人，但这是中华民族的传统美德，也是人之常情，且王某一和张某在退休后生活并无特殊困难，王某丙主张其尽了主要赡养义务并无依据。此外，王某丙提出王某一生前曾表示去世后要将部分遗产分给她，并提交了余某红、耿某东出具的证人证言，但在没有遗嘱的情况下，无法认定王某一有赠与的意思表示。因此，二审法院认为王某丙不应作为本案第一顺位继承人，并无不当。

（七）死亡赔偿金权利人无须为被继承人还债

案例5－92 轮胎商店与孙某、王某被继承人债务清偿纠纷案

一审法院：吉林省双辽市人民法院（2017）吉0381民初1246号

二审法院：吉林省四平市中级人民法院（2017）吉03民终1286号

案例主旨：死亡赔偿金的权利人是死者近亲属并非死者，故并非为死者的遗产，因此也无须偿还死者生前的债务。

法院认为，死者孙1虽拖欠轮胎商店的债务，但孙1并无遗产，即孙某、王某未继承遗产。轮胎商店主张孙某、王某领取的死亡赔偿金应用于偿还债务，因死亡赔偿金是基于死者死亡对死者近亲属支付的赔偿。获得死亡赔偿金的权利人是死者的近亲属，而非死者。故死亡赔偿金不应被认定为遗产。轮胎商店的该项主张无法律依据。

（八）遗产是否足够清偿债务不应由债权人举证

案例5-93 刘某1与刘某2、刘某3被继承人债务清偿纠纷案

二审法院：河南省安阳市中级人民法院（2015）安中民二终字第972号

再审法院：河南省安阳市中级人民法院（2018）豫05民再12号

案例主旨：继承人所继承的遗产是否能够足额清偿债务，举证责任应当由其自行承担。

再审法院认为，刘某2自认刘某文夫妇生前分给其东屋四间，刘某文夫妇去世后其继承了北屋三间和一亩七分责任田，故被继承人刘某文夫妇死后的债务应当由继承人清偿，清偿债务以继承遗产的实际价值为限。因遗产由刘某2实际控制，刘某2继承的遗产是否能够足额清偿债务，举证责任应当由刘某2自行承担。原审法院以刘某1未提交充分的证据证明刘某2继承了刘某文夫妇的遗产范围、价值，判决刘某1承担不利的法律后果，并驳回诉讼请求，属于举证责任分配错误，应予纠正。

（九）债权人无须证明继承人是否实际继承了遗产

案例5-94 韩某1与李某1、徐某、李某2、李某3被继承人债务清偿纠纷案

一审法院：河南省郑州高新技术产业开发区人民法院（2020）豫0191民初3649号

二审法院：河南省郑州市中级人民法院（2020）豫01民终10161号

案例主旨：债权人向继承人主张要求偿还被继承人的债务时，无须举证证明继承人已经实际继承了遗产。

一审法院认为，原告未举证证明四被告已实际继承李某勋的遗产，故对原

告的主张，不予支持。

二审法院认为，四被上诉人作为李某勋的法定继承的第一顺序继承人，无正当理由拒不到庭参加一、二审诉讼，放弃其诉讼权利，四被上诉人亦没有提供证据证明其明确放弃了对李某勋遗产的继承，应当承担证明不能的后果。在此情形下，一审法院以上诉人未举证证明四被上诉人已实际继承李某勋的遗产为由而驳回上诉人的诉讼请求，加重了上诉人的举证责任，属适用法律不当。最终二审法院改判四被上诉人作为李某勋的法定继承人应当在继承李某勋遗产的范围内偿还债务。

（十）用于安葬被继承人的财产不是遗产

案例 5－95 黄某与张某、杨某、曾某被继承人债务清偿纠纷案

二审法院：四川省攀枝花市中级人民法院（2016）川04民终1295号

再审法院：四川省高级人民法院（2017）川民申2899号

案例主旨：用于安葬被继承人以及人身保险合同中指定受益人的保险金均不是被继承人的遗产。

法院认为，遗产为公民死亡时遗留的个人合法财产。本案中杨某禄遗留的海马牌轿车已被其兄弟合理处理并用于其安葬。张某在与杨某禄离婚前为其的投保且已生效的人身保险合同中明确指定了其子为受益人。故上述财产均不属杨某禄的遗产。

（十一）配偶无权主张放弃继承的行为无效

案例 5－96 白某某诉刘某等分家析产纠纷案

一审法院：北京市大兴区人民法院（2008）大民初字第5518号

二审法院：北京市第一中级人民法院（2008）一中民终字第15317号

再审法院：北京市第一中级人民法院（2010）一中民再终字第1954号

案例主旨：夫妻一方所享有的继承权并未转化为其享有遗产份额的所有权，即夫妻一方并未实际取得遗产份额，该遗产并未转化为夫妻共同财产。故夫妻一方放弃继承权的行为，并未侵害另一方的合法权益。

三审法院均认为刘某有权放弃继承其父刘某明的遗产。法院认为，该问题的关键在于刘某放弃的是其依法享有的继承权还是已经合法取得的遗产所有权。

本案中，刘某之父刘某明死亡时，刘某就开始享有对其父遗产的继承权。继承人放弃继承的意思表示，应当在继承开始后、遗产分割前作出。遗产分割后表示放弃的不再是继承权，而是所有权。在遗产分割未作出之前，继承人享有的仅是对被继承人遗产份额的继承权，而非被继承人遗产份额的所有权。只有当遗产分割开始后，法律赋予的依附于身份关系而享有的继承权才能转化为对遗产份额的所有权。本案中，刘某作出放弃继承权的意思表示发生在其父死亡之后，遗产分割之前。刘某是基于其与刘某明之间的父子关系而享有遗产继承权，该权利是法律赋予其单独享有和支配的，其放弃对其父遗产继承权的行为也符合法律规定。本案中，刘某所享有的继承权并未转化为其享有遗产份额的所有权，即刘某对其父刘某明的遗产份额并未实际取得，刘某明的遗产并未转化为刘某与白某某的夫妻共同财产。故刘某放弃对其父刘某明遗产的继承权的行为，并未侵害白某某的合法权益。

（十二）捐赠遗体所获人道主义经济补偿款的分割

案例 5－97 张某与童某法定继承纠纷案

一审法院：辽宁省大连市甘井子区人民法院（2019）辽 0211 民初 12151 号

二审法院：辽宁省大连市中级人民法院（2020）辽 02 民终 3709 号

案例主旨：因被继承人捐赠遗体得到的人道主义经济补偿款虽然不属于遗产，但可以比照遗产处理。

二审法院认为，某市十字会发放的人道救助款 3 万元及人道主义经济补偿款 7 万元不属于遗产，属于因死者遗体捐赠，红十字会对其近亲属的一种人道主义救助及补偿，一审法院对上述款项比照遗产进行处理并无不当，对上诉人提出上述款项不属于遗产，不应予以处理的上诉主张，不予支持。对于人道救助款 3 万元及人道主义经济补偿款 7 万元分割比例问题，因被上诉人童某在被继承人张某 1 死亡时已满 71 周岁，处于古稀之年，没有劳动能力，一审法院综合本案具体情况判决被上诉人童某分得 60% 的份额适当，予以确认；上诉人张某虽主张人道主义经济补偿款系红十字会全额补偿给其个人的款项，但没有提供证据予以证明，应承担举证不能的不利后果，对上诉人张某的该项上诉主张，不予支持。

（十三）继承人可单独领取未指定受益人的保险金

案例5-98 中国某保险股份有限公司岫岩满族自治县支公司、佟某某人身保险合同纠纷案

一审法院：辽宁省鞍山市岫岩满族自治县人民法院（2020）辽0323民初410号

二审法院：辽宁省鞍山市中级人民法院（2020）辽03民终1566号

案例主旨：持有保险单的被保险人的继承人，要求给付保险金符合保险合同约定和法律规定，保险公司应当履行给付保险金义务。至于各继承人因保险金的分配问题产生纠纷，属于法定继承法律关系，与本案审理的保险合同纠纷不是同一法律关系。

法院认为，涉案的保险合同的被保险人为未成年人，投保时未指定受益人，被保险人死亡后的保险金作为被保险人的遗产，应由其法定继承人作为法定受益人领取保险金，现被保险人的继承人为父亲佟某某和母亲洪某某，因此，佟某某作为持有保险单的被保险人的继承人，要求某保险公司给付保险金符合保险合同约定和法律规定，某保险公司应当履行给付保险金义务。至于其他继承人在佟某某领取该笔保险金后，各继承人因保险金的分配问题产生纠纷，属于法定继承法律关系，与本案审理的保险合同纠纷不是同一法律关系。保险金被作为被保险人的遗产，并未要求保险公司必须将保险金交付给所有继承人，保险公司只要向持有保险单的继承人给付保险金，即属于已履行了给付保险金的义务，被保险人的其他继承人就不能再向保险公司主张保险金。

（十四）违反夫妻忠诚义务可撤销居住权协议

案例5-99 蒋某某与付某某1、付某某2、付某某等合同有效纠纷案

一审法院：山东省临邑县人民法院（2019）鲁1424民初2702号

二审法院：山东省德州市中级人民法院（2020）鲁14民终461号

案例主旨：在配偶生前并不知晓另一方违反夫妻忠实义务的情况下为过错方设立了终生居住使用权，配偶死之后如果过错方依旧可以按照约定对死亡配偶的遗产享有终生居住使用权，致使死亡配偶的继承人无法取得继承房屋的居住权，即变相限制甚至剥夺了死亡配偶的继承人对继承房屋的占有和使用，造成各方当事人权利义务的严重失衡，这与公序良俗和公平原则都明显相悖。在法的价值相冲突时，为了实现个案正义，应按照个案平衡优先适用法律原则予以处理。

二审法院认为，上诉人蒋某某与付某某3签订的涉案房屋居住权两个协议为有效协议，依据现有法律规则本应当履行。但是，付某某3与上诉人蒋某某订立该协议系在涉案鉴定结果作出前，付某某3与付某某4不具有亲子关系的鉴定结果作出系在付某某3去世后，虽上诉人陈述付某某3生前知道付某某4与付某某3非亲子关系，但并未提供其他证据予以佐证，其个人陈述依法不能单独作为认定事实的依据，蒋某某事实上存在违反夫妻忠实义务的行为，且行为后果应得到道德和法律上的否定性评价。若在此情形下蒋某某依旧可以按照约定对付某某3遗产享有终生居住使用权，致使被上诉人无法取得继承房屋的居住权，即变相限制甚至剥夺了被上诉人对继承房屋的占有和使用，造成各方当事人权利义务的严重失衡，这与公序良俗和公平原则都明显相悖。综上，本案存在法的价值冲突问题，为了实现个案正义，应按照个案平衡优先适用法律原则予以处理。基于民事活动应遵循公平原则以及不得违背公序良俗原则的规定，一审判决解除上诉人蒋某某与付某某3签订的涉案房屋居住权互换协议，符合法律关于法定解除的规定及其立法精神，不仅能够体现社会正义的价值取向，也能使天理、国法、人情有机结合，实现实质法治和可接受性的法治精神。

（十五）被继承人生前所立“忠诚协议”的效力

案例5－100 段某与陈某、安某1等继承纠纷案

一审法院：河南省民权县人民法院（2018）豫1421民初3812号

二审法院：河南省商丘市中级人民法院（2019）豫14民终4699号

再审法院：河南省商丘市中级人民法院（2020）豫14民申89号

案例主旨：夫妻一方承诺如有外遇自愿与另一方离婚并放弃共同财产，但承诺方在死亡时并未与另一方离婚，也未对夫妻共同财产的登记作出变更，故并不能导致双方夫妻共同财产归个人所有的法律后果。

二审法院认为，关于安某1是否享有继承权问题。根据司法鉴定意见，安某1与李某军之弟李某传不排除具有叔侄关系，因李某军共兄弟三人，其中一人早已去世，段某亦未提交证据证明李某军还有其他兄弟，故该司法鉴定意见

足以认定安某1系李某军之子，安某1享有继承权。

关于李某军向段某出具的字据是否生效，李某军与段某的夫妻共同财产是否应归段某个人所有问题。首先，案涉字据系李某军单方向段某出具，字据上没有段某的签名，不能认定双方对该字据的内容达成了一致合意；其次，“净身出户”包含离婚及放弃财产两层含义，即李某军承诺如有外遇自愿与段某离婚并放弃共同财产，李某军死亡时并未与段某离婚，也未对夫妻共同财产的登记作出变更，故虽李某军在与段某婚姻关系存续期间与他人同居，并不能导致双方夫妻共同财产归段某个人所有的法律后果。故一审认定陈某、安某1对李某军与段某夫妻共同财产中属于李某军的份额享有继承权正确。最终再审法院依法裁定驳回了段某的再审申请。

（十六）夫妻约定归一方的房产不属于另一方的遗产

案例5-101 唐某诉李某某、唐某乙法定继承纠纷案

一审法院：北京市朝阳区人民法院（2013）朝民初字第30975号

二审法院：北京市第三中级人民法院（2014）三中民终字第09467号①

案例主旨：夫妻在对夫妻共有房屋的权属进行约定的情况下，不应以产权登记作为认定房屋权属的唯一依据。夫妻财产约定是夫妻双方协商一致的结果，在不涉及第三人利益的情况下，应当尊重夫妻的真实意思表示。故涉案房屋应认定为夫妻一方的个人财产，对夫妻共同财产，应作为另一方之遗产予以法定继承。

一审法院认为，关于财富中心的房屋，唐某甲与李某某虽然在《分居协议书》中约定了该房屋归李某某拥有，但直至唐某甲去世，该房屋仍登记在唐某甲名下。故该协议书并未实际履行，因此应根据物权登记主义原则，确认该房屋属于唐某甲与李某某的夫妻共同财产。该房屋价值应将评估报告确定的数额减去唐某甲去世时该房屋尚未还清的贷款数额的差额作为基数，该数额的一半为李某某的夫妻共同财产，另一半为唐某甲的遗产。故唐某甲遗产的份额应均分为三份，由李某某、唐某乙和唐某平分。

二审法院认为，财富中心的房屋应认定为李某某的个人财产，不能作为唐某甲的个人遗产予以法定继承。二审法院认为，本案中唐某甲与李某某签订的

① 《最高人民法院公报》2014年第12期（总第218期）。

《分居协议书》是婚内财产分割协议，而非离婚财产分割协议。理由如下：

首先，从《分居协议书》的内容来看，唐某甲与上诉人李某某虽认为彼此感情已经破裂，但明确约定为了不给儿子的心灵带来伤害，采取“离异不离家”的方式解决感情破裂问题，双方是在婚姻关系存续的基础上将分居作为解决方式并对共同财产予以分割，并非以离婚为目的而达成财产分割协议。其次，从文义解释出发，二人所签订的《分居协议书》中只字未提“离婚”，显然不是为了离婚而对共同财产进行分割；相反，双方在协议书中明确提出“分居”“离异不离家”，是以该协议书规避离婚这一法律事实。最后，本案涉及的《分居协议书》中，唐某甲与李某某一致表示“对财产作如下切割”，该约定系唐某甲与李某某不以离婚为目的对婚姻关系存续期间所得财产作出的分割，应认定为婚内财产分割协议，是双方通过订立契约的方式对采取何种夫妻财产制所作的约定。

二审法院认为，本案中，唐某甲与上诉人李某某所签协议关于财富中心房屋的分割，属于夫妻内部对财产的约定，不涉及家庭的外部关系。唐某甲与李某某所签订的《分居协议书》已经确定财富中心房屋归李某某一人所有，虽仍登记在唐某甲名下，但并不影响双方对上述房屋内部处分的效力。在夫妻财产领域，存在大量夫妻婚后由一方签订买房合同，并将房屋产权登记在该方名下的情形，但实际上只要夫妻之间没有另行约定，双方对婚后所得的财产即享有共同所有权，这是基于法律规定的法定财产制而非当事人之间的法律行为。因为结婚作为客观事实，已经具备了公示特征，无须另外再为公示。夫妻之间的约定财产制，是夫妻双方通过书面形式，在平等、自愿、意思表示真实的前提下对婚后共有财产归属作出的明确约定。此种约定充分体现了夫妻的真实意愿，系意思自治的结果，应当受到法律尊重和保护，故就法理而言，亦应纳入非依法律行为即可发生物权变动效力的范畴。因此，在夫妻婚后共同取得的不动产物权归属发生争议时，应当根据不动产物权变动的原因行为是否有效、有无涉及第三人利益等因素进行综合判断，不宜以产权登记作为确认不动产权属的唯一依据，只要有充分证据足以确定该不动产的权属状况，且不涉及第三人利益，就应当尊重夫妻之间的真实意思表示，按照双方达成的婚内财产分割协议履行，优先保护事实物权人。

本案中，《分居协议书》约定“财富中心的房屋归李某某拥有，李某某可以任何方式处置这些房产，唐某甲不得阻挠和反对，并有义务协办相关事务”。该协议书系唐某甲与上诉人李某某基于夫妻关系作出的内部约定，是二人在平等自愿的前提下协商一致对家庭财产在彼此之间进行分配的结果，不涉及婚姻家庭以外的第三人利益，具有民事合同性质，对双方均具有约束力。财富中心房屋并未进入市场交易流转，其所有权归属的确定亦不涉及交易秩序与流转安全。结合唐某甲与李某某已依据《分居协议书》各自占有、使用、管理相应房产之情形，应当将财富中心的房屋认定为李某某的个人财产，而非唐某甲之遗产予以法定继承。一审法院根据物权登记主义原则确认财富中心的房屋为唐某甲与李某某的夫妻共同财产实属不妥，应予调整。

（十七）房产继承纠纷是否适用诉讼时效规定

案例5－102 陈某1、陈某2与陈某心、陈某3、陈某4、陈某5、陈某6、陈某7，陈某8继承纠纷案

一审法院：广东省佛山市禅城区人民法院（2008）佛禅法民一初字第1910号

二审法院：广东省佛山市中级人民法院（2011）佛中法民一终字第1610号

再审法院：广东省高级人民法院（2012）粤高法民一申字第2665号

抗诉检察院：广东省人民检察院粤检民抗字（2013）262号

再审法院：广东省高级人民法院（2014）粤高法审监民提字第24号

抗诉检察院：最高人民检察院高检民监（2016）134号

再审法院：最高人民法院（2017）最高法民再135号

案例主旨：房产继承纠纷究竟为继承权纠纷还是共有物确认及分割纠纷，应结合当事人起诉的请求以及案件的事实进行综合认定。

黄某与陈某泉为夫妻关系，共生育陈J、陈某英两个子女。陈J与关某某为夫妻关系，共生育陈方某、陈某8、陈某3、陈某4、陈某6、陈某5、陈某心、陈某1、陈某2、陈某7共10个子女。黄某于1977年1月去世，陈某泉于1929年去世，陈J于1984年4月去世，关某某于1991年去世，黄某、陈J、关某某生前均未立下遗嘱。

1987年12月15日，陈某心向佛山市公证处申请办理黄某遗下的高基街××房产的继承手续。同日，佛山市公证处向陈某英、关某某、陈某8、陈某心、陈某7做了一份谈话笔录，其中陈某英、陈某8表示自愿放弃对黄某所有的高基街××房产的继承权。后关某某向佛山市公证处提供了陈方某、陈某3、陈某

4、陈某6、陈某5、陈某1、陈某2、陈某7共8人的身份证及陈某6、陈某4、陈某2、陈某3、陈某5共5人作出的放弃继承黄某遗下高基街××号房屋份额的《声明书》。1988年5月20日，佛山市公证处作出（88）佛市公证字第479号《继承权证明书》，证明“黄某遗下座落佛山市高基街××号房屋一间。……黄某的女儿陈某英、孙子女陈方某、陈某4等表示放弃继承权。……黄某遗下坐落于佛山市高基街××号房屋产权，可由陈某心继承”。

后陈某心依据（88）佛市公证字第479号《继承权证明书》在佛山市房地产管理局申请办理高基街××房产的所有人变更手续。1989年3月29日，佛山市房地产管理局将高基街××房产所有人变更为陈某心，并向其出具了上述房屋的房地产所有证，房地产所有证号为0570944，所有权来源为1988年5月20日向黄某继承。

1994年4月12日，SP公司与陈某心签订《佛山市房屋拆迁合同书》一份，约定陈某心将高基街××房产交给SP公司拆除，SP公司在原拆迁区第二期新楼住宅用楼安置一厅三房一套给陈某心，房屋产权属陈某心所有。高基街××号房于1994年被拆迁，陈某心于2002年入住补偿房佛山市禅城区大塘正街×号×房。该房产由于整栋楼都没有验收，尚为能办理房产证。

2008年2月20日，陈某1到佛山市禅城区房地产档案馆查询高基街××房产权属情况，发现其所有权人变更为陈某心。陈某1、陈某2认为其权利受到侵害，遂向法院起诉。

一审法院认为，关于诉讼时效的问题。因陈某心根据公证书取得高基街××房产全部所有权的行为无效，该房产一直没有分割，故高基街××号房应由陈方某、陈某3、陈某4、陈某6、陈某5、陈某心、陈某1、陈某2、陈某7，9人共同共有。陈某1、陈某2于2008年2月20日到佛山市禅城区房地产档案馆查询高基街××房产情况，发现该房产的所有权人已变更为陈某心后，才知道自己的权利受到侵害。另，根据不动产物权登记主义和公示主义原则，其他8位继承人的权利受到侵害之日应当为陈某心将高基街××房产所有人变更为陈某心之日，即1989年3月29日。陈某1、陈某2于2008年11月6日起诉，并未超出法律规定的诉讼时效期间。故陈某心认为陈某1、陈某2的起诉已经超过了2年（现已变更为3年）的诉讼时效，及20年的最长诉讼时效期间的答辩意见，一审法院不予采纳。

二审法院认为，陈方某、陈某3、陈某4、陈某6、陈某5、陈某1、陈某2

所享有的继承份额从1984年4月陈J去世时开始，直至2004年4月即陈J去世后的20年内，陈方某、陈某3、陈某4、陈某6、陈某5、陈某1、陈某2均未主张继承权利，即使陈某1、陈某2在2008年2月通过查询涉讼房屋的权属状况从而得知自己的权利被侵犯，但是其于2008年11月起诉亦超过了前述法律规定的20年期限，因此，陈方某、陈某3、陈某4、陈某6、陈某5、陈某1、陈某2所享有的继承份额（合共7/44）因诉讼时效的届满而失去。陈某心基于陈某英、关某某、陈某8、陈某7对继承份额的放弃以及其他继承人的起诉超过诉讼时效而取得整个涉讼房屋的继承份额。

陈某1、陈某2不服二审判决，向广东省高级人民法院申请再审。广东省高级人民法院于2012年11月16日作出（2012）粤高法民一申字第2665号民事裁定。该院认为本案的案由、诉讼时效的认定，均不影响本案的实体处理。最终裁定驳回陈某1、陈某2的再审申请。

广东省人民检察院于2013年12月5日以粤检民抗字〔2013〕262号提出抗诉并认为，陈某1、陈某2提起本案诉讼并未超过诉讼时效，陈某1、陈某2对涉案房产的产权份额应当得到法律保护，二审判决适用法律错误。本案中，陈J去世后，陈某1、陈某2没有表示放弃继承，故陈某1、陈某2在陈J去世后即取得应继承份额的物权，且双方对陈某1、陈某2的继承权没有争议，争议焦点在于陈某1、陈某2是否放弃其继承所得的财产权。陈某1、陈某2在本案提起诉讼请求确认佛山市禅城区高基街××房产由10名继承人共同共有，其行使的是物权确认请求权，陈某1、陈某2受到侵害的并非其继承权，而是基于继承权而取得的相应份额之不动产物权，本案不属于继承权纠纷，应为物权确权纠纷。陈某1、陈某2的权利受侵害之日，应为陈某心将高基街××房产所有人变更为陈某心之日，即1989年3月29日，并非继承发生之日，陈某1、陈某2的起诉没有超过20年的最长诉讼时效。陈某1、陈某2于2008年2月20日到佛山市禅城区房地产档案馆查询高基街××房产情况知其权利被侵害后于2008年11月6日向法院起诉，也没有超过2年的普通诉讼时效。二审法院将本案事由认定为继承权纠纷，认定诉讼时效从继承之日起算、陈某1和陈某2的起诉已过诉讼时效，系适用法律错误。本案证据不足以证明陈某1和陈某2已放弃其继承所得的财产，终审判决对各继承人的产权份额的划分和认定是恰当的，陈某1和陈某2因继承所得的财产权利应得到法律保护。

广东省高级人民法院于2014年11月11日作出（2014）粤高法审监民提字

第24号民事判决并认为，首先应确定本案属继承权纠纷还是物权确权纠纷。本案讼争房产原属黄某所有，黄某去世后，属陈J、陈某英所有，陈J在1984年4月去世后，陈J所有的部分房产在分出其与关某某的夫妻财产份额后，由关某某及其子女即本案各当事人继承。陈某心于1987年12月向佛山市公证处办理继承公证。当时陈某英、关某某、陈某8、陈某7到场，同意由陈某心继承并登记在陈某心名下。实际上陈某英是将其从黄某处继承的份额赠与陈某心，关某某将陈J继承的份额的一半即房产的1/4份额即夫妻共有财产分得的份额赠与陈某心。其余的1/4房产，属于陈J的遗产，本应由关某某及10个子女继承，但作为陈J的部分继承人，关某某、陈某8、陈某7、陈某心直接处分了陈J的遗产，侵害了陈某1、陈某2、陈某3、陈某4、陈某5、陈某6、陈方某的继承权。因此，本案应认定为遗产继承纠纷，而非单纯的共有财产确权纠纷，应适用关于继承权纠纷的诉讼时效规定。陈某心在没有经所有继承人同意的情况下，将原佛山市高基街××房产过户登记到其名下，并一直占有、使用拆迁安置补偿房产佛山市禅城区大塘正街×号×房，侵犯了陈某1、陈某2等部分继承人的继承权。诉讼时效从陈J死亡时开始，不得超过20年。因陈某1、陈某2的起诉超过了法律规定的诉讼时效，其诉讼请求应予驳回。检察机关抗诉认为本案属物权确认纠纷而非继承权纠纷，关于诉讼时效的规定，缺乏依据，不予采纳。

最高人民检察院提出抗诉并认为，（一）第一，再审判决认定本案属于遗产继承纠纷，属于适用法律确有错误。陈某1、陈某2自被继承人黄某死亡后即与其他继承人取得涉案房屋的共有物权，本案应为共有物确认与分割纠纷而非继承权纠纷。因继承产生的遗产分割纠纷有一个法律性质的转化过程：一是确认继承权的过程，遗产分割前未明示放弃的视为接受继承，继承人身份确定；二是确定继承之物权利状态的过程，继承人对于遗产享有物权（共有物权），受法律保护，遗产尚未分割的，不影响继承人取得遗产物权的效力；如有多个继承人的，继承人对遗产共同共有。遗产分割显然属于第二个阶段。第二，本案因继承而引发的遗产确认及分割之争是否属于继承权纠纷。该院认为，继承纠纷和继承权纠纷是不同概念，不应将全部与继承相关的纠纷归类为“继承权纠纷”。案件性质系基于纠纷所侵害的权利对象而确定。最高人民法院《民事案件案由规定》中的继承权纠纷，包括法定继承纠纷、遗嘱继承纠纷、被继承人债务清偿纠纷、遗赠纠纷、遗赠抚养协议纠纷五类。根据该案由的划分，继承权纠纷应当限定在享有继承权的自然人身份有争议，或者继承权的取得和丧失、继承人以外的自然人是否分得遗产、继承权受侵害等情形。遗产分割纠纷中，继承人因身份关系进而取得遗产物权，兼具人身权和财产权双重属性，存在继承与物权产生冲突的可能，但法律设置的拟制继承，将未表示放弃继承视为接受，从而加快了遗产物权的确认过程，将待定之物（遗产）变为确定之物（继承物权）。此时，继承权纠纷应转化为确认与分割共有物的共有权纠纷。如果将与遗产分割有关的纠纷全部归类为继承权纠纷并适用20年的最长时效，可能导致未分割的遗产永远处于权利不明确之状态，这与物权受平等保护的原则相悖。第三，《最高人民法院关于继承开始时继承人未表示放弃继承遗产又未分割的可按析产案件处理的批复》中“诉争的房屋应属各继承人共同共有，他们之间为此发生之诉讼，可按析产案件处理”，以及《最高人民法院关于父母的房屋遗产由兄弟姐妹中一人领取了房屋产权证并视为己有发生纠纷应如何处理的批复》中“一人领取房产证的行为认定为代表共有人登记取得的产权证明”的规定，表明了最高人民法院对遗产分割案件一般按共有物确认和分割的处理原则，该两批复在最高人民检察院提出该抗诉时仍有效，应适用于本案。本案中被继承人黄某于1977年去世时，陈某1、陈某2未放弃继承权，视为接受继承，陈某1和陈某2的继承人身份，不是本案的争议焦点。在系争房产分割前，其与本案其他继承人对涉案房产享有共有权。陈某1、陈某2的诉讼请求是确认涉案房产共同共有，以及分割涉案房产被拆迁后补偿所得的房产，属于共有物确认及分割纠纷，即本案案由应为共有权纠纷，而非继承权纠纷。（二）再审法院认为陈某1、陈某2的起诉超过了法律规定的诉讼时效，属于适用法律确有错误。共有物的分割请求权是否适用诉讼时效，目前相关法律法规和司法解释并没有明确规定，但可从诉讼时效的制度价值、立法原意等方面进行分析。《最高人民法院关于审理民事案件适用诉讼时效制度若干问题的规定》第一条规定“当事人可以对债权请求权提出诉讼时效抗辩”。该条款确立的原则是：诉讼时效制度的适用对象是债权请求权，而共有物的分割请求权是指共有人对其享有共有权的确认并以此为基础请求分割共有物，其本质应为形成权。形成权不属于债权请求权，不应适用诉讼时效的规定。因此，基于继承产生的遗产分割请求权不应受诉讼时效的限制。

最高人民法院认为，关于本案纠纷的性质问题。本案纠纷的性质究竟为继承权纠纷还是共有物确认及分割纠纷，应结合陈某1、陈某2起诉的请求以及本案的事实进行综合认定。首先，从当事人的诉讼请求来看。陈某1、陈某2于

2008年11月6日向广东省佛山市禅城区人民法院提起本案诉讼，诉讼请求为：一是判令佛山市禅城区高基街××房产由10名继承人共同共有，陈某心减少应分份额；二是判令佛山市禅城区高基街××房产补偿房产由10名继承人共同共有，陈某心减少应分份额；三是本案诉讼费用由陈某心承担。从陈某1、陈某2起诉的事实和理由来看，陈某1、陈某2认为其继承权受到侵害而提起本案诉讼，主张其作为继承人应当享有的权利。本案的实体审理也涉及对陈某1、陈某2是否放弃继承权，案涉《声明书》《继承权证明书》是否真实有效以及案涉遗产最终应由谁继承等问题。其次，从本案的事实来看。本案讼争房产原属黄某所有，黄某去世后，属陈J、陈某英所有，陈J在1984年4月去世后，其所有的部分房产在分出其与关某某的夫妻财产份额后，由关某某及其子女继承。陈某心于1987年12月向佛山市公证处办理了继承公证。当时陈某英、关某某、陈某8、陈某7到场，同意由陈某心继承并登记在陈某心名下。陈某1、陈某2认为其继承权受到了侵害。因此，本案应认定为遗产继承纠纷，而非共有财产确权纠纷。

关于本案的诉讼时效问题。陈某心于1987年12月15日向佛山市公证处申请办理黄某遗下的高基街××房产的继承手续时，佛山市公证处向陈某英、关某某、陈某8、陈某心、陈某7做了谈话笔录，陈某英、陈某8表示自愿放弃对黄某所有的高基街××房产的继承权。通过陈某英、关某某在公证处的谈话笔录可知，二人的真实意思表示是将其继承的房产份额转让给陈某心。对余下的部分房产，关某某向佛山市公证处提供了陈方某、陈某3、陈某4、陈某6、陈某5、陈某1、陈某2、陈某7共8人的身份证及陈某6、陈某4、陈某2、陈某3、陈某5共5人作出的放弃继承黄某遗下高基街××号房屋份额的《声明书》。其子女当时均已成年，不可能不知道其母亲收集身份证的用意。《声明书》和《谈话笔录》的内容是所有继承人当时的真实意思表示，并有亲历者陈某8的意见予以证明。因此，除陈某心外，涉案房产的所有继承人都已同意放弃继承。本案所涉房产处于所有权明确的状态，陈某1、陈某2无权以共有物分割为由向陈某心主张房屋所有权。陈某心及母亲关某某、有继承权的部分人员于1987年到公证处办理房屋继承手续，案涉房屋于1994年拆迁，陈某心于2002年办理入住，时间跨度较长，知情人员较多，陈某1、陈某2对案涉房产情况亦应已知悉。陈某1、陈某2于2008年11月提起本案诉讼，已经超过2年的诉讼时效，亦超过20年的最长诉讼时效期间。检察机关抗诉认为本案属共有物确认与分割纠纷而非继承权纠纷，不应受诉讼时效的限制，缺乏事实依据。